한국 현대소설의 이해

한국 현대소설의 이해

초판 1쇄 발행 2006년 2월 18일
초판 5쇄 발행 2023년 3월 20일

지은이 | 권영민

펴낸곳 | (주)태학사
등록 | 제406-2020-000008호
주소 | 경기도 파주시 광인사길 217
전화 | 031-955-7580
전송 | 031-955-0910
전자우편 | thspub@daum.net
홈페이지 | www.thaehaksa.com

편집 | 조윤형 여미숙
디자인 | 이영아
마케팅 | 김일신
경영지원 | 김영지

ⓒ 권영민, 2006

값 20,000원
ISBN 978-89-5966-036-0 (03810)

한국 현대소설의 이해

권영민

태학사

책 머리에

이 책은 소설의 이론을 실제 작품을 통해 공부하면서 우리 소설문학의 전체적인 흐름과 그 특징을 대표적인 작품을 통해 구체적으로 이해할 수 있도록 꾸민 것이다. 특히 문학사에서 자주 거론되고 있는 소설의 원전을 주석 교열하여 수록함으로써 작품 강독을 병행하는 데에도 효과적으로 이용될 수 있을 것으로 생각한다.

이 책의 제1부는 소설의 기초적인 이론을 알기 쉽게 설명하고, 실제 작품의 분석과 감상을 통해 그 속성을 이해할 수 있도록 하였다. 제2부는 한국 현대소설의 역사적 전개 과정에서 문제시되었던 문체와 양식과 기법을 검토하고 개화 계몽시대부터 1980년대까지 우리 소설문학의 역사적 전개 양상을 간략하게 설명하였다.

이 책을 구성하면서 저자가 특별히 관심을 기울인 사항은 다음과 같다.

첫째, 소설의 이론을 소개하면서 한국 현대소설의 여러 가지 특징을 작품의 실제적인 분석을 통해 이해할 수 있도록 하였다.

둘째, 소설의 이론을 실제로 적용하여 작품 감상에 이르도록 하기 위하여, 〈작품읽기〉라는 항목에서 작품을 수록하고 그 분석의 초점을 제시하였다. 모든 작품은 발표 당시의 원전을 바탕으로 하여 일차적인 텍스트를 확정하였으며, 현행의 국어정서법에 맞춰 표기하였다. 작품의 스타일과 연관되는 방언의 경우에는 원래의 어휘를 살렸다.

셋째, 각 작품의 말미에는 토론 과제를 덧붙여서 작품에 대한 다양한 접근법을 찾아볼 수 있도록 하였다.

이 책이 현대소설에 대한 입문서적 역할을 할 수 있기를 바라며, 어려운 출판 여건에도 불구하고 이러한 기획에 응해준 태학사에 고마움을 표한다.

2006. 1.
자하연에서 권영민

차례__한국 현대소설의 이해

책 머리에 • 5

■■■ 제1부 ■■■

소설의 본질 ··· 13

1. 소설의 개념 • 15
2. 허구적 형식과 경험적 형식 • 18
   허구로서의 소설 • 18 | 삶의 체험과 소설 • 22
3. 서사 양식으로서의 소설 • 26
   서사 양식과 소설 • 26 | 서사 양식으로서의 소설의 유형 • 29 | 서사 양식의 구조와 성격 • 32
4. 소설의 주제 • 34
5. 소설의 언어와 문체 • 36

작품읽기 01_배따라기(김동인) • 40

소설의 구성 ··· 63

1. 소설의 구성 • 65
2. 구성의 원리 • 67
   아리스토텔레스와 미토스(mythos) • 67 | 스토리와 플롯 • 69
3. 구성의 방법 • 71
   파불라(fabula)와 슈젯(syuzhet) • 71 | 모티프의 설정 • 73
4. 구성의 단계 • 76
   이야기의 발단 • 77 | 사건의 전개 • 78 | 절정과 결말 • 78
5. 구성의 유형 • 83
   구성의 방법과 유형 • 83 | 단순 구성과 복합 구성 • 86 | 상승적 구성과 하강적 구성 • 89

작품읽기 02_운수 좋은 날(현진건) • 91
작품읽기 03_동백꽃(김유정) • 108

한국 현대소설의 이해__**차례**

소설의 인물 ·· 121

1. 소설의 등장인물 • 123
   등장인물과 이야기 • 123 | 사건과 행동의 주체 • 124
2. 인물의 행동과 기능 • 125
   인물의 행동 • 125 | 행위의 유형 • 127
3. 인물의 성격과 유형 • 129
   인물의 성격 • 129 | 평면적 성격과 입체적 성격 • 130 | 전형적 인물과 개성적 인물 • 133
4. 인물의 성격 창조 • 134
   명명법(命名法) • 134 | 직접적 방법과 간접적 방법 • 137 | 보여주기와 말해주기 • 143 | 의식의 흐름과 내면 묘사 • 146

작품읽기 04__벙어리 삼룡이(나도향) • 149
작품읽기 05__치숙(痴叔)(채만식) • 166

소설의 시간과 공간 ·································· 187

1. 소설 속의 시간 • 189
   삶의 경험과 시간 • 189 | 이야기와 시간 • 192
2. 서사구조와 시간 • 194
   시간적 순서 • 196 | 시간의 지속 • 201 | 시간의 빈도 • 202
3. 소설의 공간 • 205
   이야기의 공간과 장소 • 205 | 경험적 공간과 환상적 공간 • 208 | 열린 공간과 닫힌 공간 • 210
4. 소설적 공간과 분위기 • 214

작품읽기 06__메밀꽃 필 무렵(이효석) • 216

7

차례__한국 현대소설의 이해

소설의 서술 방법 ··· 233

1. 이야기의 서술과 시점 • 235
2. 시점의 유형 • 237
   일인칭 주인공 시점 • 237 | 일인칭 관찰자 시점 • 239 | 전지적 작가 시점 • 242 | 작가 관찰자 시점 • 244
3. 시점의 활용 • 246
4. 이야기의 서술과 초점화 • 248
   '초점화(focalization)'의 개념 • 248 | 초점화의 유형 • 252
5. 서술자의 위상 • 255

작품읽기 07__**날개(이상)** • 259
작품읽기 08__**탈출기(최서해)** • 287

■■■ 제2부 ■■■

근대소설이란 무엇인가: 신소설과 담론의 근대성 ···························· 303

1. 신소설의 위상 • 305
2. 전근대적 문학으로서의 고전소설 • 306
3. 서사 공간으로서의 일상적 현실 • 314
   탈마법의 공간, 일상의 현실 • 314 | 일상어의 문체 • 315 | 시간과 공간의 서사적 재구성 • 318
4. 개인의 발견 혹은 주체의 근대적 인식 • 321
5. 신소설과 담론의 가치 지향성 • 325

작품읽기 09__**혈의 누(이인직)** • 328

국문체란 무엇인가: 국어국문운동과 문체 변혁 ·········· 395

1. 문화혁명으로서의 국어국문운동 • 397
2. 국어국문운동의 확대 • 400
   문화적 제도의 변화 • 400 | 언어 문자 공동체의 인식 • 405
3. 문체 변혁과 국문체의 위상 • 411
   절충적 언어체로서의 국한문체 • 411 | 국문체와 담론 공간의 확대 • 418
4. 국문 글쓰기와 새로운 문학 • 429

■ 작품읽기 10__무정(이광수) • 437

한국 현대소설을 어떻게 볼 것인가: 한국 현대소설의 역사적 전개 ········ 451

1. 한국 현대문학의 성립 • 453
2. 개화계몽운동과 근대소설의 형성 • 458
   서사 양식과 계몽담론의 결합 • 458 | 신소설과 근대성의 의미 • 461
3. 일본 식민지시대의 근대소설 • 463
   근대적 개인의 발견 • 463 | 근대소설의 확립 • 464 | 계급문학운동과 소설의 이념성 • 467
4. 식민지 상황과 근대소설의 양상 • 470
   소설의 양식적 확대와 주제의 다양성 • 470 | 모더니즘의 기법과 정신 • 473 | 풍자와 해학, 토속 세계와 전통 • 476 | 여성작가와 여성주의의 등장 • 478
5. 민족분단과 현대소설 • 481
   해방공간의 소설 • 481 | 소설과 전쟁의 체험 • 483 | 전후세대 작가들의 윤리 의식 • 485
6. 산업화와 소설의 대중적 확대 • 488
   소설적 감수성의 변화 • 488 | 농촌소설과 노동소설 • 491 | 분단 현실의 소설적 인식 • 493 | 대하 장편소설의 등장 • 494 | 여성주의의 확대 • 497

■ 작품읽기 11__민족의 죄인(채만식) • 500

찾아보기 • 551

■■■ 제1부 ■■■

소설의 본질

1. 소설의 개념
2. 허구적 형식과 경험적 형식
   허구로서의 소설
   삶의 체험과 소설
3. 서사 양식으로서의 소설
   서사 양식과 소설
   서사 양식으로서의 소설의 유형
   서사 양식의 구조와 성격
4. 소설의 주제
5. 소설의 언어와 문체

작품읽기 01_배따라기(김동인)

1. 소설의 개념

우리말 가운데 소설(小說)이라는 용어가 언제부터 어떻게 사용되기 시작했는지 그 유래를 밝히기가 쉽지 않다. 문헌 가운데에서는 고려시대 이규보(李奎報)의 『백운소설(白雲小說)』이라는 책에 소설이라는 말이 처음 등장한다. 이 책이 시화나 잡다한 짧막한 글들을 모아 두고 있는 것으로 보아 소설이라는 말의 속뜻을 어느 정도 짐작할 수 있다.

소설이라는 말의 속뜻을 풀어 보면 '대수롭지 않은 이야기'라는 의미가 담겨 있다. 위대한 성현이나 제왕, 그리고 영웅들의 이야기는 경전에 오르고 역사서에 기록된다. 그러므로 이런 이야기는 하잘것없는 인간들의 이야기와는 구별된다. 평범한 사람들의 일상사는 경전이나 역사서에 올리지도 않는다. 평범한 인간들이 살아가는 이야기는 그 삶 속에 그대로 녹아들어 있을 뿐이다. 그것은 간혹 누군가에 의해 기록되기도 하지만 대개는 사람들의 입에서 입으로 전해진다. 이렇게 본다면, 소설은 경전의 말씀이나 역사서의 기록과는 전혀 그 성격이 다르다. 소설이라는 말은 글자 그대로 평범한 일상적인 인간들의 삶에서 비롯된 '대수롭지 않은 이야기'라는 뜻으로 쓰였던 것이다.

어떤 학생이 친구들에게 외국 여행 중에 겪었던 일을 재미있게 소개하자, 친구들이 그 이야기를 듣고 다음과 같이 말한다. 세 사람의 말에 '소설'이라는 용어가 공통으로 등장한다. 여기서 소설이라는 말은 문맥상의 차이가 있긴 하지만, '믿어지지 않는다' '꾸며낸 거짓이다' '현실적으로 불가능하다' 등의 의미를 내포한다.

(1) 정말 소설 같은 일이구나.
(2) 제발, 소설 좀 그만 써라.
(3) 그런 일은 소설 속에서나 가능하지.

앞의 예문에서 보듯이 세 사람이 모두 소설이라는 말을 실제와는 거리가 있는 꾸며낸 것이라는 뜻으로 쓰고 있다. 소설이라는 말은 문학의 한 갈래를 지칭하는 전문적인 용어인데, 일상적인 언어생활에서도 이 말이 흔히 쓰이고 있는 것이다. '소설처럼 재미있다'든지, '소설 같은 일'이라든지, '소설에서나 가능하다'든지 하는 말은 이제 누구에게나 익숙한 표현이다. 소설이라는 말이 이처럼 폭넓게 쓰이고 있는 것은 소설이라는 문학 양식 자체가 그만큼 일상적인 삶과 밀접한 관계를 지니고 있음을 의미한다.

다음 예문을 통해 동양과 서양에서 소설이라는 용어가 어떻게 유래하게 되었는가를 좀더 자세히 살펴보자.

(1) 소설이라는 말은 오랜 역사를 가지고 있다. 일찍이 『장자(莊子)』에서는 "소설을 꾸며 이름나기를 바란다 飾小說 以于縣"고 했는데 여기서 말하는 소설은 변변치 못한 잡담이다. 변변치 못한 잡담을 꾸며 이름나기를 바라는 것은 어리석은 일이라는 것이다. 그리고 『한서(漢書)』의 예문지(藝文志)에서는 소설을 "가담항어(街談巷語) 도청도설(道聽塗說)"이라고 했다. 가담항어(街談巷語) 도청도설(道聽塗說)은 길거리 잡담이며, 길거리 잡담을 적은 글이 소설이라는 것이다. 군자에 대해 소인이 있듯이 경사(經史)에 대해 소설이 있으며, 소설은 경사처럼 재도지문(載道之文)일 수 없고 잡담·잡설을 기록한 가치 없는 글이라는 뜻이다. 이와 같은 개념의 소설은 한국에도 그대로 전해졌다. 이규보(李奎報)가 시화와 잡사를 모은 책을 『백운소설(白雲小說)』이라고 했을 때에도 소설이라는 말은 이런 의미의 것이다. 그러나 동양 전래의 오늘날 말하는 소설과 다른 것이고 오늘날 말하는 소설은 서구문학의 영향이 들어오면서 서구의 roman이나 novel을 염두에 두고 이루어진 새로운 용어이거나 그 번역어가 아닐까 한다.

― 조동일, 『한국소설의 이론』, 96면

(2) 소설을 의미하는 프랑스어의 '로망(roman)'이라는 말은 역사적으로

상류 지식계층의 언어였던 라틴어와 대립되는 '대중들이 사용하는 속어'라는 뜻을 지니고 있다. 여기서 속어의 뿌리는 물론 라틴어다. 라틴어와 로망어 사이의 이러한 구분은 8세기경에 와서 뚜렷해졌으며 프랑스어, 이탈리아어, 스페인어, 포르투갈어, 루마니아어는 로망어로 분류되고 있다. '로망즈(romanz)'(속어)라는 말에서 '로망시에(romancier)'라는 동사가 파생되었는데, 이 동사는 처음에는 '라틴어를 프랑스어로 번역하다'라는 뜻이었다가 15세기경에는 '프랑스어로 이야기하다'라는 뜻으로 변했다. '로망'이라는 말은 그 뜻이 점점 넓어져서 심지어 라틴어에서 번역한 것이 아닌 경우까지를 포함하여 속어로 된 모든 작품, 역사적 근거가 없는 모든 허구적인 이야기를 포괄하게 되었다.

— 김화영 편역, 『소설이란 무엇인가』, 14~15면

  소설이라는 말이 동서양에서 서로 약간 다르게 사용되고 있다는 것은 앞의 인용을 통해 쉽게 확인된다. 그러나 동서양을 막론하고 '이야기'라는 본질적인 의미가 소설이라는 말 속에 담겨져 있음을 짐작할 수 있다.
  오늘날의 소설은 일상적인 인간의 삶을 바탕으로 인간의 삶을 서사적 방법으로 형상화하는 하나의 예술적 형태로 존재한다. 그리고 작가의 상상력에 의해 만들어진 허구적인 이야기로서 산문문학의 중심에 자리하고 있다. 소설이라는 말이 지니고 있던 '대수롭지 않은 이야기'라는 지시적 의미는 이미 사라져버린 셈이다. 오늘날은 평범한 개인들의 삶이 중시되고 있기 때문에, 개인의 삶을 그려내는 소설 또한 그만큼 의미 있는 이야기로 인정받고 있는 것이 아닌가 생각된다.

2. 허구적 형식과 경험적 형식

허구로서의 소설

소설은 어떤 이야기를 들려준다. 소설가는 소설 속에서 어떤 줄거리를 가진 이야기를 만든다. 다시 말해서 처음부터 끝까지 시간적으로 이어지는 일련의 사건들을 배열하여 하나의 의미 있는 이야기를 만드는 것이다. 이야기에는 반드시 등장하는 인물이 있고 그 인물은 어떤 행동을 보여준다. 이때 인물의 행동을 구체적으로 드러내주기 위해 인물이 행동하는 장소와 시간을 그럴듯하게 그려내는 일이 필요하다.

소설가는 인물의 행동 가운데서 어떤 사실들만을 선택하여 장소와 시간을 맞춰 배열한다. 소설가는 이야기의 원인이나 등장하는 인물의 과거를 설명하기 위하여 때로는 몇 년, 혹은 수십 년을 거슬러 올라가기도 한다. 그러나 이야기의 시간을 무한정으로 올려 잡지는 않는다. 자기가 보기에 중요하다고 생각되는 사실들만을 골라 그 위치를 정하고 그것을 그려 보일 뿐 그 밖의 것은 어둠 속에 묻어 둔다. 소설가는 독자의 마음속에 어떤 효과를 불러일으키고 그의 주의를 끌고 그를 감동시키기 위하여 이야기를 꾸민다.

소설의 이야기를 말하기 위해 소설가는 독자와 자신이 독자에게 보여주고자 하는 현실 사이에 자리 잡는다. 그리고 독자에게 그 현실에 나타나는 인물의 행동을 보여주고 현실을 해석하고 어떤 판단을 제시한다. 연극의 경우에는 관객이 무대 위에서 전개되는 사건들 바로 앞에 앉는다. 물론 연극의 극중 인물들도 무대 위에서 이야기를 들려주는 경우가 있지만, 소설가가 독자에게 말해주는 이야기와는 성질이 다르다. 이미 앞에서 지적한 것처럼 소설의 이야기는 연극의 대사와는 달리 산문으로 이루어지는 것이다.

소설은 꾸며낸 이야기다. 소설의 이야기가 실제로 있었던 일에 근거하는 경우도 있지만, 사실 있는 그대로 그려내기는 어렵다. 소설은 작가의 상상력에 의해 새롭게 인생을 창조하는 것이다. 소설의 세계를 흔히 허구(虛構)라고 하는데, 그것은 상상력에 의해 창조된 가공의 현실을 지적하는 말이다. 물론, 허구라는 것도 산 경험을 토대로 하여 성립되는 것이다. 소설은 있었던 일만을 그리는 것이 아니라 있을 수도 있는 일을 그려낸다.

소설은 허구적인 이야기이기 때문에 전기나 자서전, 체험기나 증언과 같은 이른바 '역사적'인 글과는 구별된다. 소설가는 경험에 근거하여 이야기를 만들면서, 그 경험을 허구로 변형시킨다. 어떤 이야기도 현실과 아무 상관없이 꾸며낸 허구란 상상할 수가 없다. 반면에 어떤 이야기라도 모든 것이 현실과 일치하는 가공되지 않은 이야기라는 것이 가능하지도 않다.

김동인의 단편소설「배따라기」를 보면, 주인공인 뱃사공을 처음 소개하는 장면이 다음과 같이 그려져 있다. 마치 작가 자신이 실제로 평양 기자묘 근처를 산보하다가 우연하게 〈배따라기〉 노래 소리를 듣게 되었던 것처럼 설명하고 있다. 이 대목에 등장하는 '나'를 작가 자신이라고 생각하는 순간 이 소설의 이야기를 작가의 실제 체험에서 비롯된 것으로 믿기 쉽다. 그러나 작중의 '나'는 작가가 만들어낸 가상적인 이야기꾼이라고 보는 것이 옳다.

꼭대기는 좀더 노랫소리가 잘 들린다. 그는, 배따라기의 맨 마지막, 여기를 부른다.

밥을 빌어서
죽을 쑬지라도
제발 덕분에
뱃놈 노릇은 하지 마라
에―야 어그여지야

그의 소리로써 방향을 찾으려던 나는 그만 그 자리에 섰다.

"어딘가? 기자묘? 혹은 을밀대(乙密臺)?"

그러나 나는 오래 서 있을 수가 없었다. 어떻든 찾아보자 하고, 현무문으로 가서 문 밖에 썩 나섰다. 기자묘의 깊은 솔밭은 눈앞에 쫙 퍼진다.

"어딘가?"

나는 또 물어 보았다.

이때에 그는 또다시 배따라기를 시초부터 부른다. 그 소리는 왼편에서 온다.

왼편이구나 하면서, 소리나는 곳을 더듬어서 소나무 틈으로 한참 돌다가, 겨우, 기자묘치고는 그 중 하늘이 넓고 밝은 곳에 혼자서 뒹굴고 있는 그를 찾아내었다. 나의 생각한 바와 같은 얼굴이다. 얼굴, 코, 입, 눈, 몸집이 모두 네모나고 그의 이마의 굵은 주름살과 시커먼 눈썹은 고생 많이 함과 순진한 성격을 나타낸다.

그는 어떤 신사가 자기를 들여다보는 것을 보고 노래를 그치고 일어나 앉는다.

"왜? 그냥 하지요."

하면서 나는 그의 곁에 가 앉았다.

"머……."

할 뿐 그는 눈을 들어서 터진 하늘을 쳐다본다.

좋은 눈이었다. 바다의 넓고 큼이 유감없이 그의 눈에 나타나 있다. 그는 뱃사람이라 나는 짐작하였다.

"잘 하는구레."

"잘 해요?"

그는 나를 잠깐 보고, 사람 좋은 웃음을 띤다.

"고향이 영유요?"

"예, 머, 영유서 나기는 했디만 한 이십 년 영윤 가보디두 않았시요."

"왜, 이십 년씩 고향엘 안 가요?"

"사람의 일이라니 마음대로 됩데까?"

그는, 왜 그러는지, 한숨을 짓는다.

"거저, 운명이 데일 힘셉디다."

운명의 힘이 제일 세다는 그의 소리는 삭이지 못할 원한과 뉘우침이 섞여 있다.

"그래요?"

나는 다만 그를 건너다볼 뿐이다.

한참 잠잠하니 있다가 나는 다시 말하였다.

"자, 노형의 경험담이나 한번 들어 봅시다. 감출 일이 아니면 한번 이야기해 보소."

"머, 감출 일은……."

"그럼, 어디 들어 봅시다그려."

그는 다시 하늘을 쳐다보았다. 그러나 좀 있다가,

"하디요."

하면서 내가 담배를 붙이는 것을 보고 자기도 담배를 붙여 물고 이야기를 꺼낸다.

"닛히디두 않는 십구 년 전 팔월 열하룻날 일인데요."

하면서 그가 이야기한 바는 대략 이와 같은 것이다.

앞의 예에서와 같이, 대부분의 소설은 가지각색의 방법을 동원하여 소설의 이야기가 실제 사실 그대로라고 소개하는 경우가 많다. 우연히 발견한 원고나 편지라고 소개하기도 하고, 사건에 직접 가담했던 인물을 통해 자기가 직접 들은 이야기라고도 한다. 어떤 경우에는 작가 자신이 체험했던 일들을 그대로 고백하는 것이라고도 한다. 이럴 경우 독자들은 어떻게 판단해야 옳을지 몰라 망설이게 된다. 그러나 이 같은 방법은 순전히 작가가 소설의 이야기가 실제로 '그럴듯한 느낌'을 주도록 하기 위해 고안해낸 방법이다. 이것은 소설이 '실화(實話)'라고 여겨지도록 만들어졌다는 증거인 동시에, 소설이란 것이 끊임없이 실재성과 허구성의 애매한 경계 위에서 연출되는 것이라는 표시가 되기도 한다. 소설가가 작품의 이야기를 실화라고 소개하는 것은 어느 정도 독자를 속이는 것이 되지만, 독자 자신도 그러한 이야기에서 오히려 더 큰 흥미를 느끼는 것이다.

한 편의 소설을 읽고 난 후 독자는 누구나 소설의 이야기 줄거리에 주목하게 된다. 그래서 소설을 읽고 난 후에는 중심적인 줄거리에 대하여 생각하게 된다. 소설의 줄거리는 소설 속의 여러 인물들과, 공간적·시간적 배경, 그리고 그 줄거리를 말하는 화자의 태도, 작가의 문장 등에 얽혀진 것이라고 할 수 있다. 소설 속의 이야기는 작가가 고안한 허구적인 장치와 방법에 의해 하나의 완결된 구성을 드러낸다.

소설이 허구이면서도 우리에게 깊은 감동을 주는 것은 그것이 전혀 터무니없는 것이 아니라 그럴듯하게 여겨지는 짜임새를 지니고 있기 때문이다. 동일한 소재의 이야기라도 그 이야기가 전개되는 배경이나 주인공의 성격, 그 주인공이 처한 상황 등을 얼마나 짜임새 있게 배열하고 있는가에 따라 느낌이 달라진다. 그러므로 소설가는 소설의 이야기를 짜임새 있게 완성하기 위해 모든 고안을 동원한다. 소설은 그 짜임새에 따라서 이야기의 줄거리와 그 주제가 유기적인 관련을 맺으며, 어떤 감동을 자아내게 되는 것이다.

삶의 체험과 소설

소설은 인간의 삶을 표현한다. 시나 희곡도 모두 인생의 표현이라고 하겠지만, 소설이 표현하는 인생은 더욱 실제의 인생에 가깝다. 이것은 소설이 산문문학 형식이란 것과 관계가 있다. 운문에서는 아무리 해도 그 제한된 형식적 조건 때문에 인생을 폭넓게 그려 낼 수가 없지만, 소설은 산문을 통해 자유스럽게 그것을 그려 낼 수 있다. 소설은 인생을 실제에 접근해서 묘사할 뿐만 아니라, 그 인생의 경험의 의미를 표현한 것이라고 할 수 있다. 물론, 여기서 말하는 경험이라는 것이 글자 그대로의 실제 경험만을 가리키는 것이 아니다. 작가에 따라서 그 수준이 달라지겠지만, 소설에서의 인생의 경험이란 어떤 최소한도의 구체적인 경험을 발판으로 그것을 연장하고 확대한 세계라고 할 수 있다. 말하자면, 작가의 산 경험을 바탕으로 인생의 다양한 모습과 의미를 그려내는 것이다.

소설에서 씌어지는 산문의 언어는 일상생활 속에서 사용하고 있는 말과 가깝다. 소설의 등장인물이 주고받는 대화는 말할 것도 없고, 이야기를 이끌어가는 서술적인 언어도 일상생활에서 사용하는 언어와 다를 바가 없다. 일상의 언어와 작품의 언어를 일치시키는 것이 근대 소설의 중요한 특징이다. 그것은 소설이 인간의 일상생활 속에서 소재를 찾게 되는 경향과도 관련이 있다. 소설은 일상의 현실을 취재하여 사실대로 그려가는 것이다. 소설이 지니고 있는 산문정신이라는 것은 이러한 언어적 특성과도 관련된다.

다음의 예문을 보면, 소설의 이야기의 특징을 그 언어 표현에서 쉽게 확인할 수 있다. 운문으로서의 시의 특징과 산문으로서의 소설의 특징이 어디에 있는지 비교해 보자.

(1) 애비는 종이었다. 밤이기퍼도 오지않었다.
파뿌리같이 늙은할머니와 대추꽃이 한주 서있을뿐이었다.
어매는 달을두고 풋살구가 꼭하나만 먹고싶다하였으나…… 흙으로 바람벽한 호롱불 밑에
손톱이 깜한 에미의아들.
甲午年이라든가 바다에 나가서는 도라오지않는다하는 外할아버지의 숱많은 머리털과
그 크다란눈이 나는 닮었다한다.

스물세햇동안 나를 키운건 八割이 바람이다.
세상은 가도가도 부끄럽기만하드라
어떤이는 내눈에서 罪人을 읽고가고

어떤이는 내입에서 天痴를 읽고가나
나는 아무것도 뉘우치지 않을란다.

찰란히 티워오는 어느아침에도
이마우에 언친 詩의 이슬에는
몇마방울의 피가 언제나 서껴있어
볓이거나 그늘이거나 혓바닥 느러트린
병든 숫개만양 헐덕거리며 나는 왔다.

— 서정주, 「自畵像」

(2) 그는 가는 곳마다 아우의 이름과 모습을 말하여 물었으나, 아우의 소식은 알 수가 없었다.

이리하여 꿈결같이 십 년을 지내서 구 년 전 가을, 탁탁히 낀 안개를 꿰며 연안(延安) 바다를 지나가던 그의 배는, 몹시 부는 바람으로 말미암아 파선을 하여, 벗 몇 사람은 죽고, 그는 정신을 잃고 물 위에 떠돌고 있었다.

그가 겨우 정신을 차린 때는 밤이었었다. 그리고 어느덧 그는 뭍 위에 올라와 있었고 그를 말리느라고 새빨갛게 피워 놓은 불빛으로 자기를 간호하는 아우를 보았다.

그는 이상히도 놀라지도 않고 천연하게 물었다.

"너, 어덯게 여기 완?"

아우는 잠자코 한참 있다가 겨우 대답하였다.

"형님, 거저 다 운명이외다."

따뜻한 불기운에 깜빡 잠이 들려다가 그는 화닥닥 깨면서 또 말했다.

"십 년 동안에 되게 파랬구나."

"형님, 나두 변했거니와 형님두 몹시 늙으셨쉐다."

이 말을 꿈결같이 들으면서 그는 또 혼혼히 잠이 들었다. 그리하여 두어 시간, 꿀보다도 단 잠을 잔 뒤에 깨어 보니, 아까같이 새빨간 불은 피어 있지만 아우는 어디로 갔는지 없어졌다. 곁엣사람에게 물어보니까, 아우는 형의 얼굴을 물끄러미 한참 들여다보고 있다가 새빨간 불빛을 등으로 받으면서 터벅터벅 아무 말 없이 어둠 가운데로 스러졌다 한다.

 이튿날 아무리 알아보아야 그의 아우는 종적이 없어지고 알 수 없으므로 그는 하릴없이 다른 배를 얻어 타고 또 물길을 떠났다. 그리하여 그의 배가 해주에 이르렀을 때, 그는 해주 장에 들어가서 무엇을 사려다가 저편 맞은편 가게에 걸핏 그의 아우 같은 사람이 있으므로 뛰어가서 보니 그는 벌써 없어졌다. 배가 해주에는 오래 머물지 않으므로 그의 마음은 해주에 남겨 두고 또다시 바닷길을 떠났다.

 그 뒤 삼 년을 이리저리 돌아다녔어도 아우는 다시 볼 수가 없었다.

 그리하여 삼 년을 지내서 지금부터 육 년 전에, 그의 탄 배가 강화도를 지날 때에, 바다를 향한 가파로운 뫼켠에서 바다를 향하여 날아오는 '배따라기'를 들었다. 그것도 어떤 구절과 곡조는 그의 아우 특식으로 변경된, 그의 아우가 아니면 부를 사람이 없는, 그 '배따라기'이다.

 배가 강화도에는 머무르지 않아서 그저 지나갔으나, 인천서 열흘쯤 머무르게 되었으므로, 그는 곧 내려서 강화도로 건너가 보았다. 거기서 이리저리 찾아다니다가 어떤 조그만 객주집에서 물어 보니, 이름도 그의 아우요 생긴 모습도 그의 아우인 사람이 묵어 있기는 하였으나, 사나흘 전에 도로 인천으로 갔다 한다. 그는 곧 돌아서서, 인천으로 건너와서 찾아보았지만, 그 조그만 인천서도 그의 아우를 찾을 바가 없었다.

 그 뒤에 눈 오고 비 오며 육 년이 지났지만, 그는 나시 아우를 만나 보지 못하고 아우의 생사까지도 알 수가 없다.

— 김동인, 「배따라기」

 소설은 인간의 삶과 그 현실을 산문을 통해 가장 직접적으로 그려낸다. 소설 속의 이야기는 인간의 삶에 대응한다. 소설 속에 등장하는 인물들은 현실 속의 인물들과 전혀 다를 것이 없다. 어떤 개인의 삶이나 그 운명에 대해서도 소설은 각각 거기에 어울리는 형식을 부여하고 있기 때문에 결코 삶의 범주를 넘어서는 법이 없다.

소설은 인간의 삶을 이야기의 형식으로 바꾸어 놓는다. 그리고 개인의 삶과 사회적 가치 사이의 조화로운 통합을 지향한다. 그러나 이러한 조화로운 삶의 인식이란 언제나 가능한 것이 아니다. 인간의 삶의 현실은 타락해 있으며, 인간이 추구해야 할 가치는 훼손된 상태에 놓여 있기 때문이다. 그러므로 작가는 소설 속에서 자기 운명의 궁극적인 지점까지 살아가야 하는 인물을 창조하게 된다. 소설 속의 등장인물은 현실 속에서 자신의 삶을 가로막는 수많은 난관에도 불구하고 자기 정신에 내재해 있는 조화로운 삶에 대한 지향을 포기하지 않는다. 소설의 인물이 평범한 개인이면서도 문제적인 인물이 되는 까닭이 여기에 있다.

3. 서사 양식으로서의 소설

서사 양식과 소설

문학의 양식은 인간 존재의 근본적인 가능성에 대한 문예학적 명칭으로 내세워지고 있는 '서정(抒情)', '서사(敍事)', '극(劇)'이라는 세 가지 개념으로부터 출발한다. 이 세 가지 개념은 인간의 내면에서 형성되는 대상에 대한 본질적인 태도를 말하는 것이다. 이 기본적인 태도를 바탕으로, 하나의 목소리로 읊조린다든지, 등장인물의 행위를 통해 보여준다든지, 이야기를 말해준다든지 하는 일종의 제시방법이 연결된다. 그리고 여기서 기본적인 문학 양식으로서의 서정 양식, 서사 양식, 극 양식이 각각의 표현 범주를 드러내는 것이다. 이 같은 문학의 세 가지 양식은 각 시대와 여러 문화에 걸쳐 가장 보편적이며 지속적인 유형으로 이해되고 있기 때문에, 그 역사적 사회 문화적 범위가 매우 넓다. 이들 문학 양식은 여러 가지 다양한 하위의 역사적 장르로 형상화되고 구체화되어 문학사에 등장하게 된다.

소설은 서사 양식의 하위분류에 속한다. 서사 양식은 인간 행위와 관련되는 일련의 사건들을 재현한다. 그러므로 문학 외적인 영역에도 다양한 형태의 서사가 존재한다. 신문의 사건 기사와 취재 일지, 그리고 역사의 기록물들은 모두 서사에 속한다. 의사가 쓴 환자의 병상 기록이나 과학자의 실험 일지, 예술가의 공연 일지도 넓은 의미에서 모두 서사에 속한다. 이런 식으로 나열한다면, 서사는 모든 인간 활동과 관련된다고 할 수 있다. 그러나 문학의 양식으로서의 서사 양식은 이러한 사실과 경험을 다루는 역사적 서사가 아니라 작가의 상상력에 의해 만들어지는 허구적 서사를 말한다. 허구적 서사는 서사를 구성하는 허구성의 원리 자체가 미적 형상성을 목표로 한다는 점에서 문학적 서사가 된다. 그러나 경험적, 역사적 서사는 사건에 담기는 정보의 실재성 자체를 본질로 한다는 점에서 미적 형상성과는 아무 관계가 없다.

다음의 예를 보자.

(1) 한국의 국가대표 축구팀이 26일 밤 2006년 독일 월드컵 지역 예선을 통과하였다. 한국은 예선 최종 경기인 쿠웨이트와의 원정 경기에서 4:0이라는 압도적인 점수로 쿠웨이트를 이김으로써, 6회 연속 월드컵 본선 무대에 진출하는 쾌거를 이룩하였다.

(2) 그가 영유를 떠나기 반 년 전쯤—다시 말하자면 그가 서울을 사러장에 갈 때부터 반 년 전쯤 그의 생일날이었다. 그의 집에서는 음식을 차려서 잘 먹었는데, 그에게는 괴상한 버릇이 있었으니, 맛있는 음식은 남겨 두었다가 좀 있다 먹고 하는 것이 습관이었다. 그의 아내도 이 버릇은 잘 알 터인데 그의 아우가 점심때쯤 오니까, 아까 그가 아껴서 남겨 두었던 그 음식을 아우에게 주려 하였다. 그는 눈을 부릅뜨고 '못 주리라'고 암호하였지만 아내는 그것을 보았는지 못 보았는지 그의 아우에게 주어 버렸

다. 그는 마음속이 자못 편치 못하였다. '트집만 있으면 이년을……' 그는 마음먹었다.

그의 아내는 시아우에게 상을 준 뒤에 물러오다가 그만 그의 발을 조금 밟았다.

"이년!"

그는 힘껏 발을 들어서 아내를 냅다 찼다. 그의 아내는 상 위에 거꾸러졌다가 일어난다.

"이년, 사나이 발을 짓밟는 년이 어디 있어!"

"거 좀 밟아서 발이 부러졌쉐까?"

아내는 낯이 새빨개져서 울음 섞인 소리로 고함친다.

"이년! 말대답이…….”

그는 일어서서 아내의 머리채를 휘어잡았다.

"형님! 왜 이리십니까."

아우가 일어서면서 그를 붙잡았다.

"가만있거라, 이놈의 자식."

하며 그는 아우를 밀친 뒤에 아내를 되는 대로 내리찧었다.

"죽일 년, 이년! 나가거라!"

"죽에라, 죽에라! 난, 죽어도 이 집에선 못 나가!"

"못 나가?"

"못 나가디 않구. 뉘 집이게…….”

이때. 그의 마음에는 그 '못 나가겠다'는 아내의 마음이 푹 들이 박혔다. 그 이상 때리기가 싫었다. 우두커니 눈만 흘기고 있다가 그는,

"망할 년, 그럼 내가 나갈라."

하고 그만 문 밖으로 뛰어나와서,

"형님, 어디 갑니까."

하는 아우의 말에는 대답도 안 하고, 곁동네 탁주집으로 뒤도 안 돌아보고 가서, 거기 있는 술 파는 계집과 술상 앞에 마주 앉았다.

그날 저녁 얼근히 취한 그는 아내를 위하여 떡을 한 돈 어치 사가지고 집으로 돌아왔다.

이리하여 또 서너 달은 평화가 이르렀다. 그러나 이 평화가 언제까지든 계속될 수가 없었다. 그의 아우로 말미암아 또 평화는 쪼개져 나갔다.

앞의 두 가지 예문은 모두 서사에 속한다. 그러나 (1)의 경우 사건의 실재성 자체를 본질로 하는 보도 기사이기 때문에 허구적 서사라고 할 수 없다. (2)의 경우에는 허구적 사건의 서술이라는 점에서 (1)의 경우와는 그 성질이 다르다.

서사 양식으로서의 소설의 유형

소설은 구성 방식이나 주제 내용에 따라 여러 가지 유형으로 구분된다. 소설의 내용을 통해 드러나는 배경을 중심으로 농촌소설, 도시소설, 해양소설과 같은 구분이 가능하며, 소재의 내용과 구성 방법에 따라서는 역사소설, 탐정소설, 과학소설, 전쟁소설, 정치소설 등과 같이 분류할 수도 있다. 소설의 미학적인 가치를 중심으로 대중소설 또는 통속소설과, 순수소설·예술소설 또는 본격소설을 구분하기도 한다. 그러나 이 같은 분류법은 어떤 절대적인 기준에 의해 이루어지는 것은 아니다. 다양한 소설의 내용과 형태를 어떤 유형으로 분류한다는 것은 절대적인 기준을 내세우기 어려운 일이다.

소설의 여러 가지 분류 가운데 가장 일반화되어 있는 것이 단편소설과 장편소설의 구분이다. 단편소설과 장편소설이라는 명칭은 이야기의 길이에 따라 붙여진 것이다 그렇지만 이 두 가지 형태의 소설은 길이만이 아니라 이야기의 구성 방법과 주제의 형상화 방법에 있어서 모두 본질적으로 차이를 드러낸다. 흔히 단편소설과 장편소설을 육상 경기에서의 단거리 달리기와 장거리 달리기에 비유하기도 한다. 호흡의 장단, 구성상의 특징, 인상의 집중 등을 놓고 본다면 이 같은 비유가 매우 적절한 것임을 알 수 있다. 단편소설과 장편소설은 소설이라는 이름을 붙이고 있지만, 서양에서는 단편소설(short-story)과 장편소설(novel)이라는 서사문학 양식의 서로 다른 하위 장르로 인식되고 있다.

　단편소설은 말 그대로 길이가 짧은 이야기다. 일반적으로 단편소설은 원고지(200자) 80장 내외를 기준으로 한다. 60장~150장 정도로 그 범위를 정하는 경우도 있다. 그러나 이같이 이야기의 길이가 짧다는 것은 단순히 양적인 개념을 의미하는 것이 아니다. 오히려 이야기의 질적인 개념에 더 큰 비중을 둔다.

　단편소설은 그 길이에 있어서 단편(短篇)이면서 동시에, 질적인 면에서의 단편(斷片)에 해당한다. 인간의 삶의 한 단면을 보여준다는 의미에서 단편소설의 속성을 중시할 필요가 있다. 여기서 말하는 삶의 한 단면이라는 것은 삶의 전체적인 모습 가운데에서 어떤 특징적인 일면을 보여준다는 뜻이다. 단편소설은 대개 단일한 작중인물을 중심으로 짤막하게 이야기가 전개된다. 모든 단편소설이 등장인물을 반드시 한 사람으로 고정하는 것은 아니지만, 이야기의 중심을 이루는 인물을 한두 사람으로 제한한다는 것은 단편소설의 일반적인 특징이다. 앞에서 읽은 바 있는 김동인의 소설 「배따라기」의 경우에도 주인공은 〈배따라기〉를 부르며 떠도는 한 사내로 고정되어 있다. 장편소설의 경우에도 주인공은 한두 사람이 될 수 있지만, 그 주인공을 둘러싸고 수많은 인물이 등장한다. 단편소설은 인물을 한둘로 고정시켜 놓고 있기 때문에, 그만큼 그 인물에 이야기의 관심을 집중시킬 수 있다. 그리고 그 인물의 삶의 특징적인 면을 통해 거기에 나타나 있는 성격을 분명하게 제시할 수가 있다.

　단편소설은 하나의 중요한 사건이 이야기의 골격을 이룬다. 장편소설에는 여러 가지 사건들이 서로 얽혀 나타나지만, 단편소설은 하나의 사건이 하나의 상황 속에서 단일하게 제시된다. 그러므로 단편소설은 이야기의 구성이 단순하다. 단편소설에서 단순 구성이란 하나의 인물을 중심으로 이루어지는 하나의 사건을 다루기 때문에 생겨난 말이다. 단편소설에서 다루는 사건은 일상의 삶 가운데에서 그 인물의 특성을 잘 드러내어 줄 수 있는 것으로 한정된다. 소설 속의 사건과 인물의 행동을 통해 인물의 성격과 삶의 특징이 잘 드러나야 한다. 단편소설의 사건은 그 발단과 전개 과정이 하나의 이야기로 통일되어 단일한 인상을 줄 수 있도록 서로 긴밀하게 결합된다.

단편소설의 인상의 단일성이 그 본질이라고 할 수 있다. 작품 속에 등장하는 인물도 단일하고, 그 인물을 둘러싸고 일어나는 사건도 하나로 집약되어 있으며, 이야기가 전개되는 상황 자체도 단일하기 때문에 전체적으로 일관된 인상을 유지하게 된다. 단편소설은 사건의 배경이 되는 시간과 공간도 대개 고정된다. 하나의 사건이 전개되는 과정에 필요한 시간과 공간만을 보여주기 때문이다.

장편소설은 우선 그 길이가 길다. 우리나라에서는 대개 200자 원고지 1,000장 정도의 길이가 되어야 장편소설로 인정한다. 이같이 장편소설의 길이가 문제가 되는 것은 인간의 삶의 문제를 총체적으로 다루고 있는 종합문학의 형태이기 때문이다. 장편소설 가운데에서도 장구한 시간과 수다한 인물들의 이야기를 길게 그려놓은 것을 대하소설(大河小說)이라고 한다. 큰 강물이 흐르듯이 이야기의 진행이 오랫동안 지속되는 이야기라는 뜻이다. 우리나라의 고전소설 가운데에는 전체 180책(원고지 3만 장 정도)으로 이루어진 『완월회맹연(玩月會盟宴)』이라는 작품도 있고, 현대소설로는 박경리의 『토지』(전15권)와 같은 대하소설이 있다.

장편소설은 인생의 어느 한 면을 그리는 것이 아니다. 단편소설은 하나의 사건, 하나의 상황을 다루는 것이 보통이지만, 장편소설에서는 깊이와 넓이의 양면에서 인생을 전체적으로 그린다. 그러므로 인생의 폭넓은 체험과 깊은 통찰이 필요하다. 장편소설은 인생을 종합적으로 표현하기 위해 복합적인 구성방법을 활용한다. 여기서 말하는 복합적 구성이란 인물, 사건, 배경의 복합성을 의미한다. 단편소설은 인물과 사건과 배경의 단일성을 중시하지만, 장편소설에서는 수많은 등장인물과 여러 가지 사건이 서로 얽혀 시간과 장소를 이동하면서 나타난다. 이것을 하나의 이야기로 펼쳐놓기 위해서는 중심이 되는 이야기와 부수적인 이야기들을 만들어 이들을 서로 긴밀하게 연결하는 것이다. 장편소설 속에서 그려지는 사건은 수많은 복선을 가지고 확대 발전하며, 이러한 복합적인 구성을 바탕으로 하나의 새로운 삶을 창조한다.

장편소설은 인간과 그 삶을 새로이 해석하고 새로운 인간형을 창조하는 데 기여한다. 장편소설이 긴 시간과 여러 공간을 이동하면서 만들어내는 것은 하나의 구체적인 인생이다. 인생의 창조라는 것은 소설의 영원한 주제다. 그러나 소설에서 창조하는 인생은 현실과 상관없이 만들어지는 것은 아니다. 현실 속에서 발견하는 인간을 바탕으로 새로운 이상적인 인간형을 창조하는 것이 소설이다. 현실의 여러 가지 양상을 두루 체현하기 때문에 장편소설에서 그려내는 인간은 입체적인 성격을 지닌다.

서사 양식의 구조와 성격

소설과 같은 허구적 서사에서 재현되는 일련의 사건들은 인물과 그 인물들의 행위를 바탕으로 하여 하나의 이야기로 이어지며 어떤 의미를 드러낸다. 그리고 이 이야기는 화자(話者)가 청자(聽者)에게 말해주는 방식으로 제시된다. 그러므로 서사 양식으로서의 소설에는 이야기를 말해주는 화자가 있고 화자에 의해 전해지는 이야기가 있다. 여기서 화자는 이야기를 실제의 사실처럼 말해주는 서술 행위의 책임을 맡는다. 소설의 화자는 서로 다른 두 가지의 영역에 위치한다. 예컨대 소설이라는 텍스트를 중심으로 놓고 볼 때, 실재적인 화자는 작가다. 작가는 이야기인 텍스트를 실재적인 독자에게 제공한다. 그러나 서사 내적인 상황에서 화자는 텍스트 내적 세계의 한 영역을 담당하는 허구적인 이야기꾼이다. 여기서 화자는 서사의 내용이 되는 이야기를 텍스트의 세계에 존재하는 허구적인 청자에게 전달한다. 작가/독자, 그리고 화자/청자에 의해 이루어지는 소통 구조는 그러므로 텍스트 외적인 실재 공간과 텍스트 내적인 허구적 공간이라는 두 가지의 서로 다른 공간에 자리한다. 그렇지만, 이들은 서로 관습적으로 연결되어 있다. 작가는 마치 화자인 것처럼 이야기를 말하고 독자는 마치 자신이 청자인 것처럼 그 이야기를 듣는다. 그러므로 서사에서 화자는 그들이 말하고 있는 이야기의 내용에 참여하는 방식에 따라 여러 가지로 구분된다. 예컨대 이야기의 내용 속에 등장하는 작품 내적 화자와 이야기의 외부에서 이야기를 말해주는 작품 외적 화자가 있을 수 있다. 그러나 비허구적 서사에서 화자는 어떠한 경우이든지 항상 실재로 존재하는 발화자로서의 개인이며 이야기의 보고자 또는 기록자가 된다. 그리고 그가 말하는 이야기도 정보 자체의 실재성을 구현하는 것이 목표가 된다.

　소설의 이야기는 언제나 시간과 공간을 필요로 한다. 때와 장소는 이야기의 구성과 그 진행에 구체성을 부여한다. 시간과 공간의 결합이 없이는 서사 자체의 성립이 불가능하다. 경험적 역사적 서사에서 시간과 공간은 실재로 '어떤 일이 일어났던 구체적인 공간과 시간'을 의미한다. 그러므로 이러한 경험적 역사적 서사는 이미 일어난 것에 기초하여 그 사실의 실재성을 재현하고 전달한다. 그렇지만, 소설과 같은 허구적 서사는 이와 다르다. 허구적 서사는 일어날 수 있는 것을 마치 일어났던 것처럼 꾸며내기 위해 인물을 만들어 어떤 행위를 꾸며내고 그 행위에 시간과 공간의 구체성을 부여한다. 허구적 서사의 시간과 공간은 실재의 때와 장소가 아니라 가공의 시간과 공간이다. 허구적 서사에서 이야기 내용에 실재성을 부여하기 위해 가공의 시간과 공간을 만들어내고 실제의 일처럼 꾸며내는 행위, 이것이 바로 형상성이다. 이 형상성의 원리에 근거하여 소설은 허구적 서사로서 문학적 양식이 된다. 다시 말하면, 소설은 허구적 서사로서 이야기의 구성 원리 자체가 미적 형상성을 추구하는 것이다. 인물은 이야기의 구성에 맞게 성격화되어야 하며, 이야기의 전체적인 내용도 일정한 길이의 완결성을 드러내야 한다. 그리고 이 모든 요소들이 이른바 미적 통일성을 바탕으로 구성되어야 한다.

4. 소설의 주제

　소설의 이야기는 인간의 삶에 널려 있는 다양한 소재를 바탕으로 한다. 일상의 현실에서 보고 듣고 몸소 겪는 모든 일들이 소설의 이야깃거리가 될 수 있다. 이 같은 소재를 통해서 작가는 하나의 이야기를 만들며, 자기가 그려보고자 하는 인생을 보여주게 되는 것이다. 소설의 주제는 바로 이같은 이야기의 의미라고 할 수 있다. 소설에 등장하는 여러 가지 이야깃거리는 모두 소설의 주제를 위해 동원된다. 소설의 소재는 작가가 말하고자 하는 주제에 의해 어떤 방향으로 조직되며 통일된다. 그러므로 주제는 소재를 해석해 나가는 힘이라고 정의할 수 있다.

　소설의 주제는 작가가 작품 속에서 구현하고자 하는 중심된 의미다. 소설 속에서 쌓아올려진 의미를 주제라고 할 수 있다. 소설의 주제는 이야기를 통해 구체화된다. 그러므로 소설의 주제는 이야기가 지니고 있는 의미에 해당한다. 소설의 주제는 작품의 내용이며 작가의 사상이다. 작가가 어떤 문제를 다루고자 할 때, 그 다루고자 하는 문제 자체가 주제에 해당한다. 소설의 주제에는 작가 자신이 지니고 있는 인생관이나 세계관이 나타나 있다.

　소설의 주제는 이야기 속에 용해되어 있어야 한다. 고전소설의 경우에는 그 주제가 어떤 도덕적 관념과 결합되어 쉽게 드러난다. 예컨대 「심청전」의 경우, 부모에 대한 효성이라는 주제가 작품의 표면에 노출되어 있다. 주제가 표면화되어 있는 작품은 소설적 흥미가 반감되기 쉽고, 긴밀한 효과도 거두기 힘들다. 소설의 주제는 작품에서 가장 중요한 요건이지만 겉으로 드러나서는 안 된다. 이야기의 줄거리 가운데 쉽게 주제가 드러나게 되면 소설적 흥미도 없어지고 효과도 반감된다.

소설의 주제는 어떤 사상을 설명하는 것은 아니다. 심훈의 「상록수」와 같은 작품을 보면 농촌 계몽 의식이 작품의 구석구석에서 강조되고 있다. 주제를 표면화하여 강조하고 있기 때문에 등장인물들의 성격조차도 이 같은 주제 의식에 얽매여 있다. 작품에 대한 인상을 강하게 하고 주제 의식을 분명하게 하는 것은 좋지만 이 같은 수법이 반드시 효과적인 것은 아니다. 소설의 주제가 이야기 속에 용해되어 있다는 것은 작품의 내용과 밀착되어 있다는 것을 말한다. 작품 속에 녹아들어 있는 주제를 파악하고 이해하는 일은 소설을 읽는 독자들의 몫이다.

소설의 주제는 작품의 전체적인 효과를 놓고 파악해야 한다. 소설의 주제는 대체로 이야기 속에 전개되는 사건과 행동을 통해 구현된다. 등장인물의 행동은 소설이 지향하는 어떤 목표를 향해 전개된다. 그러므로 그 행동의 의미 속에 주제가 내포되어 있는 경우가 많다. 소설의 주제는 대체로 이야기의 결말 단계에서 구체적으로 드러난다. 모든 사건과 갈등이 해결되는 순간에 이야기의 의미가 살아나기 때문이다. 이범선의 「학마을 사람들」을 보면 마을 사람들의 행동을 모두 학의 출몰과 함께 연결시켜 이야기를 전개하고 있다. 이때 학은 단순한 이야기의 소재라기보다는 하나의 상징적 존재로서 평화와 화합을 의미하기도 한다. 바로 이 같은 의미가 소설의 주제로 발전하고 있다.

소설의 주제는 작품을 서술하는 어조를 통해 드러나기도 한다. 작품 속에서 작중화자 또는 서술자가 어떤 방향으로 이야기를 서술하느냐에 따라 작품의 의미가 달라진다. 채만식의 「치숙」을 보면 작중화사의 어조가 득이하다. 작중화자는 자신의 입장을 내세우면서 숙부를 비웃고 야유한다. 대학을 나온 후 사회주의 운동에 가담했다가 감옥생활까지 한 숙부가 아무 일도 하지 못하고 숙모에게 얹혀 살아가는 것을 우습게 여기는 것이다. 작중화자는 일본인 상점에서 일본인의 비위를 맞추면서 돈을 벌고 있는 자신을 내세우면서 숙부의 어정쩡한 지식을 얕보기도 한다. 바로 이 같은 서술적 어조가 이 작품에서는 풍자적인 효과를 거둔다. 부정적인 인물이 자기 입장을 내세워 오히려 긍정적인 인물을 비판하고 있기 때문이다.

 소설의 주제는 전체적인 이야기의 분위기에 의해 형성되는 경우도 있다. 작품의 이야기가 지니는 배경이나 분위기는 독자들에게 어떤 의미를 연상시키는 기능을 지닌다. 그러므로 소설의 분위기가 소설 내용의 방향이나 의미의 윤곽을 암시한다. 김동리의 「무녀도」를 보면, 무당 모화가 살고 있는 집의 을씨년스런 분위기가 잘 묘사되어 있다. 이러한 음험한 분위기를 통해 이야기의 방향과 그 의미가 암시된다.

 하나의 작품은 하나의 주제를 가진다. 주제는 작품이 지니고 있는 궁극적인 의미이기 때문에 하나의 의미로 요약된다. 주제의 단일성이란 의미의 핵심을 말하는 것이다. 하나의 소설에서 다루어지는 이야기를 보면 여러 가지 의미를 내포한다. 소설의 주제는 그 이야기의 의미들이 통합되는 과정에서 드러난다. 그런데 소설은 하나의 이야기 속에 다양한 사건과 인물들이 등장하기 때문에 그 의미를 하나로 집약시켜 놓기가 어렵다. 하나의 이야기라고 하더라도 여러 가지의 의미가 내포될 수 있는 것이다. 그러므로 소설의 주제는 복합적인 의미 속에서 형성된다. 이광수의 「무정」과 같은 장편소설의 경우 등장인물들이 다양하고 사건도 우여곡절이 많다. 그러므로 이야기의 내용도 복합적이다. 남자 주인공의 경우를 중심으로 보면, 이 소설에는 사랑의 성취라는 주제가 자리 잡고 있다. 그러나 여자 주인공의 경우를 보면, 고난과 역경을 이기고 새로운 교육의 길을 찾아나서는 계몽 의식이 강하게 드러난다. 그러므로 이 작품은 주제 내용이 복합적이다. 물론 자유연애와 신교육이라는 것 자체가 더 큰 의미의 사회적 계몽 의식에 해당한다.

5. 소설의 언어와 문체

 문학은 언어로 이루어지는 예술이다. 소설의 경우에는 운문으로 이루어지는 시와는 달리 산문으로 이루어진다. 그러나 어떤 경우이든지 작가나 시인이 말을 어떻게 부리며 쓰는가에 따라서 그 작품의 의미나 느낌 혹은 그 강도가 달라지기 마련이다. 소설의 문체는 이야기를 서술하는 문장의 독특한 표현 방식을 말한다. 문체는 고정되어 있는 문장의 유형이 아니다. 흔히 간결체, 만연체, 강건체, 우유체 등으로 문체 유형을 구분하는 경우가 많은데, 이러한 문체 유형을 갖고는 문체가 지니는 중요성을 제대로 설명할 수가 없다. 문체는 문장의 어떤 유형을 요구하는 것이 아니라 언어를 선택하고 배열하는 과정에서 자연스럽게 이루어지는 문장의 표현 구조일 뿐이다.

다음의 예를 보자.

(1) 나는 사과를 좋아한다.
(2) 사과를 나는 좋아한다.
(3) 나는 사과가 좋아.

위의 세 문장은 사과를 좋아한다는 같은 뜻을 가지고 있다. 그러나 말하고자 하는 의도나 성격이 약간의 차이를 드러낸다. 이러한 차이는 일종의 문체상의 차이라고 할 수 있으며, 글을 쓰는 사람에 따라 다르게 나타나는 것이다. 시대적 상황이나 환경도 문체에 영향을 미치게 된다. 옛 선인들의 글에서 보이는 어휘나 문투가 오늘날의 경우와 커다란 차이를 드러내는 것은 이 때문이다.

소설의 문체는 작가마다 다르다. 두 사람의 작가가 똑같은 내용의 이야기를 소설로 만들었다고 해서 반드시 같은 작품이 될 수는 없는 일이다. 작가마다 구상하는 방법이 다르고 언어를 다루는 방법도 다르기 때문이다. 소설마다 그 문체가 특이한 것은 어휘 선택, 문장의 길이, 비유나 암시 등과 같은 표현 방식 등이 서로 다르기 때문에 나타나는 현상이다. 작가마다 자기 특유의 언어 표현의 방식을 가지고 있으므로, 작품 전반에 흐르는 작가의 감정적 자세인 어조(tone)가 서로 다르게 형성된다고 할 수 있는 것이다.

　문체는 작가의 몫이다. 작가마다 특이한 문체가 있고, 그 문체에 의해 작품의 성향이 결정되기도 한다. 이광수의 문체는 표면적으로 엄숙한 어조가 흐르는 한편 단호한 어조를 보인다고 평가되고 있다. 그의 문체는 서술의 조리가 있지만, 형상적인 표현에는 부족함이 있다고 지적되기도 한다. 이러한 특징은 이광수의 계몽주의자로서의 면모를 나타내 준다. 즉 민족의 지도자로 자처하며 당대의 독자들에게 설교하기를 즐겨했던 그의 의식이 문체에 그대로 드러나 있는 것이다. 김동인의 문체는 간결하고 묘사도 치밀하다. 이러한 문체는 소설에서 사건의 속도를 빠르게 하고 긴박한 호흡을 느낄 수 있도록 만들어 준다. 이효석은 감각적 표현과 섬세한 묘사가 뛰어난 작가다. 이러한 표현은 인간의 인식을 원초적이고 감각적인 차원으로 이행시켜 생각하기보다는 느끼도록 하는 특성이 있다. 자연과 주인공의 합일을 주된 주제로 삼는 그의 소설과 잘 어울리는 문체라고 할 수 있다. 하지만 작품의 주제가 현실 비판적이고 풍자적인 경우에 이러한 감각적 문장은 효과를 거두지 못한다. 있는 현실의 부조리한 점을 직시하고 비판하기 위해서는 냉소적이고 독설적인 문체가 적합한 것이다.

　문체의 특징은 대개 어휘의 선택에 의해 좌우된다. 우리말의 경우에는 고유어와 한자어의 차이에서 문체의 특징이 비롯되기도 한다. 고유어는 일상적인 언어로서 직감적이고 정서적인 느낌을 잘 나타낸다. 고유어를 잘 활용하면, 그만큼 부드럽고 정감있는 글을 쓸 수 있다. 그러나 한자어는 개념적이고 추상적인 표현에 적절하다. 한자어를 많이 쓰면 글이 딱딱하고, 논리적인 느낌을 준다.

　문장의 유형에 따라서도 문체의 특징이 좌우된다. 문장의 길이를 어떻게 조절하느냐 하는 문제는 작가의 선택에 맡길 수밖에 없다. 글의 성격이나 내용에 따라서는 문장의 길이를 적절하게 조절하는 가운데, 문체의 특징을 드러낼 수 있다. 이 밖에도 문체는 여러 가지 요소에 의해 그 특징이 나타나게 된다. 그러나 무엇보다도 중요한 것은 그러한 특징이 작가의 태도와 선택에 따라 결정된다는 점이다. 작가가 자기 자신의 문체를 갖는다는 것은 어떤 고정적인 틀에 맞추는 것이 아니라, 스스로 자신의 문체를 만들어 가는 것을 뜻한다.

소설의 문체상의 특징은 지문과 대화를 통해 드러난다. 소설의 지문은 등장인물의 대화를 제외한 문장을 일컫는다. 지문은 등장인물과 배경을 제시하고 사건을 설명하는 서술과 묘사로 이루어진다. 대화는 등장인물이 주고받는 말인데, 대화를 통해 인물의 성격이 묘사된다. 대화는 사건의 경과를 암시하기도 하고 인물의 상호 관계를 드러내어 준다. 소설의 지문이 서술 중심으로 이루어진 경우에는 사건의 진행 과정에 대한 요약적인 제시가 많기 때문에 이야기 내용에 대한 이해가 용이하다. 그러나 묘사와 대화를 중심으로 하는 경우에는 인물의 성격이나 사건의 경과를 간접적으로 암시하기 때문에 독자들이 소설의 내용 속으로 빠져 들어가는 이른바 상상적인 참여가 많아져서 그만큼 극적인 효과를 거둘 수 있다.

작품읽기 01

김동인_ 배따라기

　좋은 일기이다.
　좋은 일기라도, 하늘에 구름 한 점 없는— 우리 '사람'으로서는 감히 접근 못할 위엄을 가지고, 높이서 우리 조고만 '사람'을 비웃는 듯이 내려다보는, 그런 교만한 하늘은 아니고, 가장 우리 '사람'의 이해자인 듯이 낮추 몽글몽글 엉기는 분홍빛 구름으로서 우리와 서로 손목을 잡자는 그런 하늘이다. 사랑의 하늘이다.
　나는, 잠시도 멎지 않고 푸른 물을 황해로 부어 내리는 대동강을 향한, 모란봉 기슭 새파랗게 돋아나는 풀 위에 뒹굴고 있었다.

*

　이날은 삼월 삼질[1], 대동강에 첫 뱃놀이하는 날이다. 까맣게 내려다보이는 물 위에는, 결결이 반짝이는 물결을 푸른 놀잇배들이 타고 넘으며, 거기서는 봄향기에 취한 형형색색의 선율이, 우단보다도 부드러운 봄공기를 흔들면서 날아온다. 그리고 거기서 기생들의 노래와 함께 날아오는 조선

---
[1] 삼월 삼질: 음력 3월 3일.

아악(雅樂)은 느리게, 길게, 유창하게, 부드럽게 그리고 또 애처롭게, 모든 봄의 정다움과 끝까지 조화하지 않고는 안 두겠다는 듯이, 대동강에 흐르는 시커먼 봄물, 청류벽에 돋아나는 푸르른 풀어음[2], 심지어 사람의 가슴 속에 봄에 뛰노는 불붙는 핏줄기까지라도, 습기 많은 봄공기를 다리 놓고 떨리지 않고는 두지 않는다.

봄이다. 봄이 왔다.

부드럽게 부는 조고만 바람이, 시커먼 조선 솔을 꿰며, 또는 돋아나는 풀을 슬치고 지나갈 때의 그 음악은, 다른 데서는 듣지 못할 아름다운 음악이다.

아아, 사람을 취케 하는 푸르른 봄의 아름다움이여! 열다섯 살부터의 동경(東京) 생활에, 마음껏 이런 봄을 보지 못하였던 나는, 늘 이것을 보는 사람보다 곱 이상의 감명을 여기서 받지 않을 수 없다.

평양성 내에는, 겨우 툭툭 터진 땅을 헤치면 파릇파릇 돋아나는 나무새기[3]와 돋아나려는 버들의 어음으로 봄이 온 줄 알 뿐 아직 완전히 봄이 안 이르렀지만, 이 모란봉 일대와 대동강을 넘어 보이는 가나안 옥토를 연상시키는 장림(長林)에는 마음껏 봄의 정다움이 이르렀다.

그리고 또 꽤 자란 밀보리들로 새파랗게 장식한 장림의 그 푸른 빛. 만족한 웃음을 띠고 그 벌에 서서 내다보는 농부의 모양은 보지 않아도 생각할 수가 있다.

구름은 자꾸 하늘을 날아다니는 모양이다. 그 밑 위에 비치었던 구름의 그림자는 그 구름과 함께 저편으로 물러가며, 서기는 세계를 아까 만들어 놓은 것 같은 새로운 녹빛이 퍼져 나간다. 바람이나 조곰 부는 때는 그 잘 자란 밀들은 물결같이 누웠다 일어났다 일록일청(一綠一靑)으로 춤을 춘다. 그리고 봄의 한가함을 찬송하는 솔개들은, 높은 하늘에서 동그라미를

---

[2] 풀어음: 돋아나는 풀의 새싹. 어음은 새싹을 말함.
[3] 나무새기: 나무새의 평안도 방언. 나물.

그리면서 더욱더 아름다운 봄에 향기로운 정취를 더한다.
"다스한 봄정에 솟아나리다. 다스한 봄정에 솟아나리다."
나는 두어 번 소리나게 읊은 뒤에 담배를 붙여 물었다. 담뱃내는 무럭무럭 하늘로 올라간다.
하늘에도 봄이 왔다.
하늘은 낮았다. 모란봉 꼭대기에 올라가면 넉넉히 만질 수가 있으리만큼 하늘은 낮다. 그리고 그 낮은 하늘보담은 오히려 더 높이 있는 듯한 분홍빛 구름은 뭉글뭉글 엉기면서 이리저리 날아다닌다.
나는 이러한 아름다운 봄경치에 이렇게 마음껏 봄의 속삭임을 들을 때는 언제든 유토피아를 아니 생각할 수 없다. 우리가 시시각각으로 애를 쓰며 수고하는 것은, 그 목적은 무엇인가. 역시 유토피아 건설에 있지 않을까. 유토피아를 생각할 때는 언제든 그 '위대한 인격의 소유자'며 '사람의 위대함을 끝까지 즐긴' 진나라 시황(秦始皇)을 생각지 않을 수 없다.
우리가 어찌하면 죽지를 아니할까 하여, 소년 삼백을 배에 태워 불사약을 구하려 떠나보내며, 예술의 사치를 다하여 아방궁을 지으며, 매일 신하 몇천 명과 잔치로써 즐기며, 이리하여 여기 한 유토피아를 세우려던 시황은, 몇만의 역사가가 어떻다고 욕을 하든, 그는 참말로 인생의 향락자이며 역사 이후의 제일 큰 위인이라고 할 수가 있다. 그만한 순전한 용기 있는 사람이 있고야 우리 인류의 역사는 끝이 날지라도 한 '사람'을 가졌다고 할 수 있다.
"큰사람이었었다."
하면서 나는 머리를 흔들었다.
이때다, 기자묘 근처에서 무슨 슬픈 음률이 봄공기를 진동시키며 날아오는 것이 들렸다.
나는 무심코 귀를 기울였다.
〈영유 배따라기〉다. 그것도 웬만한 광대나 기생은 발꿈치에도 미치지 못하리만큼, 그만큼 그 배따라기의 주인은 잘 부르는 사람이었다.

비나이다, 비나이다.
산천후토 일월성신 하나님전 비나이다.
실낱 같은 우리 목숨 살려 달라 비나이다.
에—야, 어그여지야.

여기까지 이르렀을 때에 저편 아래 물에서 장고(長鼓) 소리와 함께 기생의 노래가 울리어 오며 배따라기는 그만 안 들리게 되었다.

나는 이 년 전 한여름을 영유서 지내 본 일이 있다. 배따라기의 본고장인 영유를 몇 달 있어 본 사람은 그 배따라기에 대하여 언제든 한 속절없는 애처로움을 깨달을 것이다.

영유, 이름은 모르지만 ×산에 올라가서 내다보면 앞은 망망한 황해이니, 그곳 저녁때의 경치는 한번 본 사람은 영구히 잊을 수가 없으리라. 불덩이 같은 커다란 시뻘건 해가 남실남실 넘치는 바다에 도로 빠질 듯 도로 솟아오를 듯 춤을 추며, 거기서 때때로 보이지 않는 배에서 〈배따라기〉만 슬프게 날아오는 것을 들을 때엔 눈물 많은 나는 때때로 눈물을 흘렸다. 이로 보아서, 어떤 원의 아내가 자기의 모든 영화를 낡은 신같이 내어던지고 뱃사람과 정처없는 물길을 떠났다 함도 믿지 못할 말이랄 수가 없다.

영유서 돌아온 뒤에도 그 〈배따라기〉는 내 마음에 깊이 새기어져 잊으려야 잊을 수가 없었고, 언제 한번 다시 영유를 가서 그 노래를 한번 더 들어 보고 그 경치를 다시 한번 보고 싶은 생각이 늘 떠나지를 않았다.

*

장고 소리와 기생의 노래는 멎고 배따라기만 구슬프게 날아온다. 결결이 부는 바람으로 말미암아 때때로는 들을 수가 없으되, 나의 기억과 곡조를 종합하여 들은 배따라기는 이 대목이다.

강변에 나왔다가
나를 보더니만
혼비백산하여
꿈인지 생시인지
와르륵 달려들어
섬섬옥수로 부쳐잡고
호천망극하는 말이
'하늘로서 떨어지며
땅으로서 솟아났나
바람결에 묻어 오고
구름길에 쌔여 왔나'
이리 서로 붙들고 울음 울 제
인리 제인[4]이며
일가 친척이 모두 모여

여기까지 들은 나는 마침내 참지 못하고 벌떡 일어서서 소나무 가지에 걸었던 모자를 내려 쓰고, 그곳을 찾으러 모란봉 꼭대기에 올라섰다. 꼭대기는 좀더 노랫소리가 잘 들린다. 그는, 배따라기의 맨 마지막, 여기를 부른다.

밥을 빌어서
죽을 쑬지라도
제발 덕분에
뱃놈 노릇은 하지 마라
에ㅡ야 어그여지야

---

[4] 인리(隣里) 제인(諸人): 이웃 마을의 여러 사람들.

그의 소리로써 방향을 찾으려던 나는 그만 그 자리에 섰다.

"어딘가? 기자묘? 혹은 을밀대(乙密臺)?"

그러나 나는 오래 서 있을 수가 없었다. 어떻든 찾아보자 하고, 현무문으로 가서 문 밖에 썩 나섰다. 기자묘의 깊은 솔밭은 눈앞에 쫙 퍼진다.

"어딘가?"

나는 또 물어 보았다.

이때에 그는 또다시 배따라기를 시초부터 부른다. 그 소리는 왼편에서 온다.

왼편이구나 하면서, 소리 나는 곳을 더듬어서 소나무 틈으로 한참 돌다가, 겨우, 기자묘치고는 그 중 하늘이 넓고 밝은 곳에 혼자서 뒹굴고 있는 그를 찾아내었다. 나의 생각한 바와 같은 얼굴이다. 얼굴, 코, 입, 눈, 몸집이 모두 네모나고 그의 이마의 굵은 주름살과 시커먼 눈썹은 고생 많이 함과 순진한 성격을 나타낸다.

그는 어떤 신사가 자기를 들여다보는 것을 보고 노래를 그치고 일어나 앉는다.

"왜? 그냥 하지요."

하면서 나는 그의 곁에 가 앉았다.

"머······."

할 뿐 그는 눈을 들어서 터진 하늘을 쳐다본다.

좋은 눈이었다. 바다의 넓고 큼이 유감없이 그의 눈에 나타나 있다. 그는 뱃사람이라 나는 짐작하였다.

"잘 하는구레."

"잘 해요?"

그는 나를 잠깐 보고, 사람 좋은 웃음을 띤다.

"고향이 영유요?"

"예, 머, 영유서 나기는 했디만 한 이십 년 영유 가보디두 않았시요."

"왜, 이십 년씩 고향엘 안 가요?"

"사람의 일이라니 마음대로 됩데까?"
그는, 왜 그러는지, 한숨을 짓는다.
"거저, 운명이 데일 힘셉디다."
운명의 힘이 제일 세다는 그의 소리는 삭이지 못할 원한과 뉘우침이 섞여 있다.
"그래요?"
나는 다만 그를 건너다볼 뿐이다.
한참 잠잠하니 있다가 나는 다시 말하였다.
"자, 노형의 경험담이나 한번 들어 봅시다. 감출 일이 아니면 한번 이야기해 보소."
"머, 감출 일은······."
"그럼, 어디 들어 봅시다그려."
그는 다시 하늘을 처다보았다. 그러나 좀 있다가,
"하디요."
하면서 내가 담배를 붙이는 것을 보고 자기도 담배를 붙여 물고 이야기를 꺼낸다.
"닞히디두 않는 십구 년 전 팔월 열하룻날 일인데요."
하면서 그가 이야기한 바는 대략 이와 같은 것이다.

*

그의 살던 마을은 영유 고을서 한 이십 리 떠나 있는, 바다를 향한 조고만 어촌이다. 그의 살던 조고만 마을(서른 집쯤 되는)에서는 그는 꽤 유명한 사람이었다.

그의 부모는 모두 열댓 세 났을 때 돌아갔고, 남은 사람이라고는 곁집에 딴살림하는 그의 아우 부처와 그 자기 부처뿐이었다. 그들 형제가 그 마을에서 제일 부자이고 또 제일 고기잡이를 잘하였고 그 중 글이 있었고 배따라기도 그 마을에서 빼나게 그 형제가 잘 불렀다. 말하자면 그 형제가 그 동네의 대표적 사람이었다.

팔월 보름은 추석 명절이다. 팔월 열하룻날 그는 명절에 쓸 장도 볼 겸, 그의 아내가 늘 부러워하는 거울도 하나 사올 겸, 장으로 향하였다.

"당손네 집에 있는 것보다 큰 것이오. 닞디 말구요."

그의 아내는 길까지 따라나오면서 잊지 않도록 부탁하였다.

"안 닞어."

하면서 그는 떠오르는 새빨간 햇빛을 앞으로 받으면서 자기 마을을 나섰다.

그는 아내를 (이렇게 말하기는 우습지만) 고와했다. 그의 아내는 촌에는 드물도록 연연하고도 예쁘게 생겼다. (그는 나에게 이렇게 말하였다.)

"성내(평양) 덴줏골(갈보촌)을 가두 그만한 거 쉽디 않갔시오."

그러니까 촌에서는, 그리고 그 당시에는 남에게 우습게 보이도록 그 내외의 새는 좋았다. 늙은이들은 계집에게 혹하지 말라고 흔히 그에게 권고하였다.

부처의 새는 좋았지만 — 아니 오히려 좋으므로 그는 아내에게 샘을 많이 하였다. 그리고 그의 아내는 시기를 받을 일을 많이 하였다. 품행이 나쁘다는 것이 아니라, 그의 아내는 대단히 천진스럽고 쾌활한 성질로서 아무에게나 말 잘 하고 애교를 잘 부렸다.

그 동네에서는 무슨 명절이나 되면, 집이 그 중 정결함을 핑계삼아 젊은이들은 모두 그의 집에 모이고 하였다. 그 젊은이들은 모두 그의 아내에게 '아즈마니'라 부르고, 그의 아내는 '아즈바니 아즈바니' 하며 그들과 지껄이고 즐기며, 그 웃기 잘 하는 입에는 늘 웃음을 흘리고 있었다. 그럴 때마다 그는 한편 구석에서 눈만 힐근거리며 있다가 젊은이들이 돌아간 뒤에는 불문곡직하고 아내에게 덤벼들어 발길로 차고 때리며, 이전에 사다 주었던 것을 모두 걷어올린다. 싸움을 할 때에는 언제든 곁집에 있는 아우 부처가 말리러 오며, 그렇게 되면 언제든 그는 아우 부처까지 때려 주었다.

그가 아우에게 그렇게 구는 데는 이유가 있었다. 그의 아우는, 시골 사람에게는 쉽지 않도록 늠름한 위엄이 있었고, 맨날 바닷바람을 쏘였지만 얼굴이 희었다. 이것뿐으로도 시기가 된다 하면 되지만, 특별히 아내가 그의 아우에게 친절히 하는 데는, 그는 속이 끓어 못 견디었다.

그가 영유를 떠나기 반 년 전쯤 — 다시 말하자면 그가 거울을 사러 장에 갈 때부터 반 년 전쯤 그의 생일날이었다. 그의 집에서는 음식을 차려서 잘 먹었는데, 그에게는 괴상한 버릇이 있었으니, 맛있는 음식은 남겨 두었다가 좀 있다 먹고 하는 것이 습관이었다. 그의 아내도 이 버릇은 잘 알 터인데 그의 아우가 점심때쯤 오니까, 아까 그가 아껴서 남겨 두었던 그 음식을 아우에게 주려 하였다. 그는 눈을 부릅뜨고 '못 주리라'고 암호하였지만 아내는 그것을 보았는지 못 보았는지 그의 아우에게 주어 버렸다. 그는 마음속이 자못 편치 못하였다. '트집만 있으면 이년을⋯⋯' 그는 마음먹었다.

그의 아내는 시아우에게 상을 준 뒤에 물러오다가 그만 그의 발을 조금 밟았다.

"이년!"

그는 힘껏 발을 들어서 아내를 냅다 찼다. 그의 아내는 상 위에 거꾸러졌다가 일어난다.

"이년, 사나이 발을 짓밟는 년이 어디 있어!"

"거 좀 밟아서 발이 부러졌쉐까?"

아내는 낯이 새빨개져서 울음 섞인 소리로 고함친다.

"이년! 말대답이⋯⋯."

그는 일어서서 아내의 머리채를 휘어잡았다.

"형님! 왜 이리십니까."

아우가 일어서면서 그를 붙잡았다.

"가만있거라, 이놈의 자식."

하며 그는 아우를 밀친 뒤에 아내를 되는 대로 내리찧었다.

"죽일 년, 이년! 나가거라!"

"죽에라, 죽에라! 난, 죽어도 이 집에선 못 나가!"

"못 나가?"

"못 나가디 않구. 뉘 집이게······."

이때다. 그의 마음에는 그 '못 나가겠다'는 아내의 마음이 푹 들이 박혔다. 그 이상 때리기가 싫었다. 우두커니 눈만 흘기고 있다가 그는,

"망할 년, 그럼 내가 나갈라."

하고 그만 문 밖으로 뛰어나와서,

"형님, 어디 갑니까."

하는 아우의 말에는 대답도 안 하고, 곁동네 탁주집으로 뒤도 안 돌아보고 가서, 거기 있는 술 파는 계집과 술상 앞에 마주 앉았다.

그날 저녁 얼근히 취한 그는 아내를 위하여 떡을 한 돈 어치 사가지고 집으로 돌아왔다.

이리하여 또 서너 달은 평화가 이르렀다. 그러나 이 평화가 언제까지든 계속될 수가 없었다. 그의 아우로 말미암아 또 평화는 쪼개져 나갔다.

오월 초승부터 영유 고을 출입이 잦던 그의 아우는, 오월 그믐께부터는 고을에서 며칠씩 묵어 오는 일이 많았다. 함께, 고을에 첩을 얻어두었다는 소문이 퍼졌다. 이 소문이 있은 뒤는 아내는 그의 아우가 고을 들어가는 것을 벌레보다도 더 싫어하고, 며칠 묵어나 오는 때면 곧 아우의 집으로 가서 그와 담판을 하며 심지어 동서 되는 아우의 처에게까지 못 가게 하지 않는다고 싸우는 일이 있었다. 칠월 초승께 그의 아우는 고을에 들어가서 열흘쯤 묵어 온 일이 있었다. 이때도 전과 같이 그의 아내는 그의 아우며 제수와 싸우다 못하여, 마침내 그에게까지 와서 아우가 그런 못된 데를 다니는 것을 그냥 둔다고, 해보자 한다. 그 꼴을 곱게 보지 않았던 그는 첫마디로 고함을 쳤다.

"네게 상관이 무에가? 듣기 싫다."

"못난둥이. 아우가 그런 델 댕기는 걸 말리디두 못하구!"

분김에 이렇게 그의 아내는 고함쳤다.

"이년, 무얼?"

그는 벌떡 일어섰다.

"못난둥이!"

그 말이 채 끝나기 전에 그의 아내는 악 소리와 함께 그 자리에 거꾸러졌다.

"이년! 사나이에게 그따윗말버릇 어디서 배완!"

"에미네 때리는 건 어디서 배왔노! 못난둥이."

그의 아내는 울음 소리로 부르짖었다.

"샹년 그냥? 나갈, 우리집에 있디 말구 나갈."

그는 내리찧으면서 부르짖었다. 그리고 아내를 문을 열고 밀쳤다.

"나가디 않으리!"

하고 그의 아내는 울면서 뛰어나갔다.

"망할년!"

토하는 듯이 중얼거리고 그는 그 자리에 주저앉았다.

그의 아내는 해가 져서 어두워져도 돌아오지 않았다. 일단 내어쫓기는 하였지만 그는 아내의 돌아옴을 기다리고 있었다. 어두워져서도 그는 불도 안 켜고 성이 나서 우들우들 떨면서 아내의 돌아오기를 기다렸다. 그러나 그의 아내의 참 기쁜 듯이 웃는 소리가 그의 아우의 집에서 밤새도록 울리었다. 그는 움쩍도 안 하고 그 자리에 앉아서 밤을 새운 뒤에, 새벽 동터 올 때 아내와 아우를 죽이려고 부엌에 가서 식칼을 가지고 들어와서 문을 벌컥 열었다.

그의 아내로서 만약 근심스러운 얼굴을 하고 그 문 밖에 우두커니 서서 문을 들여다보고 있지 않았다면, 그는 아내와 아우를 죽이고야 말았으리라. 그는 아내를 보는 순간 마음에 가득 차는 사랑을 깨달으면서, 칼을 내던지고 뛰어나가서 아내의 머리채를 휘어잡고, 이년 하면서 들어와서 뺨을 물어뜯으면서 함께 이리저리 자빠져서 뒹굴었다.

그런 이야기를 다 하려면 끝이 없으되 다만 '그' '그의 아내' '그의 아우' 세 사람의 삼각관계는 대략 이와 같았다.

각설—

거울은 마침 장에 마음에 맞는 것이 있었다. 지금 것과 대보면 어떤 때는 코도 크게 보이고 입이 작게도 보이는 것이지만, 그 당시에는, 그리고 그런 촌에서는 둘도 없는 귀물이었다.

거울을 사가지고 장을 본 뒤에 그는 이 거울을 아내에게 주면 그 기뻐할 모양을 생각하며, 새빨간 저녁 햇빛을 받는 넘치는 듯한 바다를 안고, 자기 집으로, 늘 들러 오던 탁주집에도 안 들러서 돌아왔다.

그러나 그가 그의 집 방 안에 들어설 때에는 뜻도 안 하였던 광경이 그의 눈에 벌이어 있었다.

방 가운데는 떡상이 있고, 그의 아우는 수건이 벗어져서 목 뒤로 늘어지고 저고리 고름이 모두 풀어져 가지고 한편 모퉁이에 서 있고, 아내도 머리채가 모두 뒤로 늘어지고 치마가 배꼽 아래 늘어지도록 되어 있으며, 그의 아내와 아우는 그를 보고 어찌할 줄을 모르는 듯이 움쩍도 안 하고 서 있었다.

세 사람은 한참 동안 어이가 없어서 서 있었다. 그러나 좀 있다가 마침내 그의 아우가 겨우 말했다.

"그놈의 쥐 어디 갔니?"

"흥! 쥐? 훌륭한 쥐 잡댔구나!"

그는 말을 끝내지도 않고 짐을 벗어던지고 뛰어가서 아우의 멱살을 그러잡았다.

"형님! 정말 쥐가—"

"쥐? 이놈! 형수하고 그런 쥐 잡는 놈이 어디 있니?"

그는 아우를 따귀를 몇 대 때린 뒤에 등을 밀어서 문 밖에 내어던졌다. 그런 뒤에 이제 자기에게 이를 매를 생각하고 우들우들 떨면서 아랫목에 서 있는 아내에게 달려들었다.

"이년! 시아우와 그런 쥐 잡는 년이 어디 있어!"

그는 아내를 거꾸러뜨리고 함부로 내리찧었다.

"정말 쥐가…… 아이 죽겠다."

"이년! 너두 쥐? 죽어라!"

그의 팔다리는 함부로 아내의 몸 위에 오르내렸다.

"아이, 죽갔다. 정말 아까 적으니(시아우)가 왔기에 떡 먹으라구 내놓았더니—"

"듣기 싫다! 시아우 붙은 년이, 무슨 잔소릴…….."

"아이, 아이, 정말이야요. 쥐가 한 마리 나…….."

"그냥 쥐?"

"쥐 잡을래다가…….."

"샹년! 죽어라! 물에래두 빠데 죽얼!"

그는 실컷 때린 뒤에, 아내도 아우처럼 등을 밀어 내어쫓았다. 그 뒤에 그의 등으로,

"고기 배때기에 장사해라!"

하고 토하였다.

분풀이는 실컷 하였지만, 그래도 마음속이 자못 편치 못하였다. 그는 아랫목으로 가서 바람벽을 의지하고 실신한 사람같이 우두커니 서서 떡상만 들여다보고 있었다.

한 시간…… 두 시간…….

서편으로 바다를 향한 마을이라 다른 곳보다는 늦게 어둡지만, 그래도 술시(戌時)쯤 되어서는 깜깜하니 어두웠다. 그는 불을 켜려고 바람벽에서 떠나서 성냥을 찾으러 돌아갔다.

성냥은 늘 있던 자리에 있지 않았다. 그래서 여기저기 뒤적이노라니까, 어떤 낡은 옷뭉치를 들칠 때에 문득 쥐 소리가 나면서 무엇이 후덕덕 뛰어나온다. 그리하여 저편으로 기어서 도망한다.

"역시 쥐댔구나."

그는 조그만 소리로 부르짖었다. 그리고 그만 그 자리에 맥없이 덜썩 주저앉았다.

아까 그가 보지 못한 때의 광경이 활동사진과 같이 그의 머리에 지나갔다.

아우가 집에를 온다. 아우에게 친절한 아내는 떡을 먹으라고 아우에게 떡상을 내놓는다. 그때에 어디선가 쥐가 한 마리 뛰어나온다. 둘(아우와 아내)이서는 쥐를 잡노라고 돌아간다. 한참 성화시키던 쥐는 어느 구석에 숨어 버린다. 그들은 쥐를 찾느라고 뒤룩거린다. 그럴 때에 그가 집에 들어선 것이다.

"샹년, 좀 있으믄 안 들어오리……."

그는 억지로 마음먹고 그 자리에 드러누웠다.

그러나 아내는 밤이 가고 날이 밝기는커녕 해가 중천에 올라도 돌아오지를 않았다. 그는 차차 걱정이 나서 찾아보러 나섰다.

아우의 집에도 없었다. 동네를 모두 찾아보아도 본 사람도 없다 한다.

그리하여, 낮쯤 한 삼사 리 내려가서 바닷가에서 겨우 아내를 찾기는 찾았지만 그 아내는 이전 같은 생기로 찬 산 아내가 아니요, 몸은 물에 불어서 곱이나 크게 되고, 이전에 늘 웃음을 흘리던 예쁜 입에는 거품을 잔뜩 문, 죽은 아내였다.

그는 아내를 업고 집으로 돌아오기까지 정신이 없었다.

이튿날 간단하게 장사를 하였다. 뒤에 따라오는 아우의 얼굴에는,

"형님, 이게 웬일이오니까."

하는 듯한 원망이 있었다.

장사를 지낸 이튿날부터 아우는 그 조그만 마을에서 없어졌다. 하루 이틀은 심상히 지냈지만, 닷새 엿새가 지나도 아우는 돌아오지 않았다. 그래서 알아보니까, 꼭 그의 아우같이 생긴 사람이 오륙 일 전에 멧산자 보따리를 하여 진 뒤에 시뻘건 저녁해를 등으로 받고 더벅더벅 동쪽으로 가더라 한다. 그리하여 열흘이 지나고 스무 날이 지났지만 한번 떠난 그의 아우는 돌아올 길이 없고, 혼자 남은 아우의 아내는 매일 한숨으로 세월을 보내게 되었다.

그도 이것을 잠자코 보고 있을 수가 없었다. 그 불행의 모든 죄는 죄 그에게 있었다.

그도 마침내 뱃사람이 되어, 적으나마 아내를 삼킨 바다와 늘 접근하며 가는 곳마다 아우의 소식을 알아보려고, 어떤 배를 얻어 타고 물길을 나섰다.

그는 가는 곳마다 아우의 이름과 모습을 말하여 물었으나, 아우의 소식은 알 수가 없었다.

이리하여 꿈결같이 십 년을 지내서 구 년 전 가을, 탁탁히 낀 안개를 꿰며 연안(延安) 바다를 지나가던 그의 배는, 몹시 부는 바람으로 말미암아 파선을 하여, 벗 몇 사람은 죽고, 그는 정신을 잃고 물 위에 떠돌고 있었다.

그가 겨우 정신을 차린 때는 밤이었었다. 그리고 어느덧 그는 뭍 위에 올라와 있었고 그를 말리느라고 새빨갛게 피워 놓은 불빛으로 자기를 간호하는 아우를 보았다.

그는 이상히도 놀라지도 않고 천연하게 물었다.

"너, 어덯게 여기 완?"

아우는 잠자코 한참 있다가 겨우 대답하였다.

"형님, 거저 다 운명이외다."

따뜻한 불기운에 깜빡 잠이 들려다가 그는 화닥닥 깨면서 또 말했다.

"십 년 동안에 되게 파랬구나."

"형님, 나두 변했거니와 형님두 몹시 늙으셨쉐다."

이 말을 꿈결같이 들으면서 그는 또 혼혼히 잠이 들었다. 그리하여 두어 시간, 꿀보다도 단 잠을 잔 뒤에 깨어 보니, 아까같이 새빨간 불은 피어 있지만 아우는 어디로 갔는지 없어졌다. 곁엣사람에게 물어보니까, 아우는 형의 얼굴을 물끄러미 한참 들여다보고 있다가 새빨간 불빛을 등으로 받으면서 터벅터벅 아무 말 없이 어둠 가운데로 스러졌다 한다.

이튿날 아무리 알아보아야 그의 아우는 종적이 없어지고 알 수 없으므로 그는 하릴없이 다른 배를 얻어 타고 또 물길을 떠났다. 그리하여 그의 배가 해주에 이르렀을 때, 그는 해주 장에 들어가서 무엇을 사려다가 저편 맞은편 가게에 걸핏 그의 아우 같은 사람이 있으므로 뛰어가서 보니 그는 벌써 없어졌다. 배가 해주에는 오래 머물지 않으므로 그의 마음은 해주에 남겨 두고 또다시 바닷길을 떠났다.

그 뒤 삼 년을 이리저리 돌아다녔어도 아우는 다시 볼 수가 없었다.

그리하여 삼 년을 지내서 지금부터 육 년 전에, 그의 탄 배가 강화도를 지날 때에, 바다를 향한 가파로운 뫼켠에서 바다를 향하여 날아오는 〈배따라기〉를 들었다. 그것도 어떤 구절과 곡조는 그의 아우 특식으로 변경된, 그의 아우가 아니면 부를 사람이 없는, 그 〈배따라기〉이다.

배가 강화도에는 머무르지 않아서 그저 지나갔으나, 인천서 열흘쯤 머무르게 되었으므로, 그는 곧 내려서 강화도로 건너가 보았다. 거기서 이리저리 찾아다니다가 어떤 조그만 객주집에서 물어 보니, 이름도 그의 아우요 생긴 모습도 그의 아우인 사람이 묵어 있기는 하였으나, 사나흘 전에 도로 인천으로 갔다 한다. 그는 곧 돌아서서, 인천으로 건너와서 찾아보았지만, 그 조그만 인천서도 그의 아우를 찾을 바가 없었다.

그 뒤에 눈 오고 비 오며 육 년이 지났지만, 그는 다시 아우를 만나 보지 못하고 아우의 생사까지도 알 수가 없다.

*

말을 끝낸 그의 눈에는 저녁해에 반사하여 몇 방울의 눈물이 반득인다. 나는 한참 있다가 겨우 물었다.

"노형 계수는?"

"모르디요. 이십 년을 영유는 안 가봤으니깐요."

"노형은 이제 어디루 갈 테요?"

"것두 모르디요. 덩처가 있나요? 바람 부는 대로 몰려댕기디요."

그는 다시 한번 나를 위하여 배따라기를 불렀다. 아아, 그 속에 잠겨 있는 삭이지 못할 뉘우침, 바다에 대한 애처로운 그리움.

노래를 끝낸 다음에 그는 일어서서 시뻘건 저녁해를 잔뜩 등으로 받고

을밀대로 향하여 더벅더벅 걸어간다. 나는 그를 말릴 힘이 없어서 멀거니 그의 등만 바라보고 앉아 있었다.

  그날 밤, 집에 돌아와서도 그 배따라기와 그의 숙명적 경험담이 귀에 쟁쟁히 울리어서 잠을 못 이루고, 이튿날 아침 깨어서 조반도 안 먹고 기자묘로 뛰어가서 또다시 그를 찾아보았다. 그가 어제 깔고 앉았던, 풀은 모두 한편으로 누워서 그가 다녀감을 기념하되, 그는 그 근처에 보이지 않았다. 그러나, 그러나 배따라기는 어디선가 쟁쟁히 울리어서 모든 소나무들을 떨리지 않고는 안 두겠다는 듯이 날아온다.

  "모란봉(牧丹峰)이다. 모란봉에 있다."

하고 나는 한숨에 모란봉으로 뛰어갔다. 모란봉에는 사람이 하나도 없다. 부벽루(浮壁樓)에도 없다.

  "을밀대다."

하고 나는 다시 을밀대로 갔다. 을밀대에서 부벽루를 연한, 지옥까지 연한 듯한 골짜기에 물 한 방울을 안 새이리라고 빽빽히 난 소나무의 그 모든 잎잎은 떨리는 배따라기를 부르고 있지만, 그는 여기도 있지 않다. 기자묘의, 하늘을 향하여 퍼져 나간 그 모든 소나무의 천만의 잎잎도, 그 아래쪽 퍼진 천만의 풀들도, 모두 그 배따라기를 슬프게 부르고 있지만, 그는 이 조고만 모란봉 일대에서 찾을 수가 없었다.

  강가에 나가서 알아보니 그의 배는 오늘 새벽에 떠났다 한다.

  그 뒤에 여름과 가을이 가고 일년이 지나서 다시 봄이 이르렀으되, 잠깐 평양을 다녀간 그는 그 숙명적 경험담과 슬픈 배따라기를 남겨 두었을 뿐, 다시 조고만 모란봉에 나타나지 않는다.

  모란봉과 기자묘에 다시 봄이 이르러서, 작년에 그가 깔고 앉아서 부러졌던 풀들도 다시 곧게 대가 나서 자줏빛 꽃이 피려 하지만, 끝없는 뉘우침을 다만 한낱 '배따라기'로 하소연하는 그는, 이 조고만 모란봉과 기자묘에서 다시 볼 수가 없었다. 다만 그가 남기고 간 '배따라기'만 추억하는 듯이 기념하는 듯이 모든 잎잎이 속삭이고 있을 따름이다.

작가 소개

작가 김동인(金東仁)은 1900년 10월 2일 평안남도 평양에서 출생하였다. 그의 부친은 평양교회 초대 장로이자 토착 부호로서 개명한 인사였다. 김동인은 소년 시절에 유학길에 올라 일본 메이지학원(明治學院) 중학부와 가와바다미술학교(川端畵學校)에서 수학하였으며 일찍부터 문학에 대한 열정을 키웠다.

1919년 동경에서 주요한(朱耀翰), 전영택(田榮澤), 최승만(崔承萬), 김환(金煥) 등과 함께 최초의 문학동인지인『창조』를 발간하면서 처녀작「약한 자의 슬픔」을 발표하였으며, 그 후 귀국하여 근대적인 단편소설의 확립에 힘썼다. 1919년 3월에는 아우 김동평(金東平)의 3·1 운동 격문을 써준 것이 발각되어 출판법 위반 혐의로 4개월간 투옥되기도 하였다. 그는 1920년대 초반에「배따라기」,「마음이 옅은 자여」,「목숨」등과 같은 작품을 발표하였으며, 이광수의 계몽주의 문학에 맞서 예술지상주의적 경향을 표방하였다. 1923년 첫 창작집인 『목숨』을 창조사에서 출간하였고,『창조』의 후신인 문예잡지『영대』를 발간하였다.『영대』동인으로는『창조』동인 외에도 김여제(金輿濟), 김소월(金素月) 등이 참가하였다.

1925년에는「명문」,「감자」,「시골 황서방」과 같이 삶의 현실을 객관적으로 묘사한 작품을 통해 자연주의적 인생관을 드러내면서 문단의 주목을 받았다. 1929년 한국 근대소설의 성립과 그 발전 과정을 역사적으로 정리한「조선근대소설고」를 발표하였고, 이듬해에는「광염소나타」,「광화사」와 같은 유미주의 계열의 단편을 발표하였다.

1930년부터 신문연재소설에도 관심을 기울였는데, 장편 역사소설「대수양」,「젊은 그들」,「운현궁의 봄」,「왕조의 낙부」등이 대표작이다.「대수양」과「운현궁의 봄」에서는 세조와 대원군을 적극적이고도 긍정적인 인물로 그려내고 있는 점이 특이하다. 1934년에는 이광수 문학에 대한 최초의 본격적인 비평론이라고 할 수 있는「춘원연구」를『삼천리』에 연재하였다. 1935년에 월간잡지『야담』을 창간하였다.

1945년 광복을 맞자, 1946년 전조선문필가협회의 결성을 주선하는 한편, 일제 말기에 벌어진 문학인의 친일행위, 특히 이광수의 친일행위를 비판적으로 그려낸「반역자」,「망국인기」,「속 망국인기」등의 단편을 발표하였다. 1951년 1

월 5일 서울 성동구 하왕십리동 자택에서 사망하였다.

김동인의 문학사적인 업적은, 첫째 본격적인 단편소설의 양식을 확립한 점, 둘째 문학의 예술적 가치의 중요성을 인식한 점, 셋째 서사 기법으로서의 다양한 시점을 소설 속에서 실현하고 서사적 거리를 유지할 수 있는 산문 문체를 실현한 점 등을 들 수 있다. 그가 『창조』, 『영대』와 같은 잡지를 발간함으로써 당시 문학인들이 작품 활동 공간을 제공하였던 것도 한국문학 발전에 크게 이바지한 점이라고 할 수 있다.

소설 「배따라기」

─ 작품 발표 시기

「배따라기」는 1921년 6월 『창조』에 발표된 김동인의 초기 단편소설이다. 이 작품에 관해서 작가 자신이 '여(余)에게 있어서 최초의 단편소설인 동시에 아마 조선에 있어서 조선글, 조선말로 된 최초의 단편소설이다'라고 자찬하고 있듯이 한국 근대문학 초창기의 단편 가운데에서 가장 뛰어난 작품의 하나라고 할 수 있다.

─ 작품 줄거리

작중화자로 등장하는 '나'라는 인물이 봄날 대동강변을 거닐다가 을밀대에서 배따라기를 노래하는 한 사나이를 만난다. 그 사나이가 '나'에게 들려준 이야기가 소설의 핵심 줄거리에 해당한다. 그 사내는 조그만 어촌에 동생과 함께 살고 있었는데 무척 사이가 좋았다. 사내의 아내는 붙임성이 있고 명랑하며 아리따운 여인이었다. 동네사람들도 모두 사내의 아내를 좋아한다. 사내는 아내를 무척이나 사랑하면서도 아내의 개방적인 행동에 대해 못마땅하게 여긴다. 사내는 아내가 자신에게는 분에 넘치는 여인이라고 생각하면서 열등감에 사로잡혀 아내를 구박한다. 심지어 사내는 자기 동생에게 친절한 아내를 놓고 동생과 아내의 관계를 의심하게 된다. 어느 날 장에 갔다 돌아온 사내는 방안에 있던 동생과 아내의 옷매무새가 흐트러져 있는 것을 발견한다. 사실 두 사람은 방에 들어온 쥐를 잡으려다 옷차림이 흐트러졌으나 사내는 그들의 행동을 의심하고 아내를 내쫓는다. 아내는 그 길로 바다에 투신하여 자살하고 동생도 집을 떠난다. 자신의 잘못을 뉘우치며 괴로움을 이기지 못한 사내는 배따라기를 부르면서 동생을 찾아 20여 년간 방랑 생활을 계속한다.

> **줄거리의 요약 방법**
> 1. 전체적인 내용을 파악한다.
> 2. 이야기의 전개 방향에 따라 내용을 배열한다.
> 3. 분량에 맞춰 이야기 내용을 정리한다.

「배따라기」의 서사 구성과 그 특징

이 작품의 서두에는 두 사람의 인물이 등장한다. '나'라는 인물과 배따라기를 부르는 '사내'다. 봄날 대동강의 봄 경치를 구경하던 '나'라는 인물이 구슬픈 배따라기 노래를 부르는 한 사내를 만나서 그 사내의 지난 이야기를 듣고 이를 독자에게 소개하고 있다. '나'는 독자에게 사내의 이야기를 소개해 주는 작중화자의 역할을 담당한다. 작품의 서두에서 이야기를 소개하고 결말 부분에서는 이야기를 마감하는 역할 외에 다른 행동이 나타나지 않는다. 실제 이야기의 주인공은 사내다.

이 작품의 작중화자인 '나'는 작가 자신으로 볼 수 있다. 실제 작품 속에서도 "열다섯 살부터의 동경(東京) 생활에 마음껏 이런 봄을 보지 못하였던 나는 늘 이것을 보는 사람보다 곱 이상의 감명을 여기서 받지 않을 수 없다"라는 대목이 나온다. 이 대목은 작가 자신의 동경 유학 체험을 말하는 것임에 틀림없다. 이렇게 본다면, 이 소설의 이야기도 작가가 직접 만났던 한 사내의 과거사를 이야기한 것이라고 할 수 있다. 다시 말하면 이 소설의 내용 자체가 꾸며낸 것이 아니라 작가의 체험담에 속한다고 할 수 있다.

그러나 이 소설이 작가의 체험담이라고 추론하는 것은 소설을 읽는 바른 태도는 아니다. 이 소설은 분명 하나의 허구다. 허구의 세계이기 때문에 '나'라는 작중화자도 작가가 아닌, 작가 자신인 것처럼 꾸며낸 허구적인 인물이라고 보는 것이 좋다. '나'를 작가 자신인 것처럼 보이게 하는 것은 독자들이 배따라기 노래에 얽힌 사내의 사연도 실제로 있었던 것처럼 느끼게 만들기 위한 일종의 소설적 기법이다. 소설의 이야기가 실제의 이야기인 것처럼 말하는 것은 이야기 자체의 실재성을 강조하기 위한 것이다. 이 소설의 이야기가 실제의 이야기처럼 전달되는 것은 그만큼 소설의 이야기 방식이 잘 짜여져 있기 때문이다.

「배따라기」는 작중화자인 '나'라는 인물이 봄나들이를 하는 이야기와 배따라기를 부르는 사내를 만나 그 사내의 과거사를 들은 이야기가 결합되어 있다. 작중화자인 '나'는 사내의 이야기를 둘러싸고 소설의 서두와 결말 부분에만 나타난다. 이 같은 방식으로 두 가지의 이야기가 겹쳐 나타나는 소설의 구성 방법을 액자구조라고 한다. 일반적으로 액자구조를 지니고 있는 소설을 액자소설이라고 하는데, 액자소설이란 외부의 이야기 속에 하나 혹은 여러 개의 내부 이야기를 담고 있는 소설의 형식을 지칭하는 개념이다.

액자소설
'틀에 짜여진 이야기(framed story)'라고 불린다. 흔히 '격자(格子)소설'이라고도 한다. 「배따라기」는 서두와 결말이 모두 동일한 틀로 짜여진 완결된 형식이지만, 서두나 결말 부분 가운데 어느 한 부분의 액자의 틀이 생략되어 버린 경우도 있다.

「배따라기」에서는 '나'라는 작중화자가 사내를 만나 사내의 한 맺힌 사연을 듣게 되는 내용이 액자 외부의 틀에 해당한다. 사내가 자신의 과거를 돌이켜보면서 자신의 한 많은 과거를 들려준 부분이 액자 내부의 이야기다. 이 두 가지의 이야기가 서로 긴밀하게 연결되어 하나의 소설을 만들어낸다. 이러한 형식적 고안은 우선 소설의 내용에 대한 구성적 완결성을 가능하게 한다는 이점이 있다. 액자의 틀에 해당하는 겉의 이야기가 액자 내부의 이야기의 완결성을 위해 이야기의 시작과 결말을 담당함으로써 이같은 목표를 이루는 것이다. 그리고 또 하나의 특징은 액자의 틀에 해당하는 외부의 이야기가 액자 내부의 이야기의 실재성의 근거가 됨으로써 그 이야기가 이미 있었던, 또는 실제 있는 일로 기정사실화시킨다는 점이다. 이 같은 이야기의 특징은 앞에서 이미 설명한 바 있다.

■「배따라기」의 소설적 주제

– 운명의 주인공

「배따라기」의 이야기에는 배따라기 노래를 부르며 떠도는 사내와 그 아내, 그리고 동생이 등장한다. 소설의 이야기 내용은 주인공인 사내가 사랑하는 아내를 잃고 자기 동생과 헤어진 후 그 동생을 찾아 헤매는 방랑 과정으로 이어진다. 여기서 주목되는 것이 바로 불행에 빠져든 사내의 모습이다. 이 소설에서는 사내의 불행이 삶의 외부적인 상황에서 비롯된 것이 아니라 자기 내부에서 비롯된 것임을 보여준다. 사내는 우직하고 자기표현에 서투르며 동생에 비해 당당하지 못하다. 자기가 못났다는 열등감 때문에 아내와 동생에 대해서까지 질투심을 드러내며, 때때로 아내에게 폭력을 휘두른다. 이 같은 자기 열등감이 결국은 아내를 죽게 만들고 동생도 자기 곁을 떠나게 만든다. 말하자면 사내는 스스로 불행을 자초한 셈이다. 그러므로 사내의 회한이 그만큼 클 수밖에 없다. 그가 배따라기를 부르며 동생을 찾아 사방을 떠도는 것은 결국 다시 찾을 수 없는 잃어버린 행복에 대한 갈망을 말해준다. 그러나 사내는 결코 그 옛날의 행복을 되찾을 수 없다. 그것이 바로 사내의 슬픈 운명이다.

- 열등의식과 파멸의 과정

「배따라기」의 이야기는 자기 열등감에서 헤어나지 못한 한 인간이 파멸하는 과정을 보여준다. 주인공인 사내는 우직하면서도 선량하지만, 동생과 아내에 대한 열등감에서 벗어나지 못한다. 주인공은 양순하고 다감한 동생과 아리땁고 붙임성 있는 아내 사이를 의심한다. 그리고 어느 날 '쥐잡기'를 둘러싼 오해로 인해 이들 사이는 파멸로 치닫게 된다. 아내는 바다에 빠져 자살하고 동생은 마을을 떠나버린다. 사내는 자신의 열등감과 순간적인 오해로 인해 모든 것을 다 잃어버린다. 그는 옛날의 삶을 그리면서 떠나버린 동생을 찾아 나서지만, 그 뜻은 이루어지지 않는다. 그가 부르는 애처로운 배따라기 노래는 죽은 아내와 집나간 동생을 향한 통한의 소리다.

- 작품의 분위기와 성격

「배따라기」의 서두에는 대동강과 모란봉 기슭에서 느끼는 봄의 정취가 그려져 있다. 그 아름다운 정경은 유토피아를 연상시키거니와 이러한 분위기는 처연한 애조를 띤 〈배따라기〉 노래 소리와 대조된다. 이 작품을 작중화자인 '나'의 입장에서 본다면, 주인공 사내의 비극적인 운명은 '나'의 봄나들이라는 체험 속에 용해된 인생의 한 단면이라고 할 수 있다. 이 작품에서 강조하고 있는 것은 삶의 비극성 그 자체가 아니라 삶의 비극적인 단면이다. 봄의 아름다운 정취 속에 삶의 비극적인 한 단면을 끼워 넣음으로써 인생의 문제를 다시금 생각하도록 유도하는 것이 이 작품의 특징이다. 이 때문에 「배따라기」는 유미주의적 경향을 띠고 있는 작품으로 평가된다. 이 작품은 자기 열등감으로 인해 파멸의 과정에 빠진 한 인간의 훼손된 삶을 문제 삼고 있으며, 그것을 통한 미적 가치의 추구에 관심이 집중되어 있다.

■ 토론 과제

– 다음 대목에서 말하고 있는 '운명의 힘'이라는 것이 무엇을 말하는지 작품의 내용과 관련지어 서로 토론해 보자.

"왜, 이십 년씩 고향엘 안 가요?"
"사람의 일이라니 마음대로 됩데까?"
그는, 왜 그러는지, 한숨을 짓는다.
"거저, 운명이 데일 힘셉디다."
운명의 힘이 제일 세다는 그의 소리는 삭이지 못할 원한과 뉘우침이 섞여 있다.
"그래요?"
나는 다만 그를 건너다볼 뿐이다.

– 이 소설의 주제 의식이 '반역사주의(反歷史主義)'에 근거하고 있다는 평가에 대해 의견을 말해 보자.

소설의 구성

1. 소설의 구성
2. 구성의 원리
   아리스토텔레스와 미토스(mythos)
   스토리와 플롯
3. 구성의 방법
   파불라(fabula)와 슈젯(syuzhet)
   모티프의 설정
4. 구성의 단계
   이야기의 발단
   사건의 전개
   절정과 결말
5. 구성의 유형
   구성의 방법과 유형
   단순 구성과 복합 구성
   상승적 구성과 하강적 구성

작품읽기 02_운수 좋은 날(현진건)
작품읽기 03_동백꽃(김유정)

1. 소설의 구성

한 소녀가 살고 있다. 소녀는 가난하지만 마음씨가 착하고 예쁘다. 그 소녀가 일터에서 거지 행세를 하고 있는 왕자를 만나게 된다. 두 사람이 서로 사귀게 되고 소녀는 뒤에 왕비가 되는 행운을 누린다. 이 이야기를 한 편의 소설로 만들려고 하는 소설가가 있다고 할 때, 그는 소녀가 세상에 태어나는 과정부터 왕비가 되어 행복하게 살다가 세상을 떠나는 것까지를 시간적 순서에 따라 적어가지는 않는다. 그가 목표로 삼고 있는 어떤 생각에 따라 이야기의 순서를 정한다. 소녀가 왕자를 만나는 대목에서부터 이야기가 시작될 수도 있고, 가난한 소녀가 고통에 빠져 있는 순간부터 이야기가 시작될 수도 있다.

소설가는 작품을 쓰기 위해 무슨 이야기를 쓸 것인가를 생각하고, 그 다음 어떻게 쓸 것인가를 생각하게 된다. 이 경우에 대개 어떤 방식으로 이야기를 시작할 것인가, 어떻게 줄거리를 전개하고, 어느 대목을 강조할 것인가를 고심한다. 그리고 이야기의 흐름에 일정한 논리적인 맥락을 부여하면서, 독자들에게 지속적인 관심을 끌 수 있는 방식을 찾게 되는 것이다. 소설의 구성(構成)이란 이야기를 이어가는 기술에 해당한다. 그러므로 사건의 전개와 행위의 구조를 통해 구체화되는 이야기의 짜임새를 소설의 구성이라고 한다. 다시 말하자면, 소설의 구성은 인물과 사건을 알맞은 자리에 배치하여 이야기의 전체적인 흐름을 전개시켜 나가는 방법이다. 이것은 소실 속의 이야기의 전개 방식과 관련되는 사건과 행위의 구조를 뜻하는 것이다.

소설의 구성이란 흔히 건축의 설계에 비유되기도 한다. 소설의 구성은 어떤 논리적인 연관성을 지닐 수 있도록 사건을 연결시키는 일이므로, 작품의 주제를 구현해 나가는 기술이 되어야 한다. 이를 위해서는, 형태적인 면에서 인과적인 틀을 지니고 있다고 하더라도, 거기에 예술적인 의도가 반영되어 있어야만 한다. 소설의 구성은 무엇보다도 전체적인 이야기에 통일의 효과를 넣어주는 것이어야 하며, 사건 전개의 논리성과 필연성이 이를 뒷받침해야 한다. 결국, 소설의 이야기는 작가의 창조적인 목적에 따라 그 짜임새가 결정되는 것이므로, 구성의 의미도 바로 여기서 찾을 수 있다.

소설에서 구성의 기법은 이야기의 전체적인 질서와 통일을 위해 활용된다. 구성은 기법의 측면에서 볼 때 소설 작품의 예술미를 구현하기 위한 방법에 해당하는 것이지만, 주제의 구현이라는 논리적이면서도 지적인 요구를 동시에 만족시켜야 한다. 소설의 구성에는 반드시 몇 가지 요소가 필요하다. 이야기의 핵심을 이루는 인물이 필요하고, 그 인물의 행위를 중심으로 하는 어떤 사건이 있어야 한다. 그리고 인물의 존재와 행위를 구체화시키는 시간과 공간이 필요하다. 그러므로 소설의 구성은 인물, 사건, 배경을 기본 요소로 한다.

소설의 이야기는 인물이 없이는 불가능하다. 어떤 이야기이든지 소설에는 반드시 인물이 등장한다. 그리고 그 인물의 존재를 부여하는 배경이 필수적이다. 인물은 언제 어디에 있는 누구인가가 결정되어야만 구체적인 존재로 인식될 수 있다. '조선조 숙종 연간에 전라도 남원땅에 살던 사람'이라는 구체적인 설명이 붙어야만 '춘향'이라는 인물의 존재가 살아나게 되는 것이다. 소설의 등장인물에서 가장 중요시되는 것은 성격이다. 인물의 성격은 출생과 성장, 학력과 직업, 성별이나 연령과 같은 외적인 요건에 의해 특성화되기도 하고, 등장인물이 지니고 있는 지식 및 사고방식 등과 같은 내적인 요건에 의해서도 그 성격이 판별되기도 한다.

소설 속에서 인물의 존재는 배경에 의해 구체화되며, 그 자신의 행위를 통해 존재 의미를 부여받는다. 인물의 행위는 육체적인 행동이 중심을 이루지만, 말과 생각, 지각이나 감정 등도 모두 행위의 범주 안에 넣어 볼 수 있다. 인물의 행위는 다른 인물의 행위와 연결되어 사건을 만든다. 소설의 사건은 이야기 속에서 일어난 일을 말한다. 사건은 인물의 행위에 의해 구체화되며, 하나의 사태로부터 또 하나의 사태로 변화된다. 사건은 이야기의 중요한 단위가 되며, 일련의 사건들이 이어지면서 전체적인 하나의 이야기가 만들어진다. 사건이 중요시되는 이유는 그것이 어떤 상황의 변화를 야기한다는 점이다. 그리고 이러한 변화를 통해 이야기의 전개가 이루어질 수 있게 되는 것이다.

2. 구성의 원리

아리스토텔레스와 미토스(mythos)

소설에서의 구성 또는 플롯이라는 개념은 원래 아리스토텔레스(Aristoteles)가 『시학(詩學, Poetics)』에서 사용했던 미토스(mythos)라는 말의 번역에서부터 유래된 것이다. 아리스토텔레스는 자연의 모방으로서의 시, 또는 지식의 한 형식으로서의 시의 진실성을 강조한다. 그리고 시가 인간의 마음에 미치는 도덕적으로 희구할 수 있는 효과를 중시함으로써 시의 존재를 정당화한다. 그런데 그가 특히 관심을 기울인 것은 『오이디푸스』와 같은 희랍의 비극이다. 그가 비극에 관심을 가지게 된 것은 다른 어떤 문학의 형식보다 비극이 자연에 대하여 조화롭고 고조된 모방(模倣)을 제시한다는 판단 때문이다. 그는 비극의 특질을 결정하는 중요한 요소로 구성, 인물, 조사법(措辭法), 사상, 장경(場景), 그리고 멜로디를 지목하였다. 그리고 이 가운데에서 이야기의 사건을 조합하는 방법으로서의 구성, 즉 미토스를 가장 중요한 것으로 지목한 바 있다.

아리스토텔레스에 의하면, 비극은 동작을 모방한다. 그렇지 않으면 그것은 극이 아닌 다른 것이 된다. 비극은 그 자체가 하나의 움직임이며 간결성을 필연적으로 지녀야 한다. 그렇기 때문에 생생하면서도 통일된, 그리고 압축된 여러 가지 사건의 모방을 보여줄 수 있다. 여기서 아리스토텔레스가 강조한 것이 바로 비극의 구성이다. 비극의 구성이란 하나의 전체로서 인과관계가 있는 일련의 사건을 의미한다. 전체는 시작과 중간과 그리고 결말을 가진다. 시작은 그 앞에 아무것도 없으며, 결말은 그 뒤에 아무 것도 없다. 여기서 문제가 되는 것이 바로 개연성(蓋然性)의 원리다. 각각의 사건은 개연성의 법칙에 따라 그 앞에 놓인 사건에서 비롯되는 것이며, 동일한 법칙에 따라 그 다음의 사건을 낳는다. 아리스토텔레스가 지적하고 있는 개연성이란 단순한 우연성과는 그 성격이 다르다. 개연성이란 내적인 일관성에 관련되는 것이며, 전체적인 구조의 질서 있는 관련성과 그 작용에 적용되는 것이다. 비극에서 일어나는 모든 사건은 개연성의 법칙에 따라 선행하는 사건으로부터 자연스럽고 불가피하게 나타나게 된다. 그러므로 비극의 구성은 '행위의 통일'을 이루어야 하며, '시작'과 '중간'과 '결말'을 가지는 것이다.

비극이 완결적이고 일정한 크기를 가지고 있는 전체적 행동의 모방이라는 것은 이미 논의한 바 있다. 여기서 일정한 크기를 가지고 있는 전체적 행동이라 함은 전체 중에는 아무런 크기를 가지고 있지 않은 전체도 있기 때문이다. 그런데 전체는 시작과 중간과 결말을 가지고 있는 것이다. 시작은 그 자체가 필연적으로 다른 것 뒤에 오는 것이 아니라, 그것 다음에 다른 것이 존재하거나 생성되는 성질의 것이다. 결말은 이와는 반대로 그 자신 필연적으로 혹은 대개 다른 것 다음에 오지만, 그것 다음에는 아무것도 오지 않는 성질의 것이다. 중간은 그 자신 다른 것의 다음에 오고, 또 그것 다음에 다른 것이 오기도 하는 것이다. 그러므로 잘 구성된 플롯은 아무데서나 시작하거나 끝나서는 안 된다. 그 시작과 결말은 지금 말한 규칙에 부응해야만 한다.

— 아리스토텔레스, 『시학』(손명현 역), 58~59면

아리스토텔레스에게 구성이란 행위의 모방으로서의 비극에서부터 비롯된다. 비극은 유기적으로 통일된 행위를 모방하는 것이다. 모든 사건들은 만일 그 사건 중 어떤 하나의 순서를 바꾸어 놓거나 다른 곳으로 옮겨놓을

경우, 전체가 헝클어지거나 지리멸렬하게 될 정도로 구조적 질서를 유지해야 한다. 그 자리에 있어도 그만이거나 없어도 아무런 현저한 차이가 나타나지 않는 것은 전체를 구성하는 유기적 부분이 아니다. 모든 사건들은 필요한 순서대로 배열되어 잘 짜여져야 한다. 시작은 중간의 원인이 되고, 중간은 시작의 결과인 동시에 결말의 원인이 되며, 결말은 그 중간의 결과로 나타나야 한다. 그러므로 비극에서의 구성은 일련의 인과관계가 있는 사건들의 질서 있는 결합을 의미하는 것이다.

스토리와 플롯

아리스토텔레스가 비극에서 지목한 구성의 개념은 이야기를 중심으로 하는 소설의 경우에도 그대로 적용된다. 소설에서 하나의 이야기가 성립되려면 다양한 행위들이 서로 연결되는 조직적인 성격을 필요로 한다. 여기서 쉽게 생각할 수 있는 것이 시간의 순서에 따라 자연적인 질서를 유지하면서 행위와 사건을 배열하는 방법이다.

한국의 고전소설을 보면 대개 주인공의 출생과 성장, 실패와 성공으로 이야기가 전개된다. 그리고 결혼 후 행복하게 살다가 천명을 다하고 죽는 것으로 이야기가 끝난다. 이러한 이야기의 구성은 자연적인 시간의 순서를 따라 순차적으로 이야기를 진행시킨 것이다. 사람이 태어나서 일정한 사회적 지위를 누리고 살다가 죽는다는 이른바 일생담(一生譚)의 순차적인 구조는 인간의 삶을 자연스럽게 이야기할 수 있는 가장 소박한 짜임이라고 볼 수 있다.

그러나 한 인물의 생애를 그려낸다고 해서 삶의 세부적 과정을 빠짐없이 기록한다고는 말할 수 없을 것이다. 때로는 어느 한 국면을 집중적으로 이야기할 수도 있고 별로 중요하지 않다고 생각되는 부분은 건너뛸 수도 있다. 이야기의 짜임은 소설가의 미적 계획에 의해 고려된다. 소설가는 소설을 쓰기 위해서 '무엇'을 이야기할 것인가를 생각하고, 그 다음에는 그

'무엇'을 '어떻게' 이야기할 것인가를 생각한다. 그래서 말하고 싶었던 이야기를 그 자신이 채택한 효과적인 방식으로 전개하게 된다. 특히 이야기를 어떻게 펼치며, 어떤 순서로 어느 부분을 강조해서 말할 것인가에 고심하게 된다.

　소설에서의 이야기의 구성 방법에 대해 영국의 소설가 포스터(E. M. Forster)의 견해를 보기로 하자.

　우리는 스토리(story)를 시간 순서대로 배열된 사건의 서술이라고 정의했습니다. 플롯 역시 사건의 서술이지만 인과관계(因果關係)에 중점을 둔 것입니다. "왕이 죽고, 다음에 왕비가 죽었다"고 하는 것은 스토리입니다. "왕이 죽자, 왕비도 슬퍼서 죽었다"고 하는 것은 플롯(plot)입니다. 시간적 순서는 그대로 유지하고 있지만 인과적인 요소가 여기에 첨가되어 있습니다. 또 "왕비가 죽었다. 아무도 그 까닭을 몰랐는데 왕을 잃은 슬픔 때문이라는 것을 알게 되었다"라고 한다면, 이것은 신비를 간직한 플롯이며 고도의 발전이 가능한 형식입니다. 시간적 배열을 그만두고 허락되는 한도 내에서 스토리를 멀리한 것입니다. 왕비의 죽음을 생각해 봅시다. 이것이 스토리에 나오면 우리는 "그 다음에는?" 하고 묻지만 플롯에 나오면 "왜?" 하고 묻습니다. 이것이 소설의 두 양상의 근본적인 차이점입니다.

　플롯은 입을 헤벌리고 듣고 있는 혈거(穴居)족이나 포악한 군주, 그리고 그들의 현대적 후예인 영화 관객에게 이야기해 줄 수 없습니다. 그들은 "그 다음에는? 또 그래서?" 하는 식의 이야기만으로도 눈을 뜨고 있게 할 수 있으며 호기심을 공급할 수 있는 상대일 뿐입니다. 그러나 플롯은 지성과 기억력도 요구하는 것입니다. …… 우리는 여기서 미의 문제에 부딪칩니다. 플롯은 소설의 논리적이고도 지적인 면입니다.

― 포스터, 『소설의 이해』(이성호 역), 96면

　포스터는 소설에서 사건을 서술하는 방법을 스토리(story)와 플롯(plot)

으로 구분하고 있다. 그는 단순한 시간적 순서에 따른 사건의 서술을 스토리라고 하였고, 시간적 순서에만 의존하지 않고 사건의 서술에 논리적인 인과관계를 부여하여 놓은 것을 플롯이라고 규정하였다. 시간적 순서에 따라 사건을 서술하는 스토리는 언제나 '그 다음에는?'이라는 말 그대로 다음에 이어지는 사건 내용에 대한 호기심을 제공한다. 그러나 플롯의 경우 논리적인 인과관계를 부여하여 사건을 배열하게 되기 때문에, '왜?'라는 질문에 따라 논리적 판단과 지적인 노력을 요구하게 된다. 결국 소설에서 어떤 미적 계획에 맞추어 인과적인 순서로 이야기 내용을 배치했을 때 그것이 바로 플롯에 해당된다고 할 수 있다.

3. 구성의 방법

파불라(fabula)와 슈젯(syuzhet)

아리스토텔레스에서 비롯된 구성의 개념은 러시아 형식주의 문학론에서 더 정밀하게 논리화되어 서사문학의 속성을 이해하는 데에 적용되고 있다. 러시아 형식주의 이론가 중에서 쉬클로프스키(Victor Shklovsky)와 토마체프스키(Boris Tomachevsky)의 글 가운데에는 앞에서 검토한 포스터의 스토리와 플롯에 대비되는 파불라(fabula)와 슈젯(syuzhet)이라는 개념이 등장한다. 파불라는 흔히 그 의미를 스토리 또는 우화라고 번역하기도 하고, 슈젯은 플롯 또는 주제라고 번역하기도 한다. 실제로 파불라는 사건의 시간적 순서를 말하고 있다는 점에서 포스터의 스토리 개념에 가깝고, 슈젯은 사건들이 실제의 작품 안에서 서술된 순서와 방식을 말한다는 점에서 플롯의 개념에 가깝다. 작품 속에서 전개되는 스토리(파불라)는 대체로 상호 연관되어 있는 사건들의 통합을 말한다. 작품 속에서 사건들이 어떤 식으로 연결되어 있든지 간에 스토리 자체는 사건들이 발생한 시간적 순서와 인과율의 맥락을 따라서 전달된다. 여기서 한 작품 속의 사건들이 작가의 특별한 고안에 따라 연결된 상태를 플롯(슈젯)이라고 한다. 그러므로 스토리는 사건 또는 행위 자체이고 플롯은 독자가 그 사건 또는 행위를 알게 되는 방식이라고 할 수 있다. 다시 말하면 스토리는 플롯을 이루기 위한 재료에 해당한다. 똑같은 소재의 이야기를 여러 작가들이 각각 다르게 작품화할 경우, 스토리는 한 가지이지만 그 플롯이 서로 다르다고 할 수 있다. 그러므로 작품의 창조적인 면모는 스토리에 있는 것이 아니라 플롯에 있는 것이다.

    파불라의 개념에 관해 잠시 살펴보자. 흔히 작품의 독서 도중에 우리에게 전달된, 서로 연결된 사건들 전체를 파불라라고 부른다. 그러니까 파불라는 자연적인 순서, 즉 사건들 자체가 작품 속에서 배열되고 소개된 방식과는 전혀 독립적으로 사건들의 시간적 순서와 인과관계의 순서를 따라서 행동 위주의 방식으로 서술될 수 있다.
    파불라는 동일한 사건들로 구성되어 있는 슈젯에 대립되고 있다. 그러나 슈젯은 사건들이 작품 속에서 등장하는 순서를 존중하고 우리에게 그 사건들을 알려준 정보들의 연속을 존중하는 것이다.
— 토마체프스키, 「테마론」(김치수 역, 『러시아 형식주의』), 208면

    앞의 인용에서 설명하고 있듯이 파불라는 작품의 전체적인 내용으로 전달된 이야기에 해당하며, 자연적인 시간적 순서에 따라 결합된 사건들의 연쇄로 나타난다. 그러나 실제의 작품 안에서는 모든 사건들이 반드시 자연적인 시간적 순서에 따라 배열되는 것은 아니다. 작품 안에서 서술되는 사건들은 그 순서가 뒤바뀌어 뒤에 일어난 사건이 먼저 서술되는 경우가 많고 긴 세월에 걸쳐 일어난 일들을 한두 장으로 요약할 수도 있다. 이처럼 파불라와는 달리 작품 안에서 사건들을 배열하는 순서와 방법을 슈젯이라고 한다.

모티프의 설정

　러시아 형식주의자들은 소설의 구성에서 파불라와 슈젯의 구별에 머물지 않고, 슈젯이 파불라를 재료로 하는 작품의 미학적 형식이라는 점을 중시하고 있다. 토마체프스키는 슈젯, 즉 플롯의 문제를 주제론과 연결시켜 다루고 있다. 그는 이야기의 주제를 이루는 사건의 최소 단위를 모티프(motif)라고 지칭한다. 모티프는 작품의 내용에서 더 이상 분해가 불가능한 요소로서 작품의 주제를 구성하는 최소 단위다. 예컨대, '그는 일어났다'라든지, '그는 전화를 걸었다'와 같은 행위는 모두가 이야기를 이루는 의미 있는 단위라는 점에서 모티프가 될 수 있다. 모든 이야기 문학은 이같은 모티프들의 결합에 의해 이루어진다. 그리고 이들 모티프가 작품의 주제에 참여하게 된다.

　이러한 관점에서 본다면, 파불라는 모든 모티프들이 시간적 순서에 따라 자연스럽게 결합된 하나의 전체로 볼 수 있다. 반면에 슈젯은 파불라와 마찬가지의 모티프들로 구성되기는 하지만 작품 속에서 각각의 모티프가 시간적 순서와는 다르게 결합되는 것을 말한다. 그러므로 파불라의 차원에서 본다면, 하나의 사건이 작품 안에서 어떤 순서와 방법에 의해 서술되느냐 하는 문제는 거의 중요하지 않다. 슈젯의 차원에서는 각각의 모티프가 어떻게 제시되고 있는가 하는 문제가 매우 중요하다. 슈젯은 전적으로 작품의 미학적인 구성에 해당하기 때문이다. 결국 파불라와 슈젯의 관계는 스토리와 플롯의 관계와 흡사하다. 그러나 작품 구성의 기법이라는 차원에서 볼 때, 파불라는 슈젯의 형성에 사용되는 재료에 불과하다. 슈젯의 장치들은 파불라를 전달하기 위해 고안된 것이 아니라 파불라를 희생시켜 스스로를 전경화한다. 따라서 슈젯이 그 작품의 예술적 형식과 관계를 맺게 되는데, 예술적 형식은 작품 자체의 내부에서 요구하는 미학적 필요성으로 설명할 수 있다.

　토마체프스키는 소설 작품에 등장하는 모든 모티프들을 파불라와의 관계에 따라서 구속 모티프와 자유 모티프로 구분하고 작품 상황과의 관계에 따라서 동적 모티프와 정적 모티프로 구분하기도 한다. 그리고 이들이 각각 전체 작품의 이야기 전개에서 맡고 있는 기능을 분석하고 있다. 구속 모티프들은 이야기의 내용 전개에서 매우 중요한 역할을 담당하기 때문에 서로 긴밀하게 관련되어 있다. 그러므로 이야기 속에서 구속 모티프가 생략될 경우 이야기의 전체적인 흐름을 이해하기 어렵게 된다. 자유 모티프는 이야기의 내용 전개상 별로 중요한 의미를 가지지 못하기 때문에 긴밀하게 관련되어 있지 않다. 자유 모티프는 그것이 생략되어도 이야기의 전개에는 큰 지장을 초래하지 않는다. 그러나 문학적인 관점에서 볼 때 자유 모티프는 매우 중요한 예술적 요건을 지닌다. 자유 모티프는 전체적인 이야기의 흐름과는 관계없지만, 오히려 슈젯의 차원에서 전체적인 이야기를 미학적으로 구성할 수 있도록 고안되어 있기 때문이다. 실제로 소설의 내용을 보면, 이야기의 전체 흐름과는 관계가 없는 자세한 장면 묘사라든지 자잘한 삽화들이 끼어들어 있는 것이 보통이다. 이러한 자유 모티프는 스토리의 직선적인 전개를 방해하기도 하지만, 오히려 이야기의 내용을 풍부하게 하는 미적 효과를 드러낸다.

동적 모티프와 정적 모티프의 구분은 이야기 속에서 사건의 변화 여부를 보여주느냐 그렇지 않으냐에 따른다. 동적 모티프는 상황의 변화와 움직임을 드러내며 정적 모티프는 상황 그 자체를 묘사한다. 예컨대 '그는 달려 나갔다'라든지, '그가 죽었다' 등과 같은 것이 동적 모티프에 해당하며, '사방이 어둑하였다'라든지, '그 소녀의 키가 작았지만, 동그란 눈이 아름다웠다'와 같은 것이 정적 모티프에 해당한다. 정적 모티프는 자유 모티프에 해당하는 경우가 많다. 작품 속에서 이야기를 이끌어 가는 것은 동적 모티프이지만, 정적 모티프가 이야기의 내용을 풍부하게 만들어 준다. 그러므로 구속 모티프와 자유 모티프, 그리고 동적 모티프와 정적 모티프가 모두 한데 어울려 작품을 이루게 된다. 이렇게 모든 모티프들이 작품의 내용 전체를 위해 서로 결합되는 것을 '동기화(motivated)'되었다고 한다. 작품 속에서 이야기의 전체 내용에 참여하는 모든 모티프들은 왜 그 자리에 그런 방식으로 자리 잡게 되었는가 하는 이유가 있어야 한다. 작품 속의 모든 모티프들의 적절한 선택과 배열은 예술적 동기 설정(motivation)에 따르는 셈이다. 말하자면, 모든 모티프들은 이야기의 실감이라든지 예술적 요구 등에 따라 적절하게 선택되어 배열되고 있는 것이다.

다음은 단편소설 「동백꽃」의 한 장면이다. 이 장면에 등장하는 사건을 모티프의 유형별로 구분해 보고 각각 어떤 기능을 담당하고 있는지 생각해 보자.

나흘 전 감자 쪼간만 하더라도, 나는 저에게 조금도 잘못한 것은 없다. 계집애가 나물을 캐러 가면 갔지, 남 울타리 엮는 데 쌩이질을 하는 것은 다 뭐냐. 그것도 발 소리를 죽여 가지고 등 뒤로 살며시 와서,
"얘! 너 혼자만 일하니?"
하고 긴치 않은 수작을 하는 것이었다.
어제까지도 저와 나는 이야기도 잘 않고, 서로 만나도 본척만척하고, 이렇게 점잖게 지내던 터이런만, 오늘로 갑작스리 대견해졌음은 웬일인가. 항차, 망아지만한 계집애가 남 일하는 놈보구.
"그럼, 혼자 하지 떼루 하디?"
내가 이렇게 내배앝는 소리를 하니까,
"너 일하기 좋니?"
또는,
"한여름이나 되거든 하지, 벌써 울타리를 하니?"
잔소리를 두루 늘어놓다가, 남이 들을까 봐 손으로 입을 틀어막고는 그 속에서 깔깔댄다. 별로 우스울 것도 없는데, 날씨가 풀리더니 이놈의 계집애가 미쳤나 하고 의심하였다. 게다가, 조금 뒤에는 제 집께를 힐끔힐끔 돌아보더니, 행주치마의 속으로 꼈던 바른손을 뽑아서 나의 턱 밑으로 불쑥 내미는 것이다. 언제 구었는지 아직도 더운 김이 홱 끼치는 굵은 감자

세 개가 손에 뿌듯이 쥐었다.
 "느 집엔 이거 없지?"
하고 생색 있는 큰소리를 하고는, 제가 준 것을 남이 알면은 큰일날 테니 여기서 얼른 먹어 버리란다. 그리고 또 하는 소리가,
 "너, 봄감자가 맛있단다."
 "난 감자 안 먹는다. 네나 먹어라."
 나는 고개도 돌리려지 않고, 일하던 손으로 그 감자를 도로 어깨 너머로 쓱 밀어 버렸다. 그랬더니, 그래도 가는 기색이 없고, 뿐만 아니라 쌔근쌔근하고 심상치 않게 숨소리가 점점 거칠어진다. 이건 또 뭐야 싶어서 그때에야 비로소 돌아다보니, 나는 참으로 놀랐다. 우리가 이 동네에 들어온 것은 근 삼 년째 되어 오지만, 여지껏 가무잡잡한 점순이의 얼굴이 이렇게까지 홍당무처럼 새빨개진 법이 없었다. 게다, 눈에 독을 올리고 한참 나를 요렇게 쏘아보더니, 나중에는 눈물까지 어리는 것이 아니냐. 그리고 바구니를 다시 집어들더니 이를 꼭 악물고는, 엎어질 듯 자빠질 듯 논둑으로 힝하게 달아나는 것이다.

4. 구성의 단계

 소설의 이야기는 사건을 어떤 질서에 따라 배열하는 것이므로 대개 일정한 구조적인 단계를 거치면서 진행된다. 아리스토텔레스는 『시학』에서 비극의 플롯은 하나의 전체여야 하며, 그것은 시작과 중간과 결말을 가진다고 말한 바 있다. 여기서 시작이란 그 앞에 아무것도 없으며, 결말은 그 뒤에 아무것도 없는 것이라는 설명이 붙어 있다. 이같이 비극의 전개 방식을 시작-중간-결말이라는 세 단계로 구분한 것에 유추하여 소설의 경우에도 어떤 사건의 발단에서부터 그 해결의 과정이 단계적으로 설정되는 것이 보통이다.

이야기의 발단

　소설의 이야기가 처음 시작되는 부분을 발단(發端)이라고 한다. 이 부분에서 등장인물이 소개되고, 사건의 실마리가 그 배경과 함께 나타난다. 독자들은 여기서 인물의 기본적인 성격을 알 수 있고, 사건의 전체적인 방향과 그 분위기도 암시받을 수 있다. 소설의 발단 부분은 작품의 내용에 대한 관심과 흥미를 이끌어내는 것이 중요하다.

　오늘도 또 우리 수탉이 막 쫓기었다. 내가 점심을 먹고 나무를 하러 갈 양으로 나올 때이었다. 산으로 올라서려니까, 등 뒤에서 '푸드득푸드득' 하고 닭의 횃소리가 야단이다. 깜짝 놀라서 고개를 돌려보니, 아니나다르랴, 두 놈이 또 얼리었다.
　점순네 수탉(대강이가 크고, 똑 오소리같이 실팍하게 생긴 놈)이 덩저리 작은 우리 수탉을 함부로 해 내는 것이다. 그것도 그냥 해 내는 것이 아니라, '푸드득' 하고 면두를 쪼고 물러섰다가, 좀 사이를 두고 또 '푸드득' 하고 모가지를 쪼았다. 이렇게 멋을 부려 가며 여지없이 닦아 놓는다. 그러면 이 못생긴 것은 쪼일 적마다 주둥이로 땅을 받으며 그 비명이 '킥 킥' 할 뿐이다. 물론, 미처 아물지도 않은 면두를 또 쪼키어 붉은 선혈은 뚝뚝 떨어진다.
　이걸 가만히 내려다보자니, 내 대강이가 터져서 피가 흐르는 것같이 두 눈에서 불이 번쩍 난다. 대뜸 지게 막대기를 베고 달려들어 점순네 닭을 후려칠까 하다가 생각을 고쳐먹고, 헛매질로 떼어만 놓았다.
　이번에도 점순이가 쌈을 붙여 놨을 것이다. 바짝바짝 내 기를 올리느라고 그랬음에 틀림없을 것이다. 고놈의 계집애가 요새로 접어들어서 왜 나를 못 먹겠다고 그렇게 아르릉거리는지 모른다.

　김유정의 단편소설「동백꽃」의 서두 부분을 보면, 소설 속에서 이야기의 중심 내용을 이루게 되는 닭싸움이 먼저 소개된다. 이 닭싸움은 주인공인 '나'와 '점순이' 사이에 벌어지는 갈등을 외적으로 형상화하고 있는 중심 소재이기 때문이다. 「동백꽃」의 구성에서 주목되는 것은 등장인물의 심리적 갈등 구조다. '나'와 점순이라는 등장인물 사이에서 일어나는 갈등은 농촌의 순박한 풍물을 배경으로 구체화되기 시작한다. 사랑에 눈뜨기 시작하는 점순이의 심정과 그것을 바로 알지 못하고 있는 '나'의 어리숙한 행동이 맞부딪치는 장면들이 바로 그것이다. 소설의 첫 장면에서 제시되고 있는 닭싸움은 감자 사건에서 발단된 것이다. 울타리를 만들고 있는 '나'에게 점순이가 접근하여 감자를 먹으라고 주지만, '나'는 그것을 받지 않는다. 자기 마음을 몰라주는 데에 화가 나서 토라져버린 점순이의 집요한 공세가 그 뒤에 시작된다. 이러한 과정은 닭싸움으로 구체화되어 나타나고 있다.

사건의 전개

소설의 이야기에서 내용의 중심을 이루는 부분은 전개(展開)의 단계다. 사건이 복잡해지고, 인물의 성격이 여러 방향으로 변화를 드러내며, 다른 등장인물과 관련이 이루어지면서 갈등과 분규를 빚어낸다. 전개 부분에서는 이야기가 복잡하게 진행된다 하더라도, 이야기의 방향과 주제를 통일시키기 위해 긴장을 유지할 수 있어야 한다. 「동백꽃」의 전개 과정은 점순이가 덩치 큰 자기네 수탉과 '나'의 집의 작은 닭을 싸움 붙이는 이야기로 이어진다. '나'는 덩치 큰 점순이네 수탉에게 번번이 쪼이기만 하는 자기네 닭을 안타깝게 생각하지만 어쩔 수가 없다. 이 반복되는 닭싸움은 두 인물의 심리적인 갈등과 대립을 특이하게 외현화한 것이라고 할 수 있다.

절정과 결말

소설의 이야기에서 갈등과 긴장이 최고조에 도달하는 부분을 절정(絕頂)

이라고 한다. 복잡하게 발전되어 온 인물의 성격이 크게 부각되고, 이야기의 흐름에 위기의 반전이 이루어진다. 소설의 이야기가 끝맺어지는 단계가 결말(結末)이다. 주인공의 운명이 분명해지고, 사건의 긴장이 해소된다. 소설의 주제는 대개 절정과 결말 부분에서 암시된다.

「동백꽃」의 결말 부분은 다음과 같다.

산기슭에 널려 있는 바윗돌 틈에 노란 동백꽃이 소보록하니 깔리었다. 그 틈에 끼어 앉아서 점순이가 청승맞게스리 호드기를 불고 있는 것이다. 그보다도 더 놀란 것은, 고 앞에서 또 푸드득푸드득 하고 들리는 닭의 횃소리다. 필연코 요 년이 나의 약을 올리느라고 또 닭을 집어 내다가 내가 내려올 길목에다 쌈을 시켜 놓고, 저는 그 앞에 앉아서 천연스레 호드기를 불고 있음에 틀림없으리라. 나는 약이 오를 대로 다 올라서, 두 눈에서 불과 함께 눈물이 퍽 쏟아졌다. 나뭇지게도 놀 새 없이 그대로 내동댕이치고는 지게 막대기를 뻗치고 허둥지둥 달려들었다.

가까이 와 보니, 과연 나의 짐작대로 우리 수탉이 피를 흘리고 거의 빈사 지경에 이르렀다. 닭도 닭이려니와, 그러함에도 불구하고 눈 하나 깜짝 없이 고대로 앉아서 호드기만 부는 그 꼴에 더욱 치가 떨린다. 동네에서 소문이 났거니와, 나도 한때는 걱실걱실히 일 잘 하고 얼굴 예쁜 계집앤 줄 알았더니, 시방 보니까 그 눈깔이 꼭 여우 새끼 같다. 나는 대뜸 달겨들어서, 나도 모르는 사이에 큰 수탉을 단매로 때려 엎었다. 닭은 푹 엎어진 채 나리 하나 꼼싹 못 하고 그대로 죽어 버렸다. 그리고 나는 멍하니 섰다가 점순이가 매섭게 눈을 흡뜨고 닥치는 바람에 뒤로 벌렁 나자빠졌다.

"이놈아! 너 왜 남의 닭을 때려죽이니?"

"그럼 어때?"

하고 일어나다가,

"뭐, 이 자식아! 누 집 닭인데!"

하고 복장을 떼미는 바람에 다시 벌렁 자빠졌다. 그리고 나서 가만히 생각을 하니 분하기도 하고 무안도 스럽고, 또 한편 일을 저질렀으니, 인제 땅이 떨어지고 집도 내쫓기고 해야 되는지 모른다. 나는 비슬비슬 일어나며 소맷자락으로 눈을 가리고는, 얼김에 엉 하고 울음을 놓았다. 그러나 점순이가 옆으로 다가와서,

"그럼, 너 이담부터 안 그럴 테냐?"

하고 물을 때에야 비로소 살길을 찾은 듯싶었다. 나는 눈물을 우선 씻고, 뭘 안 그러는지 명색도 모르건만,

"그래!"

하고 무턱대고 대답하였다.

"요담부터 또 그래 봐라, 내 자꾸 못살게 굴 테니."

"그래 그래, 인젠 안 그럴 테야."

"닭 죽은 건 염려 마라, 내 안 이를 테니."

그리고 뭣에 떠다밀렸는지 나의 어깨를 짚은 채 그대로 퍽 쓰러진다. 그 바람에 나의 몸뚱이도 겹쳐서 쓰러지며, 한창 피어 퍼드러진 노란 동백꽃 속으로 폭 파묻혀 버렸다.

알싸한, 그리고 향긋한 그 냄새에 나는 땅이 꺼지는 듯이 온 정신이 고만 아찔하였다.

"너, 말 마라!"

"그래!"

조금 있더니 요 아래서,

"점순아! 점순아! 이년이 바느질을 하다 말구 어딜 갔어?"

하고, 어딜 갔다 온 듯싶은 그 어머니가 역정이 대단히 났다.

점순이가 겁을 잔뜩 집어먹고 꽃 밑을 살금살금 기어서 산 아래로 내려간 다음, 나는 바위를 끼고 엉금엉금 기어서 산 위로 치뻬지 않을 수 없었다.

이 대목은 점순이가 붙이는 닭싸움이 결국은 '나'의 울분을 폭발시키는 장면이다. '나'는 자기네 집의 닭을 형편없이 쪼아대는 점순이네 수탉을 보

고 분함을 견디지 못한다. 그래서 앞뒤를 가리지 못하고 점순네 수탉을 작대기로 때려잡는다. 그러나 일을 저질러 놓고는 눈앞에 일어난 큰일에 겁을 먹는다. 이때 점순이가 다가와서 모든 것을 비밀에 붙이기로 약속하고 '나'를 끌어안고는 동백꽃 숲 사이로 쓰러진다. 이 결말의 장면에서 결국 점순은 자신의 사랑을 적극적으로 표현할 수 있게 된다.「동백꽃」은 활달한 시골 처녀의 적극적인 애정 표현과 이에 대응하는 우직하면서도 순박한 총각의 엉뚱한 행동이 닭싸움으로 외현화하면서 두 인물의 심리적 갈등을 긴장감 있게 연결시켜 놓고 있다.

이처럼 「동백꽃」은 사건의 발단, 전개, 절정, 결말의 모든 과정이 치밀하게 짜여져 있다. 이러한 구성의 치밀성은 등장인물의 성격의 미묘한 대립과 그 갈등을 예리하게 포착하고, 이를 이야기 속에서 구체화하고 있는 데서 가능해진 것이다. 개방적이면서도 적극적인 성격을 여성 주인공에게 부여하고 오히려 소극적이며 무감각하고 어리숙한 성격을 남성 주인공에게 부여한 작가의 성격 창조의 방법도 구성의 긴밀성을 더해주는 요건이 되고 있다고 할 것이다.

여기서 한 가지 주의할 것은 소설의 이야기가 모두 발단, 전개, 절정, 결말과 같은 구성의 단계를 그대로 따르지는 않는다는 점이다. 하나의 사건을 중심으로 이야기가 구성되는 단편소설의 경우에는 플롯의 단계를 짜임새 있게 설정하지만, 장편소설의 경우에는 복잡한 여러 가지 사건들이 서로 결합되면서 다양한 요소들이 복합적으로 작용하기 때문에 하나의 질서를 유지하기는 쉽지 않다. 특히 인간의 내면의식을 문제 삼는 심리소설과 같은 소설의 양식에서는 외적인 행동에 따라 이루어지는 플롯의 단계를 설정하기 곤란하다.

그런데 소설의 서두는 대체로 그 결말 부분과 서로 상응관계를 보여준다. 이것은 이야기의 구성에 있어서 일관성을 부여하기 위한 방법이라고 할 수 있다. 소설의 서두에서 하나의 상황이나 문제가 제기되면 그것이 이야기의 전개 과정에 따라 발전하게 되고 결말에 이르러서 하나의 해결점을 보여주게 되는 것이다. 그러므로 소설의 서두 부분과 결말 부분을 구조적으로 대비해 보면 이야기의 전체적인 짜임새를 분석해낼 수 있게 된다. 그리고 서두에서 제시된 문제가 어떤 과정과 변형을 거쳐 전체적인 균형을 이루며 하나의 이야기로 통합되어 결말에 이르게 되는지를 이해할 수 있게 되는 것이다.

다음은 현진건의 「운수 좋은 날」의 서두와 결말 부분이다. 서두 부분의 상황과 결말 부분의 상황을 대비하여 보고, 서두와 결말 사이의 전개 과정에서 나타나는 아이러니의 구조를 분석해 보자.

(1) 새침하게 흐린 품이 눈이 올 듯하더니 눈은 아니 오고, 얼다가 만 비가 추적추적 내리는 날이었다. 이 날이야말로 동소문(東小門) 안에서 인력거꾼 노릇을 하는 김 첨지에게는 오래간만에도 닥친 운수 좋은 날이었다. 문안에(거기도 문밖은 아니지만) 들어간답시는 앞집 마나님을 전찻길까지 모셔다 드린 것을 비롯으로, 행여나 손님이 있을까 하고 정류장에서 어정어정하며, 내리는 사람 하나하나에게 거의 비는 듯한 눈길을 보내고 있다가, 마침내 교원인 듯한 양복장이를 동광 학교(東光學校)까지 태워다 주기로 되었다.

(2) 발로 차도 그 보람이 없는 걸 보자, 남편은 아내의 머리맡으로 달려들어, 그야말로 까치집 같은 환자의 머리를 들어 흔들며,
"이년아, 말을 해, 말을! 입이 붙었어, 이 오라질 년!"
"……."
"으으, 이것 봐, 아무 말이 없네."
"……."
"으으, 또 대답이 없네. 정말 죽었나 버이."
이러다가, 누운 이의 흰 창이 검은 창을 덮은, 위로 치뜬 눈을 알아보자마자,

"이 눈깔! 이 눈깔! 왜 나를 바루 보지 못하고 천정만 보느냐, 응?" 하는 말끝엔 목이 메이었다. 그러자, 산 사람의 눈에서 떨어진 닭의 똥 같은 눈물이 죽은 이의 뻣뻣한 얼굴을 어룽어룽 적시인다. 문득 김 첨지는 미친 듯이 제 얼굴을 죽은 이의 얼굴에 한데 비비대며 중얼거렸다.

"설렁탕을 사다 놓았는데 왜 먹지를 못하니, 왜 먹지를 못하니……? 괴상하게도 오늘은 운수가 좋더니만……."

5. 구성의 유형

구성의 방법과 유형

비평가 크레인(R. S. Crane)은 다음과 같이 구성의 개념과 그 방법을 설명한 바 있다.

소설이나 연극의 플롯은 작자가 창안한 내용물을 구성하는 행위, 성격, 그리고 사상의 요소를 작자 자신의 손으로 특별하게 시간적으로 종합한 것이라고 할 수 있다. 그러므로 플롯이 종합하고 있는 이 세 가지 요소를 떠나서는 플롯이 무엇인가를 논하기 어렵다. 그리고 이 세 가지 요소 가운데 어떤 요소가 종합의 원리로 작용하느냐에 따라 플롯의 구조가 달라진다는 가실이 가능하다. 행위의 플롯(plot of action), 성격의 플롯(plot of character), 사상의 플롯(plot of thought)이 있을 수 있는 것이다. 첫 번째의 행위의 플롯이란 주인공의 상황이 그 성격이나 사상에 의하여 한정되고 영향을 받아(완만한 것이거나 돌연한 것이거나 간에) 완전히 변화하게 되는 과정이 종합의 원리이다(『오이디푸스 대왕』이나 『카라마조프 형제들』에 있어서와 같이). 두 번째의 성격의 플롯이란 주인공의 성격이 형성되는 변화과정이 종합의 원리가 된다(헨리 제임스의 『귀부인의 초상화』

에 있어서와 같이). 이는 사건에 의해 촉진되며 또 사건을 모델로 삼으며 사건과 사상과 감정에 다같이 표명된다. 세 번째 사상의 플롯은 성격과 사건에 의해 조건지어지고 방향이 결정되는 주인공의 사상의 변화 및 거기서 비롯되는 감정의 변화의 전과정이 종합의 원리가 된다(월터 페이터의 『쾌락주의자 마리우스』에서와 같이). 이 세 가지의 플롯이 우리가 정의를 내리는 의미에 있어서의 플롯이다.

− 크레인, 「플롯의 개념과 *Tome Jones*의 플롯」
(김병욱 편, 『현대소설의 이론』), 167~168면

앞의 인용에서 크레인이 설명하고 있는 플롯의 유형은 소설의 구성적 특징을 이해하는 데에 가장 핵심이 되는 인물의 행동과 사건, 인물의 성격, 인물의 생각과 사고를 중심으로 하고 있다. 소설의 이야기에서 행위의 주체로서 이야기 구성의 주도적 역할을 담당하는 것은 인물이다. 그리고 인물의 행위, 성격, 사상의 세 가지 요소가 어떻게 시간적으로 종합되느냐에 따라서 플롯의 유형이 규정된다.

행위의 플롯은 이야기의 구성에서 행위와 사건의 결합을 주축으로 삼는다. 어떤 사건이 일어나면 언제나 그 다음 무슨 사건이 어떻게 어디서 일어나게 될 것인지가 흥미의 초점을 이룬다. 한국의 고전소설에서 볼 수 있는 선인형 인물과 악인형 인물의 대립 구조에서 선인형 인물이 불운을 견디고 결국은 승리하는 권선징악의 이야기 구조는 대표적인 행동의 플롯에 속한다. 탐정소설이나 모험소설에서도 사건의 해결과정 자체를 중시하기 때문에 행위의 플롯을 기반으로 이야기를 구성하게 된다.

성격의 플롯은 인물의 내면적 의식의 변화와 성장을 이야기 구성의 구축으로 삼는 경우다. 이야기의 진행 과정에서 무지의 상황을 벗어나 새로운 인식의 가능성을 획득한다든지, 자신의 위선과 위악을 스스로 벗어나 개선의 길로 나아가는 경우를 중시하는 구성 방법이 여기에 속한다. 반대로 야망을 가진 인물이 그 목표를 상실하여 체념에 빠져들거나 내적 갈등의 지속 상태를 중심으로 이야기를 구성하는 경우도 성격의 플롯에 포함시킬 수 있다. 서구에서 교양소설(bildungsroman)이나 성장소설(initiative story)로 지목되는 작품들이 이 같은 유형의 구성 방법을 따른다. 괴테의 『빌헬름 마이스터』라든지 이문열의 『젊은 날의 초상』 같은 작품이 가장 대표적이다.

사상의 플롯은 등장인물이 가지는 사상적 태도, 이념적 가치, 종교적 신념 등과 같은 요소들이 이야기 구성의 기반을 이루는 경우를 말한다. 여기서는 인물의 생각과 믿음과 태도를 통한 사고의 향상적 변화가 중요한 요소가 된다. 인물의 사고 내용을 중심으로 하는 감정의 변화, 인식의 확대 등이 이루어지기도 하고, 환멸의 상태에 빠지기도 한다.

이 같은 플롯의 유형을 구분하고자 할 경우, 소설의 이야기에서 먼저 주목해야 할 것은 인물이 어떤 행동을 하며, 그 행동이 어떤 문제를 야기하고, 어떻게 그 문제가 해결되는지를 파악해야 한다는 점이다. 그리고 인물의 성격이 어떤 특징을 가지는 것인지 그것이 행동에 어떤 영향을 미치고 있는지도 살펴보아야 한다. 인물의 사고방식이나 가치관이 어떤 것인지에 대해서도 명확한 판단이 필요하다. 이러한 인물의 행동, 성격, 사상이라는 세 가지 요소는 서로 긴밀하게 연결되는 것이기 때문에 서로 원인이 되기도 하고, 계기를 제공하기도 한다. 그러므로 이 세 가지 요소 가운데 이야기를 이끌어가는 주요 부분이 무엇이며, 다른 요소들은 어떤 역할을 하는가를 구분하지 않으면 안 된다. 이것은 이야기의 구성에서 다루어지고 있는 중요한 문제가 무엇이며 그것이 어떤 해결 과정을 거치는가를 말해주는 것이나.

여기서 이야기의 문제 해결 방식이 외적 조건에 의존하는 것이라면 그것은 인물의 행동이 플롯의 중심에 자리함을 말한다. 인물의 내면적 의지나 인식에 의해서가 아니라 외부적인 조건에 따라 행동이 이루어지고 그 행동에 의해 문제가 야기되거나 해결되는 경우가 여기에 해당한다. 외부적 상황이나 주어진 목표와는 상관없이, 인물이 생각하거나 믿고 있는 것이 옳으냐 그르냐에 따라 문제 해결의 방향이 결정되는 경우는 인물의 사상이 플롯의 중심을 이룬다. 이런 경우에는 모든 문제가 궁극적으로 인물의 사고와 통찰과 발견에 따르게 된다. 인물이 어떤 결정을 내리느냐에 따라 이야기의 방향이 결정되는 경우에는 성격이 플롯의 중심에 자리한다. 모든 문제의 해결이 주변 상황이나 목표와는 상관없이 자기 자신에게 달려있기 때문이다. 이러한 세 가지 요소의 기능과 상호 작용을 바탕으로 하여 행동의 플롯, 성격의 플롯, 사상의 플롯이라는 이야기 구성의 유형이 성립된다.

단순 구성과 복합 구성

모든 소설이 발단, 전개, 절정, 결말과 같은 구성 단계를 규칙적으로 보여주는 것은 아니다. 어떤 이야기는 그 전개의 과정이 작가의 의도나 주제의 요청에 의해 전혀 다른 방향으로 구성될 수 있다. 등장인물의 삶과 그 운명은 반드시 논리적인 관련성이나 조직성으로 이루어지는 것은 아니기 때문이다. 그러나 이야기를 시작하고 그 이야기를 끝맺는 것은 어떤 이야기에서나 마찬가지라고 할 수 있다.

단편소설의 경우에는 하나의 사건이 압축된 긴장감을 지닌 채 진행된다. 단일한 주인공에 의한 하나의 사건과 하나의 제한된 배경이 서로 조화를 이루고 통일을 유지한다. 이러한 구성을 단순(單純) 구성이라고 한다. 현진건의 단편소설 「운수 좋은 날」을 보면 단순 구성의 특징이 잘 드러나 있다. 이 작품은 단편소설로서 단일한 인물, 하나의 사건, 단일한 배경, 인상의 통일성 등을 고루 갖추고 있으며, 식민지시대에 살고 있던 가난한 노동자의 궁핍한 삶의 양상을 제시하고 있다. 이 작품에는 인력거꾼 김 첨지와 앓고 누워 있는 그의 아내가 중심인물로 등장한다. 작품 속에는 김 첨지와 그의 아내 외에도 김 첨지의 친구인 치삼과 어린 아이 개똥이가 나온다. 그러나 인력거꾼 김 첨지가 핵심적인 등장인물이다. 다른 등장인물들은 김 첨지의 성격을 구체적으로 드러내어 주기 위해 장치한 보조적인 인물에 불과하다. 앓고 있는 아내와 세 살배기 개똥이의 존재는 김 첨지의 가난한 삶을 말해줄 뿐이며, 친구 치삼은 비참한 노동자들의 삶의 단면을 보여주기 위해 등장할 뿐이다. 이러한 인물 설정은 단일한 인물의 단일한 사건을 통해 삶의 단면을 특징적으로 제시한다는 단일성을 특징으로 하는 단편소설의 양식적인 특성과 부합된다.

　이 작품에서 그려내고 있는 인력거꾼의 삶은 오직 하루 동안의 일을 통해 구체적으로 드러나고 있다. 진눈깨비가 내리는 겨울 어느 날이 소설의 시간이다. 아침부터 저녁까지의 시간의 흐름이 잘 드러나고 있다. 배경은 물론 서울 장안이며, 가난한 인력거꾼이 살고 있는 마을이 등장한다. 이러한 배경 속에서 이루어지는 핵심적인 사건은 가난한 인력거꾼이 겪은 어느 하루 동안의 일이다. 돈이 궁하던 때에 운 좋게 손님을 많이 태워 상당한 돈을 벌게 되지만, 바로 그날 앓고 있던 아내가 죽음을 맞는다. 이 두 가지 사건은 반어적인 구조를 드러내면서 서로 결합되어 있기 때문에, 뒤의 사건에 의해 앞의 사건은 그 의미가 완전히 반전된다.

　단편소설에서 볼 수 있는 단순 구성의 특징과는 달리, 장편소설에서는 많은 인물과 여러 가지 사건들이 서로 얽혀 이야기의 진행이 복잡하게 이루어진다. 이것을 복합(複合) 구성이라고 한다. 복합 구성에서도 하나의 주제를 향해 모든 구성 요소들이 통일을 이루어야 함은 물론이지만, 삶의 다양한 모습과 그 변화를 총체적으로 제시할 수 있다는 것이 복합 구성의 특징이다. 염상섭의 장편소설 「삼대(三代)」를 보면 이러한 복합 구성의 특징을 쉽게 확인할 수 있다.

　염상섭의 대표작으로 지목되는 장편소설 「삼대」는 조부에서 손자에 이르는 한 가족 삼대에 걸친 이야기를 토대로 한말에서부터 식민지시대에 이르기까지의 한국의 사회상을 총체적으로 보여주고 있는 소설이다. 이 작품에서 관심의 대상이 되는 것은 조씨 집안의 가족사의 변화이지만, 작가는 조씨 가문의 삼대에 걸친 인물들을 주인공으로 내세워 각 세대가 직면했던 시대적 상황과 그 변화를 통해 그들이 가지는 문제의식과 행동방식을 중심으로 한국 사회의 전체적인 변화 과정을 제시하고 있다.

이 소설의 중심축에 해당하는 조씨 일가에서 맨 앞자리에 서 있는 웃어른은 조부 조의관이다. 그는 조선시대의 주자학을 바탕으로 하는 명분론에 집착하고 있는 전통적인 봉건주의자다. 그는 조선의 붕괴나 일제의 침략과 같은 역사의 격변에 대해 별다른 의식을 가지지 못한 채, 자기 가문의 영예를 위장한다. 조의관의 아들인 조상훈은 그의 부친이 보여주는 이 같은 사고방식을 완고하고도 낡은 구시대적인 것으로 치부하고 부친에게 맞선다. 그는 부친의 재산 덕분에 미국 유학을 거치면서 신교육을 받은 계몽주의자다. 그러나 일본의 식민지 지배가 시작되면서 사회적 진출이 좌절되자, 기독교의 사회 운동에 참여하면서 부친 조의관으로부터 가차없이 비난받게 된다. 조상훈은 부친으로부터 배척되면서 아무런 경제적 능력을 가지지 못하게 되자, 의욕 상실자 또는 타락한 무능한 지식인으로 변하고 있다.

조의관과 조상훈 사이에 일어나고 있는 부자간의 대립과 갈등의 끝자리에 손자 조덕기가 위치하고 있다. 이야기 속에서는 일본 유학생의 신분으로 그려지고 있는 조덕기는 할아버지인 조의관으로부터 상당한 기대를 얻고 있다. 조덕기는 조부의 강권으로 학생 신분이지만 일찍 결혼했고, 전통적인 규범에도 익숙해져 있다. 그러나 그는 시대상의 변화에도 눈을 떠서 지식인 청년들이 벌이는 좌익운동에도 동정적인 입장을 고수한다. 조덕기는 조부에 대한 경외감과 부친에 대한 동정을 지니고 있으며, 자기 가문을 지키면서 명분 있는 사회 활동에도 참여하고자 한다. 그러므로 조부 조의관이 운명하는 자리에서 조덕기는 조부가 소중하게 간수했던, 집안의 경제권을 상징하는 열쇠 꾸러미를 물려받게 된다. 조덕기의 사회적인 위상은 그가 조부 조의관의 전통적인 가치관과 허세에도 전적으로 동의하지 않고, 부친인 조상훈의 현실과 괴리된 이상주의적인 태도에도 부정적이라는 점에서 쉽게 규정된다. 역사와 현실을 외면하고 있는 기독교적 이상주의를 조덕기가 거부하고 있는 것은 그에게 있어서 현실주의적 성향이 그만큼 강하게 작용하고 있음을 말하는 것이다. 조부 조의관이 내세우고 있는 전통적인 가치 가운데 현실적으로 그 의미가 살아있는 것들을 긍정하고자 하는 조덕기의 태도는 중도적인 타협주의적 색채마저 드러내고 있다. 이처럼 「삼대」는 복합적인 구성 방식에 따라 여러 등장인물과 복잡한 사건들을 서로 결합시켜 놓음으로써, 조씨 일가의 삼대에 걸친 삶의 변화를 통해 한국 사회의 총체적인 삶의 모습을 제시하고 있다.

상승적 구성과 하강적 구성

소설의 이야기는 반드시 사건의 인과론적인 연결이나 필연성에만 의존하지는 않는다. 즉, 이야기가 발전하면서 주제의 요청이나 사상의 특성, 또는 운명적인 어떤 일에 의하여 그 배치가 달라질 수 있다. 왜냐하면 소설이 그려내는 삶은 복합적이고 비합리적인 요소들이 서로 연결되어 있기 때문이다. 이런 의미에서 보면, 합리적인 이야기의 짜임만이 훌륭한 짜임이라고는 말할 수 없다. 그러므로 이야기의 짜임은 다각도로 검토되어야 하며, 인물이나 그의 운명이 이야기의 목적과 어떤 관계에 있는가를 살펴보아야 할 것이다.

소설의 이야기는 주인공과 그 주인공이 속한 세계와의 관계를 중심으로 엮어진다. 그런데 이야기의 주인공이 처음에는 고난을 겪고 나중에 가서 공을 이루거나 행복을 얻게 되는 상승적 구조를 나타나게 되는 경우가 많다. 고전소설 「홍길동전」, 「심청전」, 「흥부전」은 모두 주인공이 겪는 불행과 고난이 결국은 행복으로 진행되는 상승적 이야기 구조를 보여준다. 이러한 이야기 구조는 현실을 그대로 이야기한다기보다 현실 속에서 기대하고 염원하는 이상과 가치의 실현을 허구적인 이야기를 통해 제시한다고 할 수 있다.

이 같은 상승적인 이야기 구조와는 달리 정상적이거나 행복한 상태의 주인공이 점점 불행하게 되어 끝에 가서는 비극적 종말을 맞는 하강적인 이야기 구조도 흔히 볼 수 있다. 이런 이야기에서는 주인공과 세계와의 갈등이나 대립이 심하게 드러나며, 대체로 적대적 대상의 힘이 크고 무자비하여 인간의 능력으로 이를 극복하기 어렵게 되어 있다. 김동인의 「배따라기」, 전영택의 「화수분」, 현진건의 「고향」 등을 예로 들 수 있겠다. 이러한 하강적 구조의 이야기에서 주인공은 자신의 비극적인 운명이나 적대적인 세력에 대하여 무력하기 때문에, 그 외부적인 힘에 대항하다가 좌절하고 만다. 이것은 한 개인의 가치 성취나 능력보다는 거대한 세계의 부정적인 그림자에 착안한 작가의 시선이 '그럴 수도 있는' 세계를 '그럴 수밖에 없는' 세계로 확대시킨 것이라고 볼 수 있다.

현실의 힘 혹은 운명의 힘은 인간이 감당해 내기에는 너무 강한 것이 사실이다. 하지만 실제의 삶에 닥쳐온 불행의 조짐들을 아무런 저항 없이 받아들이며, 순응하는 태도를 누구도 원하지는 않는다. 그것을 거부하기도 하고 대항하여 극복하려고 노력하는 것이다. 누구나가 그 대결에서 승리하기를 바라겠지만 그것은 이상이며 꿈이다. 자아와 세계의 대결은 끊임없이 이루어지고 있지만, 반드시 자아가 승리할 수만은 없고, 오히려 패배하는 경우가 흔한 것이 현실이다.

소설에서 개인과 현실의 대립 양상만을 보여주는 이야기를 평행적 이야기 구조라고 할 수 있다. 평행적 이야기 구조는 주인공과 적대적 세계 사이의 대립과 갈등이 팽팽하게 지속되는 과정만을 그려낸 이야기를 뜻한다. 이러한 작품은 자아와 세계의 갈등이나 대립 자체를 강조하고 있다. 염상섭의 「표본실의 청개구리」나 현진건의 「술 권하는 사회」 등을 예로 들 수 있는데, 이 작품들은 현실의 문제 자체를 객관적으로 인식하고 이를 위해 필요한 현실의 객관화를 목표로 하는 이야기의 짜임을 보여주고 있다.

작품읽기 02

현진건_ 운수 좋은 날

새침하게 흐린 품¹이 눈이 올 듯하더니 눈은 아니 오고, 얼다가 만 비가 추적추적 내리는 날이었다.

이 날이야말로 동소문(東小門) 안에서 인력거꾼 노릇을 하는 김 첨지에게는 오래간만에도 닥친 운수 좋은 날이었다. 문안에(거기도 문밖은 아니지만) 들어간답시는 앞집 마나님을 전찻길까지 모셔다 드린 것을 비롯으로, 행여나 손님이 있을까 하고 정류장에서 어정어정하며, 내리는 사람 하나하나에게 거의 비는 듯한 눈길을 보내고 있다가, 마침내 교원인 듯한 양복장이를 동광 학교(東光學敎)까지 태워다 주기로 되었다.

첫째 번에 삼십 전, 둘째 번에 오십 전- 아침 댓바람²에 그리 흉치 않은 일이었다. 그야말로 재수가 옴붙어서, 근 열흘 동안 돈 구경도 못 한 김 첨지는 십 전짜리 백동화 서 푼 또는 나섯 푼이 '찰삭' 하고 손바닥에 떨어질 때, 거의 눈물을 흘릴 만큼 기뻤었다. 더구나, 이 날 이 때에 이 팔십 전이라는 돈이 그에게 얼마나 유용한지 몰랐다. 컬컬한 목에 모주 한 잔도 적실 수 있거니와, 그보다도 앓는 아내에게 설렁탕 한 그릇도 사다줄 수

---

¹ 품: 낌새나 모양.
² 아침 댓바람: 어떤 일의 맨 처음에.

있음이다.

그의 아내가 기침으로 쿨룩거리기는 벌써 달포[3]가 넘었다. 조팝도 굶다시피 하는 형편이니, 물론 약 한 첩 써 본 일이 없다. 구태여 쓰려면 못 쓸 바도 아니로되, 그는 병이란 놈에게 약을 주어 보내면 재미를 붙여서 자꾸 온다는 자기의 신조(信條)에 어디까지 충실하였다. 따라서 의사에게 보인 적이 없으니 무슨 병인지는 알 수 없으되, 반듯이 누워 가지고, 일어나기는커녕 모로도 못 눕는 걸 보면 중증은 중증인 듯. 병이 이대도록 심해지기는 열흘 전에 조팝을 먹고 체한 때문이다. 그 때도 김 첨지가 오래간만에 돈을 얻어서 좁쌀 한 되와 십 전짜리 나무 한 단을 사다 주었더니, 김 첨지의 말에 의지하면, 그 오라질 년이 천방 지축(千方地軸)[4]으로 냄비에 대고 끓였다. 마음은 급하고, 불길은 달지 않아 채 익지도 않은 것을, 그 오라질 년이 손가락은 고만두고 손으로 움켜서 두 뺨에 주먹덩이 같은 혹이 불거지도록 누가 빼앗을 듯이 처박질하더니만, 그 날 저녁부터 가슴이 땡긴다, 배가 켕긴다고 눈을 흡뜨고 지랄병을 하였다.

그 때, 김 첨지는 열화와 같이 성을 내며,

"에이, 오라질 년, 조랑복[5]은 할 수가 없어. 못 먹어 병, 먹어서 병, 어쩌란 말이야! 왜 눈을 바루 뜨지 못해!"

하고, 김 첨지는 앓은 이의 뺨을 한 번 후려갈겼다. 흡뜬 눈은 조금 바루어졌건만 이슬이 맺히었다. 김 첨지의 눈시울도 뜨근뜨근한 듯하였다.

이 환자가 그러고도 먹는 데는 물리지 않았다. 사흘 전부터 설렁탕 국물이 마시고 싶다고 남편을 졸랐다.

"이런 오라질 년! 조팝도 못 먹는 년이 설렁탕은, 또 처먹고 지랄을 하게."

라고 야단을 쳐 보았건만, 못 사 주는 마음이 시원치는 않았다.

---

[3] 달포: 한 달 이상이 되는 동안.
[4] 천방 지축(千方地軸): 급하게 허둥지둥 날뜀.
[5] 조랑복: 복이 많지 않음을 일컫는 말.

인제 설렁탕을 사 줄 수도 있다. 앓는 어미 곁에서 배고파 보채는 개똥이(세 살먹이)에게 죽을 사 줄 수도 있다. ― 팔십 전을 손에 쥔 김 첨지의 마음은 푼푼하였다.
　그러나 그의 행운은 그걸로 그치지 않았다. 땀과 빗물이 섞여 흐르는 목덜미를 기름주머니 다 된 왜복수건으로 닦으며, 그 학교 문을 돌아 나올 때였다. 뒤에서 '인력거!' 하고 부르는 소리가 난다. 자기를 불러 멈춘 사람이 그 학교 학생인 줄 김 첨지는 한 번 보고 짐작할 수 있었다. 그 학생은 다짜고짜로,
　"남대문 정거장까지 얼마요?"
라고 물었다. 아마도 그 학교 기숙사에 있는 이로, 동기(冬期) 방학을 이용하여 귀향하려 함이리라. 오늘 가기로 작정은 하였건만, 비는 오고 집은 있고 해서 어찌할 줄 모르다가, 마침 김 첨지를 보고 뛰어나왔으리라. 그렇지 않으면, 왜 구두를 채 신지도 못해서 질질 끌고, 비록 고쿠라 양복일망정 노박이로⁶ 비를 맞으며 김 첨지를 뒤쫓아 나왔으랴.
　"남대문 정거장까지 말씀입니까?"
하고, 김 첨지는 잠깐 주저하였다. 그는 이 우중(雨中)에 우장도 없이 그 먼 곳을 철벅거리고 가기가 싫었음일까? 처음 것, 둘째 것으로 고만 만족하였음일까? 아니다, 결코 아니다. 이상하게도 꼬리를 맞물고 덤비는 이 행운 앞에 조금 겁이 났음이다. 그리고 집을 나올 제 아내의 부탁이 마음에 켕기었다. ― 앞집 마나님한테서 부르러 왔을 제, 병인(病人)은 그 뼈만 남은 얼굴에 유일의 생물 같은 유달리 크고 움푹한 눈에 애걸하는 빛을 띠며,
　"오늘은 나가지 말아요. 제발 덕분에 집에 붙어 있어요. 내가 이렇게 아픈데……."
라고 모기 소리같이 중얼거리고 숨을 그르렁그르렁하였다. 그 때에 김 첨지는 대수롭지 않은 듯이,

---

⁶ 노박이로: 계속해서 오랫동안, 줄곧.

"아따, 젠장맞을 년, 별 빌어먹을 소리를 다 하네. 맞붙들고 앉았으면 누가 먹여 살릴 줄 알아?"

하고 훌쩍 뛰어나오려니까, 환자는 붙잡을 듯이 팔을 내저으며,

"나가지 말라도 그래. 그러면 일찍이 들어와요."

하고 목메인 소리가 뒤를 따랐다.

정거장까지 가잔 말을 들은 순간에, 경련적으로 떠는 손, 유달리 큼직한 눈, 울 듯한 아내의 얼굴이 김 첨지의 눈앞에 어른어른하였다.

"그래 남대문 정거장까지 얼마란 말이오?"

하고 학생은 초조한 듯이 인력거꾼의 얼굴을 바라보며 혼잣말같이,

"인천(仁川) 차가 열한 점에 있고, 그 다음에는 새로 두 점이던가?"

라고 중얼거린다.

"일 원 오십 전만 줍지요."

이 말이 저도 모를 사이에 불쑥 김 첨지의 입에서 떨어졌다. 제 입으로 부르고도 스스로 그 엄청난 돈 액수에 놀래었다. 한꺼번에 이런 금액을 불러라도 본 지가 그 얼마만인가! 그러자, 그 돈 벌 용기가 병자에 대한 염려를 사르고 말았다. 설마 오늘 내로 어떠랴 싶었다. 무슨 일이 있더라도, 제일, 제 이의 행운을 곱친 것보담도 오히려 갑절이 많은 이 행운을 놓칠 수 없다 하였다.

"일 원 오십 전은 너무 과한데."

이런 말을 하며 학생은 고개를 기웃하였다.

"아니올시다. 이수(里數)로 치면 여기서 거기가 시오 리나 넘는답니다. 또, 이런 진 날은 좀 더 주셔야지요."

하고 빙글빙글 웃는 차부의 얼굴에는 숨길 수 없는 기쁨이 넘쳐 흘렀다.

"그러면, 달라는 대로 줄 터이니 빨리 가요."

관대한 어린 손님은 이런 말을 남기고, 총총히 옷도 입고 짐도 챙기러 제 갈 데로 갔다.

그 학생을 태우고 나선 김 첨지의 다리는 이상하게 거뿐하였다. 달음질

을 한다느니보다 거의 나는 듯하였다. 바퀴도 어떻게 속히 도는지, 구른다느니보다 마치 얼음을 지쳐 나가는 스케이트 모양으로 미끄러져 가는 듯하였다. 언 땅에 비가 내려 미끄럽기도 하였지만.

이윽고 끄는 이의 다리는 무거워졌다. 자기 집 가까이 다다른 까닭이다. 새삼스러운 염려가 그의 가슴을 눌렀다. "오늘은 나가지 말아요. 내가 이렇게 아픈데!" 이런 말이 잉잉 그의 귀에 울렸다. 그리고 병자의 움쑥 들어간 눈이 원망하는 듯이 자기를 노리는 듯하였다. 그러자, '엉엉' 하고 우는 개똥의 곡성을 들은 듯싶다. '딸꾹딸꾹' 하고 숨 모으는 소리도 나는 듯싶다.

"왜 이러우, 기차 놓치겠구만."

하고, 탄 이의 초조한 부르짖음이 간신히 그의 귀에 들어왔다. 언뜻 깨달으니, 김 첨지는 인력거 채를 쥔 채 길 한복판에 엉거주춤 멈춰 있지 않은가.

"예, 예."

하고, 김 첨지는 또 다시 달음질하였다. 집이 차차 멀어갈수록 김 첨지의 걸음에는 다시금 신이 나기 시작하였다. 다리를 재게[7] 놀려야만, 쉴 새 없이 자기의 머리에 떠오르는 모든 근심과 걱정을 잊을 듯이.

정거장까지 끌어다 주고, 그 깜짝 놀란 일 원 오십 전을 정말 제 손에 쥐매, 제 말마따나 십 리나 되는 길을 비를 맞아 가며 질퍽거리고 온 생각은 아니 하고, 거저나 얻은 듯이 고마웠다. 졸부나 된 듯이 기뻤다. 제 자식 뻘밖에 안 되는 어린 손님에게 몇 번 허리를 굽히며,

"안녕히 다녀옵시오."

라고 깍듯이 재우쳤다.

그러나 빈 인력거를 털털거리며 이 우중에 돌이킬 일이 꿈 밖이었다. 노동으로 하여 흐른 땀이 식어지자 굶주린 창자에서, 물 흐르는 옷에서 어슬어슬 한기가 솟아나기 비롯하매, 일 원 오십 전이란 돈이 얼마나 괴치 않고 괴로운 것인 줄 절절히 느끼었다. 정거장을 떠나가는 그의 발길

---

[7] 재게: 재빠르게.

은 힘 하나 없었다. 왼 몸이 옹송그려지며,[8] 당장 그 자리에 엎어져 못 일어날 것 같았다.
　"젠장맞을 것! 이 비를 맞으며 빈 인력거를 털털거리고 돌아를 간담. 이런 빌어먹을, 제 할미를 붙을 비가 왜 남의 상판을 딱딱 때려!"
　그는 몹시 홧증을 내며, 누구에게 반항이나 하는 듯이 게걸거렸다. 그럴 즈음에 그의 머리엔 또 새로운 광명이 비쳤나니, 그것은 '이러구 갈 게 아니라, 이 근처를 빙빙 돌며 차 오기를 기다리면, 또 손님을 태우게 될는지도 몰라'란 생각이었다. 오늘은 운수가 괴상하게도 좋으니까, 그럴 요행이 또 한 번 없으리라고 누가 보증하랴. 꼬리를 굴리는 행운이 꼭 자기를 기다리고 있다고 내기를 해도 좋을 만한 믿음을 얻게 되었다. 그렇다고, 정거장 인력거꾼의 등쌀이 무서우니 정거장 앞에 섰을 수는 없었다. 그래, 그는 이전에도 여러 번 해 본 일이라, 바로 정거장 앞 전차 정류장에서 조금 떨어지게, 사람 다니는 길과 전찻길 틈에 인력거를 세워 놓고, 자기는 그 근처를 빙빙 돌며 형세를 관망하기로 하였다. 얼마 만에 기차는 왔다. 수십 명이나 되는 손이 정류장으로 쏟아져 나왔다. 그 중에서 손님을 물색하는 김 첨지의 눈엔, 양(洋)머리에 뒤축 높은 구두를 신고 망토까지 두른 기생 퇴물인 듯, 난봉 여학생인 듯한 여편네의 모양이 띄었다. 그는 실근실근 그 여자의 곁으로 다가들었다.
　"아씨, 인력거 아니 타시랍시요?"
　그 여학생인지 만지가 한참은 매우 태깔을 빼며 입술을 꼭 다문 채 김 첨지를 거들떠보지도 않았다. 김 첨지는 구걸하는 거지나 무엇같이 연해 연방 그의 기색을 살피며,
　"아씨, 정거장 애들보담 아주 싸게 모셔다 드리겠습니다. 댁이 어디신가요?"
하고, 추근추근하게도 그 여자의 들고 있는 일본식 버들고리짝에 제 손을

---

[8] 옹송그리다: 궁상스럽게 몸을 옹그리다.

대었다.

"왜 이래, 남 귀치않게."

전차는 왔다. 김 첨지는 원망스럽게 전차 타는 이를 노리고 있었다. 그러나 그의 예감은 틀리지 않았다. 전차가 빡빡하게 사람을 싣고 움직이기 시작하였을 제, 타고 남은 손 하나이 있었다. 굉장하게 큰 가방을 들고 있는 걸 보면, 아마 붐비는 차 안에 짐이 크다 하여 차장에게 밀려 내려온 눈치이었다. 김 첨지는 대어 섰다.

"인력거를 타시랍시요."

한동안 값으로 승강이를 하다가, 육십 전에 인사동까지 태워다 주기로 하였다. 인력거가 무거워지매, 그의 몸은 이상하게도 가벼워졌다. 그리고 또 인력거가 가벼워지니 몸은 다시금 무거워졌건만, 이번에는 마음조차 초조해 온다. 집의 광경이 자꾸 눈앞에 어른거리어, 인제 요행을 바랄 여유도 없었다. 나무 등걸이나 무엇 같고 제 것 같지도 않은 다리를 연해 꾸짖으며 갈팡질팡 뛰는 수밖에 없었다. "저놈의 인력거꾼이 저렇게 술이 취해 가지고 이 진땅에 어찌 가노"라고 길 가는 사람이 걱정을 할이만큼 그의 걸음은 황급하였다. 흐리고 비 오는 하늘은 어둠침침하게 벌써 황혼에 가까운 듯하다. 창경원(昌慶苑) 앞까지 다다라서야 그는 턱에 닿은 숨을 돌리고 걸음도 늦추 잡았다. 한 걸음 두 걸음 집이 가까워질수록 그의 마음조차 괴상하게 누그러졌다. 그런데 이 누그러움은 안심에서 오는 게 아니요, 자기를 덮친 무서운 불행을 빈틈 없이 알게 될 때가 박두한 것을 두리는 마음에서 오는 것이다. 그는 불행에 다닥치기 전, 시간을 얼마쯤이라도 늘리라고 버르적거렸다. 기적(奇蹟)에 가까운 벌이를 하였다는 기쁨을, 할 수 있으면 오래 지니고 싶었다. 그는 두리번두리번 사면을 살피었다. 그 모양은 마치 자기 집 – 곧 불행을 향하고 달아가는 제 다리를 제 힘으로는 도저히 어찌할 수가 없으니, 누구든지 나를 좀 잡아 다고, 구해 다고, 하는 듯하였다.

그럴 즈음에, 마침 길가 선술집에서 그의 친구 치삼이가 나온다. 그의 우글우글 살찐 얼굴에 주홍이 듣는 듯, 온 턱과 뺨을 시커멓게 구레나룻이 덮였거늘, 노르탱탱한 얼굴이 바짝 말라서 여기저기 고랑이 괴이고, 수염도 있대야 턱 밑에만, 마치 솔잎 송이를 거꾸로 붙여 놓은 듯한 김 첨지의 풍채하고는 기이한 대상을 짓고 있었다.

"여보게 김 첨지, 자네 문안 들어갔다 오는 모양일세그려. 돈많이 벌었을 테니 한잔 빨리게."

뚱뚱보는 말라깽이를 보던 맡[9]에 부르짖었다. 그 목소리는 몸집과 딴판으로 연하고 삭삭하였다. 김 첨지는 이 친구를 만난 게 어떻게 반가운지 몰랐다. 자기를 살려 준 은인이나 무엇같이 고맙기도 하였다.

"자네는 벌써 한 잔 한 모양일세그려. 자네도 오늘 재미가 좋았나버이."
하고 김 첨지는 얼굴을 펴서 웃었다.

"아따, 재미 안 좋다고 술 못 먹을 낸가. 그런데 여보게, 자네 온몸이 어째 물독에 빠진 새앙쥐 같은가? 어서 이리 들어와 말리게."

선술집은 훈훈하고 뜨뜻하였다. 추어탕을 끓이는 솥뚜껑을 열 적마다 뭉게뭉게 떠오르는 흰 김, 석쇠에서 뻐지짓뻐지짓 구어지는 너비아니 구이[10]며 저육이며 간이며 콩팥이며 북어며 빈대떡…… 이 너저분하게 늘어놓인 안주 탁자. 김 첨지는 갑자기 속이 쓰려서 견딜 수 없었다. 마음대로 할 양이면, 거기 있는 모든 먹음먹이를 모조리 깡그리 집어삼켜도 시원치 않았다. 하되, 배고픈 이는 위선 분량 많은 빈대떡 두 개를 쪼이기로 하고, 추어탕을 한 그릇 청하였다. 주린 창자는 음식맛을 보더니 더욱더욱 비어지며, 자꾸자꾸 들이라 들이라 하였다. 순식간에 두부와 미꾸리 든 국 한 그릇을 그냥 물같이 들이켜고 말았다. 셋째 그릇을 받아들었을 때, 데우던 막걸리 곱배기 두 잔이 더웠다. 치삼이와 같이 마시자, 원원이 비었던 속이라 찌르르 하고 창자에 퍼지며 얼굴이 화끈하였다. 눌러 곱배기 한 잔을

---

[9] 맡: '마당[場]'을 뜻하는 옛말이나, 여기서는 '…차(次)', '순간에'의 뜻.
[10] 너비아니 구이: 쇠고기의 안심이나 등심을 얇게 저며 양념장을 발라 석쇠에 올려 구운 음식.

또 마셨다.

 김 첨지의 눈은 벌써 개개풀리기 시작하였다. 석쇠에 얹힌 떡 두 개를 쭝덕쭝덕 썰어서 볼을 불룩거리며, 또 곱배기 두 잔을 부으라 하였다.

 치삼은 의아한 듯이 김 첨지를 보며,

 "여보게, 또 붓다니, 벌써 우리가 넉 잔씩 먹었네. 돈이 사십 전일세."

라고 주의시켰다.

 "아따 이놈아, 사십 전이 그리 끔찍하냐. 오늘 내가 돈을 막 벌었어. 참 오늘 운수가 좋았느니."

 "그래, 얼마를 벌었단 말인가?"

 "삼십 원을 벌었어, 삼십 원을! 이런 젠장맞을, 술을 왜 안 부어…… 괜찮다, 괜찮아. 막 먹어도 상관이 없어. 오늘 돈 산더미같이 벌었는데."

 "어, 이 사람 취했군. 고만두세."

 "이놈아. 그걸 먹고 취할 내냐. 어서 더 먹어."

하고는 치삼의 귀를 잡아치며 취한 이는 부르짖었다. 그리고 술을 붓는 열대여섯 살 됨직한 중대가리에게로 달려들며,

 "이놈, 오라질 놈, 왜 술을 붓지 않어."

라고 야단을 쳤다. 중대가리는 희희 웃고, 치삼을 보며 문의하는 듯이 눈짓을 하였다. 주정꾼이 이 눈치를 알아보자 화를 버럭 내며,

 "네미를 붙을 이 오라질 놈들 같으니, 이놈 내가 돈이 없을 줄 알고."

하자마자 허리춤을 흠칫흠칫하더니 일 원짜리 한 장을 꺼내어 중대가리 앞에 털썩 집어던졌다. 그 사품[11]에 몇 푼 은전이 '찰그랑' 하며 떨어진다.

 "여보게, 돈 떨어졌네. 왜 돈을 막 끼얹나."

 이런 말을 하며 치삼은 일변 돈을 줍는다. 김 첨지는 취한 중에도 돈의 거처를 살피려는 듯이 눈을 크게 떠서 땅을 내려다 보다가, 불시에 제 하는 짓이 너무 더럽다는 듯이 고개를 소스라치자 더욱 성을 내며,

---

[11] 사품: 어떤 동작이나 일이 진행되는 기회.

"봐라, 봐! 이 더러운 놈들아, 내가 돈이 없나? 다리 뼉다구를 꺾어 놓을 놈들 같으니."
하고 치삼의 주워 주는 돈을 받아,
"이 원수엣 돈! 이 육시를 할 돈!"
하면서 풀매질을 친다. 벽에 맞아 떨어진 돈은 다시 술 끓이는 양푼에 떨어지며, 정당한 매를 받는다는 듯이 '땡' 하고 울었다.

곱배기 두 잔은 또 부어질 겨를도 없이 말려 가고 말았다. 김 첨지는 입술과 수염에 붙은 술을 빨아들이고 나서, 매우 만족한 듯이 그 솔잎 송이 수염을 쓰다듬으며,
"또 부어, 또 부어."
라고 외쳤다.

또 한 잔 먹고 나서 김 첨지는 치삼의 어깨를 치며, 문득 깔깔 웃는다. 그 웃음소리가 어떻게 컸던지, 술집에 있는 이의 눈은 모두 김 첨지에게로 몰리었다. 웃는 이는 더욱 웃으며,
"여보게, 치삼이, 내 우스운 이야기 하나 할까. 오늘 손을 태고 정거장까지 가지 않았겠나."
"그래서?"
"갔다가! 그저 오기가 안 됐데그려. 그래, 전차 정류장에서 어름어름하며 손님 하나를 태울 궁리를 하지 않았나. 거기 마침 마마님이신지 여학생님이신지 ― 요새야 어대 논다니와 아가씨를 구별할 수 있던가 ― 망토를 잡수시고, 비를 받고 서 있겠지. 실근실근 가까이 가서 '인력거 타시랍시오' 하고 손가방을 받으라니까, 내 손을 탁 뿌리치고 홱 돌아서더니만 '왜 남을 이렇게 귀찮게 굴어!', 그 소리야말로 꾀꼬리 소리지, 허허!"

김 첨지는 교묘하게도 정말 꾀꼬리 같은 소리를 내었다. 모든 사람은 일시에 웃었다.
"빌어먹을 깍쟁이 같은 년, 누가 저를 어쩌나. '왜 남을 귀찮게 굴어!' 어이구, 소리가 채신이도 없지[12]. 허허."

웃음소리들은 높아졌다. 그러나 그 웃음소리들이 사라지기도 전에 김 첨지는 훌적훌적 울기 시작하였다.
　치삼은 어이없이 주정뱅이를 바라보며,
"금방 웃고 지랄을 하더니 우는 건 또 무슨 일인가?"
김 첨지는 연해 코를 들이마시며,
"우리 마누라가 죽었다네."
"뭐, 마누라가 죽다니, 언제?"
"이놈아, 언제는, 오늘이지."
"예끼, 미친 놈, 거짓말 마라."
"거짓말은 왜, 참말로 죽었어. 참말로…… 마누라 시체를 집에 뻐들쳐 놓고 내가 술을 먹다니, 내가 죽일 놈이야, 죽일 놈이야."
하고, 김 첨지는 엉엉 소리를 내어 운다.
　치삼은 흥이 깨어지는 얼굴로,
"원, 이 사람이, 참말을 하나 거짓말을 하나? 그러면 집으로 가세, 가."
하고, 우는 이의 팔을 잡아당기었다.
　치삼의 잡는 손을 뿌리치더니, 김 첨지는 눈물이 걸신걸신한 눈으로 싱그레 웃는다.
"죽기는 누가 죽어."
하고, 득의 양양.
"죽기는 왜 죽어. 생때같이 살아만 있단다. 그 오라질 년이 밥을 죽이시. 인제 나한테 속았다. 인제 나한테 속았다."
하고, 어린애 모양으로 손뼉을 치며 웃는다.
"이 사람이 정말 미쳤단 말인가. 나도 아주머네가 앓는단 말은 들었는데."
하고, 치삼이도 어느 불안을 느끼는 듯이 김 첨지에게 또 돌아가라고 권하였다.

---

[12] 채신없다: 언행이 경솔하여 남을 대하는 위신이 없다.

"안 죽었어. 안 죽었대도 그래."

김 첨지는 홧증을 내며 확신 있게 소리를 질렀으되, 그 소리엔 안 죽은 것을 믿으려고 애쓰는 가락이 있었다. 기어이 일 원어치를 채워서 곱배기 한 잔씩 더 먹고 나왔다. 궂은비는 의연히 추적추적 내린다.

김 첨지는 취중에도 설렁탕을 사 가지고 집에 다다랐다. 집이라 해도 물론 셋집이요, 또 집 전체를 세든 게 아니라 안과 뚝 떨어진 행랑방 한 칸을 빌어 든 것인데, 물을 길어 대고 한 달에 일 원씩 내는 터이다. 만일 김 첨지가 주기를 띠지 않았던들, 한 발을 대문 안에 들여놓았을 때, 그 곳을 지배하는 무시무시한 정적(靜寂) — 폭풍우가 지나간 뒤의 바다 같은 정적에 다리가 떨리었으리라. 쿨룩거리는 기침 소리도 들을 수 없다. 그르렁거리는 숨소리조차 들을 수 없다. 다만, 이 무덤 같은 침묵을 깨뜨리는 — 깨뜨린다느니보다 한층 더 침묵을 깊게 하고 불길하게 하는, '빡빡' 소리는 빨 따름이요, '꿀떡꿀떡' 하고 젖 넘어가는 소리가 없으니, 빈 젖을 빤다는 것도 짐작할는지 모르리라.

혹은, 김 첨지도 이 불길한 침묵을 짐작했는지도 모른다. 그렇지 않으며, 대문에 들어서자마자 전에 없이 '이 난장맞을 년, 남편이 들어오는데 나와 보지도 안 해, 이 오라질 년.' 이라고 고함을 친 게 수상하다. 이 고함이야말로 제 몸을 엄습해 오는 무시무시함을 쫓아 버리려는 허장성세(虛張聲勢)인 까닭이다.

하여간, 김 첨지는 방문을 왈칵 열었다. 구역을 나게 하는 추기(醜氣) — 떨어진 삿자리 밑에서 올라온 먼지내, 빨지 않은 기저귀에서 나는 똥내와 오줌내, 가지 각색 때가 켜켜이 앉은 옷내, 병인의 땀 썩은 내가 섞인 추기가 무딘 김 첨지의 코를 찔렀다.

방 안에 들어서며 설렁탕을 한 구석에 놓을 사이도 없이, 주정꾼은 목청을 있는 대로 다 내어 호통을 쳤다.

"이런 오라질 년, 주야 장천(晝夜長川) 누워만 있으면 제일이야? 남편이

와도 일어나지를 못해?"

라는 소리와 함께 발길로 누운 이의 다리를 몹시 찼다. 그러나 발길에 채이는 건 사람의 살이 아니고 나무 등걸과 같은 느낌이 있었다. 이 때에, '빡빡' 소리가 '응아' 소리로 변하였다. 개똥이가 물었던 젖을 빼어 놓고 운다. 운대도 온 얼굴을 찡그려 붙여서 운다는 표정을 할 뿐이라, '응아' 소리도 입에서 나는 게 아니고 마치 뱃속에서 나는 듯하였다. 울다가 울다가 목도 잠겼고, 또 울 기운조차 시진한 것 같다.

발로 차도 그 보람이 없는 걸 보자, 남편은 아내의 머리맡으로 달려들어, 그야말로 까치집 같은 환자의 머리를 들어 흔들며,

"이년아, 말을 해, 말을! 입이 붙었어, 이 오라질 년!"

"……."

"으으, 이것 봐, 아무 말이 없네."

"……."

"으으, 또 대답이 없네. 정말 죽었나 버이."

이러다가, 누운 이의 흰 창이 검은 창을 덮은, 위로 치뜬 눈을 알아보자마자,

"이 눈깔! 이 눈깔! 왜 나를 바루 보지 못하고 천정만 보느냐, 응?"

하는 말끝엔 목이 메이었다. 그러자, 산 사람의 눈에서 떨어진 닭의 똥 같은 눈물이 죽은 이의 뻣뻣한 얼굴을 어룽어룽 적시인다. 문득 김 첨지는 미친 듯이 제 얼굴을 죽은 이의 얼굴에 한데 비비대며 중얼거렸다.

"설렁탕을 사다 놓있는데 왜 먹지를 못하니, 왜 먹지를 못하니……? 괴상하게도 오늘은 운수가 좋더니만……."

작가 소개

현진건(玄鎭健)의 호는 빙허(憑墟)이며, 1900년 8월 9일 대구에서 출생하였다. 어린 시절에 한문을 수학하다가, 1912년 일본에 건너가 중학을 졸업하고, 1918년 중국에 건너가 상해 호강대학(扈江大學) 독일어전문부에서 수학하였다. 이때부터 문학에 관심을 기울이기 시작했으며, 식민지 지배에 놓인 현실 상황에 대해서도 비판적인 인식을 가지게 된다. 1919년 대구에서 이상화(李相和), 백기만(白基萬) 등과 함께 동인지 『거화』를 발간하면서 문필 활동을 시작하였다.

현진건은 1920년 11월 『개벽』에 「희생화」를 발표함으로써 정식으로 문단에 등단한다. 1921년 가난한 지식인과 그의 아내의 따뜻한 애정을 그려낸 「빈처」와 고통의 현실을 탈출할 수 없는 암담함을 치밀하게 그린 「술 권하는 사회」를 발표하여 소설가로서 널리 인정받게 된다. 1922년 박종화(朴鍾和), 홍사용(洪思容), 박영희(朴英熙), 나도향(羅稻香) 등과 함께 창간한 문예동인지 『백조』에 가담하여, 단편소설 「유린」, 「할머니의 죽음」과 같은 사실주의적 작품을 발표했으며, 첫 창작집 『타락자』를 조선도서에서 간행하였다. 이듬해 주간종합지 『동명』의 편집동인으로 활동하였고, 1924년 「까막잡기」, 「운수 좋은 날」, 1925년 「불」, 「B사감과 러브레터」 등을 발표하였다. 1925년 『동아일보』사에 입사하여 사회부장이 되었고, 1930년대에는 장편소설 「적도」를 발표한 뒤, 「무영탑」, 「흑치상지」, 「선화공주」 등 장편 역사소설을 내놓았다. 1936년 『동아일보』의 손기정 선수 베를린 올림픽 마라톤 우승 일장기 말소 보도사건에 관련되어 1년간 복역하기도 했다. 해방 직전 1943년 3월 21일 사망했다.

현진건의 초기 작품들은 대부

『백조(白潮)』

1922년 1월 창간된 문예동인지. 나도향, 현진건, 홍사용, 이상화, 박종화, 박영희, 노자영 등이 동인으로 가담하였다. 책은 4×6배판의 크기로 150면 정도이며, 1923년 5월 제3호를 발간하고 폐간되었다. 이상화의 「나의 침실로」, 홍사용의 「나는 왕이로소이다」, 박종화의 「흑방비곡」, 박영희의 「꿈의 나라로」 등과 같은 낭만적이고도 퇴폐적 분위기를 드러내는 시작품들이 실렸고, 현진건의 「할머니의 죽음」, 나도향의 「젊은이의 시절」과 같은 단편소설이 수록되었다. 이 동인지에 가담한 문인들을 문단에서는 '백조파'라고 지칭하기도 하며, 현실을 떠나 이상을 추구하는 낭만적인 경향을 문학적 특징으로 지적한다.

분 작가 자신의 개인적인 체험을 바탕으로 식민지시대 지식인들의 무기력한 삶의 모습을 그려내고 있다. 하지만 「운수 좋은 날」 이후의 작품에서는 삼인칭 서술 방법을 도입하여 어두운 현실 속에서 살아가는 인간들의 삶을 좀더 치열하게 묘사하기 시작하였다. 그의 작품의 특징은 대체로 사실주의적 경향, 단편소설의 기틀 확립, 일인칭 자기 고객적인 형식 및 반어적 대립 구조 등으로 규정지을 수 있다.

그는 「고향」에서 1920년대 사회적 현실의 음영을 '조선의 얼굴'이라는 용어로 집약시켜 놓고 있으며 단일한 구성과 반전의 묘미라는 단편소설의 특징을 「운수 좋은 날」을 통하여 잘 드러내고 있다. 그의 소설에는 행복과 불행, 밝은 것과 어두운 것, 부유함과 가난함, 정신적인 것과 물질적인 것의 대립 구조가 잘 배치되어 있다. 이러한 두 가지의 가치 대립은 「운수 좋은 날」과 같은 비극적 아이러니, 혹은 「B사감과 러브레터」에서 볼 수 있는 희극적 아이러니를 통해 구체적인 형상성을 획득하고 있다.

「운수 좋은 날」의 줄거리

가난한 인력거꾼 김 첨지는 날씨가 궂은 날인데도 불구하고 돈을 벌기 위해 인력거를 끌고 나간다. 그런데 뜻밖에도 운수가 좋아서, 가는 곳마다 손님을 만나게 되어, 돈을 많이 벌 수 있게 된다. 그러나 그는 돈이 들어올수록, 앓고 있는 아내가 일하러 가지 말고 집에 있어달라고 하던 말이 떠올라 마음이 불안해지기 시작한다. 아내가 죽었을지도 모른다는 막연한 불안감이 고조되고 있는 것이다. 그가 일을 마치고 집에 돌아왔을 때 아내는 이미 세상을 떠난 후이다. 소설의 이야기는 김 첨지의 운수 좋은 날이 바로 그의 아내가 굶주림 속에서 외롭게 죽어간 날이라는 사실을 말해주는 것으로 끝난다. 결국 이 소설은 가난한 인력거꾼 김 첨지가 모처럼 맞게 되는 행운이 그의 아내의 죽음으로 이어지는 불운으로 급전되는 과정이 핵심적인 내용을 이루고 있다.

작품의 시대적 배경과 그 의미

「운수 좋은 날」은 식민지 치하에서 궁핍한 생활을 이끌어 가고 있는 도시 하층 노동자들의 삶을 객관적으로 그려놓고 있다. 진눈깨비가 내리는 겨울 어느 날, 서울 장안이 소설의 무대이다. 이 작품이 가난한 인력거꾼의 힘든 하루 생활을 배경으로 하고 있다는 것은 3·1 운동 이후 문학의 관심이 그만큼 민족의 고통스런 현실에 밀착되어 있음을 말해주는 것이다. 이 작품에서 제시되고 있는 가난한 노동자의 하루 동안의 삶을 통해 1920년대 중반 한국 사회의 도시 노동자들의 생활의 단면을 쉽게 이해할 수 있다. 문학사의 측면에서 보면, 「운수 좋은 날」이 발표될 무렵부터 민족의 고통과 궁핍한 삶에 정면으로 대응하기 위한 새로운 문학적 경향이 태동하고 있다. 현진건 이외에도 염상섭, 최서해, 나도향 등이 그러한 경향의 작품이 많이 발표하여 이 무렵부터 문학이 새로운 국면을 맞이하고 있음을 말해주는 근거가 된다.

「운수 좋은 날」의 구성 방법

이 소설의 내용은 제목이 드러내고 있는 '운수 좋은 날'과는 전혀 거리가 먼 가장 불행한 날에 해당한다. 실제로 작품의 전개 과정에서 그려지고 있는 김 첨지의 거듭된 행운은, 그가 오히려 집에 누워있는 아내를 떠올리며 불안해하는 순간부터 불길한 예감에 휩싸이기 시작한다. 소설을 읽는 독자들도 그러한 상황 속의 행운이란 그 행운에 못지않은 불행을 수반하게 될지 모른다는 불안감을 가질 수밖에 없다. 소설의 결말에서 김 첨지는 아내의 죽음이라는 불운에 직면한다.

그럼에도 불구하고 작가가 이 소설의 제목을 「운수 좋은 날」로 달아놓은 것은 상황의 모순과 대립을 극적으로 표현하기 위해서라고 하겠다. 인력거꾼 김 첨지가 뜻밖에도 재수가 좋아서 돈을 많이 벌게 되었다는 것, 그리고 그 돈으로 아내에게 설렁탕도 사다줄 수 있게 되었다는 것은 이들 가족 전체에게 행운이 되어야 하는 것이 순리이다. 그러나 이 소설은 오히려 상황을 전도시켜 놓고 있다. 김 첨지에게는 돈이 생겼지만, 그 돈을 쓸 곳이 없어져 버렸고, 그의 아내는 먹고 싶던 설렁탕을 죽어서야 받게 되는 것이다. 이 같은 소설의 전개 방식은 일종의 반어적 결말 구조를 활용한 것으로 볼 수 있다.

  이 소설의 구성에서 볼 수 있는 반어적인 특성은 플롯의 문제에만 국한되는 것은 아니다. 「운수 좋은 날」이라는 제목에서부터 인물의 설정과 사건의 전개가 모두 이 같은 구성적 특징과 긴밀하게 연관되어 있다. 예컨대 앓고 있는 아내에 대한 김 첨지의 태도에서도 반어적 성격이 나타난다. 사흘 전부터 설렁탕을 사달라는 아내에게 "이런 오라질 년! 조밥도 못 먹는 년이 설렁탕은 또 처먹고 지랄을 하게"라고 면박을 주던 것과 달리, 돈이 생기자 김 첨지는 가장 먼저 앓는 아내를 떠올린다. 이러한 부분 등에서 보이는 김 첨지의 태도의 반어성은 사회·경제적 빈궁이 한 개인의 심리표출에까지 깊은 영향을 미치고 있음을 보여주고 있는 것이다.

토론 과제

- 「운수 좋은 날」에 나타나 있는 반어적 구성이 어떤 소설적 기능을 발휘하고 있는지 토론해 보자.

- 작가 현진건의 초기 작품에 드러나 있는 '궁핍'의 문제가 당대의 사회상과 어떤 연관이 있는지 논해 보자.

작품읽기 03

김유정_ **동백꽃**

 오늘도 또 우리 수탉이 막 쫓기었다. 내가 점심을 먹고 나무를 하러 갈 양으로 나올 때이었다. 산으로 올라서려니까, 등 뒤에서 '푸드득푸드득' 하고 닭의 횃소리가 야단이다. 깜짝 놀라서 고개를 돌려보니, 아니나다르랴, 두 놈이 또 얼리었다.
 점순네 수탉(대강이[1]가 크고, 똑 오소리같이 실팍하게 생긴 놈)이 덩저리[2] 작은 우리 수탉을 함부로 해 내는 것이다. 그것도 그냥 해 내는 것이 아니라, '푸드득' 하고 면두[3]를 쪼고 물러섰다가, 좀 사이를 두고 또 '푸드득' 하고 모가지를 쪼았다. 이렇게 멋을 부려 가며 여지없이 닦아 놓는다. 그러면 이 못생긴 것은 쪼일 적마다 주둥이로 땅을 받으며 그 비명이 '킥 킥' 할 뿐이다. 물론, 미처 아물지도 않은 면두를 또 쪼키어 붉은 선혈은 뚝뚝 떨어진다.
 이걸 가만히 내려다보자니, 내 대강이가 터져서 피가 흐르는 것같이 두 눈에서 불이 번쩍 난다. 대뜸 지게 막대기를 메고 달려들어 점순네 닭을

---

[1] 대강이: 머리를 속되게 이르는 말.
[2] 덩저리: 덩치. 뭉쳐서 쌓인 물건의 부피.
[3] 면두: 볏(닭, 꿩 따위의 머리에 새로 붙은 살 조각)의 방언.

후려칠까 하다가 생각을 고쳐먹고, 헛매질로 떼어만 놓았다.

이번에도 점순이가 쌈을 붙여 놨을 것이다. 바짝바짝 내 기를 올리느라고 그랬음에 틀림없을 것이다. 고놈의 계집애가 요새로 접어들어서 왜 나를 못 먹겠다고 그렇게 아르릉거리는지 모른다.

나흘 전 감자 쪼간만 하더라도, 나는 저에게 조금도 잘못한 것은 없다. 계집애가 나물을 캐러 가면 갔지, 남 울타리 엮는 데 쌩이질[4]을 하는 것은 다 뭐냐. 그것도 발 소리를 죽여 가지고 등 뒤로 살며시 와서,

"얘! 너 혼자만 일하니?"

하고 긴치 않은 수작을 하는 것이었다.

어제까지도 저와 나는 이야기도 잘 않고, 서로 만나도 본척만척하고, 이렇게 점잖게 지내던 터이련만, 오늘로 갑작스리 대견해졌음은 웬일인가. 항차, 망아지만한 계집애가 남 일하는 놈보구.

"그럼, 혼자 하지 떼루 하디?"

내가 이렇게 내배앝는 소리를 하니까,

"너 일하기 좋니?"

또는,

"한여름이나 되거든 하지, 벌써 울타리를 하니?"

잔소리를 두루 늘어놓다가, 남이 들을까 봐 손으로 입을 틀어막고는 그 속에서 깔깔댄다. 별로 우스울 것도 없는데, 날씨가 풀리더니 이놈의 계집애가 미쳤나 하고 의심하였다. 게다가, 조금 뒤에는 제 집께를 힐끔힐끔 돌아보더니, 행주치마의 속으로 꼈던 바른손을 뽑아서 나의 턱 밑으로 불쑥 내미는 것이다. 언제 구었는지 아직도 더운 김이 홱 끼치는 굵은 감자 세 개가 손에 뿌듯이 쥐였다.

"느 집엔 이거 없지?"

하고 생색 있는 큰소리를 하고는, 제가 준 것을 남이 알면은 큰일날 테니

---

[4] 쌩이질: '씨양이질'의 준말. 한창 바쁠 때 쓸데없는 일로 남을 귀찮게 구는 짓.

여기서 얼른 먹어 버리란다. 그리고 또 하는 소리가,

"너, 봄감자가 맛있단다."

"난 감자 안 먹는다. 네나 먹어라."

나는 고개도 돌리려지 않고, 일하던 손으로 그 감자를 도로 어깨 너머로 쓱 밀어 버렸다. 그랬더니, 그래도 가는 기색이 없고, 뿐만 아니라 쌔근쌔근하고 심상치 않게 숨소리가 점점 거칠어진다. 이건 또 뭐야 싶어서 그때에야 비로소 돌아다보니, 나는 참으로 놀랐다. 우리가 이 동네에 들어온 것은 근 삼 년째 되어 오지만, 여지껏 가무잡잡한 점순이의 얼굴이 이렇게까지 홍당무처럼 새빨개진 법이 없었다. 게다, 눈에 독을 올리고 한참 나를 요렇게 쏘아보더니, 나중에는 눈물까지 어리는 것이 아니냐. 그리고 바구니를 다시 집어들더니 이를 꼭 악물고는, 엎어질 듯 자빠질 듯 논둑으로 힁하게 달아나는 것이다.

어쩌다 동리 어른이,

"너 얼른 시집을 가야지?"

하고 웃으면,

"염려 마세유, 갈 때 되면 어련히 갈라구······."

이렇게 천연덕스리 받는 점순이었다. 본시 부끄러움을 타는 계집애도 아니거니와, 또한 분하다고 눈에 눈물을 보일 얼병이[5]도 아니다. 분하면 차라리 나의 등어리를 바구니로 한번 모지게 후려때리고 달아날지언정.

그런데 고약한 그 꼴을 하고 가더니, 그 뒤로는 나를 보면 잡아 먹으려고 기를 복복 쓰는 것이다.

설혹, 주는 감자를 안 받아 먹은 것이 실례라 하면, 주면 그냥 주었지 '느 집엔 이거 없지.'는 다 뭐야. 그렇잖아도 저희는 마름이고, 우리는 그 손에서 배재를 얻어 땅을 부치므로 일상 굽신거린다. 우리가 이 마을에 처음 들어와 집이 없어서 곤란으로 지낼 제, 집터를 빌리고 그 위에 집을 또

---

[5] 얼병이: 못난 바보.

짓도록 마련해 준 것도 점순네의 호의였다. 그리고 우리 어머니 아버지도 농사 때 양식이 딸리면 점순네한테 가서 부지런히 꾸어다 먹으면서, 인품 그런 집은 다시 없으리라고 침이 마르도록 칭찬하곤 하는 것이다. 그러면서도, 열일곱씩이나 된 것들이 수군수군하고 붙어다니면 동리의 소문이 사납다고 주의를 시켜 준 것도 또 어머니였다. 왜냐 하면, 내가 점순이하고 일을 저질렀다가는 점순네가 노할 것이고, 그러면 우리는 땅도 떨어지고, 집도 내쫓기고 하지 않으면 안 되는 까닭이었다. 그런데 이놈의 계집애가 까닭없이 기를 복복 쓰며 나를 말려 죽이려고 드는 것이다.

　눈물을 흘리고 간 담날 저녁나절이었다. 나무를 한 짐 잔뜩지고 산을 내려오니까, 어디서 닭이 죽는 소리를 친다. 이거 뉘 집에서 닭을 잡나, 하고 점순네 울 뒤로 돌아오다가 나는 고만 두 눈이 뚱그래졌다. 점순이가 제 집 봉당에 홀로 걸터앉았는데, 이게 치마 앞에다 우리 씨암탉을 꼭 붙들어 놓고는,

　"이놈의 닭! 죽어라, 죽어라."

　요렇게 암팡스리[6] 패 주는 것이 아닌가. 그것도 대가리나 치면 모른다마는, 아주 알도 못 낳으라고 볼기짝께를 주먹으로 콕콕 쥐어 박는 것이다.

　나는 눈에 쌍심지가 오르고 사지가 부르르 떨렸으나, 사방을 한번 휘돌아보고야 그제서 점순이 집에 아무도 없음을 알았다. 잡은 참 지게 막대기를 들어 울타리의 중턱을 후려치며,

　"이놈의 계집애! 남의 닭 알 못 낳라구 그러니?"

하고, 소리를 빽 질렀다.

　그러나 점순이는 조금도 놀라는 기색이 없고, 그대로 의젓이 앉아서 제 닭 가지고 하듯이 또 '죽어라, 죽어라.' 하고 패는 것이다. 이걸 보면, 내가 산에서 내려올 때를 겨냥해 가지고 미리부터 닭을 잡아 가지고 있다가, 네 보란 듯이 내 앞에 쥐지르고[7] 있음이 확실하다. 그러나 나는 그렇다고 남

---

[6] 암팡스리: 힘차고 다부지게.

의 집에 뛰어들어가 계집애하고 싸울 수도 없는 노릇이고, 형편이 썩 불리함을 알았다. 그래, 닭이 맞을 적마다 지게 막대기로 울타리를 후리칠 수밖에 별 도리가 없다. 왜냐 하면, 울타리를 치면 칠수록 울 섶이 물러앉으며 뼈대만 남기 때문이다. 하나, 아무리 생각하여도 나만 밑지는 노릇이다.

"아, 이년아! 남의 닭 죽일 터이냐?"

내가 도끼눈을 뜨고 다시 꽥 호령을 하니까, 그제서야 울타리께로 쪼루루 오더니, 울 밖에 섰는 나의 머리를 겨누고 닭을 내팽개친다.

"에이, 더럽다! 더럽다!"

"더러운 걸 널더러 입때 끼고 있으랬니? 망할 계집애년 같으니!"

하고, 나도 더럽단 듯이 울타리께를 힝하게 돌아내리며 약이 오를 대로 다 올랐다, 라고 하는 것은, 암탉이 풍기는 서슬에 나의 이마빼기에다 물찌똥을 쭉 깔겼는데, 그걸 본다면 알집만 터졌을 뿐 아니라 골병은 단단히 든 듯싶다. 그리고 나의 등뒤를 향하여, 나에게만 들릴 듯 말 듯한 음성으로,

"이 바보 녀석아!"

"얘, 너 배냇병신이지?"

그만도 좋으련만,

"얘! 너, 느 아버지가 고자라지?"

"뭐, 울 아버지가 그래 고자야?"

할 양으로, 열병거지가 나서 고개를 홱 돌리어 바라봤더니, 그 때까지 울타리 위로 나와 있어야 할 점순이의 대가리가 어디를 갔는지 보이지가 않는다. 그러다 돌아서서 오자면, 아까에 한 욕을 울 밖으로 퍼붓는 것이다. 욕을 이토록 먹어 가면서도 대거리 한 마디 못 하는 걸 생각하니, 돌부리에 채여 발톱 밑이 터지는 것도 모를 만치 분하고, 급기야는 두 눈에 눈물까지 불끈 내솟는다.

그러나 점순이의 침해는 이것뿐이 아니다. 사람들이 없으며, 틈틈이 제

---

[7] 쮀지르다: 쥐어지르다.

집 수탉을 몰고 와서 우리 수탉과 쌈을 붙여 놓는다. 제 집 수탉은 썩 험상궂게 생기고, 쌈이라면 회를 치는 고로 으레 이길 것을 알기 때문이다. 그래서 툭하면 우리 수탉이 면두며 눈깔이 피로 흐드르하게 되도록 해 놓는다. 어떤 때에는, 우리 수탉이 나오지를 않으니까 요놈의 계집애가 모이를 쥐고 와서 꾀어 내다가 쌈을 붙인다.

이렇게 되면, 나도 다른 배차를 차리지 않을 수 없다. 하루는 우리 수탉을 붙들어 가지고 넌지시 장독께로 갔다. 쌈닭에게 고추장을 먹이면, 병든 황소가 살모사를 먹고 용을 쓰는 것처럼 기운이 뻗친다 한다. 장독에서 고추장 한 접시를 떠서 닭 주둥아리께로 들이밀고 먹여 보았다. 닭도 고추장에 맛을 들였는지, 거스르지 않고 거의 반 접시 턱이나 곧잘 먹는다. 그리고 먹고 금시는 용을 못 쓸 터이므로, 얼마쯤 기운이 들도록 햇속에 가두어 두었다.

밭에 두엄을 두어 짐 져 내고 나서 쉴 참에 그 닭을 안고 밖으로 나왔다. 마침 밖에는 아무도 없고, 점순이만 제 울 안에서 헌옷을 뜯는지 혹은 솜을 터는지 웅크리고 앉아서 일을 할 뿐이다.

나는 점순네 수탉이 노는 밭으로 가서 닭을 내려놓고, 가만히 맥을 보았다.[8] 두 닭은 여전히 쌈을 하는데, 처음에는 아무 보람이 없었다. 멋지게 쪼는 바람에 우리 닭은 또 피를 흘리고, 그러면서도 날갯죽지만 푸드득푸드득 하고 올라 뛰고 뛰고 할 뿐으로, 제법 한 번 쪼아 보지도 못한다. 그러나 한 번엔 어쩐 일인지 용을 쓰고 펄쩍 뛰더니, 발톱으로 눈을 하비고 내려오며 면두를 쪼았다. 큰 닭도 여기에는 놀랐는지 뒤로 멈씰하며 물러난다. 이 기회를 타서 작은 수탉이 또 날쌔게 덤벼들어 다시 면두를 쪼니, 그제서는 감때사나운[9] 그 대강이에서도 피가 흐르지 않을 수 없었다. 옳다, 알았다. 고추장만 먹이면 되는구나, 하고 나는 속으로 아주 쟁그러워

---

[8] 맥을 보다: 남의 눈치나 뜻을 살피다.
[9] 감때사납다: 매우 험상궂고 감사납다.

죽겠다. 그 때에는, 뜻밖에 내가 닭쌈을 붙여 놓는 데 놀라서 울 밖으로 내다보고 섰던 점순이도 입맛이 쓴지 눈쌀을 찌푸렸다. 나는 두 손으로 볼기짝을 두드리며 연방,
"잘 한다! 잘 한다!"
하고 신이 머리끝까지 뻗치었다.

그러나 얼마 되지 않아서 넋이 풀이어 기둥같이 묵묵히 서있게 되었다. 왜냐 하면, 큰 닭이 한 번 쪼인 앙갚음으로 허들갑스리 연거푸 쪼는 서슬에, 우리 수탉은 찔끔 못 하고 막 곯는다. 이걸 보고서, 이번에는 점순이가 깔깔거리고 되도록 이 쪽에서 많이 들으라고 웃는 것이다. 나는 보다못하여 덤벼들어서, 우리 수탉을 붙들어 가지고 도로 집으로 들어왔다. 고추장을 좀더 먹였더라면 좋았을 걸, 너무 급하게 쌈을 붙인 것이 퍽 후회가 난다. 장독께로 돌아와서 다시 턱밑에 고추장을 들이댔다. 흥분으로 말미암아 그런지 당최 먹질 않는다. 나는 하릴없이 닭을 반듯이 뉘고, 그 입에다 궐련 물부리를 물리었다. 그리고 고추장물을 타서 그 구멍으로 조금씩 들이부었다. 닭은 좀 괴로운지 킥킥 하고 재채기를 하는 모양이나 그러나 당장의 괴로움은 매일같이 피를 흘리는 데 댈 게 아니라 생각하였다.

그러나 한 두어 종지 가량 고추장을 먹이고 나서는, 나는 고만 풀이 죽었다. 싱싱하던 닭이 왜 그런지 고개를 살며시 뒤틀고는 손아귀에서 빼드러지는 것이 아닌가. 아버지가 볼까 봐서 얼른 홰에다 감추어 두었더니, 오늘 아침에야 겨우 정신이 든 모양 같다.

그랬던 걸, 이렇게 오다 보니까 또 쌈을 붙여 놓으니, 이 망할 계집애가 필연 우리 집에 아무도 없는 틈을 타서 제가 들어와 홰에서 꺼내 가지고 나간 것이 분명하다. 나는 다시 닭을 잡다 가두고, 염려는 스러우나 그렇다고 산으로 나무를 하러 가지 않을 수도 없는 형편이었다. 소나무 삭정이를 따며 가만히 생각해 보니, 암만 해도 고년의 목쟁이를 한 번 돌려 놓고 싶다. '망할 년 등줄기를 한 번 되게 후려치겠다.' 하고 싱둥겅둥 나무를 지고는 부리나케 내려왔다.

거지반 집에 다 내려와서 나는 호드기 소리를 듣고 발이 딱 멈추었다. 산기슭에 널려 있는 바윗돌 틈에 노란 동백꽃이 소보록하니 깔리었다. 그 틈에 끼어 앉아서 점순이가 청승맞게스리 호드기를 불고 있는 것이다. 그보다도 더 놀란 것은, 고 앞에서 또 푸드득푸드득 하고 들리는 닭의 횃소리다. 필연코 요 년이 나의 약을 올리느라고 또 닭을 집어 내다가 내가 내려올 길목에다 쌈을 시켜 놓고, 저는 그 앞에 앉아서 천연스레 호드기를 불고 있음에 틀림없으리라. 나는 약이 오를 대로 다 올라서, 두 눈에서 불과 함께 눈물이 퍽 쏟아졌다. 나뭇지게도 놀 새 없이 그대로 내동댕이치고는 지게 막대기를 뻗치고 허둥지둥 달려들었다.

가까이 와 보니, 과연 나의 짐작대로 우리 수탉이 피를 흘리고 거의 빈사 지경에 이르렀다. 닭도 닭이려니와, 그러함에도 불구하고 눈 하나 깜짝 없이 고대로 앉아서 호드기만 부는 그 꼴에 더욱 치가 떨린다. 동네에서 소문이 났거니와, 나도 한때는 걱실걱실히[10] 일 잘 하고 얼굴 예쁜 계집앤 줄 알았더니, 시방 보니까 그 눈깔이 꼭 여우 새끼 같다. 나는 대뜸 달려들어서, 나도 모르는 사이에 큰 수탉을 단매로 때려 엎었다. 닭은 푹 엎어진 채 다리 하나 꼼짝 못 하고 그대로 죽어 버렸다. 그리고 나는 멍하니 섰다가 점순이가 매섭게 눈을 홉뜨고 닥치는 바람에 뒤로 벌렁 나자빠졌다.

"이놈아! 너 왜 남의 닭을 때려죽이니?"

"그럼 어때?"

하고 일어나다가,

"뭐, 이 자식아! 누 집 닭인데!"

하고 복장을 떼미는 바람에 다시 벌렁 자빠졌다. 그리고 나서 가만히 생각을 하니 분하기도 하고 무안도 스럽고, 또 한편 일을 저질렀으니, 인제 땅이 떨어지고 집도 내쫓기고 해야 되는지 모른다. 나는 비슬비슬 일어나며 소맷자락으로 눈을 가리고는, 얼김에 엉 하고 울음을 놓았다. 그러나 점순

---

[10] 걱실걱실하다: 시원시원하다.

이가 옆으로 다가와서,

"그럼, 너 이담부터 안 그럴 테냐?"

하고 물을 때에야 비로소 살길을 찾은 듯싶었다. 나는 눈물을 우선 씻고, 뭘 안 그러는지 영색도 모르건만,

"그래!"

하고 무턱대고 대답하였다.

"요담부터 또 그래 봐라, 내 자꾸 못살게 굴 테니."

"그래 그래, 인젠 안 그럴 테야."

"닭 죽은 건 염려 마라, 내 안 이를 테니."

그리고 뭣에 떠다밀렸는지 나의 어깨를 짚은 채 그대로 퍽 쓰러진다. 그 바람에 나의 몸뚱이도 겹쳐서 쓰러지며, 한창 피어 퍼드러진 노란 동백꽃 속으로 폭 파묻혀 버렸다.

알싸한, 그리고 향긋한 그 냄새에 나는 땅이 꺼지는 듯이 온 정신이 고만 아찔하였다.

"너, 말 마라!"

"그래!"

조금 있더니 요 아래서,

"점순아! 점순아! 이년이 바느질을 하다 말구 어딜 갔어?"

하고, 어딜 갔다 온 듯싶은 그 어머니가 역정이 대단히 났다.

점순이가 겁을 잔뜩 집어먹고 꽃 밑을 살금살금 기어서 산 아래로 내려간 다음, 나는 바위를 끼고 엉금엉금 기어서 산 위로 치빼지 않을 수 없었다.

작가 소개

　김유정(金裕貞)은 1908년 1월 11일 강원도 춘성군 신남면 중리에서 태어나 서울 안국동에서 자랐다. 어려서는 한문을 배우다가 휘문고등보통학교를 다녔다. 부친 별세 후에 가세가 기울어 삼촌 집에서 살았다. 1930년 연희전문학교 문과에 입학했으나 6월에 제명당하고, 이후 보성전문학교에도 잠시 적을 두었다. 1935년 형이 살던 춘성군 실레마을로 내려가 야학을 벌이고 〈농우회〉를 조직하는 등 농촌계몽활동에 힘썼다.

　1933년 서울에 올라와 누이와 기거하면서 『신여성』에 첫 작품 「총각과 맹꽁이」를 발표하였다. 그해 폐병진단을 받았다. 1935년 『조선일보』 신춘문예에 「소낙비」가 당선되었다. 이후 「금따는 콩밭」, 「노다지」, 「만무방」, 「산골」, 「봄·봄」, 「안해」 등을 집중적으로 발표하였다. 1936년 폐병이 악화되어 정릉 약사암에서 정양했다. 「산골나그네」, 「동백꽃」, 「봄과 따라지」, 「봄밤」, 「슬픈 이야기」 등의 단편을 발표하고, 미완으로 그친 장편 「생의 반려」를 연재하였다. 1937년 「따라지」와 「땡볕」을 발표한 후, 병이 악화되어 경기도 광주의 매형 집으로 옮겼으나 3월 29일 아침 세상을 뜨고 말았다.

　김유정의 문학세계는 본질적으로 희화적이고 골계적인 것으로 평가된다. 그의 작품세계는 등장인물들의 우직함과 엉뚱함, 결말에서의 의외의 행동, 해학의 굴절경을 쓰고 있는 서술자의 역할과 아이러니, 삶의 체험을 절실하게 묘사하고 있는 구어적인 속어 감각 등으로 조형된 것이다. 그는 특이한 희화적인 수법과 해학의 관점을 통해 어둡고 삭막한 당대 농촌 현실과 그 속에서 살아가는 농민들을 오히려 밝고 건강하게 보여준다.

「동백꽃」의 줄거리

　이 작품은 1936년 5월 잡지 『조광』에 발표된 단편소설이다. 이 소설에는 동백꽃이 핀 농촌을 배경으로 순박한 농촌 총각이 화자인 '나'로 등장하고 점순이라는 활달한 처녀가 상대역으로 등장한다. 소설의 이야기는 이들의 숫된 사랑과 갈등을 근간으로 하고 있다. 이들 두 인물의 갈등은 사랑에 갓 눈뜨기 시작한 점순이의 엉뚱한 사랑 표시를 주인공이 전혀 이해하지 못하는 데서 발생한다. 점순이는 구운 감자로 유혹하기도 하고, '나'의 닭에게 해코지를 하기도 한다. '바보', '배냇병신'이라는 악의 없는, 그러나 다소간 원망이 섞인 욕설로 그의 관심을 유도해 보기도 한다. 하지만 '나'는 점순이의 속마음을 제대로 헤아리지 못하고 비슷한 대응을 계속하며 속상해 한다. 그러다가 결국은 점순이네 닭을 때려잡는 사건이 발생하자, 그것을 눈감아 주기로 하며 점순이는 마침내 '나'를 끌어안은 채 동백꽃 속에 파묻히게 된다.

이 작품에 등장하고 있는 점순이와 '나'는 사회 계층적인 면에서 우선 대립된다. 마름의 딸과 소작인의 아들이라는 신분상의 차이가 있기 때문이다. 그러나 작가는 이들의 관계를 계급적인 대립으로 해석하지 않는다. 오히려 사랑의 감정에 눈뜨기 시작한 점순이의 적극적인 성격과 아직 이성관계에 맹목인 좀 어리숙한 '나'의 성격을 대비적으로 설정하고 있는 점에 묘미가 있다. 그리고 바로 여기서 김유정 특유의 해학이 살아난다.

이 소설은 소박하면서도 건강한 농촌 젊은이들의 애정 형성 과정을 스케치하고 있는데, 어리숙하고 눈치 없는 일인칭 화자를 설정함으로써 그 해학성을 강화하고 있다. 이 작품에서 김유정이 그려내는 농촌 젊은이들의 사랑은 그 순박성과 적극성으로 특징지어진다. 그것은 농촌이라는 배경에 융화되어, 그들의 애정 자체가 하나의 풍경처럼 제시되고 있는 것이다. 그러므로 농촌 사회의 구조적인 문제로 부각될 수 있는 마름과 소작인의 관계라든지, 사회 계층적인 갈등이 전면에 나타나는 법이 없다. 오히려 그보다는 인간의 내면과 그 본능적인 욕구를 해학의 관점으로 그려내고 있는 것이다.

「동백꽃」의 구성 방법

이 작품 속에는 두 사람이 등장한다. 소설의 주인공이면서 작중화자이기도 한 '나'라는 인물은 우직하면서도 순박한 농촌 총각이다. 이 일인칭 주인공의 관점에서 모든 이야기가 서술되고 있기 때문에 사건의 전개 과정도 '나'의 관심 범위를 벗어나지 않는다. '나'의 우직함과 순박성은 소설의 이야기에서 일관되게 나타난다.

'나'의 상대역으로 등장하는 인물이 점순이다. 점순이는 활달한 성격의 소유자이며 이웃에 살고 있는 총각 '나'에게 은근한 이성적 관심을 가지고 있다. 점순이는 '나'의 환심을 사기 위해 '나'에게 접근하지만 거절당한다. '나'를 골탕먹이기 위한 점순이의 행동이 엉뚱하게도 닭싸움으로 번진다.

이처럼 '나'와 점순이는 시골 농촌의 총각과 처녀이면서 그 성격이 전혀 대조적이다. 그 뿐만 아니라 '나'의 집에서는 점순네 땅을 얻어 농사를 짓는 형편이다. 점순네는 마름이고 '나'의 집은 소작농이다. 물론 이 같은 사회적 신분적인 격차가 그리 중요하게 작용하고 있는 것은 아니지만, '나'는 마름의 딸 점순에게 특별한 관심을 가지고 있지 않다.

이 소설의 이야기에 등장하는 갈등은, 점순이가 '나'에 대해 이성적인 관심을 표시하고 있는데도 불구하고 '나'는 이에 대해 거의 무감각하다는 점에서부터 비롯된다. 점순이는 울타리를 만들고 있는 '나'에게 접근하여 감자를 먹으라고 건네준다. 그러나 '나'는 점순이가 자신을 깔보고 있는 듯하여 오히려 이를 거절한다. 활달하고 적극적인 점순은 자신의 본심을 제대로 이해하지 못하고 있는 '나'를 골탕먹이기 위해 닭싸움을 걸게 된다. 점순이네 큰 닭이 싸움에 이기는 것을 보고 '나'는 분함을 참지 못한다. 이 닭싸움은 결국 두 인물의 심리적 갈등을 구체화한 것으로 볼 수 있다. 두 남녀의 갈등은 닭싸움이 엉뚱한 방향으로 결말을 보게 되면서 해소된다. 화가 난 '나'는 점순이네 수탉을 때려죽이고 너무 겁이 나서 울음을 터뜨린다. 점순이는 '나'의 예기치 못한 행동을 나무라지 않고 오히려 '나'를 안심시킨다. 그리고는 '나'를 끌어안고 동백꽃 속으로 쓰러짐으로써, 자신의 욕망을 실현할 수 있게 된다.

「동백꽃」의 주제 의식

소설 「동백꽃」에는 해학이 담겨 있다고 한다. 해학이라는 말을 다른 말로 옮긴다면 웃음이라는 말이 가장 가깝게 어울릴 것이다. 소설 「동백꽃」에 웃음이 담겨 있다는 것은 무슨 뜻인가? 그것은 이 작품의 소재를 처리하는 작가의 관점과도 연관되는 문제다.

이 작품에서는 애정의 갈등 자체가 심각한 문제가 되지 않는다. 이 소설의 등장인물은 마름의 딸과 소작인의 아들이다. 그러나 이들이 신분의 격차로 인하여 두 사람의 사랑이 이루어지지 못함을 고민하는 것이 아니다. 사랑을 방해하는 장애 요인이 둘을 괴롭히고 있는 것도 아니다. 작가는 애정에 눈뜨기 시작하는 시골 처녀를 등장시켜 이야기를 만들어내고 있긴 하지만, 애정의 문제 자체에 관심을 기울이지는 않는다. 오히려 '나'와 점순이의 성격을 과장하고 그 차이에서 오는 행위의 대조적인 특징을 강조한다.

  이 소설의 이야기는 모두가 점순이의 일방적인 행동에 의해 주도되고 있다는 점이 특징이다. 소설의 결말에서 '나'는 작대기로 점순이네 닭을 때려잡는 적극적인 행동을 처음 보여준다. 그러나 '나'는 이 우직한 행동 때문에 점순이에게 완전히 굴복한다. 이 소설에서 '나'는 결말에 이르기까지도 점순이의 의도를 이해하지 못한다. 그러므로 갈등의 전개 과정과 그 반전의 양상 자체가 심각성을 던져주는 것이 아니라 오히려 웃음을 자아내고 있다. 이 작품의 해학성은 결국 두 인물의 대조적인 행동과 엉뚱한 결과를 통해 빚어내는 웃음에서 비롯된다. 그리고 이 같은 해학성이 농촌 총각과 처녀의 순박한 사랑 이야기에 생명력을 더해 주고 있는 것이다.

토론 과제

- 「동백꽃」에서 인물의 갈등 구조가 어떻게 묘사되고 있는지 여러 가지 층위로 나누어 토론해 보자.

- 이 작품에 드러나 있는 해학적 특성을 한국문학의 전통이라는 관점에서 논의해 보자.

소설의 인물

1. 소설의 등장인물
  등장인물과 이야기
  사건과 행동의 주체
2. 인물의 행동과 기능
  인물의 행동
  행위의 유형
3. 인물의 성격과 유형
  인물의 성격
  평면적 성격과 입체적 성격
  전형적 인물과 개성적 인물
4. 인물의 성격 창조
  명명법(命名法)
  직접적 방법과 간접적 방법
  보여주기와 말해주기
  의식의 흐름과 내면 묘사

작품읽기 04__벙어리 삼룡이(나도향)
작품읽기 05__치숙(痴叔)(채만식)

1. 소설의 등장인물

등장인물과 이야기

　소설의 이야기에는 반드시 인물이 등장한다. 이들을 작중의 등장인물이라고 부른다. 소설에서 가장 중요한 역할을 하는 것은 인물이다. 소설 속의 인물은 말과 행동을 통하여 자신의 성격을 드러내며, 사건을 이어가는 주체가 된다. 인물은 이야기의 구성의 중심으로서 새로운 인생의 의미를 구현하는 요소다. 소설 속의 인물은 많은 점에 있어서 실제 인간과 유사하지만, 이야기의 내용과 주제에 따라 그 특성이 결정된다. 그러므로 소설 속에 등장하는 작중인물은 실제로 살아가는 인간과는 달리 일정한 소설적 제약 속에서 행동하고 사고하는 존재라고 할 수 있다. 소설 속의 인물은 작가가 수행하려는 소설의 계획에 따라 그 행동과 사고방식이 결정되고 있기 때문에, 작가가 의도한 대로 작가에 의하여 만들어진 환경 속에서 어떤 목표를 향해 살아 움직이게 되는 것이다. 그리고 그러한 삶의 과정을 여실히 보여줌으로써, 인생의 의미를 새롭게 제시한다고 할 수 있다.

　소설의 인물은 이야기에 등장하는 모든 요소들과 긴밀한 관계를 이룬다. 이야기 속의 다른 사람과 긴밀하게 결합되어 있으며, 소설에서 그려지고 있는 시대적인 상황이나 조건에 깊이 관여되어 있다. 「춘향전」에 등장하는 춘향은 이몽룡이나 변학도와 깊은 관계가 있으며 그 관계 속에서 자신의 존재 의미를 드러낸다. 이광수의 소설 「무정」에 등장하는 박영채의 곁에 이형식이 없다면 어떻게 이야기가 성립될 수 있겠는가? 이인직의 신소설 「혈의 누」에 등장하는 옥련이라는 여주인공은 봉건적인 한국 사회가 근대적인 변화를 시작한 개화 계몽시대의 상황을 그대로 대변한다. 이처럼 소설 속의 등장인물은 다른 인물과의 관계를 통해 자기 존재의 어떤 일면을 보여주기도 하고 소설의 배경을 이루는 시대 상황을 그대로 보여주게 되는 것이다.

사건과 행동의 주체

소설의 등장인물은 이야기 속에 등장하여 모든 행동을 주도한다. 여기서 말하는 행동(action)이란 작품 속에서 서로 대립하거나 하나로 합쳐지도록 설정되어 있는 힘의 조작이라고 할 수 있다. 등장인물은 행동의 순간마다 다른 등장인물을 추적하거나 다른 인물과 대결하거나 서로 화해하거나 하는 긴장 관계를 이룬다.

소설의 등장인물 가운데 가장 중요한 사건의 중심에 자리하면서 행동을 주도하는 인물을 주동자(protagonist)라고 한다. 주동자는 중요한 사건을 이끌어 가며 이야기의 방향을 주도하기 때문에 주역(leading actor)에 해당한다. 모든 소설에는 반드시 한두 사람의 주동자가 등장한다. 주동자와 대립적인 입장에서 투쟁하는 인물을 반동자(antagonist)라고 한다. 반동자는 주동자를 중심으로 전개되는 사건의 흐름을 방해하고 이야기의 진행을 가로막는 역할을 하기 때문에 훼방꾼(blocking character)이라고 부르기도 한다. 고전소설「춘향전」의 이야기에 등장하는 춘향이나 이몽룡은 주동자에 해당하며, 이들 사이에서 훼방꾼 역할을 하고 있는 변학도는 반동자에 해당한다.

소설에 등장하는 주동인물은 달리 주인공(hero) 또는 여주인공(heroine)이라고 부르기도 한다. 주인공이나 여주인공이라는 말은 소설만이 아니라 영화나 연극에서도 널리 쓰인다. 그러나 이 말들은 전문적인 용어는 아니다. 오히려 주인공이라는 말보다는 중심적 인물(main character) 또는 주동인물이라고 하는 편이 더 적절하다. 중심적 인물의 행동을 돕거나 주변적인 이야기에 등장하여 이야기 내용을 풍성하게 만들어주는 주변적인 인물들을 부수적 인물(minor character)라고 한다. 부수적 인물은 이야기의 전체적인 흐름을 주도하는 주요한 사건을 주도하는 역할을 하지는 않지만 이야기의 전개 과정이 자연스럽게 이루어지도록 하는 데에 빠져서는 안 될 역할을 담당한다. 「춘향전」에서 춘향을 시중드는 향단과 이도령을 모시는 방자와 같은 부수적 인물이 빠진다면 이야기가 활력을 잃게 될 것은 뻔한 일이다.

2. 인물의 행동과 기능

인물의 행동

등장인물은 이야기 속에서 수행하는 행동과 차지하는 역할에 따라 의미가 달라진다. 아리스토텔레스는 『시학』 제2장에서 예술가는 행동하는 인간을 모방한다고 말한다. 이 진술의 중요한 의미는 행동 자체가 앞에 나오고 그 행동을 수행하는 인간이 뒤에 나온다는 점에서 찾아진다. 인물이란 어떤 행동의 행위자이며, 거기에 부차적인 자질이 따라 붙는다. 예컨대, 고상함이라든지 천박함과 같은 자질이 덧붙여지고 있는 것이다.

러시아 형식주의자들은 아리스토텔레스의 관점을 그대로 계승한다. 그들은 등장인물을 실제 인물로 간주하기보다는 하나의 기능적인 행위자로 인식하고자 한다. 그러므로 그 인물이 어떠한 인물인가를 따지는 것이 아니라 어떠한 일을 하는지를 따진다. 인물의 모든 양상을 그 기능에 의해 규정하며 심리적이거나 도덕적 요소를 중시하지 않는다. 러시아 민담을 구조적으로 분석하여 그 구성 원리를 밝히고자 했던 블라디미르 프롭(Vladimir Propp)은 『민담의 형태론(*Morphology of the Folktale*)』을 통해 이야기에 등장하는 인물들이 이야기 속에서 어떤 역할을 담당하는 기능의 산물임을 밝혀내고 있다. 그는 약 100개의 러시아 민담의 내용을 분석하여 모든 민담에 반복적으로 드러나는 화소(話素, 모티프)의 유형을 종합 정리하게 된다. 다음의 예를 보자.

(1) 어떤 왕이 어떤 영웅에게 매를 한 마리 준다. 매는 영웅을 이웃 나라로 싣고 간다.

(2) 어떤 노인이 스첸코에게 말을 한 필 준다. 그 말이 스첸코를 어느 이웃 나라에 싣고 간다.
(3) 어느 마법사가 이완에게 배를 한 척 준다. 그 배는 이완을 어떤 이웃 나라로 싣고 간다.
(4) 어떤 공주가 이완에게 반지를 하나 준다. 그 반지 속에서 몇 사람의 젊은 장정이 나타나 이완을 이웃 나라로 데리고 간다.

앞의 예를 보면, 각각의 이야기 속에 등장하는 인물은 서로 다르지만, 그 행위는 서로 유사하다. 네 가지의 이야기 속에는 누군가가 누군가에게서 받은 어떤 것에 의해 다른 이웃 나라로 이동한다는 내용이 나타나 있다. 여기서 이야기에 등장하는 인물이 서로 다르고 그 속성도 가변적이다. 그러므로 프롭은 누가 어떻게 행하는가를 따지기 전에 먼저 무엇이 행하여지는가를 살펴야 한다고 주장하는 것이다.

프롭은 이야기 속에서 유사하게 반복되고 있는 행위를 '기능(function)'이라고 말한다. 기능이란 이야기가 진행되는 동안 일어나는 중요한 행위를 말하지만, 행위 그 자체는 아니다. 이야기 속에서 어떤 역할을 담당하느냐에 따라 기능이 결정되는 것이다. 이야기 속에 등장하는 인물들은 외모가 서로 다를 수도 있고, 나이나 성별, 교육이나 사회적 지위 등에서도 서로 차이가 날 수 있지만, 그러한 차이는 별로 중요하지 않다. 오히려 중요한 것은 이들 인물이 보여주고 있는 행동과 기능의 유사성이다. 프롭은 이 유사성에 근거하여 민담의 구조적인 동질성을 밝혀내고 일반적인 민담의 유형론을 제안하면서 다음과 같은 결론에 도달하고 있는 것이다.

(1) 작중인물들의 기능은, 누구에게 어떤 방법으로 수행되는가 하는 것과는 상관없이 하나의 이야기에 있어서 고정 불변의 요소 역할을 한다.
(2) 민담에 나타난 기능의 수는 한정되어 있다.

(3) 기능의 계기는 항상 동일하다.
(4) 모든 민담은 그 구조로 보아서 동일 유형이다.

프롭은 민담의 구조 분석을 통해 31종의 기능을 구별하고 여기에 근거하여 모든 민담의 줄거리를 설명할 수 있다고 주장한다. 그가 제시하고 있는 기능을 보면, 부재, 금지, 위반, 기만, 악행, 투쟁 등과 같이 이야기 속에서의 작중인물의 역할을 의미한다. 물론 이러한 기능들이 모두 하나의 민담 속에 나타나야 하는 것은 아니다. 실제로 민담 속에서는 이들 가운데 상당수가 생략되어 있다. 그러나 이야기 속에 나타나는 기능은 언제나 그 순서가 일정하다.

프롭은 이러한 기능에 근거하여 악한(villain), 기증자(donor), 조력자(helper), 탐색자(sought for person)와 그의 아버지, 위임자(dispatcher), 영웅(hero), 가짜 영웅(false hero) 등의 일곱 가지로 분류되는 일반적인 인물의 유형을 추출하고 있다. 그리고 이러한 기능에 따라 그 행위 영역이 종속된다고 말하고 있다. 어떤 이야기 속에서 한 등장인물은 앞의 일곱 가지 기능 가운데 한 가지 또는 그 이상의 역할을 수행하게 된다. 반대로 여러 등장인물들이 하나의 동일한 역할을 수행할 수도 있다.

행위의 유형

그레마스(Algirdas Julien Greimas)의 서사 이론에서도 등장인물이란 어떤 행위를 수행하는 기능을 지닌 요소로 설명된다. 그레마스는 소설과 같은 모든 서사물의 기저가 되는 보편적인 범주로서 '행위소(actant)'라는 개념을 설정한다. 여기서 행위소는 서사물 속에서 이루어지는 여러 가지 행동을 유형화하여 놓은 것으로 일반적인 의미로서의 역할 또는 기능이라고 말할 수 있다. 그런데 그레마스는 서사물 속에서 그려지는 구체적인 상황에 따라 이러한 보편적인 기능으로서의 행위소가 다양한 구체적인 행동으로 표출된다고 말한다. 이때 행위를 수행하는 주체를 행동자(acteur)라고 부르고 있다. 행위소는 일반적인 범주에 따라 유형화된 기능과 역할을 의미하지만, 행동자는 구체적인 상황의 변화에 따라 얼마든지 그 수가 늘어날 수 있으며, 여러 가지 다양한 방법으로 그 행위를 수행할 수 있다. 그러므로 하나의 행위소는 하나 이상의 행동자에 의해 수행될 수 있으며, 하나의 행동자에게는 하나 이상의 행위소의 역할이 주어질 수 있다. 그레마스의 모델에 의하면 서사에서의 행위소는 주는 자(sender), 객체(object), 받는 자(receiver), 조력자(helper), 주체(subject), 적대자(opponent) 등 여섯 가지로 유형화되고 있으며, 다음과 같이 도식화되고 있다.

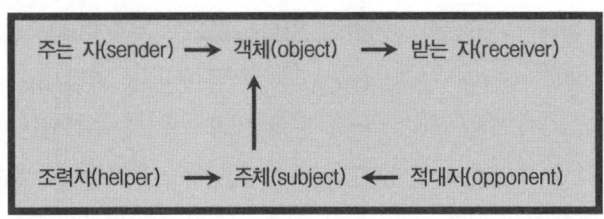

서사물 안에서 모든 행동자는 이들 여섯 가지의 행위소 가운데 하나 또는 그 이상의 역할을 수행하게 되는 것이다. 예컨대 김유정의 단편소설 「동백꽃」의 서두에서 점순이와 '나'는 서로 다른 행동자로서 '주는 자'(점순)와 '받는 자'(나)라는 행위를 수행하고 있다. 감자 이야기나 닭싸움은 모두 '주는 자'와 '받는 자' 사이의 갈등을 의미하지만, 소설의 결말에서 둘 사이의 화해가 극적으로 성립된다.

프롭이나 그레마스의 이론에서 볼 수 있는 인물의 행동과 그 기능은 이야기 속의 인물에 대한 일종의 유형론적 분석을 요구한다. 각각의 인물들이 수행하는 기능이 어떻게 서로 결합되고 어떻게 대립하느냐에 따라 수많은 결합관계가 가능하고 수많은 이야기를 만들어낼 수 있기 때문이다.

3. 인물의 성격과 유형

인물의 성격

소설의 본질은 인간을 탐구하며 새로운 인간형(人間型)을 창조하는 데에 있다. 새로운 독창적인 성격의 창조야말로 소설의 가장 중요한 요건이다. 소설에 등장하는 인물의 성격은 그 자체가 독자적으로 고립되어 형성되는 것은 아니다. 인물들의 상호 관계와 행동에 의하여 그 의미가 규정된다. 따라서 소설의 구성과 인물의 성격은 서로 상통하는 긴밀한 관계를 지속적으로 유지하게 된다. 소설가가 작중인물을 설정할 때 그 인물의 성격(character)을 중시한다. 작중인물이라는 말이 성격이라는 말로 불려질 만큼 인물의 설정과 성격 창조는 같은 의미로 이해된다.

인물의 성격은 본질적으로 두 가지 차원의 특성을 고려한다. 하나는 도덕성(morality)이며 다른 하나는 개성(personality)이다. 도덕성이라는 개념은 인물의 성격을 논하고자 할 경우 언제나 문제시되어 온 개념이다. 일찍이 아리스토텔레스의 『시학』에서부터 성격의 개념은 전적으로 도덕적인 상태, 즉 선(善) 또는 악(惡)에 해당한다고 하였다. 동양 철학에서는 인간의 본성을 성선설(性善說)에 근거하여 선한 것으로 본다든지 성악설(性惡說)에 따라 악한 것으로 파악한다든지 하는 분류 개념이 생기기도 하였다. 한국의 고전소설을 보면 대개의 등장인물이 그들의 행동 양식에 따라 선인형과 악인형으로 구분된다. 「홍부전」에서 홍부는 선하고 놀부는 악하며, 이야기의 내용 자체도 권선징악(勸善懲惡)이라는 도덕적 주제로 이어진다. 현대소설에서도 이 같은 인물의 도덕적 성격은 여전히 중시된다. 인간의 삶의 방식이 다양해지고 세상이 복잡해지면서 선과 악의 구분 자체가 어렵게 된 것은 사실이지만, 인간에 대한 판단에 있어서 도덕적 가치의 중요성은 변하지 않고 있다.

인간의 성격에서 중시되는 것은 보편적인 개념으로서의 도덕성과 함께 개별적 인성으로서의 개성이다. 인간 사회의 근대적 변화 과정 속에서 가장 중요한 의미를 가지는 것이 주체로서의 개인의 발견이다. 개인의 존재는 합리성에 근거한 근대적인 인식의 산물이다. 개인이 지니는 특이한 가치는 근대적인 사회가 성립되면서 더욱 중시된다. 여기서 말하는 개성이란 개별적 주체로서의 인간의 성격을 의미하는 것으로, 소설「삼대」의 조덕기를 조덕기로 만들고,「메밀꽃 필 무렵」의 허생원을 허생원으로 만드는 특유의 성질을 의미한다. 그것은 각각의 개인이 가지고 있는 생활 습관, 언어, 외양, 취미 등 개인의 특성을 규정할 수 있는 온갖 복잡한 태도와 성질을 포함하는 것이다.

현대소설에서 등장인물의 개성을 강조하는 것은 소설이라는 양식 자체가 인간에 대한 탐구를 목표로 하고 있기 때문이다. 여기서 인간 탐구란 곧 성격에 대한 탐구를 의미한다. 소설의 등장인물은 언제나 독자들의 관심을 이끌 수 있는 특이한 개성적인 요소를 지녀야 한다. 소설의 등장인물들은 이러한 개성적인 요소를 바탕으로 하여 특징적인 성격으로 창조된다. 이러한 새로운 성격의 창조야말로 소설의 가장 중요한 요건이라고 할 수 있다.

평면적 성격과 입체적 성격

소설 속의 인물은 그 성격이 다양하다. 우리는 한 인물을 놓고 적극적인 성격이냐 소극적인 성격이냐를 따지기도 하고, 외향적인가 내성적인가를 구분하기도 한다. 개방적/폐쇄적, 능동적/수동적이라는 말로 성격의 특징을 말하기도 하고 보수적/진보적 등과 같은 말로 인간의 성향을 나누어보기도 한다. 그러나 현실 속에서 살아가는 인간의 다양한 모습을 모두 설명할 수 있는 방법이란 가능하지 않다.

소설 속의 인물의 성격을 몇 가지 유형으로 구분하는 방법은 오랜 전통을 지니고 있다.『소설의 양상(Aspects of Novel)』에서 플롯의 개념을 새롭게 정립했던 포스터(E. M. Forster)는 소설에 등장하는 인물의 성격을 이야기의 줄거리 속에서 보여주는 역할과 특성에 따라 평판적 성격(flat character)과 원형적(round character) 성격으로 크게 구분하였다. 전자는 흔히 평면적 성격으로 지칭되며 후자는 입체적 성격으로 지칭된다. 이러한 구분은 소설의 이야기의 전체적인 흐름과 그 변화를 그 인물의 행동이나 성격과 직접 관련지어 볼 때 의미가 있다.

평면적 성격의 인물은 하나의 작품 속에서 자신의 성격의 특징을 일관되게 지켜 나아간다. 성격의 일관성 또는 단일성이 중시된다는 말이다. 이야기의 전개 과정 속에서 사건이 변화되고 환경이 바뀌어도 자기 성격의 일관성을 유지한다. 그렇기 때문에 이러한 인물을 정적 성격(static character)을 지닌 인물이라고 지칭하기도 한다. 평면적 성격의 인물은 주어진 환경의 변화에 아무런 영향을 받지 않고 자기 성격을 그대로 유지하기 때문에, 그 성격의 특징을 독자들이 쉽게 인지하게 되며, 또한 독자들의 기억 속에 그 특징이 오래 남아 있게 된다. 이러한 인물들은 그 틀에 박힌 성격으로 인하여, 이야기의 전개 과정 속에서 독자들에게 어떤 충격을 주거나 박진감을 느끼게 하기는 어렵다. 그러나 그 고정된 성격 자체가 인물에 대한 어떤 신념을 확인할 수 있게 하며, 어떤 특정의 가치 개념과 쉽게 결합되기도 한다.

한국 고전소설의 주인공들은 대개가 평면적 성격을 지닌 인물들이다. 「심청전」의 주인공인 심청은 아름답고 착한 소녀로 그려져 있으며, 「춘향전」의 주인공 춘향은 자기 정절을 지키는 아름다운 여인으로 묘사된다. 「흥부전」에서 볼 수 있는 흥부는 마음씨가 착한 인물이다. 이러한 일관된 성격으로 인하여 이 인물들의 성격은 쉽게 인간의 윤리적 가치와 결합되어 오랫동안 독자들의 머리에 남아 있게 된다. 심청은 '효'라는 개념으로, 흥부는 '선'이라는 개념으로 인식된다. 그러나 이 같은 인물의 성격은 독자들의 믿음을 충족시킬 수 있다고 하더라도 그 단일성에서 오는 단순함을 벗어나기 어렵다.

입체적 성격의 인물은 한 작품 속에서 이야기의 흐름에 따라 성격이 변화하며 새롭게 발전하기도 한다. 이 같은 특징 때문에 발전적 성격(developing character)의 인물이라고 한다. 사건의 배경의 변화에 따라서 인물의 행동 방식도 달라지고 그 태도와 성격도 변화한다. 이러한 변화 속에서 독자들은 인간성의 다양한 면모를 확인할 수 있다. 입체적 성격의 인물들이 보여주는 성격의 변화와 발전을 놓고 이를 극적 성격(dramatic character)이라고 달리 지칭하기도 한다. 입체적 성격의 인물은 일상의 현실 속에서 자신의 삶을 새롭게 개척하면서 자유롭게 자신의 개성을 발휘한다. 그러므로 이러한 인물은 결코 어떤 고정 관념에 묶이지 않으며 항상 독자들에게 경이로움을 선사한다. 포스터는 독자들에게 그 변화의 놀라움을 주지 못하면, 입체적 성격의 인물이 될 수 없다고 말한다. 놀라움과 함께 실감을 주어야만 입체적 성격으로 인정할 수 있다는 것이다.

현대소설의 주인공들은 대개가 입체적 성격의 소유자들이다. 한국문학에서 사례를 찾는다면 우선 이광수의 「무정」에 등장하는 여주인공 박영채를 생각할 수 있다. 영채는 일견 평면적인 성격의 소유자처럼 보이기도 하지만, 전통적인 가치관을 벗어나 새로운 근대적인 여성으로 변모하는 발전과 변화의 과정을 극적으로 보여준다. 최인훈의 「광장」에 등장하는 주인공 이명준도 그 삶의 태도와 이념적 지향의 변화를 놓고 본다면 성격이 입체적이다. 현대적인 삶의 양상을 그려내고 있다는 점에서 김승옥의 「무진기행」의 경우에도 마찬가지다.

그런데 소설 속의 인물의 성격을 평면적 성격과 입체적 성격으로 구분하는 것은 유형화의 기준을 제시하기 위한 하나의 방안에 지나지 않는다. 이러한 구분에만 의존하여 인간의 성격을 지나치게 일반화하여 논할 필요는 없는 일이다. 실제의 소설에서도 모든 인물이 이런 구분 방식에 그대로 적용되기는 어렵다. 이것은 등장인물이 이야기의 변화와 사건의 발전을 따라 함께 변화하느냐 고정되어 있느냐 하는 점만을 중시하고 있는 구분이다. 소설에는 이 같은 한두 가지 유형의 인물들이 포진하고 있는 것이 아니라, 다양한 인물들이 서로 긴장과 조화를 이루면서 등장하는 것이다.

전형적 인물과 개성적 인물

소설의 인물은 그 인물이 지니고 있는 성격의 본질적인 특성을 중심으로 전형적(典型的) 인물과 개성적(個性的) 인물로 크게 구분하기도 한다. 전형적인 인물은 사회의 어떤 집단이나 계층에 소속된 인물들이 공통적으로 보여주는 성격의 특징을 잘 대변하고 있는 인물을 말한다. 소설의 등장인물은 고립되어 있는 존재가 아니다. 그는 소설 속에 설정된 시간과 공간에 의해 어느 시대 어느 사회에 소속된 개인으로 등장하는 것이다. 그러므로 그가 속해 있는 시대와 사회와 집단의 속성에 맞도록 그 성격을 부여받는 것이 당연하다. 그런데 소설의 인물은 구체적인 상황과 조건 속에서 살아가는 인간으로 그려지기 때문에, 그 자신만이 지니고 있는 개성이 중요시된다. 개성적인 인물이란 자신의 특유한 기질과 성품을 통하여 소설 속에서 독자적인 존재를 인정받게 되는 인물을 말한다. 인물의 개인적인 특성만을 놓고 본다면, 개성적인 인물은 전형적인 인물과 서로 대립되는 것처럼 생각하기 쉽다. 그러나 소설 속의 인물은 전형적이면서도 개성적인 성격을 지녀야 한다. 일제 식민지시대의 지식인 청년층을 대변하고 있는 전형적인 인물이라 하더라도, 그의 개성을 동시에 발휘하는 인물이 되어야만, 소설 속에서 살아있는 인물이 될 수 있다.

소설의 등장인물은 어떤 직업을 대표하기도 하고 어떤 계층을 대표하기도 한다. 어떤 인물은 사상이나 이념 그리고 종교적 신앙과 같은 집단성을 대표하기도 한다. 예를 든다면, 고전소설 「춘향전」에서 춘향이가 정절이라는 도덕적 이념을 대변한다면, 「심청전」의 심청은 효도라는 도덕적 이념을 대변한다. 염상섭의 장편소설 「삼대」에 등장하는 조의관은 구시대의 지주를 대표하는 인물이다. 이러한 인물들은 대개 집단이나 계층이나 사회가 요구하는 삶의 양식에 따라 일정한 틀로 고정된 성격을 지니고 있다.

그러므로 이러한 인물을 통해 그 집단의 문제를 검토하고 탐색하고 비판할 수 있다.

개성적인 성격이라는 말은 보편적인 성격에 전혀 상반되는 경우를 말하는 것이 아니다. 오히려 인간이 누구나 지니고 있는 보편적인 특질 위에 덧붙여졌거나 다소 변모된 또 다른 특질을 지녔다는 의미가 되는 것이다. 그러므로 개성을 창조한다는 것은 보편적이고도 일상적인 데 파묻혀 있거나 숨겨져 있는 새로운 인간의 특성을 발견함으로써, 삶의 새로운 국면을 독자에게 인식할 수 있도록 하는 것이다. 이를테면 이상의 소설「날개」에 나오는 주인공은 인간의 내면에 숨어 있는 독특한 자아의 형상을 보이고 있다. 작가는 일상의 틀 속에 잠재되어 있던 자아의 모순을 발견하고 이를 통해 현실적 상황 속에 노정된 인간의 문제를 제시하고 있는 것이다.

4. 인물의 성격 창조

소설에 등장하는 인물은 소설 속에서 일어나는 모든 이야기의 중심을 이루며, 그 이야기의 방향을 결정한다. 그러므로 소설의 이야기는 인물에 대한 설명이라고 할 수 있을 정도로 인물을 어떻게 설정하느냐가 중시된다. 소설의 인물 설정에서 핵심을 이루는 것은 인물의 성격을 창조하는 일이다. 성격 창조(characterization)에는 여러 가지 방법이 있지만, 인물에 어울리는 이름이나 별명을 붙이는 기본적인 단계에서부터 인물의 육체적인 외모, 행동과 습관, 말투, 자신에 대한 태도, 타인에 대한 행동이나 사고방식, 과거 생활 등을 통해 구체화된다.

명명법(命名法)

소설의 인물은 이야기 속에 등장하는 순간부터 어떤 식으로든지 이름을 가지게 된다. 독자들은 소설을 읽어 나가면서 거기에 등장하는 인물의 이름을 보고 그 인물의 성격을 유추하는 경우가 많다. 인물의 이름에서 느낄 수 있는 어감이나 분위기에 따라 인물의 성격이 다르게 느껴지기 때문이다. 예컨대 지적인 풍모를 지닌 인물일 경우에는 부드러운 느낌을 주는 이름을 쓰게 된다. '김판돌 박사는 연구실로 들어섰다'는 식으로 시작되는 이야기에서 '김판돌'이라는 인물은 박사라는 사회적 계층의 인물에 어울리는 이름은 아니다. 일부러 그런 이름을 붙인 경우가 아니라면 인물의 이름에까지 작위적인 느낌을 줄 필요는 없다.

소설에 등장하는 인물의 이름은 대체로 그 성격에 생명감과 개성을 불어 넣어 주는 역할을 한다. 그러므로 그 이름을 통해 성격상의 특징을 암시받게 되는 것이다. 우리나라의 고전소설을 보면 「홍부전」의 경우 '홍부'와 '놀부'라는 두 인물의 이름 자체가 그 인물의 성격과 운명을 암시한다. 「춘향전」의 주인공인 '춘향'의 이름은 기생이라는 신분적인 특수성을 암시하는 의미를 담고 있다. 그러나 대부분의 고전소설은 그 인물의 이름 대신에 성씨만을 표시하는 경우가 많아서 인물의 명명법 자체가 단순하다고 할 수 있다. 소설에 등장하는 인물의 이름이 구체적이고도 다양해지기 시작한 것은 신소설 이후의 일이다. 신소설에서부터는 여성 인물의 경우에도 성과 이름이 분명하게 부여된다. 이러한 현상은 현실 속에서 여성의 존재 자체가 그만큼 중시되고 있으며, 동시에 그 성격의 특성도 강조되고 있음을 말해주는 것이다.

등장인물의 이름에 덧붙이는 별명의 경우에도 성격 창조를 위해 중요한 역할을 담당한다. 김동인의 단편소설 「붉은 산」의 등장인물은 '익호'라는 이름과 함께 '삵'이라는 별명이 붙어 있다.

'삵.'
이 별명은 누가 지었는지 모르지만 어느덧 ××촌에서는 익호를 익호라 부르지 않고 삵이라고 부르게 되었다.

"삵이 뉘 집에서 묵었나?"
"김서방네 집에서."
"다른 봉변은 없었다나?"
"요행히 없었다데."

그들은 아침에 깨면 서로 인사 대신으로 삵의 거취를 알아보고 하였다. '삵'은 이 동리에는 커다란 암종이었다. 삵 때문에 아무리 농사에 사람이 부족한 때라도 젊고 든든한 몇 사람은 동리의 젊은 부녀를 지키기 위하여 동리 안에 머물러 있지 않을 수가 없었다. '삵' 때문에 부녀와 아이들은 아무리 더운 여름 저녁이라도 길에 나서서 마음놓고 바람을 쏘여 보지를 못하였다. '삵' 때문에 동리에서는 닭의 가리며 도야지 우리를 지키기 위하여 밤을 새우지 않을 수가 없었다.

앞의 인용에서 볼 수 있듯이 소설의 주인공 익호에게 붙여진 '삵'이라는 별명은 그의 거친 행동과 야비한 성격에 꼭 들어맞게 고안되어 있다. 이 별명 하나만 보아도 인물의 성격이 어떠한지 짐작할 수 있다.

전광용의 단편소설 「꺼삐딴 리」에서도 주인공인 이인국의 별명 '꺼삐딴 리'는 인물의 성격을 암시한다. 이인국은 일제시대부터 60년대에 이를 때까지 그 숱한 정세의 변화에도 불구하고 언제나 유리한 지위를 차지해 온 인물이다. '꺼삐딴 리'라는 별칭은 아무 신념이나 철학도 없이 현실적인 이득만을 쫓아 행동하는 그의 처세술에 대한 비웃음을 내포하고 있음을 알 수 있다.

현대소설의 경우에는 등장인물의 이름 대신에 P라든지 T라든지 하는 약호를 붙이는 경우도 많이 있다. 등장인물의 존재와 그 성격을 추상화시킴으로써 어떤 효과를 거둘 수 있다는 작가의 의도에서 비롯된 것이다. 예컨대, 채만식의 「레디메이드 인생」에 등장하는 주인공 P는 사회주의의 이념에 따라 현실 사회에서 보다 실천적이고도 행동적인 지식인이 되고자 했으나 오히려 실직 상태에 빠져 생활의 곤궁을 면하지 못한다. 그는 직장을 구하러 다녔지만 모든 일이 뜻대로 되지 않자, 그는 자신이 마치 공장에서 쏟아져 나와 어딘가로 팔려가기를 기다리는 '기성품 인생'이 되어버렸다는 생각을 하게 된다. 이 소설은 비판적인 지식인을 용납하지 않고 있는 현실에 대해 무력한 지식인의 자기 비하를 역설적으로 대비시키고자 하는 의도에서 P라는 인물을 설정하고 있다.

직접적 방법과 간접적 방법

소설에 등장하는 인물의 성격을 창조하기 위해서는 그 인물의 인간됨을 여러 가지 각도에서 그려낸다. 인물의 육체적인 외모를 묘사하기도 하고, 행동과 습관을 보여주기도 한다. 인물들이 주고받는 대화와 그 말투를 통해 성격이 드러나도록 하기도 하고, 자신에 대한 태도와 타인에 대한 행동이나 사고방식을 통해 그 성격을 암시하기도 한다. 인물의 교육 경력이나 직업이나 과거 생활 등을 설명함으로써 그 성격을 표현할 수도 있다. 이 같은 성격 창조의 방법은 인물에 대한 특징을 표현하는 주체에 따라 인물 자신에 의해 표현되는 방법과 다른 등장인물에 의해 표현되는 방법을 구분할 수 있다. 그리고 인물의 성격을 표현하는 방법에 따라 직접적인 표현 방법과 간접적인 표현 방법을 구분할 수 있다. 그러나 이러한 방법들은 서로 밀접하게 관련되어 있기 때문에 실제의 소설 작품 속에서는 서로 뒤섞여 나타나는 것이 보통이다.

인물의 성격을 구성하고 이를 표현하는 방법 가운데 가장 대표적인 것이 직접적 방법이다. 직접적인 방법은 소설에 등장하는 인물의 특성을 작중화자가 직접적으로 자세하게 설명하거나 요약해 주는 방법을 말한다. 등장인물의 성격과 그 됨됨이가 작중화자의 설명에 의해 독자들에게 직접적으로 전달되기 때문에, 인물의 형상이나 성격상의 특징을 정확하게 전달할 수 있게 된다. 그러므로 인물의 성격 창조에 있어서 직접적인 방법은 설명적 방법 또는 해설적 방법이라고 말한다. 인물의 내면적인 심리 상태나 성격상의 특징을 분석적으로 제시할 수 있다는 점에서 분석적 방법이라고도 한다.

다음 김동인의 단편소설 「붉은 산」의 예를 보자.

익호라는 인물의 고향이 어디인지는 ××촌의 아무도 아는 사람이 없었다. 사투리로 보아서 경기 사투리인 듯하지만 빠른 말로 죄죄거리는 때에는 영남 사투리가 보일 때도 있고 싸움이라도 할 때에는 서북 사투리가 보일 때도 있었다. 그런지라 사투리로써 그의 고향을 짐작할 수가 없었다. 쉬운 일본말도 알고 한문 글자도 좀 알고 중국말은 물론 꽤 하고 쉬운 러시아말도 할 줄 아는 점 등등 이곳저곳 숱하게 주워먹은 것은 짐작이 가지만 그의 경력을 똑똑히 아는 사람은 없었다.

그는 여가 ××촌에 가기 일년 전쯤 빈손으로 이웃이라도 오듯 후덕덕 ××촌에 나타났다 한다. 생김생김으로 보아서는 얼굴이 쥐와 같고 날카로운 이빨이 있으며 눈에는 교활함과 독한 기운이 늘 나타나 있으며, 발룩한 코에는 코털이 밖으로까지 보이도록 길게 났고, 몸집은 적으나 민첩하게 되었고, 나이는 스물다섯에서 사십까지 임의로 볼 수 있으며, 그 몸이나 얼굴 생김이 어디로 보든지 남에게 미움을 사고 근접치 못할 놈이라는 느낌을 갖게 한다.

앞의 인용을 보면 이야기에 등장하는 주인공의 행동과 인품을 화자가 직접적으로 설명해 주고 있다. 인용 부분에서 확인해 볼 수 있는 것처럼, 직접적 방법은 인물의 성격을 자세히 설명해 줌으로써 인물의 특성을 독자들에게 확신시켜 준다. 특히 "생김생김으로 보아서는 …… 느낌을 갖게 한다" 부분의 경우에는 인물의 외양을 자세하게 설명하고 그 성격을 세밀하게 분석하여 줌으로써 그 인물의 됨됨이를 쉽게 알 수 있도록 하고 있다. 그러므로 앞의 인용에서 볼 수 있듯이 인물의 특성이 이미 작중화자의 설명에 의해 어느 정도 규정되고 있다. 이러한 방법은 그 설명의 직접성과 명확성에도 불구하고 그 표현의 한계가 분명하게 드러난다. 직접적인 방법은 인물의 성격을 선명하게 제시하면서 이야기의 전개 속도를 빠르게 할 수 있지만, 인물을 어떤 틀에 쉽게 구속시킴으로써 독자들이 소설의 이야기에 상상적으로 참여할 수 있는 여지를 없애버린다. 그만큼 이야기의 내용도 건조해지기 쉽고 이야기의 자연스런 진행도 방해하기 쉽다.

그러므로 소설에서는 직접적인 방법과 함께 간접적인 방법으로 인물의 성격을 제시한다. 김동인의「붉은 산」을 보면, 소설의 서두에서 직접적인 방법에 의해 등장인물의 특성에 대해 독자들이 어느 정도 알 수 있도록 한 뒤에 후반부에서는 이야기를 전혀 다른 방향으로 바꾸어 전개시킨다. '익호'라는 이름 대신에 '삵'이라는 별명으로 더 많이 불리고 있는 주인공의 새로운 면모가 소설의 후반에서 극적으로 나타나고 있다. 마을의 송첨지라는 노인이 소작료 때문에 만주인 지주에게 얻어맞아 죽은 사건이 발생하자, 마을 사람들은 격분을 감추지 못하면서도 지주의 횡포가 두려워서 제대로 항의하지 못한다. 그런데, '삵'이 혼자서 만주인 지주를 찾아가 항의하다가 처참한 봉변을 당하게 된다. 비도덕적이고 몰염치한 인물로 낙인찍혀 있던 '삵'이 자신의 내면에 지니고 있던 의협심을 발휘하게 되고, 남을 위해 자신을 희생하게 된다.

다음에서「붉은 산」의 결말 부분을 보자.

그의 동자가 움직였다. 겨우 의의(意義)를 깨달은 모양이었다.
"선생님, 저는 갔었습니다."
"어디를?"
"그놈, 지주놈의 집에."
"무얼?"
여는 눈물 나오려는 눈을 힘있게 닫았다. 그리고 덥석 그의 벌써 식어가는 손을 잡았다. 잠시의 침묵이 계속되었다. 그의 사지에서는 무서운 경련이 끊임없이 일었다. 그것은 죽음의 경련이었다.
듣기 힘든 작은 그의 소리가 또 그의 입에서 나왔다.

"선생님."
"왜?"
"보구 싶어요. 전 보구 시……."
"뭐이?"
그는 입을 움직이었다. 그러나 말이 안 나왔다. 기운이 부족한 모양이었다. 잠시 뒤 그는 또다시 입을 움직이었다. 무슨 소리가 그의 입에서 나왔다.
"무얼?"
"보구 싶어요. 붉은 산이― 그리구 흰 옷이!"
아아 죽음에 임하여 그는 고국과 동포가 생각난 것이었다. 여는 힘있게 감았던 눈을 고즈넉이 떴다. 그때에 삵의 눈도 번쩍 띄었다. 그는 손을 들려 하였다. 그러나 이미 부러진 그의 손은 들리지 않았다. 그는 머리를 돌이키려 하였다. 그러나 그 힘이 없었다.
그의 마지막 힘을 혀끝에 모아 가지고 그는 다시 입을 열었다.
"선생님!"
"왜?"
"저것― 저것―"
"무얼?"
"저기 붉은 산이, 그리고 흰 옷이― 선생님 저게 뭐예요."
여는 돌아보았다. 그러나 거기는 황막한 만주의 벌판이 전개되어 있을 뿐이다.

앞의 장면은 작중화자가 인물의 외모나 행동을 직접 설명하거나 분석하고 있는 것이 아니다. 주인공의 행동과 말이 그대로 묘사되고 있다. 독자들은 작중화자의 설명에 의해서가 아니라 주인공의 동작과 말을 통해 사건의 전개 과정을 보게 되며 거기서 간접적으로 인물의 성격을 추측할 수 있게 된다. 이 소설의 후반부는 이 같은 간접적인 방법을 통해 인물의 성격을 암시하고 있다. 결국 이 소설은 서두에서 직접적으로 제시한 바 있는 주인공의 성격을 결말 부분에서 극적으로 전환시켜 주인공의 전혀 새로운 모습과 성품을 보여준다. 마을 사람들이 모두 '삵'이라는 별명을 붙여주고 두려워했던 주인공이 작품의 결말 부분에서 그 포악성 대신에 조국을 그리워하며 동포를 아끼고 사랑할 수 있는 민족의식을 그의 내면에 담고 있음을 보여주고 있는 것이다.

이처럼 간접적 방법은 등장인물의 말과 행동을 통해 그 성격을 간접적으로 드러낸다. 그리고 등장인물의 성격은 다른 인물과의 관계 속에서 어떤 반응을 보이느냐에 따라 그 특성이 달라진다. 다시 말하면, 다른 인물과 서로 대립되는 성격을 통해 그 특성이 더욱 분명해지기도 하고 다른 인물의 영향을 통해 그 성격의 특성을 닮아가기도 한다. 그리고 인물과의 관계만이 아니라 사회적 배경이나 주어진 환경에 따라서도 인물의 성격이 변화한다. 이처럼 인물의 성격은 독자적으로 형성되는 것이 아니라 타자와의 상호 관계 속에서 형성되고 변화하는 것이다.

다음의 인용 부분에서 볼 수 인물의 성격 제시 방법의 특징은 무엇인가 생각해 보자. 그리고 여기서 제시되고 있는 인물의 성격이 소설의 전체적인 흐름 속에서 어떻게 드러나는지 알아보자.

(1) 그 집에는 삼룡(三龍)이라는 벙어리 하인 하나가 있으니 키가 본시 크지 못하여 땅딸보로 되었고 고개가 빼지 못하여 몸뚱이에 대강이를 갖다가 붙인 것 같다. 거기다가 얼굴이 몹시 얽고 입이 크다. 머리는 전에 새 꼬랑지 같은 것을 주인의 명령으로 깎기는 깎았으나 불밤송이 모양으로 언제든지 푸 하고 일어섰다. 그래 걸어다니는 것을 보면, 마치 옴두꺼비가 서서 다니는 것같이 숨차 보이고 더디어 보인다. 동네 사람들이 부르기를 삼룡이라고 부르는 법이 없고 언제든지 '벙어리' '벙어리'라고 하든지 그렇지 않으면 '앵모' '앵모' 한다. 그렇지만 삼룡이는 그 소리를 알지 못한다.

그도 이 집 주인이 이리로 이사를 올 때에 데리고 왔으니 진실하고 충성스러우며 부지런하고 세차다. 눈치로만 지내 가는 벙어리지마는 듣는 사람보다 슬기로운 적이 있고 평생 조심성이 있어서 결코 실수한 적이 없다. 아침에 일어나면 마당을 쓸고, 소와 돼지의 여물을 먹이며, 여름이면 밭에 풀을 뽑고 나무를 실어 들이고 장작을 패며, 겨울이면 눈을 쓸며 장 심부름과 진일 마른일 할 것 없이 못 하는 일이 없다. 그럴수록 이 집 주인은 벙어리를 위해 주며 사랑한다. 혹시 몸이 불편한 기색이 있으면 쉬게 하고, 먹고 싶어하는 듯한 것은 먹이고, 입을 때 입히고 잘 때 재운다.

― 나도향, 「벙어리 삼룡이」

(2) 김 첨지의 눈은 벌써 개개풀리기 시작하였다. 석쇠에 얹힌 떡 두 개를 쭝덕쭝덕 썰어서 볼을 불룩거리며, 또 곱배기 두 잔을 부으라 하였다.
치삼은 의아한 듯이 김 첨지를 보며,
"여보게, 또 붓다니, 벌써 우리가 넉 잔씩 먹었네. 돈이 사십 전일세."
라고 주의시켰다.
"아따 이놈아, 사십 전이 그리 끔찍하냐. 오늘 내가 돈을 막 벌었어. 참 오늘 운수가 좋았느니."
"그래, 얼마를 벌었단 말인가?"
"삼십 원을 벌었어, 삼십 원을! 이런 젠장맞을, 술을 왜 안 부어…… 괜찮다, 괜찮아. 막 먹어도 상관이 없어. 오늘 돈 산더미같이 벌었는데."
"어, 이 사람 취했군. 고만두세."
"이놈아. 그걸 먹고 취할 내냐. 어서 더 먹어."
하고는 치삼의 귀를 잡아치며 취한 이는 부르짖었다. 그리고 술을 붓는 열대여섯 살 됨직한 중대가리에게로 달려들며,
"이놈, 오라질 놈, 왜 술을 붓지 않어."
라고 야단을 쳤다. 중대가리는 희희 웃고, 치삼을 보며 문의하는 듯이 눈짓을 하였다.

― 현진건, 「운수 좋은 날」

보여주기와 말해주기

　인물의 성격 창조의 방법이 직접적이냐 간접적이냐 하는 것은 작중화자와 등장인물과 독자의 관계 속에서 결정된다. 이 같은 구분법과 다른 각도에서 등장인물의 성격 창조 방법을 보여주기(showing)와 말해주기(telling)로 구분하기도 한다. 이러한 구분법은 물론 작중화자 또는 작가의 역할을 중심으로 하는 서술의 방법과 깊은 관계가 있다.
　소설에서 작중화자 또는 작가가 인물의 말과 행동만을 제시하는 것을 보여주기의 방법이라고 한다. 등장인물이 말하고 행동하는 것을 보여줌으로써 그 뒤에 숨겨진 동기와 기질을 독자들로 하여금 추론하게 하는 것이 보여주기의 방법의 특징이다. 인물의 말과 행동을 극적으로 제시하여 그 내면의 특성을 드러낸다는 점에서 보여주기는 간접적 방법에 해당한다.

　그는 어떤 신사가 자기를 들여다보는 것을 보고 노래를 그치고 일어나 앉는다.
　"왜? 그냥 하지요."
하면서 나는 그의 곁에 가 앉았다.
　"머……."
할 뿐 그는 눈을 들어서 터진 하늘을 쳐다본다.
　좋은 눈이었다. 바다의 넓고 큼이 유감없이 그의 눈에 나타나 있다. 그는 뱃사람이라 나는 짐작하였다.
　"잘 하는구레."
　"잘 해요?"
　그는 나를 잠깐 보고, 사람 좋은 웃음을 띤다.
　"고향이 영유요?"
　"예, 머, 영유서 나기는 했디만 한 이십 년 영유 가보디두 않았시요."
　"왜, 이십 년씩 고향엘 안 가요?"

"사람의 일이라니 마음대로 됩데까?"

그는, 왜 그러는지, 한숨을 짓는다.

"거저, 운명이 데일 힘셉디다."

운명의 힘이 제일 세다는 그의 소리는 삭이지 못할 원한과 뉘우침이 섞여 있다.

"그래요?"

나는 다만 그를 건너다볼 뿐이다.

- 김동인, 「배따라기」

앞의 인용에서처럼 보여주기의 방법은 작중화자의 설명이 없이 독자들이 인물과 접하여 그 인물의 행동이나 말을 그대로 보고 들을 수 있도록 어떤 장면을 제시한다. 인물의 말과 행동이 그대로 묘사되고 있기 때문에 그 행동과 말을 통해 간접적으로 인물의 성격을 암시받게 되는 것이다. 보여주기의 방법은 행동과 말의 극적인 묘사를 특징으로 하지만, 반드시 인물의 행동과 말만을 묘사해야 하므로 어느 정도의 표현의 제약이 따른다. 인물의 내면적인 감정이나 사고 내용 등은 말과 행동을 통해 암시될 뿐이며, 이야기의 전개 내용에 대한 설명이나 인물에 대한 작가의 생각을 드러낼 수도 없다. 그렇지만, 독자들은 인물의 말을 듣고 그 행동을 보면서 그 인물의 특성이나 이야기의 흐름의 방향 등을 상상할 수 있다.

이와는 달리 말해주기는 작중화자나 작가가 직접적으로 인물의 성격과 기질, 사고와 동기를 설명한다. 그리고 작품의 이야기 속에 끼어들어서 인물에 대해 분석하기도 하고 평가하기도 한다. 그러므로 말해주기는 직접적 방법에 해당한다. 다음의 예를 보자.

점순이는 뭐 그리 썩 예쁜 계집애는 못 된다. 그렇다구 개떡이냐 하면 그런 것도 아니고, 꼭 내 아내가 돼야 할 만치 그저 툽툽하게 생긴 얼굴이다. 나보다 십 년이 아래니까 올해 열여섯인데 몸은 남보다 두 살이나 덜

자랐다. 남은 잘도 훤칠히들 크건만 이건 위아래가 몽툭한 것이 내 눈에는 헐없이 감참외 같다. 참외 중에는 감참외가 제일 맛 좋고 예쁘니까 말이다. 둥글고 커단 눈은 서글서글하니 좋고 좀 지쳐 찢어졌지만 입은 밥술이나 톡톡히 먹음직하니 좋다. 아따 밥만 많이 먹게 되면 팔자는 고만 아니냐. 한데 한 가지 파가 있다면 가끔가다 몸이(장인님은 이걸 채신이 없이 들까분다고 하지만) 너무 빨리빨리 논다. 그래서 밥을 나르다가 때없이 풀밭에서 깻박을 쳐서 흙투성이 밥을 곧잘 먹인다. 안 먹으면 무안해할까 봐서 이걸 씹고 앉았노라면 으적으적 소리만 나고 돌을 먹는 겐지 밥을 먹는 겐지…….

— 김유정, 「봄 · 봄」

앞의 인용에서 점순이라는 인물의 성격은 작중화자(이 소설에서는 '나'라는 등장인물이 화자의 역할을 동시에 수행한다)에 의해 설명된다. 인물의 외양을 말하면서 그 기질을 판단하여 말하기도 하고, 행동이나 습관을 설명하면서 인물의 성품을 평가하기도 한다. 적절한 비유를 통해 실감나게 인물에 대해 말해줌으로써, 독자들은 그것을 통해 인물에 대한 어떤 판단을 가지게 되며 이를 확신할 수 있게 된다.

그러나 말해주기의 방법은 인물에 대한 어떤 설명에 전적으로 의존하고 있다는 점에서 극적인 효과를 기대하기 힘들다. 독자들이 소설의 세계 속에 상상적으로 참여할 수 있는 폭도 그만큼 좁혀놓고 있다. 그러므로 소설적 효과를 중시하는 현대소설의 경우 말해주기의 방법보다는 보여주기의 방법을 작가들이 더욱 선호한다는 것도 사실이다. 하지만 소설 속에서 한 인물의 성격을 창조해 나아간다는 것은 어떤 한 가지 방법만으로 가능한 일이 아니다. 말해주기와 보여주기의 방법을 적절하게 조화시켜 긴장감 있게 이야기를 전개시켜야만 개성 있는 인물을 창조할 수 있다.

의식의 흐름과 내면 묘사

현대소설에서 인물의 성격을 창조하는 방법 가운데 '의식의 흐름(stream of consciousness)'을 묘사하는 방법은 이제 하나의 대표적인 소설적 기법으로 정착되고 있다. 소설적 기법으로서의 의식의 흐름이란 소설의 등장인물의 정신적 흐름의 과정과 그 반향을 통하여 내적인 인식 작용, 의식적인 사고 내용이나 무의식적인 생각, 과거에 대한 기억, 미래에 대한 기대와 예측, 그리고 머릿속에서 이루어지는 자유로운 연상 등을 함께 포착하고자 하는 시도라고 할 수 있다. 이 같은 새로운 시도가 소설 속에 적용되기 시작한 것은 프로이트의 정신분석 이론이 일반화되면서부터라고 할 수 있지만, 현대사회에서 고립화된 개인들의 내적인 생활에 관심이 확대되는 형상과도 관계가 깊다. 제임스 조이스, 버지니아 울프, 윌리엄 포크너 등의 실험적 작가들은 이 새로운 기법을 통해 인간의 내면세계에 대한 깊이 있는 천착을 시도한 바 있다.

일반적으로 소설에서 등장인물의 내면세계를 그려내기 위해서는 대개 '그는 눈을 감고 생각에 잠겼다', '그는 조용히 지난날을 돌이켜 보았다' 등과 같은 구절을 전제해 놓는다. 그러나 실제로 인간의 내면세계는 이 같은 통사적 구문을 통해 드러나는 것은 아니다. 오히려 인간의 사고 내용은 처음과 끝이 없고 논리적인 체계와 규범이라는 것이 없다. 자유롭게 시간을 넘나들고 온갖 이미지와 감각과 기억의 단편들이 뒤섞이게 마련이다. 그러므로 소설적 기법으로서의 의식의 흐름에서는 '그는 눈을 감고 생각에 잠겼다'와 같은 형식적인 통사법을 거부하며, '그는 몹시 슬펐다'와 같은 개념화되어 버린 내면 정서에 대한 설명적 묘사를 사용하지 않는다. 의식의 내면은 언제나 논리를 뛰어넘는 자유로운 연상으로 이루어지기 때문에, 마치 무질서한 장면들을 뒤섞어 놓은 것과 같은 방식으로 그려질 수밖에 없는 것이다.

문득, 제비와 같이 경쾌하게 전보 배달의 자전거가 지나간다. 그의 허리에 찬 조그만 가방 속에 어떠한 인생이 압축되어 있을 것인고. 불안과, 초조와, 기대와…… 그 조그만 종이 위의, 그 짧은 문면(文面)은 그렇게도 용이하게, 또 확실하게, 사람의 감정을 지배한다. 사람은 제게 온 전보를 받아 들 때 그 손이 가만히 떨림을 스스로 깨닫지 못한다. 구보는 갑자기 자기에게 온 한 장의 전보를 그 봉함(封緘)을 떼지 않은 채 손에 들고 감동하고 싶은 충동을 느꼈다. 전보가 못 되면, 보통 우편물이라도 좋았다. 이제 한 장의 엽서에라도, 구보는 거의 감격을 가질 수 있을 게다.

흥, 하고 구보는 코웃음쳐 보았다. 그 사상은 역시 성욕의, 어느 형태로서의, 한 발현에 틀림없었다. 그러나 물론 결코 부자연하지 않은 생리적 현상을 무턱대고 업신여길 의사는 구보에게 없었다. 사실 서울에 있지 않은 모든 벗을 구보는 잊은 지 오래였고 또 그 벗들도 이미 오랜 동안 소식을 전하여 오지 않았다. 그들은, 모두, 지금, 무엇들을 하구 있을꾸. 한 해에 단 한 번 연하장을 보내 줄 따름의 벗에까지, 문득 구보는 그리움을 가지려 한다. 이제 수천 매의 엽서를 사서, 그 다방 구석진 탁자 위에서…… 어느 틈엔가 구보는 가장 열정을 가져, 벗들에게 편지를 쓰고 있는 제 자신을 보았다. 한 장, 또 한 장, 구보는 재떨이 위에 생담배가 타고 있는 것도 깨닫지 못하고, 그가 기억하고 있는 온갖 벗의 이름과 또 주소를 엽서 위에 흘려 썼다…… 구보는 거의 만족한 웃음조차 입가에 띠며, 이것은 한 개 단편소설의 결말로는 결코 비속하지 않다, 생각하였다. 어떠한 단편소설의 — 물론, 구보는, 아직 그 내용을 생각하지 않았다.

그러나 그러한 것은 어떻든 벗들의 편지가 정말 보고 싶었다. 누가 내게 그 기쁨을 주지는 않는가. 문득 구보의 걸음이 느려지며, 그 동안, 집에, 편지가 와 있지나 않을까, 그리고 그것은 가장 뜻하지 않았던 옛 벗으로부터의 열정이 넘치는 글이나 아닐까, 하고 제 맘대로 꾸며 생각하고 그리고 물론 그것이 얼마나 근거 없는 생각인 줄 알았어도, 구보는 그 애달픈 기쁨을 그렇게도 가혹하게 깨뜨려 버리려 하지 않았다. 그러나 그것은 벗에게서 온 편지는 아닐지도 모른다. 혹은, 어느 신문사나, 잡지사나…… 그러면 그 인쇄된 봉투에 어머니는 반드시 기대와 희망을 갖고, 그것이 아들에게 무슨 크나큰 행운이나 약속하고 있는 거나 같이 몇 번씩 놓았다, 들었다, 또는 전등불에 비추어 보았다…… 그리고 기다려도 안 들어오는 아들이 편지를 늦게 보아 그만 그 행운을 놓치고 말지나 않을까, 그러한 경우까지를 생각하고 어머니는 안타까워할 게다. 그러나 가엾은 어머니가 그렇게까지 감동을 가진 그 서신이 급기야 뜯어 보면, 신문 1회분의, 혹은 잡지 한 페이지분의, 잡문의 의뢰이기 쉬웠다.

— 박태원, 「소설가 구보씨의 일일」

앞의 인용을 보면 주인공의 의식의 전반적인 상태와 그 흐름을 그대로 묘사하고 있다. 그러므로 문장의 논리적인 연결이나 통사적인 규범도 무시된다. 연상되는 일들이 꼬리를 물고 나열되는 것이다. 이 같은 기술 방식을 통해 주인공의 내면에서 일어나고 있는 지각과 정서적 반응을 모두 그대로 재현할 수는 없다. 그러나 의식의 흐름이라는 새로운 기법이 인간의 지각 작용의 어떤 특징을 드러내는 데에 기여하고 있는 것은 사실이다.

의식의 흐름의 기법은 무엇보다도 인물의 내면의식의 흐름을 어떤 동기를 통해 포착해 내느냐 하는 것이 중요하다. 아무런 의미도 없이 뒤엉켜 있는 복잡한 지각의 내용을 있는 그대로 보여주고자 한다면, 독자로부터 공감을 얻기 어려운 일이다. 그것은 마치 따분한 신세타령을 앉아서 들어주어야 하는 것처럼 재미없는 일이 될 수도 있다. 그러므로 감지되고 있는 여러 가지 느낌이나 생각들이 어떤 극적 효과를 드러낼 수 있도록 고안되지 않으면 안 된다. 더구나 의식의 흐름이라는 기법을 소설 속에서 활용하고자 할 경우 무의식의 순환적이면서도 연상적인 요구를 충족시키기 위해 이야기의 진행 자체를 지체시킬 수밖에 없다는 점도 충분히 고려해야 한다.

작품읽기 04

나도향_ 벙어리 삼룡이

1

내가 열 살이 될락말락 한 때이니까 지금으로부터 십사오 년 전 일이다.
지금은 그곳을 청엽정(青葉町)이라 부르지만 그때는 연화봉(蓮花峰)이라
고 이름하였다. 즉 남대문에서 바로 내려다보면은 오정포(午正砲)가 놓여
있는 산등성이가 있으니 그 산등성이 이쪽이 연화봉이요, 그 새에 있는 동
네가 역시 연화봉이다. 지금은 그곳에 빈민굴이라고 할 수밖에 없이 지저
분한 촌락이 생기고 노동자들밖에 살지 않는 곳이 되어 버렸으나 그때에
는 자기네 딴은 행세한다는 사람들이 있었다. 집이라고는 십여 호밖에 있
지 않았고 그곳에 사는 사람들은 대개 과목밭을 하고, 또는 채소를 심거나,
아니면 콩나물을 길러서 생활을 하여 갔었다.

여기에 그 중 큰 과목밭을 갖고 그 중 여유 있는 생활을 하여 가는 사람
이 하나 있었는데, 그의 이름은 잊어버렸으나 동네 사람들이 부르기를 오
생원(吳生員)이라고 불렀다. 얼굴이 동탕하고[1] 목소리가 마치 여름에 버드
나무에 앉아서 길게 목늘여 우는 매미 소리같이 저르렁저르렁하였다. 그는

---

[1] 동탕하다: 얼굴이 토실토실하게 생기다.

몹시 부지런한 중년 늙은이로 아침이면 새벽 일찍이 일어나서 앞뒤로 뒷짐을 지고 돌아다니며 집안일을 보살피는데 그 동네에는 그가 마치 시계와 같아서 그가 일어나는 때가 동네 사람이 일어나는 때였다. 만일 그가 아침에 돌아다니며 잔소리를 하지 않으면 동네 사람들이 이상하여 그의 집으로 가보면 그는 반드시 몸이 불편하여 누웠었다. 그러나 그와 같은 때는 일년 삼백육십 일에 한 번 있기가 어려운 일이요, 이태나 삼 년에 한 번 있거나 말거나 하였다.

그가 이곳으로 이사를 온 지는 얼마 되지는 아니하나 언제든지 감투를 쓰고 다니므로 동네 사람들은 양반이라고 불렀고, 또 그 사람도 동네 사람들에게 그리 인심을 잃지 않으려고 섣달이면 북어쾌, 김톳을 동네 사람에게 나눠 주며 농사 때에 쓰는 연장도 넉넉히 장만한 후 아무 때나 동네 사람들이 쓰게 하므로 그 동네에서는 가장 인심 후하고 존경을 받는 집인 동시에 세력 있는 집이다.

그 집에는 삼룡(三龍)이라는 벙어리 하인 하나가 있으니 키가 본시 크지 못하여 땅딸보로 되었고 고개가 빼지 못하여 몸뚱이에 대강이를 갖다가 붙인 것 같다. 거기다가 얼굴이 몹시 얽고 입이 크다. 머리는 전에 새꼬랑지 같은 것을 주인의 명령으로 깎기는 깎았으나 불밤송이 모양으로 언제든지 푸 하고 일어섰다. 그래 걸어다니는 것을 보면, 마치 옴두꺼비가 서서 다니는 것같이 숨차 보이고 더디어 보인다. 동네 사람들이 부르기를 삼룡이라고 부르는 법이 없고 언제든지 '벙어리' '벙어리'라고 하든지 그렇지 않으면 '앵모' '앵모' 한다. 그렇지만 삼룡이는 그 소리를 알지 못한다.

그도 이 집 주인이 이리로 이사를 올 때에 데리고 왔으니 진실하고 충성스러우며 부지런하고 세차다. 눈치로만 지내 가는 벙어리지마는 듣는 사람보다 슬기로운 적이 있고 평생 조심성이 있어서 결코 실수한 적이 없다.

아침에 일어나면 마당을 쓸고, 소와 돼지의 여물을 먹이며, 여름이면 밭에 풀을 뽑고 나무를 실어 들이고 장작을 패며, 겨울이면 눈을 쓸며 장 심부름과 진일 마른일 할 것 없이 못 하는 일이 없다. 그럴수록 이 집 주인은 벙어리를 위해 주며 사랑한다. 혹시 몸이 불편한 기색이 있으면 쉬게 하고, 먹고 싶어하는 듯한 것은 먹이고, 입을 때 입히고 잘 때 재운다.

그런데 이 집에는 삼대 독자로 내려오는 그 집 아들이 있다. 나이는 열일곱 살이나 아직 열네 살도 되어 보이지 않고 너무 귀엽게 기르기 때문에 누구에게든지 버릇이 없고 어리광을 부리며 사람에게나 짐승에게 잔인포악한 짓을 많이 한다.

동네 사람들은,

"후레자식! 아비 속상하게 할 자식! 저런 자식은 없는 것만 못해."

하고 욕들을 한다. 그래서 그의 어머니는 아들이 잘못할 때마다 그의 영감을 보고,

"그 자식을 좀 때려 주구려. 왜 그런 것을 보고 가만두?"

하고 자기가 대신 때려 주려고 나서면,

"아뇨, 아직 철이 없어 그렇지. 저도 지각이 나면 그렇지 않을 것이 아뇨."

하고 너그럽게 타이른다.

그러면 마누라는 왜가리처럼 소리를 지르며,

"철이 없긴 지금 나이가 몇이오. 낼 모레면 스무 살이 되는데, 또 며칠 아니면 장가를 들어서 자식까지 날 것이 그래 가지고 무엇을 한단 말이오."

하고 들이대며,

"자식은 꼭 아버지가 버려 놓았습니다. 자식 귀여운 것만 알았지 버릇 가르칠 줄은 모르니까……."

이렇게 싸움만 시작하려 하면 영감은 아무 말도 하시 않고 바깥으로 나가 버린다.

그 아들은 더구나 벙어리를 사람으로 알지도 않는다. 말 못 하는 벙어리라고 오고 가며 주먹으로 허구리를 지르기도 하고 발길로 엉덩이도 찬다. 그러면 그 벙어리는 어린것이 철없이 그러는 것이 도리어 귀엽기도 하고 또는 그 힘없는 팔과 힘없는 다리로 자기의 무쇠 같은 몸을 건드리는 것이 우습기도 하고 앙증하기도 하여 돌아서서 방그레 웃으면서 툭툭 털고 다

른 곳으로 몸을 피해 버린다.

어떤 때는 낮잠자는 벙어리 입에다가 똥을 먹인 때도 있었다. 또 어떤 때는 자는 벙어리 두 팔 두 다리를 살며시 동여매고 손가락과 발가락 사이에 화승불²을 붙여 놓아 질겁을 하고 일어나다가 발버둥질을 하고 죽으려는 사람처럼 괴로워하는 것을 보고 기뻐하였다.

이러할 때마다 벙어리의 가슴에는 비분한 마음이 꽉 들어찼다. 그러나 그는 주인의 아들을 원망하는 것보다도 자기가 병신인 것을 원망하였으며 주인의 아들을 저주한다는 것보다 이 세상을 저주하였다. 그러나 그는 결코 눈물을 흘리지 않았다. 그의 눈물은 나오려 할 때 아주 말라붙어 버린 샘물과 같이 나오려 하나 나오지를 아니하였다. 그는 주인의 집을 버릴 줄 모르는 개 모양으로 자기가 있어야 할 곳은 여기밖에 없고 자기가 믿을 것도 여기 있는 사람들밖에 없을 줄 알았다. 여기서 살다가 여기서 죽는 것이 자기의 운명인 줄밖에 알지 못하였다. 자기의 주인 아들이 때리고 지르고 꼬집어뜯고 모든 방법으로 학대할지라도 그것이 자기에게 으레 있을 줄밖에 알지 못하였다. 아픈 것도 그 아픈 것이 으레 자기에게 돌아올 것이요, 쓰린 것도 자기가 받지 않아서는 안 될 것으로 알았다. 그는 이 마땅히 자기가 받아야 할 것을 어떻게 해야 면할까 하는 생각을 한 번도 하여 본 일이 없었다.

그가 이 집에서 떠나가려거나 또는 그의 생활환경에서 벗어나려는 생각은 한 번도 해보지 못하였다 할지라도 그는 언제든지 그 주인 아들이 자기를 학대하고 또는 자기를 못살게 굴 때 그는 자기의 주먹과 또는 자기의 힘을 생각하여 보았다. 주인 아들이 자기를 때릴 때 그는 주인 아들 하나쯤은 넉넉히 제지할 힘이 있는 것을 알았다. 어떠한 때는 아픔과 쓰림이 자기의 몸으로 스미어들 때면 그의 주먹은 떨리면서 어린 주인의 몸을 치

---

² 화승불: 화승은 화약에 불이 붙어 터지게 하는 데에 쓰는 노끈을 말한다. 화승불은 화약 심지에 불을 붙임.

려 하다가는 그것을 무서운 고통과 함께 꽉 참았다.

그는 속으로,

'아니다, 그는 나의 주인의 아들이다. 그는 나의 어린 주인이다.'
하고 꾹 참았다.

그리고는 그것을 얼핏 잊어버렸다. 그러다가도 동넷집 아이들과 혹시 장난을 하다가 주인 아들이 울고 들어올 때에는 그는 황소같이 날뛰면서 주인을 위하여 싸웠다. 그래서 동네에서도 어린애들이나 장난꾼들이 벙어리를 무서워하여 감히 덤비지를 못하였다. 그리고 주인 아들도 위급한 경우에는 언제든지 벙어리를 찾았다. 벙어리는 얻어맞으면서도 기어드는 충견 모양으로 주인의 아들을 위하여 싫어하지 않고 힘을 다하였다.

2

벙어리가 스물세 살이 될 때까지 그는 물론 이성과 접촉할 기회가 없었다. 동네의 처녀들이 저를 '벙어리' '벙어리' 하며 괴상한 손짓과 몸짓으로 놀려먹음을 받을 적에 분하고 골나는 중에도 느긋한 즐거움을 느끼어 본 일은 있었으나 그가 결코 사랑으로써 어떠한 여자를 대해 본 일은 없었다.

그러나 정욕을 가진 사람인 벙어리도 그의 피가 차디찰 리는 없었다. 혹 그의 피는 더욱 뜨거웠을는지도 알 수 없었다. 뜨겁다 뜨겁다 못하여 엉기어 버린 엿과 같을지도 알 수 없었다. 만일 그에게 볕을 주거나 다시 뜨거운 열을 준다면 그의 피는 다시 녹을는지도 알 수 없었다. 그가 깜박깜박하는 기름 등잔 아래에서 밤이 깊도록 짚신을 삼을 때면 남모르는 한숨을 아니 쉬는 것도 아니지마는 그는 그것을 곧 억제할 수 있을 만큼 정욕에 대하여 벌써부터 단념을 하고 있었다.

마치 언제 폭발이 될는지 알지 못하는 휴화산 모양으로 그의 가슴속에는 충분한 정열을 깊이 감추어 놓았으나 그것이 아직 폭발될 시기가 이르지 못한 것이었다. 비록 폭발이 되려고 무섭게 격동함을 벙어리 자신도 느끼지 않는 바는 아니지마는 그는 그것을 폭발시킬 조건을 얻기 어려웠으며 또는 자기가 여태까지 능동적으로 그것을 나타낼 수가 없을 만큼 외계의 압축을 받았으며, 그것으로 인한 이지가 너무 그에게 자제력을 강대하게 하여 주는 동시에 또한 너무 그것을 단념만 하게 하여 주었다.

속으로 '나는 벙어리다', 자기가 생각할 때 그는 몹시 원통함을 느끼는 동시에 나는 말하는 사람들과 똑같은 자유와 똑같은 권리가 없는 줄 알았다. 그는 이와 같은 생각에서 언제든지 단념 않으려야 단념하지 않을 수 없는 그 단념이 쌓이고 쌓이어 지금에는 다만 한 개의 기계와 같이 이 집에 노예가 되어 있으면서도 그것을 자기의 천직으로 알고 있을 뿐이요, 다시는 자기가 살아갈 세상이 없는 것 같이 밖에 알지 못하게 된 것이다.

3

그해 가을이다. 주인의 아들이 장가를 들었다. 색시는 신랑보다 두 살 위인 열아홉 살이다. 주인이 본시 자기가 언제든지 문벌이 얕은 것을 한탄하여 신부를 구할 때에 첫째 조건이 문벌이 높아야 할 것이었다. 그러나 문벌 있는 집에서는 그리 쉽게 색시를 내놓 리가 없었다. 그러므로 하는 수 없이 그 어떠한 영락한 양반의 딸을 돈을 주고 사오다시피 하였으니, 무남독녀의 딸을 둔 남촌 어떤 과부를 꿀을 발라서 약혼을 하고 혹시나 무슨 딴소리가 있을까 하여 부랴부랴 성례식을 시켜 버렸다.

혼인할 때의 비용도 그때 돈으로 삼만 냥을 썼다. 그리고 아들의 처갓집에 며느리 뒤 보아 주는 바느질삯, 빨랫삯이라는 명목으로 한 달에 이천오백 냥씩을 대어 주었다.

신부는 자기 아버지가 돌아가기 전까지 상당히 건디기도 하고 또는 금지옥엽같이 기른 터이라, 구식 가정에서 배울 것 읽힐 것 못 하는 것이 없고 게다가 또는 인물이라든지 행동거지에 조금도 구김이 있지 아니하다.

신부가 오자 신랑의 흠절[3]이 생기기 시작하였다.

"신부에게다 대면 두루미와 까마귀지."

"아직도 철딱서니가 없어."

"색시에게 쥐여 지내겠지."

"신랑에겐 과하지."

동넷집 말 좋아하는 여편네들이 모여 앉으면 이렇게 비평들을 한다. 어떠한 남의 걱정 잘 하는 마누라님은 간혹 신랑을 보고는 그대로 세워 놓고,

"글쎄, 인제는 어른이 되었으니 셈이 좀 나요, 저리구 어떻게 색시를 거느려 가누. 색시방에 들어가기가 부끄럽지 않담."
하고 들이대다시피 하는 일이 있다.

이럴 적마다 신랑의 마음은 그 말하는 이들이 미웠다. 일부러 자기를 부끄럽게 하려고 하는 것 같아서 그 후에 그를 만나면 말도 안 하고 인사도 하지 아니한다.

또 그의 고모 되는 이가 와서 자기 조카를 보고,

"인제는 어른이야. 너도 그만하면 지각이 날 때가 되지 않았니. 네 처가 부끄럽지 아니하냐."
하고 타이를 적마다 그의 마음은 그 말하는 사람이 부끄럽다는 것보다도 자기를 이렇게 하게 한 자기 아내가 더욱 밉살머리스러웠다.

"여편네가 다 무엇이냐? 저 빌어먹을년이 들어오더니 나를 이렇게 못살게들 굴지."

혼인한 지 며칠이 못 되어 그는 색시방에 들어가지를 않았다. 집안에서는 야단이 났다. 마치 돼지나 말 새끼를 혼례시키려는 것같이 신랑을 색시방으로 집어넣으려 하나 막무가내였다. 그럴 때마다 신랑은 손에 닥치는 대로 집어 때려서 자기의 외사촌 누이의 이마를 뚫어서 피까지 나게 한 일이 있었다. 집안 식구들이 하는 수가 없어 맨 나중에는 아버지에게 밀었다. 그러나 그것도 소용이 없을 뿐더러 풍파를 더 일으키게 하였다. 아버

---

[3] 흠절: 부족되거나 잘못된 점.

지께 꾸중을 듣고 들어와서는 다짜고짜로 신부의 머리채를 쥐어 잡아 마루 한복판에 태질을 쳤다.

그리고는,

"이년, 네 집으로 가거라. 보기 싫다. 내 눈앞에는 보이지도 마라."

하였다. 밥상을 가져오면 그 밥상이 마당 한복판에서 재주를 넘고, 옷을 가져오면 그 옷이 쓰레기통으로 나간다.

이리하여 색시는 시집오던 날부터 팔자 한탄을 하고서 날마다 밤마다 우는 사람이 되었다. 울면 요사스럽다고 때린다. 또 말이 없으면 빙충맞다[4]고 친다. 이리하여 그 집에는 평화스러운 날이 하루도 없었다.

이것을 날마다 보는 사람 가운데 알 수 없는 의혹을 품게 된 사람이 하나 있으니 그는 곧 벙어리 삼룡이였다. 그렇게 예쁘고 유순하고 그렇게 얌전한, 벙어리의 눈으로 보아서는 감히 손도 대지 못할 만큼 선녀 같은 색시를 때리는 것은 자기의 생각으로는 도저히 풀 수 없는 의심이었다. 보기에도 황홀하고 건드리기도 황홀할 만큼 숭고한 여자를 그렇게 하대한다는 것은 너무나 세상에 있지 못할 일이다. 자기는 주인 새서방에게 개나 돼지같이 얻어맞는 것이 마땅한 이상으로 마땅하지마는, 선녀와 짐승의 차가 있는 색시와 자기가 똑같이 얻어맞는 것은 너무 무서운 일이다. 어린 주인이 천벌이나 받지 않을까 두렵기까지 하였다.

어떠한 달밤, 사면은 고요적막하고 별들은 드문드문 눈들만 깜박이며 반달이 공중에 뚜렷이 달려 있어 수은으로 세상을 깨끗하게 닦아낸 듯이 청명한데, 삼룡이는 검둥개 등을 쓰다듬으며 바깥 마당 멍석 위에 비슷이 드러누워 하늘을 쳐다보며 생각하여 보았다.

주인 색시를 생각하면 공중에 있는 달보다도 더 곱고 별들보다도 더 깨끗하였다. 주인 색시를 생각하면 달이 보이고 별이 보이었다. 삼라만상을 씻어 내는 은빛보다도 더 흰 달이나 별의 광채보다도 그의 마음이 아름답

---

[4] 빙충맞다: 똘똘하지 못하고 어리석다.

고 부드러운 듯하였다. 마치 달이나 별이 땅에 떨어져 주인 새아씨가 된 것도 같고 주인 새아씨가 하늘에 올라가면 달이 되고 별이 될 것 같았다.

더구나 자기를 어린 주인이 때리고 꼬집을 때 감히 입 벌려 말은 하지 못하나 측은하고 불쌍히 여기는 정이 그의 두 눈에 나타나는 것을 다시 생각할 때 그는 부들부들한 개 등을 어루만지면서 감격을 느꼈다. 개는 꼬리를 치며 자기를 귀여워하는 줄 알고 벙어리의 손을 핥았다.

삼룡이의 마음은 주인 아씨를 동정하는 마음으로 가득 찼다. 또는 그를 위하여서는 자기의 목숨이라도 아끼지 않겠다는 의분에 넘치었다. 그것은 마치 살구를 보면 입 속에 침이 도는 것같이 본능적으로 느껴지는 감정이었다.

4

새댁이 온 뒤에 다른 사람들은 자유로운 안 출입을 금하였으나 벙어리는 마치 개가 맘대로 안에 출입할 수 있는 것같이 아무 의심 없이 출입할 수가 있었다.

하루는 어린 주인이 먹지 않던 술이 잔뜩 취하여 무지한 놈에게 맞아서 길에 자빠진 것을 업어다가 안으로 들여다 누인 일이 있었다. 그때에 아무도 안에 있지 않고 다만 새색시 혼자 방에서 바느질을 하고 있다가 이 꼴을 보고 벙어리의 충성된 마음이 고마워서, 그 후에 쓰던 비단 헝겊조각으로 부시[5] 쌈지 하나를 만들어 준 일이 있었다.

이것이 새서방님의 눈에 띄었다. 그래서 색시는 어떤 날 밤 자던 몸으로 마당 복판에 머리를 푼 채 내동댕이가 쳐졌다. 그리고 온몸에 피가 맺히도록 얻어맞았다.

이것을 본 벙어리는 또다시 의분의 마음이 뻗쳐 올라왔다. 그래서 미친

---

[5] 부시: 부싯돌을 쳐서 불이 붙게 하는 쇳조각.

사자와 같이 뛰어들어가 새서방님을 내어던지고 새색시를 둘러메었다. 그리고 나는 수리와 같이 바깥 사랑 주인 영감 있는 곳으로 뛰어가 그 앞에 내려놓고 손짓과 몸짓을 열 번 스무 번 거푸 하며 하소연하였다.

그 이튿날 아침에 그는 주인 새서방님에게 물푸레로 얼굴을 몹시 얻어맞아서 한쪽 뺨이 눈을 얼러서 피가 나고 주먹같이 부었다. 그 때릴 적에 새서방의 입에서 나오는 말은,

"이 흉측한 벙어리 같으니, 내 여편네를 건드려!"

하고 부시 쌈지를 빼앗아 갈가리 찢어서 뒷간에 던졌다.

"그리고 이놈아! 인제는 주인도 몰라보고 막 친다. 이런 것은 죽여야 해!"

하고 채찍으로 그의 뒷덜미를 갈겨서 그 자리에 쓰러지게 하였다.

벙어리는 다만 두 손으로 빌 뿐이었다. 말도 못 하고 고개를 몇백 번 코가 땅에 닿도록 그저 용서해 달라고 빌기만 하였다. 그러나 그의 가슴에는 비로소 숨겨 있던 정의감이 머리를 들기 시작하였다. 그는 아픈 것을 참아가면서도 북받치는 분노(심술)를 억제하였다.

그때부터 벙어리는 안방에 들어가지 못하였다. 이 들어가지 못하는 것이 더욱 벙어리로 하여금 궁금증이 나게 하였다. 그 궁금증이라는 것이 묘하게 빛이 변하여 주인 아씨를 뵈옵고 싶은 심정으로 변하였다. 뵈옵지 못하므로 가슴이 타올랐다. 몹시 애상의 정서가 그의 가슴을 저리게 하였다. 한 번이라도 아씨를 뵈올 수가 있으면 하는 마음이 나더니 그의 마음의 넋은 느끼기를 시작하였다. 센티멘틀한 가운데에서 느끼는 그 무슨 정서는 그에게 생명 같은 희열을 주었다. 그것과 자기의 목숨이라도 바꿀 수 있을 것 같았다. 어떤 때는 그대로 대강이로 담을 뚫고 들어가고 싶도록 주인 아씨를 뵈옵고 싶은 것을 꾹 참을 때도 있었다.

그 후부터는 밥을 잘 먹을 수가 없었다. 일도 손에 잡히지 않았다. 틈만 있으면 안으로만 들어가고 싶었다. 주인이 전보다 많이 밥과 음식을 주고 더 편하게 하여 주었으나 그것이 싫었다. 그는 밤에 잠을 자지 않고 집 가장자리를 돌아다녔다.

5

 하루는 주인 새서방님이 술이 취하여 들어오더니 집안이 수선수선하여지며 계집 하인이 약을 사러 갔다 들어오는 것을 보고 그 계집 하인을 붙잡았다. 그리고 무엇이냐고 물었다.
 계집 하인은 한 주먹을 뒤통수에 대고 얼굴을 쓰다듬으며 둘째손가락을 내밀었다. 그것은 그 집 주인은 엄지손가락이요, 둘째손가락은 새서방이라는 뜻이요, 주먹을 뒤통수에 대는 것은 여편네라는 뜻이요, 얼굴을 문지르는 것은 예쁘다는 뜻으로 벙어리에게 쓰는 암호다. 그런 뒤에 다시 혀를 내밀고 눈을 뒤집어쓰는 형상을 하고 두 팔을 싹 벌리고 뒤로 자빠지는 꼴을 보이니, 그것은 사람이 죽게 되었거나 앓을 적에 하는 말 대신의 손짓이다.
 벙어리는 눈을 크게 뜨고 계집 하인에게 한 발자국 가까이 들어서며 놀라는 듯이 멀거니 한참이나 있었다. 그의 가슴은 무섭게 격동하였다. 자기의 그리운 주인 아씨가 죽었다는 말이나 아닌가, 그는 두 주먹을 마주 치며 한숨을 쉬었다. 그리고는 자기 방에서 무엇을 생각하는 것처럼 두어 시간이나 두 눈만 껌벅껌벅하고 앉았었다.
 그는 밤이 깊어 갈수록 궁금증 나는 사람처럼 일어섰다 앉았다 하더니 두시나 되어서 바깥으로 나가서 뒤로 돌아갔다. 그는 도둑놈처럼 조심스럽게 바로 건넌방 뒤 미닫이 앞 담에 서서 주저주저하더니 담을 넘었다. 가까이 창 앞에 서서 문 틈으로 안을 살피다가 그는 진저리를 치며 물러섰다.
 어두운 밤에 그의 손과 발이 마치 그 뒤에 서 있는 감나무 잎같이 떨리더니 그대로 문을 박차고 뛰어들어갔을 때, 그의 팔에는 주인 아씨가 한 손에는 기다란 명주 수건을 들고서 한 팔로 벙어리의 가슴을 밀치며 뻗디디었다. 벙어리는 다만 눈이 뚱그래서 '에헤' 소리만 지르고 그 수건을 뺏으려 애쓸 뿐이다.
 집안이 야단났다.

"집안이 망했군!"
"어디 사내가 없어서 벙어리를!"
"어떻든 알 수 없는 일이야!"
하는 소리가 이구석 저구석에서 수군댄다.

6

그 이튿날 아침에 벙어리는 온몸이 짓이긴 것이 되어 마당에 거꾸러져 입에서 피를 토하며 신음하고 있었다. 그 곁에서는 새서방이 쇠줄 몽둥이를 들고서 문초를 한다.
"이놈!"
하고는 음란한 흉내는 모조리 하여 가며 건넌방을 가리킨다. 그러나 벙어리는 손을 내저을 뿐이다. 또 몽둥이에는 살점이 묻어 나왔다. 그리고 피가 흘렀다.

벙어리는 타들어가는 목으로 소리도 못 내며 고개만 내젓는다. 그는 피를 토하며 거꾸러지며 이마를 땅에 비비며 고개를 내흔든다. 땅에는 피가 스며든다. 새서방은 채찍 끝에 납뭉치를 달아서 가슴을 훔쳐 갈겼다가 힘껏 잡아 뽑았다. 벙어리는 그대로 거꾸러지며 말이 없었다.

새서방은 그래도 시원치 못하였다. 그는 어제 벙어리가 새로 갈아 놓은 낫을 들고 달려왔다. 그는 그 시퍼렇게 날선 낫을 번쩍 들었다. 그래서 벙어리를 찌르려 할 때 벙어리는 한 팔로 그것을 받았고, 집안 사람들은 달려들었다. 벙어리는 낫을 뿌리쳐 저리로 내던졌다.

주인은 집안이 망하였다고 사랑에 누워서 모든 일을 들은 체 만 체 문을 닫고 나오지를 아니하며, 집안에서는 색시를 쫓는다고 야단이다. 그날 저녁에 벙어리는 다시 끌려 나왔다. 그때에는 주인 새서방이 그의 입던 옷과 신짝을 주며 눈을 부릅뜨고 손을 멀리 가리키며,
"가! 인제는 우리집에 있지 못한다."

하였다. 이 소리를 듣는 벙어리는 기가 막혔다. 그에게는 이 집 외에 다른 집이 없다. 살 곳이 없었다. 자기는 언제든지 이 집에서 살고 이 집에서 죽을 줄밖에 몰랐다. 그는 새서방님의 다리를 껴안고 애걸하였다. 말도 못 하는 것을 몸짓과 표정으로 간곡한 뜻을 표하였다. 그러나 새서방님은 발길로 지르고 사람을 불렀다.

"이놈을 좀 내쫓아라."

벙어리가 죽은 개 모양으로 끌려 나갔다. 그리고 대갈빼기를 개천 구석에 들이박히면서 나가 곤드라졌다가 일어서서 다시 들어오려 할 때에는 벌써 문이 닫혀 있었다. 그는 문을 두드렸다. 그의 마음으로는 주인 영감을 찾았으나 부를 수가 없었다. 그가 날마다 열고 날마다 닫던 문이 자기가 지금은 열려 하나 자기를 내어쫓고 열리지를 않는다. 자기가 건사하고 자기가 거두던 모든 것이 오늘에는 자기의 말을 듣지 않는다. 어려서부터 지금까지 모든 정성과 힘과 뜻을 다하여 충성스럽게 일한 값이 오늘에는 이것이다.

그는 비로소 믿고 바라던 모든 것이 자기의 원수란 것을 알았다. 그는 모든 것을 없애 버리고 자기도 또한 없어지는 것이 나은 것을 알았다.

그날 저녁 밤은 깊었는데 멀리서 닭이 우는 소리와 함께 개 짖는 소리만이 들린다. 난데없는 화염이 벙어리 있던 오생원 집을 에워쌌다. 그 불을 미리 놓으려고 준비하여 놓았는지 집 가장자리 쪽 돌아가며 흩어 놓은 풀에 모조리 돌라붙어 공중에서 내려다보면 집의 윤곽이 선명하게 보일 듯이 타오른다.

불은 마치 피 묻은 살을 맛있게 잘라 먹는 요마(妖魔)의 혓바닥처럼 날름날름 집 한 채를 삽시간에 먹어 버리었다. 이와 같은 화염 속으로 뛰어 들어가는 사람이 하나 있으니 그는 다른 사람이 아니라 낮에 이 집을 쫓겨난 삼룡이다. 그는 먼저 사랑에 가서 문을 깨뜨리고 주인을 업어다가 밭 가운데 놓고 다시 들어가려 할 제 그의 얼굴과 등과 다리가 불에 데어 쭈그러져 드는 것을 알지 못하였다.

그는 건넌방으로 뛰어들었다. 그러나 색시는 없었다. 다시 안방으로 뛰어들었다. 그러나 또 없고 새서방이 그의 팔에 매달리어 구원하기를 애원하였다. 그러나 그는 그것을 뿌리쳤다. 다시 서까래에 불이 시뻘겋게 타면서 그의 머리에 떨어졌다. 그러나 그는 그것을 몰랐다. 부엌으로 가보았다. 거기서 나오다가 문설주가 떨어지며 왼팔이 부러졌다. 그러나 그것도 몰랐다. 그는 다시 광으로 가보았다. 거기도 없었다. 그는 다시 건넌방으로 들어갔다. 그때야 그는 색시가 타죽으려고 이불을 쓰고 누워 있는 것을 보았다. 그는 색시를 안았다. 그리고는 길을 찾았다. 그러나 나갈 곳이 없었다. 그는 하는 수 없이 지붕으로 올라갔다. 그는 비로소 자기의 몸이 자유롭지 못한 것을 알았다. 그러나 그는 자기가 여태까지 맛보지 못한 즐거운 쾌감을 자기의 가슴에 느끼는 것을 알았다. 색시를 자기 가슴에 안았을 때 그는 이제 처음으로 살아난 듯하였다. 그는 자기의 목숨이 다한 줄 알았을 때, 그 색시를 내려놓을 때는 그는 벌써 목숨이 끊어진 뒤였다. 집은 모조리 타고 벙어리는 색시를 무릎에 뉘고 있었다. 그의 울분은 그 불과 함께 사라졌을는지! 평화롭고 행복스러운 웃음이 그의 입 가장자리에 엷게 나타났을 뿐이다.

작가 소개

나도향(羅稻香)의 본명은 나경손이다. 1902년 3월 30일 서울 청파동에서 출생하였다. 1919년 배재고보를 졸업하고 조부의 뜻에 따라 경성의전에 입학하였다. 같은 해 경성의전을 중퇴하고 일본에 건너가 와세다대학(早稻田大學)에 입학하려 하였으나 학자금 송달이 막혀 귀국하였다. 귀국 후 경북 안동에서 보통학교 교원으로 1년간 근무하였다.

1921년 4월에 『배재학보』에 처녀작 「출학」을 발표하였다. 1922년 홍사용(洪思容), 현진건(玄鎭健), 이상화(李相和), 나도향(羅稻香), 박영희(朴英熙), 박종화(朴鍾和) 등과 함께 문예동인지 『백조』를 발간하였다. 『백조』 창간호에 발표된 「젊은이의 시절」은 예술이라는 환상에 들떠 있는 인물들을 미화하고 있으며, 「별을 안거든 울지나 말걸」에서는 서간체 형식을 빌어 예술에 대한 열정을 표면에 드러내고 있다. 1922년 11월 21일부터 『동아일보』에 연재된 장편소설 「환희」는 신문연재 장편소설의 효시라고 할 수 있는데, 1923년 조선도서주식회사에서 단행본으로 발간되었다.

초기 작품은 감상성에 깊게 젖어 있었으나, 1923년에 발표한 「여이발사」에서는 사소한 사건을 예리하게 관찰하는 냉철한 시선을 확보함으로써 조그마한 허위의식까지도 용납하지 않는 작가의식의 변화를 보여준다. 이후 사실주의적인 경향으로 완전히 전환하여 「행랑자식」, 「물레방아」, 「벙어리 삼룡이」, 「뽕」, 「지형근」 등을 발표했다. 「물레방아」는 사회계급 간의 비화해적인 갈등과 대립감을 드러내기보다는 인간 본성에 초점을 맞춰 인간관계의 균열을 드러내는 수작이다. 1926년 일본에 다시 건너가 못다 이룬 수학의 뜻을 이루려 하였으나 실패하고, 1927년 8월 26일 폐렴으로 사망했다. 작품집으로는 『환희』 이외에도 단편집 『진정』(영창서관, 1923)과 『청춘』(조선도서주식회사, 1927), 『어머니』(박문서관, 1939)가 있다.

나도향의 문학에 대한 평가는 여러 가지로 내려지고 있으나 이를 요약하면 첫째, 신문학 초기에 낭만주의 운동을 벌였다는 사실. 둘째, 문학이 이념지향적 목적의식이 아닌 다른 세계의 소산일 수도 있다는 새로운 가능성을 장편으로 보여주었다는 점. 셋째, 감상(感傷) 위주의 초기 작품과 아울러 그 나름의 독특한 낭만성을 작품으로 심화시켜 놓았다는 점. 넷째, 「물레방아」나 「벙어리 삼룡이」에서 볼 수 있듯이 1920년대 식민지 조선인의 비애를 효과적으로 상징화 시켰다는 점 등을 들 수 있다.

「벙어리 삼룡이」의 소설적 성격

단편소설 「벙어리 삼룡이」는 1925년 7월 잡지 『여명』에 발표된 작품이다. 이 작품에는 삼룡이라는 주인공이 등장한다. 그는 말을 하지 못하는 벙어리이지만, 오생원집 머슴으로 충직하게 일한다. 그런데 오생원의 아들이 장가를 들게 된다. 오생원의 아들은 성질이 포악하여 아내로 맞아들인 색시를 자주 구타한다. 삼룡이는 남편에게 심한 구박을 받고 있는 주인아씨를 가련하게 생각하다가 마침내 연모의 정을 느끼게 된다. 오생원의 아들은 이를 눈치채고는 색시를 호되게 다그친 후 삼룡이에게 몰매를 때리고 집에서 내쫓아 버린다. 쫓겨난 삼룡이는 복수심에서 주인집에 불을 지른다. 그리고 불 속에서 쓰러진 주인아씨를 찾아낸다. 그는 죽어가는 주인아씨를 껴안으면서 평소에는 느끼지 못했던 사랑의 성취감을 맛보게 되는 것이다.

작품의 주인공인 삼룡이는 사회적 신분으로 볼 때, 머슴이라는 하층민에 속한다. 게다가 자기 의사를 제대로 표현하지 못하는 벙어리라는 신체적 장애를 지니고 있다. 그는 흡사 일제의 학정에 신음하던 식민지 조선인의 비애를 상징적으로 드러내고 있는 인물로 보이기도 한다. 이 소설은 신분적인 제약과 신체적인 결함을 지닌 주인공을 내세워 이야기를 전개하면서, 인물의 의식에 내면화되어 있는 인간적인 열정과 순수한 사랑이 격렬하게 폭발하는 과정을 극적으로 그려놓고 있다.

주인공의 성격

이 소설에서 삼룡이는 충직한 하인으로 주인에게 복종하며 살아가는 소극적인 인물에서 자신의 사랑을 표현하기 위해 방화행위를 저지르는 적극적인 인물로 변화하고 있다. 즉 삼룡이는 작품의 전반부에서는 주인에게 순종하는 하인이었지만, "그는 자기의 목숨이 다한 줄 알았을 때 그 색시를 무릎에 뉘고 있었다. 그의 울분은 불과 함께 사라졌을는지! 평화롭고 행복스러운 웃음이 그의 입 가장 자리에 엷게 피어났을 뿐이다."라는 작품의 결말에서 볼 수 있듯이 작품의 후반부에서는 적극적인 행동으로 나아가는 입체적인 인물이다. 이 작품에서 삼룡이의 죽음을 통해 제시된 것은 작가의 주제의식의 치열성이다. 특히 '불'이라는 상징물을 통해서 분노와 저항심, 사랑의 정열을 함께 처리한 것은 당대소설에서 보기 드문 한 단계 높은 위치에 올라선 작가 정신의 발현이라고 할 수 있다.

■ 토론 과제

- 이 작품의 결말의 처리 방식이 어떤 특징을 드러내고 있는지 토론해 보자.

- 이 작품에 드러나 있는 '자기 희생'이라는 모티프가 전체적인 이야기의 구조에 어떤 영향을 미치고 있는지 생각해 보자.

- 이 작품에서 등장인물의 '육체적 장애'가 가지는 의미를 논해 보자.

작품읽기 05

채만식_ 치숙(痴叔)

우리 아저씨 말이지요? 아따 저 거시키, 한참 당년에 무엇이냐 그놈의 것, 사회주의라더냐 막덕이라더냐, 그걸 하다 징역 살고 나와서 폐병으로 시방 앓고 누웠는 우리 오촌 고모부(姑母夫) 그 양반…….

뭐, 말도 마시오. 대체 사람이 어쩌면 글쎄…… 내 원!

신세 간데없지요.

자, 십 년 적공, 대학교까지 공부한 것 풀어 먹지도 못했지요. 좋은 청춘 어영부영 다 보냈지요, 신분에는 전과자(前科者)라는 붉은 도장 찍혔지요. 몸에는 몹쓸 병까지 들었지요.

이 신세를 해가지골랑은 굴속 같은 오두막집 단칸 셋방 구석에서 사시 장철 밤이나 낮이나 눈 따악 감고 드러누웠군요.

재산이 어디 집터전인들 있을 턱이 있나요. 서발막대 내저어야 짚검불 하나 걸리는 것 없는 철빈인데.

우리 아주머니가, 그래도 그 아주머니가, 어질고 얌전해서 그 알량한 남편양반 받드느라 삯바느질이야 남의 집 품빨래야 화장품장사야, 그 칙살스런 벌이를 해다가 겨우겨우 목구멍에 풀칠을 하지요.

어디루 대나 그 양반은 죽는 게 두루 좋은 일인데 죽지도 아니해요.

우리 아주머니가 불쌍해요. 아, 진작 한 나이라도 젊어서 팔자를 고치는 게 아니라, 무슨 놈의 우난 후분을 바라고 있다가 끝끝내 고생을 하는지.
근 이십 년 소박을 당했지요.
이십 년을 설운 청춘 한숨으로 보내고서 다 늦게야 송장 여대치게 생긴 그 양반을 그래도 남편이라고 모셔다가는 병수발 들랴, 먹고 살랴, 애자진하고 다니는 걸 보면 참말 가엾어요.
그게 무슨 죄다짐이람? 팔자 팔자 하지만 왜 팔자를 고치지를 못하고서 그래요. 우리 죄선 구식 부인네들은 다 문명을 못 하고 깨지를 못 해서 그러지.
그 양반이 한시바삐 죽기나 했으면 우리 아주머니는 차라리 신세 편하리다.
심덕 좋겠다, 솜씨 얌전하겠다 하니, 어디 가선들 자기 일신 몸 가누고 편안히 못 지내요?
가만있자, 열여섯 살에 아저씨네 집으로 시집을 갔다니깐, 그게 내가 세 살 적이니 꼬박 열여덟 해로군. 열여덟 해면 이십 년 아니오.
그때 우리 아저씨 양반은 나이 어리기도 했지만, 공부를 한답시고 서울로 동경으로 십여 년이나 돌아다녔고, 조금 자라서 색시 재미를 알 만하니까는 누가 이쁘달까 봐 이혼하자고 아주머니를 친정으로 쫓고는 통히 불고를 하고…….
공부를 다 마치고 오더니만, 그 담에는 그놈의 짓에 들입다 발광해 다니면서 명색 학생 출신이라는 딴 여편네를 얻어 살았지요. 그 여편네는 나도 몇 번 보았지만 쌍판대기라고 별반 출 수도 없이 생겼습디다. 그 인물로 남의 첩이야? 일색소박은 있어도 박색소박은 없다더니, 사실 소박맞은 우리 아주머니가 그 여편네게다 대면 월등 이뻤다우.
그래 그 뒤에, 그 양반은 필경 붙들려 가서 오 년이나 전중이를 살았지요. 그 동안에 아주머니는 시집이고 친정이고 모두 폭 망해서 의지가지없이 됐지요.
그러니 어떻게 해요? 자칫하면 굶어 죽을 판인데.

할 수 없이 얻어먹고 살기도 해야 하려니와, 또 아저씨 나오는 것도 기다려야 한다고 나를 반연삼아 서울로 올라왔더군요. 그게 그러니까 아저씨가 나오던 그 전해로군.

그때 내가 나이는 어려도 두루 납뛴 보람이 있어서 이내 구라다상네 식모로 들어갔지요.

그 무렵에 참 내가 아주머니더러 여러 번 권면을 했지요. 그러지 말고 개가(改嫁)를 가라고. 글쎄 어린 소견에도 보기에 퍽 딱하고 민망합디다.

계제에 마침 또 좋은 자리가 있었고요. 미네상이라고 미쓰꼬시 앞에서 바나나 다다키우리를 하는 인데 사람이 퍽 좋아요.

우리집 다이쇼(主人)도 잘 알고 하는데, 그이가 늘 나더러 죠선 오깜상하고 살았으면 좋겠다고, 중매 서달라고 그래쌌어요.

돈은 모아 둔 게 없어도 다 벌어먹고 살 만하니까 그런 사람 만나서 살면 아주머니도 신세 편할 게 아니라구요?

그런 걸 글쎄, 몇 번 말해도 흉한 소리 말라고 듣질 않는 걸 어떡하나요.

아무튼 그런 것말고라도 참, 흰말이 아니라 이날 이때까지 내가 그 아주머니 뒤도 많이 보아 주었다우. 또 나도 그럴 만한 은공이 없잖아 있구요.

내가 일곱 살에 부모를 잃었지요. 그리고 나서 의탁할 곳이 없이 됐는데 그때 마침 소박을 맞고 친정살이를 하는 그 아주머니가 나를 데려다가 길러 주었지요.

그때만 해도 그 집이 그다지 군색하게 지내진 않았으니깐요. 아주머니도 아주머니지만 증조할머니며 할아버지도 슬하에 딴 자손이 없어서 나를 퍽 귀애하겠지요.

열두 살까지 그 집에서 자랐군요.

사 년이나마 보통학교도 다녔고.

아마 모르면 몰라도 그 집안에 그렇게 치패하지만 않았으면 나도 그냥 붙어 있어서 시방쯤은 전문학교까지는 다녔으리다.

이런 은공이 있으니까 나도 그걸 저버리지 않고 그래서 내 깜냥에는 갚을 만치 갚노라고 갚은 셈이지요.

 하기야 요새도 간혹 아주머니가 찾아와서 양식 없다는 사정을 더러 하곤 하는데 실토정 말이지 좀 성가시기는 해요.

 그러는 족족 그 수응을 하자면 내 일을 못 하겠는걸. 그래 대개 잘라 떼기는 하지요.

 그렇지만 그 밖에, 가령 양명절 때면 고깃근이라도 사보낸다든지, 또 오며가며 들러 이야기낱이라도 한다든지, 그런 건 결단코 범연히하진 않으니까요.

 아무튼 그래서, 아주머니는 꼬박 일년 동안 구라다상네 집 오마니로 있으면서 월급 오 원씩 받는 걸 그대로 고스란히 저금을 하고, 또 틈틈이 삯바느질을 맡다가 조금씩 벌어 보태고, 또 나올 무렵에 구라다상네 양주가 퍽 기특하다고 돈 칠 원을 상급으로 주고, 그런 게 이럭저럭 돈 백 원이나 존존히 됐지요.

 그 돈으로 방 한 칸 얻고 살림 나부랭이도 조금 장만하고 그래 놓고서 마침 그 알량꼴량한 서방님이 놓여 나오니까 그리로 모셔 들였지요.

 놓여 나오는 날 나도 가서 보았지만, 가막소 문 앞에 막 나서자 아주머니가 기다리고 있으니까 그래도 눈물이 핑— 돌던데요.

 전에 그렇게도 죽을 동 살 동 모르고 좋아하던 첩년은 꼴도 안 뵈구요. 남의 첩년이란 건 다 그런 거지요, 뭐.

 우리 아저씨 양반은 혹시 그 여편네가 오지 않았나 하고 사방을 휘휘 둘러보던데요. 속이 그렇게 없다니까. 여편네는커녕 아주머니하고 나하고 그 외는 어리친 개새끼 한 마리 없더라.

 그래 막, 자동차에 올라타려다가 피를 토했지요. 나중에 들었지만 가막소 안에서 달포 전부터 토혈을 했다나 봐요.

 그래 다 죽어 가는 반송장을 업어 오다시피 해다가 뉘어 놓고, 그날부터 아주머니는 불철주야로, 할짓 못할짓 다 해가면서 부스대고 납뜀 덕에 병도 차차로 차도가 있고, 그러더니 인제는 완구히 살아는 났지요. 뭐 참 시방은 용 꼴인걸요, 용 꼴.

부인네 정성이 무서운 갭디다.

꼬박 삼 년이군. 나 같으면 돌아가신 부모가 살아오신대도 그 짓 못 해요.

자, 그러니 말이지요. 우리 아저씨라는 양반이 작히나 양심이 있고 다 그럴 양이면, 어허, 내가 어서 바삐 몸이 충실해져서, 어서 바삐 돈을 벌어다가 저 아내를 편안히 거느리고, 이 은공과 전날의 죄를 갚아야 하겠구나…… 이런 맘을 먹어야 할 게 아니라구요?

아주머니의 은공을 갚자면 발에 흙이 묻을세라 업고 다녀도 참 못다 갚지요.

그러고저러고 간에 자기도 이제는 속차려야지요. 하기야 속을 차려서 무얼 하재도 전과자니까 관리나 또 회사 같은 데는 들어가지 못하겠지만, 그야 자기가 저지른 일인 걸 누구를 원망할 일도 아니고, 그러니 막 벗어 붙이고 노동이라도 해야지요.

대학교 출신이 막벌이 노동이란 게 꼴 가관이지만 그래도 할 수 없지, 뭐.

그런 걸 보고 가만히 나를 생각하면, 만약 우리 증조할아버지네 집안이 그렇게 치패를 안 해서 나도 전문학교를 졸업을 했으면, 혹시 우리 아저씨 모양이 됐을지도 모를 테니 차라리 공부 많이 않고서 이 길로 들어선 게 다행이다…… 이런 생각이 들어요.

사실 우리 아저씨 양반은 대학교까지 졸업하고도 이제는 기껏 해먹을 거란 막벌이 노동밖에 없는데, 보통학교 사 년 겨우 다니고서도 시방 앞길이 환히 트인 내게다 대면 고쓰카이만도 못하지요.

아, 그런데 글쎄 막벌이 노동을 하고 어쩌고 하기는커녕 조금 바시시 살아날 만하니까 이 주책꾸러기 양반이 무슨 맘보를 먹는고 하니, 내 참 기가 막혀!

아니, 그놈의 것하고는 무슨 대천지 원수가 졌단 말인지, 어쨌다고 그걸 끝끝내 하지 못해서 그 발광인고?

그러나마 그게 밥이 생기는 노릇이란 말인지? 명예를 얻는 노릇이란 말인지. 필경은, 붙잡혀 가서 징역 사는 놀음?

 아마 그놈의 것이 아편하고 꼭 같은가 봐요. 그렇길래 한번 맛을 들이면 끊지를 못하지요?

 그렇지만 실상 알고 보면 그게 그다지 재미가 난다거나 맛이 있다거나 그런 것도 아니더군 그래요. 부랑당패던데요. 하릴없이 부랑당팹니다.

 저— 서양 어디선가, 일하기 싫어하는 게으름뱅이 몇 놈이 양지쪽에 모여 앉아서 놀고 먹을 궁리를 했더라나요. 우리집 다이쇼가 다 자상하게 이야기를 해줍디다.

 게, 그 녀석들이 서로 구누를 하기를, 자, 이 세상에는 부자가 있고 가난한 사람이 있고 하니 그건 도무지 공평한 일이 아니다. 사람이란 건 이목구비하며 사지육신을 꼭 같이 타고났는데, 누구는 부자로 잘살고 누구는 가난하다니 그게 될 말이냐. 그러니 부자가 가진 것을 우리 가난한 사람들하고 다 같이 고르게 나눠 먹어야 경우가 옳다.

 야— 그거 옳은 말이다. 야— 그 말 좋다. 자— 나눠 먹자.

 아, 이렇게 설도를 해가지고 우 하니 들고 일어났다는군요.

 아—니, 그러니 그게 생 날부랑당놈의 짓이 아니고 무어요?

 사람이란 것은 제가끔 분지복이 있어서 기수를 잘 타고 나든지 부지런하면 부자가 되는 법이요, 복록을 못 타고 나든지 게으른 놈은 가난하게 사는 법이요, 다 이렇게 마련인데, 그거야말로 공평한 천리인 것을, 됩다 불공평하다께 될 말이오? 그리고서 억지로 남의 것을 뺏어 먹자고 들다니 그놈들이 부랑당이지 무어요.

 짓이 부랑당 짓일 뿐 아니라, 또 만약에 그러기로 들면 게으른 놈은 점점 더 게으름만 부리고 쫓아다니면서 부자 사람네가 가진 것만 뺏어 먹을 테니 이 세상은 통으로 도적놈의 판이 될 게 아니오? 그나마, 부자 사람네가 모아 둔 걸 다 뺏기고 더는 못 먹여 내는 날이면 그때는 이 세상 망하는 날이 아니오?

 저마다 남이 농사 지어 놓으면 그걸 뺏어 먹으려고 일 않고 번둥번둥 놀 것이고, 남이 옷감 짜노면 그걸 뺏어다가 입으려고 번둥번둥 놀 것이고 그럴 테니 대체 곡식이며 옷감이며 그런 것이 다 어디서 나올 데가 있어야지요. 세상 망할밖에!

글쎄 그놈의 짓이 그렇게 세상 망쳐 놀 장본인 줄은 모르고서 가난한 놈들, 그 중에도 일하기 싫은 게으름뱅이들이 위선 당장 부자 사람네 것을 뺏어 먹는다니까 거기 혹해 가지골랑 너도나도 와 하니 참섭을 했다는구려.

바로 저 아라사가 그랬대요.

그래서 아니나다를까 농군들이 곡식을 안 만들기 때문에 사람이 수만 명씩 굶어 죽는다는구려. 빠안한 이치지 뭐.

위선 먹기는 곶감이 달다고 그 지랄들을 했다가 잘코사니야!

아 그런데, 그 못된놈의 풍습이 삽시간에 동서양 각국 안 간 데 없이 퍼져 가지골랑 한동안 내지에도 마구 굉장히 드세게 돌아다녔고, 내지가 그러니까 멋도 모르는 죄선 영감상들도 덩달아서 그 흉내를 냈다나요.

그렇지만 시방은 그새 나라에서 엄하게 밝히고 금하고 한 덕에 많이 너끔해졌고 그런 마음 먹는 사람은 별반 없다나 봐요.

그럴 게지 글쎄. 아 해서 좋을 양이면야 나라에선들 왜 금하며 무슨 원수가 졌다고 붙잡아다가 징역을 살리나요.

좋고 유익한 것이면 나라에서 도리어 장려하고, 잘할라치면 상급도 주고 그러잖아요.

활동사진이며 스모며 만자이며 또 왓쇼왓쇼랄지 세이레이 낭아시랄지 라디오체조랄지 그런 건 다 유익한 일이니까 나라에서 설도도 하고 그러잖아요.

나라라는 게 무언데? 그런 걸 다 잘 분간해서 이럴 건 이러고 저럴 건 저러라고 지시하고, 그 덕에 백성들은 제각기 제 분수대로 편안히 살도록 애써 주는 게 나라 아니오?

그놈의 것 사회주의만 하더라도 나라에서 금하질 않고 저희가 하는 대로 두어 두었어 보아? 시방쯤 세상이 무엇이 됐을지……

다른 사람들도 낭패 본 사람이 많았겠지만, 위선 나만 하더라도 글쎄 어쩔 뻔했어! 아무 일도 다 틀리고 뒤죽박죽이지.

내 이상과 계획은 이렇거든요.

우리집 다이쇼가 나를 자별히 귀애하고 신용을 하니까 인제 한 십 년만 더 있으면 한밑천 들어서 따로 장사를 시켜 줄 그런 눈치거든요.

그러거들랑 그것을 언덕삼아 가지고 나는 삼십 년 동안 예순 살 환갑까지만 장사를 해서 꼭 십만 원을 모을 작정이지요. 십만 원이면 죠선 부자로 쳐도 천석꾼이니, 뭐 떵떵거리고 살 게 아니라구요?

그리고 우리 다이쇼도 한 말이 있고 하니까, 나는 내지인 규수한테로 장가를 들래요. 다이쇼가 다 알아서 얌전한 자리를 골라 중매까지 서준다고 그랬어요. 내지 여자가 참 좋지요.

나는 죠선 여자는 거저 주어도 싫어요.

구식 여자는 얌전은 해도 무식해서 내지인하고 교제하는 데 안됐고, 신식 여자는 식자나 들었다는 게 건방져서 못쓰고, 도무지 그래서 죠선 여자는 신식이고 구식이고 다 제바리여요.

내지 여자가 참 좋지 뭐. 인물이 개개 일자로 이쁘겠다, 얌전하겠다, 상냥하겠다, 지식이 있어도 건방지지 않겠다, 좀이나 좋아!

그리고 내지 여자한테 장가만 드는 게 아니라 성명도 내지인 성명으로 갈고 집도 내지인 집에서 살고 옷도 내지 옷을 입고 밥도 내지식으로 먹고 아이들도 내지인 이름을 지어서 내지인 학교에 보내고……

내지인 학교라야지 죠선 학교는 너절해서 아이들 버려 놓기나 꼭 알맞지요.

그리고 나도 죠선말은 싹 걷어치우고 국어만 쓰고요.

이렇게 다 생활법식부터도 내지인처럼 해야만 돈도 내지인처럼 잘 모으게 되거든요.

내 이상이며 계획은 이래서 그 십만 원짜리 큰부자가 바로 내다뵈고, 그리로 난 길이 환하게 트이고 해서 나는 시방 열심으로 길을 가고 있는데,

글쎄 그 미쳐 살미 든 놈들이 세상 망쳐 버릴 사회주의를 하러 드니, 내가 소름이 끼칠 게 아니라구요? 말만 들어도 끔찍하지!

세상이 망해서 뒤집히면 그래 나는 어쩌란 말인고? 아무것도 다 허사가 될 테니 그런 억울할 데가 있더람?

뭐 참, 우리집 다이쇼 말이 일일이 지당해요.

여느 절도나 강도나 사기나 그런 죄는 도적이면 도적을 해가는 그 당장, 그 돈만 축을 내니까 오히려 죄가 가볍지만, 그놈의 것 사회주의인지 지랄인지는 온 세상을 뒤죽박죽을 만들어 놓고 나라를 통째로 소란하게 하니까 도저히 용서할 수가 없대요.

용서라니! 나 같으면 그런 놈들은 모조리 쓸어다가 마구 그저 그냥……. 그런 일을 생각하면, 털어놓고 말이지 우리 아저씬가 그 양반도 여간 불측스러 뵈질 않아요. 사실 아주머니만 아니면 내가 무슨 천주학이라고 나쁜 병까지 앓는 그 양반을 찾아다니나요. 죽는대도 코도 안 풀어 붙일걸.

그러나마 전자의 죄상을 다 회개를 하고 못된 마음을 씻어 버렸을 새 말이지, 뭐 헌 개꼬리 삼년이라더냐, 종시 그 모양일걸요.

그러니깐 그게 밉살머리스러워서, 더러 들렀다가 혹시 마주앉아도 위정 뼈끝 저린 소리나 내쏘아 주고 말을 다잡아 가지골랑 꼼짝못하게시리 몰아세워 주곤 하지요.

저번에도 한번 혼을 단단히 내주었지요. 아, 그랬더니 아주머니더러 한다는 소리가, 그 녀석 사람 버렸더라고, 아무짝에도 못 쓰게 길이 들었더라고 그러더라나요.

내 원, 그 소리를 듣고 하도 어처구니가 없어서!

대체 사람도 유만부동이지, 그 아저씨가 나더러 사람 버렸느니 아무짝에도 못 쓰게 길이 들었느니 하더라니, 원 입이 몇 개나 되면 그런 소리가 나오는 구멍도 있누?

죄선 벙어리가 다 말을 해도 나 같으면 할 말 없겠더구먼서도, 하면 다 말인 줄 아나 봐?

이를테면 그게 명색 훈계 비슷한 거렷다? 내게다가 맞대 놓고 그런 소리를 하다가는 되잡혀서 혼이 날 테니까 슬며서 아주머니더러 이르란 요량이던 게지?

기가 막혀서…… 하느님이 사람의 콧구멍 두 개로 마련하기 참 다행이야.

글쎄 아무려면 내가 자기처럼 다아 공부는 못 하고 남의 집 고조[小僧] 노릇으로, 반또[番頭]노릇으로 이렇게 굴러먹을 값에 이래 보여도 표창을 두 번이나 받은 모범 점원이요, 남들이 똑똑하고 재주 있고 얌전하다고 칭찬이 놀랍고, 앞길이 환히 트인 유망한 청년인데, 그래 자기 눈에는 내가 버린 놈이고 아무짝에도 못 쓰게 길이 든 놈으로 보였단 말이지?

하하, 오옳지! 거 참 그렇겠군. 자기는 자기 하는 짓이 옳으니까 남이 하는 짓은 다 글렀단 말이렷다?

그러니까 나도 자기처럼 그놈의 것 사회주의지 급살맞을 것인지나 하다가 징역이나 살고 전과자나 되고 폐병이나 앓고, 다 그랬더라면 사람 버리지도 않고 아무짝에도 못 쓰게 길든 놈도 아니고 그럴 뻔했군그래!

흥! 참…….

제 밑 구린 줄 모르고서 남더러 어쩌구저쩌구 한다는 게, 꼭 우리 아저씨 그 양반을 두고 이른 말인가 봐.

그날도 실상 이랬더라우. 혼을 내주었더니, 아주머니더러 그런 소리를 하더란 그날 말이오.

그날이 마침 내가 쉬는 날이길래 아주머니더러 할 이야기도 있고 해서 아침결에 좀 들렀더니, 아주머니는 남의 혼인집으로 바느질을 해주러 갔다고 없고, 아저씨 양반만 여전히 아랫목에 가서 드러누웠어요.

그런데 보니깐, 어디서 모두 뒤져 냈는지, 머리맡에다가 헌 언문 잡지를 수북이 쌓아 놓고는 그걸 뒤져요.

그래 나도 심심삼아 한 권 집어 들고 떠들어 보았더니, 뭐 읽을 맛이 나야지요.

대체 죄선 사람들은 잡지 하나를 해도 어찌 모두 그 꼬락서니로 해놓는지.

사진도 없지요, 망가(만화)도 없지요.

그리고는 맨판 까탈스런 한문 글자로다가 처박아 놓으니 그걸 누구더러 보란 말인고?

더구나 우리 같은 놈은 언문도 그런대로 뜯어보기는 보아도 읽기에 여간만 폐롭지가 않아요.

그러니 어려운 언문하고 까다로운 한문하고를 섞어서 쓴 글은 뜻을 몰라 못 보지요. 언문으로만 쓴 것은 소설 나부랭인데, 읽기가 힘이 들 뿐 아니라 또 죄선 사람이 쓴 소설이란 건 재미가 있어야죠. 나는 죄선 신문이나 죄선 잡지하구는 담쌓고 남 된 지 오랜걸요.

잡지야 뭐 『킹구』나 『쇼넹구라부』 덮어 먹을 잡지가 있나요. 참 좋아요. 한문 글자마다 가나를 달아 놓았으니 어떤 대문을 척 퍼들어도 술술 내리읽고 뜻을 횅하니 알 수가 있지요.

그리고 어떤 대문을 읽어도 유익한 교훈이나 재미나는 소설이지요.

소설 참 재미있어요. 그 중에도 기쿠지캉 소설……! 어쩌면 그렇게도 아기자기하고도 달콤하고도 재미가 있는지. 그리고 요시가와 에이지, 그의 소설은 진쩐바라바라하는 지다이모노(역사물)인데 마구 어깻바람이 나구요.

소설이 모두 그렇게 재미가 있지요. 망가가 많지요. 사진이 많지요. 그리고도 값은 좀 헐하나요. 십오 전이면 바로 그 전달 치를 사볼 수 있고, 보고 나서는 오 전에 도로 파는데요.

잡지도 기왕 하려거든 그렇게나 해야지, 죄선 사람들은 제엔장 큰소리는 곧잘 하더구먼서도 잡지 하나 반반한 거 못 만들어 내니!

그날도 글쎄 잡지가 그 꼴이라, 아예 글은 볼 멋도 없고 해서 혹시 망가나 사진이라도 있을까 하고 책장을 후르르 넘기노라니깐 마침 아저씨 이름이 있겠나요! 하도 신통해서 쓰윽 퍼들고 보았더니 제목이 첫줄은 경제, 사회…… 무엇 어쩌구 잔주를 달아 놨겠지요.

그것만 보아도 벌써 그럴듯해요. 경제는 아저씨가 대학교에서 경제를 배웠다니까 경제 속은 잘 알 것이고, 또 사회는 그것 역시 사회주의를 했으니까 그 속도 잘 알 것이고, 그러니까 경제하고 사회주의하고 어떻게 서로 관계가 되는 것이며 어느 편이 옳다는 것이며 그런 소리를 썼을 게 분명해요.

뭐, 보나 안 보나 속이야 빠안하지요. 대학교까지 가설랑 경제를 배우고도 돈 모을 생각은 않고서 사회주의만 하고 다닌 양반이라 경제가 그르고 사회주의가 옳다고 우겨 댔을 거니까요.

아무렇든 아저씨가 쓴 글이라는 게 신기해서 좀 보아 볼 양으로 쓰윽 훑어봤지요. 그러나 웬걸 읽어 먹을 재주가 있나요.

글자는 아주 어려운 자만 아니면 대강 알기는 알겠는데, 붙여 보아야 대체 무슨 뜻인지를 알 수가 있어야지요.

속이 상하길래 읽어 보자던 건 작파하고서 아저씨를 좀 따잡고 몰아 세울 양으로 그 대목을 차악 펴놨지요.

"아저씨?"

"왜 그러니?"

"아저씨가 여기다가 경제 무어라구 쓰구, 또 사회 무어라구 썼는데, 그러면 그게 경제를 하란 뜻이오? 사회주의를 하란 뜻이오?"

"뭐?"

못 알아듣고 뚜렛뚜렛해요. 자기가 쓰고도 오래 돼서 다 잊어버렸거나, 혹시 내가 말을 너무 까다롭게 내기 때문에 섬뻑 대답이 안 나왔거나 그랬겠지요. 그래 다시 조곤조곤 따졌지요.

"아저씨…… 경제란 것은 돈 모아서 부자 되라는 것 아니오? 그런데, 사회주의란 것은 모아 둔 부자 사람의 돈을 뺏어 쓰는 것 아니오?"

"이애가 시방!"

"아ー니, 들어 보세요."

"너, 그런 경제학, 그런 사회주의 어디서 배웠니?"

"배우나마나, 경제란 건 돈 많이 벌어서 애껴 쓰구 나머지 모아 두는 게 경제 아니오?"

"그건 보통, 경제한다는 뜻으루 쓰는 경제고, 경제학이니 경제적이니 하는 건 또 다르다."

"다를 게 무어요? 경제는 돈 모으는 것이고, 그러니까 경제학이면 돈 모으는 학문이지요."

"아니란다. 혹시 이재학(理財學)이라면 돈 모으는 학문이라고 해도 근리할지 모르지만 경제학은 그런 게 아니란다."

"아―니, 그렇다면 아저씨 대학교 잘못 다녔소. 경제 못 하는 경제학 공부를 오 년이나 했으니 그게 무어란 말이오? 아저씨가 대학교까지 다니면서 경제 공부를 하구두 왜 돈을 못 모으나 했더니, 인제 보니깐 공부를 잘못해서 그랬군요!"

"공부를 잘못했다? 허허, 그랬을는지도 모르겠다. 옳다, 네 말이 옳아!"

이거 봐요 글쎄. 단박 꼼짝못하잖나. 암만 대학교를 다니고, 속에는 육조를 배포했어도 그렇다니깐 글쎄…….

"아저씨?"

"왜 그러니?"

"그러면 아저씨는 대학교를 다니면서 돈 모아 부자 되는 경제 공부를 한 게 아니라 모아 둔 부자 사람네 돈 뺏어 쓰는 사회주의 공부를 했으니 말이지요……."

"너는 사회주의가 무얼루 알구서 그러냐?"

"내가 그까짓 걸 몰라요?"

한바탕 주욱 설명을 했지요.

내 얼굴만 물끄러미 올려다보고 누웠더니 피쓱 한번 웃어요. 그리고는 그 양반이 하는 소리겠다요.

"그게 사회주의냐? 부랑당이지."

"아―니, 그럼 아저씨두 사회주의가 부랑당인 줄은 아시는구려?"

"내가 언제 사회주의가 부랑당이랬니?"

"방금 그리잖었어요?"

"글쎄, 그건 사회주의가 아니라 부랑당이란 그 말이다."

"거 보시우! 사회주의란 것은 그렇게 날부랑당이어요. 아저씨두 그렇다구 하면서 아니래시오?"

"이애가 시방 입심 겨룸을 하재나!"

이거 봐요. 또 꼼짝못하지요? 다아 이래요 글쎄…….

"아저씨?"

"왜 그러니?"

"아저씨두 맘 달리 잡수시오."

"건 어떻게 하는 말이냐?"

"걱정 안 되시우?"

"날 같은 사람이 걱정이 무슨 걱정이냐? 나는 네가 걱정이더라."

"나는 뭐 버젓하게 요량이 있는걸요."

"어떻게?"

"이만저만한가요!"

또 한바탕 주욱 설명을 했지요. 이야기를 다 듣더니 그 양반 한다는 소리 좀 보아요.

"너두 딱한 사람이다!"

"왜요?"

"……."

"아―니, 어째서 딱하다구 그러시우?"

"……."

"네? 아저씨?"

"……."

"아저씨?"

"왜 그래?"

"내가 딱하다구 그러셨지요?"

"아니다, 나 혼자 한 말이다."

"그래두……."

"이애?"

"네?"

"사람이란 것은 누구를 물론허구 말이다, 아첨하는 것같이 더러운 게 없느니라."

"아첨이오?"

"저— 위로는 제왕, 밑으로는 걸인, 그 모든 사람이 위선 시방 이 제도의 이 세상에서 말이다, 제가끔 제 분수대루 살아가는 데 있어서 말이다, 제 개성을 속여 가면서꺼정 생활에다가 아첨하는 것같이 더러운 것이 없고, 그런 사람같이 가련한 사람은 없느니라. 사람이란 건 밥 두 그릇이 하필 밥 한 그릇보다 더 배가 부른 건 아니니까."

"그건 무슨 뜻인데요?"

"네가 일본인 여자와 결혼을 해서 성명까지 갈고 모든 생활법도를 일본화하겠다는 것이 말이다."

"네, 그게 좋잖어요?"

"그것이 말이다, 진실로 깊은 교양이나 어진 지혜의 판단에서 우러나온 것이라면 그도 모를 노릇이겠지. 그렇지만 나는 보매, 네가 그런다는 것은 다른 뜻으로 그러는 것 같다."

"다른 뜻이라니요?"

"네 주인의 비위를 맞추고, 이웃의 비위를 맞추고 하자고……."

"그야 물론이지요! 다이쇼의 신용을 받어야 하고, 이웃 내지인들하구도 좋게 지내야지요. 그래야 할 게 아니겠어요?"

"……."

"아저씨는 아직두 세상 물정을 모르시오. 나이는 나보담 많구 대학교 공부까지 했어도 일찌감치 고생살이를 한 나만큼 세상 물정은 모릅니다. 시방이 어느 세상인데 그러시우?"

"이애?"

"네?"

"네가 방금 세상 물정이랬지?"

"네."

"앞길이 환하니 트였다구 그랬지?"

"네."

"환갑까지 십만 원 모은다구 그랬지?"

"네."

"네가 말하는 세상 물정하구 내가 말하려는 세상 물정하구 내용이 다르기도 하지만, 세상 물정이란 건 그야말로 그리 만만한 게 아니다."

"네?"

"사람이란 것 제아무리 날구 뛰어도 이 세상에 형적 없이 그러나 세차게 주욱 흘러가는 힘, 그게 말하자면 세상 물정이겠는데, 결국 그것의 지배하에서 그것을 따라가지 별수가 없는 거다."

"네?"

"쉽게 말하면 계획이나 기회를 아무리 억지루 만들어 놓아도 결과가 뜻대루는 안 된단 말이다."

"젠장, 아저씨두…… 요전 『킹구』라는 잡지에두 보니까, 나폴레옹이라는 서양 영웅이 그랬답디다. 기회는 제가 만든다구. 그리고 불가능이란 말은 바보의 사전에서나 찾을 글자라구요. 아 자꾸자꾸 계획하구 기회를 만들구 해서 분투 노력해 나가면 이 세상 일 안 되는 일이 어디 있나요? 한번 실패하거든 갑절 용기를 내가지구 다시 일어서지요. 칠전팔기 모르시오?"

"나폴레옹도 세상 물정에 순응할 때는 성공했어도, 그것에 거슬리다가 실패를 했더란다. 너는 칠전팔기해서 성공한 몇 사람만 보았지, 여덟 번 일어섰다가 아홉 번째 가서 영영 쓰러지구는 다시 일지 못한 숱한 사람이 있는 건 모르는구나?"

"그래두 두구 보시우. 나는 천하없어두 성공하구 말 테니…… 아저씨는 그래서 더구나 못써요? 일 해보기두 전에 안 될 줄로 낙심 먼저 하구……."

"하늘은 꼭 올라가 보구래야만 높은 줄 아니?"

원 마지막 가서는 할 소리가 없으니깐 동에도 닿지 않는 비유를 가져다 둘러대는 걸 보아요. 그게 어디 당한 말인고? 안 올라가 보면 뭐 하늘 높은 줄 모를 천하 멍텅구리도 있을까? 그만 해두려다가 심심하길래 또 말을 시켰지요.

"아저씨?"

"왜 그래?"

"아저씨는 인제 몸 다아 충실해지면 어떡허실려우?"

"무얼?"

"장차……."

"장차?"

"어떡허실 작정이세요?"

"작정이 새삼스럽게 무슨 작정이냐?"

"그럼 아저씨는 아무 작정 없이 살아가시우?"

"없기는?"

"있어요?"

"있잖구?"

"무언데요?"

"그새 지내 오던 대루……."

"그러면 저 거시키 무엇이냐 도루 또 그걸……?"

"그렇겠지."

"아저씨?"

"……."

"아저씨?"

"왜 그래?"

"인젠 그만두시우."

"그만두라구?"

"네."
"누가 심심소일루 그러는 줄 아느냐?"
"그렇잖구요?"
"……."
"아저씨?"
"……."
"아저씨?"
"왜 그래?"
"아저씨 올에 몇이지요?"
"서른셋."
"그러니 인제는 그만큼 해두고 맘잡어서 집안일 할 나이두 아니오?"
"집안일은 해서 무얼 하나?"
"그렇기루 들면 그 짓은 해서 또 무얼 하나요?"
"무얼 하려구 하는 게 아니란다."
"그럼, 아무 희망이나 목적이 없으면서 그래요?"
"목적? 희망?"
"네."
"개인의 목적이나 희망은 문제가 다르니까…… 문제가 안 되니까……."
"원, 그런 법도 있나요?"
"법?"
"그럼요!"
"법이라……!"
"아저씨?"
"……."
"아저씨?"
"왜 그래?"
"아주머니가 고맙잖습디까?"

"고맙지."

"불쌍하지요?"

"불쌍? 그렇지, 불쌍하다면 불쌍한 사람이지!"

"그런 줄은 아시느만?"

"알지."

"알면서 그러시우."

"고생을 낙으로, 그 쓰라린 맛을 씹고 씹고 하면서 그것에서 단맛을 알어내는 사람도 있느니라. 사람도 있는 게 아니라, 사람마다 무슨 일에고 진정과 정신을 꼬박 거기다가만 쓰면 그렇게 되는 법이니라. 그러니까 그쯤 되면 그때는 고생이 낙이지. 너의 아주머니만 두고 보더래도 고생이 고생이면서 고생이 아니고 고생하는 게 낙이란다."

"그렇다고 아저씨는 그걸 다행히만 여기시우?"

"아─니."

"그러거들랑 아저씨두 아주머니한테 그 은공을 더러는 갚어야 옳을 게 아니오?"

"글쎄, 은공을 모르는 건 아니지만⋯⋯."

"그러니 인제 병이나 확실히 다아 나신 뒤엘라컨⋯⋯."

"바뻐서 원⋯⋯."

글쎄 이 한다는 소리 좀 보지요? 시치미 뚜욱 따고 누워서 바쁘다는군요! 사람 속 차릴 여망 없어요. 그저 어디로 대나 손톱만큼도 쓸모는 없고 남한테 사폐만 끼치고, 세상에 해독만 끼칠 사람이니, 뭐 하루바삐 죽어야 해요. 죽어야 하고, 또 죽어서 마땅해요. 그런데 글쎄 죽지를 않고 꼼지락 꼼지락 도로 살아나니 성화라구는, 내⋯⋯.

작가 소개

　채만식(蔡萬植)의 호는 백릉(白菱), 채옹(菜翁)이며, 1902년 6월 17일 전라북도 옥구에서 태어났다. 1922년 3월 경성중앙고보를 졸업하고 일본으로 건너가 일본 와세다대학(早稻田大學) 영문과에서 수학했다. 1923년 9월 동경 대지진으로 학업을 중단하고 귀국하였다. 1924년 단편 「세 길로」가 이광수의 추천으로 『조선문단』에 발표됨으로써 문단에 등단하였다. 1925년 7월 『동아일보』 정치부 기자로 입사했으나 이듬해 10월 그만두었고, 1931년 『개벽』사 기자로 들어갔다가 1933년 『조선일보』사로 자리를 옮겼다. 초기 채만식은 기자로서 활동하면서 작품을 발표하였기 때문에 단편들이 주로 습작의 형태를 띠고 있다.
　채만식의 작가적 지위가 분명히 드러나게 된 것은 1930년대 초기 계급문학의 이념적 성향에 어느 정도 동조하는 이른바 동반자적 경향의 작품을 발표하면서부터다. 이 시기에 발표한 작품이 「레디메이드 인생」, 「인텔리와 빈대떡」 등과 같은 풍자적인 작품이다. 특히 「레디메이드 인생」은 직업과 그 존재 이유로부터 소외된 지식인의 사회적 초상을 풍자와 냉소로 제시하고 있는 작품이다. 1936년 초에는 창작 활동에 전념하기 위해 『조선일보』사를 그만둔 뒤 형이 사는 개성으로 거처를 옮겼다. 개성에서 5년여 동안 살면서 「탁류」, 「태평천하」 등을 집필하였다. 「탁류」는 여주인공 초봉의 기구한 운명을 통하여 세속적인 인정세태를 풍자한 그의 대표작이다.
　1938년 3월말 경 독서회 사건으로 검거되었고 조선문인보국회 가담을 전제로 풀려나기도 했다. 1942년 12월에는 이석훈(李石薰), 이무영(李無影), 정인택(鄭人澤), 정비석(鄭飛石) 등과 함께 만주 시찰을 다녀오기도 하였으나, 이러한 친일행위에 적응하지 못하고 1945년 1월 고향으로 낙향했다.
　해방 후에는 「민족의 죄인」과 「역로」를 통해서 일제 말기의 과오를 자책하는 한편으로 친일파가 다시 득세하는 민족적 현실을 비판적으로 풍자하는 「미스터 방」, 「민족의 죄인」, 「맹순사」, 「논 이야기」 등의 작품을 발표하였다. 1950년 6월 11일 이리에서 사망했다.

작품의 소설적 특징

「치숙」은 1938년 3월 9일부터 14일까지 『동아일보』에 연재된 작품이다. 이 소설은 식민지 현실에서 자기 삶의 기반을 제대로 갖추지 못하고 있는 지식인의 좌절을 그리고 있다는 점에서 「레디메이드 인생」과 비슷한 경향의 풍자적인 성격을 드러내고 있다.

이 소설에는 두 사람의 인물이 등장한다. 하나는 대학을 나온 후 사회주의 운동을 했던 경력을 지니고 있는 숙부이고, 다른 하나는 일본인 상점의 점원 노릇을 하면서 돈을 벌고 있는 조카인 '나'다. 작가는 이 두 인물의 관계를 통해 지식인의 좌절과 그것을 대하는 사회의 냉소적 태도를 동시에 보여줌으로써 풍자의 효과를 높이고 있다. 이 작품에서 이야기를 이끌어 가고 있는 '나'라는 일인칭 화자의 설정이 이채롭다. 일본인 상점의 점원 노릇을 하고 있는 조카인 '나'의 위치는 작품 속에서 관찰자적인 입장에 놓여 있다. '나'는 숙부의 처지를 전혀 이해하지 못한다. 어렵게 대학까지 나와서 왜 사회주의 운동을 했는지도 알지 못하며, 지식인의 의식과 행동을 전혀 이해하지 못한다. '나'는 일본인들의 비위를 맞추면서 점원노릇을 하며 돈을 벌고 있는 자신이 대학 나온 숙부의 경우보다 훨씬 낫다고 생각하며, 숙부를 바보스럽게 생각한다. 이 작품은 '나'의 눈으로 본 숙부의 이야기다. 서술적인 초점('나'의 입장)과 성격의 초점(숙부의 입장)을 분리시켜 놓고 있기 때문에, 점원 노릇을 하는 조카의 입장과 무위도식하는 숙부의 입장이 미묘하게 대립되어 나타난다. 이 같은 대립을 통해 얻어내고 있는 것이 바로 풍자의 효과다.

토론 과제

- 이 작품에 그려진 지식인상에 대해 논의해 보자.

- 이 작품의 서술방식을 화자의 기능과 관련지어 설명해 보자.

소설의 시간과 공간

1. 소설 속의 시간
   삶의 경험과 시간
   이야기와 시간
2. 서사구조와 시간
   시간적 순서
   시간의 지속
   시간의 빈도
3. 소설의 공간
   이야기의 공간과 장소
   경험적 공간과 환상적 공간
   열린 공간과 닫힌 공간
4. 소설적 공간과 분위기

작품읽기 06_**메밀꽃 필 무렵(이효석)**

1. 소설 속의 시간

삶의 경험과 시간

시간은 흔히 물리적 세계의 구성 요소라고 규정된다. 시간은 밤과 낮이 반복되는 현상이라든지, 봄, 여름, 가을, 겨울과 같은 계절의 변화를 통해 자연스럽게 인식된다. 시간은 자연의 진행 과정을 통하여 인식되는 자연적이며 물리적인 현상이며, 이러한 물리적 현상을 자연적 질서의 객관적 구조로 규정해 놓은 것이다. 인간은 시간을 시계나 달력을 이용하여 측정하며 개인적 시간 경험을 동시화하는 데에 이용한다. 그러므로 시간은 개인적 경험의 주관적 배경과는 관계없이 상호주의적 타당성을 인정받으며 공공적 성격을 띠게 된다. 이러한 시간을 자연적 시간 또는 물리적 시간이라고 말한다.

그러나 시간이라는 것을 물리적 세계의 구성 요소로만 규정할 수는 없다. 인간은 누구나 살아가는 동안 자연적 현상으로서의 시간을 경험하며, 시간에 의해 자기 자신의 삶을 스스로 조절한다. 인간에게 있어서 시간에 대한 인식은 언제나 자아의 개념과 결합되어 나타난다. 모든 인간은 시간 속에서 자신의 육체적·정신적 성장을 의식한다. 육체적인 발달, 개성이나 인격의 형성은 모두 시간적 연속과 변화 속에서 경험되는 것들이다. 인간의 삶에 있어서 시간은 경험 속에 주어진 것으로서의 시간 요소들과 관련되어 있다. 우리가 인식하는 시간은 삶의 조직 속에 들어와 있는 시간이다. 이것은 인간 경험의 희미한 배경의 일부를 이루기도 하지만, 인간 경험의 총체로서의 삶의 맥락을 규정하기도 한다. 이같이 사적이며 직접적인 시간을 경험적 시간이라고 말한다.

인간의 시간에 대한 의식은 물리적 시간과 경험적 시간이라는 두 가지의 축을 중심으로 형성된다. 그러나 시간의식의 표현 방식은 시대에 따라 크게 달라지고 있다. 다음의 예를 보자.

(1) 밤은 적적 삼경인데 은하수 기울어졌다 촛불만 대하여 두 무릎 마주 꿇고 아미를 수그리고 한숨을 길게 쉬니 아무리 효녀라도 마음이 온전할 소냐 부친의 버선이나 망종 지으리라 하고 바늘에 실을 꿰어 드니 가슴이 답답하고 두 눈이 침침 정신이 아득하여 헤음없이 울음이 간장으로조차 솟아나니 부친이 깰까 하여 크게 울든 못하고 경경오열하여 얼굴도 대어 보며 수족도 만져보며 날 볼 날 몇밤이뇨 (중략) 오늘밤 오경시를 함지에 다 머무르고 내일 아침 돋는 해를 부상지에다 맬량이면 어여쁠사 우리 부친 좀더 모셔보련마는 일거월내를 뉘라서 막을소냐 애고애고 설운지고 천지가 사정이 없어 이윽고 닭이 우니 심청이 하릴없어 닭아 닭아 우지 마라 제발 덕분에 우지 마라 반야진관의 맹상군이 아니로다 네가 울면 날이 새고 날이 새면 내가 죽는다 죽기는 섧지 아니하여도 의지 없는 우리 부친 어찌 잊고 가잔 말고 어느덧 동방이 밝아오니 심청이 제의 부친 진지나 망종 지여드리리라 하고 문을 열고 나서더니 벌써 선인들이 사립 밖에서 하는 말이 오늘이 행선 날이오니 수이 가게 하옵소서 하거늘 심청이 이 말을 듣고 얼굴이 빛이 없어지고 사지의 맥이 없어 목이 메고 정신이 어질하여 선인들을 겨우 불러 여보시요 선인님네 나도 오늘이 행선인줄 이미 알았거니와 내 몸 팔린 줄을 우리 부친이 아직 모르시오니 만일 아시게 되면 지레 야단이 날 것이니 잠간 지체하옵소서 부친 진지나 망종 지여 잡수신 연후에 말슴 여쭙고 떠나게 하오리다.

—「심청전」

(2) 자명종은 새로 세 시를 땅땅 치는데 노파의 코고는 소리는 반자를 울린다. 옥련이가 일어나서 한참을 가만히 앉아서 노파의 드러누운 것을 흘겨보며 하는 말이,

"이 몹쓸 늙은 여우야, 사람을 몇이나 잡아먹고 이때까지 살았느냐. 나는 너 보기 싫어 급히 죽겠다. 너는 저 모양으로 백 년만 더 살아라."

하더니 다시 머리 들어 정상 부인을 보며 하는 말이,

"내 몸을 낳은 사람은 평양 아버지 평양 어머니요, 내 몸을 살려서 기른 사람은 정상 아버지와 대판 어머니라. 내 팔자 기박하여 난리 중에 부모 잃고, 내 운수불길하여 전쟁 중에 정상 아버지가 돌아가니, 어리고 약한 이내 몸이 만리타국에서 대판 어머니만 믿고 살았소. 내 몸이 어머니의 그러한 은혜를 입었는데, 내 몸을 인연하여 어머니 근심되고 어머니 고생되면 그것은 옥련의 죄올시다. 옥련이가 살아서는 어머니 은혜를 갚을 수가 없소. 하루바삐, 한시바삐, 바삐 바삐 죽었으면 어머니에게 걱정되지 아니하고 내 근심도 잊어 모르겠소. 어머니, 나는 가오. 부디 근심 말고 지내시오."
하면서 눈물이 비 오듯 하다가 한참 진정하여 일어나더니 문을 열고 나가니 가려는 길은 황천이라.

항구에 다다르니 넓고 깊은 바닷물은 하늘에 닿은 듯한데, 옥련이 가는 곳은 저 길이라. 옥련이가 그 물을 바라보고 하는 말이,

"오냐, 반갑다. 오던 길로 도로 가는구나. 일청전쟁이 일어났을 때에 그 전쟁은 우리 집에서 혼자 당한 듯이 내 부모는 죽은 곳도 모르고, 내 몸에는 총을 맞아 죽게 된 것을 정상 군의 손에 목숨이 도로 살아나서 어용선을 타고 저 바다로 건너왔구나. 오기는 물 위의 길로 왔거니와 가기는 물속 길로 가리로다. 내 몸이 저 물에 빠지거든 이 물에서 썩지 말고 물결, 바람결에 몸이 둥둥 떠서 신호·마관 지나가서 대마도 앞으로 조선 해협 바라보며 살같이 빨리 가서 진남포로 들어가서 대동강 하류에서 역류하여 올라가면 평양 북문 볼 것이니 이 몸이 썩더라도 대동강에서 썩고지고. 물아 부탁허지, 나는 너를 쫓아간다."
하는 소리에 바닷물은 대답하는 듯이 물소리가 솟아쳐서 천하가 다 물소리 속에 있는 것 같은지라.

— 이인직, 「혈의 누」

앞의 (1)은 고전소설 「심청전」의 한 장면이다. 공양미 삼백 석에 몸을 팔게 된 심청이가 뱃사공들에게 끌려가기 전날 밤에 눈 먼 아버지를 생각

하면서 괴로워하는 모습을 보여준다. 이 장면의 애절함을 더욱 긴장감 있게 이끌어 가는 것이 시간이다. 여기서 시간의 흐름은 '은하수 기울어졌다'라는 문장에서 시각적 감각을 통한 시간의식으로 구체화되기도 하고 '닭이 우니'라는 청각적 감각을 통한 시간의식의 구체성을 드러내기도 한다. 이러한 시간의식은 자연의 순환을 기초로 하여 형성된 것이라고 할 수 있는데, 자연적 시간의 질서 위에서 이루어지는 인간의 삶의 모습이 그려지고 있는 것이다.

그런데 (2)에 인용된 이인직의 신소설 「혈의 누」에서는 시간의식의 표현 방법 자체가 크게 달라지고 있다. 이 장면은 동경으로 보내진 여주인공 옥련이 양부의 전사 이후 표변한 양모와 집안일을 돌보던 노파의 홀대를 벗어나기 위해 집을 나서던 마지막 밤의 모습을 보여준다. 잠을 이루지 못하던 옥련의 시간의식은 심청의 경우와는 달리 '기울어진 은하수'나 '닭의 울음소리'를 통해서가 아니라 '자명종은 새로 세시를 땅땅 치는데'라는 문구에서 암시된다. 자연적 현상으로서의 시간의 흐름이 아니라 인위적인 도구로서의 시계에 의해 측정되는 시간의 흐름이 그려진다. 자연적 순환으로서의 시간이 아니라 양적 대상물로서 세분화되어 인식되는 시간이다.

이야기와 시간

문학은 시간 예술이다. 시간은 인간의 삶과 그 존재의 요건이 되는 것인 동시에 이야기의 서술적 요건이 되기도 한다. 소설의 서사적 속성을 문제 삼는다면 당연히 시간이 차지하는 의미를 논의하지 않을 수 없다.

소설에서의 시간은 작품 외적인 시간과 작품 내적인 시간으로 구분된다. 작품 외적인 시간은 실제의 작품 텍스트나 이야기와는 직접적인 관계가 없다. 작가의 입장에서는 소설을 쓴 시간에 해당하는 집필 시간을, 독자의 입장에서는 소설을 읽는 시간에 해당하는 독서 시간을 상정해 볼 수 있다. 이러한 작품 외적인 시간은 작품 자체의 제작과 생산의 시간, 그리고 독서와 수용의 시간을 함께 고려할 수 있음을 의미한다. 반면에 작품 내적인 시간이란 일반적으로 소설 속에서 전개되고 있는 이야기가 '언제' 일어난 일인지를 밝혀주는 시간적 배경을 말한다. 달리 말한다면, 이야기 속의 시간이라고 할 수 있다.

다음의 예를 보자.

조선에 '만세'가 일어나던 전 해 겨울이다. 세계대전이 막 끝나고 휴전조약이 성립되어서 세상은 비로소 번해진 듯싶고, 세계개조의 소리가 동양천지에도 떠들썩한 때이다. 일본은 참전국이라 하여도 이번 전쟁 덕에 단단히 한밑천 잡아서, 소위 나리킨(成金), 나리킨 하고 졸부가 된 터이라, 전쟁이 끝났다고 별로 어깻바람이 날 일도 없지마는, 그래도 또 한몫 보겠다고 발버둥질을 치는 판이다.

동경 W대학 문과에 재학중인 나는 때마침 반쯤이나 보던 연종시험(年終試驗)을 중도에 내던지고 급작스레 귀국하지 않으면 안 될 일이 생겼다. 그것은 다름아니라, 그해 가을부터 해산 후더침으로 시름시름 앓던 아내가 위독하다는 급전(急電)을 받았기 때문이었다.

내가 동경에서 떠나 오던 날은 마침 시험을 시작한 지 둘쨋날이었다. 그 날 나는 네 시간 동안이나 시험장에서 추운 데 휘달리다가 새로 한시가 지나서 겨우 하숙으로 허덕지덕 나아오려니까, 시퍼렇게 언 찬밥덩이(생기기도 그렇게 생겼지마는, 밤낮 찬밥덩이만 갖다가 주는 하녀이기에 내가 지이 준 별명이다)가 두 손을 겨드랑이에나 씨르고 뛰어나오는 것하고, 동구 모퉁이에서 딱 마주쳤다.

"앗! 리상, 지금 오세요? 막 금방 댁에서 전보환(電報換)이 왔던데요. 한 턱 내셔야 합넨다, 하하하."
하고 지나쳐 간다.

그러지 않아도 사오 일 전에 김천(金泉)의 큰형님이 부친 편지가 생각나서, 어쩌면 오늘 내일쯤 전보나 오지 않을까? 하는, 근심인지 기대인지 자기도 알 수 없는 막연한 생각을 하며 오던 차에 그런 소리를 듣고 보니, 가슴이 뜨끔하면서도 잘 되었든 못 되었든 하여간 일이 탁방이 난 것 같아서 실없이 마음이 턱 가라앉는 듯도 싶었다.
'흥, 찬밥뎅이를 만났으니 무에 되겠니? 그예 나오라는 게로구나!'
나는 속으로 이렇게 생각을 하며, 그래도 총총걸음으로 들어갔다. 채 문지방에 발을 들여놓기도 전에 주인 여편네가 곁방에서 앉은 채 미닫이를 열고 생글 웃어 보이며,
"인제 오십니까? 춥지요? 댁에서 전보가 왔는데요······."
하고 전보환 봉투와 함께 하얀 종잇조각을 내민다.

- 「만세전」

염상섭의 소설 「만세전」은 '조선에서 만세가 일어나기 전 해 겨울이다'라는 문장으로 시작된다. 여기서 사건이 일어나는 때를 의미하는 구체적인 시간이 제시되고 있다. 그러나 이 소설은 이 하나의 문장으로 만족하지 않는다. '조선에 만세가 일어나기 전 해 겨울'이라는 시기를 보다 구체화하기 위해 당시의 주변적 상황을 설명한다. 그리고 다시 소설의 주인공이 처했던 형편을 말해준다. 동경에 유학 중이던 주인공이 학년말 시험을 보기 시작한 둘째 날에 '아내 위독'이라는 전문을 받게 되었다는 이야기를 들려준다. 일반적인 역사적 시간으로서의 '만세가 일어나기 전 해 겨울'과 개인적 경험적 시간으로서의 학기말 시험을 보던 둘째 날을 교묘하게 결합시켜 놓고 있는 것이다. 이렇게 제시된 시간과 함께 동경이라는 공간적 요소가 서로 어울려 소설의 전체적 배경을 이루고 있다.

2. 서사구조와 시간

소설의 시간은 이야기의 배경적 요소만이 아니라 이야기와 텍스트 자체

의 구성 요소로서 작용한다. 이 경우 시간은 이야기와 텍스트 사이의 연대기적인 관계를 말하는 것이므로, 이야기 시간과 텍스트 시간이라는 두 가지의 차원으로 구분하여 검토해 볼 수 있다.

일반적으로 서사론에서 논의되고 있는 이야기 시간(story-time)이란 이야기 속에 연결된 사건들이 자연적 시간 순서에 따라 배열되는 방식을 의미한다. 그러나 이야기 시간이 자연적인 시간 순서를 그대로 따라 연속성을 지켜 나아가는 경우는 그리 많지 않다. 하나의 인물을 중심으로 하는 하나의 사건을 이야기할 경우에나 가능한 일이다. 이야기 속에 등장하는 인물이 둘 이상이 되면, 여러 가지 사건들이 얽혀 서로 동시성을 띠고 일어나게 된다. 이럴 경우에는 이야기의 흐름이 여러 갈래로 나뉘어서 하나의 줄기로 고정되기 어렵다. 이야기가 단선적(單線的)이라기보다는 다선적(多線的)이라고 할 수 있다. 그러므로 이야기 시간이라는 것은 하나의 관습적인 것일 뿐이다.

하나의 이야기를 이루고 있는 모든 사건들은 시간 속에서 이루어지는 의미의 지점에 해당한다. 그것들은 여러 가지 방법으로 서로 결합되어 전체적인 이야기로 서술되면서 모두가 이미 일어났던 과거의 일처럼 취급된다. 그런데 여기서 주목되는 것은 하나의 이야기가 서술되는 행위 자체는 실제로 이야기를 말하는 시간 또는 독서를 하거나 보고 듣는 시간 안에서 이루어진다는 점이다. 이야기 시간이 반드시 서술 시간과 일치하지 않는 것이다. 그러므로 소설이라든지 영화와 같은 서사 양식을 읽거나 보게 될 때에는 이야기 시간과 그것이 텍스트로 구현되는 서술 시간을 비교해 가면서 이야기의 내용을 파악하게 된다. 이것은 모든 이야기를 연대기적인 순서를 따라 말하는 경우가 거의 없기 때문이다.

서술 시간은 텍스트 시간(text-time)이라고 바꾸어 부를 수도 있는데, 텍스트 내에서 여러 가지 요소들이 배열되는 방법으로서의 서술 시간을 의미한다. 모든 이야기의 요소들은 언어를 통해 제시되기 때문에, 우리는 텍스트에 쓰여진 대로 문장을 차례에 따라 읽게 된다. 텍스트 시간은 이야기 시간이 실제로 보여주는 다선적인 이야기의 갈래와 복잡한 흐름을 그대로 보여주지는 못한다. 이와 같은 이야기 시간과 텍스트 시간의 불일치에 대해서는 쥬네트(Gerard Genette)의 『서사 담론(*Narrative Discourse*)』에서 상세하게 검토된 바 있다. 쥬네트에 따르면, 서사에서의 시간의 문제는 세 가지 관계를 통해 범주화된다. 첫째는 이야기에서 사건이 일어나는 시간적 순서와 텍스트에서 서술된 사건의 시간적 순서가 어떻게 다른가 하는 순서(order)의 문제가 있다. 둘째는 이야기에서 사건이 지속되는 시간과 텍스트에서 사건이 지속되는 시간은 어떤 차이가 있는가 하는 지속(duration)의 문제가 제기된다. 셋째는 이야기 속에서 사건이 일어나는 빈도수와 텍스트에서 서술되는 사건의 빈도(frequency)에 관계된다. 순서의 문제는 항상 '언제' 사건이 서술되는가를 묻는다. 이것은 하나의 사건이 이야기 속에서 먼저 나오느냐 나중에 나오느냐 하는 배열 방식과 직결된다. 지속의 문제는 '얼마나' 걸리느냐를 묻는다. 한 시간, 하루, 일 년과 같은 시간의 양이 문제시 된다. 빈도의 문제는 사건이 '몇 번' 일어나고 있는가를 묻는다. 쥬네트는 이러한 세 가지의 문제를 중심으로 이야기 시간과 텍스트 시간의 관계를 논의하고 있다.

시간적 순서

하나의 이야기는 텍스트 내에서 시간적 순서에 따라 전개되기도 하지만, 전혀 새롭게 사건이 재배열되기도 한다. 말하자면, 이야기 시간과 텍스트 시간이 그대로 일치할 수도 있고, 서로 일치하지 않을 수도 있는 것이다. 쥬네트는 이야기 시간과 텍스트 시간이 서로 일치하여 '1-2-3-4'와 같이 사건의 정상적 연쇄를 보여주지 않고 이들 사이에 '시간모순(anachrony)'이라고 부르는 시간적 순서의 불일치를 드러내는 경우를 구별한다. 서사에서 시간모순은 한 텍스트의 단락 전체에서 또는 페이지 전체에 걸쳐 나타날 수도 있지만, 짤막한 어구에서도 일시적인 시간모순을 일으키는 경우가 있다. 어떤 사건이 시간모순에 의해 이야기 시간과 텍스트 시간의 불일치를 드러내며 배치되는 것은 연대기적으로 배열한 그 외의 다른 사건들과 구별 짓기 위한 방법이라고 할 것이다.

쥬네트는 서사에서의 시간모순을 '소급제시(analepsis)'와 '사전제시(prolepsis)'라는 두 가지 형태로 나누어 설명하고 있다. 전자를 회상(回想)이라고 한다면, 후자는 예시(豫示)라고 할 수 있다. 소급제시는 이야기 시간으로 볼 때 시간상의 후퇴를 의미한다. 시간적으로 앞서 일어났던 사건이 텍스트에서 순서상으로 뒤에 제시되는 경우가 바로 이것이다. 소설에서는 지나간 사건을 회상하거나 회고하여 서술하는 방식에 해당하며, 영화에서는 과거의 장면으로 순간적으로 되돌아가는 플래시백(flashback)이라는 기법이 이에 해당한다.

다음의 예를 보자.

오늘도 또 우리 수탉이 막 쫓기었다. 내가 점심을 먹고 나무를 하러 갈 양으로 나올 때이었다. 산으로 올라서려니까, 등 뒤에서 '푸드득푸드득' 하고 닭의 횃소리가 야단이다. 깜짝 놀라서 고개를 돌려보니, 아니나다르랴, 두 놈이 또 얼리었다.

점순네 수탉(대강이가 크고, 똑 오소리같이 실팍하게 생긴 놈)이 덩저리 작은 우리 수탉을 함부로 해 내는 것이다. 그것도 그냥 해 내는 것이 아니라, '푸드득' 하고 면두를 쪼고 물러섰다가, 좀 사이를 두고 또 '푸드득' 하고 모가지를 쪼았다. 이렇게 멋을 부려 가며 여지없이 닭아 놓는다. 그러면 이 못생긴 것은 쪼일 적마다 주둥이로 땅을 받으며 그 비명이 '킥 킥' 할 뿐이다. 물론, 미처 아물지도 않은 면두를 또 쪼키어 붉은 선혈은 뚝뚝 떨어진다.

이걸 가만히 내려다보자니, 내 대강이가 터져서 피가 흐르는 것같이 두 눈에서 불이 번쩍 난다. 대뜸 지게 막대기를 메고 달려들어 점순네 닭을 후려칠까 하다가 생각을 고쳐먹고, 헛매질로 떼어만 놓았다.

이번에도 점순이가 쌈을 붙여 놨을 것이다. 바짝바짝 내 기를 올리느라고 그랬음에 틀림없을 것이다. 고놈의 계집애가 요새로 접어들어서 왜 나를 못 먹겠다고 그렇게 아르렁거리는지 모른다.
　나흘 전 감자 쪼간만 하더라도 나는 저에게 조금도 잘못한 것은 없다.
　계집애가 나물을 캐러 가면 갔지, 남 울타리 엮는 데 쌩이질을 하는 것은 다 뭐냐. 그것도 발소리를 죽여 가지고 등뒤로 살며시 와서,
　"얘! 너 혼자만 일하니?"
하고 긴치 않은 수작을 하는 것이다.
　어제까지도 저와 나는 이야기도 잘 않고, 서로 만나도 본 척 만 척하고, 이렇게 점잖게 지내던 터이런만, 오늘로 갑작스레 대견해졌음은 웬일인가. 항차 망아지만한 계집애가 남 일하는 놈보구.
　"그럼 혼자 하지 떼루 하디?"
　내가 이렇게 내배앝는 소리를 하니까,
　"너 일하기 좋니?"
　또는,
　"한여름이나 되거든 하지, 벌써 울타리를 하니?"
　잔소리를 두루 늘어놓다가 남이 들을까 봐 손으로 입을 틀어막고는 그 속에서 깔깔댄다. 별로 우스울 것도 없는데 날씨가 풀리더니 이놈의 계집애가 미쳤나 하고 의심하였다. 게다가 조금 뒤에는 제 집게를 할금할금 돌아보더니 행주치마의 속으로 꼈던 바른손을 뽑아서 나의 턱밑으로 불쑥 내미는 것이다. 언제 구웠는지 아직도 더운 김이 홱 끼치는 굵은 감자 세 개가 손에 뿌듯이 쥐였다.
　"느 집엔 이거 없지?"
하고 생색 있는 큰소리를 하고는, 제가 준 것을 남이 알면 큰일날 테니 여기서 얼른 먹어 버리란다. 그리고 또 하는 소리가,
　"너, 봄감자가 맛있단다."
　"난 감자 안 먹는다. 네나 먹어라."

나는 고개도 돌리려지 않고, 일하던 손으로 그 감자를 도로 어깨 너머로 쓱 밀어 버렸다. 그랬더니, 그래도 가는 기색이 없고, 뿐만 아니라 쌔근쌔근하고 심상치 않게 숨소리가 점점 거칠어진다. 이건 또 뭐야 싶어서 그때에야 비로소 돌아다보니, 나는 참으로 놀랐다. 우리가 이 동네에 들어온 것은 근 삼 년째 되어 오지만, 여지껏 가무잡잡한 점순이의 얼굴이 이렇게까지 홍당무처럼 새빨개진 법이 없었다. 게다, 눈에 독을 올리고 한참 나를 요렇게 쏘아보더니, 나중에는 눈물까지 어리는 것이 아니냐. 그리고 바구니를 다시 집어들더니 이를 꼭 악물고는, 엎어질 듯 자빠질 듯 논둑으로 힝하게 달아나는 것이다.

어쩌다 동리 어른이,

"너 얼른 시집을 가야지?"

하고 웃으면,

"염려 마세유, 갈 때 되면 어련히 갈라구……."

이렇게 천연덕스레 받는 점순이었다. 본시 부끄러움을 타는 계집애도 아니거니와, 또한 분하다고 눈에 눈물을 보일 얼병이도 아니다. 분하면 차라리 나의 등허리를 바구니로 한번 모지게 후려때리고 달아날지언정.

그런데 고약한 그 꼴을 하고 가더니, 그 뒤로는 나를 보면 잡아먹으려고 기를 복복 쓰는 것이다.

설혹, 주는 감자를 안 받아 먹은 것이 실례라 하면, 주면 그냥 주었지 '느 집엔 이거 없지.'는 다 뭐야. 그렇잖아도 저희는 마름이고, 우리는 그 손에서 배새를 얻어 땅을 부치므로 일상 굽신거린다. 우리가 이 마을에 처음 들어와 집이 없어서 곤란으로 지낼 제, 집터를 빌리고 그 위에 집을 또 짓도록 마련해 준 것도 점순네의 호의였다. 그리고 우리 어머니 아버지도 농사 때 양식이 딸리면 점순네한테 가서 부지런히 꾸어다 먹으면서, 인품 그런 집은 다시없으리라고 침이 마르도록 칭찬하곤 하는 것이다. 그러면서도, 열일곱씩이나 된 것들이 수군수군하고 붙어다니면 동리의 소문이 사납다고 주의를 시켜 준 것도 또 어머니였다. 왜냐 하면, 내가 점순이하고 일을 저질렀다가는 점순네가 노할 것이고, 그러면 우리는 땅도 떨어지고, 집도 내쫓기고 하지 않으면 안 되는 까닭이었다. 그런데 이놈의 계집애가 까닭없이 기를 복복 쓰며 나를 말려 죽이려고 드는 것이다.

— 김유정, 「동백꽃」

앞의 인용은 김유정의 단편소설 「동백꽃」의 첫 대목이다. 인용문의 중간 부분에 "나흘 전 감자 쪼간만 하더라도 나는 저에게 조금도 잘못한 것은 없다"는 문장에서부터 시간적 순서가 뒤바뀌어 '나흘 전'에 일어났던 사건이 소개된다. 이런 방식은 대체로 이야기 내에서 사건과 사건 사이의 간격을 채우기 위해 고안된 것이다. 소급제시를 통한 사건의 서술은 보통 그 사건의 의미에 대한 강조점을 변화시키거나 그 의미를 배가시키기도 한다. 앞의 「동백꽃」에서도 '감자 쪼간'이라는 말로 지칭되고 있는 사건이 이야기의 단초가 되고 있음을 알 수 있다.

사전제시는 사건을 미리 예시하기 위한 방식이다. 시간적으로 아직 일어나지 않은 일을 미리 슬쩍 보여준다. 이러한 방식은 이야기의 전개 방향에 대한 기대와 긴장감을 감소시키는 것이지만, 현재의 상황이 어떻게 하여 먼 미래의 상황으로 변화하는지를 유추해 볼 수 있는 기회를 제공한다.

하나의 이야기에서 시간의 불일치를 보여주는 시간모순은 앞의 소급제시 혹은 사전제시와 같이 전체적인 서사의 틀을 구성한다. 김유정의 「동백꽃」에서도 볼 수 있는 것처럼 소설의 이야기는 사건의 중간 단계에서 시작된다. 처음 일어났던 일을 생략한 채 그 뒤의 이야기를 이어간다는 점에서 일종의 사전제시의 방법을 활용한 것이다. 그런데 생략된 이야기 시간의 단계를 메우기 위해 결국은 소급제시의 방법을 통해 그 이전의 시간으로 역행한다. 이처럼 시간모순을 활용하여 이야기 시간의 선후를 바꾸게 되면 사건을 직선적으로 배열하는 시간의 선조성이 붕괴된다. 이것은 텍스트 구조를 보다 입체적으로 구성하기 위한 시간 구성의 방법이라고 할 수 있다.

시간의 지속

소설의 텍스트에서 어떤 사건에 대한 서술은 아주 상세하게 길어지고 어떤 사건의 경우에는 길이가 아주 짧아진다. 이처럼 텍스트 내에서 이루어지는 서술에 의해 이야기 시간이 조정된다. 지속은 이야기 시간과 반대되는 텍스트 시간의 길이를 표시하는 하나의 척도라고 할 수 있다. 이야기 시간은 대개 일생이라든지, 십 년 또는 한 달과 같은 시간적 단위로 계측되지만, 텍스트 시간은 그 이야기 시간에 할애된 서술로서의 텍스트 길이를 통해 감지된다. 텍스트 내에서 각각의 사건에 부여되는 서술은 반드시 똑같아야 할 필요가 없다. 지속의 방법을 통해 텍스트 내에서 특정의 사건을 강조할 수도 있고, 더 많은 시간을 부여할 수 있다.

텍스트에서 지속을 서술하기 위해 요약과 장면이라는 두 가지 방법이 사용된다. 요약은 텍스트에서 서술 시간을 압축시키는 경우에 해당하므로, 이야기 시간에 비해 텍스트 시간이 짧다. 요약이 차지하는 텍스트에서의 길이는 시간적 불일치가 분명한 경우 한두 개의 문장 또는 한두 개의 구절 정도로 짧아진다. 반면에 장면은 이야기 시간의 지속과 텍스트 시간의 지속이 등가인 것처럼 서술된다. 이야기 속에서 등장인물이 주고받는 대화는 장면의 대표적인 사례에 해당한다.

요약이나 장면 이외에도 시간의 지속을 서술하는 방법으로 감속, 휴지, 생략 등이 있다. 휴지와 감속은 시간의 지속을 확장시키는 방법이지만, 생략은 시간의 지속을 제거한다. 감속은 사건을 느린 동작으로 이야기함으로써, 이야기 시간보다 텍스트 시간이 더 길어지는 경우를 말한다. 휴지는 이야기 시간은 중단되고 텍스트 시간이 계속되는 경우에 해당한다. 예컨대 등장인물에 대한 묘사나 해설이 길어지는 경우에 이야기 시간은 중단된 채 텍스트 시간만 지속되는 경우를 말한다. 생략은 이야기 시간의 어떤 부분이 텍스트에서 생략될 때 나타난다.

시간의 빈도

이야기 시간과 텍스트 시간 사이의 차이를 보여주는 또 다른 요소는 사건의 빈도다. 빈도는 특정의 사건이 텍스트 내에서 서술되는 횟수와 관련하여 그 사건이 이야기 속에서 직접 일어나는 횟수를 말한다. 이야기 속에서 한 번 일어난 사건이 텍스트에서 단 한 번 서술되는 것은 시간적으로 이야기 시간과 텍스트 시간 사이에 별다른 문제가 없다. 그러나 이야기 속에서 단 한 번 일어난 사건이 텍스트에서 반복적으로 서술되는 경우에는 이야기 시간과 텍스트 시간 사이에 불일치가 일어난다. 이렇게 반복되는 사건의 빈도를 통해 그 사건 자체가 전체 이야기 속에서 차지하는 중요도를 감지할 수 있다.

앞서 예시했던 김유정의 「동백꽃」을 보면, 점순이가 '나'에게 감자를 건넸던 일은 전체 이야기 속에서 단 한 번 일어났던 일이다. 텍스트에서는 소급제시의 방법으로 그 사건의 내용을 자세히 묘사하고 있는데, "설혹, 주는 감자를 안 받아 먹은 것이 실례라 하면, 주면 그냥 주었지 '느 집엔 이거 없지'는 다 뭐야. 그렇잖아도 저희는 마름이고, 우리는 그 손에서 배재를 얻어 땅을 부치므로 일상 굽신거린다"라는 대목에서 요약적으로 반복 서술되고 있다. 이렇게 하나의 사건이 반복되어 서술되는 것은 그만큼 전체 이야기에서 중요한 의미를 지니기 때문이다.

이효석의 「메밀꽃 필 무렵」에서 다음의 장면도 빈도와 관련하여 하나의 사건이 반복적으로 서술되는 부분이다.

호탕스럽게 놀았다고는 하여도 계집 하나 후려 보지는 못하였다. 계집이란 쌀쌀하고 매정한 것이었다. 평생 인연이 없는 것이라고 신세가 서글퍼졌다. 일신에 가까운 것이라고는 언제나 변함없는 한 필의 당나귀였다.
그렇다고는 하여도 꼭 한 번의 첫일을 잊을 수는 없었다. 뒤에도 처음에도 없는 단 한 번의 괴이한 인연! 봉평에 다니기 시작한 젊은 시절의 일이었으나 그것을 생각할 적만은 그도 산 보람을 느꼈다.

"달밤이었으나 어떻게 해서 그렇게 됐는지 지금 생각해두 도무지 알 수 없어."

허 생원은 오늘 밤도 또 그 이야기를 끄집어 내려는 것이다. 조 선달은 친구가 된 이래 귀에 못이 박히도록 들어 왔다. 그렇다고 싫증을 낼 수도 없었으나, 허 생원은 시침을 떼고 되풀이할 대로는 되풀이하고야 말았다.

"달밤에는 그런 이야기가 격에 맞거든."

조 선달 편을 바라는 보았으나 물론 미안해서가 아니라 달빛에 감동하여서였다. 이즈러는졌으나 보름을 갓 지난 달은 부드러운 빛을 흐뭇이 흘리고 있다. 대화까지는 칠십 리의 밤길, 고개를 둘이나 넘고 개울을 하나 건너고 벌판과 산길을 걸어야 된다. 길은 지금 긴 산허리에 걸려 있다. 밤중을 지난 무렵인지, 죽은 듯이 고요한 속에서 짐승 같은 달의 숨소리가 손에 잡힐 듯이 들리며, 콩포기와 옥수수 잎새가 한층 달에 푸르게 젖었다. 산허리는 온통 메밀밭이어서 피기 시작한 꽃이 소금을 뿌린 듯이 흐뭇한 달빛에 숨이 막힐 지경이다. 붉은 대궁이 향기같이 애잔하고 나귀들의 걸음도 시원하다. 길이 좁은 까닭에 세 사람은 나귀를 타고 외줄로 늘어섰다. 방울 소리가 시원스럽게 딸랑딸랑 메밀밭께로 흘러간다. 앞장 선 허 생원의 이야기 소리는 꽁무니에 선 동이에게는 확적(確的)히는 안 들렸으나, 그는 그대로 개운한 제 멋에 적적하지는 않았다.

"장 선 꼭 이런 날 밤이었네. 객주집 토방이란 무더워서 잠이 들어야지. 밤중은 돼서 혼자 일어나 개울가에 목욕하러 나갔지. 봉평은 지금이나 그 제나 마찬가지지. 보이는 곳마다 메밀밭이어서 개울가가 어디 없이 하얀 꽃이야. 돌밭에 벗어도 좋을 것을, 달이 너무도 밝은 까닭에 옷을 벗으러 물방앗간으로 들어가지 않았나. 이상한 일도 많지. 거기서 난데없는 성 서방네 처녀와 마주쳤단 말이네. 봉평서야 제일 가는 일색(一色)이었지."

"…… 팔자에 있었나 부지."

"아무렴."

하고 응답하면서 말머리를 아끼는 듯이 한참이나 담배를 빨 뿐이었다. 구수한 자줏빛 연기가 밤기운 속에 흘러서는 녹았다.
"날 기다린 것은 아니었으나 그렇다고 달리 기다리는 놈팽이가 있는 것두 아니었네. 처녀는 울고 있단 말야. 짐작은 대고 있었으나 성 서방네는 한창 어려워서 들고 날 판인 때였지. 한 집안 일이니 딸에겐들 걱정이 없을 리 있겠나? 좋은 데만 있으면 시집도 보내련만 시집은 죽어도 싫다지. …… 그러나 처녀란 울 때같이 정을 끄는 때가 있을까. 처음에는 놀라기도 한 눈치였으나, 걱정 있을 때는 누그러지기도 쉬운 듯해서 이럭저럭 이야기가 되었네. …… 생각하면 무섭고도 기막힌 밤이었어."
"제천인지로 줄행랑을 놓은 건 그 다음 날이렷다?"
"다음 장도막에는 벌써 온 집안이 사라진 뒤였네. 장판은 소문에 발끈 뒤집혀 고작해야 술집에 팔려가기가 상수라고 처녀의 뒷공론이 자자들 하단 말이야. 제천 장판을 몇 번이나 뒤졌겠나. 허나 처녀의 꼴은 꿩 궈먹은 자리야. 첫날밤이 마지막 밤이었지. 그 때부터 봉평이 마음에 든 것이 반평생을 두고 다니게 되었네. 평생인들 잊을 수 있겠나."
"수 좋았지. 그렇게 신통한 일이란 쉽지 않어. 항용 못난 것 얻어 새끼 낳고, 걱정 늘고, 생각만 해두 진저리 나지. …… 그러나 늙은 막바지까지 장돌뱅이로 지내기도 힘드는 노릇 아닌가? 난 가을까지만 하구 이 생애와두 하직하려네. 대화쯤에 조그만 전방이나 하나 빌리구 식구들을 부르겠어. 사시장천 뚜벅뚜벅 걷기란 여간이래야지."
"옛 처녀나 만나면 같이나 살까. …… 난 거꾸러질 때까지 이 길 걷고 저 달 볼 테야."
산길을 벗어나니 큰길로 틔어졌다. 꽁무니의 동이도 앞으로 나서 나귀들은 가로 늘어섰다.

— 이효석, 「메밀꽃 필 무렵」

허생원과 조선달이 주고받는 대화 속에서 허생원이 겪었던 물레방앗간의 추억담이 반복된다. 이렇게 반복 서술되는 사건은 텍스트 내에서 다른 사건들과 연결되어 이야기의 전체 틀을 구성하지만, 텍스트 내에서 그것이 다른 사건과 구별되는 특별한 시간적 의미를 부여받게 된다.

3. 소설의 공간

이야기의 공간과 장소

소설의 이야기는 배경으로서의 일정한 공간 위에서 전개된다. 소설의 공간은 이야기가 펼쳐지는 무대에 해당한다. 이 무대 위에서 소설에 등장하는 모든 요소들이 서로 밀접한 관계를 맺게 된다. 소설의 공간 설정은 일차적으로 이야기 자체에 실재성을 부여하고 그 흐름을 도우면서 분위기를 살려주는 데에 그 목적이 있다. 소설의 공간이 이야기의 내용과 제대로 어울리지 못하면 소설적 효과가 반감된다. 소설에서 공간이 중요시된 것이 근대소설 이후의 일이라고 말하는 사람들도 많이 있다. 그러나 소설이라는 양식이 가지는 서사적 속성을 놓고 본다면, 고전소설이든 근대소설이든 배경으로서의 공간이 없이는 이야기가 성립될 수 없는 것이다.

소설의 이야기가 경험적 구체성을 드러내기 위해서는 등장인물이 행동하는 외부적인 구체적 장소가 제시되어야 한다. 그리고 시대적 상황이나 사회적 조건, 그리고 분위기도 함께 묘사된다. 소설의 배경을 이루는 이러한 외적 요소들을 모두 외적 공간이라고 할 수 있다. 소설의 외적 공간으로서 가장 중요한 것이 장소다. 소설 속에서 그려지는 장소는 이야기의 무대가 된다. 장소는 시간과 서로 밀접하게 연결되어 인물과 행동에 현실감을 부여한다. 그러므로 소설의 배경이 되는 장소는 작품의 주제와 인물 등에 적합하게 제시되어야 하며, 그 세부에 있어서도 엄밀성을 지녀야 한다.

소설의 외적 공간은 하나의 장소로 고정될 수도 있고, 다른 장소로 이동하여 공간을 확대시키는 경우도 있다. 어떤 특정의 장소에서 정해진 시간에 일어나는 사건을 취급하는 경우에는 제약된 공간과 시간 속에서 인간의 삶의 모습을 압축적으로 보여줄 수 있다. 그러나 대개의 경우 소설은 이야기의 전개 과정에 따라 시간이 확대되고 공간의 이동도 자주 일어난다. 인간의 의식의 변화라든지 개인적 성장과정을 시간과 공간의 이동을 통해 더욱 구체적으로 그려낼 수 있는 것이다.

채만식의 장편소설 「탁류」를 보면, 그 첫머리에서부터 이야기가 전개될 주된 배경을 이루는 금강(錦江)과 군산항(群山港)의 모습을 길게 소개한다. 이 첫대목에서부터 이야기의 배경이 되는 무대로 독자들을 초대하여 전체적인 이야기의 흐름과 그 방향을 암시한다.

금강(錦江)…….

이 강은 지도를 펴놓고 앉아 가만히 들여다보노라면, 물줄기가 중동께서 남북으로 납작하니 째져 가지고는―한강(漢江)이나 영산강(榮山江)도 그렇기는 하지만―그것이 아주 재미있게 벌어져 있음을 알 수 있다. 한번 비행기라도 타고 강줄기를 따라가면서 내려다보면 또한 그럼직할 것이다.

저 준험한 소백산맥(小白山脈)이 제주도(濟州島)를 건너보고 뜀을 뛸듯이, 전라도의 뒷덜미를 급하게 달리다가 우뚝…… 또 한번 우뚝…… 높이 솟구친 갈재[蘆嶺]와 지리산(智異山) 두 산의 산협 물을 받아 가지고 장수(長水)로 진안(鎭安)으로 무주(茂朱)로 이렇게 역류하는 게 금강의 남쪽 줄기다. 그놈이 영동(永同) 근처에서는 다시 추풍령(秋風嶺)과 속리산(俗離山)의 물까지 받으면서 서북(西北)으로 좌향을 돌려 충청좌우도(忠淸左右道)의 접경을 흘러간다.

그리고 북쪽 줄기는, 좀 단순해서, 차령산맥(車嶺山脈)이 꼬리를 감추려고 하는 경기(京畿) 충청(忠淸)의 접경 진천(鎭川) 근처에서 청주(淸州)를 바라보고 가느다랗게 흘러내려오다가 조치원(鳥致院)을 지나면 거기서 비로소 오래 두고 서로 찾던 남쪽 줄기와 마주 만난다.

이렇게 어렵사리 서로 만나 한데 합수진 한 줄기 물은 게서부터 고개를 서남으로 돌려 공주(公州)를 끼고 계룡산(鷄龍山)을 바라보면서 우줄거리고 부여(扶餘)로…… 부여를 한 바퀴 휘돌려다가는 급히 남으로 꺾여 단숨에 논메[論山], 강경이[江景]까지 들이닫는다.

여기까지가 백마강(白馬江)이라고, 이를테면 금강의 색동이다. 여자로 치면 흐린 세태에 찌들지 않은 처녀 적이라고 하겠다. 백마강은 공주 곰나루[熊津]에서부터 시작하여 백제(百濟) 흥망의 꿈자취를 더듬어 흐른다. 풍월도 좋거니와 물도 맑다. 그러나 그것도 부여 전후가 한창이지, 강경에 다다르면 장꾼들의 흥정하는 소리와 생선 비린내에 고요하던 수면의 꿈은 깨어진다. 물은 탁하다.

예서부터가 옳게 금강이다. 향은 서서남(西西南)으로, 빗밋이 충청·전라 양도의 접경을 골타고 흐른다. 이로부터서 물은 조수(潮水)까지 섭쓸려 더욱 흐리나 그득하니 벅차고, 강 넓이가 훨씬 퍼진 게 제법 양양하다. 이름난 강경벌은 이 물로 해서 아무 때고 갈증을 잊고 촉촉하다. 낙동강이니 한강이니 하는 다른 강들처럼 해마다 무서운 물난리를 휘몰아 때리지 않아서 좋다. 하기야 가끔 홍수가 나기도 하지만.

이렇게 에두르고 휘돌아 멀리 흘러온 물이, 마침내 황해(黃海) 바다에다가 깨어진 꿈이고 무엇이고 탁류째 얼러 좌르르 쏟아져 버리면서 강은 다하고, 강이 다하는 남쪽 언덕으로 대처(大處: 市街地) 하나가 올라앉았다.

이것이 군산(群山)이라는 항구요, 이야기는 예서부터 실마리가 풀린다.

— 채만식, 「탁류」

위의 인용에서처럼 작가가 소설의 배경으로서 '군산'이라는 특정의 장소를 선택하는 것은 이야기의 내용과 조화를 이루면서 현실감을 살릴 수 있도록 하기 위해서다. 소설의 등장인물이 어디서 살고 있는지, 이야기의 내용이 어디서 일어나고 있는 일인지를 알지 못한다면, 전체적인 이야기 내용을 이해하기가 어렵다. 소설의 등장인물의 존재는 그가 서 있는 장소를 통해 구체화되며, 그 행위와 사건도 그 장소를 배경으로 하여 실재적인 것처럼 드러난다. 소설적 공간으로서의 배경을 이루는 장소를 떠나서는 사람의 존재를 인식할 수 없으며, 그 행위의 의미도 생각하기 어렵다.

경험적 공간과 환상적 공간

소설의 공간은 이야기의 실재성을 기준으로 할 때 경험적(經驗的) 공간과 환상적(幻想的) 공간으로 크게 구분해 볼 수 있다. 경험적 공간은 인간의 실제적인 활동이 이루어지는 현실 공간을 말한다. 인간이 살아가면서 겪는 모든 일들이 이 경험적 공간에서 이루어진다. 경험적 공간은 시대적 기준에 따라 다시 역사적 공간과 현실적 공간으로 구분할 수 있다. 이에 반해 환상적 공간은 인간의 실제적 경험을 초월하는 공간이다. 인간의 경험이 미치지 못하는 세계를 상상력에 의해 새롭게 구성해 놓은 허구적인 초월적 공간이 이에 해당한다.

한국의 고전소설은 신화적 상상력을 통해 비실재적이며 초인간적인 환상적 공간을 이야기의 배경으로 삼는 경우가 많다. 고전소설의 이야기가 현실 세계와는 다른 신화적 또는 설화적 세계를 중심으로 전개되는 이유가 여기에 있다. 고전소설에 그려진 신화적인 이야기와 그 마술적 요소들은 모두 인간의 의식과 밀접하게 관련되어 있다. 소설「구운몽(九雲夢)」에서 세속의 주인공 양소유는 내면의식 깊숙이 자리하고 있는 성스러운 세계와의 연결을 통해 일상의 삶과 주변의 세계에 참여한다. 그리고 그는 세속의 생활을 마친 뒤에 다시 성스러운 세계로 귀환한다. 신성의 세계로부터 떨어져 인간으로 태어났다가 다시 신성의 세계로 올라가는 '원천으로 돌아가기'의 모티프는 고전소설이 보여주는 이른바 신화적 상상력의 원형에 해당한다. 고전소설에서는 인간과 세계, 주체와 대상에 대한 엄격한 구별이 존재하지 않는다. 인간과 신의 관계, 인간과 자연의 조화, 자연적인 세계와 초자연적인 세계의 상호 작용은 고전의 세계에서 흔히 볼 수 있는 일이다. 고전소설의 주인공에게는 삶과 죽음의 경계가 없다. 홍길동은 율도국에서 영생하고 인당수의 제물이 된 심청은 용궁에서 환생한다. 양소유가 인생의 허무를 깨닫고 다시 신성의 세계로 돌아가는 것으로 그의 현실적인 삶을 마감하는 것도 마찬가지의 의미를 지닌다. 여기서 구체적으로 문제가 되는 율도국이나 용궁, 그리고 염라대왕의 세계는 모두가 초인간적이며 초현실적인 환상적 공간이라고 할 수 있다.

근대소설에서는 초월적인 신성의 세계가 소멸하고 환상이 제거된 자리에 일상의 현실공간이 자리 잡는다. 근대소설의 주인공에게는 고전소설「홍부전」의 홍부가 횡재를 누렸던 비현실적 공간도 주어져 있지 않으며,「구운몽」의 양소유가 지향했던 초월적인 신성의 세계도 주어져 있지 않다. 이들의 운명은 신에 의해서 계시되는 것이 아니라 자신들의 삶에 의해서 결정된다. 이들의 삶에는 선험적으로 주어진 생의 좌표가 없다. 그렇기 때문에, 근대소설에 등장하는 주인공은 그가 떠나온 천상의 세계로 다시는 돌아가지 못하는 인간이다. 서사의 전체적인 구조에서 결말이라는 것이 언제나 신의 세계인 시원(始原)으로 귀착되었던 고전적 서사의 회귀적인 패턴이 깨어지고 있기 때문이다. 근대소설 이후의 근대적 서사에서 인간은 자신이 스스로 자기 삶의 좌표를 만들어야 하며, 신의 품으로 돌아가지 못한 채 자신을 둘러싸고 있는 세계와 거리를 두고 대상으로서의 세계를 인식하고 자신의 삶을 꾸려 나가야 한다. 현실 세계 속에서 자신의 운명을 스스로 살아야 하기 때문에, 이제 인간에게는 현실의 삶과 그 운명이라는 것이 비로소 자신의 몫이 된다.

그러므로 근대소설의 이야기는 일상적인 인간이 살아가는 현실 속의 실재적 공간으로 채워진다. 인간의 역사성과 그 의미를 중시하고, 인간적인 현실과 역사적 시간의 흐름에 어떤 형식을 부여하며, 일상적 삶의 현실 속에서 개인을 통해 근대적 주체의 인식을 가능하게 한다. 여기서 인간은 역사적인 시간과 구체적인 공간을 배경으로 하여 비로소 하나의 개인적인 주체로 자리 잡는다. 이러한 서사 구조의 변화가 근대소설에서부터 발현되기 시작하였다고 한다면 그것은 일상적인 개인의 발견을 통해 그 서사적 구조가 성립되고 있기 때문이다. 근대소설에 등장하는 인간은 신성의 세계가 개입하여 만들어낸 고귀한 신분도 아니고, 천상에서 인간의 세계로 하강한 선녀의 화신도 아니다. 그들은 일상의 공간과 시간 속에서 일상적인 삶을 살아가며, 자기 주변에 있는 일상적인 인간들과 어울리면서 여러 사건에 참여한다. 근대소설의 주인공은 일상의 세계 안에서 자신의 존재에 대해 질문하면서 자기 주체를 발견하고 그 정체성을 확인하게 된다. 그리고 자기 자신의 정체를 확인하면 바깥 세계를 일정한 각도에서 바라볼 수 있는 전망을 갖게 된다. 사물을 보는 각도와 거리가 인식되고 서술의 초점이 분명해지는 것이다. 모든 것이 무한하게 열려 있는 것이 아니라 자신의 관점에 따라 인식된다는 것은 매우 중요하다. 서사에서 서술상의 초점이 명확해지고 서술상의 거리가 생긴다는 것은 개별적인 인간이 주체의 정체성을 확보하기 시작하였음을 의미하는 것이다.

열린 공간과 닫힌 공간

이효석의 단편소설 「메밀꽃 필 무렵」은 소설 속에 등장하는 인물과 배경을 이루는 장소가 잘 조화를 이루고 있는 작품으로 손꼽힌다. 이야기의 무대가 되는 곳은 강원도의 봉평이라는 작은 산촌 마을이다. 이 이야기의 주인공 허생원은 실제의 인물을 모델로 하고 있다는 주장도 있으며, 핵심적인 사건의 배경이 되고 있는 물레방앗간이 바로 봉평에 있었던 것으로 밝혀져 화제가 된 적도 있다. 이 소설에서 장돌뱅이 주인공 허생원은 봉평에서 장을 보고 다시 대화로 이동한다. 산촌 마을의 밤길을 걸어가는 과정을 통해 열려 있는 공간의 이동을 확인해 볼 수 있다.

이 작품에서 이야기의 전반부는 봉평 마을의 장터가 배경이 된다. 이 장터는 주인공인 장돌뱅이 허생원의 삶의 터전이다. 허생원은 이십 년이 넘도록 장돌뱅이로 떠돌았다. 이제는 늙고 지친 몸이지만, 그러나 생업인 장돌뱅이를 그만두지 못하고 있다. 그는 얼금뱅이에다가 늙은 주제라서 주막집에서도 젊은 축에게 밀리고, 장터 바닥에서는 망나니들에게 놀림감이 된다. 그런 가운데에서 그의 곤궁한 삶은 또 다른 장터로 이어진다. 허생원에게는 장터가 바로 삶의 현실이며, 이 현실 속에서 그는 늙고 찌든 몸으로 살아가야 한다. 장터의 시간은 낮이다. '해는 아직 중천에 있건만'으로 구체화되고 있는 낮의 시간은 무덥기만 하다. 물건을 사러오는 손님도 없고, 파리만 날리는 장터의 풍경에서, 주인공 허생원의 힘든 삶을 짐작할 수 있다. 그러나 이 소설의 중반에서는 한낮의 장터를 벗어나는 과정이 이어진다. '해가 꽤 기울어진' 뒤에 이들은 전을 걷고 나귀에 짐을 싣고 길을 떠난다. 다음날 장이 서는 대화로 가기 위해서다. 일행은 허생원과 그의 친구 조선달, 그리고 젊은 장사꾼 동이, 이렇게 셋이다. 이들은 '달이 긴 산허리에 걸려' 있는 저녁에 메밀꽃이 피어난 들판을 지난다. 아름다운 들길 달밤의 정취가 다음과 같이 묘사되어 있다.

이지러졌으나 보름을 갓 지난 달은 부드러운 빛을 흐붓이 흘리고 있다. 대화까지는 칠십 리의 밤길, 고개를 둘이나 넘고, 개울을 하나 건너고 벌판과 산길을 걸어야 한다. 달은 지금 긴 산허리에 걸려 있다. 밤중을 지난 무렵인지 죽은 듯이 고요한 속에서 짐승 같은 달의 숨소리가 손에 잡힐 듯 들리며, 콩포기와 옥수수 잎새가 한층 달에 푸르게 젖었다. 산허리는 온통 메밀밭이어서 피기 시작한 꽃이 소금을 뿌린 듯이 흐붓한 달빛에 숨이 막힐 지경이다. 붉은 대궁이 향기같이 애잔하고 나귀들의 발길음도 시원하다. 길이 좁은 까닭에 세 사람은 나귀를 타고 외줄로 늘어섰다. 방울 소리가 시원스럽게 딸랑딸랑 메밀밭께로 흘러간다.

이 아름다운 밤의 시간은 허생원에게 있어서 낮의 지친 장터의 삶과는 좋은 대조를 보인다. 이 밤에는 물건을 찾는 손님이 없음을 걱정할 필요도 없고, 왼손잡이 얼금뱅이라고 놀려대는 장터의 각다귀들을 탓할 것도 없다. 그는 이 자연의 흐뭇한 정경에 휩싸여 아름다운 자신의 추억을 더듬을 수 있다. 평생에 단 한 번 있었던 여인과의 아름다운 만남을, 허생원은 이 밤의 산길에서 다시 펼쳐 놓는다. 그에게 있어서 이 아름다운 추억은 고귀하다. 그리고 그것이 허생원에게는 유일한 꿈이며, 삶의 힘이 된다. 낮의 지친 장터에서 벗어난 허생원은 밤의 자연 속에서 자신의 아름다운 꿈을 그리고 있다. 그러므로 밤의 산길은 지친 허생원에게 오히려 활력을 준다. 이러한 삶의 반복이 바로 허생원의 떠돌이 삶의 방식이다. 이 소설의 후반부는 산길을 벗어난 큰길로 이어진다. 여기서 허생원은 같은 장돌뱅이 축에 낀 젊은 동이의 과거를 알게 되고, 그가 어쩌면 자신의 아들일지도 모른다는 생각을 하게 된다. 동이의 왼손잡이를 하나의 단서로 내놓고 있는 부자 상봉의 가능성은 허생원의 늙은 나귀가 새끼를 얻었다는 대목과 연결되어 개연성을 더한다.

소설 「메밀꽃 필 무렵」은 결국 낮의 시간에서 밤의 시간으로, 무더운 해가 비치는 시끄러운 장터에서 아름다운 달빛이 비치는 흐뭇한 산길로 그 배경이 바뀐다. 이 상반된 시간과 대조적인 공간적 배경의 이동은 주인공 허생원의 삶의 안팎을 이루는 것이다. 떠돌이의 삶의 이끌어 가는 허생원의 운명이 바로 장터와 산길이라는 대조적인 두 개의 공간적 배경과 조화를 이룸으로써 특이한 소설적 정취를 지닐 수 있게 된 것이다.

최인호의 단편소설 「타인의 방」은 소설적 공간으로서의 장소가 고정되어 있다. 이 소설은 도시의 일상적인 현실 속에서 겪게 되는 현대인의 소외를 상징적으로 묘사하기 위해 닫혀 있는 아파트의 내부 공간을 소설적 무대로 설정한다. 이야기의 주인공은 출장을 마치고 자신의 아파트로 돌아온다. 아내는 친정아버지가 위독하다는 전보를 받았다는 쪽지를 남겨두고 외출 중이다. 그는 부엌으로 가서 딱딱하게 굳은 빵을 몇 조각을 먹고 목욕을 한다. 목욕탕은 지저분하고 면도날에는 찌꺼기가 딱딱하게 굳어 있다. 아내의 게으름에 욕이 튀어나온다. 목욕을 끝내고 음악을 들으며 주스를 마시다가, 화장대에 놓인 아내의 쪽지를 보며 문득 아내가 거짓말을 하고 있음을 깨닫는다. 원래 그는 내일 돌아오기로 되어 있었다. 그러나 아내는 오늘 전보를 받았다고 쓰고 있는 것이다. 아마 아내는 그가 출장 간 날부터 집을 비웠을 것이라고 생각한다. 갑자기 무슨 소리가 들린다. 누구요, 하고 소리를 질러 보았지만, 그의 목소리는 짧게 차단된다. 그는 사납게 주위의 가구를 노려본다. 가구들이 일제히 움직이다 제자리에 가라앉는다. 그가 하나하나 훑어보니, 그것들은 이미 어제의 물건이 아니다. 그는 술을 마시고 담배를 피우고, 혼자서 노래를 부른다. 안심이 되지 않아 집안의 여기저기를 살펴본다. 갑자기 책상이 흔들리기 시작하더니 이내 방안의 가구와 온갖 기물들이 날뛰기 시작한다. 그는 도망가려고 하지만 다리가 움직이지 않는다. 그는 모든 것을 체념한다. 소설의 주인공은 갑작스럽게 자신의 삶의 근거를 이루고 있던 모든 것들과 거리를 느낀다. 그리고 그러한 느낌은 마침내 주위의 사물에까지 투영되어 그 사물들을 움직이게 한다. 가구들이 어제의 가구가 아닌 것처럼 그 방은 자신의 방이면서도 낯설고 불편하다. 곧 타인의 방인 것이다. 주인공은 거기서 도망갈 수도 없다.

이 상징적인 이야기는 자신을 둘러싸고 있는 환경으로부터 철저한 소외감과 고립감을 맛보는 현대인의 내면의식에 대한 비유로 읽힐 수 있다. 초현실주의적 기법으로 현대인의 소외의식을 묘사하고 있는 이 작품의 말미에 에필로그처럼 붙어 있는 여자에 관한 묘사는 매우 암시적이다. 여자가 발견한 '새로운 물건'이란 남편일 수도, 남편과의 생활일 수도, 아니면 전혀 낯선 어떤 물건일 수도 있다. 그러나 중요한 것은 여자가 궁극적으로 아내의 자리에 존재하고 있지 않다는 것, 곧 남편인 '그'에게 그 방은 낯설고 불안한 공간이라는 것이며, 그 상황은 반복된다는 것이다.

4. 소설적 공간과 분위기

소설의 배경은 구체적인 때와 장소라는 실재적 성격을 지닌다. 그러나 배경은 이 같은 물질적인 조건에만 머무는 것이 아니다. 배경은 인물의 성격이나 행동과 서로 조화를 이루면서 작품의 전체적인 기분과 색조를 드러내기도 한다. 이것을 분위기라고 한다. 소설의 분위기는 구체적인 배경과 행동을 통해 형성되는 작품의 색조다.

소설에서 분위기는 작품의 전체적인 흐름과 그 주제를 형성하는 데에 빠져서는 안 될 중요한 요소다. 이야기의 시작에서부터 끝까지 그 흐름을 꿰뚫는 정신적인 공간으로서의 역할을 담당하는 것이 바로 분위기이기 때문이다.

이 마을 한구석에 모화(毛火)라는 무당이 살고 있었다. 모화서 들어온 사람이라 하여 모화라 부르는 것이었다. 그러나 그녀가 살고 있는 집은 마을의 어느 여염집과도 딴판이었다. 그것은 한 머리 찌그러져 가는 묵은 기와집으로, 지붕 위에는 기와버섯이 퍼렇게 뻗어올라 역한 흙냄새를 풍기고 집 주위는 앙상한 돌담이 군데군데 헐린 채 옛성처럼 꼬불꼬불 에워싸고 있었다. 이 돌담이 에워싼 안의 공지같이 넓은 마당에는 수채가 막힌 채, 빗물이 고이는 대로 일 년 내 시퍼런 물이끼가 뒤덮어, 늘쟁이, 명아주, 강아지풀 그리고 이름도 모를 여러 가지 잡풀들이 사람의 키도 묻힐 만큼 거멓게 엉키어 있었다. 그 아래로 뱀같이 길게 늘어진 지렁이와 두꺼비같이 늙은 개구리들이 구물거리고 움칫거리며, 항시 밤이 들기만 기다릴 뿐으로, 이미 수십 년 혹은 수백 년 전에 벌써 사람의 자취와는 인연이 끊어진 도깨비굴 같기만 했다.

이 도깨비굴같이 낡고 헐린 집 속에 무녀 모화와 그 딸 낭이는 살고 있었다. 낭이의 아버지 되는 사람은 경주읍에서 칠십 리 가량 떨어져 있는 동해변 어느 길목에서 해물 가게를 보고 있는데, 풍문에 의하면 그는 낭이를 세상에 없이 끔찍이 생각하는 터이므로 봄가을철이면 분 잘 핀 다시마와 조촐한 꼭지 미역 같은 것을 가지고 다녀가곤 한다는 것이다. 나중 욱이(昱伊)가 돌연히 나타나지 않았다면 이 도깨비굴 속에 그녀들이 찾는 사람이라야 모화에게 굿을 청하러 오는 사람들과 봄가을에 한 번씩 낭이를 찾아주는 그녀의 아버지 정도로, 세상 사람들과는 별로 왕래도 없이 살아가는 쓸쓸한 어미 딸이었던 것이다.

앞에 인용한 김동리의 단편소설「무녀도」를 보면, 작품의 서두에 무당 모화가 살고 있는 음습한 집의 모습이 제시되어 있다. 그런데 이 대목은 단순한 배경으로서보다는 작품 전체의 흐름을 좌우하는 기괴하고도 음울한 분위기를 형성한다. 사람들의 발길이 거의 끊어진 채 도깨비굴처럼 퇴락한 모화의 집은 주인공인 모화의 운명과도 흡사하다. 그녀의 정신적인 몰락과정과 비극적인 운명이 소설의 분위기에서 이미 예견되고 있다.

작품읽기 06

이효석_ 메밀꽃 필 무렵

　여름 장이란 애시당초에 글러서, 해는 아직 중천에 있건만 장판은 벌써 쓸쓸하고, 더운 햇발이 벌려 놓은 전(廛) 휘장 밑으로 등줄기를 훅훅 볶는다. 마을 사람들은 거지반 돌아간 뒤요, 팔리지 못한 나무꾼 패가 길거리에 궁싯거리고[1] 있으나, 석유병이나 받고 고깃마리나 사면 족할 이 축들을 바라고 언제까지든지 버티고 있을 법은 없다. 춤춤스럽게 날아드는 파리 떼도 장난꾼 각다귀[2]들도 귀찮다. 얼금뱅이요 왼손잡이인 드팀전[3]의 허 생원은 기어이 동업(同業)의 조 선달을 나꾸어 보았다.
　"그만 거둘까?"
　"잘 생각했네, 봉평 장에서 한 번이나 흐뭇하게 사 본 일 있었을까. 내일 대화 장에서나 한몫 벌어야겠네."
　"오늘 밤은 밤을 새서 걸어야 될걸?"
　"달이 뜨렸다?"
　철렁철렁 소리를 내며 조 선달이 그 날 번 돈을 따지는 것을 보고 허 생

---

[1] 궁싯거리다: 어떻게 할 바를 몰라 머뭇거리다.
[2] 각다귀: 각다귓과에 속하는 곤충. 남을 착취하여 먹고 사는 사람.
[3] 드팀전: 온갖 피륙을 파는 가게.

원은 말뚝에서 넓은 휘장을 걷고 벌여 놓았던 물건을 거두기 시작하였다. 무명필과 주단 바리가 두 고리짝에 꼭 찼다. 멍석 위에는 천 조각이 어수선하게 남았다. 다른 축들도 벌써 거진 전들을 걷고 있었다. 약빠르게 떠나는 패도 있었다. 어물 장수도, 땜장이도, 엿장수도, 생강 장수도 꼴들이 보이지 않았다. 내일은 진부와 대화에 장이 선다. 축들은 그 어느 쪽으로든지 밤을 새며 육칠십 리 밤길을 타박거리지 않으면 안 된다. 장판은 잔치 뒷마당같이 어수선하게 벌어지고, 술집에서는 싸움이 터져 있었다. 주정꾼 욕지거리에 섞여 계집의 고함 소리로 시작되는 것이다.

"생원, 시침을 떼두 다 아네. …… 충줏집 말야."

계집 목소리로 문득 생각난 듯이 조 선달은 비죽이 웃는다.

"화중지병(畫中之餠)이지. 연소 패들을 적수(敵手)로 하구야 대거리가 돼야 말이지."

"그렇지두 않을걸. 축들이 사죽을 못 쓰는 것두 사실은 사실이나, 아무리 그렇다군 해두 왜 그 동이 말일세. 감쪽같이 충줏집을 후린 눈치거든."

"무어 그 애숭이가? 물건 가지고 나꾸었나부지. 착실한 녀석인 줄 알았더니."

"그 길만은 알 수 있나…… 궁리 말구 가 보세나그려. 내 한턱 씀세."

그다지 마음이 당기지 않는 것을 쫓아갔다. 허 생원은 계집과는 연분이 멀었다. 얼금뱅이 상판을 쳐들고 대어 설 숫기도 없었으나, 계집 편에서 정을 보낸 적도 없었고, 쓸쓸하고 뒤틀린 반생이었다. 충줏집을 생각만 하여도 철없이 얼굴이 붉어지고 발 밑이 떨리고 그 자리에 소스라쳐 버린다. 충줏집 문을 들어서서 술 좌석에서 짜장⁴ 동이를 만났을 때에는 어찌 된 서슬엔지 빨끈 화가 나 버렸다. 상 위에 붉은 얼굴을 쳐들고 제법 계집과 농탕(弄蕩)치는⁵ 것을 보고서야 견딜 수 없었던 것이다. 녀석이 제법 난질

---

⁴ 짜장: 과연 정말로.

⁵ 농탕(弄蕩)치다: 남녀가 음탕한 소리와 짓으로 난잡하게 놀아 대다.

꾼인데, 꼴 사납다. 머리에 피도 안 마른 녀석이 낮부터 술 처먹고 계집과 농탕이야. 장돌뱅이 망신만 시키고 돌아다니누나. 그 꼴에 우리들과 한몫 보자는 셈이지. 동이 앞에 막아서면서부터 책망(責望)이었다. 걱정두 팔자요 하는 듯이 빤히 쳐다보는 상기된 눈망울에 부딪칠 때, 결김에 따귀를 하나 갈겨 주지 않고는 배길 수가 없었다. 동이도 화를 쓰고 팩하게 일어서기는 하였으나, 허 생원은 조금도 동색(動色)하는 법 없이 마음먹은 대로는 다 지껄였다.

"어디서 줏어먹은 선머슴인지는 모르겠으나, 네게도 아비 어미 있겠지? 그 사나운 꼴 보면 맘 좋겠다. 장사란 탐탐하게 해야 되지. 계집이 다 무어야. 나가거라, 냉큼 꼴 치워."

그러나 한 마디도 대거리하지 않고 하염없이 나가는 꼴을 보려니, 도리어 측은히 여겨졌다. 아직도 서름서름한[6] 사인데 너무 과하지 않았을까 하고 마음이 섬짓해졌다.

"주제도 넘지. 같은 술손님이면서두 아무리 젊다고 자식 낫세 되는 것을 붙들고 치고 닦아셀 것은 무어야, 원."

충줏집은 입술을 쭝긋하고 술 붓는 솜씨도 거칠었으나, 젊은 애들한테는 그것이 약이 된다고 하고 그 자리는 조 선달이 얼버무려 넘겼다.

"너 녀석한테 반했지? 애숭이를 빨면 죄 된다."

한참 법석을 친 후이라 담도 생긴데다가 웬일인지 흠뻑 취해보고 싶은 생각도 있어서 허 생원은 주는 술잔이면 거의 다 들이켰다. 거나해짐을 따라 계집을 가로채서는 어떡할 작정이었누 하고, 어리석은 꼬락서니를 모질게 책망하는 마음도 한편에 있었다. 그렇기 때문에, 얼마나 지난 뒤인지 동이가 헐레벌떡 거리며 황급히 부르러 왔을 때에는, 마시던 잔을 그 자리에 던지고 정신 없이 허덕이며 충줏집을 뛰어나간 것이었다.

"생원 당나귀가 바[7]를 끊구 야단이에요."

---

[6] 서름서름하다: 남과 가깝지 못하다.

"각다귀들 장난이지, 필연코."

짐승도 짐승이려니와 동이의 마음씨가 가슴을 울렸다. 뒤를 따라 장판을 달음질하려니 게슴츠레한 눈이 뜨거워질 것 같다.

"부락스런 녀석들이라, 어쩌는 수 있어야죠."

"나귀를 몹시 구는 녀석들을 그냥 두지는 않을걸."

반평생을 같이 지내 온 짐승이었다. 같은 주막에서 잠자고, 같은 달빛에 젖으면서 장에서 장으로 걸어다니는 동안에, 이십 년의 세월이 사람과 짐승을 함께 늙게 하였다. 가스러진[8] 목 뒤 털은 주인의 머리털과도 같이 바스러지고, 개진개진 젖은 눈은 주인의 눈과 같이 눈곱을 흘렸다. 몽당비처럼 짧게 쓸리운 꼬리는 파리를 쫓으려고 기껏 휘저어 보아야 벌써 다리까지는 닿지 않았다. 닳아 없어진 굽을 몇 번이나 도려내고 새 철을 신겼는지 모른다. 굽은 벌써 더 자라나기는 틀렸고, 닳아 버린 철 사이로는 피가 빼짓이 흘렀다. 냄새만 맡고도 주인을 분간하였다. 호소하는 목소리로 야단스럽게 울며 반겨한다.

어린아이를 달래듯이 목덜미를 어루만져 주니 나귀는 코를 벌름거리고 입을 투르르거렸다. 콧물이 뛰었다. 허 생원은 짐승때문에 속도 무던히도 썩였다. 아이들의 장난이 심한 눈치여서, 땀 배인 몸뚱아리가 부들부들 떨리고 좀체 흥분이 식지 않는 모양이었다. 굴레가 벗어지고 안장도 떨어졌다. 요 몹쓸 자식들, 하고 허 생원은 호령을 하였으나, 배들은 벌써 줄행랑을 논 뒤요, 몇 남지 않은 아이들이 호령에 놀라 비슬비슬 멀어졌다.

"우리들 장난이 아니우. 암놈을 보고 저 혼자 발광이지."

코흘리개 한 녀석이 멀리서 소리를 쳤다.

"고 녀석 말투가……"

"김 첨지 당나귀가 가 버리니까 온통 흙을 차고 거품을 흘리면서 미친

---

[7] 바: 참바의 준말. 볏짚이나 삼으로 세 가닥을 지어 굵다랗게 드린 줄.
[8] 가스러지다: (잔털이) 거칠게 일어나다.

소같이 날뛰는걸, 꼴이 우스워 우리는 보고만 있었다우. 배를 좀 보지."
 아이는 앵도라진 투로 소리를 치며 깔깔 웃었다. 허 생원은 모르는 결에 낯이 뜨거워졌다. 뭇 시선을 막으려고 그는 짐승의 배 앞을 가리워 서지 않으면 안 되었다.
 "늙은 주제에 암샘을 내는 셈야, 저놈의 짐승이."
 아이의 웃음소리에 허 생원은 주춤하면서 기어이 견딜 수 없어 채찍을 들더니 아이를 쫓았다.
 "쫓으려거든 쫓아 보지, 왼손잡이가 사람을 때려."
 줄달음에 달아나는 각다귀에는 당하는 재주가 없었다. 왼손잡이는 아이 하나도 후릴 수 없다. 그만 채찍을 던졌다. 술기도 돌아 몸이 유난스럽게 화끈거렸다.
 "그만 떠나세. 녀석들과 어울리다가는 한이 없어. 장판의 각다귀들이란 어른보다도 더 무서운 것들인걸."
 조 선달과 동이는 각각 제 나귀에 안장을 얹고 짐을 싣기 시작하였다. 해가 꽤 많이 기울어진 모양이었다.
 드팀전 장돌림을 시작한 지 이십 년이나 되어도 허 생원은 봉평 장을 빼논 적은 드물었다. 충주, 제천 등의 이웃 군에도 가고, 멀리 영남 지방도 헤매이기는 하였으나, 강릉쯤에 물건하러 가는 외에는 처음부터 끝까지 군내를 돌아다녔다. 닷새만큼씩의 장날에는 달보다도 확실하게 면에서 면으로 건너간다. 고향이 청주라고 자랑삼아 말하였으나, 고향에 돌보러 간 일도 있는 것 같지는 않았다. 장에서 장으로 가는 길의 아름다운 강산이 그대로 그에게는 그리운 고향이었다. 반날 동안이나 뚜벅뚜벅 걷고 장터 있는 마을에 거지반 가까웠을 때, 거친 나귀가 한바탕 우렁차게 울면…… 더구나 그것이 저녁녘이어서 등불들이 어둠 속에 깜박거릴 무렵이면, 늘 당하는 것이건만 허 생원은 변치 않고 언제든지 가슴이 뛰놀았다.
 젊은 시절에는 알뜰하게 벌어 돈푼이나 모아 본 적도 있기는 있었으나, 읍내에 백중(百中)이 열린 해 호탕스럽게 놀고 투전을 하여 사흘 동안에 다 털어 버렸다. 나귀까지 팔게 된 판이었으나, 애끊는 정분(情分)에 그것만은 이를 물고 단념하였다. 결국 도로아미타불로 장돌림을 다시 시작할 수밖엔 없었다. 짐승을 데리고 읍내를 도망해 나왔을 때에는, 너를 팔지 않기 다행이었다고 길가에서 울면서 짐승의 등을 어루만졌던 것이었다. 빚을 지기 시작하니 재산을 모을 염은 당초에 틀리고, 간신히 입에 풀칠을 하러 장에서 장으로 돌아다니게 되었다.

호탕스럽게 놀았다고는 하여도 계집 하나 후려 보지는 못하였다. 계집이란 쌀쌀하고 매정한 것이었다. 평생 인연이 없는 것이라고 신세가 서글퍼졌다. 일신에 가까운 것이라고는 언제나 변함없는 한 필의 당나귀였다.

그렇다고는 하여도 꼭 한 번의 첫일을 잊을 수는 없었다. 뒤에도 처음에도 없는 단 한 번의 괴이한 인연! 봉평에 다니기 시작한 젊은 시절의 일이었으나 그것을 생각할 적만은 그도 산 보람을 느꼈다.

"달밤이었으나 어떻게 해서 그렇게 됐는지 지금 생각해두 도무지 알 수 없어."

허 생원은 오늘 밤도 또 그 이야기를 끄집어 내려는 것이다. 조 선달은 친구가 된 이래 귀에 못이 박히도록 들어 왔다. 그렇다고 싫증을 낼 수도 없었으나, 허 생원은 시침을 떼고 되풀이할 대로는 되풀이하고야 말았다.

"달밤에는 그런 이야기가 격에 맞거든."

조 선달 편을 바라는 보았으나 물론 미안해서가 아니라 달빛에 감동하여서였다. 이즈러는졌으나 보름을 갓 지난 달은 부드러운 빛을 흐붓이 흘리고 있다. 대화까지는 칠십 리의 밤길, 고개를 둘이나 넘고 개울을 하나 건너고 벌판과 산길을 걸어야 된다. 길은 지금 긴 산허리에 걸려 있다. 밤중을 지난 무렵인지, 죽은 듯이 고요한 속에서 짐승 같은 달의 숨소리가 손에 잡힐 듯이 들리며, 콩포기와 옥수수 잎새가 한층 달에 푸르게 젖었다. 산허리는 온통 메밀밭이어서 피기 시작한 꽃이 소금을 뿌린 듯이 흐뭇한 달빛에 숨이 막힐 지경이다. 붉은 대궁이 향기같이 애잔하고 나귀들의 걸음도 시원하다. 길이 좁은 까닭에 세 사람은 나귀를 타고 외줄로 늘어섰다. 방울 소리가 시원스럽게 딸랑딸랑 메밀밭께로 흘러간다. 앞장 선 허생원의 이야기 소리는 꽁무니에 선 동이에게는 확적(確的)히는 안 들렸으나, 그는 그대로 개운한 제 멋에 적적하지는 않았다.

"장 선 꼭 이런 날 밤이었네. 객주집 토방이란 무더워서 잠이 들어야지. 밤중은 돼서 혼자 일어나 개울가에 목욕하러 나갔지. 봉평은 지금이나 그제나 마찬가지지. 보이는 곳마다 메밀밭이어서 개울가가 어디 없이 하얀 꽃이야. 돌밭에 벗어도 좋을 것을, 달이 너무도 밝은 까닭에 옷을 벗으러 물방앗간으로 들어가지 않았나. 이상한 일도 많지. 거기서 난데없는 성 서방네 처녀와 마주쳤단 말이네. 봉평서야 제일 가는 일색(一色)이었지."

"…… 팔자에 있었나 부지."

"아무렴."

하고 응답하면서 말머리를 아끼는 듯이 한참이나 담배를 빨 뿐이었다. 구수한 자줏빛 연기가 밤기운 속에 흘러서는 녹았다.

"날 기다린 것은 아니었으나 그렇다고 달리 기다리는 놈팽이가 있는 것두 아니었네. 처녀는 울고 있단 말야. 짐작은 대고 있었으나 성 서방네는 한창 어려워서 들고 날 판인 때였지. 한 집안 일이니 딸에겐들 걱정이 없을 리 있겠나? 좋은 데만 있으면 시집도 보내련만 시집은 죽어도 싫다지. …… 그러나 처녀란 울 때같이 정을 끄는 때가 있을까. 처음에는 놀라기도 한 눈치였으나, 걱정 있을 때는 누그러지기도 쉬운 듯해서 이럭저럭 이야기가 되었네. …… 생각하면 무섭고도 기막힌 밤이었어."

"제천인지로 줄행랑을 놓은 건 그 다음 날이렷다?"

"다음 장도막에는 벌써 온 집안이 사라진 뒤였네. 장판은 소문에 발끈 뒤집혀 고작해야 술집에 팔려가기가 상수라고 처녀의 뒷공론이 자자들 하단 말야. 제천 장판을 몇 번이나 뒤졌겠나. 허나 처녀의 꼴은 꿩 궈먹은 자리야. 첫날밤이 마지막 밤이었지. 그 때부터 봉평이 마음에 든 것이 반 평생을 두고 다니게 되었네. 평생인들 잊을 수 있겠나."

"수 좋았지. 그렇게 신통한 일이란 쉽지 않어. 항용 못난 것 얻어 새끼

낳고, 걱정 늘고, 생각만 해두 진저리 나지. …… 그러나 늙은 막바지까지 장돌뱅이로 지내기도 힘드는 노릇 아닌가? 난 가을까지만 하구 이 생애와두 하직하려네. 대화쯤에 조그만 전방이나 하나 빌리구 식구들을 부르겠어. 사시장천 뚜벅뚜벅 걷기란 여간이래야지."

"옛 처녀나 만나면 같이나 살까. …… 난 거꾸러질 때까지 이 길 걷고 저 달 볼 테야."

산길을 벗어나니 큰길로 틔어졌다. 꽁무니의 동이도 앞으로 나서 나귀들은 가로 늘어섰다.

"총각두 젊겠다, 지금이 한창 시절이렷다. 충줏집에서는 그만 실수를 해서 그 꼴이 되었으나 섧게 생각 말게."

"처 천만에요. 되려 부끄러워요. 계집이란 지금 웬 제격인가요. 자나 깨나 어머니 생각뿐인데요."

허 생원의 이야기로 실심(失心)해 한 끝이라 동이의 어조는 한풀 수그러진 것이었다.

"아비 어미란 말에 가슴이 터지는 것도 같았으나, 제겐 아버지가 없어요. 피붙이라고는 어머니 하나뿐인걸요."

"돌아가셨나?"

"당초부터 없어요."

"그런 법이 세상에……."

생원과 선달이 야단스럽게 껄껄들 웃으니, 동이는 정색하고 우길 수밖에는 없었다.

"부끄러워서 말하지 않으랴 했으나 정말예요. 제천 촌에서 달도 차지 않은 아이를 낳고 어머니는 집을 쫓겨났죠. 우스운 이야기나, 그러기 때문에 지금까지 아버지 얼굴도 본 적 없고, 있는 고장도 모르고 지내와요."

고개가 앞에 놓인 까닭에 세 사람은 나귀를 내렸다. 둔덕은 험하고 입을 벌리기도 대근하여 이야기는 한동안 끊겼다. 나귀는 건듯하면 미끄러졌다. 허 생원은 숨이 차 몇 번이고 다리를 쉬지 않으면 안 되었다. 고개를 넘을 때마다 나이가 알렸다. 동이 같은 젊은 축이 그지없이 부러웠다. 땀이 등을 한바탕 쭉 씻어 내렸다.

고개 너머는 바로 개울이었다. 장마에 흘러 버린 널다리가 아직도 걸리지 않은 채로 있는 까닭에 벗고 건너야 되었다. 고의(袴依)를 벗어 띠로 등에 얽어매고 반 벌거숭이의 우스꽝스런 꼴로 물 속에 뛰어들었다. 금방 땀을 흘린 뒤였으나 밤 물은 뼈를 찔렀다.

"그래 대체 기르긴 누가 기르구?"

"어머니는 하는 수 없이 의부(義父)를 얻어가서 술장사를 시작했죠. 술이 고주래서 의부라고 전 망나니예요. 철들어서부터 맞기 시작한 것이 하룬들 편한 날 있었을까. 어머니는 말리다가 채이고 맞고 칼부림을 당하고 하니 집꼴이 무어겠어요. 열 여덟 살 때 집을 뛰쳐나와서부터 이 짓이죠."

"총각 낫세론 셈이 무던하다고 생각했더니 듣고 보니 딱한 신세로군."

물은 깊어 허리까지 채였다. 속 물살도 어지간히 센데다가 발에 채이는 돌맹이도 미끄러워 금시에 훌칠 듯하였다. 나귀와 조 선달은 재빨리 거의 건넜으나 동이는 허 생원을 붙드느라고 두 사람은 훨씬 떨어졌다.

"모친의 친정은 원래부터 제천이었던가?"

"웬걸요. 시원스리 말은 안 해 주나 봉평이라는 것만은 들었죠."

"봉평, 그래 그 아비 성은 무엇이구?"

"알 수 있나요. 도무지 듣지를 못했으니까."

"그 그렇겠지."

하고 중얼거리며 흐려지는 눈을 까물까물하다가 허 생원은 경망하게도 발을 빗디뎠다. 앞으로 고꾸라지기가 바쁘게 몸째 풍덩빠져 버렸다. 허비적거릴수록 몸을 걷잡을 수 없어 동이가 소리를 치며 가까이 왔을 때에는 벌써 퍽이나 흘렀었다. 옷째 쫄딱 젖으니 물에 젖은 개보다도 참혹한 꼴이었다. 동이는 물 속에서 어른을 해깝게[9] 업을 수 있었다. 젖었다고는 하여도

---

[9] 해깝게: 가볍게.

여원 몸이라 장정 등에는 오히려 가벼웠다.

"이렇게까지 해서 안 됐네. 내 오늘은 정신이 빠진 모양이야."

"염려하실 것 없어요."

"그래 모친은 아비를 찾지 않는 눈치지?"

"늘 한 번 만나고 싶다고는 하는데요."

"지금 어디 계신가?"

"의부와도 갈라져 제천에 있죠. 가을에는 봉평에 모셔 오려고 생각 중인데요. 이를 물고 벌면 이럭저럭 살아갈 수 있겠죠."

"아무렴. 기특한 생각이야. 가을이랬다?"

동이의 탐탁한 등어리가 뼈에 사무쳐 따뜻하다. 물을 다 건넜을 때에는 도리어 서글픈 생각에 좀더 업혔으면도 하였다.

"진종일 실수만 하니 웬일이요, 생원."

조 선달은 바라보며 기어이 웃음이 터졌다.

"나귀야, 나귀 생각하다 실족(失足)을 했어. 말 안 했던가. 저 꼴에 제법 새끼를 얻었단 말이지. 읍내 강릉집 피마¹⁰에게 말일세. 귀를 쭝긋 세우고 달랑달랑 뛰는 것이 나귀 새끼같이 귀여운 것이 있을까. 그것 보러 나는 일부러 읍내를 도는 때가 있다네."

"사람을 물에 빠치울 젠 딴은 대단한 나귀 새끼군."

허 생원은 젖은 옷을 웬만큼 짜서 입었다. 이가 덜덜 갈리고 가슴이 떨리며 몹시도 추었으나 마음은 알 수 없이 둥실둥실 가벼웠다.

"주막까지 부지런히들 가세나. 뜰에 불을 피우고 훗훗이 쉬어. 나귀에겐 더운 물을 끓여 주고, 내일 대화 장 보고는 제천이다."

"생원도 제천으로……?"

"오래간만에 가 보고 싶어. 동행하려나 동이?"

나귀가 걷기 시작하였을 때, 동이의 채찍은 왼손에 있었다. 오랫동안 아

---

¹⁰ 피마: 다 자란 암말.

둑시니같이 눈이 어둡던 허 생원도 요번만은 동이의 왼손잡이가 눈에 뜨지 않을 수 없었다.
 걸음도 해깝고 방울 소리가 밤 벌판에 한층 청청하게 울렸다.
 달이 어지간히 기울어졌다.

작가 소개

　이효석(李孝石)의 호는 가산(可山), 1907년 강원도 평창군 봉평에서 출생했다. 평창에서 보통학교를 졸업한 후, 경성제일고등보통학교를 거쳐 경성제대 영문과에서 영문학을 전공하였다. 이효석은 경성제일고보 재학 시절부터 문학수업에 열중하였다. 고보 졸업 직전부터 시와 콩트를 발표했다. 이 같은 초기의 습작 활동은 경성제대 예과 입학 후에도 계속되었다. 예과 학생회지『청량』을 비롯한 잡지와 신문, 그리고 문우회지『문우(文友)』등에 계속 그의 시와 콩트가 발표되었다.

　이효석의 작품이 문단의 주목을 받게 된 것은 경성제대 영문과 학생 시절이었던 1928년부터였다. 이 해에 그가『조선지광』에 발표한 단편소설「도시와 유령」이 독특한 주제의식으로 화제를 불러일으켰다. 계속해서「기우」,「행진곡」등의 단편과 시나리오「화륜」을 발표했다. 1930년 대학을 졸업하고, 이듬해 첫 번째 창작집인『노령근해』를 간행하였다. 당시 이효석은 식민지 현실의 고통을 극복하기 위해 고뇌하는 젊은 지식인들의 모습을 소설 속에서 자주 다루었다.

　1933년 이무영(李無影), 김기림(金起林), 정지용(鄭芝溶), 이태준(李泰俊), 조용만(趙容萬) 등과 순수문학을 지향한 구인회(九人會)를 결성하였고, 이 무렵부터 원시적인 자연과 인간의 본능을 소설 속에 담기 시작했다. 1933년에「돈(豚)」,「가을의 서정」, 1934년에「수난」,「마음의 의장」, 1935년에는「계절」,「성화(聖畵)」등을 발표하였다. 1936년 5월 숭실전문학교 교수로 취임하여 숭실전문이 폐교된 38년까지 근무하였다. 1936년「산」,「들」,「메밀꽃 필 무렵」,「분녀(粉女)」, 1937년에「삽화」,「개살구」, 1937년에「장미 병

구인회(九人會)

1933년에 이효석, 조용만(趙容萬), 유치진(柳致眞), 정지용(鄭芝溶), 김기림(金起林), 박태원(朴泰遠), 이무영(李無影) 등이 주축이 되어 이루어신 순수 문학 동인회. 1920년대 후반기 계급 문학의 정치적 경향성에 대한 반발로 문학의 자율성과 예술성에 대한 새로운 인식이 가능해지면서 이 같은 문학 단체가 등장했다. 구인회에 가담한 작가들은 대부분 1930년대 소설의 모더니즘적인 경향을 주도하면서 문단에 중요한 위치를 차지했다. 1935년에 잡지『시와 소설』을 간행하였으며, 이상(李箱), 김유정(金裕貞), 김환태(金煥泰) 등이 함께 가담했다.

들다」,「해바라기」등 그의 대표작으로 꼽히는 수작들을 이 시기에 발표하였다. 1939년 『조광』에 장편 「화분」을 연재하였고, 단편집 『해바라기』, 『성화』를 발간하였다. 이 해에 대동공업전문학교 교수로 취임하였다. 1940년 『매일신보』에 장편 「창공」을 연재하고 일본잡지 『문예(文藝)』에 「은은한 빛」을 발표하였다. 1941년 「라오코왼의 후예」,「엉경퀴의 장(章)」등을 발표하고 「창공」을 개제한 장편 「벽공무한」을 간행하였다.

1942년 5월 결핵성 뇌막염으로 세상을 떠났다. 그의 나이 36세였다. 1982년 문화의 날에 금관문화훈장이 추서되었으며, 1983년 『이효석전집』이 전8권으로 간행되었다.

「메밀꽃 필 무렵」의 소설적 특성

소설 「메밀꽃 필 무렵」은 1936년 10월 『조광』에 발표된 작품으로 이효석의 대표작으로 꼽는다. 이 작품은 강원도의 산골을 배경으로 하고 있다. 평생을 장돌뱅이로 사방을 떠돌며 살아 온 허생원이 작품의 주인공이다. 허생원은 젊은 시절 봉평에서 성씨댁 처녀와 우연히 맺은 인연을 잊지 못한다. 허생원이 봉평에서 장을 보고 난 후 일행들과 대화 장을 찾아 밤길을 걸어가면서 다시 과거의 추억을 떠올린다. 뜻밖에도 일행인 젊은 장돌뱅이 동이가 20년 전의 우연한 인연으로 갖게 된 아들일지도 모른다는 개연성이 암시됨으로써 소설적인 긴장을 획득하고 있다.

이 소설에서 작가가 주목하고 있는 것은 허생원이라는 주인공의 운명 그 자체다. 메밀꽃이 흐드러지게 핀 달밤의 산길을 배경으로 아름답게 그려내고 있는 허생원의 과거 생활은 그렇게 아름다운 것만은 아니다. 그가 살아온 장돌뱅이의 삶은 오히려 괴롭고 고통스런 세월이다. 그러나 허생원은 자신의 삶에 간직하고 있는 아름다운 추억을 통해 모든 고통을 해소시킨다. 특히 일행의 한 사람인 동이의 과거를 통해 자신이 동이의 아버지일지도 모른다고 생각하며, 왼손잡이 동이의 모습을 보고 자신의 생각을 더욱 다진다. 이 소설에서 허생원과 동이의 만남은 부자 상봉의 개연성으로 남아 있다.

이 소설에는 이효석 문학의 본질적인 특징들이 거의 다 담겨 있다. 자연과의 친화, 본원적인 인간의 삶과 원초적인 사랑이 이효석 문학의 주제로 거의 모든 작품에서 반복되는 것이라면, 서정시를 연상시키는 문체, 배경과 인물 및 사건의 긴밀한 조화, 치밀한 구성 등은 이 소설에서 특히 주목되는 요소들이다. 삶의 단면을 통해 한 인간의 내면을 상징적으로 제시하고 있는 이 작품은 단편소설의 양식이 추구하는 인상의 통일과 효과의 단일성을 거의 완벽하게 구현하고 있다.

「메밀꽃 필 무렵」의 소설적 시간과 공간

소설 「메밀꽃 필 무렵」은 인물과 배경이 가장 잘 조화를 이루고 있는 작품으로 손꼽는다. 이야기의 무대가 되는 곳은 강원도의 봉평이라는 실재의 작은 산촌 마을이다. 이 이야기의 주인공 허생원은 실제의 인물을 모델로 하고 있다는 주장도 있으며, 핵심적인 사건의 배경이 되고 있는 물방앗간이 바로 봉평에 있었던 것으로 밝혀져 화제가 된 적도 있다. 이 소설에서 장돌뱅이 주인공 허생원은 봉평에서 장을 보고 다시 대화로 이동한다. 산촌 마을을 밤길을 걸어가는 과정 자체가 이야기의 배경으로 묘사되고 있다.

- 한나절의 장터

이 작품에서 이야기의 시간은 낮의 한나절과 밤으로 이어진다. 낮과 밤이라는 대조적인 시간이 소설적 배경과 서로 조화를 이루고 있다. 전반부는 낮의 시간에 봉평 마을 장터가 배경이 된다. 이 장터는 주인공인 장돌뱅이 허생원의 삶의 터전이다. 허생원은 이십 년이 넘도록 장돌뱅이로 떠돌았다. 이제는 늙고 지친 몸이지만, 그러나 생업인 장돌뱅이를 그만두지 못하고 있다. 그는 얼금뱅이에다가 늙은 주제라서 주막집에서도 젊은 축에게 밀리고, 장터 바닥에서는 망나니들에게 놀림감이 된다. 그런 가운데에서 그의 곤궁한 삶은 또 다른 장터로 이어진다. 허생원에게는 장터가 바로 삶의 현실이며, 이 현실 속에서 그는 늙고 찌든 몸으로 살아가야 한다. 장터의 시간은 낮이다. '해는 아직 중천에 있건만'으로 구체화되고 있는 낮의 시간은 무덥기만 하다. 물건을 사러오는 손님도 없고, 파리만 날리는 장터의 풍경에서, 주인공 허생원의 힘든 삶을 짐작할 수 있다.

- 밤의 산길

　그러나 이 소설의 중반에서는 한낮의 장터를 벗어나는 과정이 이어진다. '해가 꽤 기울어진' 뒤에 이들은 전을 걷고 나귀에 짐을 싣고 길을 떠난다. 다음날 장이 서는 대화로 가기 위해서다. 일행은 허생원과 그의 친구 조선달, 그리고 젊은 장사꾼 동이, 이렇게 셋이다. 이들은 '달이 긴 산허리에 걸려' 있는 저녁에 메밀꽃이 피어난 들판을 지난다. 이 아름다운 밤의 시간은 허생원에게 있어서 낮의 지친 장터의 삶과는 좋은 대조를 보인다. 이 밤에는 물건을 찾는 손님이 없음을 걱정할 필요도 없고, 왼손잡이 얼금뱅이라고 놀려대는 장터의 각다귀들을 탓할 것도 없다. 그는 이 자연의 흐뭇한 정경에 휩싸여 아름다운 자신의 추억을 더듬을 수 있다. 평생에 단 한 번 있었던 여인과의 아름다운 만남을, 허생원은 이 밤의 산길에서 다시 펼쳐 놓는다. 그에게 있어서 이 아름다운 추억은 고귀하다. 그리고 그것이 허생원에게는 유일한 꿈이며, 삶의 힘이 된다. 낮의 지친 장터에서 벗어난 허생원은 밤의 자연 속에서 자신의 아름다운 꿈을 그리고 있다. 그러므로 밤의 산길은 지친 허생원에게 오히려 활력을 준다. 이러한 삶의 반복이 바로 허생원의 떠돌이 삶의 방식이다.

　이 소설의 후반부는 산길을 벗어난 큰길로 이어진다. 여기서 허생원은 같은 장돌뱅이 축에 낀 젊은 동이의 과거를 알게 되고, 그가 어쩌면 자신의 아들일지도 모른다는 생각을 하게 된다. 동이의 왼손잡이를 하나의 단서로 내놓고 있는 부자 상봉의 가능성은 허생원의 늙은 나귀가 새끼를 얻었다는 대목과 연결되어 개연성을 더한다.

- 인물과 배경의 조화

　소설 「메밀꽃 필 무렵」은 결국 낮의 시간에서 밤의 시간으로, 무더운 해가 비치는 시끄러운 장터에서 아름다운 달빛이 비치는 흐뭇한 산길로 그 배경이 바뀐다. 이 상반된 시간과 공간의 배경은 주인공 허생원의 삶의 안팎을 이루는 것이다. 떠돌이의 삶을 이끌어 가는 허생원의 운명이 바로 이 대조적인 두 개의 배경과 조화를 이룸으로써 문학적인 정취를 지니게 된 것이다.

■ 토론 과제

- 이 소설에 나타나 있는 허생원이라는 인물의 성격 구성 방법에 대해 토론해 보자.

- 이 소설에 드러나 있는 '서정성'에 대해 토론해 보자.

- 이 소설에서 '동이'가 '허생원'의 아들일지도 모른다는 개연성을 제시하고 있는 까닭이 어디에 있는지 의견을 말해 보자.

소설의 서술 방법

1. 이야기의 서술과 시점
2. 시점의 유형
   일인칭 주인공 시점
   일인칭 관찰자 시점
   전지적 작가 시점
   작가 관찰자 시점
3. 시점의 활용
4. 이야기의 서술과 초점화
   '초점화(focalization)'의 개념
   초점화의 유형
5. 서술자의 위상

작품읽기 07_**날개(이상)**
작품읽기 08_**탈출기(최서해)**

1. 이야기의 서술과 시점

　소설은 하나의 이야기이기 때문에, 반드시 누군가에 의해 이야기가 서술된다. 소설 속의 주인공이 직접 자신의 이야기를 말하는 방법도 있고, 작가가 소설의 이야기를 전달해주기도 한다. 소설 속의 이야기를 서술하는 방법에서 중요시되는 것은 시점(視點, point of view)이다. 시점이란 어떤 위치에서 누가 이야기를 서술하는가 하는 서술적 관점과 방법에 관련된다. 누가 어디서 이야기를 말해주느냐 하는 관점의 문제는 소설 구성에서 가장 핵심적인 요건이다. 같은 내용의 이야기라도 그것을 말하는 각도에 따라 그 성격이 달라지기 때문이다.

　소설의 시점은 이야기를 말하는 사람의 위치와 말하는 방법에 따라 그 유형이 달라진다. 그리고 작가가 어떤 시점을 택하느냐에 따라 소설의 서술 방법과 내용이 다른 방향으로 바뀔 수 있는 것이다. 소설에서 이야기를 어떤 위치에서 이끌어 나가느냐 하는 것은 어떤 화자가 어디에 등장해서 이야기를 진행시켜 나가느냐 하는 문제를 말한다. 그러므로 소설의 시점은 화자가 이야기 속에서 어떤 위치를 차지하는가, 이야기의 내용 속에 포함되어 있는가 바깥에 존재하는가, 이야기의 내용 속에 있다면, 중심인물인가 주변적인 인물인가를 구별하는 것이 중요하다. 그리고 화자의 기술 태도가 객관적인가 주관적인가를 구별하여야 한다.

　소설의 시점은 부룩스와 워렌(C. Brooks & A. Warren)의 『소설의 이해(*Understanding Fiction*)』에 소개된 네 가지 유형이 가장 일반적인 것으로 알려져 있다. 여기서는 이야기를 말해주는 화자가 어디에 서 있는가와 어떤 방법으로 이야기를 말하는가라는 두 가지의 기준에 따라 시점의 유형을 구분하고 있다. 전자는 작품 속에 설정된 한 인물이 이야기를 말할 경우와 화자가 작품 밖에 서 있고 자신이 직접 참여하지 않은 채로 보이는 사실만을 말하는 경우로 나누어진다. 그리고 후자는 사건을 주관적인 관점에서 내부적으로 분석하는 경우와 사건을 객관적으로 외부적인 관찰을 하는 경우로 구분한다. 다음 표를 보자.

[소설의 시점]

구 분	사건의 내부적인 분석	사건의 외부적인 관찰
소설 속의 한 등장인물이 이야기를 말함.	(1) 주인공이 자신의 이야기를 한다. 행동의 동기, 심리 상태 등이 바로 자신의 것이므로, 자세히 보여 줄 수 있다.	(2) 부수적인 인물이 작품 속에서 주인공의 이야기를 말한다. 주인공의 환경이나 행동 등을 관찰자의 입장에서 객관적으로 서술할 수 있다.
등장인물이 아닌 제3의 인물이 이야기를 말함.	(3) 한 인물 또는 여러 등장인물의 행동을 관찰자로서 묘사하기도 하고, 내면적인 심리 상태를 분석하기도 한다. 이 경우 작가의 관찰은 전지전능하다.	(4) 작가가 인물들의 말과 행동을 순전히 객관적으로 묘사한다. 작가는 단순한 관찰자의 입장에서 주관을 배제하고 외부적인 사실을 관찰해 간다. 주로 배경과 인물의 행동, 대화 등을 그 대상으로 삼는다.

앞의 표에서 (1)과 (2)는 소설 속에서 '나'라는 등장인물이 전체 이야기를 서술해 나아가는 방식이다. (1)은 일인칭 주인공 시점, (2)는 일인칭 관찰자(觀察者) 시점이라고 하며, 이 같은 시점을 활용하여 이야기를 서술하고 있는 소설을 일인칭 소설이라고 한다. (3)과 (4)는 소설 속의 등장인물이 '그'라는 삼인칭으로 지칭되며, 작품 바깥의 작가 또는 서술자에 의해 이야기가 서술된다. (3)은 전지적(全知的) 작가 시점, (4)는 작가 관찰자 시점이라고 하는데, 이 같은 시점을 활용하고 있는 소설을 삼인칭 소설이라고 한다.

2. 시점의 유형

일인칭 주인공 시점

일인칭 주인공 시점은 일인칭 주관적 서술이라고 한다. 일인칭 서술은 소설의 주인공이 직접 자신의 이야기를 말하도록 고안되어 있어서, 소설 속에서 누구를 그리느냐 하는 성격의 초점(focus of character)과 누구의 입장에서 서술하느냐 하는 서술의 초점(focus of narration)이 일치한다. '나'라는 주인공이 생각하고 행동한 것을 자신의 입장에서 말하기 때문이다. 이 경우에 '나'는 허구적인 인물이지만, 독자들은 '나'의 존재를 실재하는 인물처럼 생각하기 쉽다. 또 '나'의 이야기가 실제로 경험했던 일을 이야기하는 것처럼 듣게 된다. 이처럼 일인칭 서술의 방법을 활용할 경우에는 주인공과 그의 이야기를 실제의 내용으로 받아들이게 된다. 말하자면, 이야기의 주인공과 그 이야기 내용의 실재성에 대한 환상(illusion of reality)을 가지게 되는 것이다. 이것은 일인칭 서술이 이야기 내용에 대하여 독자들에게 신뢰감을 심어준다는 것을 의미하기도 한다.

다음의 예를 보자.

이튿날도 내가 잠이 깨었을 때는 아내는 보이지 않았다. 나는 또 내 방으로 가서 피곤한 몸이 낮잠을 잤다.

내가 아내에게 흔들려 깨었을 때는 역시 불이 들어온 뒤였다. 아내는 사기 방으로 나를 오라는 것이다. 이런 일은 또 처음이다. 아내는 끊임없이 얼굴에 미소를 띠고 내 팔을 이끄는 것이다. 나는 이런 아내의 태도 이면에 엔간치 않은 음모가 숨어 있지나 않은가 하고 적이 불안을 느끼지 않을 수 없었다.

나는 아내의 하자는 대로 아내 방으로 끌려갔다. 아내 방에는 저녁 밥상이 조촐하게 차려져 있는 것이다. 생각하여 보면 나는 이틀을 굶었다. 나는 지금 배고픈 것까지도 간가민가 잊어버리고 어름어름하던 차다.
  나는 생각하였다. 이 최후의 만찬을 먹고 나자마자 벼락이 내려도 나는 차라리 후회하지 않을 것을. 사실 나는 인간 세상이 너무나 심심해서 못 견디겠던 차다. 모든 일이 성가시고 귀찮았으나 그러나 불의의 재난이라는 것은 즐거웁다.

– 이상,「날개」

  앞에 인용한 이상의 단편소설「날개」는 '나'를 주인공으로 하여 '나'의 입장에서 이야기를 서술하고 있다. 소설의 이야기가 일인칭 주인공의 관점에서 서술되고 있기 때문에 사건의 전개 과정도 '나'의 관심 범위를 벗어나지 않는다. 이 작품에서처럼 일인칭 주인공 시점에 의해 이야기가 서술되면, 마치 자기 자신의 체험을 그대로 이야기하는 것처럼 독자들에게 전달된다. 그러므로 이야기의 내용이 믿기 어려운 모험이거나 신기한 것일 때 독자를 설득하는 힘이 있다. 최서해의「탈출기」는 주동인물이 자신의 경험과 처지와 생각을 편지로 그 친구에게 알리는 소설로서 호소력이 뛰어난 작품이다. 일인칭 서술은 특히 주동인물의 감정적 경험이나 심리적 동향을 직접적으로 밝히고 있다는 점에 있어서는 친근감과 밀도가 훨씬 강하다. 그리고 이야기의 전체적인 내용을 하나의 관점으로 일관되게 이끌어 가는 응집력이 강한 것이 또한 미적 특징이라고 할 수 있다.
  그러나 이러한 장점만 있는 것은 아니다. 경험적 사실이라 하더라도 그것을 체험자의 위치에서만 말한다면, 다소 주관적이 되어 다른 사람의 생각과는 다를 수가 있다. '나'의 입장과 관점에 따라 이야기를 말하기 때문에 이야기의 내용과 그 범위가 '나'의 경험에 국한될 수도 있다. 그러므로 이야기의 내용이 타당성이나 객관성을 충족시키지 못할 경우도 있는 것이다. 다시 말하면 주동인물 자신이나 그 일, 혹은 경험된 사실을 내적 관점에서 주관적으로만 분석하게 되므로 객관성이 약화되는 결과를 초래할 수도 있다는 것이다. 등장인물을 형상화함에 있어서도 오직 일인칭 주인공의 판단과 생각만으로 다른 인물의 성격과 됨됨이를 판별하게 된다. 그러므로 일인칭 주인공에 의해 서술되는 소설의 경우, 독자는 간접적인 방편을 통하여 화자에 대한 그의 의견을 형성하지 않으면 안 된다.

일인칭 관찰자 시점

일인칭 관찰자 시점은 소설의 이야기에 등장하는 부차적인 인물이 주인공의 이야기를 서술하는 방식이다. '나'라는 관찰자의 입장에서 본 주인공의 이야기가 소설에서 펼쳐지기 때문에, 일인칭의 시점으로 서술하고 있다 하더라도 이야기의 내용은 '나'의 눈에 비쳐진 외부세계가 된다. 일인칭 주인공 시점보다는 서술의 대상에 제한이 많지만, 서술 시점의 주관성과 관찰 대상의 객관성을 함께 유지하는 종합적인 효과를 거둘 수가 있다.

일인칭 관찰자 시점에 의해 이야기가 서술될 경우에는 주동인물 스스로가 자신의 이야기를 들려주는 경우보다는 월등히 신빙성이 높아지고, 객관성도 상대적으로 높아진다. 일인칭의 화자는 부차적 인물로서 주동인물과 함께 활동하면서 일정한 거리를 두고 주동인물을 허용된 수준에서 객관화할 수 있다는 장점을 가지고 있다.

집에 오니 어머니는 문간에서 기다리고 있다가 나를 안고 들어왔습니다.
"그 꽃은 어디서 났니? 퍽 곱구나."
하고 어머니가 말씀하셨습니다. 그러나 나는 갑자기 말문이 막혔습니다. '이걸 엄마 드릴라구 유치원서 가져왔어' 하고 말하기가 어쩐 몹시 부끄러운 생각이 들었습니다. 그래 잠깐 망설이다가,
"응, 이 꽃! 저, 사랑 아저씨가 엄마 갖다 주라구 줘."
하고 불쑥 말했습니다. 그런 거짓말이 어디서 그렇게 툭 튀어나왔는지 나도 모르지요.
꽃을 들고 냄새를 맡고 있던 어머니는 내 말이 끝나기가 무섭게 무엇에

몹시 놀란 사람처럼 화닥닥하였습니다. 그리고는 금시에 어머니 얼굴이 그 꽃보다 더 빨갛게 되었습니다. 그 꽃을 든 어머니 손가락이 파르르 떠는 것을 나는 보았습니다. 어머니는 무슨 무서운 것을 생각하는듯이 방 안을 휘 한번 둘러보시더니,

"옥희야, 그런 걸 받아 오문 안돼."

하고 말하는 목소리는 몹시 떨렸습니다. 나는 꽃을 그렇게도 좋아하는 어머니가 이 꽃을 받고 그처럼 성을 낼 줄은 참으로 뜻밖이었습니다. 어머니가 그렇게도 성을 내는 것을 보니까 그 꽃을 내가 가져왔다고 그러지 않고 아저씨가 주더라고 거짓말을 한 것이 참 잘되었다고 나는 속으로 생각했습니다. 어머니가 성을 내는 까닭을 나는 모르지만 하여튼 성을 낼 바에는 내게 내는 것보다 아저씨에게 내는 것이 내게는 나았기 때문입니다. 한참 있더니 어머니는 나를 방안으로 데리고 들어와서,

"옥희야, 너 이 꽃 얘기 아무보구두 하지 말아라, 응."

하고 타일러 주었습니다. 나는,

"응."

하고 대답하면서 고개를 여러 번 까닥까닥했습니다.

어머니가 그 꽃을 곧 내버릴 줄로 나는 생각했습니다마는 내버리지 않고 꽃병에 꽂아서 풍금 위에 놓아 두었습니다. 아마 퍽 여러 밤 자도록 그 꽃은 거기 놓여 있어서 마지막에는 시들었습니다. 꽃이 다 시들자 어머니는 가위로 그 대는 잘라 내버리고 꽃만은 찬송가 갈피에 곱게 끼워 두었습니다.

주요섭의 단편소설 「사랑 손님과 어머니」는 '나'라는 어린 소녀의 눈을 통해 어른들의 세계를 그리고 있다. 사랑의 의미조차 알지 못하는 어린 아이의 눈을 통해 성인의 감정이 묘사되었기 때문에, 이야기를 말하는 어린 '나'의 입장과 이야기의 대상인 어머니와 사랑 손님 사이에 일정한 간격이 유지되고 있다. 여기서 생기는 서술상의 긴장이 매우 특이한 미적인 효과

를 불러일으키고 있는 것이다. 그리고 '나'라는 어린 소녀의 깜찍한 말투가 소설적인 상황의 전개에 더욱 효과적으로 기능하고 있다. '나'는 소설 속의 이야기의 주인공은 아니다. 작중화자로서 어머니와 사랑 손님의 이야기를 자신이 보고 느낀 대로 전해주고 있을 뿐이다. '나'라는 옥희의 입장과 관점이 이야기를 이끌어가는 데에 매우 중요한 기능을 하지만, '나'는 소설 속에서 자신이 관찰한 대로 어머니와 사랑 손님을 오가며 그들의 이야기를 말해준다. 이러한 이야기 서술 방식은 '일인칭 관찰자 서술'의 대표적인 형태에 속한다. 서술의 관점으로 본다면, 이 소설에서 어린 소녀 옥희는 '나'라는 '일인칭 관찰자 시점'을 통해 이야기를 서술하고 있다고 할 수 있다.

　단편소설 「사랑 손님과 어머니」는 일인칭 관찰자 서술의 형태로 소설을 이끌어 감으로써, 두 가지의 독특한 서술상의 효과를 거두고 있다. 첫째는 어린 소녀인 옥희의 입장에서 이야기하고 있기 때문에, 천진스런 말투로 어조의 일관성을 지켜서 이야기의 감응력을 더욱 높여주고 있다. 둘째로는 어머니와 사랑 손님과의 사이에서 싹트게 되는 연정이 옥희라는 관찰자의 시점에 의해 전달됨으로써, 순수하고 아름답게 묘사될 수 있게 되었다는 점이다. 이 소설에서 느낄 수 있는 특이한 정감과 긴장은 모두 작중화자인 옥희의 관점을 적절하게 유지하고 있는 데에서 비롯되는 것임은 물론이다.

　현진건의 「빈처」에서도 일인칭 관찰자 서술 방법이 활용되고 있다. 이 소설에서 아내를 주인공으로 볼 경우 화자인 '나'는 부차적 인물로 볼 수 있다. 그러나 엄밀히 말하면 이 두 사람이 공동으로 주인공이 되고 있으며, 오직 '나'의 눈에 의해서만 그 아내가 포착되고 있다. 이야기 중에서 친척 T가 화자와 그 아내 앞에 양산을 사 가지고 와서 그것을 펴들고 서로 이야기를 나누는 대목이 있다. 이때 화자의 눈에 비친 T와 아내는 진정한 T와 아내이기보다는, 화자인 '나'에 의해서 해석되는 T와 아내가 된다. 그래서 실제로 그들의 심정이 어떻든지 간에 작가는 화자로 하여금 T와 아내를 자랑하는 사람과 부러워하는 사람의 관계로 설정하여 그 장면이 구성되도록 하였고, 이는 '나'와 아내의 가난의 문제를 더욱 실감 있게 인식시키려는 의도와 목적을 가지고 있었기 때문에 취해진 조처라고 말해야 옳을 것이다. 여기에서 작가의 미적 기획은 전적으로 작가 자신의 결정에 의한 것임을 알 수 있다.

전지적 작가 시점

소설의 이야기가 작중인물이 아닌 이야기 밖의 다른 사람에 의해 서술되는 경우를 삼인칭 서술이라고 한다. 그러나 엄밀한 의미에서 삼인칭 서술이라는 말은 용어상으로 모순점이 있다. 삼인칭 서술자는 이야기 속에서 서술을 할 수가 없기 때문이다. 대명사인 '그'나 '그녀'는 서술되는 작중인물을 지칭하는 것이지 서술을 행하는 서술 주체로서의 서술자를 말하는 것은 아니다. 이 경우 실제 이야기의 서술은 이야기 밖에 있는 작가에 의해 이루어지는 것으로 볼 수 있다. 여기서는 전지적 작가 시점과 작가 관찰자 시점으로 구분된다.

전지적 작가 시점은 작가가 등장인물의 행동과 태도는 물론 그의 내면세계까지도 분석 설명하며 이야기를 이끌어가는 방식이다. 작가가 소설 속의 인물의 내면세계와 외부세계를 모두 관장하며, 작가의 입장에서 인물의 행동과 심리 상태를 해석하기도 한다. 서술의 각도를 자유롭게 이동시켜서 인생의 총체적인 모습을 다각적으로 그려 나갈 수 있는 서술 방식이다.

초봉이는 아궁이 앞에 앉아 지금 방에서 어머니와 아버지가 하고 있는 그 이야기가 어떻게 돼가는가 해서 궁금히 생각을 하고 있는데, 삐그럭 중문 소리에 연달아 뚜벅뚜벅 무거운 구두 소리가 들린다. 초봉이는 보지 않고도 그것이 승재의 발자국 소린 줄 안다.
초봉이는 승재와 얼굴이 마주쳤다. 승재는 여느때 같으면 히죽이 웃으면서 그냥 아랫방께로 갔을 것이지만, 오늘은 할말이 있는지 양복 저고리 포켓에다 손을 넣고 무엇을 찾으면서 주춤주춤한다.

초봉이는 고개를 돌이켰어도 승재가 말을 해주기를 기다린다. 그랬으면 초봉이도 그 말 끝에 잇대어 아까 가게에서 풍파가 났던 이야기도 하고…… 하면 재미가 있을 것 같았다.

그러나 둘이는 내외를 한다거나 누가 금하는 바는 아니지만, 딱 마주쳐서 어쩔 수 없는 때나 아니고는 섬뻑 말이 나오지를 않는다. 그들은 처음부터 그렇게 버릇이 되었다. 한 것은, 가령 승재가 안에 기별할 말이 있다든지, 안에서 초봉이가 승재한테 무엇 내보낼 것이 있다든지 하더라도, 직접 승재가 초봉이한테, 또는 초봉이가 승재한테 해도 관계치야 않겠지만, 그러나 손아래로 아이들이 있는 고로, 다만 숭늉 한 그릇을 청한다 하거나, 내보내거나 하는 데도 자연 아이들을 부르고 아이들을 시키고 하기 때문에, 그게 필경 버릇이 되고 말았던 것이다.

승재가 방을 세로 얻어 든 것이 작년 세안이라 하지만, 그러기 때문에 둘이는 제법,

"나 승잽니다."

"초봉이어요."

이만큼이라도 말을 주고받기라도 하기는 금년 이월 초봉이가 제중당에 나가서부터다.

초봉이가 기다리다 못해, 그것도 잠깐이지만 도로 고개를 돌리니까, 승재는 되레 무렴해서 벌씬 웃고 얼른 아랫방께로 걸어간다.

초봉이는 승재가, 대체 무슨 말을 하려다 못 하고 저러나 싶어서, 그의 히던 양이 우습기도 하거니와 한편 궁금하기도 했다.

— 채만식, 「탁류」

앞에 인용한 채만식의 「탁류」에서 볼 수 있듯이, 전지적 작가 시점을 사용하는 경우 작가는 등장인물의 말과 행동, 생각에 대하여 모든 것을 알고 있는 전지전능한 위치에 서게 된다. 그래서 그는 작중인물들이 제각기 듣고 보고 생각하는 것은 물론 그들 아무도 듣거나 보거나 생각하지 못하

는 것까지 다 서술해 나갈 수 있다. 그래서 작중인물을 분석, 그의 심층 심리까지 독자에게 제시하기도 한다.

이처럼 전지적이라는 말은 무제한적이고 전권적이라는 의미를 내포하여 마치 신이 인간의 과거와 현재와 미래를 총괄적으로 볼 수 있는 능력과 비견된다. 그러나 소설에 있어서의 전지적 시점은 사실 신과 같은 것은 아니고, 소설이 전개되는 과정에 참가한다는 점에서 제한성을 가지고 있다. 신은 어느 때나, 어느 곳이나 자유자재하고 시간과 공간을 초월해서 동시적으로 존재하지만, 소설 속에서 행사하는 화자의 전지적 능력은 소설이 전개되는 순서와 그 테두리에 한정되고 있다. 즉 시간과 공간의 제한을 받고 있다. 화자의 전지적 능력은 이야기의 주제와 작가가 의도하는 수준에서만 부여되는 것이다.

전지적 작가 시점에 의해 이야기가 서술될 때, 작가가 지나칠 정도로 독자 앞에 나서서 모든 사실을 설명을 해주면 독자들이 알아듣기는 쉽지만 소설 속으로 빨려 들어가 작중인물과 호흡을 같이 하고 함께 긴장하는 공감대를 형성하기 어렵다. 대부분의 고전소설이 전지적 작가 시점을 활용하고 있지만 근대 소설에서는 전지적 시점이 점차 줄어들고 있다. 이것은 결국 단순한 이야기가 점차 본격적인 소설로 발전해 나간 사실과 관계가 있다고 하겠다.

작가 관찰자 시점

작가가 외부적인 관찰자의 입장에서 이야기를 서술해 가는 방식을 작가 관찰자 시점이라고 한다. 작가는 작품의 밖에서 관찰자로서의 객관적인 입장을 지켜, 대상을 관찰하고 묘사한다. 객관적인 입장에서 구체적으로 인물을 묘사하고 사건을 서술하기 때문에, 서술 자체가 극적인 것이 특징이다.

다음날은 좀 늦게 개울가로 나왔다.

이날은 소녀가 징검다리 한가운데 앉아 세수를 하고 있었다. 분홍 스웨터 소매를 걷어 올린 팔과 목덜미가 마냥 희었다.

한참 세수를 하고 나더니 이번에는 물 속을 빤히 들여다본다. 얼굴이라도 비추어 보는 것이리라. 갑자기 물을 움켜 낸다. 고기새끼라도 지나가는 듯.

소녀는 소년이 개울둑에 앉아 있는 걸 아는지 모르는지 그냥 날쌔게 물만 움켜 낸다. 그러나 번번이 허탕이다. 그래도 재미있는 양, 자꾸 물만 움킨다. 어제처럼 개울을 건너는 사람이 있어야 길을 비킬 모양이다.

그러다가 소녀가 물 속에서 무엇을 하나 집어 낸다. 하얀 조약돌이었다. 그리고는 홀 일어나 팔짝팔짝 징검다리를 뛰어 건너간다.

다 건너가더니 홱 이리로 돌아서며,

"이 바보."

조약돌이 날아왔다.

소년은 저도 모르게 벌떡 일어섰다.

단발머리를 나풀거리며 소녀가 막 달린다. 갈밭 사잇길로 들어섰다. 뒤에는 청량한 가을 햇살 아래 빛나는 갈꽃뿐.

이제 저쯤 갈밭머리로 소녀가 나타나리라. 꽤 오랜 시간이 지났다고 생각했다. 그런데도 소녀는 나타나지 않는다. 발돋움을 했다. 그러고도 상당한 시간이 지났다고 생각됐다.

저쪽 갈밭머리에 갈꽃이 한옴큼 움직였다. 소녀가 갈꽃을 안고 있었다. 그리고 이제는 천천한 걸음이었다. 유난히 맑은 가을 햇살이 소녀의 갈꽃머리에서 반짝거렸다. 소녀 아닌 갈꽃이 들길을 걸어가는 것만 같았다.

소년은 이 갈꽃이 아주 뵈지 않게 되기까지 그대로 서 있었다. 문득 소녀가 던진 조약돌을 내려다보았다. 물기가 걷혀 있었다. 소년은 조약돌을 집어 주머니에 넣었다.

― 황순원, 「소나기」

앞에 인용한 황순원의 단편소설「소나기」를 보면, 삼인칭 소설의 제한적 시점은 작가의 전지성이 이야기의 주인공인 '소년'에게만 발휘된다. 주인공인 '소년'의 생각을 작가가 해설하게 되는데, 시점을 바꾸지 않고 '소년'에게 고정시킴으로써 독자의 주의력을 흩어 놓지 않고 통일성 있게 이야기를 이끌어갈 수가 있다. 독자는 그래서 작중인물 중의 한 사람, 특히 주인공인 '소년'의 생각은 잘 알 수 있지만, 다른 인물들이나 이야기의 전체 호흡에 대해서는 파악할 수 없다.

3. 시점의 활용

소설의 시점은 앞의 설명대로 크게 네 가지로 나누어 생각해 볼 수 있다. 그러나 실제로 작가들이 한 작품에서 꼭 한 가지 시점만으로 일관되게 적용하지는 않는다. 작가들은 소재가 마련되면 그것을 가장 효과적으로 처리할 수 있는 시점을 선택하는 데 골몰한다.
　김동인의「감자」에서 복녀에 대한 서술에 주목해 보자.

　(1) 복녀는 원래 가난은 하나마 정직한 농가에서 규칙있게 자라난 처녀였었다. 예전 선비의 엄한 규율은 농민으로 떨어지자부터 없어졌다. 하나, 그러나 어딘지는 모르지만 딴 농민보다는 좀 똑똑하고 엄한 가율이 그의 집에 그냥 남아 있었다.

　(2) 그러나 이런 이상한 일이 어디 있을까. 사람인 자기도 그런 일을 한 것을 보면 그것은 결코 사람으로 못할 일이 아니었다. 게다가 일 안 하고도 돈 더 받고, 긴장된 유쾌가 있고, 빌어먹는 것보다 점잖고…… 일본말로 하자면 '3박자' 같은 좋은 일은 이것뿐이었다. 이것이야말로 삶의 비결이 아닐까. 뿐만 아니라 이 일이 있은 뒤부터 그는 처음으로 한 개 사람으

로 된 것 같은 자신까지 얻었다.

　앞의 인용에서 (1)의 부분은 복녀라는 등장인물을 거의 객관적으로 서술하고 있다. 즉, 작가는 그녀의 생각에 대해 자세한 해설을 가하기보다는 담담한 태도로 있었던 사실만을 이야기하는 중립적 태도를 취하는 것이다. 그러나 이 같은 비교적 객관적인, 그래서 관찰자적인 화자의 태도는 이야기의 주제와 밀접하게 관련된 중요한 부분에 이르러 전지적인 관점으로 변하게 된다. (2)의 경우 작가는 어느 사이 복녀의 심중을 낱낱이 파악하고 있으며, 그러한 변화에 대해 독자에게 설명하고 있음을 볼 수 있다. 그래서 「감자」의 경우, 작가는 위의 부분에서 복녀의 심중을 해설하고 있으므로, 삼인칭 제한적 시점의 작품이라고 할 수 있겠다. 하지만 작가는 복녀에 대해서조차 그가 필요하다고 생각되는 순간 외에는 거의 객관적인 극적 묘사를 하고 있다는 사실을 바르게 파악해야 한다.
　작가는 이처럼 작품 전체의 미적 효과를 충분히 고려하여 꼭 필요하다고 판단되는 때에만 전지적 해설을 가하게 되는 경우가 많은 것이다. 그래서 우리의 소설사적 발달 과정은 단순한 본래의 이야기에서 점차적으로 장면적 이야기 및 자기 고백적인 일인칭 소설로 전개되었다고 할 수 있지만, 작가의 미적 계획에 의한 부분적인 주관적 해설이 더욱 효과적인 작품들도 종종 볼 수 있다.
　시점을 화자의 직업, 교양 수준, 성별, 연령별, 신앙별, 때로는 사회적 신분별로 세밀히 나누어 생각해 볼 수 있을 것이다. 주요섭의 「사랑 손님과 어머니」의 경우 일인칭 관찰자 시점이면서 그 화자를 어린 아이인 옥희로 설정함으로써 작품 전체의 분위기를 신선하고 아름답게 하는 효과를 거두고 있다. 시점에 유의하면서 독서를 하게 되면 각 시점, 즉 화자의 위치에 따라 이야기의 의미가 어떻게 변모하는가를 명확하게 이해하게 될 것이다.

4. 이야기의 서술과 초점화

'초점화(focalization)'의 개념

소설의 이야기는 화자 또는 서술자에 의해 이야기되는 어떤 관점을 통해 텍스트 속에 제시된다. 이것은 이미 앞에서 설명한 바 있는 서술 방법과 시점의 유형을 통해 어느 정도 해명된 바 있다. 그러나 일인칭 시점이니 삼인칭 시점이니 하는 서술 방법의 분류는 화자 또는 서술자가 이야기와 맺는 내적/외적 관계를 명시하는 데에 유용하지만, 실제 이야기의 서술 방법을 완전하게 분석하는 데에까지 이르지는 못한다. 예컨대, 일인칭 서술에서는 '나'라는 일인칭의 인물이 이야기를 서술한다. 그러나 삼인칭 서술의 경우, '그' 또는 '그녀'는 서술되는 이야기 속의 인물이지 이야기를 서술하는 화자 또는 서술자는 아니다. 여기서 생겨나는 문제가 바로 '누가 이야기하느냐'와 '누가 보느냐'의 문제다. 하나의 인물이 이야기를 말하는 것과 보는 것을 모두 동시에 할 수 있다. 그러나 바로 이 때문에 소설의 서술 방법과 시점의 문제가 서로 혼동되기도 한다.

이러한 문제를 해결하기 위해 쥬네트가 『서사 담론(*Narrative Discourse*)』에서 내세운 것이 바로 '초점화'다. 소설의 이야기에서 '누가 이야기하느냐'와 '누가 보느냐' 하는 문제를 구분해야 한다는 것은 텍스트의 서술자와 텍스트의 시점이 동일하지 않다는 데에서 출발한다. '누가 이야기하느냐' 하는 문제는 누가 이야기의 서술을 담당하고 있는가를 말한다. 그러나 '누가 보느냐' 하는 문제는 이야기에서 누구의 시각에 의해 서술되고 있는 내용이 결정되는가 하는 문제와 관련된다. 초점화는 바로 '누가 보느냐' 하는 문제를 중심으로 한다.

이 문제를 보다 명확하게 이해하기 위해서는 영화의 경우를 생각할 수 있다. 영화는 장면에 의존한다. 그렇지만 어떤 이야기를 말해주기 위해서는 영화의 카메라가 어떤 시각을 채택하지 않을 수 없다. 카메라의 위치가 공간적으로 또는 시간적으로 정해져야 한다. 그래야만 영화 속의 장면을 어떤 각도에서 클로즈업시킬 수도 있고 장면을 전환시킬 수 있다. 카메라의 공간적 위치에 따라 카메라의 초점이 결정되는 것이다. 소설의 경우에도 이와 비슷한 현상이 나타난다. 소설의 이야기를 말해주는 화자는 이야기 속의 장면을 그려내기 위해 누군가의 눈으로 그 장면을 보는 것처럼 서술한다. 말하자면, 초점화라는 방법을 통해 이야기와 공간적 관계를 맺게 되는 것이다.

덕기는 제 방으로 들어가 누우면서 지금 안에서 듣던 말을 생각해 보았다.
지체 보아서 한다고 할아버지가 야단야단치고 얻어 맡긴 아내요 또 그것도 처음에는 좋다가 일본 갈 때쯤은 싫증도 났던 아내이건마는, 시서모 앞에서 남편도 없는 동안에 고생하는 생각을 하면 가엾기도 하였다.
사실 소학교밖에 졸업 못 하고 구식 가정에서 자라났기에 이 속에서 배겨 있지, 요새의 신여성 같았으면야 풍파가 나도 몇 번 났을지 모르겠다고 생각하면, 신지식 없다고 싫어하던 것이 이제는 도리어 잘 되었다고도 생각하였다.
"……덕기도 제사까지 지내고 가라고 하였다……."
덕기는 분명히 조부의 이런 목소리를 들은 법하다. 꿈이 아니었던가 하며 소스라쳐 깨어 눈을 떠보니 머리맡 창에 볕이 쨍쨍히 비친 것이 어느덧 저녁때가 된 것 같다. 벌써 새로 세시가 넘었다. 아짐 먹고 나오는 길로 따뜻한 데 누웠으려니까 잠이 폭폭 왔던 것이다. 어쨌든 머리를 쳐드니, 인제는 거뜬하고 몸도 풀린 것 같다.
"네 처두 묵으라고 하였다만 모레는 너두 들를 테냐? 들르면 무얼 하느냐마는……."
조부의 못마땅해하는 — 어떻게 들으면 말을 만들어 보려고 짓궂이 비꼬는 강강한 어투가 또 들린다.

덕기는 부친이 왔나 보다 하고 가만히 유리 구멍으로 내다보았다. 수달피 깃을 댄 검정 외투를 입은 홀쭉한 뒷모양이 뜰을 격하여 큰 마루 앞에 보이고 조부는 창을 열고 내다보고 앉았다. 덕기는 일어서려다가 조부가 문을 닫은 뒤에 나가리라 하고 주저앉았다.

"저야 오지요마는 덕기는 붙드실 게 무엇 있습니까. 공부하는 애는 그보다 더한 일이 있더라도 날짜를 대서 하루바삐 보내야지요……."

이것은 부친의 소리다. 부친은 갸날프고 신경질인 체격 보아서는 목소리라든지 느리게 하는 어조가 퍽 딴판인 인상을 주는 것이었다. 그 부드러운 목소리와 급히 죄치지 않는 느린 말투는 퍽 젊었을 때에도 그랬는지는 모르겠으나 아마 예수교 속에서 얻은 수양인가 보다고 덕기는 생각하였다. 거기다가 비하면 조부의 목소리와 어투는 자기 생긴 거와 같이 몹시 신경질이요 강강하였다.

"그보다 더한 일이라니?"

시비를 차리는 사람이 저편의 말끝을 잡은 것만 다행해하는 듯이 조부의 목소리는 긴장하여졌다.

부친은 잠자코 섰는 모양이다.

"계집 자식이 붙드는 게 그보다도 더한 일이냐? 에미 애비가 숨을 몬다면 그보다 더한 일이냐?"

"왜 불관한 일에 그렇게 말씀을 하세요?"

똑같이 부드럽고 똑같이 일 분간에 오십 마디밖에 아니 되는 듯한 말소리다. 그러나 노영감은 아들의 그 말소리가 추근추근히 골을 올리려는 것같이 들려서 더 못마땅하였다.

"그래 무에 어쨌단 말이냐? 에미 애비 제사도 모르는 놈이 당장 숨을 몬다기로 눈 하나 깜짝이나 할 터이냐? 그런 놈을 공부는 시키면 무얼 하니?"

영감은 입에 물렸던 담뱃대로 재떨이를 땅땅 친다.

덕기는 더 참을 수가 없어서 아랫방에서 나왔다.

"오늘 가뵈려고 하였어요. 글피쯤 떠날까 봅니다."

덕기는 부친 앞에 가서 이런 소리를 하고,
"안으로 들어가시지요."
하고 재촉을 하였다.
부친은 잠자코 아들을 바라보다가 모자를 벗고 방 안에다 대고 인사를 한 뒤에 안에는 아니 들르고 대문 편으로 나가 버렸다.

- 염상섭, 「삼대」

앞에 인용한 염상섭의 「삼대」의 한 장면을 보면 초점화의 문제가 야기하는 서술 시각의 중요성이 무엇인가를 쉽게 이해할 수 있다. 여기서 서술자는 이야기의 밖에 서 있다. 전지적 작가 시점이 적용되고 있기 때문이다. 그러나 이 대목에서 중요한 것은 누가 이야기를 말하느냐 하는 문제가 아니다. 오히려 문제가 되는 것은 이 장면이 단순하게 서술자에 의해 이야기되고 있는 것이 아니라 '덕기'라는 인물이 '유리 구멍'을 통해 내다보고 있는 장면을 그리고 있다는 점이다. 말하자면 서술자가 말하고 있는 내용 자체에 덕기의 시각이 분명하게 제시되어 있는 것이다. 그러므로 이 소설의 서술 방법을 단순하게 '삼인칭 소설'이라고 말한다든지, '전지적 작가 시점'이라는 시점의 유형을 지적하는 것만으로는 소설의 서술적 특성을 제대로 이해하기 어렵다.

이처럼 소설의 초점화의 문제는 소설의 화자 또는 서술자의 위치와 시각의 문제를 명확하게 구분하기 위해 필요한 일종의 기법적인 개념이라고 할 수 있다. 초점화의 문제는 '누가 보느냐' 하는 '보는 주체'와 '무엇을 보느냐' 하는 '보이는 대상' 사이의 관계를 통해 성립된다. 그리고 여기에 '누가 이야기하느냐' 하는 서술자의 문제가 연결된다. 그러므로 초점자(focalizer, 보는 자)와 초점화 대상(focalized, 보여지는 것)에 서술자가 서로 결합되면서 이루어지는 일종의 삼각관계 속에서 초점화의 문제가 제기된다는 것을 알 수 있다.

초점화의 유형

소설의 초점화는 초점자와 초점화 대상의 관계 속에서 성립된다. 그러므로 초점화의 주체와 대상을 놓고 이야기와 관계되는 위치와 이야기의 지속의 정도에 따라 그 유형을 구분해 볼 수 있다. 초점화의 주체가 되는 초점자는 그 장면이 보여지는 지점이다. 그 지점은 이야기의 내부에 있을 수도 있고 외부에 있을 수도 있다. 여기서 외적 초점화(external focalization)와 내적 초점화(internal focalization)의 구분이 가능해진다.

외적 초점화는 이야기의 외부에 위치한 익명의 주체가 초점자의 기능을 수행하고 있는 경우를 말한다. 외적 초점자는 이야기의 바깥에서 이야기의 서술을 담당하는 화자 또는 서술자와 같기 때문에 화자 초점자(narrator-focalizer)라고 한다. 반면에 내적 초점화는 초점화의 위치가 이야기의 내부에 자리한다. 특정 인물의 눈을 통해 보여지는 것을 이야기하기 때문에 초점자가 등장인물과 일치한다. 말하자면 인물 초점자(character-focalizer)의 형식을 취하는 것이다. 소설의 독자들은 특정 인물의 시각과 의지를 통해 이야기의 상황을 보게 되므로 그 인물이 제시하는 시각을 수용하게 된다.

(1) 마침 큰 벽시계가 열시를 치고 있었다. 그 여운이 긴 시계 치는 소리는 방 안을 이상하게 술렁술렁하게 만들었다. 사방의 벽이 부풀었다 수축했다 서서히 운동을 하였다. 늙은 주인의 허한 눈길이 시계 쪽으로 향해 있었다. 치는 소리가 들리지는 않을 텐데. 영희는 풀썩 올케 앞에 앉아 머리를 올케 무릎에 파묻고 그 벽시계를 멀거니 쳐다보는 아버지의 눈길이 우습다는 듯이 키득키득 웃다가 시계 치는 소리가 멎자 잠시 조용했다. 머리를 들고 잠긴 목소리의 조용한 어조로, 그러나 차츰 격해지면서,
"언니, 언닌 정말 늘 이러구 있을 참이우? 답답허잖우? 오빠란 사람은 저렇게 맹물이구, 대낮에도 파자마나 입구 뒹굴구, 코카콜라나 빨구 앉았구."
순간 정애와 성식이 동시에 머리를 들었다. 성식의 손에서 스르르 신문

이 빠져 나가며 안경알이 또 불빛에 번쩍 했다. 정애는 제 남편과 눈이 마주치자 차디차게 외면을 했다. 미간을 찡그리며,

"아니, 왜 또 이러우?"

영희는 맨마룻바닥에 무릎을 꿇고 올케의 손을 더욱 힘주어 잡았다.

"아버진 이렇게 병신이 되구. 대체 우리가 이토록 지키고 있는 게 뭐유? 난 스물아홉이 아니우? 올켄 내가 스물아홉 먹은 노처녀라는 것을 언제 한 번이나 새겨 둔 일이 있수? 올케가 이젠 이 집안의 주인 아니우? 이 집안의 가문과 가풍과…… 언니 언니, 언닌 대관절 무슨 명분으로 이 집을 이토록 지키고 있는 거유?"

성식이 옆 탁자에 코카콜라 깡통을 놓았다. 담배를 꺼냈다. 이런 일에는 익숙해진 듯하였다. 그러나 가느다랗게 긴 손가락이 가늘게 떨고 있었다. 정애의 남편이나 영희의 오빠는 없고 찬 안경알만이 있었다.

― 이호철, 「닳아지는 소리」

(2) 토요일이었다.

개울가에 이르니 며칠째 보이지 않던 소녀가 건너편 가에 앉아 물장난을 하고 있었다.

모르는 체 징검다리를 건너기 시작했다. 얼마 전에 소녀 앞에서 한 번 실수를 했을 뿐, 여태 큰길 가듯이 건너던 징검다리를 오늘은 조심성스럽게 건넌다.

"얘."

못 들은 체했다. 둑 위로 올라섰다.

"얘, 이게 무슨 조개지?"

자기도 모르게 돌아섰다. 소녀의 맑고 검은 눈과 마주쳤다. 얼른 소녀의 손바닥으로 눈을 떨구었다.

"비단조개."

"이름두 참 곱다."

갈림길에 왔다. 여기서 소녀는 아래편으로 한 삼 마장쯤, 소년은 우대로 한 십 리 가까잇길을 가야 한다.
 소녀가 걸음을 멈추며,
 "너 저 산 너머에 가본 일 있니?"
 벌 끝을 가리켰다.
 "없다."
 "우리 가보지 않을래? 시골 오니까 혼자서 심심해 못 견디겠다."
 "저래빼두 멀다."
 "멀믄 얼마나 멀갔게? 서울 있을 땐 아주 먼 데까지 소풍 갔었다."
 소녀의 눈이 금세, 바보, 바보, 할 것만 같았다.

― 황순원, 「소나기」

 앞의 (1)의 경우, 초점화의 주체는 이야기의 밖에 자리하고 있다. 이야기의 서술자가 초점자의 역할을 동시에 수행하고 있는 외적 초점화가 이루어지고 있는 것이다. 서술자는 서술자 초점자의 입장에서 어느 지점이나 어느 인물에도 시각을 고정하지 않고 적절한 간격을 유지한 채 이야기를 이끌어 간다. (2)에서는 모든 상황이 이야기 속에 등장하는 소년의 시각을 통해 그려진다. 소년의 눈에 '며칠째 보이지 않던' 소녀의 모습이 나타나고, 그 동작 하나하나가 있는 그대로 소년의 눈을 통해 전달된다. 이야기의 화자는 이야기의 밖에 자리하고 있지만, 초점화의 주체는 이야기 속의 인물인 소년이다. 이 작품에서는 소년이 인물 초점자가 되고 있는 것이다. 소년이 보고 느끼고 생각하는 대로 이야기가 전개되고 있기 때문에, 독자들은 소년의 제한된 시각을 통해 사건을 보게 된다.
 (1)의 경우와 같은 외적 초점자의 위치를 공간적인 용어로 바꾸어 볼 경우, 조감자(鳥瞰者)의 형식을 취하고 있음을 보게 된다. 외적 초점자는 그가 보고 있는 대상보다 언제나 높은 곳에서 모든 상황을 통괄한다. 화자 초점자가 취하는 고전적인 위치가 바로 이러한 조감자의 기능과 직결된다.

외적 초점자는 일종의 파노라마적인 개괄을 하기도 하고 서로 다른 장소에서 일어나고 있는 일을 동시적으로 볼 수도 있다. 시간적으로는 과거나 현재 그리고 미래의 모든 시간적 차원을 마음대로 다룰 수가 있다. 그러나 (2)의 경우와 같은 내적 초점자의 경우는 이와 다르다. 내적 초점자는 어떤 하나의 등장인물의 시각을 따르는 것이므로 그만큼 제한적이다. 만일 그 인물이 창문도 없는 방안에 갇힌 경우라면 바깥을 볼 수 없게 되는 것은 당연하다. 시간적인 차원에서도 내적 초점자는 언제나 현재의 상황에만 국한되어 있다.

그런데 이러한 내적/외적 초점화의 구분은 고정되어 있는 것은 아니다. 하나의 이야기에서 외적 초점자가 자연스럽게 내적 초점자로 바뀌기도 한다. 내적 초점자의 경우에는 하나의 인물에서 다른 인물로 초점자가 바뀔 수도 있는 것이다. 이러한 현상은 이야기를 말하는 과정에서 시각의 변화를 드러내기 위한 기법이라고 할 수 있다. 일반적으로 삼인칭 소설의 경우는 외적 초점화가 이루어지며, 일인칭 소설은 대부분 내적 초점화가 가능해진다. 그러나 이 같은 방식이 고정되어 있는 것은 아니다. 예컨대, 김동인의 「배따라기」와 같은 액자형 소설의 경우, 일인칭 화자가 등장하는 대목은 이야기의 내용을 전달 서술하는 입장에 서 있기 때문에 부분적으로 외적 초점화가 실현되기도 하지만, 장면에 따라 내적 초점화가 이루어지기도 한다. 그러므로 일인칭 소설이니 삼인칭 소설이니 하는 구분 자체가 초점화의 측면에서 본다면 중요한 의미를 가지지 못한다고 할 수 있다.

5. 서술자의 위상

소설에서 이야기를 서술하는 서술자로서 화자의 존재는 서사 양식의 핵심적 요건 중의 하나다. 그러나 서술과 시점을 논의하는 과정에서는 서술자의 위상과 그 기능에 대한 깊이 있는 논의가 이루어지지 못하였다. 그 이유는 서술 방법에서 실제적인 작가의 역할과 허구적인 화자로서의 서술자의 위상을 명확히 구분하지 못하였기 때문이다.

채트먼(Seymour Chatman)의 『이야기와 담론(*Story and Discourse*)』을 보면, 서사적 텍스트에서 이루어지는 소통의 상황을 다음과 같이 도식화하고 있다.

```
실제작가 ➡ 내포작가 ➡ 화자 ➡ 피화자 ➡ 내포독자 ➡ 실제독자
real author  implied author  narrator  narratee  implied reader  real author
```

이 도식에서 열거되고 있는 여섯 가지의 인자 가운데 내포작가와 내포독자는 서사적 텍스트 내에서 서사적 소통에 직접 관련되어 있는 인자는 아니다. 내포작가와 내포독자는 텍스트의 모든 성분들 가운데 독자에 의해 추측되고 집성되는 하나의 구성물에 지나지 않는다. 그러므로 모든 서사 양식은 현실적으로 실제작가와 실제독자 사이에 소통관계를 통해 성립된다. 그리고 서사 양식의 텍스트 내에서 허구적인 화자와 피화자의 존재가 상정된다.

일반적으로 소설에서 서술자는 허구적 화자로서 이야기를 말해주는 서술 기능을 수행한다. 이야기 속에서 서술자가 속하는 서술의 수준, 이야기 속의 참여 범위 등은 서술자의 위상을 규정하는 요소들이다. 서술자의 위상은 독자가 이야기를 이해하는 정도나 이야기에 대한 독자의 태도를 결정한다. 그리고 이러한 서술자의 위상에 따라서 서술자의 유형도 결정된다.

다음의 예를 보자.

(1) 나는 아내의 밤 외출 틈을 타서 밖으로 나왔다. 나는 거리에서 잊어버리지 않고 가지고 나온 은화를 지폐로 바꾼다. 오 원이나 된다. 그것을 주머니에 넣고 나는 목적을 잃어버리기 위하여 얼마든지 거리를 쏘다녔다.

오래간만에 보는 거리는 거의 경이에 가까울 만치 내 신경을 흥분시키지 않고는 마지않았다. 나는 금시에 피곤하여 버렸다. 그러나 나는 참았다. 그리고 밤이 이슥하도록 까닭을 잊어버린 채 이거리 저거리로 지향없이 헤매었다.

— 이상, 「날개」

(2) 소년은 전에 소녀가 앉아 물장난을 하던 징검다리 한가운데에 앉아 보았다. 물 속에 손을 잠갔다. 세수를 하였다. 물 속을 들여다보았다. 검게 탄 얼굴이 그대로 비치었다. 싫었다.

소년은 두 손으로 물 속의 얼굴을 움키었다. 몇 번이고 움키었다. 그러다가 깜짝 놀라 일어나고 말았다. 소녀가 이리 건너오고 있지 않으냐.

숨어서 내 하는 꼴을 엿보고 있었구나. 소년은 달리기 시작했다. 디딤돌을 헛짚었다. 한 발이 물 속에 빠졌다. 더 달렸다.

— 황순원, 「소나기」

앞의 인용문 (1)은 흔히 일인칭 소설이라고 지칭된다. 이 경우 화자로서의 서술자는 이야기 속에 등장하는 '나'다. 이 작품에 등장하는 '나'라는 인물이 자신의 이야기를 말해주고 있는 것이므로, 이야기의 서술자는 일인칭인 '나'가 된다. 그러나 (2)와 같은 삼인칭 소설에서 이야기를 말해주는 화자로서의 서술자는 이야기가 진행되는 가운데 자신을 스스로 언급하지 않는다. 이야기 속에 등장하는 '소년'이 서술자가 아니다. 여기서 서술자는 이야기의 표면에 등장하지 않지만 소년에 대해 서술하고 있는 것이다. 그렇다면 여기서 서술자는 누구인가? '소년은 전에 소녀가 앉아 물장난을 하던 징검다리 한가운데에 앉아 보았다. 물속에 손을 잠갔다'라고 이야기해주는 서술의 주체는 누구인가? 이 질문에 대해 우리는 쉽게 실제작가라고 답할 가능성이 많다. 작가를 이야기를 말해주는 서술의 주체로서의 서술자라고 생각할 수 있다는 말이다. 시점의 유형론에서 이러한 서술 방식을 놓고 작가 관찰자 시점이라고 명명하고 있기 때문이다. 그러나 (2)의 서술자를 작가라고 말하기는 어렵다. 앞의 채트먼의 도식에서 볼 수 있듯이 실제작가와 구별되는 허구적인 화자가 이야기를 말해주는 서술자라고 해야 한다. 만일 (2)의 서술자를 실제작가라고 한다면, (1)의 경우에도 서술자인 '나'를 작가라고 할 수 있는가를 다시 따져 보아야 한다. 여기서 우리는 실제작가의 존재와 텍스트에서의 허구적인 화자로서의 서술자가 서로 구별될 필요가 있다는 것을 알 수 있다.

소설에서 이야기를 말해주는 화자로서의 서술자는 자신이 서술하는 이야기보다 상위에 있는 경우가 많다. 이 경우 서술자는 이야기의 바깥에서 이야기의 모든 과정을 중재할 뿐, 이야기 속에서 자신을 명시적으로 언급하지 않는다. 이러한 유형의 서술자를 '이야기 외적 서술자'라고 한다. 앞에 예시한 (2)의 경우에 해당한다. 이와 반대로 서술자가 자신이 서술하고 있는 이야기의 등장인물인 경우는 서술자가 등장인물에 묶여 있다는 뜻에서 '이야기 내적 서술자'라고 한다. (1)에서 이를 확인할 수 있다. 그런데 소설의 이야기에서 외적 서술자와 내적 서술자는 각각 그 서술적 위상이 정해져 있기는 하지만, 그들이 말해주는 이야기 속에 참여하거나 존재하기도 하고 전혀 관여하지 않거나 부재하기도 한다. 말하자면, 이야기 속에서 서술자의 개입 여부에 따라 그 역할이 달라진다고 할 것이다. 소설에서 서술자의 위상과 그 역할은 다양하다. 서술자는 배경의 묘사, 인물에 대한 판단, 시간의 요약이나 장면의 전환, 상황에 대한 논평, 등장인물과 상관없는 사실에 대한 언급 등을 통해 자신의 존재를 드러낸다. 우리는 이러한 여러 가지 표지를 통해 서술자의 위상을 파악할 수 있는 것이다.

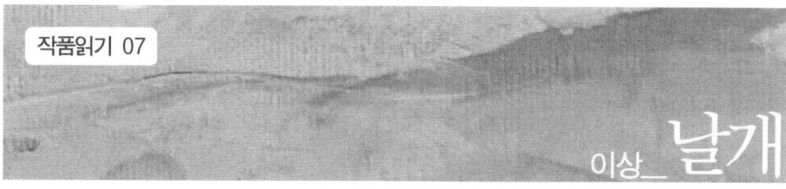

작품읽기 07

이상_ 날개

'박제(剝製)가 되어 버린 천재'를 아시오? 나는 유쾌하오. 이런 때 연애까지가 유쾌하오.

육신이 흐느적흐느적하도록 피로했을 때만 정신이 은화(銀貨)처럼 맑소. 니코틴이 내 횟배 앓는 뱃속으로 스미면 머릿속에 으레 백지가 준비되는 법이오. 그 위에다 나는 위트와 패러독스를 바둑 포석처럼 늘어놓소. 가증할 상식의 병이오.

나는 또 여인과 생활을 설계하오. 연애 기법에마저 서먹서먹해진 지성의 극치를 흘깃 좀 들여다본 일이 있는, 말하자면 일종의 정신분일자(精神奔逸者) 말이오. 이런 여인의 반(半)—그것은 온갖 것의 반이오—만을 영수(領受)하는 생활을 설계한다는 말이오. 그런 생활 속에 한 발만 들여놓고 흡사 두 개의 태양처럼 마주 쳐다보면서 낄낄거리는 것이오. 나는 아마 어지간히 인생의 제행(諸行)이 싱거워서 견딜 수가 없게끔 되고 그만둔 모양이오. 굿바이.

굿바이, 그대는 이따금 그대가 제일 싫어하는 음식을 탐식(貪食)하는 아이러니를 실천해 보는 것도 좋을 것 같소. 위트와 패러독스와……

그대 자신을 위조하는 것도 할 만한 일이오. 그대의 작품은 한 번도 본 일이 없는 기성품에 의하여 차라리 경편(輕便)하고 고매(高邁)하리라.

십구세기는 될 수 있거든 봉쇄하여 버리오. 도스토예프스키 정신이란 자칫하면 낭비인 것 같소. 위고를 불란서의 빵 한 조각이라고는 누가 그랬는지 지언(至言)인 듯싶소. 그러나 인생 혹은 그 모형에 있어서 디테일 때문에 속는다거나 해서야 되겠소? 화(禍)를 보지 마오. 부디 그대께 고하는 것이니…….
(테이프가 끊어지면 피가 나오. 생채기도 머지않아 완치될 줄 믿소. 굿바이.)

감정은 어떤 포즈(그 포즈의 소(素)만을 지적하는 것이 아닌지나 모르겠소) 그 포즈가 부동자세에까지 고도화할 때 감정은 딱 공급을 정지합네다.

나는 내 비범한 발육을 회고하여 세상을 보는 안목을 규정하였소.
여왕봉(女王蜂)과 미망인―세상의 하고많은 여인이 본질적으로 이미 미망인 아닌 이가 있으리까? 아니! 여인의 전부가 그 일상에 있어서 개개 '미망인'이라는 내 논리가 뜻밖에도 여성에 대한 모독이 되오? 굿바이.

그 33번지라는 것이 구조가 흡사 유곽이라는 느낌이 없지 않다. 한 번지에 18가구가 죽― 어깨를 맞대고 늘어서서 창호가 똑같고 아궁이 모양이 똑같다. 게다가 각 가구에 사는 사람들이 송이송이 꽃과 같이 젊다. 해가 들지 않는다. 해가 드는 것을 그들이 모른 체하는 까닭이다. 턱살 밑에다 철줄을 매고 얼룩진 이부자리를 널어 말린다는 핑계로 미닫이에 해가 드는 것을 막아 버린다. 침침한 방 안에서 낮잠들을 잔다. 그들은 밤에는 잠을 자지 않나? 알 수 없다. 나는 밤이나 낮이나 잠만 자느라고 그런 것은 알 길이 없다. 33번지 18가구의 낮은 참 조용하다.

조용한 것은 낮뿐이다. 어둑어둑하면 그들은 이부자리를 걷어 들인다. 전등불이 켜진 뒤의 18가구는 낮보다 훨씬 화려하다. 저물도록 미닫이 여닫는 소리가 잦다. 바빠진다. 여러 가지 내음새가 나기 시작한다. 비웃 굽는 내, 탕고도란 내, 뜨물내, 비눗내…….

그러나 이런 것들보다도 그들의 문패가 제일로 고개를 끄덕이게 하는 것이다. 이 18가구를 대표하는 대문이라는 것이 일각이 져서 외따로 떨어지기는 했으나 있다. 그러나 그것은 한 번도 닫힌 일이 없는 한길이나 마찬가지 대문인 것이다. 온갖 장사아치들은 하루 가운데 어느 시간에라도 이 대문을 통하여 드나들 수 있는 것이다. 이네들은 문간에서 두부를 사는 것이 아니라 미닫이만 열고 방에서 두부를 사는 것이다. 이렇게 생긴 33번지 대문에 그들 18가구의 문패를 몰아다 붙이는 것은 의미가 없다. 그들은 어느 사이엔가 각 미닫이 위 백인당(百忍堂)이니 길상당(吉祥堂)이니 써붙인 한곁에다 문패를 붙이는 풍속을 가져 버렸다.

내 방 미닫이 위 한 곁에 칼표딱지를 넷에다 낸 것 만한 내, 아니! 내 아내의 명함이 붙어 있는 것도 이 풍속을 좇은 것이 아닐 수 없다.

나는 그러나 그들의 아무와도 놀지 않는다. 놀지 않을 뿐만 아니라 인사도 않는다. 나는 내 아내와 인사하는 외에 누구와도 인사하고 싶지 않았다. 내 아내 외의 다른 사람과 인사를 하거나 놀거나 하는 것은 내 아내 낯을 보아 좋지 않은 일인 것만 같이 생각이 들었기 때문이다. 나는 이만큼까지 내 아내를 소중히 생각한 것이다.

내가 이렇게까지 내 아내를 소중히 생각한 까닭은 이 33번지 18가구 가운데서 내 아내가 내 아내의 명함처럼 제일 작고 제일 아름다운 것을 안 까닭이다. 18가구에 각기 별러 든 송이송이 꽃들 가운데서도 내 아내가 특히 아름다운 한 떨기의 꽃으로 이 함석지붕 밑 볕 안 드는 지역에서 어디까지든지 찬란하였다. 따라서 그런 한 떨기 꽃을 지키고, 아니 그 꽃에 매달려 사는 나라는 존재가 도무지 형언할 수 없는 거북살스러운 존재가 아닐 수 없었던 것은 물론이다.

　나는 어디까지든지 내 방이 — 집이 아니다. 집은 없다 — 마음에 들었다. 방 안의 기온은 내 체온을 위하여 쾌적하였고, 방 안의 침침한 정도가 또한 내 안력을 위하여 쾌적하였다. 나는 내 방 이상의 서늘한 방도, 또 따뜻한 방도 희망하지 않았다. 이 이상으로 밝거나 이 이상으로 아늑한 방을 원하지 않았다. 내 방은 나 하나를 위하여 요만한 정도를 꾸준히 지키는 것 같아 늘 내 방에 감사하였고 나는 또 이런 방을 위하여 이 세상에 태어난 것만 같아서 즐거웠다.
　그러나 이것은 행복이라든가 불행이라든가 하는 것을 계산하는 것은 아니었다. 말하자면 나는 내가 행복되다고도 생각할 필요가 없었고, 그렇다고 불행하다고도 생각할 필요가 없었다. 그냥 그날그날을 그저 까닭 없이 펀둥펀둥 게으르고만 있으면 만사는 그만이었던 것이다.
　내 몸과 마음에 옷처럼 잘 맞는 방 속에서 뒹굴면서, 축 처져 있는 것은 행복이니 불행이니 하는 그런 세속적인 계산을 떠난, 가장 편리하고 안일한, 말하자면 절대적인 상태인 것이다. 나는 이런 상태가 좋았다.
　이 절대적인 내 방은 대문간에서 세어서 똑 일곱째 칸이다. 럭키 세븐의 뜻이 없지 않다. 나는 이 일곱이라는 숫자를 훈장처럼 사랑하였다. 이런 이 방이 가운데 장지로 말미암아 두 칸으로 나뉘어 있었다는 그것이 내 운명의 상징이었던 것을 누가 알랴?

　아랫방은 그래도 해가 든다. 아침결에 책보만한 해가 들었다가 오후에 손수건만해지면서 나가 버린다. 해가 영영 들지 않는 윗방이 즉 내 방인 것은 말할 것도 없다. 이렇게 볕 드는 방이 아내 방이요, 볕 안 드는 방이 내 방이오 하고 아내와 나 둘 중에 누가 정했는지 나는 기억하지 못한다. 그러나 나에게는 불평이 없다.
　아내가 외출만 하면 나는 얼른 아랫방으로 와서 그 동쪽으로 난 들창을 열어 놓고, 열어 놓으면 들이비치는 볕살이 아내의 화장대를 비쳐 가지각색 병들이 아롱이 지면서 찬란하게 빛나고 이렇게 빛나는 것을 보는 것은 다시없는 내 오락이다. 나는 쪼끄만 '돋보기'를 꺼내 가지고 아내만이 사용하는 지리가미(휴지)를 끄슬려 가면서 불장난을 하고 논다. 평행 광선을 굴절시켜서 한 초점에 모아 가지고 그 초점이 따끈따끈해지다가, 마지막에는 종이를 끄실리기 시작하고 가느다란 연기를 내면서 드디어 구멍을 뚫어 놓는 데까지에 이르는 고 얼마 안 되는 동안의 초조한 맛이 죽고 싶을 만치 내게는 재미있었다.

이 장난이 싫증이 나면 나는 또 아내의 손잡이 거울을 가지고 여러 가지로 논다. 거울이란 제 얼굴을 비출 때만 실용품이다. 그 외의 경우에는 도무지 장난감인 것이다.

이 장난도 곧 싫증이 난다. 나의 유희심은 육체적인 데서 정신적인 데로 비약한다. 나는 거울을 내던지고 아내의 화장대 앞으로 가까이 가서 나란히 늘어놓인 고 가지각색의 화장품 병들을 들여다본다. 고것들은 세상의 무엇보다도 매력적이다. 나는 그 중의 하나만을 골라서 가만히 마개를 빼고 병구멍을 내 코에 가져다 대이고 숨죽이듯이 가벼운 호흡을 하여 본다. 이국적인 센슈얼한(관능적인) 향기가 폐로 스며들면 나는 저절로 스르르 감기는 내 눈을 느낀다. 확실히 아내의 체취의 파편이다. 나는 도로 병마개를 막고 생각해 본다. 아내의 어느 부분에서 요 내음새가 났던가를…… 그러나 그것은 분명치 않다. 왜? 아내의 체취는 여기 늘어섰는 가지각색 향기의 합세일 것이니까.

아내의 방은 늘 화려하였다. 내 방이 벽에 못 한 개 꽂히지 않은 소박한 것인 반대로 아내 방에는 천장 밑으로 쫙 돌려 못이 박히고 못마다 화려한 아내의 치마와 저고리가 걸렸다. 여러 가지 무늬가 보기 좋다. 나는 그 여러 조각의 치마에서 늘 아내의 동(胴)체와 그 동체가 될 수 있는 여러 가지 포즈를 연상하고 연상하면서 내 마음은 늘 점잖지 못하다.

그렇건만 나에게는 옷이 없었다. 아내는 내게는 옷을 주지 않았다. 입고 있는 코르덴 양복 한 벌이 내 자리옷이었고 통상복과 나들이옷을 겸한 것이었다. 그리고 하이 넥의 스웨터가 한 조각 사철을 통한 내 내의다. 그것들은 하나같이 다 빛이 검다. 그것은 내 짐작 같아서는 즉 빨래를 될 수 있는 데까지 하지 않아도 보기 싫지 않도록 하기 위한 것이 아닌가 한다. 나는 허리와 두 가랑이 세 군데 다 고무 밴드가 끼어 있는 부드러운 사루마다를 입고 그리고 아무 소리 없이 잘 놀았다.

어느덧 손수건만해졌던 볕이 나갔는데 아내는 외출에서 돌아오지 않는다. 나는 요만 일에도 좀 피곤하였고 또 아내가 돌아오기 전에 내 방으로 가 있어야 될 것을 생각하고 그만 내 방으로 건너간다. 내 방은 침침하다. 나는 이불을 뒤집어쓰고 낮잠을 잔다. 한 번도 걷은 일이 없는 내 이부자리는 내 몸뚱이의 일부분처럼 내게는 참 반갑다. 잠은 잘 오는 적도 있다. 그러나 또 전신이 까칫까칫하면서 영 잠이 오지 않는 적도 있다. 그런 때는 아무 제목으로나 제목을 하나 골라서 연구하였다. 나는 내 좀 축축한 이불 속에서 참 여러 가지 발명도 하였고 논문도 많이 썼다. 시도 많이 지었다. 그러나 그것들은 내가 잠이 드는 것과 동시에 내 방에 담겨서 철철 넘치는 그 흐늑흐늑한 공기에 다 비누처럼 풀어져서 온데간데가 없고 한참 자고 깬 나는 속이 무명 헝겊이나 메밀 껍질로 떵떵 찬 한 덩어리 베개와도 같은 한 벌 신경이었을 뿐이고 뿐이고 하였다.

그러기에 나는 빈대가 무엇보다도 싫었다. 그러나 내 방에서는 겨울에도 몇 마리씩의 빈대가 끊이지 않고 나왔다. 내게 근심이 있었다면 오직 이 빈대를 미워하는 근심일 것이다. 나는 빈대에게 물려서 가려운 자리를 피가 나도록 긁었다. 쓰라리다. 그것은 그윽한 쾌감에 틀림없었다. 나는 혼곤히 잠이 든다.

나는 그러나 그런 이불 속의 사색생활에서도 적극적인 것을 궁리하는 법이 없다. 내게는 그럴 필요가 대체 없었다. 만일 내가 그런 좀 적극적인 것을 궁리해 내었을 경우에 나는 반드시 내 아내와 의논하여야 할 것이고 그러면 반드시 나는 아내에게 꾸지람을 들을 것이고－나는 꾸지람이 무서웠다느니보다도 성가셨다. 내가 제법 한 사람의 사회인의 자격으로 일을 해보는 것도, 아내에게 사설 듣는 것도 나는 가장 게으른 동물처럼 게으른 것이 좋았다. 될 수만 있으면 이 무의미한 인간의 탈을 벗어 버리고도 싶었다.

　나에게는 인간 사회가 스스러웠다. 생활이 스스러웠다. 모두가 서먹서먹할 뿐이었다.

　아내는 하루에 두 번 세수를 한다. 나는 하루 한 번도 세수를 하지 않는다. 나는 밤중 세시나 네시 해서 변소에 갔다 달이 밝은 밤에는 한참씩 마당에 우두커니 섰다가 들어오곤 한다. 그러니까 나는 이 18가구의 아무와도 얼굴이 마주치는 일이 거의 없다. 그러면서도 나는 이 18가구의 젊은 여인네 얼굴들을 거반 다 기억하고 있었다. 그들은 하나같이 내 아내만 못하였다.

　열한시쯤 해서 하는 아내의 첫 번 세수는 좀 간단하다. 그러나 저녁 일곱시쯤 해서 하는 두 번째 세수는 손이 많이 간다. 아내는 낮에보다도 밤에 더 좋고 깨끗한 옷을 입는다. 그리고 낮에도 외출하고 밤에도 외출하였다.

　아내에게 직업이 있었던가? 나는 아내의 직업이 무엇인지 알 수 없다. 만일 아내에게 직업이 없었다면, 같이 직업이 없는 나처럼 외출할 필요가 생기지 않을 것인데－아내는 외출한다. 외출할 뿐만 아니라 내객이 많다. 아내에게 내객이 많은 날은 나는 온종일 내 방에서 이불을 쓰고 누워 있어야만 된다. 불장난도 못 한다. 화장품 내음새도 못 맡는다. 그런 날은 나는 의식적으로 우울해하였다. 그러면 아내는 나에게 돈을 준다. 오십 전짜리 은화다. 나는 그것이 좋았다. 그러나 그것을 무엇에 써야 옳을지 몰라서 늘 머리맡에 던져 두고 두고 한 것이 어느결에 모여서 꽤 많아졌다. 어느 날 이것을 본 아내는 금고처럼 생긴 벙어리를 사다 준다. 나는 한 푼씩 한 푼씩 고 속에 넣고 열쇠는 아내가 가져갔다. 그 후에도 나는 더러 은화를 그 벙어리에 넣은 것을 기억한다. 그리고 나는 게을렀다. 얼마 후 아내의 머리 쪽에 보지 못하던 누깔잠이 하나 여드름처럼 돋았던 것은 바로 그 금고형 벙어리의 무게가 가벼워졌다는 증거일까. 그러나 나는 드디어 머리맡에 놓였던 그 벙어리에 손을 대지 않고 말았다. 내 게으름은 그런 것에 내 주의를 환기시키기도 싫었다.

아내에게 내객이 있는 날은 이불 속으로 암만 깊이 들어가도 비 오는 날만큼 잠이 잘 오지는 않았다. 나는 그런 때 아내에게는 왜 늘 돈이 있나 왜 돈이 많은가를 연구했다.

내객들은 장지 저쪽에 내가 있는 것을 모르나 보다. 내 아내와 나도 좀 하기 어려운 농을 아주 서슴지 않고 쉽게 해 내던지는 것이다. 그러나 아내의 내객 가운데 서너 사람의 내객들은 늘 비교적 점잖았다고 볼 수 있는 것이 자정이 좀 지나면 으레 돌아들 갔다. 그들 가운데는 퍽 교양이 옅은 자도 있는 듯싶었는데 그런 자는 보통 음식을 사다 먹고 논다. 그래서 보충을 하고 대체로 무사하였다.

나는 우선 내 아내의 직업이 무엇인가를 연구하기에 착수하였으나 좁은 시야와 부족한 지식으로는 이것을 알아내기 힘이 든다. 나는 끝끝내 내 아내의 직업이 무엇인가를 모르고 말려나 보다.

아내는 늘 진솔 버선만 신었다. 아내는 밥도 지었다. 아내가 밥 짓는 것을 나는 한 번도 구경한 일은 없으나 언제든지 끼니때면 내 방으로 내 조석밥을 날라다 주는 것이다. 우리집에는 나와 내 아내 외에 다른 사람은 아무도 없다. 이 밥은 분명히 아내가 손수 지었음에 틀림없다.

그러나 아내는 한 번도 나를 자기 방으로 부른 일이 없다. 나는 늘 윗방에서 나 혼자서 밥을 먹고 잠을 잤다. 밥은 너무 맛이 없었다. 반찬이 너무 엉성하였다. 나는 닭이나 강아지처럼 말없이 주는 모이를 넙죽넙죽 받아먹기는 했으나 내심 야속하게 생각한 적도 더러 없지 않다. 나는 안색이 여지없이 창백해 가면서 말라들어 갔다. 나날이 눈에 보이듯이 기운이 줄어들었다. 영양 부족으로 하여 몸뚱이 곳곳이 뼈가 불쑥불쑥 내밀었다. 하룻밤 사이에도 수십 차를 돌쳐 눕지 않고는 여기저기가 배겨서 나는 배겨 낼 수가 없었다.

그렇기 때문에 나는 내 이불 속에서 아내가 늘 흔히 쓸 수 있는 저 돈의 출처를 탐색해 보는 일변 장지 틈으로 새어 나오는 아랫방의 음식은 무엇일까를 간단히 연구하였다. 나는 잠이 잘 안 왔다.

깨달았다. 아내가 쓰는 돈은 그, 내게는 다만 실없는 사람들로밖에 보이지 않는 까닭 모를 내객들이 놓고 가는 것에 틀림없으리라는 것을 나는 깨달았다. 그러나 왜 그들 내객은 돈을 놓고 가나, 왜 내 아내는 그 돈을 받아야 되나 하는 예의(禮儀) 관념이 내게는 도무지 알 수 없는 것이었다.

그것은 그저 예의에 지나지 않는 것일까 그렇지 않으면 혹 무슨 대가일까 보수일까. 내 아내가 그들의 눈에는 동정을 받아야만 할 가엾은 인물로 보였던가.

이런 것들을 생각하노라면 으레 내 머리는 그냥 혼란하여 버리곤 하였다. 잠들기 전에 획득했다는 결론이 오직 불쾌하다는 것뿐이었으면서도 나는 그런 것을 아내에게 물어 보거나 한 일이 참 한 번도 없다. 그것은 대체 귀찮기도 하려니와 한잠 자고 일어나면 나는 사뭇 딴사람처럼 이것도 저것도 다 깨끗이 잊어버리고 그만두는 까닭이다.

내객들이 돌아가고, 혹 밤 외출에서 돌아오고 하면 아내는 경편한 것으로 옷을 바꾸어 입고 내 방으로 나를 찾아온다. 그리고 이불을 들치고 내 귀에는 영 생동생동한 몇 마디 말로 나를 위로하려 든다. 나는 조소도 고소도 홍소도 아닌 웃음을 얼굴에 띠우고 아내의 아름다운 얼굴을 쳐다본다. 아내는 방그레 웃는다. 그러나 그 얼굴에 떠도는 일말의 애수를 나는 놓치지 않는다.

아내는 능히 내가 배고파하는 것을 눈치챌 것이다. 그러나 아랫방에서 먹고 남은 음식을 나에게 주려 들지는 않는다. 그것은 어디까지든지 나를

존경하는 마음일 것임에 틀림없었다. 나는 배가 고프면서도 적이 마음이 든
든한 것을 좋아했다. 아내가 무엇이라고 지껄이고 갔는지 귀에 남아 있을
리가 없다. 다만 내 머리맡에 아내가 놓고 간 은화가 전등불에 흐릿하게
빛나고 있을 뿐이다.

고 금고형 벙어리 속에 고 은화가 얼마큼이나 모였을까. 나는 그러나 그
것을 쳐들어 보지 않았다. 그저 아무런 의욕도 기원도 없이 그 단추 구멍
처럼 생긴 틈사구니로 은화를 떨어뜨려 둘 뿐이었다.

왜 아내의 내객들이 아내에게 돈을 놓고 가나 하는 것이 풀 수 없는 의
문인 것같이 왜 아내는 나에게 돈을 놓고 가나 하는 것도 역시 나에게는
똑같이 풀 수 없는 의문이었다. 내 비록 아내가 내게 돈을 놓고 가는 것이
싫지 않았다 하더라도 그것은 다만 고것이 내 손가락에 닿는 순간에서부
터 고 벙어리 주둥이에서 자취를 감추기까지의 하잘것없는 짧은 촉각이
좋았달 뿐이지 그 이상 아무 기쁨도 없다.

어느 날 나는 고 벙어리를 변소에 갖다 넣어 버렸다. 그때 벙어리 속에
는 몇 푼이나 되는지는 모르겠으나 고 은화들이 꽤 들어 있었다.
나는 내가 지구 위에 살며 내가 이렇게 살고 있는 지구가 질풍신뢰의
속력으로 광대무변의 공간을 달리고 있다는 것을 생각했을 때 참 허망하
였다. 나는 이렇게 부지런한 지구 위에서는 현기증도 날 것 같고 해서 한
시바삐 내려 버리고 싶었다.
이불 속에서 이런 생각을 하고 난 뒤에는 나는 고 은화를 고 벙어리에
넣고 넣고 하는 것조차도 귀찮아졌다. 나는 아내가 손수 벙어리를 사용하
였으면 하고 희망하였다. 벙어리도 돈도 사실에는 아내에게만 필요한 것이
지 내게는 애초부터 의미가 전연 없는 것이었으니까 될 수만 있으면 그 벙
어리를 아내는 아내 방으로 가져갔으면 하고 기다렸다. 그러나 아내는 가
져가지 않는다. 나는 내가 아내 방으로 가져다 둘까 하고 생각하여 보았으

나 그 즈음에는 아내의 내객이 원체 많아서 내가 아내 방에 가볼 기회가 도무지 없었다. 그래서 나는 하는 수 없이 변소에 갖다 집어넣어 버리고 만 것이다.

나는 서글픈 마음으로 아내의 꾸지람을 기다렸다. 그러나 아내는 끝내 아무 말도 나에게 묻지도 하지도 않았다. 않았을 뿐 아니라 여전히 돈은 돈대로 내 머리맡에 놓고 가지 않나? 내 머리맡에는 어느덧 은화가 꽤 많이 모였다.

내객이 아내에게 돈을 놓고 가는 것이나 아내가 내게 돈을 놓고 가는 것이나 일종의 쾌감 — 그 외의 다른 아무런 이유도 없는 것이 아닐까 하는 것을 나는 또 이불 속에서 연구하기 시작하였다. 쾌감이라면 어떤 종류의 쾌감일까를 계속하여 연구하였다. 그러나 그것은 이불 속의 연구로는 알 길이 없었다. 쾌감 쾌감, 하고 나는 뜻밖에도 이 문제에 대해서만 흥미를 느꼈다.

아내는 물론 나를 늘 감금하여 두다시피 하여 왔다. 내게 불평이 있을 리 없다. 그런 중에도 나는 그 쾌감이라는 것의 유무를 체험하고 싶었다.

나는 아내의 밤 외출 틈을 타서 밖으로 나왔다. 나는 거리에서 잊어버리지 않고 가지고 나온 은화를 지폐로 바꾼다. 오 원이나 된다. 그것을 주머니에 넣고 나는 목적을 잃어버리기 위하여 얼마든지 거리를 쏘다녔다. 오래간만에 보는 거리는 거의 경이에 가까울 만치 내 신경을 흥분시키지 않고는 마지않았다. 나는 금시에 피곤하여 버렸다. 그러나 나는 참았다. 그리고 밤이 이슥하도록 까닭을 잊어버린 채 이거리 저거리로 지향없이 헤매었다. 돈은 물론 한푼도 쓰지 않았다. 돈을 쓸 아무 엄두도 나서지 않았다. 나는 벌써 돈을 쓰는 기능을 완전히 상실한 것 같았다.

나는 과연 피로를 이 이상 견디기가 어려웠다. 나는 가까스로 내 집을 찾았다. 나는 내 방으로 가려면 아내 방을 통과하지 아니하면 안 될 것을 알고 아내에게 내객이 있나 없나를 걱정하면서 미닫이 앞에서 좀 거북살스럽게 기침을 한번 했더니 이것은 참 또 너무 암상스럽게 미닫이가 열리면서 아내의 얼굴과 그 등뒤에 낯선 남자의 얼굴이 이쪽을 내다보는 것이다. 나는 별안간 내어쏟아지는 불빛에 눈이 부셔서 좀 머뭇머뭇했다.

나는 아내의 눈초리를 못 본 것은 아니다. 그러나 나는 모른 체하는 수밖에 없었다. 왜? 나는 어쨌든 아내의 방을 통과하지 아니하면 안 되니까…….

나는 이불을 뒤집어썼다. 무엇보다도 다리가 아파서 견딜 수가 없었다. 이불 속에서는 가슴이 울렁거리면서 암만해도 까무러칠 것만 같았다. 걸을 때는 몰랐더니 숨이 차다. 등에 식은땀이 쭉 내배인다. 나는 외출한 것을 후회하였다. 이런 피로를 잊고 어서 잠이 들었으면 좋겠다. 한잠 잘 자고 싶었다.

얼마 동안이나 비스듬히 엎드려 있었더니 차츰차츰 뚝딱거리는 가슴 동기(動氣)가 가라앉는다. 그만해도 우선 살 것 같았다. 나는 몸을 돌쳐 반듯이 천장을 향하여 눕고 쭉 다리를 뻗었다.

그러나 나는 또다시 가슴의 동기를 피할 수 없게 되었다. 아랫방에서 아내와 그 남자의 내 귀에도 들리지 않을 만치 옅은 목소리로 소곤거리는 기척이 장지 틈으로 전하여 왔던 것이다. 청각을 더 예민하게 하기 위하여 나는 눈을 떴다. 그리고 숨을 죽였다. 그러나 그때는 벌써 아내와 남자는 앉았던 자리를 툭툭 털며 일어섰고 일어서면서 옷과 모자 쓰는 기척이 나는 듯하더니 이어 미닫이가 열리고 구두 뒤축 소리가 나고 그리고 뜰에 내려서는 소리가 쿵 하고 나면서 뒤를 따르는 아내의 고무신 소리가 두어 발자국 찍찍 나고 사뿐사뿐 나나 하는 사이에 두 사람의 발소리가 대문간 쪽으로 사라졌다.

나는 아내의 이런 태도를 본 일이 없다. 아내는 어떤 사람과도 결코 소곤거리는 법이 없다. 나는 윗방에서 이불을 쓰고 누웠는 동안에도 혹 술이 취해서 혀가 잘 돌아가지 않는 내객들의 담화는 더러 놓치는 수가 있어도 아내의 높지도 얕지도 않은 말소리를 일찍이 한 마디도 놓쳐 본 일이 없다. 더러 내 귀에 거슬리는 소리가 있어도 나는 그것이 태연한 목소리로 내 귀에 들렸다는 이유로 충분히 안심이 되었다.

그렇던 아내의 이런 태도는 필시 그 속에 여간하지 않은 사정이 있는 듯싶이 생각이 되고 내 마음은 좀 서운했으나 그러나 그보다도 나는 좀 너무 피곤해서 오늘만은 이불 속에서 아무것도 연구치 않기로 굳게 결심하고 잠을 기다렸다. 잠은 좀처럼 오지 않았다. 대문간에 나간 아내도 좀처럼 들어오지 않았다. 그러는 동안에 흐지부지 나는 잠이 들어 버렸다. 꿈이 얼쑹덜쑹 종을 잡을 수 없는 거리의 풍경을 여전히 헤맸다.

나는 몹시 흔들렸다. 내객을 보내고 들어온 아내가 잠든 나를 잡아 흔드는 것이다. 나는 눈을 번쩍 뜨고 아내의 얼굴을 쳐다보았다. 아내의 얼굴에는 웃음이 없다. 나는 좀 눈을 비비고 아내의 얼굴을 자세히 보았다. 노기가 눈초리에 떠서 얇은 입술이 바르르 떨린다. 좀처럼 이 노기가 풀리기는 어려울 것 같았다. 나는 그대로 눈을 감아 버렸다. 벼락이 내리기를 기다린 것이다. 그러나 쌔근 하는 숨소리가 나면서 푸시시 아내의 치맛자락 소리가 나고 장지가 여닫히며 아내는 아내 방으로 돌아갔다. 나는 다시 몸을 돌쳐 이불을 뒤집어쓰고는 개구리처럼 엎드리고, 엎드려서 배가 고픈 가운데서도 오늘 밤의 외출을 또 한번 후회하였다.

나는 이불 속에서 아내에게 사죄하였다. 그것은 네 오해라고…….

나는 사실 밤이 퍽으나 이슥한 줄만 알았던 것이다. 그것이 네 말마따나 자정 전인 줄은 나는 정말이지 꿈에도 몰랐다. 나는 너무 피곤하였었다. 오래간만에 나는 너무 많이 걸은 것이 잘못이다. 내 잘못이라면 잘못은 그것밖에는 없다. 외출은 왜 하였느냐고?

나는 그 머리맡에 저절로 모인 오 원 돈을 아무에게라도 좋으니 주어 보고 싶었던 것이다. 그뿐이다. 그러나 그것도 내 잘못이라면 나는 그렇게 알겠다. 나는 후회하고 있지 않나?

내가 그 오 원 돈을 써버릴 수가 있었던들 나는 자정 안에 집에 돌아올 수 없었을 것이다. 그러나 거리는 너무 복잡하였고 사람은 너무도 들끓었다. 나는 어느 사람을 붙들고 그 오 원 돈을 내주어야 할지 갈피를 잡을 수가 없었다. 그러는 동안에 나는 여지없이 피곤해 버리고 말았던 것이다.

나는 무엇보다도 좀 쉬고 싶었다. 눕고 싶었다. 그래서 나는 하는 수 없이 집으로 돌아온 것이다. 내 짐작 같아서는 밤이 어지간히 늦은 줄만 알았는데 그것이 불행히도 자정 전이었다는 것은 참 안된 일이다. 미안한 일이다. 나는 얼마든지 사죄하여도 좋다. 그러나 종시 아내의 오해를 풀지 못하였다 하면 내가 이렇게까지 사죄하는 보람은 그럼 어디 있나? 한심하였다.

한 시간 동안을 나는 이렇게 초조하게 굴지 않으면 안 되었다. 나는 이불을 홱 젖혀 버리고 일어나서 장지를 열고 아내 방으로 비칠비칠 달려갔던 것이다. 내게는 거의 의식이라는 것이 없었다. 나는 아내 이불 위에 엎드러지면서 바지 포켓 속에서 그 돈 오 원을 꺼내 아내 손에 쥐어 준 것을 간신히 기억할 뿐이다.

이튿날 잠이 깨었을 때 나는 내 아내 방 아내 이불 속에 있었다. 이것이 이 33번지에서 살기 시작한 이래 내가 아내 방에서 잔 맨 처음이었다.

해가 들창에 훨씬 높았는데 아내는 이미 외출하고 벌써 내 곁에 있지는 않다. 아니! 아내는 엊저녁 내가 의식을 잃은 동안에 외출한 것인지도 모른다. 그러나 나는 그런 것을 조사하고 싶지 않았다. 다만 전신이 찌뿌드드한 것이 손가락 하나 꼼짝할 힘조차 없었다. 책보보다 좀 작은 면적의 볕이 눈이 부시다. 그 속에서 수없는 먼지가 흡사 미생물처럼 난무한다. 코가 칵 막히는 것 같다. 나는 다시 눈을 감고 이불을 푹 뒤집어쓰고 낮잠을 자기에 착수하였다. 그러나 코를 스치는 아내의 체취는 꽤 도발적이었다. 나는 몸을 여러 번 여러 번 비비 꼬면서 아내의 화장대에 늘어선 고 가지각색 화장품 병들과 고 병들의 마개를 뽑았을 때 풍기던 내음새를 더

듬느라고 좀처럼 잠은 들지 않는 것을 나는 어쩌하는 수도 없었다.

　견디다 못하여 나는 그만 이불을 걷어차고 벌떡 일어나서 내 방으로 갔다. 내 방에는 다 식어 빠진 내 끼니가 가지런히 놓여 있는 것이다. 아내는 내 모이를 여기다 주고 나간 것이다. 나는 우선 배가 고팠다. 한 순갈을 입에 떠넣었을 때 그 촉감은 참 너무도 냉회와 같이 써늘하였다. 나는 순갈을 놓고 내 이불 속으로 들어갔다. 하룻밤을 비워 버린 내 이부자리는 여전히 반갑게 나를 맞아 준다. 나는 내 이불을 뒤집어쓰고 이번에는 참 늘어지게 한잠 잤다. 잘—
　내가 잠을 깬 것은 전등이 켜진 뒤다. 그러나 아내는 아직도 돌아오지 않았나 보다. 아니! 들어왔다 또 나갔는지도 알 수 없다. 그러나 그런 것을 삼고(三考)하여 무엇 하나?
　정신이 한결 난다. 나는 지난밤 일을 생각해 보았다. 그 돈 오 원을 아내 손에 쥐어 주고 넘어졌을 때에 느낄 수 있었던 쾌감을 나는 무엇이라고 설명할 수가 없었다. 그러니 내객들이 내 아내에게 돈 놓고 가는 심리며 내 아내가 내게 돈 놓고 가는 심리의 비밀을 나는 알아낸 것 같아서 여간 즐거운 것이 아니다. 나는 속으로 빙그레 웃어 보았다. 이런 것을 모르고 오늘까지 지내 온 나 자신이 어떻게 우스꽝스러워 보이는지 몰랐다. 나는 어깨춤이 났다.
　따라서 나는 또 오늘 밤에도 외출하고 싶었다. 그러나 돈이 없다. 나는 엊지녁에 그 돈 오 원을 한꺼번에 아내에게 주어 버린 것을 후회하였다. 또 고 벙어리를 변소에 갖다 처넣어 버린 것도 후회하였다. 나는 실없이 실망하면서 습관처럼 그 돈이 들어 있던 내 바지 포켓에 손을 넣어 한번 휘둘러 보았다. 뜻밖에도 내 손에 쥐어지는 것이 있었다. 이 원밖에 없다. 그러나 많아야 맛은 아니다. 얼마간이고 있으면 된다. 나는 그만한 것이 여간 고마운 것이 아니었다.
　나는 기운을 얻었다. 나는 그 단벌 다 떨어진 코르덴 양복을 걸치고 배고픈 것도 주제 사나운 것도 다 잊어버리고 활갯짓을 하면서 또 거리로 나섰다. 나서면서 나는 제발 시간이 화살 닫듯 해서 자정이 어서 홱 지나 버렸으면 하고 조바심을 태웠다. 아내에게 돈을 주고 아내 방에서 자보는 것은 어디까지든지 좋았지만 만일 잘못해서 자정 전에 집에 들어갔다가 아내의 눈총을 맞는 것은 그것은 여간 무서운 일이 아니었다. 나는 저물도록 길가 시계를 들여다보고 들여다보고 하면서 또 지향없이 거리를 방황하였다. 그러나 이날은 좀처럼 피곤하지는 않았다. 다만 시간이 좀 너무 더디게 가는 것만 같아서 안타까웠다.

경성역 시계가 확실히 자정을 지난 것을 본 뒤에 나는 집을 향하였다. 그날은 그 일각대문에서 아내와 아내의 남자가 이야기하고 섰는 것을 만났다. 나는 모른 체하고 두 사람 곁을 지나서 내 방으로 들어갔다. 뒤이어 아내도 들어왔다. 와서는 이 밤중에 평생 안 하던 쓰레질을 하는 것이다. 조금 있다가 아내가 눕는 기척을 엿듣자마자 나는 또 장지를 열고 아내 방으로 가서 그 돈 이 원을 아내 손에 덥석 쥐어 주고 그리고—하여간 그 이 원을 오늘 밤에도 쓰지 않고 도로 가져온 것이 참 이상하다는 듯이 아내는 내 얼굴을 몇 번이고 엿보고—아내는 드디어 아무 말도 없이 나를 자기 방에 재워 주었다. 나는 이 기쁨을 세상의 무엇과도 바꾸고 싶지는 않았다. 나는 편히 잘 잤다.

이튿날도 내가 잠이 깨었을 때는 아내는 보이지 않았다. 나는 또 내 방으로 가서 피곤한 몸이 낮잠을 잤다.
내가 아내에게 흔들려 깨었을 때는 역시 불이 들어온 뒤였다. 아내는 자기 방으로 나를 오라는 것이다. 이런 일은 또 처음이다. 아내는 끊임없이 얼굴에 미소를 띠고 내 팔을 이끄는 것이다. 나는 이런 아내의 태도 이면에 엔간치 않은 음모가 숨어 있지나 않은가 하고 적이 불안을 느끼지 않을 수 없었다.

나는 아내의 하자는 대로 아내 방으로 끌려갔다. 아내 방에는 저녁 밥상이 조촐하게 차려져 있는 것이다. 생각하여 보면 나는 이틀을 굶었다. 나는 지금 배고픈 것까지도 간가민가 잊어버리고 어름어름하던 차다.

나는 생각하였다. 이 최후의 만찬을 먹고 나자마자 벼락이 내려도 나는 차라리 후회하지 않을 것을. 사실 나는 인간 세상이 너무나 심심해서 못 견디겠던 차다. 모든 일이 성가시고 귀찮았으나 그러나 불의의 재난이라는 것은 즐겁다.

나는 마음을 턱 놓고 조용히 아내와 마주 이 해괴한 저녁밥을 먹었다. 우리 부부는 이야기하는 법이 없었다. 밥을 먹은 뒤에도 나는 말이 없이 그냥 부스스 일어나서 내 방으로 건너가 버렸다. 아내는 나를 붙잡지 않았다. 나는 벽에 기대어 앉아서 담배를 한 대 피워 물고 그리고 벼락이 떨어질 테거든 어서 떨어져라 하고 기다렸다.

오 분! 십 분!

그러나 벼락은 내리지 않았다. 긴장이 차츰 늘어지기 시작한다. 나는 어느덧 오늘 밤에도 외출할 것을 생각하고 있었다. 돈이 있었으면 하고 생각하고 있었다.

그러나 돈은 확실히 없다. 오늘은 외출하여도 나중에 올 무슨 기쁨이 있나. 나는 앞이 그냥 아뜩하였다. 나는 화가 나서 이불을 뒤집어쓰고 이리 뒹굴 저리 뒹굴 굴렀다. 금시 먹은 밥이 목으로 자꾸 치밀어 올라온다. 메스꺼웠다.

하늘에서 얼마라도 좋으니 왜 지폐가 소나비처럼 피붓지 않나, 그것이 그저 한없이 야속하고 슬펐다. 나는 이렇게밖에 돈을 구하는 아무런 방법도 알지는 못했다. 나는 이불 속에서 좀 울었나 보다. 돈이 왜 없냐면서…….

그랬더니 아내가 또 내 방에를 왔다. 나는 깜짝 놀라 아마 인제서야 벼락이 내리려나 보다 하고 숨을 죽이고 두꺼비 모양으로 엎디어 있었다. 그러나 떨어진 입을 새어 나오는 아내의 말소리는 참 부드러웠다. 정다웠다.

아내는 내가 왜 우는지를 안다는 것이다. 돈이 없어서 그러는 게 아니냔다. 나는 실없이 깜짝 놀랐다. 어떻게 저렇게 사람의 속을 환— 하게 들여다보는구 해서 나는 한편으로 슬그머니 겁도 안 나는 것은 아니었으나 저렇게 말하는 것을 보면 아마 내게 돈을 줄 생각이 있나 보다, 만일 그렇다면 오죽이나 좋은 일일까. 나는 이불 속에 둘둘 말린 채 고개도 들지 않고 아내의 다음 거동을 기다리고 있으니까, 옜소— 하고 내 머리맡에 내려뜨리는 것은 그 가뿐한 음향으로 보아 지폐에 틀림없었다. 그리고 내 귀에다 대고, 오늘일랑 어제보다도 좀더 늦게 들어와도 좋다고 속삭이는 것이다. 그것은 어렵지 않다. 우선 그 돈이 무엇보다도 고맙고 반가웠다.

어쨌든 나섰다. 나는 좀 야맹증이다. 그래서 될 수 있는 대로 밝은 거리를 골라서 돌아다니기로 했다. 그리고는 경성역 일이등 대합실 한결 티룸에를 들렀다. 그것은 내게는 큰 발견이었다. 거기는 우선 아무도 아는 사람이 안 온다. 설사 왔다가도 곧 가니까 좋다. 나는 날마다 여기 와서 시간을 보내리라 속으로 생각하여 두었다.

제일 여기 시계가 어느 시계보다도 정확하리라는 것이 좋았다. 섣불리 서투른 시계를 보고 그것을 믿고 시간 전에 집에 돌아갔다가 큰 코를 다쳐서는 안 된다.

나는 한 부스에 아무것도 없는 것과 마주 앉아서 잘 끓은 커피를 마셨다. 총총한 가운데 여객들은 그래도 한 잔 커피가 즐거운가 보다. 얼른얼른 마시고 무얼 좀 생각하는 것같이 담벼락도 좀 쳐다보고 하다가 곧 나가 버린다. 서글프다. 그러나 내게는 이 서글픈 분위기가 거리의 티룸들의 그 거추장스러운 분위기보다는 절실하고 마음에 들었다. 이따금 들리는 날카로운 혹은 우렁찬 기적 소리가 모차르트보다도 더 가깝다. 나는 메뉴에 적힌 몇 가지 안 되는 음식 이름을 치읽고 내리읽고 여러 번 읽었다. 그것들은 아물아물한 것이 어딘가 내 어렸을 때 동무들 이름과 비슷한 데가 있었다.

거기서 얼마나 내가 오래 앉았는지 정신이 오락가락하는 중에, 객이 슬며시 뜸해지면서 이구석 저구석 걷어치우기 시작하는 것을 보면 아마 닫을 시간이 된 모양이다. 열한시가 좀 지났구나, 여기도 결코 내 안주의 곳은 아니구나, 어디 가서 자정을 넘길까, 두루 걱정을 하면서 나는 밖으로 나섰다. 비가 온다. 빗발이 제법 굵은 것이 우비도 우산도 없는 나를 고생을 시킬 작정이다. 그렇다고 이런 괴이한 풍모를 차리고 이 홀에서 어물어물하는 수는 없고, 에이 비를 맞으면 맞았지 하고 나는 그냥 나서 버렸다.

대단히 선선해서 견딜 수가 없다. 코르덴 옷이 젖기 시작하더니 나중에는 속속들이 스며들면서 처근거린다. 비를 맞아 가면서라도 견딜 수 있는 데까지 거리를 돌아다녀서 시간을 보내려 하였으나 인제는 선선해서 이 이상은 더 견딜 수가 없다. 오한이 자꾸 일어나면서 이가 딱딱 맞부딪는다.

나는 걸음을 재우치면서 생각하였다. 오늘 같은 궂은 날도 아내에게 내객이 있을라구, 없겠지, 하는 생각이 드는 것이다. 집으로 가야겠다. 아내에게 불행히 내객이 있거든 내 사정을 하리라. 사정을 하면 이렇게 비가 오는 것을 눈으로 보고 알아주겠지.

부리나케 와보니까 그러나 아내에게는 내객이 있었다. 나는 그만 너무 춥고 척척해서 얼떨김에 노크하는 것을 잊었다. 그래서 나는 보면 아내가 좀 덜 좋아할 것을 그만 보았다. 나는 감발 자국 같은 발자국을 내면서 덤벙덤벙 아내 방을 디디고 그리고 내 방으로 가서 쭉 빠진 옷을 활활 벗어버리고 이불을 뒤썼다. 덜덜덜덜 떨린다. 오한이 점점더 심해 들어온다. 여전 땅이 꺼져 들어가는 것만 같았다. 나는 그만 의식을 잃어버리고 말았다.

이튿날 내가 눈을 떴을 때 아내는 내 머리맡에 앉아서 제법 근심스러운 얼굴이다. 나는 감기가 들었다. 여전히 <u>으스스</u> 춥고 또 골치가 아프고 입에 군침이 도는 것이 씁쓸하면서 다리 팔이 척 늘어져서 노곤하다.

아내는 내 머리를 쓱 짚어 보더니 약을 먹어야 한다. 아내 손이 이마에 선뜩한 것을 보면 신열이 어지간한 모양인데, 약을 먹는다면 해열제를 먹어야지 하고 속생각을 하자니까 아내는 따뜻한 물에 하얀 정제약 네 개를 준다. 이것을 먹고 한잠 푹- 자고 나면 괜찮다는 것이다. 나는 널름 받아 먹었다. 씁싸름한 것이 짐작 같아서는 아마 아스피린인가 싶다. 나는 다시 이불을 쓰고 단번에 그냥 죽은 것처럼 잠이 들어 버렸다.

나는 콧물을 훌쩍훌쩍하면서 여러 날을 앓았다. 앓는 동안에 끊이지 않고 그 정제약을 먹었다. 그러는 동안에 감기도 나았다. 그러나 입맛은 여전히 소태처럼 썼다.

나는 차츰 또 외출하고 싶은 생각이 났다. 그러나 아내는 나더러 외출하지 말라고 이르는 것이다. 이 약을 날마다 먹고 그리고 가만히 누워 있으라는 것이다. 공연히 외출을 하다가 이렇게 감기가 들어서 저를 고생을 시키는 게 아니냔다. 그도 그렇다. 그럼 외출을 하지 않겠다고 맹세하고 그 약을 연복(連服)하여 몸을 좀 보해 보리라고 나는 생각하였다.

나는 날마다 이불을 뒤집어쓰고 밤이나 낮이나 잤다. 유난스럽게 밤이나 낮이나 졸려서 견딜 수가 없는 것이다. 나는 이렇게 잠이 자꾸만 오는 것은 내가 몸이 훨씬 튼튼해진 증거라고 굳게 믿었다.

나는 아마 한 달이나 이렇게 지냈나 보다. 내 머리와 수염이 좀 너무 자라서 후틋해서 견딜 수가 없어서 내 거울을 좀 보리라고 아내가 외출한 틈을 타서 나는 아내 방으로 가서 아내의 화장대 앞에 앉아 보았다. 상당하다. 수염과 머리가 참 산란하였다. 오늘은 이발을 좀 하리라 생각하고 겸사겸사 고 화장품 병들 마개를 뽑고 이것저것 맡아 보았다. 한동안 잊어버렸던 향기 가운데서는 몸이 배배 꼬일 것 같은 체취가 전해 나왔다. 나는 아내의 이름을 속으로만 한번 불러 보았다. '연심(蓮心)이' 하고······.

오래간만에 돋보기 장난도 하였다. 거울 장난도 하였다. 창에 든 볕이 여간 따뜻한 것이 아니었다. 생각하면 오월이 아니냐.

나는 커다랗게 기지개를 한번 켜보고 아내 베개를 내려 베고 벌떡 자빠져서는 이렇게도 편안하고도 즐거운 세월을 하느님께 흠씬 자랑하여 주고 싶었다. 나는 참 세상의 아무것과도 교섭을 가지지 않는다. 하느님도 아마 나를 칭찬할 수도 처벌할 수도 없는 것 같다.

그러나 다음 순간, 실로 세상에도 이상스러운 것이 눈에 띄었다. 그것은 최면약 아달린 갑이었다. 나는 그것을 아내의 화장대 밑에서 발견하고 그것이 흡사 아스피린처럼 생겼다고 느꼈다. 나는 그것을 열어 보았다. 똑 네 개가 비었다.

　나는 오늘 아침에 네 개의 아스피린을 먹은 것을 기억하고 있었다. 나는 잤다. 어제도 그제도 그끄제도 – 나는 졸려서 견딜 수가 없었다. 나는 감기가 다 나았는데도 아내는 내게 아스피린을 주었다. 내가 잠이 든 동안에 이웃에 불이 난 일이 있다. 그때에도 나는 자느라고 몰랐다. 이렇게 나는 잤다. 나는 아스피린으로 알고 그럼 한 달 동안을 두고 아달린을 먹어 온 것이다. 이것은 좀 너무 심하다.

　별안간 아뜩하더니 하마터면 나는 까무러칠 뻔하였다. 나는 그 아달린을 주머니에 넣고 집을 나섰다. 그리고 산을 찾아 올라갔다. 인간 세상의 아무것도 보기가 싫었던 것이다. 걸으면서 나는 아무쪼록 아내에 관계되는 일은 일체 생각하지 않도록 노력하였다. 길에서 까무러치기 쉬우니까. 나는 어디라도 양지가 바른 자리를 하나 골라서 자리를 잡아 가지고 서서히 아내에 관하여서 연구할 작정이었다. 나는 길가의 돌창, 핀 구경도 못한 진개나리꽃, 종달새, 돌멩이도 새끼를 까는 이야기, 이런 것만 생각하였다. 다행히 길가에서 나는 졸도하지 않았다.

　거기는 벤치가 있었다. 나는 거기 정좌하고 그리고 그 아스피린과 아달린에 관하여 연구하였다. 그러나 머리가 도무지 혼란하여 생각이 체계를 이루지 않는다. 단 오 분이 못 가서 나는 그만 귀찮은 생각이 번쩍 들면서 심술이 났다. 나는 주머니에서 가지고 온 아달린을 꺼내 남은 여섯 개를 한꺼번에 질겅질겅 씹어 먹어 버렸다. 맛이 익살맞다. 그리고 나서 나는 그 벤치 위에 가로 기다랗게 누웠다. 무슨 생각으로 내가 그 따위 짓을 했나? 알 수가 없다. 그저 그러고 싶었다. 나는 게서 그냥 깊이 잠이 들었다. 잠결에도 바위 틈을 흐르는 물소리가 졸졸 하고 귀에 언제까지나 어렴풋이 들려 왔다.

　내가 잠을 깨었을 때는 날이 환 – 히 밝은 뒤다. 나는 거기서 일주야를 잔 것이다. 풍경이 그냥 노랗게 보인다. 그 속에서도 나는 번개처럼 아스피린과 아달린이 생각났다.

아스피린, 아달린, 아스피린, 아달린, 맑스, 말사스, 마도로스, 아스피린, 아달린.

아내는 한 달 동안 아달린을 아스피린이라고 속이고 내게 먹였다. 그것은 아내 방에서 이 아달린 갑이 발견된 것으로 미루어 증거가 너무나 확실하다.

무슨 목적으로 아내는 나를 밤이나 낮이나 재웠어야 됐나?

나를 밤이나 낮이나 재워 놓고 그리고 아내는 내가 자는 동안에 무슨 짓을 했나?

나를 조금씩 조금씩 죽이려던 것일까?

그러나 또 생각하여 보면, 내가 한 달을 두고 먹어 온 것은 아스피린이었는지도 모른다. 아내는 무슨 근심되는 일이 있어서 밤이면 잠이 잘 오지 않아서 정작 아내가 아달린을 사용한 것이나 아닌지, 그렇다면 나는 참 미안하다. 나는 아내에게 이렇게 큰 의혹을 가졌다는 것이 참 안됐다.

나는 그래서 부리나케 거기서 내려왔다. 아랫도리가 홰홰 내어저이면서 어찔어찔한 것을 나는 겨우 집을 향하여 걸었다. 여덟시 가까이였다.

나는 내 잘못된 생각을 죄다 일러바치고 아내에게 사죄하려는 것이다. 나는 너무 급해서 그만 또 말을 잊어버렸다.

그랬더니 이건 참 너무 큰일 났다. 나는 내 눈으로는 절대로 보아서 안 될 것을 그만 딱 보아 버리고 만 것이다. 나는 얼떨결에 그만 냉큼 미닫이를 닫고 그리고 현기증이 나는 것을 진정시키느라고 잠깐 고개를 숙이고 눈을 감고 기둥을 짚고 섰자니까 일 초 여유도 없이 홱 미닫이가 다시 열리더니 매무새를 풀어헤친 아내가 불쑥 내밀면서 내 멱살을 잡는 것이다. 나는 그만 어지러워서 게서 그냥 나동그라졌다. 그랬더니 아내는 넘어진 내 위에 덮치면서 내 살을 함부로 물어뜯는 것이다. 아파 죽겠다. 나는 사실 반항할 의사도 힘도 없어서 그냥 넙죽 엎디어 있으면서 어떻게 되나 보고 있자니까 뒤이어 남자가 나오는 것 같더니 아내를 한아름에 덥석 안아

가지고 방으로 들어가는 것이다. 아내는 아무 말 없이 다소곳이 그렇게 안겨 들어가는 것이 내 눈에 여간 미운 것이 아니다. 밉다.

아내는 너 밤새워 가면서 도둑질하러 다니느냐, 계집질하러 다니느냐고 발악이다. 이것은 참 너무 억울하다. 나는 어안이 벙벙하여 도무지 입이 떨어지지를 않았다.

너는 그야말로 나를 살해하려던 것이 아니냐고 소리를 한번 꽥 질러 보고도 싶었으나 그런 긴가민가한 소리를 섣불리 입 밖에 내었다가는 무슨 화를 볼는지 알 수 있나. 차라리 억울하지만 잠자코 있는 것이 우선 상책인 듯싶이 생각이 들길래 나는 이것은 또 무슨 생각으로 그랬는지 모르지만 툭툭 털고 일어나서 내 바지 포켓 속에 남은 돈 몇 원 몇십 전을 가만히 꺼내서는 몰래 미닫이를 열고 살며시 문지방 밑에다 놓고 나서는 그냥 줄달음박질을 쳐서 나와 버렸다.

여러 번 자동차에 치일 뻔하면서 나는 그대로 경성역을 찾아갔다. 빈자리와 마주 앉아서 이 쓰디쓴 입맛을 거두기 위하여 무엇으로나 입가심을 하고 싶었다.

커피. 좋다. 그러나 경성역 홀에 한걸음을 들여놓았을 때 나는 내 주머니에는 돈이 한푼도 없는 것을, 그것을 깜빡 잊었던 것을 깨달았다. 또 아뜩하였다. 나는 어디선가 그저 맥없이 머뭇머뭇하면서 어쩔 줄을 모를 뿐이었다. 얼빠진 사람처럼 그저 이리 갔다 저리 갔다 하면서……

나는 어디로 어디로 들입다 쏘다녔는지 하나도 모른다. 다만 몇 시간 후에 내가 미쓰꼬시 옥상에 있는 것을 깨달았을 때는 거의 대낮이었다.

나는 거기 아무 데나 주저앉아서 내 자라 온 스물여섯 해를 회고하여 보았다. 몽롱한 기억 속에서는 이렇다는 아무 제목도 불그러져 나오지 않았다.

나는 또 나 자신에게 물어 보았다. 너는 인생에 무슨 욕심이 있느냐고. 그러나 있다고도 없다고도, 그런 대답은 하기가 싫었다. 나는 거의 나 자신의 존재를 인식하기조차도 어려웠다.

허리를 굽혀서 나는 그저 금붕어나 들여다보고 있었다. 금붕어는 참 잘들도 생겼다. 작은 놈은 작은 놈대로 큰 놈은 큰 놈대로 다 싱싱하니 보기 좋았다. 내리비치는 오월 햇살에 금붕어들은 그릇 바닥에 그림자를 내려뜨렸다. 지느러미는 하늘하늘 손수건을 흔드는 흉내를 낸다. 나는 이 지느러미 수효를 헤어 보기도 하면서 굽힌 허리를 좀처럼 펴지 않았다. 등허리가 따뜻하다.

나는 또 회탁의 거리를 내려다보았다. 거기서는 피곤한 생활이 똑 금붕어 지느러미처럼 흐늑흐늑 허비적거렸다. 눈에 보이지 않는 끈적끈적한 줄에 엉켜서 헤어나지들을 못한다. 나는 피로와 공복 때문에 무너져 들어가는 몸뚱이를 끌고 그 회탁의 거리 속으로 섞여 들어가지 않는 수도 없다 생각하였다.

나서서 나는 또 문득 생각하여 보았다. 이 발길이 지금 어디로 향하여 가는 것인가를······.

그때 내 눈앞에는 아내의 모가지가 벼락처럼 내려 떨어졌다. 아스피린과 아달린.

우리들은 서로 오해하고 있느니라. 설마 아내가 아스피린 대신에 아달린 정량을 나에게 먹여 왔을까? 나는 그것을 믿을 수가 없다. 아내가 대체 그럴 까닭이 없을 것이니 그러면 나는 날밤을 새면서 도적질을, 계집질을 하였나? 정말이지 아니다.

우리 부부는 숙명적으로 발이 맞지 않는 절름발이인 것이다. 내가 아내나 제 거동에 로직(논리)을 붙일 필요는 없다. 변해(辯解)할 필요도 없다. 사실은 사실대로 오해는 오해대로 그저 끝없이 발을 절뚝거리면서 세상을 걸어가면 되는 것이다. 그렇지 않을까?

그러나 나는 이 발길이 아내에게로 돌아가야 옳은가 이것만은 분간하기가 좀 어려웠다. 가야 하나? 그럼 어디로 가나?

이때 뚜– 하고 정오 사이렌이 울렸다. 사람들은 모두 네 활개를 펴고 닭처럼 푸드덕거리는 것 같고 온갖 유리와 강철과 대리석과 지폐와 잉크가

부글부글 끓고 수선을 떨고 하는 것 같은 찰나, 그야말로 현란을 극한 정오다.

나는 불현듯이 겨드랑이가 가렵다. 아하 그것은 내 인공의 날개가 돋았던 자국이다. 오늘은 없는 이 날개, 머릿속에서는 희망과 야심의 말소된 페이지가 딕셔너리(사전) 넘어가듯 번뜩였다.

나는 걷던 걸음을 멈추고 그리고 어디 한번 이렇게 외쳐 보고 싶었다.

날개야 다시 돋아라.

날자. 날자. 날자. 한 번만 더 날자꾸나.

한 번만 더 날아 보자꾸나.

작가 소개

이상(李箱)의 본명은 김해경(金海卿)이다. 1910년 9월 23일 서울에서 태어났다. 1917년 신명학교에 입학, 4년 후인 1921년에 이곳을 졸업하고 동광학교 중학과정에 입학했다. 1924년 동광학교가 보성고보에 편입되면서 보성고보 학생이 되었다. 고유섭, 이헌구, 임화 등이 동기였으며 김기림, 김환태가 1년 후배였다. 1926년 보성고보를 졸업하고 경성고등공업학교 건축과에 입학했다. 미술부에서 그림을 습작하면서 그의 생애에서 가장 쾌활한 시기를 보냈다. 1929년 경성고보를 졸업한 후 조선총독부 내무부 건축과 기수(技手)로 취직했다.

1930년 『조선』에 처녀 장편 「12월 12일」을 연재했다. 1931년 『조선』에 소설 「휴업(休業)과 사정(事情)」을 발표하고, 『조선과 건축』에 일본어로 쓴 시 「이상한 가역반응(可逆反應)」, 「오감도(烏瞰圖)」 등을 발표했다. 1933년 폐결핵으로 총독부 기사직을 그만두었고, 그 후 종로에 다방 〈제비〉를 열어, 이태준, 박태원, 김기림, 정인택, 조용만 등 다방을 출입하던 문인들과 어울렸다. 1934년 정지용, 이태준, 이효석, 조용만, 박태원, 이무영 등으로 구성되어 있던 〈구인회〉에 가입, 본격적인 문학 활동을 전개하였다. 그해 『조선중앙일보』에 「오감도」를 연재하여 커다란 반향을 불러일으켰으나 독자들의 항의로 연재는 중단되었다.

1936년 구인회의 동인지 『시와소설』의 편집을 맡았으나, 이 동인지는 20쪽 남짓의 창간호를 내고는 끝나고 말았다. 이 무렵 소설 「날개」, 「봉별기」, 「종생기」, 「지주회시」 등을 발표하였으며, 1936년 후반에 동경으로 건너갔다. 1937년 일제에 의해 불령선인으로 검거되어 구금되었다가 병보석으로 석방된 후, 4월 17일 동경제국대학 부속병원에서 생애를 마쳤다.

그는 1930년대를 전후하여 세계를 풍미하던 초현실주의 문학을 시도했던 작가로 평가된다. 그는 문학을 통해 의식의 내면에 대한 새로운 천착과 접근을 가능하게 하였다. 그의 문학은 무력한 자아가 중심이 되며, 억압되고 발산되지 못하는 인간 내부의 욕망이 작품을 이끌어가는 중요한 모티브로 자리 잡고 있다. 바로 이러한 역설적 상황이 언어적 유희를 이끌어내고 이것이 그의 작품 세계 전반을 규정짓는 하나의 중요한 요소가 되고 있다.

「날개」의 소설적 특징

　소설 「날개」는 1936년 9월 『조광』에 발표되었으며, 이상 소설의 대표적인 작품으로 손꼽힌다. 이 작품은 비교적 명료하게 이야기의 줄거리가 드러나고 있다. 이 작품의 주인공은 '나'라는 지식인이다. '나'는 도시의 병리를 대표하는 매춘부인 아내와 기형적인 삶을 살아가고 있다. 아무런 희망도 비판적 자각도 없는 무기력한 주인공이, 좁은 방으로 표상되는 비정상적인 삶으로부터 탈출하고자 하는 욕망이 이 소설의 주제를 형성하고 있다.
　이 소설에서 주인공의 삶은 외적 현실과 정상적인 관계를 맺지 못하고 있다. 오직 아내에게 기생하여 살아가고 있을 뿐이다. 아내가 수상한 외출을 하거나 아내 방에 외간 남자를 불러들여도 분노할 줄 모르며, 오히려 착한 어린이나 순한 동물처럼 '아무 소리 없이 잘 논다.' 이 같은 비정상적인 현실에 대한 적응은 자신의 존재를 비하시키고 자아에 대한 모독과 부정을 일삼는 병리적 쾌락으로 전화되어 나타난다. 주인공은 자기 자신을 동물적 존재로 비하하거나 아내가 아스피린이라고 속이며 건네주는 수면제를 먹고 무자각의 상태에 빠짐으로써 무의미한 삶을 지탱하고 있다.
　그러나 이 작품의 후반부에서는 주인공이 이러한 무의미한 삶과 자의식의 세계로부터 탈출하려는 강렬한 의지를 표출해 내고 있다. 서두에서 주인공의 무기력한 삶이 '박제'로 상징되었다면, 결말 부분에서 표출되는 탈출에의 의지는 '날개'로서 상징된다. "날개야 다시 돋아라. 날자. 날자. 날자. 한 번만 더 날자꾸나"라는 절규가 그것이다. 하지만 이 탈출에의 의지는 미래로의 적극적인 투기라기보다는 결코 행동화될 수 없는, 자의식 속에서만 메아리치는 간절한 내적 원망의 표백에 더 가까운 것이다.

토론 과제

- 이 소설에서 활용하고 있는 일인칭 서술 방법이 어떤 효과를 거두고 있는지 토론해 보자.

- 이 소설의 첫 장면과 끝 장면을 비교해 보자.

- 이 소설에 등장하고 있는 '돈'의 문제가 현대사회의 어떤 측면을 말해주고 있는지 생각해 보자.

작품읽기 08

최서해_ 탈출기

1

김군! 수삼 차 편지는 반갑게 받았다. 그러나 나는 한 번도 회답하지 못하였다. 물론 군의 충정에는 나도 감사를 드리지만 그 충정을 나는 받을 수 없다.

―박군! 나는 군의 탈가(脫家)를 찬성할 수 없다. 음험한 이역에 늙은 어머니와 어린 처자를 버리고 나선 군의 행동을 나는 찬성할 수 없다.

박군! 돌아가라. 어서 집으로 돌아가라. 군의 부모와 처자가 이역 노두에서 방황하는 것을 나는 눈앞에 보는 듯싶다. 그네들이 의지할 곳은 오직 군의 품밖에 없다. 군은 그네들을 구하여야 할 것이다.

군은 군의 가정에서 동량(棟樑)이다. 동량이 없는 집이 이디 있으랴? 조그마한 고통으로 집을 버리고 나선다는 것이 의지가 굳다는 박군으로서는 너무도 박약한 소위이다.

군은 ××단에 몸을 던져 ×선에 섰다는 말을 일전 황군에게서 듣기는 하였으나 그렇다 하여도 나는 그것을 시인할 수 없다. 가족을 못 살리는 힘으로 어찌 사회를 건지랴.

박군! 나는 군이 돌아가기를 충정으로 바란다. 군의 가족이 사람들 발

아래서 짓밟히는 것을 생각할 때! 군의 가슴인들 어찌 편하랴.

김군! 군은 이러한 말을 편지마다 썼지? 나는 군의 뜻을 잘 알았다. 내 사랑하는 나의 가족을 위하여 동정하여 주는 군에게 내 어찌 감사치 않으랴? 정다운 벗의 충고에 나는 늘 울었다. 그러나 그 충고를 들을 수 없다. 듣지 않는 것이 군에게는 고통이 될는지? 분노가 될는지? 나에게 있어서는 행복일지도 알 수 없는 까닭이다.

김군! 나도 사람이다. 정애(情愛)가 있는 사람이다. 나의 목숨 같은 내 가족이 유린받는 것을 내 어찌 생각지 않으랴? 나의 고통을 제삼자로서는 만분의 일이라도 느낄 수 없을 것이다.

나는 이제 나의 탈가한 이유를 군에게 말하고자 한다. 여기에 대하여 동정과 비난은 군의 자유이다. 나는 다만 이러하다는 것을 군에게 알릴 뿐이다. 나는 이것을 군이 아니면 다른 사람에게라도 알리지 않고는 견딜 수 없는 충동을 받는 까닭이다.

그러나 나는 단언한다. 군도 사람이니 나의 말하는 것을 부인치는 못하리라.

2

김군! 내가 고향을 떠난 것은 오 년 전이다. 이것은 군도 아는 사실이다. 나는 그때에 어머니와 아내를 데리고 떠났다. 내가 고향을 떠나 간도로 간 것은 너무도 절박한 생활에 시든 몸이, 새 힘을 얻을까 하여 새 희망을 품고 새 세계를 동경하여 떠난 것도 군이 아는 사실이다.

ㅡ간도는 천부금탕이다. 기름진 땅이 흔하여 어디를 가든지 농사를 지을 수 있고 농사를 잘 지으면 쌀도 흔할 것이다. 삼림이 많으니 나무 걱정도 될 것이 없다.

농사를 지어서 배불리 먹고 뜨뜻이 지내자. 그리고 깨끗한 초가나 지어 놓고 글도 읽고 무지한 농민들을 가르쳐서 이상촌을 건설하리라. 이렇게 하면 간도의 황무지를 개척할 수도 있다.

이것이 간도 갈 때의 내 머릿속에 그리었던 이상이었다. 이때에 나는 얼마나 기뻤으랴! 두만강을 건너고 오랑캐령을 넘어서 망망한 평야와 산천을 바라볼 때 청춘의 내 가슴은 이상의 불길에 탔다. 구수한 내 소리와 헌헌한 내 행동에 어머니와 아내도 기뻐하였다.

오랑캐령을 올라서니 서북으로 쏠려 오는 봄 세찬 바람이 어떻게 뺨을 갈기는지,

"에그 칩구나! 여기는 아직도 겨울이로구나."

어머니는 수레 위에서 이불을 뒤집어썼다.

"무얼요, 이 바람을 많이 맞아야 성공이 올 것입니다."

나는 가장 씩씩하게 말하였다. 이처럼 나는 기쁘고 활기로웠다.

3

김군! 그러나 나의 이상은 물거품으로 돌아갔다. 간도에 들어서서 한 달이 못 되어서부터 거친 물결은 우리 세 생령(生靈)의 앞에 기탄없이 몰려왔다.

나는 농사를 지으려고 밭을 구하였다. 빈 땅은 없었다. 돈을 주고 사기 전에는 일 평의 땅이나마 손에 넣을 수 없었다. 그렇지 않으면 지나인(支那人)의 밭을 도조나 타조로 얻어야 된다. 일년내 중국 사람에게서 양식을 꾸어 먹고 도조나 타조를 지으면 가을 추수는 빚으로 다 들어가고 또 처음 꼴이 된다. 그러나 농사라고 못 지어 본 내가 도조나 타조를 얻는대야 일 년 양식 빚도 못 될 것이고 또 나 같은 시로도(아마추어)에게는 밭을 주지 않았다.

생소한 산천이요, 생소한 사람들이니, 어디가 어쩌면 좋을는지? 의논할 사람도 없었다. H라는 촌거리에 셋방을 얻어 가지고 어름어름하는 새에 보름이 지나고 한 달이 넘었다. 그새에 몇 푼 남았던 돈은 다 불려 먹고

밭은 고사하고 일자리도 못 얻었다.
　나는 팔을 걷고 나섰다. 이리저리 돌아다니면서 구들도 고쳐 주고 가마도 붙여 주었다. 이리하여 호구하게 되었다. 이때 H장에서는 나를 온돌장이(구들 고치는 사람)라고 불렀다. 갈아입을 의복이 없는 나는 늘 숯검정이 꺼멓게 묻은 의복을 벗을 새가 없었다.
　H장은 좁은 곳이다. 구들 고치는 일도 늘 있지 않았다. 그것으로 밥먹기는 어려웠다. 나는 여름 불볕에 삯김도 매고 꼴도 베어 팔았다. 그리고 어머니와 아내는 삯방아 찧고 강가에 나가서 부스러진 나뭇개비를 주워서 겨우 연명하였다.
　김군! 나는 이때부터 비로소 무서운 인간고(人間苦)를 느꼈다. 아아, 인생이란 과연 이렇게도 괴로운 것인가? 하는 것을 나는 생각하게 되었다. 나는 나에게 닥치는 풍파 때문에 눈물 흘린 일은 이때까지 없었다. 그러나 어머니가 나무를 줍고 아내가 삯방아를 찧을 때! 나의 피는 끓었으며 나의 눈은 눈물에 흐려졌다.
　"에구, 차라리 내가 드러누워 앓고 있지, 네 괴로워하는 꼴은 차마 못보겠다."
　이것은 언제 내가 병들어 신음할 때에 어머니가 울면서 하신 말씀이다. 이것을 무심히 들었던 나는 이때에야 이 말의 참뜻을 느꼈다.
　"아아, 차라리 나의 고기가 찢어지고 뼈가 부서지는 것은 참을 수 있으나, 내 눈앞에서 사랑하는 늙은 어머니와 아내가 배를 주리고 남의 멸시를 받는 것은 참으로 견디기 어렵구나!"
　나는 이렇게 여러 번 가슴을 쳤다. 나는 밤이나 낮이나, 비 오나 바람이 치나 헤아리지 않고 삯김, 삯심부름, 삯나무, 무엇이든지 가리지 않았다.
　"오늘도 배고프겠구나, 아침도 변변히 못 먹고…… 나는 너 배 주리잖는 것을 보았으면 죽어도 눈을 감겠다."
　내가 삯일을 하다가 늦게 돌아오면 어머니는 우실 듯이 말씀하셨다. 그러나 나는 흔연하게,

"배는 무슨 배가 고파요."
대답하였다.

내 아내는 늘 별 말이 없었다. 무슨 일이든지 시키는 대로 소곳하고 아무 소리 없이 순종하였다. 나는 그것이 더욱 불쌍하게 생각되었다. 나는 어머니보다는 아내 보기가 퍽 부끄러웠다.

"경제의 자립도 못 되는 내가 왜 장가를 들었누?"

이것이 부모의 한 일이지만 나는 이렇게도 탄식하였다. 그럴수록 아내에게 대하여 황공하였고 존경하였다.

어떻게 하면 살 수 있을까? ……이러한 생각은 이때 내 머리를 몹시 때렸다. 이때 나에게는 부지런한 자에게 복이 온다 하는 말이 거짓말로 생각되었다. 그 말을 지상의 격언으로 굳게 믿어 온 나는 그 말에 도리어 일종의 의심을 품게 되었고 나중은 부인까지 하게 되었다.

부지런하다면 이때 우리처럼 부지런함이 어디 있으며 정직하다면 이때 우리 식구같이 정직함이 어디 있으랴? 그러나 빈곤은 날로 심하였다. 이틀 사흘 굶은 적도 한두 번이 아니었다. 한번은 이틀이나 굶고 일자리를 찾다가 집으로 들어가니 부엌 앞에서 아내가(아내는 이때 아이를 배어서 배가 남산만하였다) 무엇을 먹다가 깜짝 놀란다. 그리고 손에 쥐었던 것을 얼른 아궁이에 집어넣는다. 이때 불쾌한 감정이 내 가슴에 떠올랐다.

'……무얼 먹을까? 어디서 무엇을 얻었을까? 무엇이길래 어머니와 나 몰래 먹누? 아! 여편네란 그런 것이로구나! 아니 그러나 설마…… 그래도 무엇을 믹딘데…….'

나는 이렇게 아내를 의심도 하고 원망도 하고 믿게도 생각하였다. 아내는 아무 말 없이 어색하게 머리를 숙이고 앉아서 씩씩하다가 밖으로 나간다. 그 얼굴은 좀 붉었다.

아내가 나간 뒤에 나는 아내가 먹다가 던진 것을 찾으려고 아궁지를 뒤지었다. 싸늘하게 식은 재를 막대기에 뒤져 내니 벌건 것이 눈에 띄었다. 나는 그것을 집었다. 그것은 귤껍질[橘皮]이다. 거기엔 베먹은 잇자국이

났다. 귤껍질을 쥔 나의 손은 떨리고 잇자국을 보는 내 눈에는 눈물이 괴었다.
 김군! 이때 나의 감정을 어떻게 표현하면 적당할까?
 ─ 오죽 먹고 싶었으면 오죽 배고팠으면, 길바닥에 내던진 귤껍질을 주워 먹을까! 더욱 몸 비잖은 그가! 아아, 나는 사람이 아니다. 그러한 아내를 나는 의심하였구나! 이놈이 어찌하여 그러한 아내에게 불평을 품었는가? 나 같은 간악한 놈이 어디 있으랴. 내가 양심이 부끄러워서 무슨 면목으로 아내를 볼까?
 이렇게 생각하면서 나는 느껴 가며 눈물을 흘렸다. 귤껍질을 쥔 채로 이를 악물고 울었다.
 "야, 어째 우느냐? 일어나거라. 우리도 살 때 있겠지, 늘 이렇겠느냐."
하면서 누가 어깨를 친다. 나는 그것이 어머니인 것을 알았다. 나는,
 "아이구 어머니, 나는 불효외다."
하면서 어머니의 발을 안고 자꾸자꾸 울고 싶었다. 그러나 나는 아무 소리 없이 가슴을 부둥켜안고 밖으로 나왔다.
 '내가 왜 우누? 울기만 하면 무엇 하나? 살자! 살자! 어떻게든지 살아 보자! 내 어머니와 내 아내도 살아야 하겠다. 이 목숨이 있는 때까지는 벌어 보자!'
 나는 이를 갈고 주먹을 쥐었다. 그러나 눈물은 여전히 흘렀다. 아내는 말없이 울고 섰는 내 곁에 와서 손으로 치마끈을 만지작거리며 눈물을 떨어뜨린다. 농삿집에서 길러난 아내는 지금도 어찌 수줍은지 내가 울면 같이 울기는 하여도 어떻게 말로 위로할 줄은 모른다.

4

 김군! 세월은 우리를 위하여 여름을 항상 주지 않았다.
 서풍이 불고 서리가 내리기 시작하였다. 찬 기운은 헐벗은 우리를 위협

하였다.

　가을부터 나는 대구어(大口魚) 장사를 하였다. 삼 원을 주고 대구 열 마리를 사서 등에 지고 산골로 다니면서 콩[大豆]과 바꾸었다. 그러나 대구 열 마리는 등에 질 수 있었으나, 대구 열 마리를 주고 받은 콩 열 말은 질 수 없었다. 나는 하는 수 없이 삼사십 리나 되는 곳에서 두 말씩 두 말씩 사흘 동안이나 져왔다. 우리는 열 말 되는 콩을 자본삼아 두부 장사를 시작하였다.

　아내와 나는 진종일 맷돌질을 하였다. 무거운 맷돌을 돌리고 나면 팔이 뚝 떨어지는 듯하였다. 내가 이렇게 괴로울 적에 해산한 지 며칠 안 되는 아내의 괴롬이야 어떠하였으랴? 그는 늘 낯이 부석부석하였다. 그래도 나는 무슨 불평이 있는 때면 아내를 욕하였다. 그러나 욕한 뒤에는 곧 후회하였다.

　콧구멍만한 부엌방에 가마를 걸고 맷돌을 놓고 나무를 들이고 의복가지를 걸고 하면 사람은 겨우 비비고 들어앉게 된다. 뜬 김에 문창은 떨어지고 벽은 눅눅하다. 모든 것이 후줄근하여 의복을 입은 채 미지근한 물 속에 들어앉은 듯하였다. 어떤 때는 애써 갈아 놓은 비지가 이 뜬 김 속에서 쉬어 버렸다. 두붓물이 가마에서 몹시 끓어 번질 때에 우윳빛 같은 두붓물 위에 버터빛 같은 노란 기름이 엉기면(그것은 두부가 잘될 징조다) 우리는 안심한다. 그러나 두붓물이 희멀끔해지고 기름기가 돌지 않으면 거기에만 시선을 쏘고 있는 아내의 낯빛부터 글러 가기 시작한다. 초를 쳐보아서 두붓발이 서지 않고 매캐시근하게 풀려질 때에는 우리의 가슴은 덜컥한다.

　"또 쉰 게로구나! 저를 어찌누?"

　젖을 달라고 빽빽 우는 어린아이를 안고 서서 두붓물만 들여다보시던 어머니는 목메인 말씀을 하시면서 우신다. 이렇게 되면 온 집안은 신산하여 말할 수 없는 울음, 비통, 처참, 소조한 분위기에 싸인다.

　"너 고생한 게 애닯구나! 팔이 부러지게 갈아서…… 그거(두부) 팔아서 장을 보려고 태산같이 바랐더니……."

어머니는 그저 가슴을 뜯으면서 운다. 아내도 울듯 울듯이 머리를 숙인다. 그 두부를 판대야 큰 돈은 못 된다. 기껏 남는대야 이십 전이나 삼십 전이다. 그것으로 우리는 호구를 한다. 이십 전이나 삼십 전에 어머니는 운다. 아내도 기운이 준다. 나까지 가슴이 바짝바짝 조인다.

그날은 하는 수 없이 쉰 두붓물로 때를 에우고 지낸다. 아이는 젖을 달라고 밤새껏 빽빽거린다. 우리의 살림에는 어린것도 귀찮았다.

5

울면서 겨자먹기로 괴로운 대로 또 두부를 하지 않으면 안 된다. 그러나 이번에는 땔나무가 없다. 나는 낫을 들고 떠난다. 내가 낫을 들고 떠나면 산후 여독으로 신음하는 아내도 낫을 들고 말없이 나를 따라 나선다. 어머니와 나는 굳이 만류하나 아내는 듣지 않는다.

내 손으로 하는 나무이건만 마음놓고는 못 한다. 산 임자에게 들키면 여간한 경을 치지 않는다. 그러므로 우리는 황혼이면 산에 가서 도적 나무를 하여 지고 밤이 깊어서 돌아온다. 아내는 이고 나는 지고 캄캄한 밤에 산비탈로 내려오다가 발이 미끄러지거나 돌에 채면 곤두박질을 하여 나뭇짐 속에 든다. 아내는 소리 없이 이었던 나무를 내려놓고 나뭇짐에 눌려서 버둥거리는 나를 겨우 끄집어 일으킨다. 그러나 내가 나뭇짐을 지고 일어나면 아내는 혼자 나뭇짐을 이지 못한다. 또 내가 나뭇짐을 벗고 아내에게 이어 주면 나는 추어 주는 이 없이는 나뭇짐을 질 수 없다. 하는 수 없이 나는 어떤 높은 바위에 벗어 놓고(후에 지기 편하도록) 아내에게 이어 준다. 이리하여 산비탈을 내려오면, 언제 왔는지 어머니는 애를 업고 우들우들 떨면서 산 아래서 기다리시다가도,

"인제 오니? 나는 너 또 붙들리지나 않는가 하여 혼이 났다."

하신다. 이때마다 내 가슴은 저렸다. 나는 이렇게 나무 도적질을 하다가 중국 경찰서에까지 잡혀가서 여러 번 맞았다.

이때 이웃에서는 우리를 조소하고 경찰에서는 우리를 의심하였다.

─홍, 신수가 멀쩡한 연놈들이 그 꼴이야, 어디 가 일자리도 구하지 않구. 그 눈이 누래서 두부 장사 하는 꼬락서니는 참 더러워서 못 보겠네. 불알을 달고 나서 그렇게야 살리?

이것은 이웃 남녀가 비웃는 소리였다. 그리고 어떤 산 임자가 나무 잃은 고발을 하면 경찰서에서는 불문곡직하고 우리집부터 수색하고 질문하면서 나를 때린다. 그러나 나는 호소할 곳이 없었다.

6

김군! 이러구러 겨울은 점점 깊어 가고 기한은 점점 박두하였다. 일자리는 없고…… 그렇다고 손을 털고 앉았을 수는 없었다. 모든 식구가 퍼러퍼래서 굶고 앉은 꼴을 나는 그저 볼 수 없었다. 시퍼런 칼이라도 들고 하루라도 괴로운 생을 모면하도록 그네들을 쿡쿡 찔러 없애고 나까지 없어지든지, 그렇지 않으면 칼을 들고 나서서 강도질이라도 하여서 기한을 면하든지 하는 수밖에는 더 도리가 없게 절박하였다. 나는 일이 없으면 없느니만치, 고통이 닥치면 닥치느니만치 내 번민은 컸다. 나는 어떤 날은 거의 얼빠진 사람처럼 눈을 감고 깊은 생각에 잠긴 일이 있었다.

이때 내 머릿속에서는 머리를 움실움실 드는 사상이 있었다(오늘날에 생각하면 그것은 나의 전운명을 결정할 사상이었다). 그 생각은 누구의 가르침에 일어난 것도 아니러니와 일부러 일으키려고 애써서 일어난 것도 아니다. 봄 풀싹같이 내 머릿속에서 점점 머리를 들었다.

─나는 여태까지 세상에 대하여 충실하였다. 어디까지든지 충실하려고 하였다. 내 어머니, 내 아내까지도 뼈가 부서지고 고기가 찢기더라도 충실한 노력으로 살려고 하였다. 그러나 세상은 우리를 속였다. 우리의 충실을 받지 않았다. 도리어 충실한 우리를 모욕하고 멸시하고 학대하였다. 우리는 여태까지 속아 살았다. 포악하고 허위스럽고 요사한 무리를 용납하고

옹호하는 세상인 것을 참으로 몰랐다. 우리뿐 아니라 세상의 모든 사람들도 그것을 의식하지 못하였을 것이다. 그네들은 그러한 세상의 분위기에 취하였었다. 나도 이때까지 취하였었다. 우리는 우리로서 살아온 것이 아니라 어떤 험악한 제도의 희생자로서 살아왔었다.

김군! 나는 사람들을 원망치 않는다. 그러나 마주(魔酒)에 취하여 자기의 피를 짜 바치면서도 깨지 못하는 사람을 그저 볼 수 없다. 허위와 요사와 표독과 게으른 자를 옹호하고 용납하는 이 제도는 더욱 그저 둘 수 없다.

─이 분위기 속에서는 아무리 노력하여도, 충실하여도, 우리는 우리의 생(生)의 만족을 느낄 날이 없을 것이다. 어찌하여 겨우 연명을 한다 하더라도 죽지 못하는 삶이 될 것이요, 그 영향은 자식에게까지 미칠 것이다. 나는 어미 품속에서 빽빽 하는 어린것의 장래를 생각할 때면 애잡짤한 감정과 분함을 금할 수 없다. 내가 늘 이 상태면(그것은 거의 정한 이치다) 그에게는 상당한 교양은 고사하고, 다리 밑이나 남의 집 문간에 버리게 될 터이니, 아! 삶을 받은 한 생령을 죄 없이 찌그러지게 하는 것이 어찌 애닯 잖으며 분치 않으랴? 그렇다 하면 그것을 나의 죄라 할까?

김군! 나는 더 참을 수 없었다. 나는 나부터 살리려고 한다. 이때까지는 최면술에 걸린 송장이었다. 제가 죽은 송장으로 남(식구들)을 어찌 살리랴? 그러려면 나는 나에게 최면술을 걸려는 무리를, 험악한 이 공기의 원류를 쳐부수려고 하는 것이다.

나는 이것을 인간의 생의 충동이며 확충이라고 본다. 나는 여기서 무상의 법열(法悅)을 느끼려고 한다. 아니 벌써부터 느껴진다. 이 사상이 드디어 나로 하여금 집을 탈출케 하였으며, ××단에 가입하게 하였으며, 비바람 밤낮을 헤아리지 않고 벼랑 끝보다 더 험한 ×선에 서게 한 것이다.

김군! 거듭 말한다. 나도 사람이다. 양심을 가진 사람이다. 애정을 가진 사람이다. 내가 떠나는 날부터 식구들은 더욱 곤경에 들 줄도 나는 알았다. 자칫하면 눈 속이나 어느 구렁에서 죽는 줄도 모르게 굶어 죽을 줄도 나는 잘 안다. 그러므로 나는 이곳에서도 남의 집 행랑어멈이나 아범이며,

노두에 방황하는 거지를 무심히 보지 않는다. 아! 나의 식구도 그럴 것을 생각할 때면 자연히 흐르는 눈물과 뿌직뿌직 찢기는 가슴을 덮쳐 잡는다. 그러나 나는 이를 갈고 주먹을 쥔다. 눈물을 아니 흘리려고 하며 비애에 상하지 않으려고 한다. 울기에는 너무도 때가 늦었으며 비애에 상하는 것은 우리의 박약을 너무도 표시하는 듯싶다. 어떠한 고통이든지 참고 분투하려고 한다.

김군! 이것이 나의 탈가한 이유를 대략 적은 것이다. 나는 나의 목적을 이루기 전에는 내 식구에게 편지도 하지 않으려고 한다. 그네가 죽어도, 내가 또 죽어도…….

나는 이러다가 성공 없이 죽는다 하더라도 원한이 없겠다. 이 시대, 이 민중의 의무를 이행한 까닭이다.

아아, 김군아! 말을 다하였으나 정은 그저 가슴에 넘치누나!

■ 작가 소개

최서해(崔曙海)의 본명은 학송(鶴松)이다. 1901년 1월 21일 함경북도 성진에서 태어났다. 성진보통학교를 중퇴한 후 1917년 만주 간도로 이주했다. 이때 간도를 유랑하면서 겪은 간도 유민의 극단적인 빈궁은「고국」을 비롯하여「탈출기」,「홍염」등에 잘 반영되어 있다.

1924년 1월 28일『동아일보』에「토혈」을 연재하고, 같은 해 10월 춘원 이광수에 의해『조선문단』에「고국」으로 추천받아 본격적인 작품 활동을 시작했다. 1925년에는「고국」,「탈출기」,「박돌의 죽음」,「기아와 살륙」등을 발표하였다. 이 작품들은 간도 유민, 혹은 빈농의 비참한 궁핍상을 제재로 다루고 있으며, 대체로 비극적 파국을 맞는 것으로 소설을 끝맺는다. 이는 소설의 제재가 작가의 실제 체험과 관련되어 있는 점, 그리고 작가의 체험을 생생하게 묘사해내고 있다는 점에서 기인하는 것이다. 이 작품들은 극단적인 빈궁 속에서 자연스럽게 성장해가는 하층민의 계급의식의 성장을 그려내고 있다는 점에서 당시 유행하기 시작한 계급문학의 경향성을 잘 표현하고 있는 것으로 평가되기도 하였다.

1925년 계급문학을 실천하기 위해 조직된 조선프롤레타리아예술동맹에 가입한 후「해돋이」,「전아사」,「홍염」등의 작품을 발표하였다. 그러나「홍염」을 제외하고는 대체로 문학적인 성과가 낮은 편이다.「홍염」은 그의 문학세계를 종합한 대표작으로 서간도의 한 마을을 배경으로 침울하고 장중한 묘사력을 보이고 있다. 1926년 글벗사에서 창작집『혈흔』을 발간하였고, 1931년에는 삼천리사에서『홍염』을 발간했다.『현대평론』,『중외일보』기자를 거쳐『매일신보』학예부장을 역임했으며, 1932년 7월 9일 간도 시절부터 고질병이던 위장병이 악화되어 사망했다.

■ 소설적 특징

이 소설은 1925년 10월『조선문단』에 발표된 작품으로, 당시 유행하던 신경향파 문학을 대표하는 소설이다. 이 작품은 최서해 자신이 만주 지역에서 경험했던 궁핍한 삶의 과정을 그려낸 자전적인 소설이라고 할 수 있으며, 동시대의 문학인들로부터 체험문학의 걸작으로 높이 평가되었다.

이 작품의 전체적인 구도는 '나'(박 군)라는 주인공이 극도의 빈궁에 시달리는 가족을 버리고 ××단에 가입하여 사회운동을 하게 된 이유를 친구 김 군에게 고백하는 편지 형식을 취하고 있다. 가난에 시달리다 못하여 고국을 등지고 간도 땅으로 건너가게 된 경위, 새로운 삶을 도모하는 과정에서 겪어야 했던 가난과 고통, 차디찬 현실에 좌절당하자 가족을 버리고 ××단에 가입하게 된 심경 등이 격렬한 어투의 편지 형식으로 그려진다. 이 소설은 가난을 이겨내지 못한 채 가족을 버리고 집을 떠날 수밖에 없게 된 주인공의 개인적인 심경을 고백하고 있다는 점에서 개인사적인 측면이 강조되고 있지만, 주인공이 겪는 가난이 1920년대를 전후한 시기에 우리 민족이 겪어야 했던 수난사의 한 단면에 해당한다는 점에서 개인적 체험을 민족의 문제로 확산시켜 놓고 있다고 할 수 있다.

작품의 서술 방법과 문체의 특징

- 서간체의 서술 방법

이 작품은 편지투의 형식을 취하고 있다. 원래 편지는 편지를 쓰는 발신자와 그것을 받아 읽는 수신자의 관계로 이어지는 일종의 의사 교환 방식이다. 소설에서 이 같은 방식을 차용할 경우, 소설 속에서 가상적으로 발신자와 수신자를 설정해야 한다. 소설의 독자들은 수신자와 함께 그 편지를 읽는 위치에 서게 된다. 이 소설은 작중화자인 '나'의 경우가 발신자가 되어 친구인 '김 군'을 수신자로 하여 적어 보낸 편지투의 글이다. 가족을 버리고 집을 나오게 된 내용이 바로 이 편지의 사연에 해당한다.

- 문체상의 효과

이 작품에서 서간체 형식이 도입한 것은 편지글이 갖는 실재성에 대한 환상에 입각하여 주제를 전달하려고 하는 작가의 의도 때문인 것으로 보인다. 이 작품은 내용의 전달을 중시하고 있으며, 사건의 제시보다는 주인공의 내면심리를 독자에게 이해시키려는 태도를 보여주고 있다. 따라서 이 작품은 가족의 궁핍과 그러한 상황을 가져온 사회제도의 부조리에 저항하려는 주인공의 자각을 보여주면서, 그러한 주인공의 자각을 통해서 독자들의 자각까지 요구하고 있는 것이다. 그러나 이 같은 편지투의 서술 방식은 그 직접적인 호소력에도 불구하고, 평면적인 서술에 의해 이야기의 내용이 전달되기 때문에 사건 전개의 극적인 효과를 제대로 거두기 어렵다는 약점을 지닌다.

토론 과제

– 이 작품에서 서술자로서 '나'의 위상에 대해 토론해 보자.

– 이 작품에서 그려내고 있는 만주지방의 '간도' 땅을 식민지 조선과 대비하여 그 공간적 특성이 무엇인지 설명해 보자.

제2부

근대소설이란 무엇인가

: 신소설과 담론의 근대성

1. 신소설의 위상
2. 전근대적 문학으로서의 고전소설
3. 서사 공간으로서의 일상적 현실
   탈마법의 공간, 일상의 현실
   일상어의 문제
   시간과 공간의 서사적 재구성
4. 개인의 발견 혹은 주체의 근대적 인식
5. 신소설과 담론의 가치 지향성

작품읽기 09_혈의 누(이인직)

1. 신소설의 위상

한국문학에서 현대 또는 근대란 무엇인가? 이 질문에는 여러 방향의 대답이 가능하다. 현대라는 것이 시간의 흐름에 따라 저절로 거쳐가게 되는 역사적인 단계를 의미한다면, 그것은 인식의 중립 지대에 자리한다. 그러나 현대가 하나의 사회 문화적인 가치 영역에 속한다면 그 대답은 간단할 수 없다. 현대는 이미 인간의 삶을 새로운 가치로 규범화하고 있는 제도이며 이념에 해당하는 것이 아닌가?

한국문학에서 현대적인 것의 출발을 문제 삼을 경우 가장 먼저 내세울 수 있는 것이 바로 신소설이다. 신소설은 일본적 식민주의 담론의 질서 위에 자리하고 있지만, 그 서사 방식의 문제성을 간단히 규정할 수는 없다. 신소설은 국문체를 통해 일상생활 속에서 살아있는 언어를 그대로 묘사해낸 최초의 문학 양식이다. 신소설처럼 일상의 공간에서 이루어지는 모든 언술을 풍부하게 담론화하고 있는 문학 양식은 그 이전에는 존재한 적이 없다. 이 같은 일상의 구현은 바로 신소설이 서사 담론으로서 추구하고 있는 새로운 가치라고 할 수 있다. 신소설이 말 그대로 '새로운 소설'을 의미한다면, 그 새로움의 정체를 여기서 찾아볼 수 있는 것이다.

신소설이란 무엇인가? 이 질문은 서사적 본질을 묻는 질문일 경우에만 문학사적인 의미를 갖는다. 신소설을 일본적 식민지주의 담론의 질서 위에서 논한다든지 그 정치성의 함의를 문제 삼는 것은 양식론의 범주와는 다른 영역의 문제다. 신소설의 서사적 본질과 그 속성을 논의하는 일은 신소설을 한 시대의 주도적인 문학 양식으로 이해할 경우 언제나 선행해야 할 작업이다. 신소설에서 볼 수 있는 서사적 본질은 바로 신소설을 그 이전의 고전소설이나 그 이후의 근대소설과 다른 장르로 인식할 수 있게 하는 장르적인 속성에 해당하기 때문이다.

여기서 신소설을 그 이전의 구소설 또는 고전소설의 경우와 대비할 필요가 생긴다. 물론 과거의 문학사가들이 이 같은 대비 작업에도 손을 댄

바 있다. 신소설의 작가들도 고전소설이 황당하고 허황된 이야기라고 비판하고, 고전소설의 내용에서 교훈이 될 만한 것이 없다고 지적한 적이 있다. 대부분의 문학사가들은 고전소설의 설화성이나 비현실성이 극복되는 과정을 신소설의 특징으로 내세운다. 신소설에 등장하기 시작한 새로운 제도, 새로운 이념, 새로운 사물들을 신소설의 새로움을 밝히는 중요한 근거로 제시한 경우가 많다. 신소설이 그만큼 진보된 문학 양식인 것처럼 주장했던 것이다. 그러나 이 같은 주장에는 상당한 문제가 가로놓여 있다. 서사 담론의 영역에서 새로움이란 소재의 문제가 아니다. 인간의 삶의 방식이 바뀌어 가는 과정을 생각한다면, 이 같은 소재 영역의 새로움이란 언제나 존재한다. 더구나 서사에서 설화성이 산문성보다 열등하다는 것을 입증할 수도 없고, 비현실성이 현실성보다 저급하다고 말할 수도 없는 일이다. 그것은 바로 문화적 징표이며, 담론의 형식일 뿐이다.

2. 전근대적 문학으로서의 고전소설

고전소설은 언문체가 구현하는 설화적 담론을 통해 현실 세계와는 다른 신화적 또는 설화적인 세계라고 할 수 있는 요소들을 담아 놓고 있다. 이 세계는 현실을 살고 있는 인간들에게는 잃어버린 낙원과도 같다. 고전소설에 그려진 신화적인 이야기와 그 마술적인 요소들은 모두 인간의 의식과 밀접하게 관련되어 있다. 고전소설의 이야기 속에는 성스러운 것과 속된 것이 함께 드러나는 경우가 많다. 소설「구운몽」의 경우 주인공 성진이 도를 닦고 있던 남악 형산은 성스러운 세계이며, 양소유가 살았던 인간의 세계는 세속의 세계다. 신성/세속을 이같이 가치와 윤리의 차원에서 구획하려 한 것은 고전소설의 시대에 살고 있던 사람들의 삶의 기본적인 자세라고 할 수 있다. 실제로 소설「구운몽」에서 세속의 양소유는 내면의식 깊숙이 자리하고 있는 성스러운 세계와의 연결을 통해 일상의 삶과 주변의 세계에 참여한다. 그리고 그는 세속의 생활을 마친 뒤에 다시 성스러운 세계로 귀환한다. 신성의 세계로부터 떨어져 인간으로 태어났다가 다시 신성의 세계로 올라가는 '원천으로 돌아가기'의 모티프는 고전소설이 보여주는 이른바 신화적 상상력의 원형에 해당한다. 그런데 양소유가 성스러운 것과의 연결을 통해 현실 세계에 참여한다는 것은 그가 개인적 주체로서 완전히 구별되는 개별성을 지니지 못하고 있음을 말해준다. 양소유는 남악 형산이라는 신성의 세계를 향해 자신을 열어놓는다. 그러므로 주체는 세계를 통해 열려 있을 뿐이다. 그가 가야 할 궁극의 길은 이미 제시되어 있으니까. 이렇게 본다면, 「구운몽」에서 양소유는 엄격한 자립적인 주체가 되지 못하고 있다고 할 수 있다. 마찬가지로 양소유의 주변의 세계도 하나의 구별되는 객관적인 대상이 되지 못하고 있다. 주체와 대상이 뒤섞여 한 덩어리가 되고 있는 것이다. 그러므로 양소유의 면에서 본다면 대상으로서의 세계에는 언제나 자연과 초자연이 함께 공존하고, 대상으로서의 세계를 놓고 본다면 양소유의 내부에도 인간적인 것과 초인간적인 것이 공존한다.

  고전소설의 주인공은 자신의 생활 가운데에서 일어나는 모든 사건을 객관적으로 관찰하거나 기록하지 않는다. 모든 일들은 그렇게 일어나고 그렇게 끝난다. 주인공은 다만 그러한 일들이 그렇게 일어나고 그렇게 끝나게 되는 데에는 어떤 특정한 무엇인가가 있다는 생각을 한다. 그러한 일을 주재하는 하늘이 있다든지 옥황상제가 있다든지 용왕이 있다든지 하는 것이다. 이처럼 자신의 주변에 무엇인가가 있다는 생각을 하게 되면, 그 생각 자체가 사고와 활동을 규제하기 때문에 사물의 현상에 대해 지극히 수동적으로 대응하고 운명론적으로 인식하게 된다. 그러므로 존재론적인 고뇌란 사실 주체의 문제가 아니라 배면에 있는 그 무엇인가에 대한 것일 뿐이다. 모든 사물의 존재 이면에 숨겨진 근거에 대한 인식과 두려움은 고전소설의 주인공들에게는 거의 숙명적으로 주어진다. 그것은 「구운몽」의 양소유에게도 있고, 「홍길동전」의 홍길동에게도 있고, 「심청전」의 심청에게도 있다. 고전소설의 주인공들은 언제나 이 신성의 세계를 향해 창문을 열어 놓고 인간적인 주체를 초월하여 인간 위에 군림하는 성스런 힘을 얻을 수 있게 된다.

고전소설의 이야기에는 인간과 세계, 주체와 대상에 대한 엄격한 구별이 존재하지 않는다. 내부의 세계와 외부의 세계를 엄격하게 구별하는 일도 고전소설의 세계에서는 전혀 드러나지 않는다. 인간과 신의 상호 작용, 자연적인 세계와 초자연적인 세계의 상호 작용은 고전소설의 세계에서 흔히 볼 수 있는 일이다. 고전소설의 주인공에게는 삶과 죽음의 경계가 없다. 홍길동은 율도국에서 영생하고 인당수의 제물이 된 심청은 용궁에서 환생한다. 양소유가 인생의 허무를 깨닫고 다시 신성의 세계로 돌아가는 것으로 그의 현실적인 삶을 마감하는 것도 마찬가지의 의미를 지닌다. 이같이 고전소설의 주인공에게는 삶과 죽음의 경계가 없다. 이것은 인간을 신의 경우와 마찬가지로 존재의 영원성으로 인식하고 있음을 말한다. 신화적 상상력은 영원한 회귀성의 개념을 모든 존재에 부여한다. 신화적 세계는 경험적으로 인식되는 시간과는 아무런 관계가 없이 지속된다. 오직 영원성의 시간이 있을 뿐이다.

신화적 상상력이 잔존하고 있는 고전소설에서 서사 구조의 이중성이 자주 드러난다. 고전소설의 이 같은 특징을 이상택 교수는 신성사와 세속사의 갈등이라는 구조적인 관계로 파악한다. 실제로 고전소설의 서사 구조는 현실의 세계와 이상의 세계로 구획되기도 하고 사실과 환상으로 대비되기도 한다. 「구운몽」은 확연하게 현실의 세계와 이상의 세계가 욕망의 영역과 가치의 영역으로 구획된다. 「홍부전」이나 「심청전」의 경우 전반부와 후반부는 현실과 환상의 세계로 나누어진다. 물론 욕망의 세계와 가치의 실현이 윤리적인 덕목으로 묶여 있다. 이것은 서사 구조는 「춘향전」의 경우에도 마찬가지다.

영웅소설이라는 고전소설의 한 유형을 중심으로 하여 한국 소설의 이론을 정립하고자 했던 조동일 교수는 자아와 세계의 상호 우위라는 추상적 개념을 도식화하여 고전소설의 장르적인 본질을 규정한 적이 있다. 그러나 자아와 세계가 주체와 객체의 관계로 정립되는 것은 근대소설에 와서야 가능한 일이며 고전소설의 경우에는 해당되지 않는다고 나는 생각한다. 이미 지적했듯이 고전소설의 경우 자아와 세계의 구분이 모호하다. 주체에 대한 존재론적인 인식이 확립되지 않으면 대상으로서의 세계에 대한 객관적 인식도 가능하지 않다. 자아와 세계를 동일시하는 신화적 상상력이 고전소설에 잔존하고 있다는 것은 고전소설에서 자아와 세계의 구분이라는 것이 의미를 지니기 어려움을 말해주는 것이다. 또한 조동일 교수는 고전소설의 주제를 표면적인 것과 이면적인 것으로 구분하고 주제의 양면성을 강조한다. 그러나 이것은 미학의 근본 원리에서 벗어난다. 예술 작품의 주제는 궁극적인 것이다. 궁극적인 것은 하나이지 둘이 될 수 없다. 서사구조의 이중성에서 드러나는 문화적 기호의 대립 양상을 주제의 양면성으로 파악하는 것은 잘못이다. 주제는 바로 그 같은 대립 양상을 통해 궁극적인 것으로 드러난다. 「춘향전」의 경우, 춘향의 개인적인 욕망이 규범적인 가치에 승리한다. 그리고 춘향은 결국 자신의 욕망으로부터 해방되는 것이다. 봉건적인 가치 규범이 흔들리기 시작한 시대에 등장한 춘향이 새로운 모럴의 상징이 될 수 있는 것은 바로 이 같은 욕망으로부터의 해방 때문이다.

고전소설이 그려내는 신화적 세계 또는 설화적 공간은 언문체로 포착된 것들이다. 언문체는 권위의 서술자가 자신의 목소리로 모든 언술을 통제하는 단일 어조의 담론적 특성을 보여준다. 그러므로 이야기의 요약적 서술에 매우 기능적이다. 고전소설의 서사 담론이 요약적이라는 것은 대상에 대한 구체적인 묘사가 부족하다는 점과 상통한다. 서사의 구성 원리 가운데 가장 중요한 요소가 되는 시간도 그만큼 축약되고 있다. 고전소설의 경우는 대화가 모두 지문 속에 묻혀 있다. 그러므로 인물들이 서로 주고받는 말이 살아있는 대화적 공간을 만들지 못한다. 오히려, 등장인물들의 대화가 서술자의 어조에 따라 통제되고, 서술적인 변형을 드러내기도 한다. 이 같은 서사적 변형 때문에 인물들이 주고받는 대화마저도 경험적인 시간보다 축약되어 표출된다.

고전소설의 주인공은 물론 소설의 장면 속에서 다른 인물들과 대화를 나눈다. 그러나 이 대화의 담론적인 속성은 이념적으로 어떤 독자적인 특징을 지니는 것이 아니다. 그 이유는 주인공의 대화가 사실은 화자의 어조에 의한 것이며, 또한 그것이 바로 작가의 말을 의미하는 것이기 때문이다. 물론 작가의 말 자체도 고전소설의 세계가 지향하는 하나의 일원적이고도 단일한 신념체계를 표상하고 있을 뿐이다. 모든 가치와 이념이 공유되는 세계에서는 담론의 질서마저도 그렇게 통합되는 것이다. 다음에 사례를 보자.

화셜 됴션국 셰종됴 시졀의 흔 지샹이 ″시니 성은 홍이오 명은 뫼라 디″ 명문거족으로 쇼년등과ᄒ여 벼슬이 니죠판셔의 니르미 물망이 됴야의 읏듬이오 츙효겸비ᄒ기로 일홈이 일국의 진동ᄒ더라 일즉 두 아들을 두어시니 일ᄌᄂ 일홈이 인형이니 뎡실 뉴시 쇼ᄉᆼ이오 일ᄌᄂ 일홈이 길동이니 시비 츈셤의 쇼ᄉᆼ이라 선시의 공이 길동을 나흘 ᄯᅴ의 일몽을 어드니 문득 뇌졍벽녁이 진동ᄒ며 쳥룡이 수염을 거스리고 공의게 향ᄒ여 다라들거ᄂᆯ 놀나 ᄭᅢ다르니 일쟝츈몽이라 심즁의 디희ᄒ여 ᄉᆼ각ᄒ되 니 이졔 룡몽을 어더시니 반ᄃ시 귀흔 ᄌ식을 나흐리라 ᄒ고 즉시 니당으로 드러가니 부인 뉴시 니러 맛거ᄂᆞᆯ 공이 흔연이 그 옥슈ᄅᆞᆯ 닛그러 정이 친압고져 ᄒ거ᄂᆞᆯ 부인이 졍ᄉᆡᆨ 왈 샹공이 톄위존즁ᄒ시거ᄂᆞᆯ 년쇼경박ᄌ의 비루ᄒᄆᆞᆯ 힝코져 ᄒ시니 쳡은 봉ᄒᆡᆼ치 아니ᄒ리로쇼이다 ᄒ고 언파의 손을 썰치고 나가거ᄂᆞᆯ 공이 가쟝 무류ᄒ여 분긔ᄅᆞᆯ ᄎᆞᆷ지 못ᄒ고 외당의 나와 부인의 지식이 업스믈 한탄ᄒ더니 맛ᄎᆞᆷ 시비 츈셤이 ᄎᆞᄅᆞᆯ 올니거ᄂᆞᆯ 그 고요ᄒᄆᆞᆯ 인ᄒ여 셤츈을 잇글고 협실의 드러가 정이 친압ᄒ니 이ᄯᅢ 츈셤의 나히 십팔이라 ᄒᆞᆫ번 몸을 허흔 후로 문외의 나지 아니ᄒ고 타인을 취홀 ᄯᅳᆺ이 업스니 공이 긔특이 넉여 인ᄒ여 잉쳡을 삼아더니 과연 그달붓허 틱긔 잇셔 십 삭 만의 일기 옥동을 싱ᄒ니 긔골이 비범ᄒ여 진짓 영웅호걸의 긔상이라 공이 일변 깃거ᄒ나 부인의게 나지 못ᄒ믈 한ᄒ더라

길동이 졈〃 ᄌ라 팔 셰 되ᄆ 총명이 과인ᄒ여 ᄒ아흘 드르면 빅을 통ᄒ니 공이 더옥 ᄋ즁ᄒ나 근본 쳔싱이라 길동이 ᄆ양 호부호형ᄒ면 문득 ᄭ지져 못 ᄒ게 ᄒ니 길동이 십 셰 넘도록 감히 부형을 부르지 못ᄒ고 비복등이 쳔ᄃᄒ믈 각골통한ᄒ여 심스를 졍치 못ᄒ더니 츄구월 망간을 당ᄒᄆ 명월은 죠요ᄒ고 쳥풍은 쇼슬ᄒ여 사름의 심회를 돕ᄂ지라 길동이 셔당의셔 글을 닑다가 문득 셔안을 밀치고 탄 왈 대장뷔 셰상의 나ᄆ 공밍을 본밧지 못ᄒ면 찰아리 병법을 외와 대장닌을 요하의 빗기ᄎ고 동졍셔벌ᄒ여 국가의 ᄃ공을 셰우고 일홈을 만ᄃ의 빗ᄂᄆ 쟝부의 쾌ᄉ라 나ᄂ 엇지ᄒ여 일신이 젹막ᄒ고 부형이 "시되 호부호형을 못 ᄒ니 심쟝이 터질지라 엇지 통한치 아니리오 ᄒ고 말을 맛츠며 쁠의 나려 검슐을 공부ᄒ더니 맛춤 공이 ᄯ호 월식을 구경ᄒ다가 길동의 빅회ᄒ믈 보고 즉시 불너 문 왈 네 무슴 흥이 〃셔 야심토록 잠을 ᄌ지 아니ᄒᄂ다 길동이 공경 ᄃ 왈 쇼인이 맛춤 월식을 사랑ᄒᄆ이여니와 대개 하늘이 만물을 ᄂ시ᄆ 오직 사름이 귀ᄒ오나 쇼인의게 니르러ᄂ 귀ᄒ오미 업ᄉ오니 엇지 사름이라 ᄒ오리잇가 공이 그 말을 짐작ᄒ나 짐줏 칙 왈 네 무슴 말인고 길동이 ᄌ비ᄒ고 왈 쇼인이 평싱 셜운 바ᄂ 대감졍긔로 당"ᄒ온 남ᄌ 되여 ᄉ오ᄆ 부싱모휵지은이 깁ᄉ거ᄂ 그 부친을 부친이라 못 ᄒᄋᆸ고 그 형을 형이라 못 ᄒ오니 엇지 사름이라 ᄒ오리잇가 ᄒ고 눈물을 흘여 단삼을 젹시거ᄂ 공이 쳥파의 비록 측은ᄒ나 만일 그 ᄯᅳᆺ을 위로ᄒ면 ᄆ음이 방ᄌᄒᆯ가 져어 크게 ᄭ지져 왈 ᄌ상가 쳔비 쇼싱이 비단 너ᄲᆫ이 아니여든 네 엇지 방ᄌᄒᄆ 이 갓ᄒ요 ᄎ후 다시 이런 말이 이시면 안젼의 용납지 못ᄒ리라 ᄒ니 길동이 감이 일언을 고치 못ᄒ고 다만 복지유쳬ᄲᆫ이라 공이 명ᄒ여 믈너가라 ᄒ거ᄂ 길동이 침쇼로 도라와 슬허ᄒ믈 마지아니ᄒ더라

길동이 본딕 지긔과인ᄒ고 도량이 활달ᄒ지라 ᄆᆞ음을 진정치 못ᄒ여 밤이면 ᄌᆞᆷ을 닐우지 못ᄒ더니 일″은 길동이 어미 침쇼의 가 울며 고 왈 쇼ᄌᆡ 모친으로 더브러 젼ᄉᆡᆼ년분이 중ᄒ여 금셰의 모지 되오니 은혜 망극ᄒ온지라 그러나 쇼ᄌᆞ의 팔지 긔박ᄒ여 쳔ᄒᆞᆫ 몸이 되오니 품은 한이 깁ᄉᆞ온지라 쟝뷔 셰상의 쳐ᄒᆞᄆᆡ 남의 쳔딕 바드미 불가ᄒ온지라 쇼ᄌᆡ ᄌᆞ연 긔운을 억제치 못ᄒ여 모친 슬하를 ᄯᅥ나려 ᄒᆞ오니 복망 모친은 쇼ᄌᆞ를 념녀치 마르시고 귀쳬를 보중ᄒᆞ쇼셔 그 어미 쳥파의 대경 왈 지상가 쳔ᄉᆡᆼ이 너ᄲᅮᆫ이 아니여든 엇지 협ᄒᆞᆫ 마음을 발ᄒ여 어미 간쟝을 살오ᄂᆞ요 길동이 딕왈 녯날 쟝츙의 ᄋᆞ들 길산은 쳔ᄉᆡᆼ이로되 십삼 셰의 그 어미를 니별ᄒ고 운봉산의 드러가 도를 닷가 아름다온 일홈을 후셰의 유젼ᄒ여시니 쇼ᄌᆡ 그를 효측ᄒ여 셰상을 버셔나려 ᄒᆞ오니 모친은 안심ᄒᆞ샤 후일을 기ᄃᆞ리쇼셔 근간 곡산모의 ᄒᆡᆼ식을 보니 샹공의 춍을 닐흘가 ᄒ여 우리 모ᄌᆞ를 원슈갓치 아ᄂᆞᆫ지라 큰 화를 닙을가 ᄒᆞ옵ᄂᆞ니 모친은 쇼ᄌᆡ 나가믈 념녀치 마르쇼셔 ᄒ니 그 어미 ᄯᅩᄒᆞᆫ 슬허ᄒ더라

― 경판본 「홍길동전」

앞의 인용에서 볼 수 있는 것처럼 국문체의 서사적 특성을 잘 드러내고 있는 징표는 국문 고전소설에서 가장 많이 쓰이는 '―더라'체의 종결형이다. '―더라'체의 종결형은 과거 어떤 행동이 미완의 상태로 진행 중임을 나타내기도 하고, 이미 지난 과거의 사실 자체를 회상하는 방식으로 쓰이기도 하기 때문에 시제상의 징표와 서법상의 징표를 공유하고 있다. '―더라'체에서 가장 중요한 요소는 '―더'라는 형태소다. 이 '―더' 구문은 언제나 과거의 사건을 내용으로 하여 서술자로서의 화자가 발화하는 현재의 시점에서 말하는 형식을 취한다. 그러므로 독자가 '―더' 구문을 읽어 나갈 경우, 항상 화자가 그 구문을 읽는 현재의 순간에 등장하여 그 구문에 해당하는 이야기를 들려주는 방식으로 대화적 공간이 형성된다. 그리고 바로 이 같은 공간 안에서 이루어지는 이야기 자체는 언제나 과거의 사실처

럼 처리되는 것이다.

　고전소설의 국문체에서 드러나는 '-더라'체의 특성을 화자의 입장에서 자세히 살펴보면, 그 발화 내용을 화자가 이미 인지하고 있음을 언제나 전제한다. 발화 내용에 대한 인지가 없다면 '-더라'체가 쓰일 수 없다. '-더라'체에서 사건과 내용에 대한 서술자의 인지가 강조된다는 것은 화자가 발화 내용을 전체적으로 통제하고 있음을 의미한다. 그리고 '-더라'체는 언제나 구체적인 청자(독자)의 존재를 필요로 한다. 청자의 존재를 상정하지 않을 경우에는 이 같은 표현이 불가능하다. '-더라'체가 구체적인 청자의 존재를 전제하면서 인지된 사건을 전달하는 화법적인 기능을 가진다는 것은 바로 '-더라'체의 설화적인 속성을 말하는 것이다.

　결국 고전소설의 국문체에서 가장 널리 발견되는 '-더라'체의 종결형은 화자의 단일 어조로 모든 담론을 통제하는 데에 효과적이지만, 서사의 공간 안에 배치되는 다양한 인물들이 자기의 개성적인 목소리를 제대로 살려낼 수 없게 하고 모든 언술을 화자의 목소리로 통일시켜 버린다는 한계가 드러난다. 그러므로 이 같은 종결형 문장이 중심이 되는 서사 담론을 보면 화자와 서술 대상 간의 간격을 제대로 유지하지 못하는 약점이 있다. 그리고 '-더라'체의 종결형 문장은 모두가 현재의 화자를 중심으로 하나의 이야기를 회상하여 전달하는 설화성에 역점을 두는 것이므로, 서사 담론 전체가 화자 중심의 서술이라는 담론 구조의 평면성을 벗어나지 못하고 있음을 알 수 있다. 앞서 지적했듯이 고전소설에서는 등장인물의 대화가 모두 지문에 묻혀버림으로써, 화자의 어조로 변형되어 '-디라'체의 종결형 문장에 포함되고 있다. 그러므로 대화의 주인공의 목소리를 제대로 살려낼 수 없다. 서사 내적인 모든 담론이 화자의 단일한 어조로 통제되고 있는 것이다.

3. 서사 공간으로서의 일상적 현실

탈마법의 공간, 일상의 현실

개화 계몽시대의 신소설은 고전소설의 세계에서 볼 수 있는 신화적 상상력과 그 서사 담론의 설화성이 소멸된 자리에 새롭게 등장한다. 신소설에서는 신성의 세계가 소멸하고 환상이 제거된다. 서사의 주인공은 인간의 세계에서 다시는 천상의 세계로 돌아가지 못한다. 서사의 전체적인 구조에서 결말이라는 것이 언제나 시원(始原)으로 귀착되었던 고전소설의 회귀적인 패턴이 깨어지게 된 것이다. 고전소설에서는 서사의 주인공에게 선험적인 생의 좌표가 상정되어 있었지만, 신소설의 서사의 주인공은 자신이 스스로 자기 삶의 좌표를 만들어야 한다. 그러므로 신소설의 이야기를 보면, 주인공이 신의 품으로 돌아가지 못한 채, 자신을 둘러싸고 있는 세계와 거리를 두고 대상으로서의 세계를 인식하고 자신의 삶을 꾸려 나가는 것이다. 이때 주인공은 자신을 둘러싸고 있는 모든 대상들에 대해 일정한 거리를 둠으로써, 드디어 신화적 금기로부터 벗어나고 주술의 마력에서 헤어난다. 탈마법의 공간이 새롭게 펼쳐진 것이다.

신소설의 주인공이 만나는 세계는 일상의 현실 공간이다. 주인공은 일상에 널려 있는 하찮은 일들과 말과 행동을 시간의 흐름에 비추어 세밀하게 관찰한다. 신소설에서 서사는 특정한 시간에 특정의 장소에서 일어나는 사건을 기반으로 구조화되고, 하나의 특정한 형식으로 구체화된다. 여기서 가장 중요한 역할을 담당하는 것이 일상의 언어를 서사의 형식으로 표출하고 있는 국문체다. 신소설의 서사 담론을 보면 시간을 범주화하고 모든 대상의 개별성을 규정하는 것이 바로 국문체의 담론적 기능임을 알 수 있다. 신소설의 주인공은 일상어의 공간에서 말하고 생각하고 사물을 인식하게 되는데, 이 모든 것들이 곧바로 신소설에서 국문체로 표상된다. 이 과정에서 신소설의 주인공은 역사적인 시간과 구체적인 공간을 배경으로 하여 비로소 하나의 개인으로 자리 잡는 것이다. 다시 말하면, 자신의 생각과 행동을 일상의 언어로 기술하고 모든 대상을 일상의 언어로 인식함으로써, 신소설의 주인공은 비로소 개별적인 주체로 서게 된다고 할 수 있다.

신소설은 고전소설과는 달리 인간의 역사성과 그 의미를 중시하고 인간적인 현실과 역사적 시간의 흐름에 어떤 형식을 부여하고 있다. 「혈의 누」는 첫 장면에서 인간의 삶의 조건을 되묻게 만드는 전쟁의 참혹성을 그려낸다. 이러한 역사성과 사회성을 인식함으로써 신소설의 인물들은 자기 주체를 구체화하며, 일상의 현실과 그 사회적 조건 속에서 인간의 삶과 풍습과 감정이 서로 관련되어 나타난다. 다시 말하면, 신소설의 주인공은 구체적인 현실의 조건에 얽매임으로써 주체로서의 존재가 명료해지고 역사화되었다고 할 수 있다. 신소설 주인공은 자신의 주변에서 어떤 일이 일어나는 과정 자체를 수동적으로 인식하던 태도에서 벗어나서, 왜 그렇게 일이 일어났는지를 생각하고 거기에 무슨 의미가 있는지를 일상의 언어로 묻는다. 그는 넓게는 우주의 의미, 인간의 삶과 죽음의 의미, 언어의 의미에 대해서도 의식적으로 질문하고 있다. 그리고 역사의 시간에 따르면 아무것도 다시 처음부터 시작할 수 없다는 한계를 분명히 알게 된다. 영원성의 신화에 대한 믿음 대신에 신소설은 모든 것이 일정한 진행에 따라 어떤 결말에 이른다는 근대적 서사의 질서에 도달하게 되는 것이다. 신소설의 주인공은 언제나 분명한 자신의 이념적인 경계 안에서 행동한다. 그는 자신의 사상적 세계 안에서 살고 행동하며 그의 행동과 담론에 의해 구현되는 자기 자신의 세계 인식을 안고 있다.

일상어의 문체

신소설은 국문체를 통해 일상적인 언어에서 가능한 모든 언술들을 특징적인 담론의 형태로 구현한다. 그러므로 내적인 대화적 공간이 확대되고 있으며, 다양한 언술의 형태들이 그 대화적 공간을 차지하고 있다. 이 같은 표현 구조를 통해 신소설은 언문일치의 이상에 접근한 산문 문체의 근대성을 실현하기 시작한다. 신소설의 서사 담론에서 가장 주목되는 문체론적 징표는 '-더라'체의 종결형과 함께 '-ㄴ다'체가 새롭게 등장한다는 점이다. 이 새로운 문장의 유형은 특정 장면의 객관적인 제시에 주로 동원되고 있으며, 인물의 행동이나 배경의 변화가 주는 직접적인 인상을 묘사하는 데에 쓰이고 있다. 다음의 예를 보자.

치악순으로 병풍삼고 사는 사름들은 그 순밋에 논을 푸울고 밧 이러서 오곡 심어 호구ᄒ고 그 순의 솔을 버여다가 집을 짓고 그 순에 고비 고사리를 캐여다가 반찬ᄒ고 그순에서 흘러 ᄂ려가는 물을 먹고 ᄉ는 터이라 때 못버슨 우즁츙ᄒ 순일지라도 사름의 셩명이 그 순에 만히 달녓ᄂ디 그 순밋에 데일 크고 일흠ᄂ 동내ᄂ 단구역말이라. 치악순 놉흔 곳에서 션을 ᄒ 가을 바름이 이러나더니 그 바름이 슬슬 도라서 기 짓고 다듬이 방망이 소리나는 단구역말로 드러간다. 들 밝고 이슬 차고 볏쟝이 우는 쳥양ᄒ 밤이라 쇼쇼한 바름이 홍참의 집안 뒤겻 오동 ᄂ무가지를 흔드럿ᄂ디 오동입에서 두세 방울 찬 이슬이 뚝뚝 떠러지며 오동 아리 듬장 우에서 기와 한 장이 철석 떠러진다.

— 이인직, 「치악산」

앞의 인용에서 볼 수 있듯이 '-ㄴ다'체의 종결형 문장은 대상에 대한 직접적인 묘사를 위해 쓰이고 있으며, 서사 공간 안에서 화자와 서술 대상 사이의 일정한 거리를 유지할 수 있게 한다. 이 서술적 거리로 인하여 묘사의 객관성이 보장되고 객관적인 실재성의 구현이 가능해진다. 이러한 특징은 개화 계몽시대의 신소설이 고전소설에서와 같은 설화성의 담론 구조를 벗어나고 있음을 말해 주는 것이다. '-ㄴ다'체 종결형 어미는 서사적인 공간을 감당하기 어려운 현재형이라는 시제의 불안정성을 드러내고 있지만, 이광수와 김동인을 거치면서 '-았(었)다'라는 서사적 과거 시제의 종결법으로 고정되고 있다.

개화 계몽시대의 서사 양식에서는 인물의 대화가 모두 직접화법으로 처리되고 있다. 고전소설에서는 지문과 대사의 구분이 없이 모든 대사가 지문에 섞여 간접적으로 제시되고 있기 때문에, 등장인물의 대화가 화자의 어조에 묻혀버리고 만다. 그러므로 인물의 대화를 통해 성격을 형상화한다는 것이 거의 불가능하다. 그러나 신소설과 같은 개화 계몽시대의 서사 양식은 대사를 지문과 구분함으로써, 화자의 어조와는 달리 등장인물의 개성적인 목소리를 그대로 살려내고 있다.

부인이 이 편지를 집어들고 깜짝 놀라며 주셔히 보지 안코 사랑에 잇는 리시종을 쳥ᄒ야 그 편지를 쥬며 덜덜 떠는 말노
(부인) 이거 변괴요구려 요런 방정마진 년 보아
(리) 왜 그리야 이게 무엇이야 ……응
ᄒ고 그 편지를 밧아보ᄂ듸 부인의 마음에는 그 딸이 죽어서 나간 듯이 셔운셥셥ᄒ야 비죽비죽 울며 목민 목소리로
(부인) 고년이 평일에 동경 유학을 원ᄒ더니 아마 일본을 ᄀᄂ 보. 고년이 자식이 아니라 인물이야

— 최찬식, 「추월색」

앞의 인용에서 소설 속에 등장하는 부부의 대화를 보면, 각각의 처지와 성격이 어느 정도 짐작된다. 대화의 직접적인 묘사는 곧 일상의 언어가 서사 담론에 그대로 구현된다는 것을 의미하는데, 이 경우에는 대화의 주체가 분명하게 표시되기 때문에 서술자의 간섭이 완전 차단된다. 등장인물이 하는 말이 그대로 구현된다는 점에서 신소설의 대화는 경험적인 시간과 서사 내적인 시간을 자연스럽게 일치시킨 부분이다. 신소설의 대화에서 일상의 경험적 시간과 서사 내적인 시간이 그대로 일치하고 있음을 보게 된

다는 것은 신소설의 서사 담론이 실재성의 구현에 있어서 그만큼 진전되어 있음을 말해주는 것이다.

시간과 공간의 서사적 재구성

　신소설의 서사 구조에서 주목되는 것은 일상적 시간의 재구성이다. 신소설은 신화적 구조의 영원성의 시간을 벗어나면서 경험적인 일상의 시간과 만난다. 일반적으로 서사 양식에서 서사 구조를 지탱하는 가장 중요한 요소는 시간이다. 시간에 대한 인식이 없이는 서사는 성립되지 못한다. 시간이란 거꾸로 돌이킬 수 없는 변화를 수반하며, 서사에서 인물 또는 행위자의 존재와 그 행위의 진행을 구체화시켜 준다.
　고전소설의 서사 구조는 실제로 발생한 행위의 시간적 순서대로 서술된다는 점에 그 특징이 있다. 이러한 시간의 순차적 구조는 자연적 시간에 따른 시간 순서의 인식이 서사 내에서 이루어지고 있음을 의미한다. 고전소설의 경우 인물에 관한 모든 정보가 서사의 전체적인 내용을 구성한다. 이때 서사 구조를 지탱하는 이야기의 근간은 인물 또는 행위자의 전체적인 생애다. 「구운몽」이나 「홍길동전」의 경우를 생각해 보라. 그러나 고전소설의 서술자는 인간의 생애를 신화적인 영원성의 시간에 걸쳐놓기 위해 주인공의 탄생 이전부터 이야기를 시작하여, 출생의 내력이나 출생 과정에 나타나는 이적(異蹟)을 서두에 길게 제시한다. 주인공의 탄생이 신의 뜻에 의한 것이며 그의 삶이 영원성의 시간 위에 놓여 있는 것임을 보여주기 위해서다. 고전소설의 이야기가 끝나는 장면은 주인공이 죽음에 이르는 순간이다. 그러나 이 장면에서 주인공이 현실적인 삶을 마감하지만 이것이 생의 종말은 아니다. 주인공은 현실의 생을 마감하면서 그가 처음 인간 세상에 태어났을 때 벗어났던 신화적인 공간으로 돌아간다. 주인공의 삶은 서사의 결말에서 영원성의 시간 속으로 이어진다. 그러므로 고전소설의 서사는 시작과 종말을 주인공의 탄생과 죽음이라는 명확한 개념으로 규정할 수 있지만, 서사 내적인 시간은 지속되고 있는 셈이다. 고전소설의 서술자는 자연적 시간의 질서 위에서 인물의 행위를 순차적으로 엮어놓고, 이 자연적 시간을 신화적인 영원성의 시간으로 회귀시킨다.

고전소설은 서사 내적 시간이 경험적 시간보다 훨씬 짧게 요약되지만, 순차적인 시간 구조를 벗어나는 법이 없다. 고전소설에서 흔히 볼 수 있는 '화설'이나 '각설', 그리고 '차설'과 같은 투어들은 서사의 방식과 연관되어 있는데, 이것이 서사 내적인 공간의 변화와 함께 서사 내적인 시간의 변화를 뜻하는 말임은 쉽게 짐작할 수 있다. 물론 이 변화의 요체는 이야기를 요약하는 데에 있다. 고전소설의 서사적 담론은 병치와 대조에서 오는 변화를 이용하여 서술 문장을 장문화하는 하는 경향이 강하다. 그리고 하나의 긴 문장 안에서 하나의 사건이나 하나의 장면을 모두 서술자 중심으로 서술한다. 앞서 지적한 '-더라'체의 종결법은 하나의 사건 또는 하나의 장면을 화자의 입장에서 회상하여 권위 있는 목소리로 요약하여 서술하는 방법이다. 이것은 고전소설의 설화성을 구현하는 데에 기능적인 언문체 담론의 특징이기도 하다.

신소설은 이와는 다른 서사 구조를 보여준다. 신소설은 서사 내적 시간의 변형과 재구성이 가능해진 최초의 서사 양식이다. 사건과 행위의 연쇄를 시간적 순차 구조로 이해하지 않고, 논리적으로 모든 행위를 재구성한다. 어떤 행위는 순차적인 시간보다 앞서 제시되는 이른바 사전 제시에 의해 미리 보여지기도 하고, 어떤 행위는 순차적인 시간보다 뒤에 제시되는 시간적인 퇴행을 보여주기도 한다. 그리고 이미 상당 부분 신행된 것으로 볼 수 있는 행위의 중간에 끼어들어 이야기를 시작하기도 한다. 이 같은 서사적 고안은 이야기 내에서 사건의 간격을 떼어 놓거나 그 간격을 채우기 위해 동원된 것이다. 그리고 이러한 서사 구조는 자연의 시간이 인간의 인식 논리에 의해 얼마든지 변형될 수 있음을 보여준다. 자연적 시간에 대한 이 같은 배반은 신성의 세계가 주도하고 있는 자연적 질서에 대한 인간의 도전이 이미 시작되었음을 말하는 것이다. 「혈의 누」는 평양성 일원에서 일어난 청일전쟁의 한 장면 속에서 밤중에 딸을 찾아 헤매는 여인을 중심으로 소설이 시작되며,「추월색」은 가을밤 일본 동경 우에노 공원을 산책하던 조선인 여자 유학생이 괴한에 의해 겁탈의 위기에 빠지는 장면부터 이야기가 시작된다. 이 같은 이야기의 시작은 자연의 시간이나 신화적 질서와는 아무런 관계가 없이 하나의 이야기를 서사적으로 구성하는 작가의 의도에 따라 선택된 것이다.

　신소설은 행위의 선후를 시간적 순차 구조에 따라 배열하는 것이 아니라, 인식의 논리에 의해 구성한다. 이때 서사 구조의 변형이 일어나고 이야기 구조의 재질서화가 가능해진다. 신소설의 서술자는 특정 정보에 대한 제시를 유보시켜두거나 소급하기도 할 수 있을 정도로 서사의 틀을 구조화한다. 순차적인 시간적 질서에 따라 이루어진 행위를 인위적으로 재배열하고자 할 때, 바로 거기서 서사 구조의 변형이 이루어지는 것이다. 신소설에서 이 같은 서사 구조의 변형이 가능해진 이유는 어디에 있는가? 이것은 물론 사물에 대한 존재론적인 인식이 가능해진 것과 관련되는 것이지만, 국문체가 지니고 있는 묘사적인 담론적 특성이 이를 뒷받침하고 있다고 할 수 있다. 고전소설의 언문체는 서술자의 권위에 의해 모든 행위를 요약 전달하는 설화적 특성 때문에 서사 내적인 시간이 전체적으로 단축된다. 그러나 신소설의 국문체는 등장인물의 대화를 정확히 묘사하고 등장인물의 내면에서 이루어지고 있는 갈등과 지나버린 일들에 대한 회상까지도 그대로 서술해 낼 수 있다. 등장인물의 행동과 등장인물이 처해 있는 공간에 대한 묘사도 치밀하게 이루어지고 있어서 전체적으로 장면화의 경향이 강하다. 이 같은 국문체의 담론적인 특성으로 인하여 서사 내적인 시간은 때로는 경험의 시간과 그대로 일치되기도 하고, 오히려 경험의 시간보다 지연되거나 연장되기도 한다. 신소설에서 등장인물의 대화는 대부분 직접화법의 형태로 일상적인 언어 그대로 묘사된다. 이러한 대화의 묘사에서는 경험적 시간과 서사 내적 시간의 일치를 보여준다. 그런데 신소설에서 흔히 보이는 장면화된 공간은 경험적 시간보다 서사 내적인 시간을 지체시킨다. 이 같은 시간의 변형 방법이 신소설의 서사 구조를 고전소설의 그것과 다르게 만든 요소의 하나라고 할 수 있다.

4. 개인의 발견 혹은 주체의 근대적 인식

신소설이 담론의 근대성에 더욱 가깝게 근접할 수 있었던 것은 일상적인 개인의 발견 때문이다. 신소설의 서사적 주인공은 일상적인 인간들이다. 그들은 신성의 세계가 개입하여 만들어낸 고귀한 신분도 아니고, 천상에서 인간의 세계로 하강한 선녀의 화신도 아니다. 「혈의 누」의 주인공처럼 전쟁 중에 부모와 헤어져 고아가 된 일상적인 인간일 뿐이다. 신소설의 주인공들은 일상의 공간과 시간 속에서 일상적인 삶을 살아간다. 그들은 자기 주변에 있는 일상적인 인간들과 어울리면서 여러 가지 사건에 참여한다. 자신을 둘러싸고 있는 사물들을 인식하고 자기 자신에 대해 성찰하기도 한다.

신소설의 주인공은 일상의 현실 속에 살면서 자신을 둘러싸고 있는 세계에 대해 경계를 분명하게 긋고 그 세계를 객관적인 대상으로 인식한다. 모든 사물의 개념에 경계가 생기고 그 본질에 대한 객관적인 인식도 가능해지기 시작한다. 신소설의 주인공은 하나의 개인으로서 대상으로서의 현실 세계와 일정한 거리를 두고 자신의 입장에서 자기 생각을 자기 입으로 말할 줄 안다. 그들의 말은 일상의 언어로 이루어지며, 신소실의 서사 담론 속에 국문체를 통해 그대로 표상된다. 신소설의 주인공들이 보여주는 이 같은 사물에 대한 인식 과정과 언어적 활동은 이들에게 이미 대상으로서의 사물과 맞선 존재로서 개별적인 주체가 성립되고 있음을 확인할 수 있게 한다. 신소설의 주인공들이 개별적인 주체를 확립하고 있다는 것은 대상에 대한 이성적인 인식이 가능해지고 있음을 의미하는 것이다. 인간이 지니는 이성적 태도야말로 담론의 근대성을 논할 수 있는 가장 중요한 근거다. 인간과 세계, 삶과 죽음, 주체와 객체의 구분은 인간에 대한 존재론적인 인식의 기본적인 틀이 된다. 이 같은 존재론적인 사고의 가장 큰 특징은 모든 담론에서 대상으로서의 세계에 대한 새로운 지식을 구한다는 점에 있다. 사물의 현상 가운데, 하나의 원인이 있다면 반드시 그 원인을 규명해야 하고 그 원인이 규명되면 그 원인에 내재하는 원인까지 밝혀야 한다.

신소설의 주인공들이 대상으로서의 일상의 세계와 분명한 구획을 짓고 거리를 두는 것은 개인으로서 스스로의 범주를 규정하고 주체로서의 위상을 세우고 있음을 의미한다. 일상의 세계 안에서 자신의 존재에 대해 질문하면서 자기 주체를 발견하고 그 정체성을 확인하게 되는 것이다. 그리고 자기 자신의 정체를 확인하면 바깥 세계를 일정한 각도에서 바라볼 수 있는 전망을 갖게 된다. 사물을 보는 각도와 거리가 인식되고 서술의 초점이 분명해지는 것이다. 모든 것이 무한하게 열려 있는 것이 아니라 자신의 관점에 따라 인식된다는 것은 매우 중요하다. 서사에서 서술상의 초점이 명확해지고 서술상의 거리가 생긴다는 것은 개별적인 인간이 주체의 정체성을 확보하기 시작하였음을 의미하는 것이다.

고전소설의 서사 담론에서는 서술의 초점의 문제가 중시되지 않는다. 절대적인 권위를 지닌 화자가 모든 것을 자기 마음대로 서술한다. 서술의 거리도 유지되지 않는다. 「춘향전」의 첫 장면에 서술자는 이도령과 방자를 봄나들이에 내세운다. 화자의 서술 초점은 주로 이도령에게 놓여 있다. 이도령이 광한루에 올라서서 누각 건너편에서 그네를 타는 춘향을 발견하는 대목에 이르러서는 초점이 갑자기 춘향에게로 옮겨진다. 그리고 춘향의 맵시를 설명하기 시작하는데, 춘향이 입고 있는 속옷까지도 모두 들춰 보인다. 「구운몽」의 경우 남악 형산에서 수도하던 성진이 염라대왕에게 끌려갔다가 인간의 세계로 추방되는 대목은 고전소설의 화자가 서사 내적인 세계를 얼마나 완벽하게 장악하고 있는가를 잘 보여준다. 양소유로 태어나는 성진의 출생 장면에서 아무런 인식 능력이 없는 태아인 양소유에게까지 서술의 초점을 부여하고 있다. 서사 담론에서 서술적 간격과 초점이 명확하지 않으면, 서술의 주체와 대상 사이의 거리가 무너지고 서사적 긴장을 유지하기 어렵게 된다. 조선시대의 전통적인 산수화를 보면 원근법이 지켜져 있지 않다. 이것은 서사에서 초점이 분명하지 않은 것과 비슷한 현상을 드러낸다. 그림을 그리는 사람이 대상이 되는 자연에 대해서 일정한 간격을 두지 않고 구경꾼처럼 그림 속의 풍경을 넘나들며 이곳저곳을 돌아보고 있는 것이다. 이 같은 현상은 고전소설의 시대에 살았던 사람들이 사물에 대한 객관적이고도 합리적인 인식과 전망을 지니지 않았음을 말해 준다. 다시 말하면, 합리적인 주체가 제대로 확립되지 못한 시대의 서사 양식에서 볼 수 있는 담론적 특징이라고 할 것이다.

신소설의 주인공들은 이미 언급했듯이 일상적인 개인들이다. 이것은 신소설이 개인적인 운명의 양상을 추구하는 서사 담론임을 말한다. 물론 개화 계몽시대의 전기에도 개인적인 주인공이 등장한다. 그러나 전기는 그 서사 담론의 구조가 실제의 사실을 바탕으로 하고 있다는 점에서 허구성에 근거하는 신소설과 구별된다. 「애국부인전」이나 「을지문덕」과 같은 전기를 신소설이라고 지칭하는 것은 잘못이다. 전기가 역사와 구별되는 것은 시간과 공간의 정확한 계산이나 사건의 인과적 해석에 집착하지 않는다는 점이다. 전기는 사실 자체에 대한 입증보다 그 속에 담겨진 영웅적 주인공의 인품과 덕성과 지략을 중요시한다. 개화 계몽시대의 서사 양식 가운데 신소설과 마찬가지로 일상적인 개인이 주인공으로 등장하는 경우에는 풍자가 있다. 「거부오해」나 「소경과 안즘방이 문답」이나 「절영신화」와 같은 작품은 흔히 '토론체소설'이라고 구분하여 신소설의 범주에 넣고 있지만, 이 같은 장르 구분도 이치에 맞지 않는다. 풍자는 신소설과는 전혀 다르게, 인간의 여러 가지 정신적 태도를 다룬다. 그러므로 이것은 관념적인 주제나 이론을 중심으로 그 주제에 대한 강렬한 비판과 조소를 가하기도 한다. 「거부오해」에 등장하는 인력거꾼이나 「소경과 안즘방이 문답」에 나오는 소경과 앉은뱅이는 모두 행동의 주체로서 이야기를 이끌어 가는 것이 아니라, 하나의 이념의 대변자일 뿐이다. 그러므로 풍자에는 서사 구조를 지탱하는 행동도 없고, 일정한 이야기의 줄거리도 없다. 풍자는 이념과 공상과 도덕의 결합체이기 때문에, 등장인물의 대화, 토론, 연설 등에 의해 서술된다는 점이 담론의 특징이다. 풍자에서는 등장인물의 갈등이 성격과 행동을 통해 구체화되는 것이 아니라, 진술되고 있는 주제와 가치와 관념의 대립에 의해 이루어지는 지적인 갈등이 흥미의 초점을 이룬다.

개화 계몽시대 신소설의 등장인물은 일상의 세계 속에서 자신의 운명을 스스로 살아야 한다. 이들의 운명은 신에 의해서 계시되는 것이 아니라 자신들의 삶의 방식에 의해서 결정된다. 신소설의 서사 구조에 이르러서야 운명이라는 것이 비로소 인간의 몫이 된다. 신소설에서 가장 널리 쓰이는 서사 공간은 가정이라는 혈연적 사회다. 신소설의 이야기는 주로 봉건 사회제도를 지탱해온 가정이라는 혈연적 사회가 파괴되는 과정에서 드러나는 개인의 문제들을 중심으로 이루어진다. 조선 사회에서 가장 완고하게 제도로서의 가족 또는 가정을 지켜준 도덕적 관념들이 무너지기 시작하면서 가족 구성원으로서의 개인의 위치가 불안정한 상태에 빠지게 되자, 신소설은 이 불안정한 위치의 개인적 운명을 새롭게 담론화하고 있다. 「혈의 누」에서는 전쟁으로 인해 한 가정이 붕괴되고, 「은세계」에서는 탐관오리의 학정에 의해 한 가정이 파탄에 이른다. 그러나 이 작품들의 결말을 보면, 해외 유학에서 돌아온 주인공들이 다시 가족 또는 가정이라는 혈연적 사회의 재결합에 집착하면서 아무런 구체적인 사회적 삶을 보여주지 못한다. 신소설의 주인공들이 개별적인 주체의 확립 단계에 접어들어 있으면서도 사회적 존재로서의 개인의 의미를 제대로 구현하지 못하고 있다는 것을 여기서 확인할 수 있다. 물론, 개화 계몽시대의 사회 현실 자체도 문제다. 신소설의 시대는 개인의 삶과 그 존재 의미가 사회적인 요건에 의해 규정되고, 그 사회적인 요건들이 다시 개인의 삶에 의해 새롭게 규정되는 근대적인 사회에는 아직 이르지 못하고 있는 것이다.

신소설이 일상적 개인의 발견이라는 새로운 서사 양식의 주제를 놓고 일상적 언어에 기반을 둔 국문체를 특징적인 담론으로 구조화했다는 것은 주목해야 한다. 그러나 신소설이 그려내고 있는 개인이 합리적인 주체로서의 개별적 존재가 되고 서구적인 의미의 근대적 주체로서의 개인을 만족시킬 수 있는 개념이 되기 위해서는 그 존재 기반이 되는 사회가 근대라는 가치 개념으로 함께 조건지워져야 한다. 이러한 개인의 존재를 우리는 1920년대 염상섭의 소설에서 비로소 만날 수 있다. 이때에야 신소설에서 유학의 길에 올랐던 인물들은 자신들에게 개화의 길을 열어준 매개항으로서의 일본, 새로운 문명개화의 세계로 동경해 마지않았던 일본이 무서운 지배자로 변해버린 식민지 조선으로 돌아온다. 문명개화의 시대 대신에 제국주의 식민지 착취 구조 속에서 힘겹게 식민지 백성으로 살아야 하는 그야말로 운명의 개인이 된 채로.

5. 신소설과 담론의 가치 지향성

고전소설의 서사 구조에서는 모든 행위의 규범으로 내세워졌던 것이 선과 악의 가치 구분이다. 행위자는 누구나 등장하는 순간부터 이 두 가지 가치 영역의 하나를 차지한다. 선을 대변하는 자는 끝까지 자신의 가치 영역을 지키고 그것을 대변하며, 악으로 표상된 자는 끝까지 악의 영역에서 징벌 당한다. 그러므로 고전소설의 서사 구조에서 행위자들은 이야기의 등장인물이라는 관점에서 본다면 모두가 성격의 평면성을 벗어나지 못한다. 서사의 진행과는 아무 상관없이 자신에게 부여된 성격을 고정적으로 지켜나가기 때문이다. 그러나 신소설에서는 이 같은 가치의 규범의 윤리성이 약화된다.

신소설의 서사 구조에서 가장 중요한 것은 낡은 것과 새 것의 대립 구조다. 낡은 것과 새 것의 대립은 물론 신소설에서만 볼 수 있는 것은 아니다. 모든 개화 계몽 담론에서는 이 대립이 담론의 기본 구조로 등장한다.

그리고 이 대립 구조를 바탕으로 낡은 것으로부터 새 것으로의 역사의 진화와 사회의 발전의 당위성을 강조한다. 신소설은 서사 담론으로서의 속성을 지켜야 하기 때문에 서사 속의 행위자가 새 것을 추구하는 과정을 형상화해야 한다. 이때 필요한 것이 행위자가 새 것을 찾아 나서는 이유를 해명해 줄 수 있도록 그 행위에 동기를 부여하는 일이다. 신소설은 이 단계에서 고전소설이 보여주었던 선과 악의 윤리적 대립 개념을 빌어, 낡은 것은 악으로 표상하고 새 것을 선으로 표상한다. 이렇게 함으로써, 신소설의 주인공들이 악에 해당하는 낡은 것을 부정하고 선에 해당하는 새 것을 찾는 명분을 윤리적으로 규정해 주게 된다. 문명개화를 주장하고 있는 신소설의 계몽적 담론에서 신/구 개념의 대립 위에 윤리적 가치의 영역의 선/악 개념의 대립 구조가 덧씌워짐으로써 신소설의 서사는 담론 구조의 이중성을 가지게 되는 것이다.

　신소설의 서사 구조에서 볼 수 있는 담론의 이중 구조에서 신/구의 대립 양상이 두드러지게 드러나는 경우는 한일합방 이전의 신소설에서다. 합방 이후의 신소설은 신/구의 대립 양상이 약화되고 오히려 선/악의 대립 구조가 강조된다. 이 같은 이유 때문에 합방 이후의 신소설의 서사 구조가 고전소설의 패턴으로 되돌아가고 있는 것처럼 보이게 된다. 문명개화라는 사회 역사 발전의 과정에 대한 서사적 담론화가 아무런 설득력을 가질 수 없는 식민지 상황이, 서사 담론에서 신/구 대립의 기호 공간을 제거해 버리고 있었던 것이 이유 중의 하나가 아니었나 생각된다.

　신소설에서 신/구와 선/악의 대립적 담론 구조는 서사의 주인공들의 존재 방식과 운명을 통해 구체적인 형상성을 획득한다. 신소설의 인물 성격이 신/구라는 이념적인 것에 의해 규정되는 경우 신소설의 서사 담론은 당시의 개화 계몽 담론과 상호텍스트성을 유지한다. 서사 담론 자체가 개화 이념에 대한 지향성을 강하게 드러내기 때문이다. 실제로「혈의 누」,「추월색」같은 신소설의 주인공들은 파괴된 가정을 벗어나면서, 도덕적 전통과 사회적 규범의 속박으로부터 자유로워진다. 그리고 새로운 가치 개념으로서의 문명개화의 길을 향해 걸어가게 된다. 그러나 이들이 추구하는 문명개화란 당시 조선의 현실 속에서는 그 실체를 찾을 수 없는 이상의 세계다. 그러므로 문명개화의 세계를 찾아 나서는 과정 자체를 서사의 중심축으로 이용한다.

신소설의 주인공들이 선/악의 윤리 개념에 얽혀 있는 경우에는 개인적인 욕망이 가치의 삶을 앞지르는 경우가 많다. 「귀의 성」이나 「치악산」과 같은 작품을 보면 아비가 돈을 구하기 위해 자식을 팔고, 행랑의 식솔이 주인을 배신하고, 가장이 아내를 버린다. 물질적인 것에 대한 욕망과 집착이 마치 삶을 지배하는 거대한 원리처럼 자리 잡고 있다. 신소설의 시대에 내세워진 문명개화라는 것이 사실은 이러한 어둠의 장면을 뒷면에 감춘 화려한 카드의 전면이라는 것을 당시에 벌써 눈치채고 있었던 것일까? 그러나 신소설은 일제 식민지시대에 접어들면서 바람직한 근대적 사회의 성립이 불가능한 상태에 이르자, 개인의 삶의 근거인 가정의 황폐화를 흥미 본위로 그려내는 데에 만족한다. 계몽의 담론이 허무하게 무너지자, 그 대신에 신소설의 서사 양식에 넘쳐나는 것은 허무와 퇴폐를 몰고 오는 유희적 담론뿐이다. 신소설이라는 개화 계몽시대 서사 양식의 운명은 바로 그 시대의 운명처럼 타락한다.

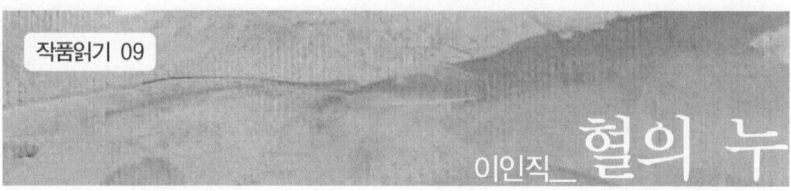

작품읽기 09

이인직_혈의 누

 일청전쟁의 총소리는 평양 일경[1]이 떠나가는 듯하더니, 그 총소리가 그치매 사람의 자취는 끊어지고 산과 들에 비린 티끌뿐이라.
 평양성외 모란봉[2]에 떨어지는 저녁볕은 뉘엿뉘엿 넘어가는데, 저 햇빛을 붙들어 매고 싶은 마음에 붙들어 매지는 못하고 숨이 턱에 닿은 듯이 갈팡질팡하는 한 부인이 나이 삼십이 될락말락하고, 얼굴은 분을 따고 넣은 듯이 흰 얼굴이나 인정 없이 뜨겁게 내리쪼이는 가을볕에 얼굴이 익어서 선앵둣빛이 되고, 걸음걸이는 허둥지둥하는데 옷은 흘러내려서 젖가슴이 다 드러나고 치맛자락은 땅에 질질 끌려서 걸음을 걷는 대로 치마가 밟히니, 그 부인은 아무리 급한 걸음걸이를 하더라도 멀리 가지도 못하고 허둥거리기만 한다.
 남이 그 모양을 볼 지경이면 저렇게 어여쁜 젊은 여편네가 술 먹고 행길[3]에 나와서 주정한다 할 터이나, 그 부인은 술 먹었다 하는 말은 고사하고

---

[1] 일경(一境): 한 나라 또는 어떤 곳을 중심으로 한 일부 지역.
[2] 모란봉(牡丹峰): 평양특별시 모란봉구역의 대동강 기슭에 있는 산. 높이 95m. 원래는 비단실로 수놓은 듯 경치가 매우 뛰어나 금수산이라 불렀으나 산의 생김새가 마치 모란꽃 같다 하여 모란봉이라 부르게 되었다.
[3] 행길: '행로(行路)', 또는 '한길'의 잘못.

미쳤다, 지랄한다 하더라도 그따위 소리는 귀에 들리지 아니할 만하더라.

무슨 소회가 그리 대단한지 그 부인더러 물을 지경이면 대답할 여가도 없이 옥련이를 부르면서 돌아다니더라.

"옥련아, 옥련아, 옥련아, 옥련아, 죽었느냐 살았느냐. 죽었거든 죽은 얼굴이라도 한번 다시 만나 보자. 옥련아 옥련아, 살았거든 어미 애를 그만 쓰이고 어서 바삐 내 눈에 보이게 하여라. 옥련아, 총에 맞아 죽었느냐, 창에 찔려 죽었느냐, 사람에게 밟혀 죽었느냐. 어리고 고운 살에 가시가 박힌 것을 보아도 어미 된 이내 마음에 내 살이 지겹게 아프던 내 마음이라. 오늘 아침에 집에서 떠나올 때에 옥련이가 내 앞에 서서 아장아장 걸어 다니면서, '어머니 어서 갑시다' 하던 옥련이가 어디로 갔느냐."

하면서 옥련이를 찾으려고 골몰한 정신에, 옥련이보다 열 갑절 스무 갑절 더 소중하게 생각하는 사람을 잃고도 모르고 옥련이만 부르며 다니다가 목이 쉬고 기운이 탈진하여 산비탈 잔디풀 위에 털썩 주저앉았다가 혼잣말로,

'옥련 아버지는 옥련이 찾으려고 저 건너 산 밑으로 가더니 어디까지 갔누'

하며 옥련이를 찾던 마음이 홀지에⁴ 변하여 옥련 아버지를 기다린다.

기다리는 사람은 아니 오고, 인간 사정은 조금도 모르는 석양은 제 빛 다 가지고 저 갈 데로 가니 산 빛은 점점 먹장⁵을 갈아 붓는 듯이 검어지고 대동강 물소리는 그윽한데, 전쟁에 죽은 더운 송장 새 귀신들이 어두운 빛을 타서 낱낱이 일어나는 듯 내 앞에 모여드는 듯하니, 규중에서 생장한 부인의 마음이라, 무서운 마음에 간이 녹는 듯하여 숨도 크게 쉬지 못하고 앉았는데, 홀연히 언덕 밑에서 사람의 소리가 들리거늘, 그 부인이 가만히 들은즉 길 잃고 사람 잃고 애쓰는 소리라.

---

⁴ 홀지에(忽地-): 뜻하지 아니하게 갑작스럽게.
⁵ 먹장: 먹의 조각.

"에그, 깜깜하여라. 이리 가도 길이 없고 저리 가도 길이 없으니 어디로 가면 길을 찾을까. 나는 사나이라 다리 힘도 좋고 겁도 없는 사람이언마는 이러한 산비탈에서 이 밤을 새고 사람을 찾아다니려 하면 이 고생이 이렇게 대단하거든, 겁도 많고 다녀 보지 못하던 여편네가 이 밤에 나를 찾아다니노라고 오죽 고생이 될까."
하는 소리를 듣고 부인의 마음에 난리 중에 피란 가다가 부부가 서로 잃고 서로 종적을 모르니 살아생이별을 한 듯하더니 하늘이 도와서 다시 만나 본다 하여 반가운 마음에 소리를 질렀더라.
"여보, 나 여기 있소. 날 찾아다니느라고 얼마나 애를 쓰셨소."
하면서 급한 걸음으로 언덕 밑으로 향하여 내려가다가 비탈에 넘어져 구르니, 언덕 밑에서 올라오던 남자가 달려들어서 그 부인을 붙들어 일으키니, 그 부인이 정신을 차려 본즉 북두갈고리[6] 같은 농군의 험한 손이 내 손에 닿으니 별안간에 선뜩한 마음에 소름이 끼치면서 가슴이 덜컥 내려앉고 겁결[7]에 목소리가 나오지 못한다.
그 남자도 또한 난리 중에 제 계집 찾아다니는 사람인데, 그 계집인즉 피란 갈 때에 팔승[8] 무명을 강풀[9] 한 됫박이나 먹였던지 장작같이 풀 센 치마를 입고 나간 터이요, 또 그 계집은 호미자루, 절굿공이, 다듬잇방망이, 그러한 세군은[10] 일로 자라난 농군의 계집이라, 그 남자가 언덕에서 소리하고 내려오는 계집이 제 계집으로 알고 붙들었는데, 그 언덕에서 부르던 부인의 손은 명주같이 부드럽고 옷은 십이승 아랫질 세모시 치마가 이

---

[6] 북두갈고리: 북두 끝에 달린 갈고리. 북두로 마소의 등에 짐을 얼러 맬 때 한끝을 얽어서 매게 된 것으로, 나뭇가지나 쇠뿔로 만들기도 하고 혹은 쇠고리로 사용하기도 한다. 여기서는 상일을 많이 하여 험상궂게 된 손가락을 이르는 말. '북두'는 말이나 소의 등에 실은 짐을 배와 얼러 매는 줄.
[7] 겁결(怯-): (주로 '겁결에'로 쓰여) 겁이 나서 어쩔 줄 몰라 당황한 서슬.
[8] 승(升): 피륙의 날을 세는 단위. 한 승은 날실 여든 올이다.
[9] 강풀: 물에 개지 않은 된풀.
[10] 세굳다: 세고 굳다.

슬에 눅었는데, 그 농군은 제 평생에 그 옷 입은 그런 손길은 만져 보기는 고사하고 쳐다보지도 못하던 위인이러라.

부인은 자기 남편이 아닌 줄 깨닫고 사나이도 제 계집 아닌 줄 알았더라. 부인은 겁이 나서 간이 서늘하고 남자는 선녀를 만난 듯하여 흥김, 겁김에 가슴이 두근거리면서 숨소리는 크고 목소리는 아니 나온다. 그 부인의 마음에, 아까는 호랑이도 무섭고 귀신도 무섭더니, 지금은 호랑이나 와서 나를 잡아먹든지 귀신이나 와서 저놈을 잡아가든지 그런 뜻밖의 일을 기다리나, 호랑이도 아니 오고 귀신도 아니 오고, 눈에 보이는 것은 말 못하는 하늘의 별뿐이요, 이 산중에는 죄 없고 힘없는 이 내 몸과 저 몹쓸 놈과 단 두 사람뿐이라.

사람이 겁이 나다가 오래 되면 악이 나는 법이라. 겁이 날 때는 숨도 크게 못 쉬다가 악이 나면 반벙어리 같은 사람도 말이 물 퍼붓듯 나오는 일도 있는지라.

(부인) "여보, 웬 사람이오. 여보, 대답 좀 하오. 여보, 남을 붙들고 떨기는 왜 그리 떠오. 여보, 벙어리요 도적놈이오? 도적놈이거든 내 몸의 옷이나 벗어 줄 터이니 다 가져가오."

그 남자가 못생긴 마음에 어기뚱한[11] 생각이 나서, 말 한마디 엄두가 아니 나던 위인이 불같은 욕심에 말문이 함부로 열렸더라.

(남자) "여보, 웬 여편네가 이 밤중에 여기 와서 있소? 아마 시집살이 마다고 도망하는 여편네지. 도망꾼이라도 붙들어다가 데리고 살면 계집 없느니보다 날 터이니 데리고 갈 일이로+. 데리고 가기는 나중 일이어니와…… 내가 어젯밤 꿈에 이 산중에서 장가를 들었더니 꿈도 신통히 맞힌다."

하면서 무지막지한 놈의 행위라 불측[12]한 소리가 점점 심하니, 그 부인이

---

[11] 어기뚱하다: 남달리 교만한 태도가 있다.
[12] 불측(不測): (생각이나 행동이) 괘씸하고 엉큼함.

죽어서 이 욕을 아니 보리라 하는 마음뿐이나, 어느 틈에 죽을 겨를도 없는지라.

사람이 생목숨을 버리는 것은 사람이 제일 설워하는 일인데, 죽으려 하여도 죽지도 못하는 그 부인 생각은 어떻다 형용할 수 없는 터이라.

빌어 보면 좋을까 생각하여 이리 빌고 저리 빌고 각색으로 빌어 보니 그놈의 귀에 비는 소리가 쓸데없고 하릴없는 지경이라. 언덕 위에서 웬 사람이 소리를 지르는데 무슨 소린지는 모르나 부인은 그 소리를 듣고 죽었던 부모가 살아온 듯이 기쁜 마음에 마주 소리를 질렀더라.

(부인) "사람 좀 살려 주오……."

하는 소리가 아무리 부인의 목소리라도 죽을힘을 다 들여서 지르는 밤소리라 산골이 울리니 언덕 위의 사람이 또 소리를 지른다. 언덕 위와 언덕 밑이 두 간 길이쯤 되나 지척을 불변하는 칠야[13]에 서로 모양도 못 보고 또 서로 말도 못 알아듣는 터이라. 언덕 위의 사람이 총 한 방을 놓으니 밤중의 총소리라, 산이 울리면서 사람이 모여드는데 일본 보초병들이더라. 누구는 겁이 많고 누구는 겁이 없다 하는 말도 알 수 없는 말이라. 세상에 죄 있는 사람같이 겁 많은 사람은 없고, 죄 없는 사람같이 다기[14] 있는 것은 없다. 부인은 총소리에도 겁이 없고 도리어 욕을 면한 것만 천행으로 여기는데, 그 남자는 제가 불측한 마음으로 불측한 일을 바라던 차이라, 총소리를 듣고 저를 죽이러 온 사람으로 알고 달아난다. 밝은 날 같으면 달아날 생의[15]도 못하였을 터이나, 깜깜한 밤이라 옆으로 비켜서기만 하여도 알 수 없는 고로 종적 없이 달아났더라. 보초병이 부인을 잡아서 앞세우고 가는데 서로 말은 못 하고 벙어리가 소를 몰고 가는 듯하다.

계엄중(戒嚴中) 총소리라 평양성 근처에 있던 헌병이 낱낱이 모여들어

---

[13] 칠야(漆夜): 아주 캄캄한 밤. 흑야(黑夜).
[14] 다기(多氣): 여간한 일에는 두려움이 없을 정도로 마음이 단단함.
[15] 생의(生意): 무슨 일 따위를 하려는 생각을 내는 것. 또는 그런 생각.

서 총 놓은 군사와 부인을 데리고 헌병부로 향하여 가니, 그 부인은 어딘지 모르고 가나 성도 보이고 문도 보이는데, 정신을 차려 본즉 평양성 북문이라.

밤은 깊어 사람의 자취도 없고 사면에서 닭은 홰를 치며 울고 개는 여염집 평대문[16] 개구녁[17]으로 주둥이만 내어 놓고 짖는다. 닭소리, 개소리에 부인의 발이 땅에 떨어지지 못하여 걸음을 멈추고 섰는데, 오장이 녹는 듯하고 눈물이 앞을 가린다. 개는 영물이라 밤사람을 알아보고 반가워 뛰어 나오다가 헌병이 칼을 빼어 개를 치려 하니 개가 쫓겨 들어가며 짖으나 사람도 말을 통치 못하거든 더구나 짐승이야……

(부인) "개야, 너 혼자 집을 지키고 있구나. 우리가 피란 갈 때에 너를 부엌에 가두고 나왔더니 어디로 나왔느냐. 너와 같이 집에 있었다면 이러한 일이 생기지 아니하였을 것을 살 곳 찾아가느라고 죽을 길 고생길로 들어갔다. 나는 살아와서 너를 다시 본다마는 서방님도 아니 계시다, 너를 귀애하던 옥련이도 없다, 내가 너와 같이 다리 힘이 좋으면 방방곡곡이 찾아다닐 터이나, 다리 힘도 없고 세상에 만만하고 불쌍한 것은 여편네라 겁나는 것 많아서 못 다니겠다. 닭도 주인 없는 집에서 혼자 울고, 개도 주인 없는 집에서 혼자 짖는구나. 개야, 이리 나오거라. 나는 어디로 잡혀가는지 내 발로 걸어가나 내 마음으로 가는 것은 아니다."

헌병이 소리를 질러 가기를 재촉하니 부인이 하릴없이 헌병부로 잡혀가는데 개는 멍멍 짖으며 따라오니, 그 개 짖고 나오던 집은 부인의 집이더라.

그날은 평양성에서 싸움 결말나던 날이요, 성중의 사람이 진저리내던 청인이 그림자도 없이 다 쫓겨 나가던 날이요, 철환[18]은 공중에서 우박 쏟아지듯 하고 총소리는 평양성 근처가 다 두려빠지고[19] 사람 하나도 아니 남

---

[16] 평대문(平大門): 정문과 협문의 높이를 같게 한 대문.
[17] 개구녁: '개구멍'의 방언.
[18] 철환(鐵丸): 엽총 등에 쓰는 잘게 만든 탄알. 철탄(鐵彈).
[19] 두려빠지다: 한 곳을 중심으로 그 부근이 뭉떵 빠져나가다.

을 듯하던 날이요, 평양 사람이 일병 들어온다는 소문을 듣고 일병은 어떠한지, 임진난리에 평양 싸움 이야기하며 별 공론이 다 나고 별 염려 다 하던 그 일병이 장마통에 검은 구름 떠들어오듯 성내·성외에 빈틈없이 들어와 박히던 날이라.

본래 평양성중 사는 사람들이 청인의 작폐[20]에 견디지 못하여 산골로 피란 간 사람이 많더니, 산중에서는 청인 군사를 만나면 호랑이 본 것 같고 원수 만난 것 같다. 어찌하여 그렇게 감정이 사나우냐 할 지경이면, 청인의 군사가 산에 가서 젊은 부녀를 보면 겁탈하고, 돈이 있으면 뺏어가고, 제게 쓸데없는 물건이라도 놀부의 심사같이 작란하니, 산에 피란 간 사람은 난리를 한층 더 겪는다. 그러므로 산에 피란 갔던 사람이 평양성으로 도로 피란 온 사람도 많이 있었더라.

그 부인은 평양성 북문 안에 사는데 며칠 전에 산에 피란 갔다가 산에도 있을 수 없고, 촌에 사는 일갓집으로 피란 갔다가 단칸방에서 주인과 손과 여덟 식구가 이틀 밤을 앉아 새우고 하릴없이 평양성내로 도로 온 지가 불과 수일 전이라. 그때 마음에 다시는 죽어도 피란 가지 아니한다 하였더니, 오늘 새벽부터 총소리는 천지를 뒤집어 놓고 사면 산꼭대기 들 가운데에 불비가 쏟아지니 밝기를 기다려서 피란길을 떠났는데, 아무것도 가진 것 없고 젊은 내외와 어린 딸 옥련이와 단 세 식구 피란이라.

성중에는 울음 천지요, 성밖에는 송장 천지요, 산에는 피란꾼 천지라. 어미가 자식 부르는 소리, 서방이 계집 부르는 소리, 계집이 서방 부르는 소리, 이렇게 사람 찾는 소리뿐이라. 어린아이를 내버리고 저 혼자 달아나는 사람도 있고, 두 내외 손을 맞붙들고 마주 찾는 사람도 있더니, 석양판[21]에는 그 사람이 다 어디로 가고 없던지 보이지 아니하고, 모란봉 아래서 옥련이 부르고 다니는 부인 하나만 남아 있더라.

---

[20] 작폐(作弊): 폐단을 일으키는 것. 또는 폐를 끼치는 것.
[21] 석양판(夕陽-): 해질 무렵. 또는 석양볕이 비치는 곳.

그 부인의 남편 되는 사람은 나이 스물 아홉 살인데, 평양서 돈 잘 쓰기로 이름 있던 김관일이라. 피란길 인해[22] 중에 서로 잃고 서로 찾다가 김관일은 저의 집으로 혼자 돌아와서 그날 밤에 빈집에 혼자 있다가 밤중에 개가 하도 몹시 짖거늘 일어나서 대문을 열고 보려 하다가 겁이 나서 열지는 못하고 문틈으로 내다보기도 하였으나 벌써 헌병이 그 부인을 앞세우고 가니, 김관일은 그 부인이 헌병에게 붙들려 가는 줄은 생각 밖이요, 그 부인은 그 남편이 집에 있기는 또한 꿈도 아니 꾸었더라.

김씨는 혼자 빈집에 있어서 밤새도록 잠들지 못하고 별 생각이 다 난다. 북문 밖 넓은 들에 철환 맞아 죽은 송장과 죽으려고 숨넘어가는 반송장들은 제각각 제 나라를 위하여 전장에 나와서 죽은 장수와 군사들이라. 죽어도 제 직분이어니와, 엎드러지고 곱드러져서[23] 봄바람에 떨어진 꽃과 같이 간 곳마다 발에 밟히고 눈에 걸리는 피란꾼들은 나라의 운수런가, 제 팔자 기박하여[24] 평양 백성 되었던가. 땅도 조선 땅이요, 사람도 조선 사람이라. 고래 싸움에 새우 등 터지듯이, 우리나라 사람들이 남의 나라 싸움에 이렇게 참혹한 일을 당하는가. 우리 마누라는 대문 밖에 한걸음 나가 보지 못하던 사람이요, 내 딸은 일곱 살 된 어린아이라 어디서 밟혀 죽었는가. 슬프다. 저러한 송장들은 피가 시내 되어 대동강에 흘러들어 여울목 치는 소리 무심히 듣지 말지어다. 평양 백성의 원통하고 설운 소리가 아닌가. 무죄히 죄를 받는 것도 우리나라 사람이요, 무죄히 목숨을 지키지 못하는 것도 우리나라 사람이라. 이것은 하늘이 지으신 일이런가, 사람이 지은 일이런가. 아마도 사람의 일은 사람이 짓는 것이다. 우리나라 사람이 제 몸만 위하고 제 욕심만 채우려 하고, 남은 죽든지 살든지, 나라가 망하든지 흥하든지 제 벼슬만 잘하여 제 살만 찌우면 제일로 아는 사람들이라.

---

[22] 인해(人海): 사람이 아주 많이 모인 상태.
[23] 곱드러지다: 무엇에 부딪치거나 남에게 걸려차이거나 하여 고꾸라져 엎어지다.
[24] 기박(奇薄): 팔자가 사납고 복이 없다.

평안도 백성은 염라대왕이 둘이라. 하나는 황천에 있고, 하나는 평양 선화당[25]에 앉았는 감사이라. 황천에 있는 염라대왕은 나이 많고 병들어서 세상이 귀치 않게 된 사람을 잡아가거니와, 평양 선화당에 있는 감사는 몸 성하고 재물 있는 사람은 낱낱이 잡아가니, 인간 염라대왕으로 집집에 터주까지 겸한 겸관[26]이 되었는지, 고사를 잘 지내면 탈이 없고 못 지내면 온 집안에 동토[27]가 나서 다 죽을 지경이라. 제 손으로 벌어 놓은 제 재물을 마음 놓고 먹지 못하고 천생 타고난 제 목숨을 남에게 매어 놓고 있는 우리나라 백성들을 불쌍하다 하겠거든, 더구나 남의 나라 사람이 와서 싸움을 하느니 지랄을 하느니, 그러한 서슬[28]에 우리는 패가[29]하고 사람 죽는 것이 다 우리나라 강하지 못한 탓이라.

오냐, 죽은 사람은 하릴없다. 살아 있는 사람들이나 이후에 이러한 일을 또 당하지 아니하게 하는 것이 제일이다. 제 정신 제가 차려서 우리나라도 남의 나라와 같이 밝은 세상 되고 강한 나라 되어 백성 된 우리들이 목숨도 보전하고 재물도 보전하고, 각도 선화당과 각도 동헌[30] 위에 아귀[31] 귀신 같은 산 염라대왕과 산 터주[32]도 못 오게 하고, 범 같고 곰 같은 타국 사람들이 우리나라에 와서 감히 싸움할 생각도 아니 하도록 한 후이라야 사람

---

[25] 선화당(宣化堂): 각 도의 관찰사가 사무를 보는 정당(正堂).
[26] 겸관(兼官): 겸직(兼職).
[27] 동토(動土): '동티'의 원말. 귀신이 살고 있는 공간이나 귀신을 상징하는 물체나 귀신이 다스리는 자연물이나 인공물 등을 함부로 훼손하거나 침범했을 때 귀신을 노하게 함으로써 받게 된다는 재앙.
[28] 서슬: 어떤 결과의 원인이 되는 행동이 날카로운 기세로 이뤄지는 상태임을 나타내는 말.
[29] 패가(敗家): 집안의 재산을 다 써 없앰.
[30] 동헌(東軒): 감사·병사·수사 등 고을의 수령(守令)이 공사(公事)를 처리하는 대청이나 집.
[31] 아귀(餓鬼): 파율(破律)의 악업(惡業)을 저질러 아귀도(餓鬼道)에 떨어진 귀신. 목구멍이 바늘구멍 같아서 음식을 먹을 수 없어 늘 굶주린다고 함. 염치없이 먹을 것을 탐하는 사람의 비유.
[32] 터주(－主): 집터를 지키는 지신(地神). 또는 그 집터.

도 사람인 듯싶고 살아도 산 듯싶고, 재물 있어도 제 재물인 듯하리로다.

처량하다, 이 밤이여. 평양 백성은 어디 가서 사생 중에 들었으며, 아귀 같은 염라대왕은 어느 구석에 박혔으며, 우리 처자는 어떻게 되었는고. 우리 내외 금실이 유명히 좋던 사람이요, 옥련이를 남다르게 귀애하던 자정[33]이라. 그러하나 세상에 뜻이 있는 남자 되어 처자만 구구[34]히 생각하면 나라의 큰일을 못 하는지라. 나는 이 길로 천하 각국을 다니면서 남의 나라 구경도 하고 내 공부 잘한 후에 내 나라 사업을 하리라 하고 밝기를 기다려서 평양을 떠나가니, 그 발길 가는 데는 만리타국이라.

그 부인은 일본군 헌병부로 잡혀갔으나, 규중에서 생장한 부인이 그러한 난리 중에 그러한 풍파를 겪었다 하는 말을 듣는 자 누가 불쌍타 하지 아니하리오. 통변[35]이 말을 전하는 대로 헌병장이 고개를 기울이고 불쌍하다 가엾다 하더니, 그 밤에는 군중에서 보호하고 그 이튿날 제 집으로 돌려보내니, 부인은 하룻밤 동안에 세상 풍파를 다 지내고 본집으로 돌아왔더라.

아침 날 서늘한 기운에 빈집같이 쓸쓸한 것은 없는데 그 부인이 그 집에 들어와 보더니 처창[36]한 마음이 새로이 나서 이 집구석에서 나 혼자 살아 무엇 하리 하면서 마루 끝에 털썩 걸어앉더니[37] 정신없이 모로 쓰러졌다.

어젯날 피란 갈 때에 급하고 겁나는 마음에 밥도 먹지 아니하고 나섰다가 하룻날 하룻밤에 고생한 일은 인간에 나 하나뿐인가 싶은 마음에 배가 고픈지 다리가 아픈지 모르고 지냈더니, 내 집으로 돌아오니 남편도 소식 없고 옥련이도 간 곳 없고, 엉성한 네 기둥과 적적한 마루 위에 덧문 척척 닫힌 방을 보니, 이 몸이 앉은 채로 쓰러져 없었으면 좋으련마는, 그렇지 아니하면 무슨 경황에 내 손으로 저 방문을 열고 내 발로 저 방으로 들어

---

[33] 자정(慈情): 어머니의 정. 부모의 정을 이르기도 한다.
[34] 구구(區區): 변변하지 못함.
[35] 통변(通辯): 통역(通譯).
[36] 처창(悽愴): (마음이) 몹시 구슬픔.
[37] 걸어앉다: 높은 곳에 궁둥이를 붙이고 두 다리를 늘어뜨리고 앉다.

갈까 하는 혼잣말을 다 마치지 못하고 정신을 잃었더라.

평시절 같으면 이웃사람도 오락가락하고 방물장사[38], 떡장사도 들락날락할 터인데, 그때는 평양성중에 살던 사람들이 이번 불 소리에 다 달아나고 있는 것은 일본 군사뿐이라. 그 군사들이 까마귀떼 다니듯이 하며 이집 저집 함부로 들어간다.

본래 전시국제공법(戰時國際公法)[39]에, 전장에서 피란 가고 사람 없는 집은 집도 점령하고 물건도 점령하는 법이라. 그런고로 군사들이 빈집을 보면 일삼아 들어간다.

김씨 집에 들어와서 보는 군사들은 마루 끝에 부인이 누웠는 것을 보고 도로 나갈 뿐이라. 아마도 부인을 구하여 줄 사람은 없었더라. 만일 엄동설한에 하루 동안을 마루에 누웠으면 얼어 죽었을 터이나, 다행히 일기가 더운 때라, 종일 정신없이 마루에 누웠으나 관계치 아니하였더라.

밤이 되매 비로소 정신이 나기 시작하는데, 꿈 깨고 잠 깨이듯 별안간에 정신이 난 것이 아니라 모란봉에 안개 걷히듯 차차 정신이 난다. 처음에 눈을 떠서 보니 하늘에는 별이 총총하고, 다시 눈을 둘러보니 우중충한 집에 나 혼자 누웠으니 이곳은 어디며 이 집은 뉘 집인지, 나는 어찌하여 여기 와서 누웠는지 곡절을 모른다.

차차 본즉 내 집이요, 차차 생각한즉 여기 와서 걸터앉았던 생각도 나고, 어젯밤에 일본 헌병부로 가던 생각도 나고, 총소리에 사람 모여들던 생각도 나고, 도적놈에게 욕을 볼 뻔하던 생각이 나면서 새로이 소름이 끼친다.

정신이 번쩍 나고 없던 기운이 번쩍 나서 벌떡 일어앉았으니, 새로 남편 생각과 옥련이 생각만 난다.

---

[38] 방물장사: 여자에게 쓰이는 화장품·바느질 기구·패물 따위의 물건을 파는 장수.
[39] 전시국제공법(戰時國際公法): 전시에 필요한 국제간의 법규 관계를 규정한 법률. 교전국 사이의 적대 행위에 관한 법규인 교전 법규와 중립국과 교전국 사이에 관한 법규인 중립 법규로 나뉜다.

안방에는 옥련이가 자는 듯하고, 사랑방에는 남편이 있는 듯하다. 옥련이를 부르면 나올 듯하고, 남편을 부르면 대답을 할 것 같다. 어젯날 지낸 일은 정녕 꿈이라, 내가 악몽을 꾸었지, 지금은 깨었으니 옥련이를 불러 보리라 하고 안방으로 고개를 두르고 옥련아, 옥련아, 옥련아, 부르다가 소름이 죽죽 끼치고 소리가 점점 움츠러진다. 일어서서 안방 문 앞으로 가니, 다리가 덜덜 떨리고 가슴이 두근두근한다. 방문을 왈칵 잡아당기니 방 속에서 벼락 치는 소리가 나며 부인은 외마디 소리를 지르고 주저앉았더라.

어제 아침에 이 방에서 피란 갈 때에는 방 가운데 아무것도 늘어놓은 것 없었더니, 오늘 아침에 김관일이가 외국에 가려고 결심하고 나갈 때에 무엇을 찾느라고 다락 속 벽장 속에 있는 세간을 낱낱이 내어 놓고 궤 문도 열어 놓고, 농문도 열어 놓고, 궤짝 위에 농짝도 놓고 농짝 위에 궤짝도 얹었는데, 단정히 놓인 것도 있지마는 곧 내려질 듯한 것도 있었더라. 방문은 무슨 정신에 닫고 갔던지, 방 안의 벽장문, 다락문은 열린 채로 두었더라.

강아지만 한 큰 쥐가 다락에서 나와서 방 안에서 제 세상같이 있다가, 방문 여는 소리를 듣고 궤 위에서 방바닥으로 내려 뛰는데, 그 궤가 안동[40] 하여 떨어지니, 그 궤는 옥련의 궤라 조개껍질도 들고, 서양철[41] 조각도 들고 방울도 들고 유리병도 들었으니, 그 궤가 떨어질 때는 소리가 조용치는 못하겠으나 부인이 겁결에 들은즉 벼락 치는 소리같이 들렸더라.

부인이 정신을 차려서 당성냥을 찾으려고 방 안으로 들어가니, 발에 걸리고 몸에 부딪히는 것이 무엇인지 무서운 마음에 도로 나와서 마루 끝에 앉았더라. 이 밤이 초저녁인지 밤중인지 샐녘[42]인지 모르고 날 새기만 기다리는데, 부인의 마음에는 이 밤이 샐 때가 되었거니 하고 동편 하늘만

---

[40] 안동(眼同): 사람을 데리고 함께 가거나 물건을 지니고 감.
[41] 서양철(西洋鐵): '생철(—鐵)'의 잘못. 양철(洋鐵).
[42] 샐녘: 날이 샐 무렵.

쳐다보고 있더라.

　두 날개 탁탁 치며 '꼬끼요' 우는 소리는 첫닭이 분명한데 이 밤 새우기는 참 어렵도다. 그렇게 적적한 집에 그 부인이 혼자 있어서 하루, 이틀, 열흘, 보름을 지낼수록 경황없고 처량한 마음이 조금도 감하지 아니한다. 감하지 아니할 뿐 아니라 날이 갈수록 심란한 마음이 깊어 가더라. 그러면 무슨 까닭으로 세상에 살아 있는고. 한 가지 일을 기다리고 죽기를 참고 있었더라.

　피란 갔던 이튿날 방 안에 세간이 늘어 놓인 것을 보고 남편이 왔던 자취를 알고 부인의 마음에는 남편이 옥련이와 나를 찾아다니다가 찾지 못하고 집에 돌아와서 보고 또 찾으러 간 줄로 알고, 그 남편이 방향 없이 나서서 오죽 고생을 할까 싶은 마음에 가엾으면서 위로는 되더니, 그 날 해가 지고 저무니 남편이 돌아올까 기다리는 마음에 대문을 닫지 아니하고 앉아 밤을 새웠더라. 그 이튿날 또 다음날을, 날마다 밤마다 때마다 기다리는데 사람의 소리가 들리면 뛰어나가 보고, 개가 짖으면 쫓아가서 본다.

　고대하던 마음은 진하고 단망[43]하는 마음이 생긴다. 어느 곳에서 사람이 많이 죽었다 하는 소문이 있으면 남편이 거기서 죽은 듯하고, 어느 곳에서는 어린아이 죽었다는 말이 들리면 내 딸 옥련이가 거기서 죽은 듯하다.

　남편이 살아오거니 하고 고대할 때는 마음을 붙일 곳이 있어서 살아 있었거니와, 죽어서 못 오거니 하고 단망하니 잠시도 이 세상에 있기가 싫다.

　부인이 죽기로 결심하고 대동강 물에 빠져 죽을 차로 밤 되기를 기다려 강가로 향하여 가나, 그때는 구월 보름이라 하늘은 씻은 듯하고 달은 초롱 같다. 은가루를 뿌린 듯한 백사장에 인적은 끊어지고 백구[44]는 잠들었다. 부인이 탄식하여 가로되,

　"달아 물어 보자, 너는 널리 보리로다.

---

[43] 단망(斷望): 희망이 끊어짐. 또는 희망을 끊어 버림.
[44] 백구(白鷗): 갈매기.

낭군이 소식 없고 옥련은 간 곳 없다.
이 세상에 있으면 집 찾아왔으련만
일거[45] 무소식하니 북망[46]객 됨이로다.
이 몸이 혼자 살면 일평생 근심이요,
이 몸이 죽었으면 이 근심 모르리라.
십오 년 부부 정과 일곱 해 모녀 정이
어느 때 있었던지 지금은 꿈같도다.
꿈같은 이내 평생 오늘날뿐이로다.
푸르고 깊은 물은 갈 길이 저기로다."

이러한 탄식을 마치매 치마를 걷어잡고 이를 악물고 두 눈을 딱 감으면서 물에 뛰어내리니, 그 물은 대동강이요 그 사람은 김관일의 부인이라. 물 아래 뱃나들이에 한 거룻배가 비꼈는데, 그 배 속에서 사공 하나와 평양성 내에 사는 고장팔이라 하는 사람과 단둘이 달밤에 밤윷[47]을 노는데, 그 사공과 고가는 각 어미 자식이나 성정은 어찌 그리 똑같던지, 사공이 고가를 닮았는지, 고가가 사공을 닮았는지, 벌어먹는 길만 다르나 일만 없으면 두 놈이 함께 붙어 지낸다.

무엇을 하느라고 같이 붙어 지내는고. 둘 중에 하나만 돈이 있으면 서로 꾸어 주며 투전을 하고, 둘이 다 돈이 없으면 담배내기 밤윷이라도 아니 놀고는 못 견딘다. 하루 밥을 굶어라 하면 어렵게 여기지 아니하나 하루 노름을 하지 말라 하면 병이 날 듯한 놈들이라. 그 밤에도 고가가 그 사공을 찾아가시 딘둘이 밤윷을 놀다가 물 위에서 이싱한 소리가 들리나 윷에 미쳐서 정신을 모르다가, 물 위에서 웬 사람이 떠내려 오다가 배에 걸려서 허덕거리는 것을 보고 급히 뛰어내려서 건진즉 한 부인이라. 본래 부인이

---

[45] 일거(一去): 한번 가다.
[46] 북망(北邙): 무덤이 많은 곳이나 사람이 죽어서 묻히는 곳을 이르는 말.
[47] 밤윷: 밤을 쪼갠 조각처럼 잘고 뭉툭하게 만든 윷짝.

높은 언덕에서 뛰어내렸더면 물이 깊고 얕고 간에 살기가 어려웠을 터이나, 모래톱에서 물로 뛰어 들어가니 그 물이 한두 자 깊이가 될락말락한 물이라, 물이 낮아 죽지 아니하였으나 부인은 죽을 마음으로 빠진 고로 얕은 물이라도 죽을 작정만 하고 드러누우니 얼른 죽지는 아니하고 물에 떠서 내려가다가 배에 있던 사람에게 구원한 것이 되었더라.

화약 연기는 구름에 비 묻어 다니듯이[48] 평양의 총소리가 의주로 올라가더니 백마산[49]에는 철환 비가 오고 압록강에는 송장으로 다리를 놓는다.

평양은 난리 평정이 되고 의주는 새로 난리를 만났으니, 가령 화재 만난 집에서 안방에는 불을 잡았으나 건넌방에는 불이 붙는 격이라. 안방이나 건넌방이나 집은 한집이언마는 안방 식구는 제 방에만 불 꺼지면 다행으로 안다. 의주서는 피비 오는데 평양성중에는 차차 웃음소리가 난다. 피란 가서 어느 구석에 숨어 있던 사람들이 차차 모여들어서 성중에는 옛 모양이 돌아온다.

집집의 걸어 닫혔던 대문도 열리고, 골목골목에 사람의 자취가 없던 곳도 사람이 오락가락하고, 개 짖고 연기 나는 모양이 세상은 평화 된 듯하나, 북문 안의 김관일의 집에는 대문이 닫힌 대로 있고 그 집 문간엔 사람이 와서 찾는 자도 없었더라. 하루는 어떠한 노인이 부담말[50] 타고 오다가 김씨 집 앞에서 말에서 내리더니, 김씨 집 대문을 흔들어 본즉 문이 걸리지 아니하였거늘 안으로 들어가더니 나와서 이웃집에 말을 묻는다.

(노인) "여보, 말 좀 물어 봅시다. 저 집이 김관일 김초시 집이오?"

(이웃사람) "네, 그 집이오, 그 집에 아무도 없나 보오."

(노인) "나는 김관일의 장인 되는 사람인데, 내 사위는 만나 보았으나 내 딸과 외손녀는 피란 갔다가 집 찾아왔는지 아니 왔는지 몰라서 내가 여

---

[48] 구름에 비 묻어 다니듯: 둘이 으레 같이 붙어 다녀 서로 떠나지 않음을 비유적으로 이르는 말.
[49] 백마산(白馬山): 평안북도 의주군에 있는 산.
[50] 부담말(負擔馬): 부담롱(負擔籠)을 싣고, 사람도 함께 타도록 꾸민 말.

기까지 온 길이러니, 지금 그 집에 들어가서 본즉 아무도 없기로 궁금하여 묻는 말이오."

(이웃사람) "우리도 피란 갔다가 돌아온 지가 며칠 되지 아니하였으니 이웃집 일이라도 자세히 모르겠소."

노인이 하릴없이 다시 김씨 집에 들어가서 자세히 살펴보니 사람은 난리를 만나 도망하고 세간은 도적을 맞아서 빈 농짝만 남았는데, 벽에 언문 글씨가 있으니, 그 글씨는 김관일 부인의 필적인데, 대동강 물에 빠져 죽으려고 나가던 날의 세상 영결하는 말이라.

노인이 그 필적을 보고 놀랍고 슬픈 마음을 진정치 못하였더라.

그 노인은 본래 평양성내에서 살던 최주사라 하는 사람인데 이름은 항래라. 십 년 전에 부산으로 이사하여 크게 장사하는데, 그때 나이 오십이라. 재산은 유여[51]하나 아들이 없어서 양자하였더니 양자는 합의치 못하고, 소생은 딸 하나 있으나 그 딸은 편애할 뿐 아니라 그 딸을 기를 때에 최주사는 애쓰고 마음 상하면서 길러 낸 딸이요 눈살 맞고 자라난 딸인데, 그 딸인즉 김관일의 부인이라.

최씨가 그 딸 기를 때의 일을 말하자 하면 소진의 혀[52]를 두 셋씩 이어 놓고 삼사월 긴긴 해를 몇씩 포개 놓을지라도 다 말할 수 없는 일이더라. 그 부인의 이름은 춘애라. 일곱 살에 그 모친이 돌아가고 계모에게 길렸는데, 그 계모는 부인 범절에는 사사이[53] 칭찬 듣는 사람이나 한 가지 결점이

---

[51] 유여(有餘): 남을 만큼 넉넉하다.
[52] 소진의 혀: 매우 구변이 좋음을 이르는 말. 소진(蘇秦)은 중국 전국시대의 책사(策士)로 종횡가(縱橫家)의 한 사람. 자는 계자(季子). 동주(東周)의 뤄양(洛陽)에서 태어나 장의(張儀)와 함께 제(齊)의 귀곡자(鬼谷子)에게 웅변술을 배웠다. 처음에는 진(秦)의 혜왕(惠王)에게 유세했으나 기용되지 않았다. 후에 연(燕)의 문후(文候)에게 기용되어 동방 6국을 설득하고 합종동맹(合從同盟)을 체결해 진에 대항했다. 공을 인정받아 조(趙)의 우안(武安:지금의 허베이 성(河北省)에 있음)에 봉토를 받았으나, 곧 참소를 받아 망명했다. 제에서 암살당했다고 한다.
[53] 사사(事事): 이 일 저 일. 곧, 모든 일.

있으니, 그 흠절[54]은 전실 소생 춘애에게 몹시 구는 것이라. 세간 그릇 하나라도 전실 부인이 쓰던 것이면 무당 불러서 불살라 버리든지 깨뜨려 버리든지 하여야 속이 시원하여지는 성정이라. 그러한 계모의 성정에 사르지도 못하고 깨뜨리지도 못할 것은 전실 소생 춘애라. 최씨가 그 딸을 옥같이 사랑하고 금같이 귀애하나 그 후취 부인 보는 때는 조금도 귀애하는 모양을 보이면 춘애는 그 계모에게 음해를 받을 터이라. 그런고로 최주사가 그 딸을 칭찬하고 싶은 때도 그 계모 보는 데는 꾸짖고 미워하는 상을 보이는 일도 많다.

그러면 최주사가 그 후취 부인에게 쥐여 지내느냐 할 지경이면 그렇지도 아니하다.

그 후취 부인은 죽어 백골 된 전실에게 투기하는 마음 한 가지만 아니면 아무 흠절이 없으니, 그러한 부인은 쇠사슬로 신을 삼아 신고 그 신이 날이 나도록 조선 팔도를 다 돌아다니더라도 그만한 아내는 얻기가 어렵다 하는 집안 공론이라. 최씨가 후취 부인과 금실도 좋고 전취소생 춘애도 사랑하니, 춘애를 위하여 주려 하면 후실 부인의 뜻을 맞추어 주는 일이 상책이라. 춘애가 어려서부터 총명하고 눈치 빠르기로는 어린아이로 볼 수가 없다. 계모에게 따르기를 생모같이 따르면서 혼자 앉으면 눈물을 씻고 죽은 어머니를 생각하더라. 춘애가 그러한 고생을 하고 자라나서 김관일의 부인이 되었는데, 최씨는 그 딸을 출가한 딸로 여기지 아니하고 젖먹이는 딸과 같이 안다.

평양의 난리 소문이 다른 사람 듣기에는 이웃집에 초상났다는 소문과 같이 심상[55]히 들리나, 부산 사는 최항래 최주사의 귀에는 소름이 끼치도록 놀랍고 심려되더니, 하루는 그 사위 김관일이가 부산 최씨 집에 와서 난리 겪은 말도 하고, 외국으로 공부하러 가고자 하는 목적을 말하니, 최

---

[54] 흠절(欠節): 부족하거나 잘못된 점.
[55] 심상(尋常): 대수롭지 않고 예사로움. 범상(凡常).

씨가 학비를 주어서 외국에 가게 하고, 최씨는 그 딸과 외손녀의 생사를 자세히 알고자 하여 평양에 왔더니, 그 딸이 대동강 물에 빠져 죽을 차로 벽상[56]에 그 회포를 쓴 것을 보니, 그 딸 기를 때의 불쌍하던 마음이 새로이 나서, 일곱 살에 저의 어머니 죽을 때에 죽은 어미의 뺨을 대이고 울던 모양도 눈에 선하고, 계모의 눈살을 맞아서 조접이 들던[57] 모양도 눈에 선하고, 내가 부산 갈 때에 부녀가 다시 만나 보지 못하는 듯이 낙루[58]하며 작별하던 모양도 눈에 선한 중에 해는 점점 지고 빈집에 쓸쓸한 기운은 날이 저물수록 형용하기 어렵더라.

　최씨가 데리고 온 하인을 부르는데 근력 없는 목소리로,

　"이애 막동아, 부담[59] 떼서 안마루에 갖다 놓아라."

　(막동) "말은 어디 갖다 매오리까?"

　(최씨) "마방집[60]에 갖다 매어라."

　(막동) "소인은 어디서 자오리까?"

　(최씨) "마방집에 가서 밥이나 사서 먹고 이 집 행랑방에서 자거라."

　(막동) "나리께서도 무엇을 좀 사다가 잡숫고 주무시면 좋겠습니다."

　(최씨) "나는 술이나 먹겠다. 부담에 달았던 술 한 병 떼어 오고 찬합만 끌러 놓아라. 혼자 이 방에 앉아 술이나 먹다가 밤새거든 새벽길 떠나서 도로 부산으로 가자. 난리가 무엇인가 하였더니 당하여 보니 인간에 지독한 일은 난리로구나. 내 혈육은 딸 하나 외손녀 하나뿐이러니 와서 보니 이 모양이로구나. 막동아, 너같이 무식한 놈더러 쓸데없는 말 같지마는 이후에는 자손 보존하고 싶은 생각 있거든 나리를 위하여라. 우리나라가 강

---

[56] 벽상(壁上): 벽의 위쪽 부분.
[57] 조접들다: '조잡들다'의 잘못. 생물체가 탈이 많아서 제대로 자라지 못하거나 생기가 없어지다.
[58] 낙루(落淚): 눈물을 흘림. 타루(墮淚).
[59] 부담(負擔): 부담롱(負擔籠). 물건을 담아서 말에 실어 운반하는 작은 농짝.
[60] 마방집(馬房-): 말을 두고 삯짐 싣는 일을 업으로 삼는 집.

하였더면 이 난리가 아니 났을 것이다. 세상 고생 다 시키고 길러 낸 내 딸자식 나 젊고 무병하건마는 난리에 죽었구나. 역질[61] 홍역 다 시키고 잔주접[62] 다 떨어 놓은 외손녀도 난리 중에 죽었구나."

(막동) "나라는 양반님네가 다 망하여 놓으셨지요. 상놈들은 양반이 죽이면 죽었고, 때리면 맞았고, 재물이 있으면 양반에게 빼앗겼고, 계집이 어여쁘면 양반에게 빼앗겼으니, 소인 같은 상놈들은 제 재물 제 계집 제 목숨 하나를 위할 수가 없이 양반에게 매였으니, 나라 위할 힘이 있습니까. 입 한번을 잘못 벌려도 죽일 놈이니 살릴 놈이니, 오금을 끊어라 귀양을 보내라 하는 양반님 서슬에 상놈이 무슨 사람값에 갔습니까? 난리가 나도 양반의 탓이올시다. 일청전쟁도 민영춘[63]이란 양반이 청인을 불러왔답디다. 나리께서 난리 때문에 따님아씨도 돌아가시고 손녀아기도 죽었으니 그 원통한 귀신들이 민영춘이라는 양반을 잡아갈 것이올시다."
하면서 말이 이어 나오니, 본래 그 하인은 주제넘다고 최씨 마음에 불합하나, 이번 난리 중 험한 길에 사람이 똑똑하다고 데리고 나섰더니 이러한 심란 중에 주제넘고 버릇없는 소리를 함부로 하니 참 난리난 세상이라. 난리 중에 꾸짖을 수도 없고 근심 중에 무슨 소리든지 듣기도 싫은 고로 돈

---

[61] 역질(疫疾): 천연두.
[62] 잔주접: 어릴 때의 잦은 잔병치레로 잘 자라지 못하는 탈.
[63] 민영춘: '민영준(閔泳駿)'의 오기. 『만세보』에 실린 「혈의 누」에는 민영준으로 되어 있다. 민영준은 조선 고종 때의 문신(1852~1935). 민두호의 아들. 고종 때에 민씨세도의 거물로서 민영익(閔泳翊)과 세력을 다투었다. 임오군란 때에 그의 집이 파괴당했으며 1887년(고종 24)에 도승지로서 변리(辨理)대신이 되어 일본에 갔다. 후에 평안(平安)감사, 예조판서, 경리사(經理使), 공조판서, 병조판서 등을 역임하고, 1894년의 동학혁명 때에 선혜당상(宣惠堂上) 겸 통위사(統衛使)가 되어 청나라 원세개(袁世凱)의 권유에 의하여 청의 구원병으로 난을 진정하려다가 도리어 청일 양국의 동시 출병을 유치하여 청일전쟁을 유발하게 되었다. 일찍 오도리(大鳥圭介)가 군병을 인솔하고 경복궁에 불법 침입하였을 때에 밀칙(密勅)을 받아가지고 청나라로 가다가 철산(鐵山)에서 백성들에게 잡혀 평양 청진에 인계되었으나 석방되었다. 세도가 떨어지자 대원군과 결탁하여 다시 세력을 잡으려 하였으나 임자도(荏子島)에 유배되었다.

을 내어 주며 하는 말이,

"막동아 너도 나가서 술이나 싫도록 먹어라."

홧김에 먹고 보자 하니 막동이는 밖으로 나가고, 최씨는 혼자 술병을 대하여 팔자 한탄하다가 술 한 잔 먹고, 세상 원망하다가 술 한 잔 먹고, 딸 생각이 나도 술 한 잔 먹고, 외손녀 생각이 나도 술 한 잔 먹고, 술이 얼근하게 취하더니 이 생각 저 생각 없이 술만 먹다가 갓 쓴 채로 목침 베고 드러누웠더니 잠이 들면서 꿈을 꾸었더라. 모란봉 아래서 딸과 외손녀를 데리고 피란을 가다가 노략질꾼 도적을 만나서 곤란을 무수히 겪다가 딸이 도적을 피하여 가느라고 높은 언덕에서 떨어져 죽는 것을 보고 최씨가 도적놈을 원망하여 도적놈을 때려죽이려고 지팡이를 들고 도적을 때리니, 도적놈이 달려들어 최씨를 마주 때리거늘, 최씨가 넘어져서 일어나려고 애를 쓰는데 도적놈이 최씨를 깔고 앉아서 멱살을 쥐고 칼을 빼니 최씨가 숨을 쉴 수가 없어 일어나려고 애를 쓰니 최씨가 분명 가위를 눌린 것이다.

곁에서 사람이 최씨를 흔들며 '아버지 여기를 어찌 오셨소, 아버지, 아버지' 하는 소리에 깜짝 놀라 깨치니 남가일몽[64]이라. 눈을 떠서 자세히 본즉 대동강 물에 빠져 죽으려고 벽상에 회포를 써서 붙였던 딸이 살아온지라, 기쁜 마음에 정신이 번쩍 나서 생각한즉 이것도 꿈이 아닌가 의심난다.

(최씨) "이애, 네가 죽으려고 벽상에 유언을 써서 놓은 것이 있더니 어찌 살아 왔느냐. 아까 꿈을 꾸니 네가 언덕에서 떨어져 죽었더니 지금 너를 보니 이것이 꿈이냐, 그것이 꿈이냐? 이것이 꿈이어든 이 꿈을 이대로 깨지 말고 십 년 이십 년이라도 이대로 지냈으면 그 아니 좋겠느냐."

하는 말이 최씨 생각에는 그 딸 만나 보는 것이 정녕 꿈같고 그 딸이 참 살아온 사기[65]는 자세히 모른다.

---

[64] 남가일몽(南柯一夢): 꿈과 같이 헛된 한때의 부귀영화. 당나라의 순우분(淳于)이 술에 취하여 홰나무의 남쪽으로 뻗은 가지 밑에서 잠이 들었는데, 대괴안국으로 영접을 받아 20년 동안 영화를 누리는 꿈을 꾸었다는 고사에서 유래한 말.

[65] 사기(事記): 사건의 기록.

원래 최씨 부인이 물에 빠져 떠내려갈 때에 뱃사공과 고장팔에게 구한 바 되었는데, 장팔의 모와 장팔의 처가 그 부인을 교군[66]에 태워서 저희 집으로 뫼시고 가서 수일을 극진히 구원하였다가, 그 부인이 차차 완인[67]이 되매 그 날 밤들기를 기다려서 부인이 장팔의 모를 데리고 집에 돌아온 길이라. 장팔의 모는 길가에서 무엇을 사 가지고 들어온다 하고 뒤떨어졌는데, 그 부인은 발씨 익은[68] 내 집이라 앞서서 들어온즉 안마루에 부담 상자도 있고 안방에는 불이 켜서 밝은지라. 이전 마음 같으면 부인이 그 방문을 감히 열지 못하였을 터이나 별 풍상 다 지내고 지금은 겁나는 것도 없고 무서운 것도 없는지라, 내 집 내 방에 누가 와서 들어앉았는가 생각하면서 서슴지 아니하고 방문을 열어 보니 웬 사람이 자다가 가위를 눌려서 애를 쓰는 모양인데, 자세히 본즉 자기의 부친이라. 부인이 그때에 부친을 만나니 반가운 마음에 아무 말도 아니하고 나오느니 울음뿐이라.

뒤떨어졌던 고장팔의 모가 들이달아 오면서 덩달아 운다.

"에그, 나리마님이 이 난리 중 여기 오셨네. 알 수 없는 것은 세상일이올시다. 나리께서 부산으로 이사 가실 때에 할미는 늙은 것이라 살아서 다시 나리께 뵙지 못하겠다 하였더니 늙은 것은 살았다가 또 뵈옵는데 어린 옥련애기와 젊으신 서방님은 어디 가서 돌아가셨는지 나리 오신 것을 못 만나 뵈네."

하는 말은 속에서 솟아 나오는 인정이라. 그 노파가 그 인정이 있을 만도 한 사람이라.

고장팔의 모가 본래 최씨 집 종인데 삼십 전부터 드난[69]은 아니 하나 최씨의 덕으로 살다가, 최씨가 이사 갈 때에 장팔의 모는 상전을 따라가고자 하나 장팔이가 노름꾼으로 최씨의 눈 밖에 난 놈이라 최씨를 따라가지 못

---

[66] 교군(轎軍): 가마.
[67] 완인(完人): 병이 완전히 나은 사람.
[68] 발씨 익다: 여러 번 다닌 길이라 익숙하다.
[69] 드난: 임시로 남의 집 행랑에 붙어 지내며 그 집의 부엌일을 도와주는 고용살이.

하고 끈 떨어진 뒤웅박같이[70] 평양에 있었더니, 이번에는 노름 덕으로 대동강 배 속에서 밤잠 아니 자고 있다가 최씨 부인을 구하여 살렸으니, 장팔이 지금은 노름하는 칭찬도 들을 만하게 되었더라.

최씨 부인이 그 부친에게 남편 김씨가 외국으로 유학하러 갔다는 말을 듣고 만 리의 이별은 섭섭하나 난리 중에 목숨을 보전한 것만 천행으로 여겨서, 부친의 말하는 입을 쳐다보면서 눈에는 눈물이 가득하나 얼굴에는 기쁜 빛을 띠었더라.

(최주사) "이애 김집[71]아, 네 집은 외무주장[72]하니 여기서 고단하여 살 수 없을 것이니 나를 따라 부산으로 내려가서 내 집에 같이 있으면 좋지 아니하겠느냐."

(딸) "내가 물에 빠져 죽으려 하기는 가장이 죽은 줄로 생각하고 나 혼자 세상에 살아 있기가 싫은 고로 대동강에 빠졌더니, 사람에게 건진 바 되어 살아 있다가 가장이 살아서 외국에 유학하러 갔다는 소식을 들었으니 나는 이 집을 지키고 있다가 몇 해 후가 되든지 이 집에서 다시 가장의 얼굴을 만나 보겠으니, 아버지께서는 딸 생각 말으시고 딸 대신 사위의 공부나 잘 하도록 학비나 잘 대어 주시기를 바랍나이다. 나는 이 집에서 장팔의 어미를 데리고 박토 마지기에서 도지[73]섬 받는 것 가지고 먹고 있겠소. 그러나 옥련이나 있었더면 위로가 되었을걸, 허구한 세월을 어찌 기다리나."

하는 소리에 최주사가 흉격[74]이 막히나 다사한 사람이 오래 있을 수 없는 고로 수일 후에 부산으로 내려가고 최씨 부인은 장팔의 어미를 데리고 있

---

[70] 끈 떨어진 뒤웅박 같다: 의지할 데가 없어져 외롭고 불안하게 된 처지를 비유적으로 이르는 말. '뒤웅박'은 쪼개지 않고 꼭지 근처에 구멍만 뚫어 속을 파낸 바가지.
[71] 집: (성 뒤에 붙어) 자기 집안에서 출가한 손아래 여자가 시집 사람임을 이를 때 쓰는 접미사.
[72] 외무주장(外無主張): 집안에 살림을 주장할 만큼 장성한 남자가 없음.
[73] 도지(賭地): 일정한 도조를 주고 빌려 쓰는 논밭이나 집터. 남의 논밭을 빌려서 부치고 논밭을 빌린 대가로 해마다 내는 벼.
[74] 흉격(胸膈): 가슴속.

으니, 행랑에는 늙은 과부요 안방에는 젊은 생과부가 있어서 김씨를 오기만 기다리고 세월 가기만 기다린다. 밤에는 밤이 길고 낮에는 낮이 긴데 그 밤과 그 낮을 모아 달 되고 해 되니, 천하에 어려운 것은 사람 기다리는 것이라. 부인의 생각에는 인간의 고생이 나 하나뿐인 줄로 알고 있건마는, 그보다 더 고생하는 사람이 또 있으니, 그것은 부인의 딸 옥련이라.

당초에 옥련이가 피란 갈 때에 모란봉 아래서 부모의 간 곳 모르고 어머니를 부르면서 발을 동동 구르다가 난데없는 철환 한 개가 넘어 오더니 옥련의 왼편 다리에 박혀 넘어져서 그 날 밤을 그 산에서 목숨이 붙어 있었더니, 그 이튿날 일본 적십자 간호수가 보고 야전병원으로 실어 보내니 군의가 본즉 중상은 아니라. 철환이 다리를 뚫고 나갔는데 군의 말이, '만일 청인의 철환을 맞았으면 철환에 독한 약이 섞인지라 맞은 후에 하룻밤을 지냈으면 독기가 몸에 많이 퍼졌을 터이나, 옥련이 맞은 철환은 일인의 철환이라 치료하기 대단히 쉽다' 하더니, 과연 삼 주일이 못 되어서 완연히 평일과 같은지라. 그러나 옥련이는 갈 곳이 없는 아이라, 병원에서 옥련의 집을 물은즉 평양 북문 안이라 하니 병원에서 옥련이가 나이 어리고 또한 정경[75]을 불쌍케 여겨서 통사[76]를 안동하여 옥련의 집에 가서 보라 한즉, 그때는 옥련의 모친이 대동강 물에 빠져 죽으려고 벽상에 그 사정 써서 붙이고 간 후이라, 통변이 그 글을 보고 옥련을 불쌍히 여겨서 도로 데리고 야전병원으로 가니, 군의 정상 소좌가 옥련의 정경을 불쌍히 여기고 옥련의 자품[77]을 기이하게 여겨 통변을 세우고 옥련의 뜻을 묻는다.

(군의) "이애, 너의 아버지와 어머니가 어디로 간지 모르냐?"

(옥) "……."

(군의) "그러면 네가 내 집에 가서 있으면 내가 너를 학교에 보내어 공

---

[75] 정경(情景): 사람이 처하고 있는 형편.
[76] 통사(通辭): 통역(通譯).
[77] 자품(資稟): 사람 된 바탕과 타고난 성품.

부하도록 하여 줄 것이니, 네가 공부를 잘하고 있으면 내가 아무쪼록 너의 나라에 탐지하여 너의 부모가 살았거든 너의 집으로 곧 보내 주마."

(옥) "우리 아버지 어머니가 살아 있는 줄을 알고 나를 도로 우리 집에 보내 줄 것 같으면 아무 데라도 가고 아무것을 시키더라도 하겠소."

(의) "그러면 오늘이라도 인천으로 보내서 어용선[78]을 타고 일본으로 가게 할 것이니, 내 집은 일본 대판[79]이라. 내 집에 가면 우리 마누라가 있는데, 아들도 없고 딸도 없으니 너를 보면 대단히 귀애할 것이니 너의 어머니로 알고 가서 있거라."

하면서 귀국하는 병상병(病傷兵)[80]에게 부탁하여 일본 대판으로 보내니, 옥련이가 교군 바탕[81]을 타고 인천까지 가서 인천서 윤선[82]을 타니, 등 뒤에는 부모 소식이 묘연하고 눈앞에는 타국 산천이 생소하다.

만일 용렬한 아이가 일곱 살에 난리 피란을 가다가 부모를 잃었으면 어미 아비만 생각하고, 낯선 사람이 무슨 말을 물으면 눈물이 비죽비죽하고 주접이 덕적덕적하고 묻는 말을 대답도 시원히 못 할 터이나, 옥련이는 어디 그러한 영리하고 숙성한 아이가 있었던지 혼자 있을 때는 부모를 보고 싶은 마음에 죽을 듯하나 사람을 대할 때는 어찌 그리 천연하던지, 부모 생각하는 기색이 조금도 없더라. 옥련의 얼굴은 옥을 깎아서 연지분으로 단장한 것 같다.

옥련의 부모가 옥련 이름 지을 때에 옥련의 모양과 같이 아름다운 이름을 짓고자 하여 내외 공론이 무수하였더라. 옥같이 희다 하여 옥이라고 부르는 사람은 옥련이 모친이요, 연꽃같이 번화하나 하여 연화라고 부르는 사람은 옥련의 부친이라.

---

[78] 어용선(御用船): 임금이나 황실에서 쓰던 배.
[79] 대판(大阪): '오사카'를 우리 한자음으로 읽은 이름. 일본 긴키(近畿) 지방 중부에 있다.
[80] 병상병(病傷兵): 싸움터에서 병들거나 다친 군인.
[81] 바탕: 물체의 뼈대나 틀을 이루는 부분.
[82] 윤선(輪船): '화륜선(火輪船)'의 준말.

그 아이 이름 짓던 날은 의논이 부산하다가 구화[83] 담판되듯 옥자, 련자를 합하여 옥련이라고 지은 이름이라. 부모 된 사람이 제 자식 귀애하는 마음에 혹 시꺼먼 괴석 같은 것도 옥같이 보는 일도 있고, 누렁퉁이나 호박꽃같이 생긴 것도 연꽃같이 보이는 일도 있기는 있지마는, 옥련이 같은 아이는 옥련의 부모의 눈에만 그렇게 아름다운 것이 아니라 어떠한 사람이든지 칭찬 아니 하는 사람이 없고, 또 자식 없는 사람이 보면 뺏어 갈 것같이 탐을 내서 하는 말에, 옥련이를 잡아가서 내 딸이 될 것 같으면 벌써 집어 갔겠다 하는 사람이 무수하였더라.

그러하던 옥련이가 부모를 잃고 만리타국으로 혼자 가니, 배 안에 들어 있는 사람들은 소일 조로 옥련의 곁에 모여들어서 말 묻는 사람도 있고, 조선말을 하지 못하는 사람들은 행중에서 과자를 내어 주니, 어린아이가 너무 괴롭고 성이 가실 만하련마는 옥련이는 천연할 뿐이라.

만리창해[84]에 살같이 빠른 배가 인천서 떠난 지 나흘 만에 대판에 다다르니, 대판에서 내릴 선객들은 각기 제 행장을 수습하여 삼판[85]에 내려가느라고 분요[86]하나 옥련이는 행장도 없고 몸 하나뿐이라 혼자 가만히 앉았으니, 어린 소견에도 별생각이 다 난다.

"남은 제 집 찾아가건마는 나는 뉘 집으로 가는 길인고. 남들은 일이 있어서 대판에 오는 길이어니와 나 혼자 일없이 타국에 가는 사람이라. 편지 한 장을 품에 끼고 가는 집이 뉘 집인고. 이 편지 볼 사람은 어떠한 사람이며, 이내 몸 위하여 줄 사람은 어떠한 사람인가. 딸을 삼거든 딸 노릇 하고, 종을 삼거든 종노릇하고, 고생을 시키거든 고생도 참을 것이요, 공부를 시키거든 일시라도 놀지 않고 공부만 하여 볼까."

이런 생각 저런 생각, 생각만 하느라고 시름없이 앉았더니, 평양서부터

---

[83] 구화(媾和): 싸우던 두 나라가 싸움이 그치고 평화로운 상태가 됨.
[84] 만리창해(萬里滄海): 끝없이 넓은 바다.
[85] 삼판(三板): 항구 안에서 사람이나 짐을 실어 나르는 중국식의 작은 돛단배.
[86] 분요(紛擾): 어수선하고 소란함.

동행하던 병정이 옥련이를 부르는데 말을 서로 알아듣지 못하는 고로 눈치로 알아듣고 따라 내려가니, 그 병대[87]는 평양 싸움에 오른편 다리에 총을 맞고 옥련이와 같이 야전병원(野戰病院)에서 치료하던 사람인데, 철환이 신경맥을 상한 고로 치료한 후에 그 다리가 불인[88]하여 몽둥이에 의지하여 겨우 걸어 다니는지라. 그 병대는 앞에 서서 내려가는데, 옥련이가 뒤에 서서 보다가 하는 말이, 나도 다리에 총 맞았던 사람이라. 내가 만일 저 모양이 되었더라면 자결하여 죽는 것이 편하지 살아서 쓸데 있나, 하는 소리를 옥련의 말 알아듣는 사람이 없으니, 그런 말은 못 듣는 것이 좋건마는, 좋은 마디는 그뿐이라. 옥련이가 제일 답답한 것은 서로 말 모르는 것이라. 벙어리 심부름하듯[89] 옥련이가 병정 손짓하는 대로만 따라간다.

옥련의 눈에는 모두 처음 보는 것이라. 항구에는 배 돛대가 삼대 들어서듯[90] 하고, 저잣거리[91]에는 이층 삼층집이 구름 속에 들어간 듯하고, 지네같이 기어가는 기차는 입으로 연기를 확확 뿜으면서 배는 천동 지동하듯 구르며 풍우같이 달아난다. 넓고 곧은 길에 갔다왔다하는 인력거 바퀴 소리에 정신이 없는데, 병정이 인력거 둘을 불러서 저도 타고 옥련이도 태우니 그 인력거들이 살같이 가는지라. 옥련이가 길에서 아장아장 걸을 때에는 인해 중에 넘어질까 조심되어 아무 생각이 없더니, 인력거 위에 올라앉으매 새로이 생각만 난다.

"인력거야, 천천히 가고지고. 이 길만 다 가면 남의 집에 들어가서 밥도 얻어먹고 옷도 얻어 입고, 마음도 불안하고 몸도 불편할 터이로구나. 인력

---

[87] 병대(兵隊): 병정(兵丁).
[88] 불인(不仁): 몸의 어느 한 부분이 마비되어 움직이기가 거북함.
[89] 벙어리 심부름하듯: 말없이 남의 눈치만 살펴 가면서 행동하는 경우를 비유적으로 이르는 말.
[90] 삼대 들어서듯: 곧고 긴 물건이 빽빽이 모여 선 모양을 비유적으로 이르는 말. '삼대'는 삼의 줄기.
[91] 저잣거리: 가게가 죽 늘어서 있는 거리. 저자는 '시장(市場)'을 예스럽게 이르는 말.

거야, 어서 바삐 가고지고. 궁금하고 알고자 하는 일은 어서 바삐 눈으로 보아야 시원하다. 가품 좋고 인정 있는 사람인지, 집안에서 찬 기운 나고 사람에게서 독기가 똑똑 떨어지는 집이나 아닌지. 내 운수가 좋으려면 그 집 인심이 좋으련마는 조실부모하고 만리타국에 유리[92]하는 내 운수에……."

그러한 생각에 눈물이 비 오듯 하며 흑흑 느끼며 우는데 인력거는 벌써 정상 군의 집 앞에 와서 내려놓는데, 옥련이가 인력거 그치는 것을 보고 이것이 정상 군의 집인가 짐작하고 조심되는 마음에 작은 몸이 더욱 작아진 듯하다.

슬픈 생각도 한가할 때를 타서 나는 것이라. 눈물이 뚝 그치고 아니 나온다. 옥련이가 눈을 이리 씻고 저리 씻고 부산히 씻는 중에 앞에 섰던 인력거꾼이 무슨 소리를 지르매 계집종이 나와서 문간방에 꿇어앉아서 공손히 말을 물으니 병정이 두어 말 하매 종이 안으로 들어가더니 다시 나와서 병정더러 들어오라 하니, 병정이 옥련이를 데리고 정상 군의 집 안으로 들어갔다.

병정은 정상 부인을 대하여 군의 소식을 전하고 옥련의 사기를 말하고 전지(戰地)의 소경력[93]을 이야기하는데, 옥련이는 정상 부인의 눈치만 본다.

부인의 나이는 삼십이 될락말락하니 옥련의 모친과 정동갑[94]이나 아닌지, 연기[95]는 옥련의 모친과 그렇게 같으나 생긴 모양은 옥련의 모친과 반대만 되었다. 옥련의 모친은 눈에 애교가 있더라. 정상 부인은 눈에 살기만 들었더라. 옥련의 모친은 얼굴이 희고 도화색을 띠었더니 정상 부인의 얼굴이 희기는 희나 청기[96]가 돈다. 얌전도 하고 쌀쌀도 한데, 군의 편지

---

[92] 유리(流離): 정처 없이 떠돎.
[93] 소경력(所經歷): 겪은 바.
[94] 정동갑(正同甲): 나이가 꼭 같음.
[95] 연기(年紀): '나이'를 달리 이르는 말.
[96] 청기(靑氣): 푸른 기운.

를 받아 보면서 옥련이를 흘끔흘끔 보다가 병정더러 무슨 말도 하는 것은 옥련의 마음에는 모두 내 말 하거니 하고 단정히 앉았는데 병정은 할 말 다 하였는지 작별하고 나가고, 옥련이만 정상 군의의 집에 혼자 떨어져 있으니 옥련이가 새로이 생소하고 비편[97]한 마음뿐이라.

(정상부인) "이애 설자야, 나는 딸 하나 났다."

(설자) "아씨께서 자녀간에 없이 고적[98]하게 지내시더니 따님이 생겼으니 얼마나 좋으십니까. 그러나 오늘 낳으신 아기가 대단히 숙성하오이다."

(정) "설자야, 네가 옥련이를 말도 가르치고 언문[假名]도 잘 가르쳐 주어라. 말을 알아듣거든 하루바삐 학교에 보내겠다."

(설자) "내가 작은아씨를 가르칠 자격이 되면 이 댁에 와서 종노릇을 하고 있겠습니까."

(정) "너더러 어려운 것을 가르쳐 주라 하는 것이 아니다. 심상소학교[99] 일년급 독본이나 가르쳐 주라는 말이다. 네 동생같이 알고 잘 가르쳐 다고. 말을 능통히 알기 전에는 집에서 네가 교사노릇 하여라. 선생 겸 종 겸 어렵겠다. 월급이나 많이 받으려무나."

(설자) "월급은 더 바라지 아니하거니와 연희장(演戲場) 구경이나 자주 시켜 주시면 좋겠습니다."

(정) "설자야, 우리 옥련이 데리고 잡점에 가서 옥련에게 맞는 부인 양복이나 사서 가지고 목욕집에 가서 목욕이나 시키고 조선 복색을 벗기고 양복이나 입혀 보자."

정상 부인은 옥련이를 그렇게 귀애하나 말 못 알아듣는 옥련이는 정상 부인의 쓸쓸한 모양에 축기[100]가 되어 고역 치르듯 따라다닌다.

말 못 하는 개도 사람이 귀애하는 것을 알거든, 하물며 사람이야. 아무

---

[97] 비편(非便): 순조롭지 아니하거나 편하지 않음.
[98] 고적(孤寂): 외롭고 적적함.
[99] 심상소학교(尋常小學校): 일제 강점기에, 초등 교육을 행하던 학교.
[100] 축기(縮氣): 기운이 움츠러지는 것. 저기(沮氣).

리 어린아이기로 저를 사랑하는 눈치를 모를 리가 없는 고로 수일이 못 되어 옥련이가 옹그리고 자던 잠이 다리를 쭉 뻗고 잔다.

정상 부인이 갈수록 옥련이를 귀애하고 옥련이는 날이 갈수록 정상 부인에게 따른다.

옥련의 총명재질은 조선 역사에는 그러한 여자가 있다고 전한 일은 없으니, 조선 여편네는 안방구석에 가두고 아무것도 가르치지 아니하였은즉, 옥련이 같은 총명이 있더라도 세상에서 몰랐든지, 이렇든지 저렇든지 옥련이는 조선 여편네에게는 비할 곳 없더라.

옥련의 재질은 누가 듣든지 거짓말이라 하고 참말로는 듣지 아니한다. 일본 간 지 반 년이 못 되어 일본말을 어찌 그렇게 잘하던지, 정상 군의 집에 와서 보는 사람들이 옥련이를 일본 아이로 보고 조선 아이로는 보지를 아니한다. 정상 부인이 옥련이를 가르치며 저 아이가 조선 아이인데 조선서 온 지가 반년밖에 아니 된다 하는 말은 옥련이를 자랑코자 하여 하는 말이나, 듣는 사람은 정상 부인의 농담으로 듣다가 설자에게 자세한 말을 듣고 혀를 홰홰 내두르면서 칭찬하는 소리에 옥련이도 흥이 날 만하겠더라.

호외(號外), 호외, 호외라고 소리를 지르며 대판 저자 큰길로 달음박질하여 돌아다니는 사람들이 둘씩 셋씩 지나가니 옥련이가 학교에 갔다 오는 길에 문을 열고 들어오면서,

"여보, 어머니 저것이 무슨 소리요?"

(부인) "네가 온갖 것을 다 알아듣더니 호외는 모르는구나. 그러나 무슨 큰일이 있는지 한 장 사 보자. 이애 설자야, 호외 한 장 사 오너라."

(설자) "네, 지금 가서 사 오겠습니다."

하면서 급히 나가니 옥련이가 달음박질하여 따라 나가면서, 이애 설자야, 그 호외를 내가 사 오겠으니 돈을 이리 달라 하니, 설자가 웃으면서 하는 말이 누구든지 먼저 가는 사람이 호외를 산다 하고 달아나니 설자는 다리가 길고 옥련이는 다리가 짧은지라, 설자가 먼저 가서 호외 한 장을 사 가

지고 오는 것을 옥련이가 붙들고 호외를 달라 하여 기어코 빼앗아 가지고 와서 하는 말이,

"어머니 이 호외를 보고 나 좀 가르쳐 주오."

정상 부인이 웃으며 받아 보니 『대판매일신문』 호외라. 한 줄쯤 보고 깜짝 놀라더니 서너 줄쯤 보고 에그 소리를 하면서 호외를 던지고 아무 소리 없이 눈물이 비 오듯 한다.

(옥련) "어머니, 어찌하여 호외를 보고 울으시오. 어머니 어머니……."

부인은 대답 없이 눈물만 흘리니, 옥련이가 설자를 부르면서 눈에 눈물이 가랑가랑하니, 설자는 방문 밖에 앉았다가 부인의 낙루하는 것은 못 보고 옥련의 눈만 보고 하는 말이, "작은아씨가 울기는 왜 울어. 갓 낳은 어린아이와 같이."

(옥) "설자야, 사람 조롱 말고 들어와서 호외 좀 보고 가르쳐다고. 어머니께서 호외를 보고 울으시니 호외에 무슨 말이 있는지 왜 울으시는지 자세히 보아라. 어서 어서."

(설) "아씨, 호외에 무슨 일이 있습니까. 아씨께서만 보셨으면 좀 보겠습니다."

설자가 호외를 들고 보다가 쌩긋 웃더니 그 아래는 자세히 보지 아니하고 하는 말이,

"아씨, 이것 좀 보십시오. 요동반도[101]가 함락이 되었습니다. 아씨, 우리 일본은 싸움할 적마다 이기니 좋지 아니하옵니까. 에그, 우리나라 군사가 이렇게 많이 죽었나. 아씨, 이를 어찌하나. 우리 댁 영감께서 놀아가셨네. 만국공법(萬國公法)[102]에, 전시에서 적십자기(赤十字旗) 세운 데는 위태치 아니하다더니 영감께서는 군의시언마는 돌아가셨으니 웬일이오니까."

---

[101] 요동반도(遼東半島): 중국 랴오닝 성(遼寧省)의 남해안에서 남서 방향으로 튀어나온 반도. 톈산 산맥(天山山脈)이 등성마루를 이루며, 해안선의 굴곡이 심하다. 다롄(大連), 뤼순(旅順) 등의 항구가 있다.
[102] 만국공법(萬國公法): '국제법'의 전 용어.

(옥) "무엇, 아버지가 돌아가셨어……."

옥련이는 소리쳐 울고 부인은 소리 없이 눈물만 떨어지고 설자는 부인을 쳐다보며 비죽비죽 우니 온 집안이 울음 빛이다.

호외 한 장이 왼 집안의 화기를 끊어 버렸더라. 정상 군의는 인간의 다시 오지 못하는 길을 가고, 정상 부인은 찬 베개 빈방에서 적적히 세월을 보내더라.

조선 풍속 같으면 청상과부가 시집가지 아니하는 것을 가장 잘난 일로 알고 일평생을 근심 중으로 지내나, 그러한 도덕상의 죄가 되는 악한 풍속은 문명한 나라에는 없는 고로, 젊어서 과부가 되면 시집가는 것은 천하만국에 부끄러운 일이 아니라. 정상 부인이 어진 남편을 얻어 시집을 간다.

(부인) "이애 옥련아, 내가 젊은 터에 평생을 혼자 살 수 없고 시집을 가려 하는데 너를 거두어 줄 사람이 없으니 그것이 불쌍한 일이로구나……."

옥련의 마음에는 정상 부인이 시집가는 곳에 부인을 따라가고 싶으나 부인이 데리고 가지 아니할 말을 하니, 옥련이는 새로이 평양성 밖 모란봉 아래서 부모를 잃고 발을 구르며 울던 때 마음이 별안간에 다시 난다. 옥련이가 부인의 무릎 위에 푹 엎디며 목이 메어 하는 말이,

"어머니, 어머니가 가시면 나는 누구를 믿고 사나."

(부인) "오냐, 나는 죽은 셈만 치려무나."

(옥련) "어머니 죽으면 나도 같이 죽지."

그 소리 한마디에 부인 가슴이 답답하여 무슨 생각을 하고 있더라. 그때 부인이 중매더러 말하기를, 내 한 몸뿐이라 하였는데, 남편 될 사람도 그리 알고 있으니 이제 새로이 딸 하나 있다 하기도 어렵고, 옥련이가 따르는 모양을 보니 차마 떼치기도 어려운 마음이 생긴다.

(부인) "이애 옥련아, 울지 말아라. 내가 시집가지 아니하면 그만이로구나. 내가 이 집에서, 네 공부나 시키고 있다가 십 년 후에는 내가 네게 의지하겠으니 공부나 잘하여라."

(옥) "어머니가 참 시집 아니 가고 집에 있어서 날 공부시켜 주시겠소?"
　(부인) "오냐, 염려 말아라. 어린아이더러 거짓말하겠느냐."
　옥련이가 그 말을 듣고 기쁜 마음을 이기지 못하여 여인의 무릎 위에 앉아서 뺨을 대고 어리광을 하더라.
　그 후로부터 옥련이가 부인에게 따르는 마음이 더욱 간절하여 학교에 가면 집에 돌아오고 싶은 마음만 있다가 하학시간이 되면 달음박질하여 집에 와서 부인에게 안겨서 어리광만 한다. 그 어리광이 며칠 못 되어 눈치꾸러기[103]가 된다.
　부인이 처음에는 옥련이의 어리광을 잘 받더니, 무슨 까닭인지 옥련이가 어리광을 피면 핀잔만 주고 찬 기운이 돈다. 날이 갈수록 옥련이가 고생길로 들고 근심 중으로 지낸다.
　본래 부인이 시집가려 할 때에 옥련의 사정이 불쌍하여 중지하였으나 젊은 부인이 공방[104]에서 고적한 마음이 있을 때마다 옥련이가 미운 마음이 생긴다. 어디서 얻어 온 자식 말고 제 속으로 나온 자식일지라도 귀치 아니한 생각이 날로 더하는 모양이다.
　옥련이가 부인에게 귀염 받을 때에는 문 밖에 나가기를 싫어하더니, 부인에게 미움 받기 시작하더니 문 밖에 나가며 들어오기를 싫어하더라.
　부인이 옥련이를 귀애할 때에는 옥련이가 어디 가서 늦게 오면 문에 의지하여 기다리더니, 옥련이를 미워하는 마음이 생기더니 옥련이가 오는 것을 보면,
　"에그, 지 원수의 것이 무슨 연분이 있어서 내 집에 왔나!"
하면서 눈살을 아드득 찌푸리더라.
　옥련이가 앉아도 그 눈살 밑, 서도 그 눈살 밑, 밥을 먹어도 그 눈살 밑, 잠을 자도 그 눈살 밑, 눈살 밑에서 자라나는 옥련이가 눈치만 늘고 눈물

---

[103] 눈치꾸러기: 남의 눈치를 지나치게 잘 살피는 사람.
[104] 공방(空房): 오랫동안 남편 없이 아내 혼자서 거처하는 방.

만 흔하더라. 하루가 삼추 같은[105] 그 세월이 삼 년이 되었는데, 옥련이는 심상소학교 입학한 지 사 년이라. 옥련의 졸업식을 당하여 학교에서 옥련이가 우등생이 된 고로 사람마다 칭찬하는 소리가 옥련의 귀에는 조금도 기뻐 들리지 아니한다. 기뻐 들리지 아니할 뿐 아니라 귀가 아프고 듣기 싫더라.

듣기 싫은 중에 더구나 듣기 싫은 소리가 있으니 무슨 소리런가.

"저 아이는 정상 군의의 양녀지. 군의는 요동반도 함락될 때에 죽었다지. 그 부인은 그 양녀 옥련이를 불쌍히 여겨서 시집도 아니 가고 있다지. 에그, 갸륵한 부인일세. 저 철없는 옥련이가 그 은혜를 다 아는지. 알기는 무엇을 알아. 남의 자식이라는 것이 쓸데없나니 참 갸륵한 일일세. 정상 부인이 남의 자식을 길러 공부를 시키려고 젊은 터에 시집을 아니 가고 있으니 드문 일이지."

졸업식에 모인 사람들이 옥련이 재조 있는 것을 추다가[106] 옥련의 의모[107] 되는 부인의 칭찬을 시작하더니, 받고차기[108]로 말이 끊어지지 아니하니, 옥련이는 그 소리를 들을 적마다 남모르는 설움이 생기더라.

옥련이가 집에 돌아와서 문 열고 들어오면서,

"어머니, 나는 졸업장 맡았소."

(부인) "이제는 공부 다 하였으니 어미를 먹여 살려라. 공부를 네가 한 듯하나 내가 시키지 아니하였으면 공부가 다 무엇이냐. 네가 조선서 자랐으면 곧 공부하는 구경도 못 하였을 것이다. 네 운수 좋으려고 일청전쟁이 난 것이다. 네 운수 좋았으나 내 운수만 글렀다. 너 하나 공부시키려고 허구한 세월에 이 고생을 하고 있다."

---

[105] 삼추 같다: 기다리는 시간이 매우 지루하고 길다. '삼추(三秋)'는 세 해의 가을이라는 뜻으로, 3년의 세월을 이르는 말.
[106] 추다: 다른 사람의 기분을 맞추느라 훌륭하거나 뛰어나다고 말하다.
[107] 의모(義母): 낳지는 않았으나 길러 준 어머니. 수양모(收養母).
[108] 받고차기: 서로 말을 빨리 주고받는 일.

부인이 덕색[109]의 말이 퍼부어 나오니 옥련이가 고개를 숙이고 가만히 생각한즉, 겨우 소학교 졸업한 계집아이가 제 힘으로는 정상 부인을 공양할 수도 없고, 정상 부인의 힘을 또 입으면서 공부하기도 싫고 한 가지 생각만 난다. 이 세상을 얼른 버려 정상 부인의 눈에 보이지 말고 하루바삐 황천에 가서 난리 중에 죽은 부모를 만나리라 결심하고 천연한 모양으로 부인에게 좋은 말로 대답하고, 그날 밤에 물에 빠져 죽을 차로 대판 항구에로 나가다가 항구에 사람이 많은 고로 사람 없는 곳을 찾아간다.

어스름 달밤은 가깝게 있는 사람을 알아볼 만한데, 이리 가도 사람이 있고 저리로 가도 사람이라. 옥련이가 동으로 가다가 돌쳐서서[110] 서으로 향하다가 도로 돌쳐서서 머뭇머뭇하는 모양이 대단히 수상한지라.

등뒤에서 웬 사람이 '이애 이애' 부르는데, 돌아다본즉 순검이라. 옥련이가 소스라쳐 놀라 얼른 대답을 못 하니 순검이 더욱 의심이 나서 앞에 와서 말을 묻는다. 옥련이가 대답할 말이 없어서 억지로 꾸며 대답하되, 권공장(勸工場)[111]에 무엇을 사러 나왔다가 집을 잃고 찾아다닌다 하니, 순검이 다시 의심 없이 옥련의 집 통수를 묻더니 옥련이를 데리고 옥련이 집에 와서 정상 부인에게 옥련이가 집 잃었던 사기를 말하니, 부인이 순검에게 사례하여 작별하고 옥련이를 방으로 불러 앉히고 말을 묻는다.

(부인) "이애, 네가 무슨 일이 있어서 이 밤중에 항구에 나갔더냐. 미친 사람이 아니거든 동으로 가려다 서으로 가다 남으로 북으로 온 대판을 헤매더라 하니 무엇 하러 나갔더냐. 너 같은 딸 두었다가 망신하기 쉽겠다. 신문거리만 되겠다."

그러한 꾸지람을 눈이 빠지도록 듣고 있으나 옥련이는 한 번 정한 마음

---

[109] 덕색(德色): 남에게 은혜를 베푼 것을 자랑하는 말이나 태도.
[110] 돌쳐서다: '돌아서다'의 잘못.
[111] 권공장(勸工場): 메이지 20·30년대 번창했던 잡화점의 일종. 건물 내 통로 양쪽으로 여러 종류의 점포가 있어 화장품에서부터 문구, 의복 등 다양한 상품을 팔았기 때문에 백화점의 전신이라고도 불린다.

이 있는 고로 설움이 더할 것도 없고 내일 밤 되기만 기다린다.

그날 밤에 부인은 과부 설움으로 잠이 들지 못하여 누웠다가 일어나서 껐던 불을 다시 켜고 소설 한 권을 보다가 그 책을 놓고 우두커니 앉아서 무슨 생각을 하는 모양이라.

윗목에서 상직잠[112] 자던 노파가 벌떡 일어나더니 하는 말이,

"아씨, 왜 주무시다가 일어나셨습니까?"

(부인) "팔자 사납고 근심 많은 사람이 잠이 잘 오나."

(노파) "아씨께서 팔자 한탄하실 것이 무엇 있습니까. 지금도 좋은 도리를 하시면 좋아질 것이올시다. 이때까지 혼자 고생하신 것도 작은아씨 하나를 위하여 그리하신 것이 아니오니까?"

(부인) "글쎄 말일세. 남의 자식을 위하여 이 고생을 하고 있는 것이 내가 병신이지."

(노) "그러하거든 작은아씨가 아씨를 고마운 줄이나 알면 좋지마는, 고마워하기는 고사하고 아씨 보면 곁눈질만 살살 하고 아씨를 진저리를 내는 모양이올시다."

(부) "글쎄 말일세. 내가 저 하나를 위하여 가려 하던 시집도 아니 가고 삼 년, 사 년을 이 고생을 하고 있으니 아무리 어린것일지라도 나를 고마운 줄 알 터인데 고것 그리 발칙하게 구네그려. 오늘 밤 일로 말하더라도 이상한 일이 아닌가. 어린것이 이 밤중에 무엇 하러 항구에를 나갔단 말인가. 물에나 빠져 죽으려고 갔던지 모르겠지마는, 내가 제게 무엇을 그리 몹시 굴어서 제가 설운 마음이 있어 죽으려 하였단 말인가. 아무리 생각하여도 모를 일일세. 만일 죽고 보면 세상 사람들은 내가 구박이나 한 줄로 알겠지. 그런 못된 것이 있나."

(노) "죽기는 무엇을 죽어요. 죽을 터이면 남 못 보는 곳에 가서 죽지.

---

[112] 상직잠(上直—): 집안에 살면서 부녀의 시중을 드는 늙은 여자가 잠자리에서 시중을 들기 위해 주인 부녀와 함께 자는 잠.

이리 가다가 저리 가다가 대판 바닥을 다 다니다가 순검의 눈에 띄겠습니까. 아씨의 몹쓸 이름만 드러낼 마음으로 그러한 것이올시다. 아씨께서는 고생만 하시고 댁에 계셔도 쓸데없습니다. 아씨께서 가시려면 진작 가셔야지, 한 나이라도 젊으셨을 때에 가셔야 합니다. 할미는 나이 오십이 되고 머리가 희뜩희뜩하여 생각하면 어느 틈에 나이를 이렇게 먹었던지 세월같이 무정하고 덧없는 것은 없습니다."

(부) "남도 저렇게 늙었으니 낸들 아니 늙고 평생에 이 모양으로만 있겠나. 어디든지 내 몸 하나 가서 고생 아니 할 곳이 있으면 내일이라도 가고 모레라도 가겠다."

부인과 노파는 옥련이가 잠이 든 줄 알고 하는 말인지, 잠이 들었든지 아니 들었든지 말을 듣든지 말든지 관계없이 하는 말인지, 부인이 옥련이를 버리고 시집가기로 결심하고 하는 말이라.

옥련이는 그날 밤에 물에 빠져 죽으러 나갔다가 죽지도 못하고 순검에게 붙들려 들어와서 정상 부인 앞에서 잠을 자는데, 소리를 삼키고 눈물을 흘리다가 정신이 혼혼하여[113] 잠이 잠깐 들었는데 일몽[114]을 얻었더라.

옥련이가 죽으려고 평양 대동강으로 찾아 나가는데 걸음이 걸리지 아니하여 대동강이 보이면서 갈 수가 없어서 애를 무수히 쓰는데 홀연히 등 뒤에서 '옥련아 옥련아' 부르는 소리가 들리거늘 돌아다보니 옥련의 어머니라. 별로 반가운 줄도 모르고 하는 말이, '어머니는 어디로 가시오. 나는 오늘 물에 빠져 죽으러 나왔소' 하니, 옥련의 모친이 하는 말이 '이애 죽지 말아라, 너의 아버지께서 너 보고 싶다 하는 편지를 하셨너라' 하는 말끝을 마치지 못하여, 정상 부인의 앞에서 노파가 자다가 일어나면서,

"아씨 왜 주무시다가 일어났습니까?"

하는 소리에 옥련이가 잠이 깨었는데, 그 잠이 다시 들어서 그 꿈을 이어

---

[113] 혼혼(昏昏): 정신이 가물가물하고 희미하다.
[114] 일몽(一夢): 한 자리의 꿈.

꾸었으면 좋겠다 하는 생각을 하나 정상 부인과 노파가 받고차기로 옥련이 말만 하니, 정신이 번쩍 나고 잠이 다 달아나서 그 꿈을 이어 보지 못할지라.

불빛을 등지고 드러누웠는데, 귀에 들리나니 가슴 아픈 소리라. 노파는 부인의 마음 좋도록만 말하니, 부인은 하룻밤 내에 노파와 어찌 그리 정이 들었던지, 노파더러 하는 말이,

"여보게, 내가 어디로 가든지 자네는 데리고 갈 터이니 그리 알고 있으라."

하니 노파의 대답이,

"아씨께서 가실 것은 무엇 있습니까. 서방님이 이 댁에로 오시지요. 아씨는 시댁 간다 하지 말고 서방님이 장가오신다 합시오. 아씨께서 재물도 있고 이러한 좋은 집도 있으니, 서방님 되시는 이가 재물이 있든지 없든지 마음만 착하시면 좋겠습니다. 작은아씨는 어디로 쫓아 보내시면 그만이지요. 할미는 죽기 전에 아씨만 모시고 있겠으니 구박이나 맙시오."

부인이 할미더러 포도주 한 병을 가져오라 하면서 하는 말이,

"자네 말을 들으니 내 속이 시원하고 내 근심이 다 어디로 가는지 모르겠네. 내가 아무리 무정한들 자네 구박이야 하겠나. 술이나 먹고 잠이나 자세."

하더니 포도주 한 병을 둘이 다 따라 먹고 드러눕더니 부인과 노파가 잠이 깊이 드는 모양이더라. 자명종은 새로 세 시를 땅땅 치는데 노파의 코고는 소리는 반자[115]를 울린다. 옥련이가 일어나서 한참을 가만히 앉아서 노파의 드러누운 것을 흘겨보며 하는 말이,

"이 몹쓸 늙은 여우야, 사람을 몇이나 잡아먹고 이때까지 살았느냐. 나는 너 보기 싫어 급히 죽겠다. 너는 저 모양으로 백 년만 더 살아라."

하더니 다시 머리 들어 정상 부인을 보며 하는 말이,

---

[115] 반자: 지붕 밑이나 위층 바닥 밑을 편평하게 치장한 각 방의 천장.

"내 몸을 낳은 사람은 평양 아버지 평양 어머니요, 내 몸을 살려서 기른 사람은 정상 아버지와 대판 어머니라. 내 팔자 기박하여 난리 중에 부모 잃고, 내 운수불길하여 전쟁 중에 정상 아버지가 돌아가니, 어리고 약한 이내 몸이 만리타국에서 대판 어머니만 믿고 살았소. 내 몸이 어머니의 그러한 은혜를 입었는데, 내 몸을 인연하여 어머니 근심되고 어머니 고생되면 그것은 옥련의 죄올시다. 옥련이가 살아서는 어머니 은혜를 갚을 수가 없소. 하루바삐, 한시바삐, 바삐 바삐 죽었으면 어머니에게 걱정되지 아니하고 내 근심도 잊어 모르겠소. 어머니, 나는 가오. 부디 근심 말고 지내시오."
하면서 눈물이 비 오듯 하다가 한참 진정하여 일어나더니 문을 열고 나가니 가려는 길은 황천이라.

항구에 다다르니 넓고 깊은 바닷물은 하늘에 닿은 듯한데, 옥련이 가는 곳은 저 길이라. 옥련이가 그 물을 바라보고 하는 말이,

"오냐, 반갑다. 오던 길로 도로 가는구나. 일청전쟁이 일어났을 때에 그 전쟁은 우리 집에서 혼자 당한 듯이 내 부모는 죽은 곳도 모르고, 내 몸에는 총을 맞아 죽게 된 것을 정상 군의 손에 목숨이 도로 살아나서 어용선을 타고 저 바다로 건너왔구나. 오기는 물 위의 길로 왔거니와 가기는 물 속 길로 가리로다. 내 몸이 저 물에 빠지거든 이 물에서 썩지 말고 물결, 바람결에 몸이 둥둥 떠서 신호·마관[116] 지나가서 대마도 앞으로 조선 해협 바라보며 살같이 빨리 가서 진남포[117]로 들어가서 대동강 하류에서 역류하여 올라가면 평양 북문 볼 것이니 이 몸이 썩더라도 대동강에서 썩고 지고. 물아 부탁하자, 나는 너를 쫓아간다."

하는 소리에 바닷물은 대답하는 듯이 물소리가 솟아쳐서 천하가 다 물소리 속에 있는 것 같은지라. 옥련이가 정신이 아뜩하여 푹 고꾸라졌다. 설고 원통한 맺힌 마음에 기색[118]을 하였다가 그 기운이 조금 돌면서 그대로

---

[116] 신호·마관(神戶·馬關): '고베'·'시모노세키'를 우리 한자음으로 읽은 이름.
[117] 진남포(鎭南浦): 평안남도 남서부에 있는 항구 도시.

잠이 들어 또 꿈을 꾸었더라.

　뒤에서 '옥련아 옥련아' 부르는 소리만 들리고 사람은 보이지 아니하는데 옥련의 마음에는 옥련의 어머니라. '이애 죽지 말고 다시 한번 만나 보자' 하는 소리에 옥련이가 대답하려고 말을 냅뜨려[119] 한즉, 소리가 나오지 아니하여 애를 쓰다가 소리를 버럭 지르면서 옥련이가 정신이 나서 눈을 떠 보니 하늘의 별은 총총하고 물소리는 그윽한지라. 기색을 하였던지 잠이 들었던지 정신이 황홀하다. 옥련이가 다시 생각하되, '내가 오늘 밤에 꿈을 두 번이나 꾸었는데, 우리 어머니가 나더러 죽지 말라 하였으니, 우리 어머니가 살아 있는가' 의심이 나서 마음을 진정하여 고쳐 생각한다.

　"어머니가 이 세상에 살아 있어서 평생에 내 얼굴 한번 보고자 하는 마음으로 하늘이 감동되고 귀신이 돌아보아 내 꿈에 현몽하니[120] 내가 죽으면 부모에게 불효이라. 고생이 되더라도 참는 것이 옳은 일이요, 근심이 있더라도 잊어버리는 것이 옳은 일이라. 오냐, 일곱 살부터 지금까지 고생으로 살았으니 죽지 말고 살았다가 부모의 얼굴이나 한번 다시 보고 죽으리라."

하고 돌쳐서서 대판으로 다시 들어가니, 그때는 날이 새려 하는 때라. 걸음을 바삐 걸어 정상 군의 집 앞에 가서 들어가지 아니하고 가만히 들은즉 노파의 목소리가 들리는지라.

　(노파) "아씨 아씨, 작은아씨가 어디 갔습니까?"

　(부인) "응 무엇이야, 나는 한잠에 내처 자고 이제야 깨었네. 옥련이가 어디로 가. 뒷간에 갔는지 불러 보게."

　(노) "내가 지금 뒷간에 다녀오는 길이올시다. 안으로 걸었던 대문이 열렸으니, 밖으로 나간 것이올시다."

---

[118] 기색(氣塞): 어떠한 원인으로 기의 소통이 원활하지 못하고 막힘. 또는 그런 상태.
[119] 냅뜨다: 말을 큰 소리로 불쑥 하다.
[120] 현몽(現夢): 죽은 사람이나 신령이 꿈에 나타나다.

하는 소리에 옥련이가 들어갈 수 없어서 도로 돌쳐서니 갈 곳이 없는지라.

정한 마음 없이 정거장으로 나가니, 그때 일번(一番) 기차에 떠나려 하는 행인들이 정거장으로 모여드는지라. 옥련의 마음에 동경이나 가고 싶으나 동경까지 갈 기차표 살 돈은 없고 다만 이십 전이 있는지라. 옥련이가 대판만 떠나서 어디든지 가면 남의 집에 봉공(奉公)하고 있으리라 결심하고 자목[121] 정거장까지 가는 기차표를 사서 일번 기차를 타니, 삼등차에 사람이 너무 많이 들어서 옥련이가 앉을 곳을 얻지 못하고 섰는데 등 뒤에서 웬 서생이 조선말로 혼자 중얼중얼하는 말이,

"웬 계집아이가 남의 앞에 와 섰다."

하는 소리에 옥련이가 돌아다보니 나이 열칠팔 세 되고 얼굴은 볕에 걸어서[122] 익은 복숭아 같고 코는 우뚝 서고 눈은 만판[123] 정신기[124] 있는데, 입기는 양복을 입었으나 양복은 처음 입은 사람같이 서툴러 보이는지라. 옥련이가 돌아다보는 것을 보더니 또 조선말로 혼자 하는 말이,

"그 계집아이 똑똑하다. 재주 있겠다. 우리나라 계집아이 같으면 저러한 것들이 판판이 놀겠지. 여기서는 저런 것들도 모두 공부를 한다 하니 저것은 무엇 하는 계집아이인지."

그러한 소리를 곁의 사람이 아무도 못 알아들으나 옥련의 귀는 알아들을 뿐이 아니라, 대판 온 지 몇 해 만에 고국 말소리를 처음 듣는지라. 반갑기가 측량 없으나, 계집아이 마음이라 먼저 말하기도 부끄러운 생각이 있어서 말을 못 하고, 옥련이도 혼잣말로 서생의 귀에 들리도록 하는 말이,

"어디 기 좀 앉을 곳이 있어야지, 서서 갈 수가 있나."

하는 소리에, 뒤에 있던 서생이 이상히 여겨서 하는 말이,

"그 아이가 조선 사람인가, 나는 일본 계집아이로 보았더니 조선말을

---

[121] 자목(茨木): '이바라기'를 우리 한자음으로 읽은 이름. 오사카(大板)의 위성도시.
[122] 걸다: 불, 볕, 바람 따위에 거칠어지고 빛이 짙어지다.
[123] 만판: 마음껏 흡족하고 충분하게. 마냥.
[124] 정신기(精神氣): 정신의 기운.

하네."

하더니 서슴지 아니하고 말을 묻는다.

"이애, 네가 조선 사람이 아니냐?"

(옥련) "네, 조선 사람이오."

(서) "그러면 몇 살에 와서 몇 해가 되었느냐?"

(옥) "일곱 살에 와서 지금 열한 살이 되었소."

(서) "와서 무엇 하였느냐?"

(옥) "심상소학교에서 공부하고 어제가 졸업식 하던 날이오."

(서) "너는 나보다 낫구나. 나는 이제 공부하러 미국으로 가려 하는데, 말도 다르고 글도 다른 미국을 가면 글자 한 자 모르고 말 한 마디 모르는 사람이 어찌 고생을 할는지. 너는 일본에 온 지가 사오 년이 되었다 하니 이제는 고생을 다 면하였겠구나. 어린아이가 공부하러 여기까지 왔으니 참 갸륵한 노릇이다."

(옥련) "당초에 여기 올 때에 공부할 마음으로 왔으면 칭찬을 들어도 부끄럽지 아니하겠으나, 운수 불행하여 고생길로 여기까지 왔으니 칭찬을 들어도······."

하면서 목이 메는 소리로 눈에 눈물이 가랑가랑하여 고개를 살짝 수그린다.

서생이 물끄러미 보고 서로 아무 말이 없는데, 정거장 호각 한 소리에 기차 화통에서 흑운 같은 연기를 훅훅 내뿜으면서 기차가 달아난다.

옥련의 마음에 자목 정거장에 가면 내려야 할 터인데, 어떠한 집에 가서 어떠한 고생을 할지 앞의 길이 망연한지라.

옥련이가 가고자 하는 길을 갈 지경이면 자목 가는 동안이 대단히 더딘 듯하련마는, 기차표대로 자목 외에는 더 갈 수 없는 고로 싫어도 내릴 곳이라. 형세 좋게 달아나는 기차의 서슬은 오늘 해 전에 하늘 밑까지 갈 듯한데, 자목 정거장이 멀지 아니하다.

(서생) "이애, 네가 어디까지 가는지 서서 가면 다리가 아파 가겠느냐?"

(옥련) "자목까지 가서 내릴 터이오."

(서) "자목에 아는 사람이 있느냐."

(옥) "없어요."

(서) "그러면 자목은 왜 가느냐?"

옥련이가 수건으로 눈을 씻고 대답을 아니 하는데, 서생이 말을 더 묻고 싶으나 곁의 사람들이 옥련이와 서생을 유심히 보는지라, 서생이 새로이 시치미를 떼고 창 밖으로 머리를 두르고 먼 산을 바라보나 정신은 옥련의 눈물나는 눈에만 있더라.

빠르던 기차가 차차 천천히 가다가 딱 멈추면서 반동되어 뒤로 물러나니 섰던 옥련이가 넘어지며 손으로 서생의 다리를 짚으니, 공교히[125] 서생 다리의 신경맥을 짚은지라. 그때 서생은 창 밖만 보고 앉았다가 입을 딱 벌리면서 깜짝 놀라 돌아다보니 옥련이가 무심중에 일본말로 실례이라 하나, 그 서생은 일본말을 모르는 고로 알아듣지 못하나 외양으로 가엾어 하는 줄로 알고 그 대답은 없이 좋은 얼굴빛으로 딴말을 한다.

(서) "네 오는 곳이 이 정거장이냐?"

하던 차에 장거수[126]가 돌아다니면서 '자목 자목, 자목 자목, 자목 자목'이라 소리를 지르며 문을 여니, 옥련이는 어린 몸에 일본 풍속에 젖은 아이라 서생에게 향하여 허리를 굽히며 또 일본말로 작별인사하면서 기차에 내려가니, 구름같이 내려가는 행인 중에 나막신 소리뿐이라. 서생은 정신이 얼떨한데, 옥련이 가는 모양을 보고자 하여 창 밖으로 내다보니 사람에 섞이어서 보이지 아니하는지라. 서생이 가방을 들고 옥련이를 쫓아 나가다가 정거장 나가는 어귀에서 만난지라. 옥련이가 이상히 보면서 말없이 나가니 서생도 또한 아무 말 없이 따라 나가더라.

옥련이가 정거장 밖으로 나가더니 갈 바를 알지 못하여 우두커니 섰거늘, 벌어먹기에 눈에 돈 동록이 앉은[127] 인력거꾼은 옥련의 뒤를 따라가며

---

[125] 공교(工巧)하다: 상황이 생각지 않게 일어나 뜻밖으로 느껴지는 상태에 있다.
[126] 장거수(掌車手): 차장.

인력거를 타라 하나 돈 없고 갈 곳 모르는 옥련이는 거들떠보지도 아니하고 섰다.

(서생) "이애, 내가 네게 청할 일이 있다. 나는 일본에 처음으로 오는 사람이라 네게 물어 볼 일이 있으니, 주막으로 잠깐 들어갔으면 좋겠으니 네 생각에 어떠하냐."

(옥) "그러면 저기 여인숙(旅人宿)이 있으니 잠깐 들어가서 할 말을 하시오."

하면서 앞서 가니, 자목에 처음 오기는 서생이나 옥련이나 일반이언마는, 옥련이는 자목에 몇 번이나 와서 본 사람과 같이 익달[128]한 모양으로 여인숙으로 들어가더라.

여인숙 하인이 삼층집 제일 높은 방으로 인도하고 내려가니, 서생은 모두 처음 보는 것이라. 정신이 황홀하여 옥련이 만난 것을 다행히 여긴다.

"이애, 내가 여기만 와도 이렇듯 답답하니 미국에 가면 오죽하겠느냐. 너는 타국에 와서 오래 있었으니 별 물정 다 알겠구나. 우선 네게 좀 배울 것도 많거니와, 만리타국에서 뜻밖에 만났으니 서로 있는 곳이나 알고 헤지자. 나는 공부하고자 하는 마음으로 부모도 모르게 미국에 갈 차로 나섰더니, 불과 여기를 와서 이렇듯 답답한 생각만 나니 어찌하면 좋을지 모르겠다."

하는 소리에 옥련이는 심상한 고국 사람을 만난 것 같지 아니하고 친부모나 친형제나 만난 것 같다.

모란봉 아래서 발을 구르고 울던 일부터 대판 항구에서 물에 빠져 죽으려던 일까지 낱낱이 말한다.

(서생) "그러면 우리 둘이 미국으로 건너가서 공부나 하고 있다가 너의

---

[127] 눈에 돈 동록이 앉다: 돈에 집착하는 모양을 이르는 말. 동록(銅綠)은 구리 표면에 생기는 푸른빛의 물질. 독이 있음. 동청(銅靑).
[128] 익달: 여러 번 겪거나 손에 익어서 매우 능숙하게 됨.

부모 소식을 듣거든 네 먼저 고국으로 가게 하여 주마."

(옥련) "……."

(서생) "오냐, 학비는 염려 말아라. 우리들이 나라의 백성 되었다가 공부도 못 하고 야만을 면치 못하면 살아서 쓸데 있느냐. 너는 일청전쟁을 너 혼자 당한 듯이 알고 있나 보다마는, 우리나라 사람이 누가 당하지 아니한 일이냐. 제 곳에 아니 나고 제 눈에 못 보았다고 태평성세로 아는 사람들은 밥벌레라. 사람이 밥벌레가 되어 세상을 모르고 지내면 몇 해 후에는 우리나라에서 일청전쟁 같은 난리를 또 당할 것이라. 하루바삐 공부하여 우리나라의 부인 교육은 네가 맡아 문명 길을 열어 주어라."
하는 소리에 옥련의 첩첩한 근심이 씻은 듯이 다 없어졌는지라.

그 길로 횡빈[129]까지 가서 배를 타니, 태평양 넓은 물에 마름[130]같이 떠서 화살같이 밤낮없이 달아나는 화륜선이 삼 주일 만에 상항[131]에 이르러 닻을 주니 이곳부터 미국이라. 조선서 낮이 되면 미국에는 밤이 되고 미국에서 밤이 되면 조선서는 낮이 되어 주야가 상반되는 별천지라. 산도 설고 물도 설고 사람도 처음 보는 인물이라. 키 크고 코 높고 노랑머리 흰 살빛에, 그 사람들이 도덕심이 배가 툭 처지도록 들었더라도 옥련의 눈에는 무섭게만 보인다. 서생과 옥련이가 육지에 내려서 갈 바를 알지 못하여 공론이 부산하다.

(서) "이애 옥련아, 네가 영어를 할 줄 아느냐. 조금도 모르느냐. 한마디도……. 그러면 참 딱한 일이로구나. 어디인지 물어 볼 수가 없구나."

---

[129] 횡빈(橫浜): '요코하마'를 우리 한자음으로 읽은 이름. 일본 가나가와 현(神奈川縣)의 현청소재지이며 항구도시.

[130] 마름: 마름과의 한해살이 풀. 진흙 속에 뿌리를 박고, 줄기는 물속에서 가늘고 길게 자라 물위로 나오며 깃털 모양의 물뿌리가 있다. 잎은 줄기 꼭대기에 뭉쳐나고 삼각형이며, 잎자루에 공기가 들어 있는 불룩한 부낭(浮囊)이 있어서 물위에 뜬다. 여름에 흰 꽃이 피고 열매는 핵과(核果)로 식용한다.

[131] 상항(桑港): '샌프란시스코'의 음역어.

사오 층 되는 높은 집은 구름 속 하늘 밑에 닿은 듯한데, 물 끓듯 하는 사람들이 돌아들고 돌아나는 모양은 주막집 같은 곳도 많이 보이나 언어를 통치 못하는 고로 어린 서생들이 어찌하면 좋을지 알지 못하여 옥련이가 지향 없이 사람을 대하여 일어로 무슨 말을 물으니 서생의 마음에는 옥련이가 영어를 조금 알면서 겸사로 모른다 한 줄로 알고 알아듣지도 못하는 소리를 바짝 들어서서 듣는다. 옥련의 키로 둘을 포개 세워도 치어다볼 듯한 키 큰 부인이 얼굴에는 새그물 같은 것을 쓰고 무 밑동 같이 깨끗한 어린아이를 앞세우고 지나가다가 옥련의 말하는 소리 듣고 무엇이라 대답하는지, 서생과 옥련의 귀에는 '바바······' 하는 소리 같고 말하는 소리 같지는 아니한지라. 그 부인이 뒤의 프록코트 입은 남자를 돌아보면서 또 '바바바······' 하니, 그 남자는 청국 말을 하는 양인이라. 청국 말로 무슨 말을 하는데, 서생과 옥련의 귀에는 또 '바' 하는 소리 같고 말소리 같지 아니하다.

서생은 옥련이가 그 말을 알아들은 줄로 알고,

(서생) "이애, 그것이 무슨 말이냐?"

(옥) "······."

(서) "그 남자의 말도 못 알아들었느냐······."

그렇듯 곤란하던 차에 청인 노동자 한패가 지나거늘 서생이 쫓아가서 필담[132]하기를 청하니, 그 노동자 중에는 한문자 아는 사람이 없는지 손으로 눈을 가리더니 그 손을 다시 들어 홰홰 내젓는 모양이 무식하여 글자를 못 알아본다 하는 눈치라.

그때 마침 어떠한 청인이 햇빛에 윤이 질 흐르고 흐르는 비단옷을 입고 마차를 타고 풍우같이 달려가는데, 서생이 그 청인을 가리키며 옥련이더러 하는 말이, '저러한 청인은 무식할 리가 만무하다' 하면서 소리를 버럭 지

---

[132] 필담(筆談): (어떤 사람이 다른 사람과) 서로 말이 통하지 않거나 입으로 말을 할 수 없는 경우에, 글을 써 가며 의견이나 생각을 주고받는 것.

르니, 마차 탄 사람은 그 소리를 들었으나 차 매고 달아나는 말은 그 소리를 듣고 아니 듣고 간에 네 굽을 모아 달아나는데 서생의 소리가 다시 마차에 들릴 수 없는지라. 마차 탄 청인이 차부[133]더러 마차를 멈추라 하더니 선뜻 뛰어내려서 서생의 앞으로 향하여 오니 서생이 연필을 가지고 무엇을 쓰려 하는데, 청인이 옥련이 옷을 본즉 일복이라, 일본 사람으로 알고 옥련에게 향하여 일어로 말을 물으니, 옥련이가 기쁜 마음을 이기지 못하여 청인 앞으로 와서 말대답을 하는데 서생은 연필을 멈추고 섰더라.

원래 그 청인은 일본에 잠시 유람한 사람이라, 일본말을 한두 마디 알아들으나 장황한 수작은 못 하는지라. 옥련이가 첩첩한 말이 나올수록 그 청인의 귀에는 점점 알아들을 수 없고 다만 조선 사람이라 하는 소리만 알아들은지라.

청인이 다시 서생을 향하여 필담으로 대강 사정을 듣고 명함 한 장을 내더니 어떠한 청인에게 부탁하는 말 몇 마디를 써서 주는데, 그 명함을 본즉 청국 개혁당의 유명한 강유위[134]라. 그 명함을 전할 곳은 일어도 잘하는 청인인데, 다년 상항에 있던 사람이라. 그 사람의 주선으로 서생과 옥련이가 미국 화성돈[135]에 가서 청인 학도들과 같이 학교에 들어가서 공부를 하고 있더라.

옥련이가 미국 화성돈에 다섯 해를 있어서 하루도 학교에 아니 가는 날이 없이 다니며 공부를 하는데, 재주 있고 부지런한 사람으로, 그 학교 여학생 중에는 제일 칭찬을 듣는지라.

그때 옥린이가 고등소학교에서 졸업 우등생으로 옥련의 이름과 옥련의

---

[133] 차부(車夫): 마차·달구지 등을 부리는 사람.
[134] 강유위(康有爲): 중국의 학자(1858.3.19~1927.3.31). 1898년의 개혁운동 지도자이다. 근대 중국의 사상적 발전에서 중요한 역할을 했다. 청조 말기와 중화민국 초기에 그는 중국의 도덕적 타락과 무분별한 서구화를 막아낼 정신적 지주로서 유교를 널리 전파시키고자 했다.
[135] 화성돈(華盛頓): 미국 '워싱턴'의 음역어.

사적이 화성돈 신문에 났는데, 그 신문을 보고 이상히 기뻐하는 사람 하나가 있는데, 어찌 그렇게 기쁘던지 부지중 눈물이 쏟아진다. 기쁜 마음을 이기지 못하여 도리어 의심을 낸다. 의심 중에 혼잣말로 중얼중얼한다.

"조선 사람의 일을 영서[136]로 번역한 것이라 혹 번역이 잘못되었나. 내가 미국에 온 지가 십 년이나 되었으나 영문에 서툴러서 보기를 잘못 보았나."

그렇게 다심[137]하게 생각하는 사람의 성명은 김관일인데, 그 딸의 이름이 옥련이라. 일청전쟁 났을 때에 그 딸의 사생을 모르고 미국에 왔는데, 그때 화성돈 신문에는 말은 옥련의 학교 성적과, 평양 사람으로 일곱 살에 일본 대판 가서 심상소학교를 졸업하고 그 길로 미국 화성돈에 와서 고등소학교에서 졸업하였다 한 간단한 말이라. 김씨가 분명히 자기의 딸이라고는 질언[138]할 수 없으나, 옥련이라 하는 이름과 평양 사람이라는 말과 일곱 살에 집 떠났다 하는 말은 김관일의 마음에 정녕 내 딸이라고 생각 아니 할 수도 없는지라. 김씨가 그 학교에 찾아가니, 그때는 그 학교에서 학도 졸업식 후의 서중휴학[139]이라, 학교에 아무도 없는 고로 물을 곳이 없는지라. 김씨가 옥련을 만나지 못하고 돌아왔더라.

옥련이가 졸업하던 날에 학교 졸업장을 가지고 호텔로 돌아가니, 주인은 치하하면서 옥련의 얼굴빛을 이상히 보더라.

옥련이가 수심이 첩첩한 모양으로 저녁 요리도 먹지 아니하고 서산에 떨어지는 해를 치어다보며 탄식하더라.

그때 마침 밖에 손이 와서 찾는다 하는데, 명함을 받아 보더니 옥련이가 얼굴빛을 천연히 고치고 손을 들어오라 하니, 그 손이 보이를 따라 들어오거늘 옥련이가 선뜻 일어나며 그 사람의 손을 잡아 인사하고 테이블 앞에서 마주 향하여 의자에 걸어앉으니, 그 손은 옥련이와 일본 대판서 동행하

---

[136] 영서(英書): 영자(英字)로 쓴 글씨나 서적.
[137] 다심(多心): 지나치게 걱정하고 생각하는 것이 많음.
[138] 질언(質言): 참된 사실을 들어 딱 잘라 말함.
[139] 서중휴학(暑中休學): 여름 방학.

던 서생인데 그 이름은 구완서라.

(구) "네 졸업은 감축[140]한다. 허허, 계집의 재조가 사나이보다 나은 것이로구나. 너는 미국 온 지 일 년 만에 영어를 대강 알아듣고 학교에까지 들어가서 금년에 졸업을 하였는데, 나는 미국 온 지 두 해 만에 중학교에 들어가서 내년에 졸업이라. 네게는 백기를 들고 항복 아니 할 수가 없다."

옥련이가 대답을 하는데, 일본에서 자라난 사람이라 말을 하여도 일본 말투가 많더라.

"내가 그대의 은혜를 받아서 오늘 이렇게 공부를 하였으니 심히 고맙소."

하니 일본 풍속에 젖은 옥련이는 제 습관으로 말하거니와, 구씨는 조선서 자란 사람이라 조선 풍속으로 옥련이가 아이인 고로 해라를 하다가 생각한즉 저도 또한 아이이라.

(구) "허허허, 우리들이 조선 사람인즉 조선 풍속대로만 수작하자. 우리 처음 볼 때에 네가 나이 어린 고로 내가 해라를 하였더니 지금은 나이 열여섯 살이 되어 저렇게 체대[141]하니 해라 하기가 서먹서먹하구나."

(옥) "조선 풍속대로 말하자 하시면서 아이를 보고 해라 하시기가 서먹서먹하셔요?"

(구) "허허허, 요절할 일도 많다. 나도 지금까지 장가를 아니 든 아이라, 아이는 일반이니 너도 나더러 해라 하는 것이 좋은 일이니 숫접게[142] 너도 나더러 해라 하여라. 그리하면 내가 너더러 해라 하더라도 불안[143]한 마음이 없겠다."

(옥) "그대는 부인이 계신 줄로 알았더니…… 미국에 오실 때 십칠 세라 하셨으니, 조선같이 혼인을 일찍 하는 나라에서 어찌하여 그때까지 장가를 아니 들으셨소."

---

[140] 감축(感祝): (경사스러운 일을) 함께 감사하고 축하함.
[141] 체대(體大): 몸이 큼.
[142] 숫접다: 순박하고 진실하다.
[143] 불안(不安): 마음에 미안함.

(구) "너는 나더러 종시 해라 소리를 아니 하니 나도 마주 하오를 할 일이로구, 허허, 허허. 그러나 말대답은 아니 하고 딴소리만 하여서 대단히 실례하였다. 내가 우리나라에 있을 때에 우리 부모가 내 나이 열두서너 살부터 장가를 들이려 하는 것을 내가 마다하였다. 우리나라 사람들이 조혼하는 것이 옳은 일이 아니라. 나는 언제든지 공부하여 학문 지식이 넉넉한 후에 아내도 학문 있는 사람을 구하여 장가들겠다, 학문도 없고 지식도 없고 입에서 젖내가 모랑모랑 나는 것을 장가들이면 짐승의 자웅같이 아무것도 모르고 음양배합의 낙만 알 것이라. 그런고로 우리나라 사람들이 짐승같이 제 몸이나 알고 제 계집 제 새끼나 알고 나라를 위하기는 고사하고 나라 재물을 도적질하여 먹으려고 눈이 벌겋게 뒤집혀서 돌아다니는 것이 다 어려서 학문을 배우지 못한 연고라. 우리가 이 같은 문명한 세상에 나서 나라에 유익하고 사회에 명예 있는 큰 사업을 하자 하는 목적으로 만리타국에 와서 쇠공이[144]를 갈아 바늘 만드는 성력[145]을 가지고 공부하여 남과 같은 학문과 남과 같은 지식이 나날이 달라 가는 이때에 장가를 들어서 색계상[146]에 정신을 허비하면 유지[147]한 대장부가 아니라. 이애 옥련아, 그렇지 아니하냐."

구씨의 활발한 말 한마디에 옥련의 근심하던 마음이 풀어져서 웃으며,

(옥) "저러한 의논을 들으면 내 속이 시원하오. 혼자 있을 때는 참……."

말을 멈추고 구씨를 치어다보는데, 구씨가 옥련의 근심 있는 기색을 언뜻 짐작하였으나 구씨는 본래 활발한 사람이라. 시계를 내어 보더니 선뜻 일어나며 작별인사하고 저벅저벅 내려가는데, 옥련이는 의구[148]히 의자에 걸어앉아서 먼 산을 보며 잊었던 근심을 다시 한다. 한숨을 쉬고 혼자 신

---

[144] 쇠공이: 쇠로 만든 공이. 주로 쇠 절구에 쓰며 나무공이 보다 작다.
[145] 성력(誠力): 정성과 힘.
[146] 색계상(色界上): 여색(女色)의 세계.
[147] 유지(有志): 어떤 일에 뜻이 있거나 관심이 있음.
[148] 의구(依舊): 옛날과 같아 변함이 없음.

세타령을 하며 옛일도 생각하고 앞일도 걱정하는데 뜻을 정치 못한다.

"어, 세월도 쉽구나. 일본서 미국으로 건너오던 날이 어제 같구나. 내가 일본 대판 있을 때에 심상소학교 졸업하던 날은 하룻밤에 두 번을 죽으려고 하였더니 오늘 또 어떠한 팔자 사나운 일이나 없을는지. 내가 죽기가 싫어서 죽지 아니한 것도 아니요, 공부하고자 하여 이곳에 온 것도 아니라. 대판 항에서 죽기로 결심하고 물에 떨어지려 할 때에 한 되는 마음으로 꿈이 되어 그랬던지, 우리 어머니가 날더러 죽지 말라 하시던 소리가 아무리 꿈일지라도 역력하기가 생시 같은 고로 슬픈 마음을 진정하고 이 목숨이 다시 살아나서 넓은 천지에 붙일 곳이 없는지라. 지향 없이 동경 가는 기차를 타고 가다가 천우신조[149]하여 고국 사람을 만나서 일동일정[150]을 남에게 신세를 지고 오늘까지 있었으니 허구한 세월을 남의 덕만 바랄 수는 없고, 만일 그 신세를 아니 질 지경이면 하루 한시라도 여비를 어찌 써서 있을 수도 없으니 어찌하여야 좋을는지……. 우리 부모는 세상에 살아 있는지, 부모의 사생도 모르니 혈혈[151]한 이 한 몸이 살아 있은들 무엇 하리오. 차라리 대판서 죽었더면 이 근심을 몰랐을 것인데 어찌하여 살았던가. 사람의 일평생이 이렇듯 근심만 할진대 죽어 모르는 것이 제일이라. 그러나 지금 여기서는 죽으려도 죽을 수도 없구나. 내가 죽으면 구씨는 나를 대단히 그르게 여길 터이라. 구씨의 태산 같은 은혜를 입고 그 은혜를 갚지 못하고 죽으면 남의 은혜를 저버리는 것이라. 어찌하면 좋을꼬."

그렇듯 탄식하고 그 밤을 의자에 앉은 채로 새우다가 정신이 혼혼하여 잠이 들며 꿈을 꾸었더라.

꿈에는 팔월 추석인데, 평양성중에서 일년 제일가는 명절이라고 와글와글하는 중이라. 아이들은 추석빔으로 새 옷을 입고 떡 조각 실과개를 배가

---

[149] 천우신조(天佑神助): 하늘과 신이 돕다.
[150] 일동일정(一動一靜): 하나하나의 동정.
[151] 혈혈(孑孑): 의지할 곳이 없이 외로움.

톡 터지도록 먹고 어깨로 숨을 쉬는[152] 것들이 가로도 뛰고 세로도 뛴다.

어른들은 이 세상이 웬 세상이냐 하도록 술 먹고 주정을 하면서 행길을 쓸어 지나가고, 거문고 줄 양금채[153]는 꾀꼬리 소리 같은 여창 시조[154]를 어울려서 이 골목 저 골목, 이 사랑 저 사랑에서 어디든지 그 소리 없는 곳이 없다. 성중이 그렇게 흥치로 지내는데, 옥련이는 꿈에도 흥치가 없고 비창한 마음으로 부모 산소에 다니러 간다.

북문 밖에 나가서 모란봉에 올라가니 고려장[155]같이 큰 쌍분[156]이 있는데, 옥련이가 묘 앞으로 가서 앉으며 허리춤에서 능금 두 개를 집어내며 하는 말이,

"여보 어머니, 이렇게 큰 능금 구경하셨소? 내가 미국서 나올 때에 사 가지고 왔소. 한 개는 아버지 드리고 한 개는 어머니 잡수시오."

하면서 묘 앞에 하나씩 놓으니, 홀연히 쌍분은 간 곳 없고 송장 둘이 일어앉아서 그 능금을 먹는데, 본래 살은 다 썩고 뼈만 앙상한 송장이라, 능금을 먹다가 위아랫니가 모짝[157] 빠져서 앞에 떨어지는데, 박씨 말려 늘어놓은 것 같은지라. 옥련이가 무서운 생각이 더럭 나서 소리를 지르다가 가위를 눌렸더라.

그때 날이 새어서 다 밝은 후이라. 이웃 방에 있는 여학생이 일어나서 뒷간으로 내려가는 길에 옥련의 방 앞으로 지나다가 옥련의 가위눌리는 소리를 들었으나 남의 방으로 함부로 들어갈 수는 없고 망단[158]한 마음에

---

[152] 어깨로 숨 쉬다: 어깨를 들먹이며 괴로운 듯이 숨을 쉰다.
[153] 양금채(洋琴-): 양금을 치는, 대나무로 만든 가늘고 연한 채. '양금'은 국악기의 하나로 사다리꼴의 판면(板面) 위에 놋쇠로 만든 14벌의 줄을 얹어, 대나무로 만든 채로 두드려 소리를 냄.
[154] 여창시조(女唱時調): 여자가 부르는 시조.
[155] 고려장(高麗葬): '고분(古墳)'을 속되게 이르는 말.
[156] 쌍분(雙墳): 같은 묏자리에 나란히 쓴 부부의 두 무덤.
[157] 모짝: 한 번에 모조리 몰아서.
[158] 망단(望斷): 이러지도 못하고 저러지도 못하여 처지가 딱함.

급히 전기초인종(電氣超人鐘)을 누르니 보이가 오는지라. 여학생이 보이를 보고 옥련의 방을 가리키며, 이 방에서 괴상한 소리가 난다 하니 보이가 옥련의 방문을 여는데, 문소리에 옥련이가 잠을 깨어 본즉 남가일몽이라.

무서운 꿈을 깰 때는 시원한 생각이 있더니, 다시 생각하니 비창한 마음을 이기지 못하여 탄식하는 소리가 무심중에 나온다.

"꿈이란 것은 무엇인고. 꿈을 믿어야 옳은가. 믿을 지경이면 어젯밤 꿈은 우리 부모가 다 이 세상에는 아니 계신 꿈이로구나. 꿈을 아니 믿어야 옳은가. 아니 믿을진대 대판서 꿈을 꾸고 부모가 생존하신 줄로 알고 있던 일이 허사로구나. 꿈이 맞아도 내게는 불행한 일이요, 꿈이 맞히지 아니하여도 내게는 불행한 일이라. 그러나 다시 생각하여 보니 꿈은 정녕 허사라. 우리 아버지는 난리 중에 돌아가셨으니, 가령 친척이 있더라도 송장 찾을 수가 없는 터이라. 더구나 사고무친[159]한 우리 집에 목숨이 붙어 살아 있는 것은 그때 일곱 살 먹은 불효의 딸 옥련이뿐이라. 우리 아버지 송장 찾을 사람이 누가 있으리오. 모란봉 저녁볕에 홀홀 날아드는 까마귀가 긴 창자를 물어다가 고목나무 높은 가지에 척척 걸어 놓은 것은 전쟁에 죽은 송장의 창자라. 세상에 어떠한 고마운 사람이 있어서 우리 아버지 송장을 찾다가 고려장같이 기구[160] 있게 장사를 지낼 수가 있으리오. 우리 어머니는 대동강 물에 빠져 죽으려고 벽상에 영결서를 써서 붙인 것을 평양 야전병원(野戰病院)의 통변이 낙루를 하며 그 글을 읽어서 내 귀에 들려주던 일이 어제같이 생각이 나면서, 대판 항에서 꿈을 꾸고 우리 어머니가 혹 살아서 이 세상에 있을까 하는 생각이 다 쓸데없는 생각이라. 우리 어머니는 정녕히 물에 빠져 돌아가신 것이라. 대동강 흐르는 물에 고기밥이 되었을 것이니, 어찌 모란봉에 그처럼 기구 있게 장사를 지냈으리오."

옥련이가 부모 생각은 아주 단념하기로 작정하고 제 신세는 운수 되어

---

[159] 사고무친(四顧無親): 의지할 만한 사람이 전혀 없음.
[160] 기구(器具): 예법에 필요한 것이 골고루 갖추어져 있는 형세.

가는 대로 두고 보리라 하고 정신을 가다듬어서 공부하던 책을 내어 놓고 마음을 붙이니, 이삼 일 지낸 후에는 다시 서책에 착미[161]가 되었더라.

하루는 보이가 신문지 한 장을 가지고 옥련의 방으로 오더니 그 신문을 옥련의 앞에 펼쳐 놓고 보이의 손가락이 신문지 광고를 가리킨다.

옥련이가 그 광고를 보다가 깜짝 놀라서 눈물이 펑펑 쏟아지면서 얼굴은 발개지고 웃음 반 눈물 반이라.

옥련이가 좋은 마음에 떠서 광고를 끝까지 다 보지 못하고 우두커니 앉았다가 또 광고를 본다. 옥련의 마음에 다시 의심이 난다. 일전 꿈에 모란봉에 가서 우리 부모 산소에 갔던 일이 그것이 꿈인가. 오늘 신문지의 광고를 보는 것이 꿈인가. 한 번은 영어로 보고 한 번은 조선말로 보다가 필경은 한문과 조선 언문을 섞어 번역하여 놓고 보더라.

광고

지나간 열 사흗날 『황색신문』 잡보에 한국 여학생 김옥련이가 아무 학교 졸업 우등생이라는 기사가 있기로 그 유하는 호텔을 알고자 하여 이에 광고하오니, 누구시든지 옥련의 유하는 호텔을 이 고백인에게 알려 주시면 상당한 금으로 십유(十留)(미국 돈 십 원)을 앙정[162]할사.

한국 평안도 평양인 김관일 고백

헌수……

의심 없는 옥련의 부친이 한 광고다.

(옥) "여보 보이, 이 신문을 가지고 날 따라가면 우리 부친이 십유(十留)의 상금을 줄 것이니 지금으로 갑시다."

---

[161] 착미(着味): 맛을 붙이는 것. 또는 취미를 붙이는 것.
[162] 앙정(仰呈): 우러러 드림.

(보이) "내가 상금 탈 공은 없으니 상금은 원치 아니하나 귀양(貴孃)을 배행[163]하여 가서 부녀 서로 만나 기뻐하시는 모양 보았으면 나도 이 호텔에서 몇 해 간 귀양을 뫼시고 있던 정분에 귀양을 따라 기뻐하고자 합니다."

　옥련이가 그 말을 듣고 더욱 기뻐하여 보이를 데리고 그 부친 있는 처소를 찾아가니 십 년 풍상에서 서로 환형[164]이 된지라, 서로 보고 서로 알아보지 못할 지경이라. 옥련이가 신문 광고와 명함 한 장을 가지고 그 부친 앞으로 가서 남에게 처음 인사하듯 대단히 서어[165]한 인사를 하다가 서로 분명한 말을 듣더니, 옥련이가 일곱 살에 응석하던 마음이 새로이 나서 부친의 무릎 위에 얼굴을 폭 숙이고 소리 없이 우는데, 김관일의 눈물은 옥련의 머리 뒤에 떨어지고, 옥련의 눈물은 그 부친의 무릎이 젖는다.

　(부) "이애 옥련아, 그만 일어나서 너의 어머니 편지나 보아라."

　(옥) "응, 어머니 편지라니, 어머니가 살았소."

　무슨 변이나 난 듯이 깜짝 놀라는 모양으로 고개를 번쩍 드는데, 그 부친은 제 눈물 씻을 생각은 아니하고 수건을 가지고 옥련의 눈물을 씻으니, 옥련이가 그리 어려졌던지 부친이 눈물 씻어 주는 데 고개를 디밀고 있더라. 김관일이가 가방을 열더니 수지[166] 뭉치를 내어 놓고 뒤적뒤적하다가 편지 한 장을 집어 주며 하는 말이,

　"이애, 이 편지를 자세히 보아라. 이 편지가 제일 먼저 온 편지다."

　옥련이가 그 편지를 받아 보니, 옥련이가 그 모친의 글씨를 모르는지라. 가령 옥련이가 정신이 좋으면 그 모친의 얼굴은 생각힐는지 모르거니와, 옥련이 일곱 살에 언문도 모를 때에 모친을 떠났는지라. 지금 그 편지를 보며 하는 말이,

---

[163] 배행(陪行): 윗사람을 모시고 따라감.
[164] 환형(換形): 모양이 이전과 달라지는 것.
[165] 서어(齟齬): 익숙하지 않아 서름서름함.
[166] 수지: '휴지(休紙)'의 잘못.

"나는 우리 어머니 글씨도 모르지. 어머니 글씨가 이렇던가."
하면서 부친의 앞에 펼쳐 놓고 본다.

상장[167]

떠나신 지 삼 삭[168]이 못 되었으나 평양에 계시던 일은 전생 일 같삽. 만리타국에서 수토불복[169]이나 되시지 아니하고 기운 평안하시온지 궁금하옵기 측량 없삽나이다. 이곳의 지낸 풍상은 말씀하기 신신[170]치 아니하오나 대강 소식이나 알으시도록 말씀하옵나이다. 옥련이는 어디 가서 죽었는지 다시 소식이 묘연하고, 이곳은 죽기로 결심하여 대동강 물에 **빠졌더니** 뱃사공과 고장팔에게 건진 바 되어 살았다가 부산서 이곳 친정아버님이 평양에 오셔서 사랑에서 미국 가셨다는 말씀을 전하여 주시니, 그 후로부터 마음을 붙여 살아 있삽. 세월이 어서 가서 고국에 돌아오시기만 기다리옵나이다.

그러나 사랑에서는 몇 십 년을 아니 오시더라도 이 세상에 계신 줄을 알고 있사오니 위로가 되오나, 옥련이는 만나 보려 하면 황천에 가기 전에는 못 볼 터이오니 그것이 한 되는 일이압. 말씀 무궁하오나 이만 그치옵나이다.

옥련이가 그 편지를 보고 **뼈**가 녹는 듯하고 몸이 스러지는 듯하여 가만히 앉았다가,

(옥) "아버지, 나는 내일이라도 우리 집으로 보내 주시오. 날개가 돋쳤으면 지금이라도 날아가서 우리 어머니 얼굴을 보고 우리 어머니 한을 풀어 드리고 싶소."

---

[167] 상장(上狀): 공경하는 뜻을 나타내어 보내는 편지.
[168] 삭(朔): 개월(個月).
[169] 수토불복(水土不服): 물과 흙이 몸에 맞지 아니함.
[170] 신신(新新): 마음에 들게 시원스러움.

(부) "네가 고국에 가기가 그리 바쁠 것이 아니라 우선 네가 고생하던 이야기나 어서 좀 하여라. 네가 어떻게 살아났으며 어찌 여기를 왔느냐?"

옥련이가 얼굴빛을 천연히 하고 고쳐 앉더니, 모란봉에서 총 맞고 야전 병원(野戰病院)으로 가던 일과, 정상 군의(井上軍醫)의 집에 가던 일과, 대판서 학교에서 졸업하던 일과, 불행한 사기로 대판을 떠나던 일과, 동경 가는 기차를 타고 구완서를 만나서 절처봉생[171]하던 일을 낱낱이 말하고, 그 말을 마치더니 다시 얼굴빛이 변하며 눈물이 도니, 그 눈물은 부모의 정에 관계한 눈물도 아니요, 제 신세 생각하는 눈물도 아니요, 구완서의 은혜를 생각하는 눈물이라.

(옥) "아버지, 아버지께서 나 같은 불효의 딸을 만나 보시고 기쁘신 마음이 있거든 구씨를 찾아보시고 치사의 말씀을 하여 주시면 좋겠습니다."

김관일이가 그 말을 듣더니, 그 길로 옥련이를 데리고 구씨의 유하는 처소로 찾아가니, 구씨는 김관일을 만나 보매 옥련의 부친을 본 것 같지 아니하고 제 부친이나 만난 듯이 반가운 마음이 있으니, 그 마음은 옥련의 기뻐하는 마음이 내 마음 기쁜 것이나 다름없는 데서 나오는 마음이요, 김씨는 구씨를 보고 내 딸 옥련을 만나 본 것이나 다름없이 반가우니, 그 두 사람의 마음이 그러할 일이라. 김씨가 구씨를 대하여 하는 말이 간단한 두 마디뿐이라.

한 마디는 옥련이가 신세지은 치사요, 한 마디는 구씨가 고국에 돌아간 뒤에 옥련으로 하여금 구씨의 기취를 받들고[172] 백년가약 맺기를 원하는지라.

구씨는 본래 활발하고 거칠 것 없이 수작하는 사람이라 옥련이를 물끄러미 보더니,

---

[171] 절처봉생(絶處逢生): 오지도 가지도 못할 막다른 판에 살길이 생김.
[172] 기취를 받들다: (겸손하게) 여자가 아내나 첩이 되다. '기취(箕箒)'는 쓰레받기와 비를 아울러 이르는 말.

(구) "이애 옥련아, 어, 실체[173]하였구. 남의 집 처녀더러 또 해라 하였구나. 우리가 입으로 조선말은 하더라도 마음에는 서양 문명한 풍속이 젖었으니, 우리는 혼인을 하여도 서양 사람과 같이 부모의 명령을 좇을 것이 아니라, 우리가 서로 부부 될 마음이 있으면 서로 직접 하여 말하는 것이 옳은 일이다. 그러나 우선 말부터 영어로 수작하자. 조선말로 하면 입에 익은 말로 외짝해라 하기 불안하다."

하면서 구씨가 영어로 말을 하는데, 구씨의 학문은 옥련이보다 대단히 높으나 영어는 옥련이가 구씨의 선생 노릇이라도 할 만한 터이라. 그러나 구씨는 서투른 영어로 수작을 하는데, 옥련이는 조선말로 단정히 대답하더라.

김관일은 딸의 혼인 언론을 하다가 구씨가 서양 풍속으로 직접 언론하자 하는 서슬에 옥련의 혼인 언약에 좌지우지할 권리가 없이 가만히 앉았더라.

옥련이는 아무리 조선 계집아이이나 학문도 있고 개명한 생각도 있고, 동서양으로 다니면서 문견이 높은지라. 서슴지 아니하고 혼인 언론 대답을 하는데, 구씨의 소청[174]이 있으니, 그 소청인즉 옥련이가 구씨와 같이 몇 해든지 공부를 더 힘써 하여 학문이 유여한 후에 고국에 돌아가서 결혼하고, 옥련이는 조선 부인 교육을 맡아 하기를 청하는 유지한 말이라. 옥련이가 구씨의 권하는 말을 듣고 조선 부인 교육할 마음이 간절하여 구씨와 혼인 언약을 맺으니, 구씨의 목적은 공부를 힘써 하여 귀국한 뒤에 우리나라를 독일 국같이 연방도를 삼되, 일본과 만주를 한데 합하여 문명한 강국을 만들고자 하는 비사맥[175] 같은 마음이요, 옥련이는 공부를 힘써 하여 귀국한 뒤에 우리나라 부인의 지식을 넓혀서 남자에게 압제받지 말고 남자와 동등권리를 찾게 하며, 또 부인도 나라에 유익한 백성이 되고 사회상에

---

[173] 실체(失體): 체면이나 면목을 잃음.
[174] 소청(所請): 청하는 바.
[175] 비사맥(比斯麥): 비스마르크(Otto von Bismarck). 프로이센의 정치가, 독일 제국의 건설자, 초대 총리.

명예 있는 사람이 되도록 교육할 마음이라.

　세상에 제 목적을 제가 자기[176]하는 것같이 즐거운 일은 다시없는지라. 구완서와 옥련이가 나이 어려서 외국에 간 사람들이라. 조선 사람이 이렇게 야만 되고 이렇게 용렬한 줄을 모르고, 구씨든지 옥련이든지 조선에 돌아오는 날은 조선도 유지한 사람이 많이 있어서 학문 있고 지식 있는 사람의 말을 듣고 이를 찬성하여 구씨도 목적대로 되고 옥련이도 제 목적대로 조선 부인이 일제히 내 교육을 받아서 낱낱이 나와 같은 학문 있는 사람들이 많이 생기려니 생각하고, 일변으로 기쁜 마음을 이기지 못하는 것은 제 나라 형편 모르고 외국에 유학한 소년 학생 의기에서 나오는 마음이라.

　구씨와 옥련이가 그 목적대로 되든지 못 되든지 그것은 후의 일이어니와, 그날은 두 사람의 마음에는 혼인 언약의 좋은 마음은 오히려 둘째가 되니, 옥련 낙지[177] 이후에는 이러한 즐거운 마음이 처음이라.

　김관일은 옥련을 만나보고 구완서를 사윗감으로 정하고, 구씨와 옥련의 목적이 그렇듯 기이한 말을 들으니, 김씨의 좋은 마음도 측량할 수 없는지라.

　미국 화성돈의 어떠한 호텔에서는 옥련의 부녀와 구씨가 솥발[178]같이 늘어앉아서 그렇듯 희희낙락한데, 세상이 고르지 못하여 조선 평양성 북문 안에 게딱지[179]같이 낮은 집에서 삼십 전부터 남편 없고 자녀간에 혈육 없고 재물 없이 지내는 부인이 있으되, 십 년 풍상에 남보다 많은 것 한 가지가 있으니, 그 많은 것은 근심이라.

　그 부인이 남편이 죽고 없느냐 할 지경이면 죽지도 아니한 터이라. 죽고 없는 터이면 단념하고 생각이나 아니하련마는, 육만 리를 이별하여 망부

---

[176] 자기(自期): 마음속에 스스로 기약함.
[177] 낙지(落地): 땅에 떨어진다는 뜻으로, 사람이 세상에 태어나는 것.
[178] 솥발: 솥 밑에 달린 세 개의 발. 정족(鼎足). 셋이 사이좋게 나란히 있는 모양을 비유할 때 쓴다.
[179] 게딱지: 게의 등딱지. (주로 집이) 작고 허술함을 비유하여 이르는 말.

석[180]이 될 듯한 정경이요, 자녀간에 혈육이 없는 것은 생산을 못 하였느냐 물을진대 딸 하나를 두고 아들 겸 딸 겸하여 금옥같이 귀애하다가 일곱 살 되던 해에 잃었더라.

눈앞에 참척을 보았느냐[181] 물을진대 그 부인은 말없이 눈물만 흘리더라. 눈앞에 보이는 데서나 죽었으면 한이나 없으련마는, 어디서 죽었는지 알지도 못하니 그것이 한이더라.

마침 까마귀 한 마리가 지붕 위에 내려앉더니 까막까막 깍깍 짖는 소리가 흉측하게 들리거늘, 부인이 감았던 눈을 떠서 장팔 어미를 보며 하는 말이,

"여보게, 저 까마귀 소리 좀 들어 보게. 또 무슨 흉한 일이 생기려나베. 까마귀는 영물이라는데 무슨 일이 또 있을는지 모르겠네. 팔자 기박한 여편네가 오래 살았다가 험한 일을 더 보지 말고 오늘이라도 죽었으면 좋겠네. 요사이는 미국서 편지도 아니 오고 웬일인고."

기운 없는 목소리로 설움 없이 탄식하는 모양은 아무가 보든지 좋은 마음은 아니 날 터인데, 늙고 청승스러운 장팔 어미가 부인의 그 모양을 보고 부인이 죽으면 따라 죽을 듯한 마음도 있고 까마귀를 쳐 죽이고 싶은 마음도 생겨서 마당으로 펄펄 뛰어 내려가서 지붕 위를 쳐다보면서 까마귀에게 헛팔매질을 하며 욕을 한다.

"수여, 이 경칠[182] 놈의 까마귀, 포수들은 다 어디로 갔누. 소금장사. 네 어미."

조선 풍속에 까마귀 보고 하는 욕은 장팔 어미가 모르는 것 없이 주워섬기며 소리를 버럭버럭 지르니, 그 까마귀가 펄쩍 날아 공중에 높이 뜨더

---

[180] 망부석(望夫石): 정렬(貞烈)한 아내가 멀리 떠난 남편을 기다리다가 그대로 죽어서 화석이 되었다는 전설적인 돌.
[181] 참척(을) 보다: 웃어른으로서 참척을 당하다. '참척(慘慽)'은 자손이 부모나 조부모보다 앞서 죽음.
[182] 경치다: 호된 꾸지람을 듣거나 벌을 받다.

니 깍깍 지르며 모란봉으로 향하거늘, 부인의 눈은 까마귀를 따라서 모란봉으로 가고, 노파의 욕하는 소리는 까마귀 소리를 따라간다.

'우'자 쓴 벙거지 쓰고 감장 홀태바지[183] 저고리 입고 가죽 주머니 메고 문 밖에 와서 안중문[184]을 기웃기웃하며 '편지 받아 들여가오, 편지 받아 들여가오' 두세 번 소리하는 것은 우편 군사라. 장팔의 어미가 까마귀에게 열이 잔뜩 났던 차에 어떠한 사람인지 자세히 듣지도 아니하고 질부등가리[185] 깨어지는 소리 같은 목소리로 우편 군사에게 까닭 없는 화풀이를 한다.

"웬 사람이 남의 집 안마당을 함부로 들여다보아? 이 댁에는 사랑양반도 아니 계신 댁인데, 웬 젊은 녀석이 양반의 댁 안마당을 들여다보아?"

(우편군사) "여보, 누구더러 이 녀석 저 녀석 하오. 체전부[186]는 그리 만만한 줄로 아오. 어디 말 좀 하여 봅시다. 이리 좀 나오시오. 나는 편지 전하러 온 것 외에는 아무것도 잘못한 것 없소."

(부) "여보게 할멈, 자네가 누구와 그렇게 싸우나. 우체사령[187]이 편지를 가지고 왔다 하니 미국서 서방님이 편지를 부치셨나베. 어서 받아 들여오게."

(노파) "옳지, 우체사령이로구. 늙은 사람이 눈 어두워서······. 어서 편지나 이리 주오. 아씨께 갖다 드리게."

우체사령이 처음에 노파가 소리를 지를 때는 늙은 사람 망령으로 알고 말을 예사로 하더니, 노파가 잘못한 줄을 깨닫고 말하는 눈치를 보더니 그때는 우체사령이 목을 쓰고 대어든다.

(우) "이런 제어미······. 내가 체전부 다니다가 이런 꼴은 처음 보았네.

---

[183] 홀태바지: 통이 매우 좁은 바지.
[184] 안중문(-中門): 안뜰로 들어가는 중문(中門).
[185] 질부등가리: '부등가리'의 잘못. '부등가리'는 아궁이의 불을 담아내어 옮길 때 부삽대신 쓰는 도구. 흔히 오지그릇이나 질그릇의 깨진 조각으로 만들어 쓴다.
[186] 체전부(遞傳夫): '우편집배원'의 구칭.
[187] 우체사령(郵遞使令): 우체국, 우체사에 속하여 우편물을 배달하던 사령.

남더러 무슨 턱으로 욕을 하오. 내가 아무리 바빠도 말 좀 물어 보고 갈 터이오."

하면서 소리를 버럭버럭 지르고 대어들며, 편지 달라 하는 말은 대답도 아니 하니, 평양 사람의 싸움하러 대드는 서슬은 금방 죽어도 몸을 아끼지 아니하는 성정이라.

노파가 까마귀에게 화풀이할 때 같으면 우체사령에게 몸부림을 하고 죽어도 그 화가 풀어지지 아니할 터이나, 미국서 편지 왔다 하는 소리에 그 화가 다 풀어졌더라. 그 화만 풀어질 뿐이 아니라, 우체사령의 떼거리[188]까지 받고 있는데, 부인은 어서 바삐 편지 볼 마음이 있어서 내외하기도[189] 잊었던지 중문간에로 뛰어나가서 노파를 꾸짖고 우체사령을 달래고, 옥련의 묘에 가지고 가려 하던 술과 실과를 내어다 먹인다.

우체사령이 금방 살인할 듯하던 위인이 노파더러 '할머니 할머니' 하며 풀어지는데, 그 집에서 부리던 하인과 같이 친숙하더라.

노파가 편지를 받아서 부인에게 드리니, 부인이 그 편지를 들고 겉봉 쓴 것을 보더니 깜짝 놀라서 의심을 한다.

(노파) "아씨, 무엇을 그리하십니까?"

(부) "응, 가만히 있게."

(노파) "서방님께서 부치신 편지오니까?"

(부) "아닐세."

(노) "그러면 부산서 주사나리께서 하신 편지오니까?"

(부) "아니."

(로) "에그, 어서 말씀 좀 시원히 하여 주십시오."

(부) "글씨는 처음 보는 글씨일세."

---

[188] 떼거리: '떼'를 속되게 이르는 말.
[189] 내외(內外): 지난 시대에 유교적 관념에서, (부녀자가) 외간남자의 얼굴을 대하기를 피하는 일.

본래 옥련이가 일곱 살에 부모를 떠났는데, 그때는 언문 한 자 모를 때라. 그 후에 일본 가서 심상소학교 졸업까지 하였으나 조선 언문은 구경도 못 하였더니, 그 후에 구완서와 같이 미국 갈 때에 태평양을 건너가는 동안에 구완서가 가르친 언문이라, 옥련의 모친이 어찌 옥련의 글씨를 알아보리오. 부인이 편지를 받아 보니 겉면에는,

한국 평안남도 평양부 북문내 김관일 실내 친전[190]

한편에는,

미국 화성돈 ○○○호텔

옥련 상사리[191]

진서[192] 글자는 부인이 한 자도 알아보지 못하고 다만 '옥련 상사리'라 한 글자만 알아보았으나, 글씨도 모르는 글씨요, 옥련이라 한 것은 볼수록 의심만 난다.

(부인) "여보게 할멈, 이 편지 가지고 왔던 우체사령이 벌써 갔나. 이 편지가 정녕 우리 집에 오는 것인지 자세히 물어 보았더면 좋을 뻔하였네."

(노파) "왜 거기 쓰이지 아니하였습니까?"

(부인) "한 편은 진서요, 한 편에는 진서도 있고 언문도 있는데, 진서는 무엇인지 모르겠고, 언문에는 옥련 상사리라 썼으니, 이상한 일도 있네. 세상에 옥련이라 하는 이름이 또 있는지, 옥련이라 하는 이름이 또 있더라도 내게 편지할 만한 사람도 없는데……."

(노파) "그러면 작은아씨의 편지인가 보이다."

(부인) "에그, 꿈같은 소리도 하네. 죽은 옥련이가 내게 편지를 어찌 하여……."

---

[190] 친전(親展): 편지에서, 받는 사람이 직접 펴 보아 주기를 바란다는 뜻으로, 겉봉의 받는 사람의 이름 옆이나 아래에 쓰는 말.
[191] 상사리(上一): 윗사람에게 드리는 편지의 첫머리나 끝에, 사뢰어 올린다는 뜻으로 쓰는 말. 상백시(上白是).
[192] 진서(眞書): '한자(漢字)'를 한글에 상대하여 높이는 뜻으로 이르는 말.

하면서 또 한숨을 쉬더니 얼굴에 처량한 빛이 다시 난다.

(노파) "아씨 아씨, 두 말씀 말고 그 편지를 뜯어보십시오."

부인이 홧김에 편지를 박박 뜯어 보니 옥련의 편지라.

모란봉에서 지낸 일부터 미국 화성돈 호텔에서 옥련의 부녀가 상봉하여 그 모친의 편지 보던 모양까지 그린 듯이 자세히 한 편지라.

그 편지 부쳤던 날은 광무[193] 육년(음력) 칠월 십일일인데, 부인이 그 편지 받아 보던 날은 임인년[194] 음력 팔월 십오일이러라.

아랫권은 그 여학생이 고국에 돌아온 후를 기다리오.

상편종(上篇終)

---

[193] 광무(光武): 조선 고종 때 사용한 연호(1897~1907).
[194] 임인년: 1902년.

작가 소개

　이인직(李人稙)의 호는 국초(菊初), 1862년 음력 7월 27일 경기도 음죽에서 출생했다. 1900년 2월 관비 유학생으로 도일하여 동경정치학교에서 수학하였으며, 동경 『미야꼬신문』(都新聞)사에서 신문 편집과 발간을 견습하였다. 1903년 노일전쟁 중 한어(韓語) 통역에 임명되어 일본군 제1군사령부에 부속되어 종군했다. 1906년 일진회의 기관지인 『국민신보』의 발간을 주도하였으며, 다시 『만세보』 발간에 참여하여 주필로 활동하였다. 1907년 6월에는 『만세보』가 경영난으로 폐간되자 이를 인수한 『대한신문』의 사장으로 취임했다. 이 무렵을 전후하여 이완용(李完用) 등 친일정객들과 교유하였다. 한일합방 후 1911년 7월부터 1915년까지 경학원 사성(司成)을 맡아 전국 유림을 관장하는 한편, 선능 참봉과 중추원 부참의를 역임하였다. 1916년 11월 25일 사망했다.

　1906년 7월 22일부터 10월 10일까지 『만세보』에 연재된 「혈의 누」는 신소설의 효시로 일컬어진다. 이 작품은 청일전쟁의 현장인 평양에서 이산가족이 된 옥련과 그의 가족의 10년간에 걸친 시련을 그려놓고 있다. 이 작품에서 볼 수 있는 묘사의 사실성과 취재의 현실성은 이야기의 리얼리티를 살려놓고 있으며, 신교육과 반인습 등의 새로운 주제는 신소설의 보편적 특징으로 정착할 정도로 일반화되고 있다. 「귀의 성」은 「혈의 누」에 이어 『만세보』에 연재한 소설로서, 그 소재 자체가 일부다처의 '위첩변호'라는 비난을 받기는 하였으나 흥미 위주의 구성과 신속한 사건 전개 등으로 많은 독자를 확보한다. 1908년에는 「치악산」과 「은세계」를 단행본으로 출간했다. 「치악산」은 전대소설 중 가정소설의 구조를 계승한 신소설로 주제의 퇴행성을 드러낸다. 「은세계」는 탐관오리의 학정을 비판하고 신교육의 필요성을 주제로 한 정치소설적 성격이 강하다. 이 소설은 1908년 11월 원각사에서 연극으로 공연되기도 했다. 1912년에 단편소설 「빈선랑의 일미녀」를 발표한 이인직은 1913년 「혈의 누」 하편에 해당하는 「모란봉」을 『매일신보』에 연재하다 중단했다. 「모란봉」은, 「혈의 누」 말미에 옥련이 귀국하겠다는 편지를 평양에 있는 모친에게 부친 것으로 끝난 데 이어, 옥련의 귀국부터 이야기가 시작된다. 그러나 「모란봉」은 옥련을 아내로 맞고자 하는 서일순의 음모를 중심으로 흥미 위주로 이야기를 전개하다가 중단된다. 이인직은 신소설 작가로서 한국 소설이 근대소설로 전개되는 데 교량적 역할을 한 공로가 인정된다고 할 수 있다.

「혈의 누」의 발표 과정과 텍스트의 성격

「혈의 누」는 1906년 7월 22일부터 10월 10일까지 50회에 걸쳐 『만세보』에 연재되었다. 1907년 광학서포에서 단행본으로 발간되었으나 그 내용은 『만세보』 연재분과 약간의 차이가 있다. 이인직은 「혈의 누」 하편이라는 이름으로 1907년 5월 17일부터 6월 1일까지 11회에 걸쳐 『제국신문』에도 소설을 연재하였으나, 완결되지 못한 채 연재가 중단되었다. 소설 「혈의 누」의 내용과 이어지는 새로운 작품으로는 1913년 2월 5일부터 6월 3일까지 65회에 걸쳐 『매일신보』에 연재한 「모란봉」이 있다. 『매일신문』에 연재한 「모란봉」은 옥련의 귀국 이야기로, 내용 전개상 실제적인 「혈의 누」 하편에 해당하는 것으로 생각된다. 1912년 12월에는 동양서원에서 「혈의 누」 상편을 「모란봉」이라는 제목으로 개제한 정정본이 출간되기도 하였다.

「혈의 누」의 소설적 특징

- 소설의 전체적인 줄거리

청일전쟁의 전화가 평양 일대를 휩쓸었을 때 일곱 살 난 옥련이 부모와 헤어지게 되고 부상을 당한다. 처자를 잃은 김관일은 부산에 사는 장인에게 처자를 찾아 줄 것을 부탁하고 장인의 도움으로 미국으로 간다. 남편과 딸을 잃은 어머니는 자살하고자 대동강에 가서 투신하나 고장팔에 의해 구출된다. 한편 일본인에게 구출된 옥련은 이노우에라는 군의관의 도움으로 그의 양녀가 되어 일본에 건너가 소학교를 다니게 되는데, 뜻밖에 이노우에가 전사하자 양모는 변심하여 옥련을 구박한다. 옥련은 갈 바를 몰라 방황하던 중 기차 안에서 구완서를 만나 함께 미국으로 간다. 워싱턴에서 공부를 하던 중 옥련의 기사가 신문에 나게 되자 이를 보고 찾아 온 아버지 김관일을 만나게 되고 구완서와 약혼을 한다. 평양에 있는 어머니는 죽은 줄만 알았던 딸의 편지를 받고 꿈만 같이 생각한다.

- 여주인공 옥련

　소설의 이야기는 조선 말기 청일전쟁을 겪은 평양의 한 가족을 중심으로 하고 있다. 이 작품의 주인공 옥련은 전란 속에 부모와 서로 헤어진 후 홀로 헤매다가 일본 군인의 도움으로 구출된다. 그리고 부모를 찾을 수 없게 되자, 일본으로 보내진다. 옥련은 일본에서 행복하게 성장하게 된다. 그녀가 일본에서 위기에 처했을 때 나타난 것은 조선인 유학생 구완서다. 옥련은 다시 구완서를 따라 미국으로 건너가며, 미국에서 근대적인 문물을 익힌다. 이 소설의 이야기는 여주인공이 미국에서의 공부를 마치고 구완서와 약혼한 후 그 부모를 찾을 수 있게 된다는 것으로 끝이 난다. 여주인공의 삶의 과정을 그린 것으로 본다면, 영웅적인 인물의 일생을 그린 소설이라고 할 수 있다. 여주인공을 중심으로 가족 간의 이산과 상봉이라는 이야기의 짜임새를 놓고 본다면, 이 소설의 서사 구조는 전대의 고전소설에서도 흔히 볼 수 있었던 가족이합(家族離合)에 따른 고난과 행복의 유형 구조를 보여준다. 그러나 이 소설은 일본과 미국으로 설정되어 있는 문명국가에서 여주인공이 새로운 문물을 공부한다는 신교육의 주제를 강조하고 있으며, 특히 여주인공이 구완서라는 남성과 서로 혼약을 맺는 과정을 통해 자기 스스로 결혼의 상대를 정하는 것을 보여줌으로써 자유 결혼의 의지를 드러낸다.

■
토론 과제

- 이 소설에 등장하는 일본인의 역할과 조선의 근대화에 대해 토론해 보자.

- 다음 대목에서 주장하고 있는 조혼의 폐습에 대해 각자 자신의 의견을 말해 보자.

"그대는 부인이 계신 줄로 알았더니…… 미국에 오실 때 십칠 세라 하셨으니, 조선같이 혼인을 일찍 하는 나라에서 어찌하여 그때까지 장가를 아니 들으셨소."
"너는 나더러 종시 해라 소리를 아니하니 나도 마주 하오를 할 일이로구, 허허허. 그러나 말대답은 아니하고 딴소리만 하여서 대단히 실례하였다. 내가 우리나라에 있을 때에 우리 부모가 내 나이 열두서너 살부터 장가를 들이려 하는 것을 내가 마다하였다. 우리나라 사람들이 조혼하는 것이 옳은 일이 아니라. 나는 언제든지 공부하여 학문 지식이 넉넉한 후에 아내도 학문 있는 사람을 구하여 장가들겠다, 학문도 없고 지식도 없고 입에서 젖내가 모랑모랑 나는 것을 장가 들이면 짐승의 자웅같이 아무것도 모르고 음양배합의 낙만 알 것이라. 그런고로 우리나라 사람들이 짐승같이 제 몸이나 알고 제 계집 제 새끼나 알고 나라를 위하기는 고사하고 나라 재물을 도둑질하여 먹으려고 눈이 벌겋게 뒤집혀서 돌아다니는 것이 다 어려서 학문을 배우지 못한 연고라. 우리가 이 같은 문명한 세상에 나서 나라에 유익하고 사회에 명예 있는 큰 사업을 하자 하는 목적으로 만리타국에 와서 쇠공이를 갈아 바늘 만드는 성력(誠力)을 가지고 공부하여 남과 같은 학문과 남과 같은 지식이 나날이 달라 가는 이때에 장가를 들어서 색계상에 정신을 허비하면 유지한 대장부가 아니라. 이애 옥련아, 그렇지 아니하냐."

국문체란 무엇인가

: 국어국문운동과 문체 변혁

1. 문화혁명으로서의 국어국문운동
2. 국어국문운동의 확대
   문화적 제도의 변화
   언어 문자 공동체의 인식
3. 문체 변혁과 국문체의 위상
   절충적 언어체로서의 국한문체
   국문체와 담론 공간의 확대
4. 국문 글쓰기와 새로운 문학

작품읽기 10_무정(이광수)

1. 문화혁명으로서의 국어국문운동

한국 사회에서 근대라는 것의 사회 문화적 성격을 어떻게 규정할 수 있을까? 이 같은 질문을 놓고 가장 먼저 떠올릴 수 있는 것이 민족이라는 관념의 새로운 형성 과정이다. 민족주의의 기원과 전파라는 부제를 붙이고 있는 베네딕트 앤더슨의 『상상의 공동체(*Imagined Communities*)』[1]를 보면 정치적 이데올로기 중심의 논의와는 전혀 다른 관점에서 민족주의의 문제를 심도있게 검토하고 있는 것을 확인할 수 있다. 앤더슨은 민족이라는 것이 하나의 의미 있는 공동체로 구성되는 사회문화적 과정에 관심의 초점을 맞추고 있다. 그는 민족이라는 공동체가 등장하게 된 것을 중세적인 봉건적 질서와 종교적 가치의 붕괴 과정과 연관지어 설명하지만, 그것이 자본주의의 성립 과정에서 나타난 하나의 상상된 공동체임을 분명히 한다. 그의 정의에 따르면 민족은 그 영역이 한정되며 주권을 지니고 있는 것으로 상상되는 정치적 공동체다. 앤더슨이 민족이라는 것을 상상의 공동체라고 규정하면서 특히 주목하고 있는 사회문화적 현상 가운데 하나는 이른바 인쇄자본주의(print-capitalism)의 확대 과정이다. 그는 17세기 이후 다양한 지방어들이 사용되었던 서구 사회에서 각 지방어들을 표준화하여 인쇄한 서적들이 발간되면서 활자화된 동일한 언어를 읽는 독자들끼리 다른 사람들과 서로 구별되는 어떤 유대 의식을 가지게 된 점을 지적한다. 바로 그러한 언어적 동질성에 대한 인식이 민족의 경계를 분명하게 만들어주게 되었다는 것이다. 서구 민족주의 운동에서 드러나는 민족 언어의 중요성을 생각한다면, 앤더슨의 이 같은 접근 방식은 민족이라는 관념이 상상되는 과정을 특이하게도 해체시켜 보여주는 것이라고 할 수 있다. 물

---

[1] Benedict Anderson, *Imagined Communities*(London; Verso Editions, 1983)는 민족이라는 하나의 관념이 정치적 이데올로기와는 관계없이 상상되는 것임을 사회문화적인 측면에서 해체시켜 보여준다. 이 책은 윤형숙 역, 『민족주의의 기원과 전파』(나남, 1991)라는 이름으로 국내에서 번역되었다.

론 앤더슨은 민족의 고유 언어가 아프리카 대륙이나 필리핀과 같은 곳에서 일어난 민족주의 운동에서는 반드시 필수적이지 않다는 점도 분명히 하고 있다.

베네딕트 앤더슨이 상상의 공동체로서의 민족이라는 개념을 상정하면서 제시하고 있는 민족어의 문제는 한국의 개화 계몽시대 국어국문운동이 지니는 사회 문화적인 의미를 새롭게 부각시킬 수 있는 논리적인 근거가 된다. 개화 계몽시대의 국어국문운동은 조선시대 한문/언문으로 이원화된 전통적인 글쓰기의 방식에서 벗어나 한문을 배격하고 국문이라는 하나의 언어체를 통해 언문일치의 이상을 실현하게 한 문체 변혁 운동이라고 그 성격을 규정할 수 있다. 19세기 말부터 전개된 국어국문운동[2]은 문자 생활의 새로운 변혁을 통해 새로운 지식과 정보의 대중화를 가능하게 함으로써 이 시기에 신/구의 구획을 목표로 하는 담론 가운데 실천적인 성격이 가장 강한 계몽 담론을 형성한다. 특히 국어국문운동에서는 민족어로서의 국어와 민족의 문자로서의 국문의 독자성을 강조함으로써 국어국문이 민족적 자기 정체성을 의미하는 중요한 징표가 된다는 점을 부각시키고 있다. 국어국문운동이 한문 중심의 문자 생활을 청산하고 국문 위주의 새로운 문자 생활을 영위하게 하는 문체 변혁을 촉발시키면서 개화계몽운동의 중심 영역에 자리 잡게 된 이유가 여기 있다.

개화 계몽시대의 국어국문운동은 언어 문자에 대한 민족주의적 사상이 그 기반을 이루고 있다는 점에서 담론의 정치적 성격이 분명히 드러나고 있다고 할 수 있다. 국어국문에 대한 새로운 인식과 그 중요성에 대한 자각은 봉건적인 조선 사회의 붕괴와 함께 확대된 것이다. 외세의 위협에 대응하기 위한 독립 의식이 강조되고, 봉건적 사회제도에서 벗어나기 위해 정치, 사회, 문화적 변혁이 요구되는 동안, 민족의식과 문화의 바탕이 되는

---

[2] 국어국문운동의 성격에 대해서는 이기문, 『개화기의 국문연구』(한국문화연구소, 1970)에서 이루어진 논의가 가장 포괄적이다.

국어국문에 대한 새로운 인식도 싹트게 되었다. 개화 계몽시대의 국어국문운동이 강한 정치성을 드러낸 담론을 구성하고 있다는 것은 국어국문운동에 관한 논의가 개화 계몽시대에 새로운 사회의 구성을 위해 내세워진 가장 중요한 담론의 하나였음을 말해준다. 특히 민족적 자기 동일성의 정립을 위해 국어국문 담론이 동원된 점이라든지 사회적 계급의 붕괴를 위해서도 국문 문제를 논의한 것은 다음과 같은 두 가지 차원에서 그 정치성의 함의를 인정하지 않을 수 없다.

첫째, 국어국문운동을 통해 언어와 문자의 민족적 고유성을 강조한 점을 주목할 필요가 있다. 언어 문자의 민족적 고유성에 대한 인식은 동일성과 정체성의 핵심적인 요건이다. 이 경우 동일성의 정립은 민족의 자주 독립의 당위성을 주장할 수 있는 근거가 된다. 그러므로 이 같은 동일성의 정립을 위해 그 동일성과 배치되는 것을 제거하는 작업이 필요하다. 그것이 바로 한문 배제의 논리다. 그동안 지배층만이 사용해온 한자가 주체로서의 민족의 문자가 아니라, 타자로서의 중국의 글이라는 사실을 강조하는 것이다. 이러한 인식의 변화는 조선시대 지식층들이 모든 가치 개념을 중화적 사상에 근거하여 한문으로 표현하고자 했던 태도에 대한 비판적 도전을 가능하게 한다. 그리고 국문의 민족적 독자성을 통해 자기 정체성에 대한 인식을 분명하게 가지게 되면서 새로운 시대에 적응할 수 있는 가치 개념을 국문으로 내세울 수 있게 된 것이다. 열강의 침략 위협에 대응하여 민족적 자주 독립을 언어와 문자의 고유성에 근거하여 강조하게 되었다든지, 국문을 통해 새로운 시대의 가치 개념을 구성하게 되었다든지 하는 것은 바로 국어국문운동이 드러내고 있는 담론의 정치성을 말해주는 것이라고 할 수 있다.

둘째, 국문의 평이성과 보편성을 내세워 누구나 새로운 지식과 정보를 국문을 통해 쉽게 접할 수 있다는 것을 강조한 점이다. 이것은 한문 중심의 지배층의 문자 생활이 보여주었던 계급적 폐쇄성의 파괴를 겨냥하고 있다. 조선시대의 사회에서 제도적으로 규범화되었던 사회 계급과 그 폐쇄성은 그 폐쇄성의 이념을 강화시켜준 한문의 담론들을 모두 타자화함으로써, 동일성의 정립을 위한 국어국문 담론으로부터 제외된다. 국문의 확대 보급은 지식과 정보, 문화와 교양을 계급적인 구분이 없이 대중적으로 확산시켜 사회 문화적 민주주의의 기반을 확대하고 있다. 국어국문운동이 적극적으로 전개되면서 한문은 오랜 역사 속에서 지켜져 내려온 지배층의 문자로서의 지위를 잃기 시작하였다. 더구나 한문 중심의 과거제도가 폐지되고 신식 교육이 실시되자, 한문의 교육 문화적 기능과 정보 기능이 현저하게 약화되었다. 그 대신에, 민족의 독자적인 문자로서의 국문의 대중성과 실용적인 가치가 크게 주목되었고, 국문을 통한 지식과 정보의 사회적 확대가 가능해짐으로써 문화적 민주주의의 기반이 확대되기 시작하였다고 할 것이다.

2. 국어국문운동의 확대

문화적 제도의 변화

개화 계몽시대의 국어국문운동은 한문/언문의 문자 생활의 이중 구조를 벗어나고자 하는 계몽운동으로 출발한다. 다양한 새로운 지식과 정보의 확대, 출판 인쇄물의 증가, 사회 활동과 교육의 확대 등이 언어 문자의 사용에 대한 새로운 질서를 요구[3]하였기 때문이다. 국어국문운동의 실천적인 제도적 기반이 이루어진 것은 1894년 갑오개혁부터다. 갑오개혁을 통해 조선 왕조는 전통적인 한학에 의존하여 관료를 선발하였던 과거제도를 폐지하고 있다. 그 대신에 신식 교육을 실시하면서 국가에서 실시하는 보통시험에 국문을 정식 과목으로 결정[4]한다. 의정부의 학부아문에 국문 표기법

---

[3] 이기문, 앞의 책, 16면.
[4] 〈전고국조례〉(銓考局條例)(1894.7.12).

의 규정과 국문 교과서를 편집 담당하는 편집국을 신설(1894.7.19)하여 국가 차원의 개혁적인 어문정책의 기초를 세워놓게 되었으며, 모든 법률 칙령을 국문으로 기본을 삼고 한문으로 번역하거나 국한문을 혼용한다는 칙령을 공포(1894.11.21)함으로써 국문 위주의 어문정책의 확립을 널리 표명한 바 있다. 그리고 이 같은 개혁적인 조치들은 실제로 각종 시험 과목에 국문을 포함하고 소학교 교과과정에도 국문 교육 내용을 규정하여 실시함으로써 점차 구체화된다. 특히 대중적인 독자층을 상대로 하는 국문 신문 잡지의 간행, 교과용 도서의 국문 출판, 외국 문물을 소개하는 국문 서적의 간행 등이 이루어지면서 국문 사용은 더욱 일반화되었고 국문을 해독하는 계층이 급격하게 확대되기에 이른다.

1895년 창간한 『독립신문』은 순국문으로 간행하여 폭넓은 독자층을 확보한다. 『독립신문』이 추구한 사회적인 이념과 가치는 '편벽되지 아니ᄒ고로 무슴 당에도 상관이 업고 샹하귀쳔을 달니 되접 아니ᄒ고 모도 죠선 사ᄅᆷ으로만 알고 죠션만 위ᄒ며 공평이 인민의게 말홀 터인되'라고 밝히고 있는 기본적인 편집 태도에 잘 드러나 있다. 이 같은 신문의 이념을 구현하기 위해 『독립신문』은 국문 전용이라는 혁신적인 조치를 단행하고 있으며, 이를 다음과 같이 설명하고 있다.

우리 신문이 한문은 아니 쓰고 다만 국문으로만 쓰는 거슨 샹하귀쳔이 다 보게 홈이라 쏘 국문을 이러케 귀졀을 쎄여쓴즉 아무라도 이 신문 보기가 쉽고 신문 속에 잇는 말을 자셰이 알어 보게 홈이라 각국에서는 사ᄅᆷ들이 남녀 무론ᄒ고 본국 국문을 몬저 빅화 능통혼 후에야 외국글을 빅오는 법인되 죠션셔는 죠션 국문은 아니 빅오드리도 한문만 공부ᄒ는 까둙에 국문을 잘 아는 사ᄅᆷ이 드믈미라 죠션 국문ᄒ고 한문ᄒ고 비교ᄒ여 보면 죠션 국문이 한문보다 얼마나 나흔거시 무어신고ᄒ니 쳣지는 빅호기가 쉬흔이 됴흔 글이오 둘지는 이 글이 죠션 글이니 죠션 인민들이 알어셔 빅ᄉ을 한문 되신 국문으로 써야 샹하귀쳔이 모도 보고 알어보기가 쉬흘터이라 한문만 늘 써 버릇ᄒ고 국문은 폐흔 국ᄶᆞᆰ에 국문만 쓴 글을 죠션 인민이 도로혀 잘 알어보지 못ᄒ고 한문을 잘 알아보니 그게 어찌 한심치 아니ᄒ리요 ᄯᅩ 국문을 알아보기가 우려운건 다름이 아니라 쳣ᄌᆡ는 말마ᄃᆡ를 쎼이지 아니ᄒ고 그져 줄줄 ᄂᆞ려쓰는 ᄭᅡᆰ에 글ᄌᆞ가 우희 부터ᄂᆞᆫ지 아ᄅᆡ 부터ᄂᆞᆫ지 몰나셔 몃번 일거본 후에야 글ᄌᆞ가 어ᄃᆡ 부터ᄂᆞᆫ지 비로소 알고 일그니 국문으로 쓴 편지 한 쟝을 보자ᄒ면 한문으로 쓴 것보다 더듸보고 ᄯᅩ 그나마 국문을 자조 아니 쓰ᄂᆞᆫ고로 셔툴어셔 잘못 봄이라 그런고로 졍부에셔 ᄂᆡ리는 명녕과 국가 문젹을 한문으로만 쓴즉 한문 못ᄒᄂᆞᆫ 인민은 나모 말만 듯고 무ᄉᆞᆷ 명녕인줄 알고 이편이 친이 그 글을 못 보니 그 사ᄅᆞᆷ은 무단이 병신이 됨이라 한문 못ᄒ다고 그 사ᄅᆞᆷ이 무식ᄒᆞᆫ 사ᄅᆞᆷ이 아니라 국문만 잘ᄒ고 다른 물졍과 학문이 잇스면 그 사ᄅᆞᆷ은 한문만 ᄒ고 다른 물졍과 학문이 업논 사ᄅᆞᆷ보다 유식ᄒ고 놉흔 사ᄅᆞᆷ이 되는 법이라 죠션 부인네도 국문을 잘ᄒ고 각ᄉᆡᆨ 물졍과 학문을 ᄇᆡ화 소견이 놉고 ᄒᆡᆼ실이 졍직ᄒ면 무론 빈부귀쳔 간에 그 부인이 한문은 잘ᄒ고 다른 것 몰으는 귀족 남ᄌᆞ보다 놉흔 사ᄅᆞᆷ이 되는 법이라 우리 신문은 빈부귀쳔을 다름업시 이 신문을 보고 외국 물졍과 ᄂᆡ지 사졍을 알게 ᄒ랴ᄂᆞᆫ ᄯᅳᆺ시니 남녀노소 샹하귀쳔이 간에 우리 신문을 ᄒ로걸너 몃들만 보면 새 지각과 새 학문이 ᄉᆡᆼ길 걸 미리 아노라[5]

이 논설에서 『독립신문』이 국문을 사용하는 이유는 크게 두 가지로 나누어 볼 수 있다. 하나는 누구나 쉽게 알 수 있는 국문을 통해 지식과 정보를 널리 공유한다는 점을 강조한 것이다. 이것은 『독립신문』이 추구하고 있는 문화적 민주주의 의식의 출발점이다. 상하 귀천, 남녀노소가 누구나 국문으로 쓴 기사를 읽고 그 기사를 통해 새로운 지식과 학문을 지니게 된다는 것은 조선 사회의 계급적 폐쇄성과 차별성을 파괴한다는 뜻이 포함된

---

[5] 논설(『독닙신문』, 1985.4.7).

다. 국문체라는 것이 바로 이 같은 신문의 사회 문화적 역할의 기반이 되고 있는 셈이다. 또 하나의 이유는 조선의 글로서의 국문의 독자성과 고유성을 강조하고 중국의 한문과 구별한 점이다. 이것은 국문을 통한 민족적 자기 정체성에 대한 인식을 가능하게 함으로써 주체의 담론을 구성하는 데에 있어서 국문체가 가지는 의미를 분명하게 밝히고 있는 것으로 볼 수 있다.

『독립신문』의 국문체 수용에서 가장 주목되는 특징의 하나는 띄어쓰기를 처음으로 규범화하여 글쓰기에 실제로 적용하고 있는 점이다. 이 새로운 규칙은 국어의 언어적인 특성에 대한 이해에서 비롯된 것인데, 띄어쓰기를 통해 국문체는 그 이전의 언문체와는 다른 새로운 담론적 기능을 부여받고 있다. 어휘 형태소와 문법 형태소를 경계 지어 공백으로 표시하는 이 띄어쓰기 방법은 조선시대의 언문체가 줄글로 이어져 있었던 것과는 전혀 다른 인식의 효과를 거둔다. 언문체는 그것이 어떤 형태의 글이라도 음절량의 규칙적 분절에 의한 율격 패턴을 지님으로써 담론 자체가 시간성에 의존하고 청각적인 것에 호소하는 특성이 있다. 그러나 띄어쓰기를 규범화한 국문체는 철저하게 시각적인 인식을 중시함으로써 담론의 구성에 공간성을 부여할 수 있게 된다. 이러한 특징은 특히 국문체의 서사 담론에서 그 기능성이 발휘되고 있다.

『독립신문』의 국문체를 수용한 후에『대한황성신문』(1898)이 국문체를 수용하였다가 뒤에『황성신문』으로 개제하면서 국한문체를 수용하였으며, 『제국신문』(1898)은 창간 당시부터 국문 신문으로 일관된 성격을 유지하고 있다. 종교 계통의 신문 가운데『그리스도신문』(1897)도 창간 당시부터 국문 전용의 신문으로 출발한다.『대한미일신보』(1904)는 창간 당시부터 국한문 신문으로 출발하였으나, 1907년부터 국문판『대한미일신보』를 별도로 발간하기도 한다.『만세보』(1906)는 한자에 국문으로 음을 병기한 특이한 국한문 혼용체를 수용하였고,『대한민보』(1909)의 경우에도 국한문 혼용체를 수용하였다. 그리고『독립신문』에서 처음 시도한 띄어쓰기를 이들 신문들도 각각 독자적인 기준에 의해 수용하기 시작하였다.

1900년대에 들어서면서 중요 신문들의 문체는 대개 국문체를 수용한 신문과 국한문체를 수용한 신문으로 크게 구분되고 있다. 특히 국한문체의 『대한미일신보』와 국문체의 『제국신문』은 이 신문들이 지향하고 있는 독자층의 성향과 문체의 수용이 밀접한 관계를 지닌다고 할 정도로 뚜렷한 성격을 드러내었다. 『대한미일신보』는 정치 사회 분야의 보도와 논설 중심의 신문으로서 그 성격을 분명히 하고 있었던 반면에, 『제국신문』은 교양과 지식 위주로 여성적 취향까지도 고려하였던 것이다. 물론 이 같은 구분이 절대적인 것은 아니지만, 대부분의 신문들이 기사 속에 소설을 연재할 경우 국문체를 채용한 경우가 많은 것도 문체의 특징과 관련되는 것으로 볼 수 있다.

개화 계몽시대의 국문체의 확대 과정은 세 가지 방향에서 그 의미를 규정해 볼 수 있다. 하나는 국어국문에 대한 연구 작업을 통한 여러 가지 언어 문자적 규범을 확립하는 과정이다. 이 과정에서는 특히 1907년 학부에 설치했던 국문연구소의 역할이 주목된다. 그리고 주시경을 비롯한 여러 학자들의 국어국문에 대한 개인적인 연구 성과와 당시의 국어국문에 대한 다양한 논의가 함께 포함된다. 둘째는 실제적인 언어 문자 생활에서의 국문 사용의 확대 현상이다. 이것은 사회적 제도로서의 학교 교육이나 신문 등의 국문 수용과 출판물에 의한 국문의 보급이 모두 포함된다. 그리고 국문을 쓰고 읽을 수 있는 문자 해독층의 증가를 동시에 고려해 볼 수 있다. 셋째로 주목해야 할 것은 국문체를 기반으로 한 다양한 담론의 분화 현상이다. 국문체를 기반으로 하는 새로운 글쓰기 방법은 개화 계몽 담론의 형성과 그 사회적 확대 과정을 주도하고 있다. 그리고 이것은 전통 문학의 근대적인 변혁과 함께 새로운 근대 문학의 성립 과정에서도 가장 핵심적인 요소가 되고 있다. 한문으로 쓰는 시와 문장을 위주로 했던 조선시대와는 달리 국문체로 이루어진 새로운 글쓰기가 모든 담론의 중심 영역에 자리하게 되었기 때문이다. 결국, 개화 계몽시대의 국문체는 새로운 언어체로서 한국 사회의 근대화를 추진하는 중요한 계몽적 담론 구성의 기반이 된다.

그리고 한문체로 이루어졌던 지배 문화를 붕괴시키는 일종의 문체 혁명을 가능하게 함으로써, 새로운 문학 양식의 출현을 촉발하게 된 것이다.

언어 문자 공동체의 인식

개화 계몽시대에 국어국문운동은 국어국문에 대한 활발한 연구에 의해 그 이론적인 기반을 확보하고 있다. 지석영의 「국문론」(1896), 「신정국문」(1905), 「언문」(1909), 리봉운의 「국문정리」(1897) 등의 국어국문에 대한 연구 작업에 이어, 주시경은 「대한국어문법」(1906), 「국어문전음학」(1908), 「국어문법」(1910), 「말의 소리」(1914) 등의 저술을 통하여 국어국문 연구에 새로운 장을 열어 놓았다. 이들은 자신들의 국어국문에 대한 연구에 근거하여 국문 전용론을 강력하게 주장하기도 하였다. 그리고 정부에서는 1907년 학부 안에 국문연구소를 개설하여 국어국문에 대한 연구를 국가적인 사업으로 추진하게 되었다. 국문연구소는 국문의 원리, 연혁, 사용법, 장래의 발전 등을 연구하였는데, 윤치오, 이능화, 권보상, 이종일, 어윤적, 주시경 등이 이에 가담하였다. 1909년에 보고된 「국문연구의정안」에 따르면, 국문의 문자 체계의 정리, 맞춤법의 규정, 용자법의 확정 등이 중심을 이루고 있다. 이것은 당시에 국어국문의 표기 체계의 규범을 제정하는 것이 가장 시급한 과제로 다루고 있었음을 말해주는 것이라고 하겠다.

국어국문운동에서 선구적 역할을 담당했던 인물은 주시경이다. 주시경은 근대적인 국어 연구의 이론적 기반을 이루어 놓았다. 그는 국어의 문법과 국문의 사용에 대하여 여러 가지 연구를 지속하면서, 특히 국문의 전용 문제에 커다란 관심을 기울였다. 그의 국문 전용에 대한 주장은 한국 민족의 언어와 문자가 지니고 있는 독자성을 강조하고자 하는 측면도 있었고, 무엇보다도 국문의 대중성과 실용성을 주목하여 문자 생활의 변혁을 추구하고자 한 것이라고 할 수 있다. 그의 국어국문에 대한 연구 활동과 그 사회적 실천 운동은 1896년 『독립신문』사 안에 설립된 국문동식회에서부터 시작되어 1907년 설립된 국문연구소에서의 연구를 통해 더욱 발전되었고, 여러 교육기관을 통한 국어 강습 활동으로 확대되었다. 그의 이 같은 활동은 지식층들이 한문만을 고집하여 씀으로써 생겨난 이중적인 문자생활의 폐단을 극복하고 국어와 국문을 사용하여 언어 문자생활을 일치 통일시켜야 한다는 점에서, 뜻있는 사람들의 관심을 불러일으켰다.

(1) 사회(社會)는 여러 사람이 그 뜻을 서로 통ᄒ고 그 힘을 서로 연(聯)ᄒ여 그 생활(生活)을 경영(經營)ᄒ고 보존(保存)ᄒ기에 서로 의뢰(依賴)ᄒ는 인연(因緣)의 한 단체라. 말과 글이 업스면 어찌 그 뜻을 서로 통(通)ᄒ며 그 뜻을 서로 통(通)ᄒ지 못ᄒ면 어찌 그 인민(人民)이 서로 연(聯)ᄒ여 이런 사회(社會)가 성양(成樣)되리오. 이러므로 말과 글은 한 사회(社會)가 조직(組織)되는 근본(根本)이요, 경영(經營)의 의사(意思)를 발표(發表)ᄒ여 그 인민(人民)을 연락(聯絡)케 ᄒ고 동작(動作)케 ᄒ는 기관(機關)이라. 이 기관(機關)을 잘 수리(修理)ᄒ여 정련(精鍊)ᄒ면 그 동작(動作)도 민활(敏活)케 홀 거시요, 수리(修理)치 아니ᄒ여 노둔(魯鈍)ᄒ면 그 동작(動作)도 질애(窒礙)케 ᄒ리니 이런 기관(機關)을 다스리지 아니ᄒ고야 어찌 그 사회(社會)를 고진(鼓振)ᄒ여 발달(發達)케 ᄒ리오. 그쑨 아니라 그 기관(機關)은 점점(漸漸) 녹슬고 상(傷)ᄒ여 필경(畢竟)은 쓸 수 업는 지경(地境)에 지(至)ᄒ리니 그 사회(社會)가 어찌 혼자 될 수 잇스리오. 반드시 패망(敗亡)을 면(免)치 못홀지라. 이런즉 인민(人民)을 가르쳐 그 사회(社會)를 보존(保存)ᄒ며 발달(發達)케 ᄒ고자 ᄒ는 이야 그 말과 글을 닥지 아니ᄒ고 엇지 되기를 바르리오. 이러므로 옛날 라마(羅馬)가 강성(强盛)홀 ᄯᅢ에 그 말과 글을 유로바와 아시아 서편과 아프리카 북편 여러 나라에 행(行)ᄒ다가 마춤ᄂᆡ 예속(隸屬)ᄒ거나 병탄(倂呑)ᄒ엿스며, 동아(東亞)에 지나(支那)가 그 글을 근방(近方)에 행(行)ᄒ여 이내 부용(附庸)ᄒ는 폐(弊)가 만코 예로 지금ᄭᅡ지 아시아든지 유로바에 그 조선(祖先)의 말과 글을 닥지 아니ᄒ고 타국(他國)의 말과 글이 들어옴을 받아 인(因)ᄒ여 주권(主

權)을 일코그 노예(奴隸)가 되는 쟈(者)는 이루 다 말할 수 업거니와 아메리카와 아프리카와 대양(大洋洲) 여러 구역(區域)에 각각 그 지방(地方) 말이 잇스되 말이 다 영성(零星)ᄒ고 혹은 글도 잇스나 글이 쏘한 소루(疏陋)ᄒ더니 현금(現今)에 천하(天下)가 서로 통(通)ᄒ여 그 생활(生活)을 위(爲)ᄒ는 경쟁(競爭) 시대(時代)를 당(當)ᄒ매 모두 그 강토(疆土)를 타인(他人)에게 견탈(見奪)하고 인종(人種)도 거진 멸(滅)ᄒ지라.[6]

(2) 이 디구샹 륙디가 텬연으로 구획되어 그 구역 안에 사는 ᄒ 썰기 인종이 그 풍토의 품부ᄒ 토음에 뎍당ᄒ 말을 지어 쓰고 또 그 말 음의 뎍당ᄒ 글을 지어쓰는 것이니 이러므로 ᄒ 나라에 특별ᄒ 말과 글이 잇는 거슨 곳 그 나라가 이 셰상에 텬연으로 ᄒ 목 즈쥬국 되는 표요 그 말과 그 글을 쓰는 인민은 곳 그 나라에 속ᄒ여 ᄒ 단톄 되는 표라 그러므로 남의 나라흘 ᄲᅢᆺ앗고져 ᄒ는 쟈 그 말과 글을 업시ᄒ고 제 말과 제 글을 ᄀᄅ치려ᄒ며 그 나라흘 직히고져 ᄒ는 쟈는 제 말과 제 글을 유지ᄒ여 발달코져 ᄒ는 거슨 고금 텬하 사긔에 만히 나타난 바라 그런즉 내 나라 글이 다른 나라만 못ᄒ다 홀지라도 글을 슝샹ᄒ고 곳쳐 죠흔 글이 되게 ᄒ 거시라 (중략) 젼국 인민의 ᄉ샹을 돌니며 지식을 다 널펴주랴면 불가불 국문으로 각식 학문을 져슐ᄒ며 번역ᄒ여 무론 남녀ᄒ고 다 쉽게 알도록 ᄀᄅ쳐 주어야 될지라 영미법덕 ᄀᆺ흔 나라들은 한문을 구경도 못ᄒ엿스되 저럿틋 부강흠을 보시오 우리 동 반도 ᄉ쳔여년 젼부터 기국ᄒ 이쳔만즁 사회에 날로 ᄶᅢ로 통용ᄒ는 말을 입으로만 서로 젼ᄒ던 것도 큰 흠졀이어늘 국문 난 후 긕년에 즈뎐 ᄒ 칙도 만들지 안코 한문만 슝샹ᄒ 것이 엇지 붓그럽지 아니ᄒ리오 지금 이후로 우리 국어와 국문을 업수히 넉이지 말고 힘써 그 법과 리치를 궁구ᄒ며 즈뎐과 문법과 독본들을 잘 만달어 더

---

[6] 주시경, 「대한국어문법 발문」(『국어학 자료선집』 5권, 국어학회 편, 일조각, 1993), 239~240면에서 재인용.

죠코 더 편리ᄒ 말과 글이 되게 ᄒᆞᆯ 뿐 아니라 우리 왼 나라 사ᄅᆞᆷ이 다 국어와 국문을 우리나라 근본의 쥬쟝 글로 슝샹ᄒᆞ고 사랑ᄒᆞ여 쓰기를 ᄇᆞ라노라[7]

앞의 인용에서도 볼 수 있듯이, 주시경은 각 민족의 언어라는 것이 지역과 인종에 알맞게 천명에 따라 자연 발생적으로 형성되었다고 주장하면서 국어가 지니고 있는 민족적 독립성과 특수성을 강조한 바 있다. 그는 지역 공동체, 혈연공동체, 언어공동체라는 세 가지 요소의 통합적인 요건을 지니고 있는 것이 바로 민족임을 분명히 하였고, 민족의 독립과 발전은 이들 세 가지 요건이 여타의 다른 민족과의 사이에 드러내는 차이를 통해 더욱 확고해질 수 있다고 하였다. 그는 국가의 독립이라는 것이 우선 그 기반이 되는 지역이 확보되어야 하며, 그 주체로서의 종족의 집단이 이루어져야 하며, 그 특성을 구성하는 언어의 독자성을 인정받아야 한다고 하였다. 이에 따라 주시경은 민족의 언어를 수리하는 일이야말로 국가의 독립과 발전에 기초가 된다고 생각하였다. 그리고 국성을 장려하고 보존하기 위해 국어와 국문을 애중히 해야 하며, 와전 오용되고 있는 어문을 바로잡는다면 그것이 바로 국가의 위세를 회복할 수 있는 길이라고 믿었다.

국어국문의 민족적 독자성과 고유성을 주장하면서 주시경이 특히 강조한 것은 조선시대 지배층의 전유물이었던 한문이 한국 민족의 언어와 어울리는 문자가 아니라 중국인들이 쓰는 글이며 남의 것이라는 사실을 분명히 한 점이다. 그는 한문이 남의 글이기 때문에 국어와 어울리지 못하며, 배우기도 쓰기도 어렵다는 점을 지적하면서 한문을 익히기 위해 한국인들이 너무 많은 노력을 기울이고 있다고 하였다. 그는 국문을 쉽게 배우고 사용함으로써 지식과 기술을 널리 보급할 수 있음을 강조하면서 국어국문을 통해 민족의 자존과 독립을 지킬 것을 주장하기도 하였다. 주시경의 이 같은 주

---

[7] 주시경, 「국어와 국문의 필요」(『서우』 제2호, 1907.1)

장은 한국인들의 지배 담론을 구성하고 있던 한문의 사회 문화적 권위에 도전하는 것으로서, 세계의 중심으로서의 중화적인 것의 상징이었던 한문을 하나의 타자에 불과한 남의 나라 중국의 글로 격하시키고자 하였다는 점이 주목된다. 이것은 자기 언어와 문자로서 자기 주체를 내세우는 담론의 주체성을 새로이 주장한 것으로서 그 의의를 인정할 수 있는 것이다.

주시경의 노력이 한편으로는 국어국문의 학문적 연구로 심화되고 다른 한편으로는 사회 계몽운동으로 확산되는 동안, 1905년을 전후하여 개화계몽운동을 주도했던 많은 인사들도 국어국문에 대한 새로운 관심을 기울이게 되었다. 박은식, 장지연, 신채호 등은 모두 국문 사용의 타당성을 강조하였다. 이들은 한문을 통해 학문과 사회 경륜을 키워 왔으나 자기 학문의 근거를 부정하고 국문의 가치와 그 중요성을 역설하였다.

박은식은 「홍학설(興學說)」, 「학규신론(學規新論)」[8] 등에서 모든 백성이 학식을 지닐 수 있도록 하기 위해 국문 전용 교육이 필요하다고 역설하였다. 나라의 문명이 교화로써 이루어지고 교화의 융성이 학식에서 비롯되는데 그 학식을 위해서는 누구나 쉽게 배우고 익힐 수 있는 국문 교육이 편리하다고 주장하였다. 그는 국문운동에 적극 참여하면서, 모든 한문 서적들에 대한 국문 번역의 필요성을 강조하였다. 그가 국문 전용론을 강조한 것은 국민 교육을 위한 하나의 방법이었다고 할 수 있는데 국문을 우선 교육해야만 그것으로 모든 지식을 일반 백성들에게 계도할 수 있을 것이라고 생각하였던 것이다.

이와 비슷한 주장은 장지연에게서도 찾아볼 수 있다. 장지연이 국문에 관한 관심을 구체적으로 피력한 것으로는 「국문관계론(國文關係論)」[9]이 있다. 이 글의 내용은 언어 문자의 독립적 특질, 한문의 폐해, 국문 사용의 필요성 등을 논한 것이다. 그는 문자라는 것을 각기 그 나라의 말과 소리

---

[8] 『박은식전서(朴殷植全書)』 중권(中卷)(단국대출판부, 1975)에 수록된 글임.
[9] 장지연, 『위암문고(韋庵文稿)』(국사편찬위원회, 1971), 229면.

에 따라 나온 것이라고 규정하였으며, 각국의 말과 글이 독특한 것은 그 습속의 차이에서 연유된 필연적인 현상이라고 하였다. 게다가 사물의 이치가 모두 다르고 모든 인간들의 언어란 것도 무궁하므로 하나의 문자를 만들어 국가의 언어를 일치시켜 나아가게 되는 것이라고 하였다. 그러므로 그는 한 나라의 글이라는 것은 그 나라의 독립을 완전히 할 수 있는 기반이 된다고 주장하였던 것이다.

장지연의 경우와 마찬가지로, 신채호는 국문으로 씌어진 문학만이 참된 우리의 문학이 될 수 있다는 민족문학에 대한 새로운 인식을 지니고 있다. 그는 국문의 소중함을 강조하면서 자국의 언어로 자국의 문자를 편성하고, 자국의 문자로 자국의 역사 지지를 편찬하여, 전국 인민이 그것을 받들어 읽고 전해야만 고유한 민족의 정서를 보유 지탱하고 애국심을 고양할 수 있을 것이라고 주장[10]한 바 있다.

이와 같은 개화계몽운동가들의 국문 전용론은 교육과 신지식의 보급이라는 실용적인 요구를 담고 있을 뿐만 아니라, 언어와 문자라는 것이 한 나라의 국민의 심성을 바로잡고 국가의 독립을 완전히 할 수 있다는 일종의 언어 민족주의적 관념[11]을 바탕에 깔고 있다. 언어와 문자가 각 민족마다 다르고 바로 그 유별난 특징이 민족의 특수성을 규정해 주는 요건이 된다는 생각은 언어와 민족의 일치를 강조하고 민족의 독자성을 내세우기에 필요한 것이다. 그러나 언어 문자의 개별적인 특수성을 강조하는 태도는 자칫 언어 문자의 우열까지도 나누어 보게 되는 여러 가지 문제성을 야기할 수도 있다. 그러므로 이러한 태도는 언어의 보편적인 특질을 중요시하는 근대적인 언어관과는 일정한 거리를 유지하고 있다. 물론, 박은식이나 장지연의 주장에서 볼 수 있는 것처럼 각 나라의 말이 그 나라의 관습이나

---

[10] 신채호, 「국한문의 경중(輕重)」(신채호전집 별집, 신채호전집간행위원회, 1972), 75면.
[11] 이 용어는 이병근, 「애국계몽시대의 국어관」(『한국학보』 12집, 1978)에서 그대로 옮겨온 것이다. 이 글에서는 '언어 민족주의 사상'이라는 용어도 사용하고 있다.

풍속에 따라 서로 다르고 그 나라의 언어는 하나의 문자로서 통일된다는 사실은 언어와 문자의 국가적 민족적 특수성만을 강조하기 위한 것이 아니며, 오히려 언어의 규범과 문자의 원리를 나름대로 규정한 것이라고 할 수 있다. 신채호의 경우에는 나라마다 독특한 언어와 문자가 있으며 그것을 통해 국가와 민족을 유지 발전시키고 있다고 주장한 바 있는데, 이것은 언어 문자의 특수성에 대한 인식을 통해 민족 국가의 정통성이나 고유성에 대한 관심을 제고시키기 위한 것이라고 하겠다. 결국 이들의 주장은 새로운 문물을 습득하고 교육한다는 그 실용적인 측면에서의 의미뿐만 아니라 언어 문자의 특수성에 대한 인식을 통해 위기에 처한 민족의 자주 독립에 대한 요건을 그 가운데서 새롭게 각성시켜 준 언어 문자에 대한 민족 사상이라는 점에서 그 의의를 평가할 수 있을 것이다. 장지연이 각 나라의 말이 그 나라의 인습과 풍속의 차이에 따라 서로 다르고, 각기 그 나라 안에서 하나의 문자로써 언어를 통일시켜 나아간다고 말한 것이나, 주시경이 나라마다 독특한 언어와 문자를 갖고 그것을 유지 발전시켜 나라를 지켜 나아간다고 한 것은 모두 언어 문자의 국가적 민족적 특수성을 강조한 것이었다. 그러나 이러한 견해는 언어 문자의 특수성에 대한 인식으로부터 민족 국가의 전통성이나 고유성에 대한 관심으로 확대되었고, 그것이 다시 민족 국가의 독립성 자주성에 대한 인식으로 발전하게 되었다.

3. 문체 변혁과 국문체의 위상

절충적 언어체로서의 국한문체

개화 계몽시대에 널리 전개된 국어국문운동은 실제의 언어 문자 생활 가운데에서 국문 전용의 이상을 완전히 실현할 수 있는 단계에까지 도달하지는 못하고 있다. 물론 문자 생활에 있어서 지배적인 위치를 차지하고 있던 한문의 정보 기능이나 문화적 역할이 현저하게 축소되고 국문의 활용 범위가 널리 확대되어 간 것은 사실이다. 그러나 국문만을 전용하고자 했을 때, 한문을 중심으로 했던 지배층의 문자 생활을 갑작스럽게 국문으로 변혁시키기 어려운 한계를 드러내게 된다. 더구나 국문체 자체의 어법적인 규범도 제대로 정립되어 있지 못했던 점도 국문체의 사회적 확대에 장애가 된다. 그렇기 때문에 국문에 대한 높아진 관심에도 불구하고, 국문체와 한문체의 절충 형태인 국한문체가 오히려 공적인 문체로 자리 잡기 시작한다. 국한문체는 초기에는 한문구에 국문으로 토를 달아 놓는 정도로 일상적인 언어의 실체와는 거리가 먼 한문투를 벗어나지 못하고 있었다. 그러나 점차 국어의 통사 구조를 바탕으로 국문과 한자를 혼용하는 방식으로 그 구조가 바뀌고, 국문 문장의 일부 단어가 한자로 표기되는 방식으로 고정되면서 독자적인 영역을 누리게 된다.

국한문체의 변화 과정을 가장 잘 드러내고 있는 것은 관공서의 공문이다. 이미 1894년 황제 칙령에 의해 국문을 본위로 하는 공문서의 표기를 정했음에도 불구하고 1900년대에 들어서면서 이 같은 규범이 점차 흔들리기 시작하여 1908년에는 모든 정부 공문서에 국한문체의 수용을 공식화[12] 하기도 한다. 그리고 교과용 도서의 출판에서도 국한문체가 더 큰 세력을 드러낸다. 1908년 최남선이 간행한 잡지 『소년』을 제외하고는 이 당시의 여러 사회단체가 발간한 대부분의 잡지가 또한 국한문체를 채택하게 된다.

국문체의 변화와 국한문체의 선택 과정은 복잡한 문화적 배경을 지니고 있기 때문에, 표기 문제에 국한된 언어체의 선택만이 문제가 되는 것은 아

---

[12] 『관보』 3990호(1908.2.6)에 의하면 다음과 같은 새로운 내규가 시행되기 시작하였음을 확인할 수 있다. 이하 내용은 이기문, '앞의 책'에서 재인용.
 1. 各 官廳의 公文書類는 一切히 國漢文을 交用ᄒ고 純國文이나 吏讀나 外國文字의 混用을 不得홈
 2. 外國 官廳으로 接受혼 公文에 關ᄒ야만 原本으로 正式 處辨을 經ᄒ되 譯本을 添附ᄒ야 存檔케홈

니다. 한문체의 쇠퇴와 국문체의 발전, 그리고 그 절충 형태인 국한문체의 확대는 각각의 문자 표기 체계를 담당하고 있던 사회 계층의 의식 변혁에 그대로 대응하고 있기 때문에, 그 자체가 곧 사회사상 체계의 변혁을 의미한다고 할 수 있다. 한문체의 쇠퇴가 그것을 기반으로 했던 지배층의 몰락을 뜻한다면, 국문체의 발전은 조선시대 언문체의 기반이 되었던 여성과 평민층의 성장을 말하는 것이다. 그리고 새롭게 등장한 국한문체는 개화계몽운동을 주도했던 지식층의 사상적 절충성을 보여주는 것이라고 할 수 있다.

개화 계몽시대의 국한문체는 일상적인 언어를 기반으로 하여 성립된 것이 아니다. 국한문체는 국문의 어법적인 규범을 바탕으로 관념적이고도 추상적인 언어체로서의 한문을 혼용한 문자 표기의 절충성에 그 본질적 특성이 있다. 이것은 문자로서의 한문이 지니고 있는 표의성과 국문의 감응력을 결합시킨 새로운 기능성을 창출하고 있음을 의미한다. 당시 국한문체의 형성과 보급에 크게 기여했던 유길준은 『서유견문(西遊見聞)』(1895)을 국한문체로 펴내면서 그 서문에서, 첫째 말뜻을 평순하게 하여 문자를 조금 아는 사람도 알기 쉽게 하며, 둘째 스스로 글을 쓰는 데 편리하며, 셋째 우리나라 칠서 언해의 방식을 따르고 있음을 밝혀 놓았다. 유길준의 지적대로 국한문체는 이미 그것이 대상으로 삼고 있는 독자 계층을 '문자를 조금 아는 사람'으로 지정하고 있다는 점에서부터 수용 계층을 고려한 것임을 알 수 있다. 유길준이 국한문체의 규범을 경서의 언해 방식에서 차용하고 있다고 밝힌 것은 국한문체의 본질적인 속성을 암시해 주는 중요한 지적이다. 그것은 국한문체가 번역체로서의 속성을 지니고 있음을 말해주는 것이기 때문이다. 국한문체는 새로운 지식과 사상을 매개하여 일상의 언어에 가깝게 지시 전달할 수 있다는 점에 그 특성이 있다. 실제로 국한문체를 매개로 했던 개화 계몽시대의 새로운 사상과 지식 자체가 상당 부분 자생적인 것이 아니라 외래적인 것을 번역 또는 번안하는 수준이었다는 점은 부인할 수 없는 사실이다. 당시 국한문체로 발간된 중요 교과용 도서와 신문 잡지들은 문명개화의 이상을 논하고 새로운 학문을 소개하는 것이 대부분이다. 그 원전 자체는 상당 부분 중국이나 일본에서 들어온 것들이다. 이 같은 외국 서적을 번역하기 위해, 개념의 핵심을 이루는 말들은 원문의 한자를 살려 두고, 나머지를 국문으로 바꾸어 표기함으로써 자연스럽게 국한문체를 사용하게 된 것이다.

국한문체가 지니고 있는 기능의 절충성에 대해서는 개화 계몽시대의 지식인들 사이에 두 가지의 서로 다른 관점이 충돌하고 있다. 전통적인 한학자로서 학문적인 면에서 보수적인 입장을 고수했던 황현은 당시의 국한문체를 놓고 '국문과 한문을 섞어 쓰는 방식이 일본 문법을 본뜬 것'이라고 비판[13]한다. 이것은 일본의 정치 문화적 영향력의 확대 과정 자체를 담론의 형식 문제로까지 연결시켜 논박하고 있는 경우에 해당한다. 국한문체의 절충적 기능성에 대한 관심보다 그것이 지니는 정치성에 대해 더욱 민감했던 보수주의자의 관점을 잘 보여주는 대목이다. 국한문체가 과연 일본풍의 새로운 언어체인가에 대해서는 논란의 여지가 없지 않다. 이미 유길준의 경우에도 경서의 언해 방식을 따라 국한문체를 사용하였다고 밝히고 있기 때문이다. 그러나 당시의 시대 상황으로서는 황현의 경우와 같은 정치적인 해석이 가능할 정도로 일본의 문화적 영향력이 증대하고 있었던 것이 사실이다.

이러한 일부의 비판적인 견해에도 불구하고 국한문체의 기능성 자체를 크게 강조하고 있는 견해들이 많다. 그 대표적인 예를 이광수에게서 찾아볼 수 있다. 이광수는 국문만으로는 신지식의 수입에 저해가 되기 때문에, 고유명사나 한문에서 나온 명사, 형용사, 동사 등 국문으로 쓰지 못하는 것은 한문으로 쓰고, 그 밖의 것은 국문으로 써야 한다고 주장하고 있다.

---

[13] 황현, 『매천야록(梅泉野錄)』(卷二), 89면.
'是時京中官報及外道文移 皆眞諺相錯以綴字句 盖效日本文法也'

금일(今日)의 아한(我韓)은 신지식(新知識)을 수입(輸入)홈이 급급(汲汲)
혼 쩌라 이 쩌에 해(解)키 어렵게 순(純) 국문(國文)으로만 쓰고 보면 신지
식(新知識)의 수입(輸入)에 저해(沮害)가 되깃슴으로 차(此) 의견(意見)은
아직 잠가두엇다가 타일(他日)을 기다려 베풀기로ᄒ고 지금 여(餘)가 주장
(主張)ᄒᄂ는 바 문체(文體)ᄂ는 역시 국한문(國漢文) 병용(倂用)이라 그러면
무어시 전(前)과 다를 거시 잇깃느냐고 독자(讀者) 제씨(諸氏)ᄂ는 의문(疑
問)이 싱길지나 그ᄂ는 그럿치 아니로다 우에도 죠곰 말혼 것과 갓히 금일
(今日)에 통용(通用)ᄒᄂ는 문체(文體)ᄂ는 명(名) 비록 국한문(國漢文) 병용
(倂用)이나 기실(其實)은 순(純) 한문(漢文)에 국문(國文)으로 현토(懸吐)
혼 것에 지ᄂ지 못ᄒᄂ는 거시라 금(今)에 여(餘)가 주장(主張)ᄒᄂ는 거슨 이
것과ᄂ는 명동실이(名同實異)ᄒ니 무어시뇨 고유명사(固有名詞)나 한문(漢
文)에서온 명사(名詞) 형용사(形容詞) 동사(動詞) 등 국문(國文)으로 쓰지
못혼 것만 아직 한문(漢文)으로 쓰고 그밧근 모다 국문(國文)으로 ᄒ쟈홈
이라 이거슨 실(實)로 궁책(窮策)이라고 홀 수 잇깃스나 그러나 엇지ᄒ리
오 경우가 이러ᄒ고 또 사세(事勢)가 이러ᄒ니 맛은 업스나 먹기ᄂ는 먹어야
살지 아니ᄒ깃는가

이럿케ᄒ면 저자(著者) 독자(讀者) 양편(兩便)으로 이익(利益)이 잇스니
넓히 낡히움과 이해(理解)키 쉬운 것과 국문(國文)에 연숙(鍊熟)ᄒ야 국문
(國文)을 애존(愛尊)ᄒ게 ᄒᄂ는 것이 독자(讀者)의 편(便)의 이익(利益)이오
저작(著作)ᄒ기 용이(容易)홈과 사상(思想)의 발표(發表)의 자유(自由)로움
과 복잡(複雜)혼 사상(思想)을 자세(仔細)히 발표(發表)홀 슈 잇슴이 저자
(著者) 편(便)의 이익(利益)이며 ᄯ로혀 국문(國文)의 세력(勢力)이 오를지
니 국가(國家)의 대행(大幸)일지라[14]

앞의 인용에서 국문만으로는 개화 계몽시대에 새로운 지식을 수입하는

---

[14] 이광수, '금일(今日) 아한(我韓) 용문(用文)에 대(對)ᄒ야'『황성신문』, 1910.7.27).

데에 장애가 있다는 것은 이광수 자신도 한자의 표의성을 중시하고 있음을 말해주는 대목이다. 그는 바로 이 같은 한자의 표의성을 이용하여 개념적인 단어를 한자로 쓰고 나머지는 국문으로 써야 한다고 주장한다. 이것이 바로 국한문체의 기능성을 강조하고 있는 점이다. 그러나 이것은 국한문체를 매개로 하는 개화 계몽시대의 새로운 사상 체계나 지식 개념에 대한 담론의 표현 방식이 번안 또는 번역의 수준임을 말해 주는 것이라고 할 수 있다. 물론 이광수는 이러한 자신의 방안이 궁책이라고 분명히 밝히고 있으며, 순국문을 쓰는 것이 당연하지만 만년대계로 단행할 수밖에 없다고 지적하고 있다.

  이 같은 사실을 놓고 볼 때, 국한문체는 한문체를 버리고 국문체를 수용하는 과정에서 등장한 하나의 과도기적인 성격의 문체임이 분명하다. 국한문체는 그 자체가 국문체의 실현을 위한 중간 단계로 인식되고 있기 때문이다. 그러므로 개화 계몽시대의 국한문체라는 것이 당시에 통용되었던 일상적 언어를 근거로 하여 새로운 담론의 체계를 형성한 것이라고 보기는 어렵다. 그것은 추상적인 관념 체계와 새로운 사상과 지식을 수용하고 전달하기 위해 만들어진 정보적 기능적인 문체일 뿐이다. 국한문체로 이루어진 모든 담론들은 언어체의 사회적 기반과 그것을 통해 드러내는 관념 사이의 간격을 넘어서지 못한다. 이것은 국한문체로 구성된 개화 계몽시대의 사상 체계와 이념이 상당 부분 일상적인 언어 기반을 벗어나 있었음을 말해주는 근거가 된다. 그럼에도 불구하고 여기서 다시 주목해야 할 것은 국한문체의 공식적인 확대 과정을 통해 보여주고 있는 새로운 담론적 질서의 형성이다. 국한문체는 개화 계몽시대 지식층이 지니고 있던 지식과 교양과 사상을 대변하고, 외래적인 사상과 지식에 대한 번안과 전달의 기능성을 추구한다. 그러므로 국한문체는 주로 개화 계몽 담론을 표현하는 논설 양식의 문체로 널리 활용되면서 추상적인 관념의 체계로 고정된 표현 구조를 지탱한다.

(1) 夫 邦國之獨立은 惟在自强之如何耳라 我韓이 從前 不講於自强之術 ᄒᆞ여 人民이 自鋼於愚昧ᄒᆞ고 國力이 自趣衰敗ᄒᆞ여 遂至於今日之艱棘ᄒᆞ여 竟被外人之保護ᄒᆞ니 此皆不致意於自强之道故也라 尙此因循玩愒ᄒᆞ여 不思 奮勵自强之術이면 終底於滅亡乃已니 奚但今日而止哉아

— 장지연, 「자강회 취지문」(1906)

(2) 近聞ᄒᆞ즉 學部에서 國文硏究所를 設ᄒᆞ고 國文을 硏究ᄒᆞ다 ᄒᆞ니 何等 特異 思想이 有ᄒᆞᆫ지는 知치 못ᄒᆞ거니와 我의 愚見으로는 其 淵源과 來歷을 究之已甚ᄒᆞ는대 歲月만 虛費ᄒᆞ는 것이 必要치 아니ᄒᆞ니 但其 風俗에 言語와 時代에 語音을 入道에 博採ᄒᆞ여 純然ᄒᆞᆫ 京城 土語로 名詞와 形容詞 等類를 區別ᄒᆞ여 國語字典 一部를 編成ᄒᆞ여 全國 人民으로 ᄒᆞ여금 全一ᄒᆞᆫ 國文과 國語를 用케ᄒᆞ되 其 文字의 高低와 淸濁은 前人의 講定한 者가 已有ᄒᆞ니 可히 取用ᄒᆞᆯ 것이요 新히 怪癖ᄒᆞᆫ 說을 倂起ᄒᆞ여 人의 耳目만 眩亂케 ᄒᆞᆷ이 不可ᄒᆞᆫ가 ᄒᆞ노라

— 『대한매일신보』, 「국문에 관한 관견」(1908)

앞의 인용에서 볼 수 있는 바와 같이 (1)의 예문은 순한문에 국문으로 토를 달아놓은 수준이며, 문장의 구조 자체가 한문투를 벗어나지 못한 상태다. 이러한 한문 위주의 국한문체는 점차 (2)의 예문과 같은 수준으로 변하여 널리 사용되고 있다. 그러나 이 같은 국한문체 표기 방식에는 여전히 한문투의 표현이 그대로 남아 있으므로, 일상의 언어를 그대로 구현하고 있는 것이라고 볼 수 없음은 물론이다.

국한문체는 개화 계몽시대의 논설 양식과 결합하면서 '—하노라', '—이라' 등의 어미로 종결되는 의도법의 문장들을 중심으로 특이한 표현 구조를 지니게 된다. 이러한 의도법의 문장 종결법은 화자의 견해나 감정을 직접적으로 드러내어 주관적인 의지를 분명하게 표출할 수 있도록 하는 방법이다. 이러한 어투는 모든 사건, 내용, 상태, 행동 등을 시간적으로 현재

화하는 동시에 화자의 의지를 강하게 드러내어 준다. 그리고 그 어투의 특이한 격조로 인하여, 독자 또는 청자의 정서적인 반응과 행동을 쉽게 유발하게 되는 것이다. 국한문체의 논설 양식에서 흔히 볼 수 있는 이 같은 특성은 국한문체의 어투 자체가 독자 또는 청자 중심적인 언술로서보다는 화자 중심적인 언술의 기능을 지니고 있음을 말하는 것이다. 국한문체가 설명이나 논설의 기술 방법에 적응하는 문체로서 자연스럽게 정착되면서, 개화 계몽 담론의 다양한 분화에 따라 그 기능이 확대된 이유가 바로 여기에 있다고 할 것이다. 물론 국한문체는 살아있는 실체로서의 일상적 언어 현상을 제대로 반영하지 못한다. 오히려 일상적인 언어생활의 기반은 국문체를 통하여 확립되고 있는 것이 사실이다. 바로 여기에 국한문체와 국문체의 갈등이 가로놓여 있다. 국한문체의 추상적인 언어 기반과 그것을 통해 드러내는 관념이 일상적인 언어 현실과 부딪치면서 드러나게 되는 간격은 개화 계몽시대의 사상체계와 이념이 일상적인 언어의 담론 구조를 벗어나고 있음을 말해주는 셈이다.

국문체와 담론 공간의 확대

개화 계몽시대 국어국문운동의 목표는 문자 생활에서 완전한 국문체를 구현하는 데에 있었다고 말할 수 있다. 물론 앞서 검토한 대로 개화 계몽시대의 공식적인 문체로서 국한문체의 기능을 무시할 수는 없는 일이지만, 국문체의 발전과 그 사회적 기반의 확대는 일종의 문체 변혁을 가능하게 하고 있다. 당시의 국어국문운동은 한국인들의 언어생활에서 문자 사용의 이중성을 극복할 수 있는 결정적인 계기를 제공하고 있다. 일상적 언어에 근거한 국문체의 확립을 통해 언문일치를 실현할 수 있게 되었기 때문이다. 국문체는 사물에 대한 사고와 인식의 체계를 전환시켜 준다. 언어에 의해 명명되는 사물을 문자로 표기할 경우, 한문체는 한국인의 언어 구조와 달리 중국어의 구조에 의거하여 한문으로 표기한다. 이때 사물에 대한 인식의 과정에서 이중적 언어 문자 사용에 따른 일종의 번역 과정을 거쳐야만 한다. 더구나 한문은 단순한 음성적 기호로 표기되는 것이 아니다. 글자 하나하나가 모두 고유의 의미를 표상하고 있기 때문에 그 의미에 따른 결합 관계를 중시하게 된다. 예컨대 '하늘'이라고 말하면서 '천(天)'이라는 문자로 바꾸어 써야 하고, 문장을 쓸 때도 우리말과는 전혀 다른 통사구조를 가진 한문체로 바꾸어야 한다. 국문체는 이 같은 속성과는 전혀 다른 표기 체계를 바탕으로 하는 새로운 담론의 질서를 지니고 있다. 국문은 문자 하나하나가 단순한 음성적인 기호에 불과하기 때문에 소리 나는 대로 적으면 그뿐이다. 입으로 말하는 대로 글자로 적을 수 있다는 언문일치의 원리는 국문체를 통해 얻어낸 문자 기록의 혁명적인 기능성을 말해주는 것이다.

개화 계몽시대의 국어국문운동에 의해 정착된 국문체는 말하는 것과 그것을 그대로 글로 쓰는 것이 일치될 수 있음을 보여 주는 새로운 언어체다. 사물을 일상의 언어로 명명하고 그것을 그대로 글로 적을 수 있다는 언문일치의 이상은 국문체에 의해 실현된다. 국문체는 주지하다시피 일상적인 언어에 기반을 두고 있다. 그렇기 때문에, 이 시기의 국문체는 달리 규범적인 형식이나 체계로 존재하는 것이 아니다. 그것은 현실 속에서 살아 있는 모든 사회적인 담론의 유형을 포괄하여 독특한 표현 구조로 조직화하고 있으며, 앞서 언급한 것처럼 말과 글의 일치를 추구해온 이른바 언문일치의 원칙에 가까이 접근하고 있다. 말은 우리말로 하면서 글은 한문을 쓰던 조선시대의 언어 문자 생활은 시고의 이중성을 드러내는 것이었다. 한문으로는 일상적인 감각이나 다양한 정서를 완벽하게 표현하기 어려웠기 때문에, 한문으로 쓴 한시를 즐기면서도 노래는 시조를 지어 부르는 특이한 관습이 일반화된 것을 보면 이를 쉽게 짐작할 수 있다. 국문체는 어떤 형태의 발화도 하나의 담론 형태로 옮길 수 있는 기능성을 지니고 있다. 국문체는 일상의 언어를 포함하고 그것을 기술하며 또한 그것을 가장 극명하게 드러낸다. 국문체와 일상적인 현실의 언어는 구체적인 인간의 삶

속에서 사회적인 관계와 이념과 가치를 나타내며, 또한 그런 것들의 기호가 된다. 국문체는 구체적인 삶과 현실의 언어적 노출이다. 국문체는 일상의 언어가 은닉하고 있는 의미들— 어떤 사건, 의미, 이념, 감정 등 언어가 지칭하거나 암시하는 모든 것들을 구체적인 담론의 형태로 산출한다. 그리고 일상의 언어를 하나의 담론적인 질서로 담아놓으며, 그 의미를 명료하게 한다. 그러므로 기존의 고정된 이념과 가치는 국문체를 통해 수용된 다양한 일상적인 담론의 특성을 통해 도전받고 전복되기 시작한다. 일상의 언어가 하나의 구체적인 행위라면 그 행위를 담는 국문체는 새로운 담론의 생산이며 창조다.

국문체는 언어와 문자를 통한 사물에 대한 인식 방법의 통합을 가능하게 함으로써, 언어체의 변혁이라는 문화적 기호의 전환이 한 사회의 사상과 이념과 가치를 혁명적으로 전환시킬 수 있음을 보여준다. 결국 국문체는 한국 사회에서 개화 계몽시대 이후 새롭게 자리 잡기 시작한 근대성의 최초의 징표가 되고 있는 것이다. 실제로 개화 계몽 담론 가운데 주체와 타자의 개념을 분명하게 구별할 수 있도록 해준 새로운 담론의 질서는 국문체를 바탕으로 형성된다. 민족이라는 개념도 언어와 문자의 공동체라는 사실이 강조되면서 그 주체로서의 의미가 더욱 분명해졌고, 한문이 중국의 글이며 한국 민족의 '진서'가 아님을 논하면서 타자로서의 중국과 한문의 의미를 더욱 분명하게 인식한다. 이 같은 담론의 새로운 체계는 일종의 언어 민족주의적 사고를 드러내는 것으로 설명할 수 있지만, 바로 이러한 인식으로 인하여 일제 식민지시대에도 한국 민족이 국어와 국문을 고수할 수 있었던 것으로 생각된다. 자기 민족의 언어와 문자로 이루어진 문학만이 진정한 민족문학이라는 인식이 자리 잡기 시작한 것도 바로 이 같은 새로운 담론적인 질서를 통해 이루어진 현상이다. 한문의 권위가 사라지면서 모든 사람이 널리 읽을 수 있도록 국문소설을 써야 한다는 주장도 나왔고, 시의 경우에도 한시가 아니라 국문을 이용한 '국시 개혁'이 이루어져야 한다는 의견도 발표된다. 그리고 실제로 이러한 국문 문학의 창작을 실천에 옮김으로써, 새로운 시대정신을 담는 신문학의 형성을 가능하게 한다. 민족의 정서를 민족의 언어와 문자를 통해 주체적으로 표현하는 국문문학의 확립이 가능해진 것이다.

그런데 이 같은 국문체는 그 전통이 한글 창제 이후 성립된 조선시대 언문체와 맞닿아 있다. 조선시대 이전부터 지배 계층의 이념과 사상을 대변해 온 것은 한문체다. 지배층의 전유물이었던 한문체는 그들이 몸담았던 중화적 사상의 근거로서, 지배층이 필요로 하는 지식과 이념을 생산하고 그것을 대변해 왔다. 한문체는 중화적 이념의 유일한 언어적 의미론적 중심이다. 한국인들이 자기 고유의 언어를 사용하고 있었음에도 불구하고, 중국의 한문을 유일한 진리의 언어로 부각시키고 있는 것은 이 때문이다. 한문을 글자 그대로 진서라고 믿음으로써, 진서에 의해 매개되는 모든 문화에는 절대적인 권위가 부여된다. 지배 계층에게 있어서 한문이 자기중심적이며 폐쇄적인 것은 바로 이 때문이다. 현실의 개념화에 대한 언어 문자의 지배가 절대적일 때, 모든 담론은 일상의 언어를 벗어나는 초언어적인 속성을 지니게 된다. 조선시대의 지배 계층은 한문체를 독점적으로 사용하면서 더욱 폐쇄적인 담론 구성에 한문체를 동원하였고, 한글을 외면하고 그 언어 사회적 기능을 언문으로 격하시키고자 하였다. 왜냐하면, 한문체를 통해 지배층이 누리고 있는 정치 사회적 지위와 한문체의 독점적이고도 폐쇄적인 문화적 담론 기능이 한글의 등장으로 도전받을 수 있다고 생각했기 때문이다.

조선시대 지배층이 한글 사용을 거부하고 그 사회 문화적인 기능을 언문이라는 이름으로 격하시키자, 한글은 한문체로 이루어진 사상과 이념을 번역하는 수단으로 이용되거나, 아녀자들의 의사전달 수단으로 고정되거나, 가사나 소설과 같은 문학 양식의 문체로 남아있게 되었을 뿐이다. 조선시대에 언문체를 공식적으로 활용한 것은 경서의 언해 작업에서다. 경서의 번역 문체로 널리 이용된 언문체는 인간의 삶의 규범과 이념의 제시를 목표로 하는 장중한 문체로 고정되어 있어서, 언어의 실제적인 가치를 규정해주는 대화적 공간을 제대로 유지하지 못하고 있다. 아녀자들이 주고받는 편지글투 역시 언문체가 주종을 이루었지만, 편지글이라는 격식을 지키기 위해 어조의 단일성을 유지하고 있다. 언문체의 가장 확실한 기반이 되었던 고전소설의 경우에도 어조의 단일성이 강하다. 고전소설은 서사적인 요건으로서의 행위와 시간을 순차적으로 제시하는 진술 방식을 택하고 있으며, 서술자의 어조가 작가의 단일한 목소리로 고정되어 있음을 보게 된다.

개화 계몽시대의 국문체는 조선시대의 한문체와 언문체라는 이중적인 표기 문체의 대립 구조가 붕괴되는 과정에서 성립되고 있다. 국어국문운동은 조선시대 지배 계층에 의해 언문이라는 이름으로 외면되었던 한글의 독자성과 고유성을 새롭게 대중들에게 인식시키는 데에 크게 기여했다. 언문이라는 명칭 대신에 자국의 문자라는 의미로 국문이라는 명칭을 부여하게 되었으며, 한문은 더 이상 참된 글자라는 뜻의 진서라는 이름으로 불릴수가 없게 되었다. 개화 계몽시대 한문체의 몰락은 한문체가 더 이상 신성하고 유일한 의미와 진리의 상징물로 인식되지 않게 되었음을 뜻한다. 국문체는 바로 이러한 이념적 세계의 언어적·의미론적 탈중심화를 지향한다. 여기에는 담론의 근본적인 혁명이 관련되어 있다. 문화적으로나 의미론적인 면에서 단일하고 일원적인 언어체인 한문체의 지배로부터 모든 담론을 근본적으로 해방시켜 놓을 수 있게 되었기 때문이다. 한문체라는 하나의 언어체가 사고의 절대적 형태로 고정되었던 것과는 달리, 국문체는 인간의 삶의 세계에 존재하는 말의 다양성을 그대로 문자로 구현하는 것이다. 일상적인 생활 속의 담론적 특성들이 국문체를 통해 살아나게 되자, 국문체를 통해 수용된 다양한 일상적인 담론의 특성을 통해 기존의 이념과 가치들이 도전받고 전복되기 시작한다. 개화 계몽의 가치와 이념을 구현하는 새로운 담론의 질서가 새롭게 국문체를 통해 형성되는 것이다. 그러므로 국문체의 등장은 개화계몽운동의 궁극적인 이념을 대변하는 새로운 문체의 성립을 의미한다. 국문체의 발전은 단순한 언어 문자 현상을 넘어서 조선시대의 봉건적 사상과 이념의 쇠퇴를 말해줌과 동시에 새로운 가치와 이념의 형성을 뜻한다고 할 수 있다.

개화 계몽시대의 국문체가 그 담론적 공간을 가장 크게 확대한 것은 이 시기의 서사 양식을 통해서다. 이 시기에 다양한 분화 현상을 나타내고 있는 서사 양식은, 국한문체가 논설 양식을 바탕으로 확대되었던 점과는 달리, 국문체를 수용 발전시킨 대표적인 양식이다. 국문체는 개화 계몽시대의 서사 양식이 추구했던 독특한 표현 구조를 담론화하는 데에 성공하고 있다는 점에서 서사 양식의 문체론적 성과와도 직결되고 있다. 국문체는 서사 양식 속에서 규범적인 형식이나 추상적인 체계로 존재하지 않으며, 현실 속에서 살아있는 모든 사회적인 담화의 유형을 포괄하여 서사 양식 속에 조직하고 있다. 그러므로 서사 양식은 국문체를 통해 일반 대중의 일상적인 언어의 모순적이면서도 다층적인 목소리를 하나의 표현구조로 담론화할 수 있게 된 것이다.

개화 계몽시대의 서사 양식은 경험적 사실에 근거하고 있는 전기와 사담 등과, 허구적 사실에 근거하고 있는 소설, 우화 등으로 다양하게 분화되고 있다. 이러한 서사 양식들은 이야기와 화자의 존재로서 그 기본 구조가 규정되는데, 각각의 양식들이 추구하는 가치에 따라 다양한 기술 방법이 수용된다. 설명, 묘사 등의 일반적인 산문 형태에서부터 논설, 대화, 토론, 연설, 풍자 등의 방식이 함께 어우러지고 있다. 이러한 현상은 조선시대 소설의 언문체에서는 확인하기 어려운 것들이다. 개화기 국문체는 일상적인 언어 현상에서 가능한 모든 담론의 형식을 서사 양식을 통해 구현함으로써, 서사 양식을 통해 담을 수 있는 다양한 소리를 강화하고 있다. 이것은 당대의 현실 속에서 확인할 수 있는 사회적인 담론 형식의 다양성을 뜻하는 것이기도 하다. 바로 그러한 다양한 언어 형식의 분출이 서사 양식의 다채로운 전개를 가능하게 하였다고 할 수 있다.

(1) 모쳐 병문에서 여러 스룸드리 모야안져 각기 소경스로 보고 들은 말을 셔로 논란허ᄂᆞᆫ되, 기중에 인력거군 흔 아이 ᄀᆞ로되, 나ᄂᆞᆫ 아모리 싱

각ㅎ야도 알 슈 업는 일 흔 가지가 잇셔 모단 친고에게 뭇나니, 뇌가 인력
거로 싱이ㅎ는고로 남북촌 지상가도 만이 가셔 보고 각쳐 연회의나 연셜
허는 곳에도 더러 가셔 들은즉 졍부 조직 졍부 죠집 허니 졍부에셔 죠집은
허여 무엇에 쓰려는지 졍부란 말은 각 디신네들 모혀 나라일 의론허는 쳐
소로 짐죽허거니와 그 죠집은 무삼 죠집인지 알 슈 업데. 졍부가 마소 치
는 려각집이 안인즉, 말이나 소를 먹이려고 죠집을 구할 것도 아니요, 혹
시골셔는 죠집으로 집웅이나 담 ᄀ튼 것을 이기나 허거니와 졍부의셔는
그런 소용도 안일터인즉, 아마 일본 간부의셔 일인을 외군에 나려보내여
각면 각동에 군즁 시급 소용이라 허고 말먹이 곡초를 분졍ㅎ야 돈도 쥬지
아니허고 위협으로 특탈한다 ㅎ니, 졍부에셔 민폐를 싱각허여 일본 군디
로 보내려고 허는 일인지 사름마다 졍부 죠집이 된다 허며, 혹 엇던 사름
에 말은 졍부 죠집이라는 거시 무어신고. 그도 져도 다 틀엿다고 ㅎ니 감
안이 여러 사름의 말을 듯고 눈치로 싱각ㅎ야 보면, 졍부 죠집이 된다 홈
은 졍부에셔 죠집을 구취ㅎ다는 말이오, 졍부 죠집이 틀엿다 홈은 여슈히
구취가 되지 못ㅎ얏다는 말노 알거니와, 그 죠집을 어디 쓸 소용인지 알
슈 업셔 갑갑히 지니노라. 하거늘, 그 말을 듯고 일좌가 박장 디소ㅎ여 왈,
이 무식흔 놈아! 졍부 죠집이란 말도 잇던가. 졍부 조직이라 ㅎ는 말이지.
죠직이라 ㅎ는 말은 무론 무엇이던지 쓴다는 말이니, 졍부 조직은 졍부를
쓴다는 말이라. 흔디, 인력거군이 사례ㅎ여 왈, 그런 말을 나는 밧헤 심으
는 죠집으로만 싱각ㅎ엿슨즉, 그는 무식흔 타시어니와 지금 그디의 말을
듯고야 황연이 씨다라도다.

-『대한매일신보』, 「거부오해」

(2) 여보 느 여긔잇소 날 차져다니느라고 얼마나 익를 쓰셧소 ㅎ면셔
급흔 거름으로 언덕 밋으로 향ㅎ야 느려 가다가 빗탈에 너머져 구르니 언
덕 밋헤셔 올러 오던 남즈가 달려 드러셔 그 부인을 붓드러 이르키니 그
부인이 졍신을 차려본 즉 북두갈구리 갓튼 농군의 험흔 손이 뇌손에 다니

별안간에 션뜻흔 마음에 소름이 끼치면서 가슴이 털컥 누려 안고 겁결에 목소리가 누오지 못흔다
　그 남즈도 또흔 난리 중에 제 계집 차져다니는 스름인 되 그 계집인 즉 피란 갈 째에 팔승 무영을 궁풀 흔 되박이누 먹엿던지 장작갓치 풀 센 치마를 입고 누근 터이오 또 그 계집은 홈의 쓰루 졀구공이 다듬이 방맹이 그러한 셋구진 일로 자라난 농군의 계집이라 그 남즈가 언덕의셔 소리흐고 나려 오난 계집이 제 계집으로 알고 붓드러난되
　그 언덕에서 부르든 부인의 손은 면쥬갓치 부드럽고 옷은 십이승 아릭길 셰모시 치마가 이슬에 눅엇난되 그 농군은 제 평성에 그 옷 입은 그런 손길은 몬저 보기는 고사흐고 처다 보지도 못흐던 위인이러라
　부인은 자긔 남편이 아닌 줄 씨닷고 소아회도 제 게집 아닌 줄 아랏더라
　부인은 겁이 누셔 근이 셔늘흐고 남즈는 선녀를 몬는 듯흐야 흥김 겁김에 가슴이 두군거리면셔 숩소리는 크고 목소리는 아니 나온다
　그 부인의 마음에 악가는 호랑이도 무섭고 귀신도 무섭더니 지금은 호랑이누 와셔 날을 잡아 먹던지 귀신이 나와셔 저 놈을 잡아가던지 그런 쯧 밧게 일을 기다리나 호랑이도 아니오고 귀신도 으니오고 눈에 보이는 것은 말 못흐는 흐늘에 별 쑨이오 이 상중에는 좨업고 심업는 이 닉 몸과 저 몸슬 놈과 든 두 사람 쑨이라
　사름이 겁이누다가 오릭되면 악이 누는 법이라 겁이 늘 찌는 숩도 크게 못쉬다가 악이누면 반벙어리 갓튼 사름도 말이 물퍼붓듯 나오는 일도 잇는지라
　(부인) 여보 원 사름이오
　여보 되답 좀 흐오
　여보 남을 붓들고 셜기는 우익 그리 쩌오
　여보 벙어리오 도적놈이거든 닉 몸에 옷이누 버셔 줄 터이니 다 가져 가오
　그 남즈가 못 싱긴 마음에 어긔쭝흔 싱곡이 나셔 물 흔 마듸가 엄두가

아니나던 위인이 불갓흔 욕심에 물문이 흠부루 열럿더라
 (남주) 여보 원 녜편네가 이 밤즁에 여긔 와셔 잇소
 아마 시집사리 마다고 도망ᄒᆞᄂᆞᆫ 녀편네지
 도망군이라도 붓드러 다가 다리고 살면 계집 업ᄂᆞᆫ 이보다 늘터이니 다리고 갈 일이로구 다리고 가기ᄂᆞᆫ ᄂᆞ즁 일이어니와 내가 어제밤 ᄭᅮᆷ에 이 손 즁에서 장가를 드럿더니 ᄭᅮᆷ도 신통이 맛친다 ᄒᆞ면셔 무지막지ᄒᆞᆫ 놈의 힝위라 불측ᄒᆞᆫ 소리가 점々 심ᄒᆞ니
 그 부인이 죽어셔 이 욕을 아니 보리라 ᄒᆞᄂᆞᆫ 마음 ᄲᅮᆫ이ᄂᆞ 어내 틈에 죽을 겨를도 업ᄂᆞᆫ지라
 사람이 싱목슘을 버리ᄂᆞᆫ 것은 사름의 제일 셔러ᄒᆞᄂᆞᆫ 일인듸 죽으려 ᄒᆞ여도 죽지도 못ᄒᆞᄂᆞᆫ 그 부인 ᄉᆡᆼ각은 엇덧타 형용홀 슈 업ᄂᆞᆫ 터이라
 바러보면 죠흘가 ᄉᆡᆼ각ᄒᆞ야 이리 빌고 져리 빌고 ᄀᆞᆨ식으로 바러보ᄂᆞ 그 놈의 귀에 비ᄂᆞᆫ 소리가 쓸듸업고 홀일업슬 지경이라 언덕 우에셔 원 사람이 소리를 지르ᄂᆞᆫ듸 무슨 소린지ᄂᆞᆫ 모르ᄂᆞ 부인은 그 소리를 듯고 죽엇던 부모가 사라온 드시 깃분 마음에 마쥬 소리를 질럿더라
— 이인직, 「혈의 누」

 앞의 인용에서 (1)의 경우 등장인물인 인력거꾼의 말을 보면, 그의 모든 대화 내용이 사실은 그 자신에게 부여된 담론의 영역을 훨씬 벗어나 있음을 확인할 수 있다. 여러 가지 서로 다른 견해들이 인력거꾼의 대화 속에서 서로 충돌하고 있기 때문이다. 인력거꾼이 말하고 있는 것은 다른 사람들이 했던 말을 듣고 옮기는 것이 대부분이며, 그는 남들이 했던 말의 정보와 가치를 되새기면서 그 무게를 가늠하고 판단하여 이를 전달하고 있을 뿐이다. 이때에 등장인물인 인력거꾼의 판단에는 작중화자로서의 작가의 판단이 작용하기도 한다. 이 같은 담론 구성은 고전소설의 경우에는 찾아볼 수 없는 특징이다. 신소설에서 대화적 공간을 구성하고, 하나의 담론을 담론 그 자체로서 묘사할 수 있는 국문체의 특성이 발현되고 있는 것이다.

이러한 특징은 앞에 인용한 (2)의 경우에도 그대로 드러난다. 등장인물의 대화가 작중화자의 어조와는 달리 독자적인 자기 목소리를 담고 있는 것이다. 고전소설과 같은 서사 양식에서 지켜졌던 화자의 단일한 어조가 모두 무너지고 있으며, 하나의 단일한 어조로 담론의 질서를 유지하던 관습으로부터 벗어난다. 이처럼, 국문체는 서사 양식 내에서 다양한 어조의 모든 일상적인 담론이 서로 경쟁하는 담론의 장을 열어놓고 있다. 등장인물은 등장인물대로, 화자는 화자 나름으로, 그리고 작가는 작가 자신의 목소리를 유지하면서 각각의 담론들이 지니고 있는 가치의 체계를 구현하게 되는 것이다.
　국문체는 이처럼 다양한 언어 형식의 내적 분화를 통해 서사 담론의 새로운 질서를 구현한다. 이러한 현상은 국문체가 지니고 있는 언어체의 성격뿐만이 아니라 서사의 담론적 특성, 그리고 서사 양식을 통해 추구했던 이념과 가치에도 관련되어 있다. 서사는 주체의 형성에 가장 깊숙이 관여하는 담론에 해당한다. 인간은 주체의 형성기에서부터 자신을 중심으로 서사적 담론을 구성하고 그 담론의 공간 속에서 자아의 정체성을 형성하게 된다. 사람들은 누구나 어린 시절부터 어른들로부터 '너는 자라서 이런 사람이 되어라'라는 말을 듣는다. 그리고 '나는 자라서 무엇이 되겠다'라고 말하기도 한다. 이 같은 이야기 방식이 바로 주체의 형성에 관여하는 최초의 서사다. 이것은 매우 단순한 형태이긴 하지만, 사람들은 이 같은 서사를 수없이 되풀이하여 구성한다. 이 과정 속에서 자아에 대한 인식이 정립되며, 자기 정체성을 분명하게 지닐 수 있게 된다.
　변혁기의 사회에서 그 사회의 정체성을 재정립하고자 할 경우에도 서사가 마찬가지의 역할을 한다. 개화 계몽시대의 다양한 글쓰기 방식 가운데 서사가 널리 확대되어 있었던 것은 이 시기가 민족적 자기 정체성의 새로운 정립을 요구하던 시기이기 때문이다. 실제로 개화 계몽시대의 신문이나 잡지들이 제공하고 있는 다양한 담론 가운데 가장 보편적인 것이 서사 담론이다. 신문 잡지의 사건 기사는 모두 짤막한 서사이며, 사건에 대한 해설 기사도 서사가 주축을 이룬다. 심지어는 논설 기사도 서사적 성격이 강하다. 『대한매일신보』의 경우는 운문으로 이루어진 가사 형식의 짤막한 칼럼(사회등 난에 수록된 가사)조차도 서사적 요소가 지배적인 것을 볼 수 있다. 소설이나 우화나 전기도 모두 서사가 중심을 이루지만, 논설적 요소나 묘사적인 요소도 함께 동원된다. 소설과 같은 서사 양식은 문학적 형상성을 추구하는 본격적인 서사 담론이라는 점에서 신문이나 잡지 등에 등장하는 글쓰기 방법으로서의 서사와는 그 차원이 다르다.

서사는 담론의 구성에 있어서 주체를 구현하는 데에 가장 기능적인 양식이다. 그 이유는 서사만이 담론의 주체가 되는 화자의 존재를 분명하게 드러내고 있기 때문이다. 묘사라든지 설명이나 논설은 진술되는 사실 자체의 객관성을 유지하기 위해 주체로서의 화자의 입장을 드러내는 일인칭을 피한다. 그러나 서사의 경우는 얼마든지 그것이 허용된다. 그리고 오히려 화자의 입장 자체가 분명하게 드러남으로써 그것을 받아들이는 청자(또는 독자)들에게 신뢰감을 주기도 한다. 서사의 화자는 그와 상대하고 있는 청자와의 관계 속에서 담론을 생산하는 자로서의 권위를 인정받으며, 이야기를 말해주는 이야기꾼으로서의 역할을 수행하고 있다. 그러므로 서사는 모든 담론 가운데 가장 밀접하게 화자와 청자를 연결시킨다. 서사의 화자가 어떤 권위나 이념을 이야기 속에 숨기고자 하는 경우가 많은 것은 서사가 인간 생활에 미치는 감응력을 중시하기 때문이다.

이와 같이 개화 계몽시대 국문체가 서사 담론과 결합되어 다양한 양식의 분화를 보이고 있는 것은 국문체가 담론의 주체 구현에 기능적이라는 점과도 관련된다고 할 수 있다. 물론 국문체의 서사 담론은 일반적인 담론의 성격과 마찬가지로 모두가 사회적 지식의 영역에 해당한다. 그리고 이것은 어떤 대상을 사회적으로 구성하고 그 존재의 사회적 재생산을 담당한다. 이 경우 담론의 공간에 대한 지배라는 차원에서 볼 때, 국문체가 가장 개방적인 성격을 띠는 것임은 물론이다. 개화 계몽시대의 서사 담론에서 형상화되고 있는 새로운 가치와 이념이 국문체에 의하여 현실적으로 대중적 기반을 확보할 수 있게 되었다는 점은 국문체의 또 다른 가능성을 확인해 볼 수 있는 중요한 요건이라고 할 것이다.

4. 국문 글쓰기와 새로운 문학

개화 계몽시대에 국문체의 사회적 확대와 함께 새로운 글쓰기로서의 문학이라는 제도가 성립되고 있다. 한문을 버리고 국문으로 글을 쓴다는 것은 낡은 것을 버리고 새로운 것을 만들어가는 과정과 대응한다. 특히 국문이라는 것이 민족적 자기 정체성을 확인하는 요소로 중시되면서 그 영역이 확대되자, 국문을 이용한 글쓰기 방식이 점차 다양해지고, 글쓰기의 주제와 양식, 문체와 표현 방법 등도 새로운 규범을 확립하기 위해 다양한 변화와 충동을 드러내게 된다. 이 시기의 글쓰기의 변화를 보다 면밀하게 검토해 보면, 글쓰기 주체의 계층적 분화와 글에 대한 관념의 전환, 글쓰기의 방법과 문체의 변혁, 글의 양식의 변화와 글의 대중적 확대 등이 동시에 이루어지고 있음을 확인할 수 있다.

개화 계몽시대 새로운 글쓰기의 변화 가운데에서 가장 먼저 주목해야 하는 것은 글쓰기의 주체가 되는 문인 계층의 분화 현상이다. 여기서 글쓰기의 양식과 담론과 문체의 새로운 변화가 기원하고 있기 때문이다. 조선시대의 문인 계층은 넓은 의미에서 볼 때 주자학을 사상적 배경으로 하는 유림의 한학사들이 모두 포함된다. 개항을 전후한 시기까지 한문학을 고수했던 이 같은 한학자들이 문인 계층을 대표하였다고 할 수 있다. 이들은 글이라는 것이 인간의 삶의 도리를 배우는 것이라는 전통적인 효용론적 문학관을 바탕으로 한문학의 권위와 품격을 지키기 위해 노력한다. 그리고 위기의 현실 속에서도 바로 그 한문학이 추구하는 인간의 도리를 더욱 강조함으로써 보수적인 태도를 견지하게 된다. 이들에게는 한문만이 진서이고, 국문은 여전히 언문에 불과한 것이다. 그러므로 개화운동이 본격화되면서 일어난 국문운동도 이들에게는 아무런 의미가 없는 일이다.

　그러나 개화운동의 전개 과정 속에서 전통적인 문인들을 따라 한학을 수학하던 사람들 가운데 새로운 문인 계층의 분화가 일어나고 있다. 예컨대 박은식, 이기, 장지연, 신채호, 유원표 등의 문필 활동이 이 같은 사실을 입증해 주는 것이다. 이들은 주자학의 전통 속에서 경전 위주의 한학을 공부하였기 때문에, 그 학문적 배경으로서는 전통적인 문인 계층에 속한다고 할 수 있다. 그러나 개항 이후 사회적 격변을 겪으면서 스스로 자신의 보수적인 학문의 세계를 비판하고, 자주적인 개혁론자로서의 사회 활동을 전개한 바 있다. 특히 외세의 침략에 직면한 절박한 현실적 위기에 대처하기 위해 정치, 경제, 사회, 문화 전반에 걸쳐 적극적인 실천 운동으로서의 개화계몽 운동을 주도하게 된다. 이들은 문학이라는 특정 분야의 전문가였다기보다는 당시 사회의 모든 측면을 움직이게 할 수 있는 중요한 사상이면 무엇이든지 관심을 보이고 있다. 이들은 정치·경제·사회·문화 등에 걸친 새로운 학문의 영역에 접근하면서 신문이라는 새로운 매체를 이용한 새로운 방식의 글쓰기를 통해 자신들의 사회적 경륜을 펼치고자 했던 것이다. 이들의 글쓰기는 이러한 사회 변화를 배경으로 이루어진 것이기 때문에, 그 담론적 성격 자체가 계몽적인 의미를 더욱 강하게 드러내고 있다고 할 수 있다.

　이들은 대체로 민족적 상황에 대한 인식을 바탕으로 시대적 변화에 대응할 수 있는 새로운 의미의 글의 중요성을 강조하고 있는 점이 특징이다. 그것은 바로 이들이 개화 진보하는 시세를 긍정적으로 파악하고 있음을 뜻하는 것이다. 이들의 관심이 새로운 글 자체에만 기울어진 것은 아니다. 국가적 위기와 민족적 고난을 극복하기 위해서 무조건 새로운 기술과 지식을 요구하고 있는 것이 아니라, 시대적 조건과 필요에 의해 그것을 선택하는 것임을 강조하고 있다. 이들은 민족 문화의 정수라고 할 수 있는 국사, 국어, 국문의 연구에도 적극적인 관심을 기울였는데, 민족의 언어와 문화, 지리와 역사에 대한 이들의 다양한 담론은 민족적 자기 정체성의 구현을 위한 여러 가지 새로운 글쓰기의 방법을 통해 폭넓게 확대되고 있다. 이들은 전통적인 한시와 문장에서 탈피하여, 국문으로 글을 쓰고 국한문으로 문장을 만들었으며, 모든 담론의 능동적 주체로서 '조선'과 '민족'을 내세웠던 것이다. 그러므로 이들이 보여주는 자기 변혁의 과정은 그 자체가 신/구의 담론과 주체/타자의 담론의 조화로운 결합에 해당한다고 할 수 있다.

이 같은 문인 계층에 뒤이어 일제 식민지시대에 접어들기 직전에 등장한 새로운 문인들로는 이인직, 안국선, 이해조, 최찬식, 김교제 등을 들 수 있다. 이들은 신식 교육과정을 거친 근대적 지식인 계층에 속하며, 소년기에 전통적인 한학의 수업에서 벗어나 일본 유학을 경험한 사람도 있고, 새로 설립되기 시작한 근대적인 학교를 통해서 서구 문물을 적극적으로 수용한 사람도 있다. 이들의 글쓰기는 합방 직전부터 시작되어 일제 식민지시대까지 활발하게 전개되는데, 주로 상업적인 민간 신문과 식민지시대의 일본 총독부 기관지 『매일신보』를 기반으로 삼고 있다. 이들은 작중인물과 사건의 실재성을 바탕으로 새로운 시대정신을 그 내용 속에 반영하고 있는 새로운 소설, 이른바 '신소설'의 형성에 중심적인 역할을 담당하고 있다. 이들과 비슷한 시기에 함께 등장한 최남선, 이광수, 현상윤 등도 그 출신 성분이 비슷하다. 이광수나 현상윤의 경우는 신소설의 연장선상에서 소설 창작에 관심을 기울였고, 최남선은 『소년』(1908), 『청춘』(1915) 등의 잡지를 발간하면서 새로운 시 형태를 시험한 바 있다. 이 새로운 계층의 문인들은 전통적인 지식인 계층의 문인들이 현실에 대한 비판과 사회 계몽적인 의도를 글을 통해 표현하고자 했던 점과는 달리, 글의 정서적 기능과 허구적인 속성도 주목하고 있다. 이들은 봉건적인 사회제도와 부패한 정치 현실을 비판 거부하고 있으면서도, 침략적인 외세에 대해서는 소극적인 태도를 보여주고 있다. 이들의 정신적인 지향이 외세 의존적이며 몰주체적인 성향이 강하다는 것은 주체/타자의 담론이 억압되기 시작한 당시의 사회적 상황에 대한 정치적 타협에서 비롯된 것이라고 할 수 있다.

개화 계몽시대에 전통적인 한문 중심의 글쓰기 방식과 그 가치 체계가 붕괴되면서 새로운 국문체의 글쓰기가 근대적인 위상을 드러내기 시작했다는 것은 매우 중요한 의미가 있다. 그리고 바로 여기서부터 서구적인 의미의 문학이라는 말이 개념화되어 나타나게 되었다는 것도 주목된다. 전통적인 한학에는 '문학'이라는 말이 없다. 오직 문(文)이 있을 뿐이다. 글쓰기 또는 글읽기를 모두 포괄하는 이 '문'이라는 말은 넓은 뜻으로 교양과 지식을 의미한다. 글을 읽고 쓴다는 것은 인간의 삶의 도리를 익히는 하나의 수양의 과정이다. 그것은 인간의 감성이나 취향의 영역에 속하지 않는다. '글이란 인간의 삶의 도리를 담아놓는 그릇(文載道之器)'이라고 하지 않았던가? 글은 본질적인 가치의 영역에 해당하는 것이므로, 전통 사회에서 글을 읽고 쓴다는 것이 지배층의 전유물이었음을 생각한다면, 글을 읽지도 쓰지도 못하는 피지배층은 인간이 아니라는 판단이 가능하다. 이 엄청난 논리는 전통적인 글쓰기와 글읽기가 모두 정치적 지배 전략에 얽혀 있으며, 글이라는 것이 지배층에게만 적용되는 정치 문화적인 기호였음을 말해준다.

그러나 개화 계몽시대에는 누구나 쉽게 국문을 익히고 신문과 잡지라는 새로운 대중적인 매체를 통해 새로운 정보를 손쉽게 접하게 된다. 서적의 대량 인쇄가 가능해지면서 지식의 대중적인 확대도 이루어진다. 이제 글은 지배 계층의 전유물이 아니다. 누구나 쉽게 글을 익힐 수 있다는 것은 국문만이 지니고 있는 고유한 특성이다. 국문을 통해 사람들은 한국 민족이라는 자기 정체성을 인식한다. 그리고 글을 익히는 순간부터 자기 자신과 타자에 대한 구분을 분명하게 하고, 글을 통해 얻은 지식과 정보를 바탕으로 시간과 공간을 재조직하게 된다. 아무나 쉽게 익힐 수 있는 국문이 지닌 엄청난 정보적인 기능이 여기서 발휘된다.

전통적인 글(文)의 개념도 개화 계몽시대에서부터 변화된다. 당시의 시대적 상황이나 사상적 경향을 기반으로 글의 사회적 효용성을 강조하는 대중적 실용적 관점이 확대되고 있다. 박은식[15]의 경우, 국운의 융성을 글의 경

---

[15] 박은식, 「논국운관문학(論國運關文學)」(『박은식전서』 중권, 단국대 동양학연구소, 1975), 341면.

향과 관련지어 논한 바도 있고, 시대에 알맞은 조치를 깊이 강구할 수 있는 실용적인 글의 가치를 찾기도 하였다. 그가 말하고 있는 글이란 신지식을 보급할 수 있는 실천적인 학문을 뜻하는 것이다. 장지연[16]의 경우에도 글의 중요성을 강조하면서, 글 자체에 대한 숭상이 지나치면 오히려 그 폐단으로 인하여 국가와 민족이 멸망할 수 있다고 경고하고 있다. 장지연이 우려하고 있는 글의 폐단이란 글을 거짓으로 꾸미고 속임수를 씀으로써 사회의 기강을 어지럽게 만드는 것이다. 글이 실질적이고 계도적이며 강건해야만 그 가치를 제대로 발휘할 수 있고 백성들의 뜻도 바로 세울 수 있다는 것이다.

이 같은 글에 대한 새로운 인식에서 주목되는 것은 넓은 의미의 실용적인 학문을 글 또는 문이라는 개념으로 규정하고 있다는 점이다. 이것은 사물의 실질을 밝히는 데에 소홀했던 전통적인 '사장문학(詞章文學)'의 약점을 지적한 것이다. 이들이 글을 논하는 자리에서 언제나 현실에 적극적으로 대처할 수 있는 실질적인 글을 중요시한 것은 새로운 시대정신을 폭넓게 수용하기 위한 방편이라고 할 수 있다. 이들의 주장은 대체로 민족적 상황에 대한 인식을 바탕으로 시대적 변화에 대응할 수 있는 새로운 글을 강조하는 방향으로 기울어지고 있다. 특히 이들은 국가적 위기와 민족적 고난을 극복하기 위해 모든 백성들이 새로운 기술과 지식을 익힐 것을 강조하고 있다. 이처럼 지식과 기술의 대중화를 강조하는 계몽적 담론이 유행하면서 전통적인 글쓰기와 글읽기의 계급적 폐쇄성이 무너지기 시작한다. 누구나 쉽게 읽을 수 있는 국문체가 계몽적 담론의 구성에 동원되기 시작하는 것은 이 같은 인식의 변화와 맞물려 있다.

개화 계몽시대에 전통적인 글의 개념이 새롭게 변화하는 가운데 서구적인 의미의 문학이라는 개념이 등장하고 있다. 문학이란 무엇인가라는 질문을 놓고, 이광수[17]는 자아에 대한 각성과 자기 발견을 내세우면서 문학의

---

[16] 장지연, 「문약지폐(文弱之弊)」(『위암문고』, 국사편찬위원회, 1971), 351면.
[17] 문학이라는 말의 개념을 서양의 'literature'의 번역어로 규정한 것은 이광수가 발표한 평

독자적인 가치를 강조한다. 그는 문학의 개념을 '정(情)의 분자를 포함한 문장'이라고 규정하면서, 자신이 쓰고 있는 '문학'이라는 용어가 서양의 '문학(literature)'이라는 개념을 번역한 것이라고 밝히고 있다. 그는 문학의 목적도 '정의 만족'에 있다고 하였으며, 정에 충실할수록 가치 있는 문학이 된다고 주장한다. 구시대의 윤리적 속박과 모든 관념으로부터의 해방이 결국은 정의 해방임을 강조한 이광수의 문학적 태도는 일본에서 습득한 지식에 의해 서구 낭만주의자들의 견해를 받아들인 것이다. 그런데 여기서 문학의 개념을 '정의 분자를 포함한 문장'이라고 한정한 것은 전통적인 글 또는 '문'의 개념을 정서 영역의 글쓰기로 국한하고 있음을 말하는 것이다. 이 같은 태도는 문학을 예술의 차원으로 독립시켜 그 독자성을 인식하기 시작했음을 뜻하는 것이라고 할 수 있다.

개화 계몽시대를 거치면서 전통적인 문의 개념이 서구적인 문학의 개념으로 변화되기 시작한 것은 가치와 윤리의 영역에 자리 잡고 있던 문의 개념이 정서와 취향의 영역에 자리하고 있는 새로운 문학 개념으로 전환되고 있음을 의미한다. 문(文)과 사(史)와 철(哲)의 개념을 포괄하고 있었던 전통적인 문의 개념이 새로운 담론의 분화 과정 속에서 독자적인 영역으로 분화되고 있는 것이다. 물론 이광수의 시대 이후에도 여전히 작가나 시인은 글을 읽고 쓰는 선비라는 뜻의 문사(文士)이기를 원한다. 이것은 전통적인 글쓰기의 담론적 공간에 포함되었던 가치와 윤리의 영역을 문학으로부터 분리시키려는 경향에 대한 문인들의 일종의 정서적인 반응이었다고 할 수 있다.

문학이라는 것이 서구적인 의미의 예술 영역으로 새롭게 정립되기 시작했다는 것은 학식과 교양과 덕망을 뜻하던 문의 개념이 약화되고 예술적 창조로서의 문학적 재능이 강조되고 있음을 말한다. 문학을 개인의 예술적 창조력과 상상력의 소산이라고 규정하게 되는 과정은 매우 복잡하다. 서구

문 「문학의 가치」(『대한흥학보』 11호, 1910.3)에서 처음으로 나타난다.

적인 의미에서의 근대라는 것은 새로운 사회적인 질서와 함께 도래한 것이다. 근대라는 새로운 단계에 들어서면서 사람들은 커다란 공장에 가서 돈을 받고 일을 하며 상품을 생산하기 시작한다. 인간의 존재가 노동이라는 특수한 개념으로 범주화된다. 언어와 문자가 사회적인 지위나 학식과 덕망을 상징하는 것이 아니라, 누구에게나 새로운 지식과 정보를 전달하는 합리적이고도 공공적인 매체로 인식된다. 인간과 사회의 여러 관계가 인습에 따라 규정되는 것이 아니라, 정치적 경제적 문화적인 질서 내에서의 특수한 기능들로 규정된다. 이러한 변화 속에서 문학은 모든 인간에 대한 제약을 벗어나는 충만하고도 해방감을 주는 상상력 혹은 창조성을 지향한다. 문학적 담론이라는 것이 상상력과 창조력의 소산이라는 특수 영역으로 구분되기 시작하는 것이다. 이러한 인식의 변화는 심미적인 것이 하나의 새로운 인간적인 가치로 자리 잡기 시작하였음을 의미한다.

개화 계몽시대를 거치면서 보편화되기 시작한 글쓰기와 글읽기는 그 이전 시대에 이 같은 언어 문자 행위에서 소외되었던 사람들이 누리고 있던 전근대적인 설화적 공간을 무너뜨리고 있다는 점에서도 근대성을 확립해 가는 가장 핵심적인 징표가 된다. 글쓰기와 글읽기가 특정 집단의 전유물이었던 시대에 일반 서민층에서 이루어지는 모든 이야기는 입에서 입으로 전해지는 설화성을 지니고 있었던 것이 사실이다. 누군가가 이야기를 말해 주고 누군가가 그 이야기를 듣고 누군가에게 다시 전하는 설화적 전통이 지속된 것이다. 이 시대의 산물인 언문체의 고전소설도 글로 쓰여진 것임에도 불구하고 글 속에 설화성이 반영되어 나타난다. 예컨대 율문 지향적인 문체와 설화적 문투가 그것을 말해준다. 한문으로 시를 짓고 즐기는 것은 지배층의 전유물이었기 때문에 서민층은 모두 이것을 노래로 대신한다. 이들이 부르는 노래는 입에서 입으로 전승된다. 서민예술로 각광을 받았던 판소리도 설화성을 가장 중요한 특성의 하나로 드러내고 있다.

그런데 개화 계몽시대 이후 국문체가 확대되면서 글쓰기와 글읽기가 점차 자유로워지자, 이러한 설화성의 전통이 무너진다. 혼자서 하는 독서 행위는 설화적 공간을 필요로 하지 않는다. 노래로 불려지던 시가들도 그 음악적인 전통이 사라지기 시작한다. 창으로 불려졌던 시조와 가사는 음악을 벗어나면서 개화 시조와 개화 가사라는 새로운 읽는 시의 형태가 된다. 오랜 동안 노래로 불려지던 전통으로부터 벗어나면서 시는 새로운 문학의 형태로 자리 잡게 되는 것이다. 판소리의 경우도 명창 한 사람에 의해 구연되던 일인창으로서의 성격에서 벗어나 각각의 배역이 나누어지는 창극으로 변화하면서 새로운 연희적 성격을 지니게 된다. 이러한 변화는 모두 새로운 글쓰기와 글읽기의 확대를 통해 이루어진 것이다.

개화 계몽시대는 문학이라는 것이 하나의 새로운 사회 문화적 제도로서 그 담론적 공간을 공공적으로 정착시켜 나간 시기다. 이 시기에 글쓰기가 인쇄 출판과 서적 판매라는 자본주의적 유통 구조의 제도 안에서 이루어지는 하나의 문화적 생산으로 인식되면서, 직업적인 문필가도 등장하고 있다. 이 새로운 개념의 문학의 시대에는 글을 읽고 쓴다는 것이 인간의 도리를 익히고 덕망을 쌓는 것만을 의미하지 않는다. 그것은 보다 현실적인 목적에 따라 이루어지는 생산적인 행위의 하나처럼 인식될 수 있다. 글을 쓰는 사람은 그 글을 읽는 사람이 누구인가를 생각하고 글을 읽을 사람의 취향을 고려하여 내용을 구성해야 하며, 책을 만드는 출판사와 인쇄소의 요구도 중요시해야 한다. 많은 독자 대중이 마치 자기 취향과 욕구에 맞는 물건을 구입하고 그것을 소비하듯이 글을 대하며 책을 구입하기 때문이다. 이 시기에 등장한 신소설은 바로 이 같은 대중적 욕구를 고려한 근대적인 글쓰기의 최초의 산물이라고 할 수 있다. 한국문학에서 문학적 담론이 근대적인 상업주의적 유통 관계에 의해 독자 대중과 만나는 최초의 사례가 바로 신소설인 셈이다. 글쓰기와 글읽기의 폐쇄성을 벗어나 개방적인 언어문자 생활이 가능해지기 시작한 새로운 글쓰기의 시대, 바로 여기서부터 근대적인 것들의 실질적인 출현이 이루어지고 있다. 근대라는 것은 바로 이 같은 사회제도의 변화를 내포하는 담론의 근대성으로부터 그 본질적인 의미를 확인할 수 있는 것이다.

작품읽기 10

이광수_**무정**

1

경성학교 영어 교사 이형식은 오후 두시 사년급 영어 시간을 마치고 내리쪼이는 유월 볕에 땀을 흘리면서 안동 김장로의 집으로 간다. 김장로의 딸 선형(善馨)이가 명년 미국 유학을 가기 위하여 영어를 준비할 차로 이형식을 매일 한 시간씩 가정교사로 고빙하여 오늘 오후 세시부터 수업을 시작하게 되었음이라. 이형식은 아직 독신이라, 남의 여자와 가까이 교제하여 본 적이 없고 이렇게 순결한 청년이 흔히 그러한 모양으로 젊은 여자를 대하면 자연 수줍은 생각이 나서 얼굴이 확확 달며 고개가 저절로 숙여진다. 남자로 생겨나서 이러함이 못생겼다면 못생겼다고도 하려니와, 여자를 보면 아무러한 핑계를 얻어서라도 가까이 가려 하고, 말 한마디라도 하여 보려 하는 잘난 사람들보다는 나으리라. 형식은 여러 가지 생각을 한다. 우선 처음 만나서 어떻게 인사를 할까. 남자 남자 간에 하는 모양으로, '처음 보입니다. 저는 이형식이올시다' 이렇게 할까. 그러나 잠시라도 나는 가르치는 자요, 저는 배우는 자, 그러면 미상불 무슨 차별이 있지나 아니할까. 저편에서 먼저 내게 인사를 하거든 그제야 나도 인사를 하는 것이 마땅하지 아니할까. 그것은 그러려니와 교수하는 방법은 어떻게나 할는지.

어제 김장로에게 그 청탁을 들은 뒤로 지금껏 생각하건마는 무슨 묘방이 아니 생긴다. 가운데 책상을 하나 놓고, 거기 마주앉아서 가르칠까. 그러면 입김과 입김이 서로 마주치렷다. 혹 저편 히사시가미(양갈래로 딴 머릿단)가 내 이마에 스칠 때도 있으렷다. 책상 아래에서 무릎과 무릎이 가만히 마주 닿기도 하렷다. 이렇게 생각하고 형식은 얼굴이 붉어지며 혼자 빙긋 웃었다. 아니 아니? 그러다가 만일 마음으로라도 죄를 범하게 되면 어찌하게. 옳다? 될 수 있는 대로 책상에서 멀리 떠나 앉겠다. 만일 저편 무릎이 내게 닿거든 깜짝 놀라며 내 무릎을 치우리라. 그러나 내 입에서 무슨 냄새가 나면 여자에게 대하여 실례라, 점심 후에는 아직 담배는 아니 먹었건마는, 하고 손으로 입을 가리우고 입김을 후 내어 불어 본다. 그 입김이 손바닥에 반사되어 코로 들어가면 냄새의 유무를 시험할 수 있음이라. 형식은, 아뿔싸! 내가 어찌하여 이러한 생각을 하는가, 내 마음이 이렇게 약하던가 하면서 두 주먹을 불끈 쥐고 전신에 힘을 주어 이러한 약한 생각을 떼어 버리려 하나, 가슴속에는 이상하게 불길이 확확 일어난다. 이 때에,

"미스터 리, 어디로 가는가" 하는 소리에 깜짝 놀라 고개를 들었다. 쾌활하기로 동류간에 유명한 신우선(申友善)이가 대팻밥 모자를 갖춰 쓰고 활개를 치며 내려온다. 형식은 자기 마음속을 꿰뚫어보지나 아니한가 하여 두 뺨이 한번 더 후끈하는 것을 겨우 참고 지어서 쾌활하게 웃으면서, "오래 막혔구려" 하고 손을 잡아 흔들었다.

"오래 막혔구려는 무슨 막혔구려야. 일전 허교하기로 약속하지 않았는가."

형식은 얼마큼 마음에 수치한 생각이 나서 고개를 돌리며,

"아직 그런 말에 익숙지를 못해서……" 하고 말끝을 못 맺는다.

"대관절 어디로 가는 길인가? 급지 않거든 점심이나 하세그려."

"점심은 먹었는걸."

"그러면 맥주나 한잔 먹지."

"내가 술을 먹는가."

"그만두게. 사나이가 맥주 한 잔도 못 먹으면 어떡한단 말인가. 자 잡말 말고 가세" 하고 손을 끌고 안동파출소 앞 청국 요릿집으로 들어간다.

"아닐세. 다른 날 같으면 사양도 아니하겠네마는" 하고 다른 날이란 말이 이상하게나 아니 들렸는가 하여 가슴이 뛰면서,

"오늘은 좀 일이 있어."

"일? 무슨 일? 무슨 술 못 먹을 일이 있단 말인가."

다른 사람 같으면 이러한 경우에 다만 '급히 좀 볼일이 있어' 하면 그만이려니와 워낙 정직하고 나약한 형식이라, 조곰이라도 거짓말을 못하여 한참 주저주저하다가,

"세시부터 개인교수가 있어."

"영어?"

"응."

"어떤 사람인데 개인교수를 받어?"

형식은 말이 막혔다. 우선은 남의 폐간을 꿰뚫어볼 듯한 두 눈으로 형식의 얼굴을 유심하게 들여다본다. 형식은 눈이 부신 듯이 고개를 숙인다.

"응, 어떤 사람인데 말을 못 하고 얼굴이 붉어지나, 응?"

형식은 민망하여 손으로 목을 쓸어 만지고 하염없이 웃으며,

"여자야."

"요— 오메데토오(아— 축하하네). 이이나즈케(약혼한 사람)가 있나 보네그려. 음 나루호도(그러려니). 그러구도 내게는 아무 말도 없단 말이야. 에, 여보게" 하고 손을 후려친다.

형식은 하도 심란하여 구두로 땅을 파면서,

"아니야. 저, 자네는 모르겠네. 김장로라고 있느니……."

"옳지, 김장로의 딸일세그려? 응. 저, 옳지, 작년이지. 정신여학교를 우등으로 졸업하고 명년 미국 간다는 그 처녀로구먼. 베리 굿."

"자네 어떻게 아는가?"

"그것 모르겠나. 이야시쿠모(적어도) 신문기자가. 그런데 언제 엥게지면

트를 하였는가."

"아니오. 준비를 한다고 날더러 매일 한 시간씩 와달라기에 오늘 처음 가는 길일세."

"아따, 나를 속이면 어쩔 터인가."

"엑."

"히히, 그가 유명한 미인이라데. 자네 힘에 웬걸 되겠나마는 잘 얼러 보게. 그러면 또 보세" 하고 대팻밥 벙거지를 벗어 활활 부채를 하며 교동 골목으로 내려간다. 형식은 이때껏 그의 너무 방탕함을 허물하더니 오늘은 도리어 그 파탈하고 쾌활함이 부러운 듯하다.

2

미인이라는 말도 듣기 싫지 아니하거니와 이이나즈케(약혼), 엥게지먼트라는 말이 이상하게 기쁘게 들린다. 그러나 '자네 힘에 웬걸 되겠는가' 하였다. 과연 형식은 아무 힘도 없다. 황금시대에 황금의 힘도 없고, 지식시대에 남이 우러러볼 만한 지식의 힘도 없고, 예수 믿는 지는 오래나 워낙 교회에 뜻이 없으며 교회 내의 신용조차 그리 크지 못하다. 아무 지식도 없고, 아무 덕행도 없는 아이들이 목사나 장로의 집에 자주 다니며 알른알른하는 덕에 집사도 되고, 사찰도 되어 교회 내에서 젠체하는 꼴을 볼 때마다 형식은 구역이 나게 생각하였다. 실로 형식에게는 시체 하이칼라 처자의 애정을 끌 만한 아무 힘도 없다. 이런 생각을 하고 형식은 자연히 낙심스럽기도 하고, 비감스럽기도 하였다. 이럴 즈음에 김광현(金光鉉)이라 문패 붙은 집 대문에 다다랐다. 비록 두 벌 옷도 가지지 말라는 예수의 사도연마는 그도 개명하면 땅도 사고, 수십 인 하인도 부리는 것이라. 김장로는 서울 예수교회 중에도 양반이요 재산가로 두셋째에 꼽히는 사람이라. 집도 꽤 크고 줄행랑조차 십여 간이 늘어 있다. 형식은 지위와 재산의 압박을 받는 듯한, 일변 무섭기도 하고 불쾌하기도 하면서 소리를 가다듬어,

"이리 오너라" 하였다. 그러나 그 목소리는 아무리 하여도 뚝 자리가 잡히지 못하고, 시골 사람이 처음 서울 와서 부르는 소리와 같이 어리고 떨리는 맛이 있다.

"안으로 들어오시랍니다" 하는 어멈의 말을 따라 새삼스럽게 가슴을 두근거리면서 중문을 지나 안대청에 오르다. 전 같으면 외객이 중문 안에를 들어설 리가 없건마는 그만하여도 옛날 습관을 많이 고친 것이라. 대청에는 반양식으로 유리 문도 하여 달고 가운데는 무늬 있는 책상보 덮은 테이블과 네다섯 개 홍모전 교의가 있고, 북편 벽에 길이나 되는 책상에 신구 서적이 쌓였다. 김장로가 웃으면서 툇마루에 나와 형식이가 구두끈 끄르기를 기다려 손을 잡아 인도한다. 형식은 다시 온공하게 국궁례를 드린 후에 권하는 대로 교의에 앉았다. 김장로는 이제 사십오륙 세 되는 깨끗한 중로라. 일찍 국장도 지내고 감사도 지낸 양반으로서 십여 년 전부터 예수교회에 들어가 작년에 장로가 되었다. 김장로가 형식에게 부채를 권하며,

"매우 덥구려. 자 부채를 부치시오."

"네, 금년 두고 처음인가 봅니다."

하고 부채를 들어 두어 번 부치고 책상 위에 놓았다. 장로가 책상 위에 놓인 초인종을 두어 번 울리니 건넌방으로서, "네" 하고 열너덧 살 된 예쁜 계집아이가 소반에 유리 대접과 은으로 만든 서양 숟가락을 놓아 내어다가 형식의 앞에 놓는다. 보기만 해도 시원한 복숭아 화채에 한줌이나 될 얼음을 띄웠다. 손이 오기를 기다리고 미리 만들어 두었던 모양이라.

"자, 더운데 이것이나 미시오."

하고 장로가 친히 숟가락을 들어 형식을 준다. 형식은 사양할 필요도 없다 하여 연해 십여 술을 마셨다. 마음 같아서는 두 손으로 치어들고 죽 들이켜고 싶건마는 혹 남 보기에 체면 없어 보일까 저어하여 더 먹고 싶은 것을 참고 술을 놓았다. 그만하여도 얼마큼 속이 뚫리고 땀이 걷고 정신이 쇄락하여진다. 장로는,

"일전에도 말씀하였거니와 내 딸을 위하여 좀 수고를 하셔야 하겠소.

분주하신 줄도 알지마는 달리 청할 사람이 없소그려. 영어를 아는 사람이야 많겠지오마는 그렇게…… 어…… 말하자면…… 노형 같은 이가 드무시니까."
하고 잠시 말을 끊고 '너는 신용할 놈이지' 하는 듯이 형식을 본다. 형식은 남이 젊은 딸을 제게 맡기도록 제 인격을 신용하여 주는 것이 한껏 기쁘고, 자랑스러우면서도, 아까 입에 손을 대고 냄새나는 것을 시험하던 생각을 하면 부끄럽고 죄송스러운 마음이 복받쳐 올라온다. 그러나 기실 장로는 여러 사람의 말도 듣고 친히 보기도 하여 형식의 인격을 아주 신용하므로 이번 계약을 맺은 것이라. 여간 잘 알아보지 아니하고야 미국까지 보내려는 귀한 딸을 젊은 교사에게 다만 매일 한 시간씩이라도 맡길 리가 없는 것이라. 장로는 다시 말을 이어,
"하니까 노형께서 맡아서 일년 동안에 무엇을 좀 알도록 가르쳐 주시오."
"제가 아는 것이 없어서 그것이 민망하올시다."
"천만에. 영어뿐 아니라 노형의 학식은 내가 다 들어 아는 바요."
하고 다시 초인종을 울리니, 아까 나왔던 계집아이가 나온다.
"얘, 이것(화채 그릇) 들여가고 마님께 아씨 데리고 이리 나옵시사고 여쭈어라."
"네" 하고 소반을 들고 들어가더니, 저편 방에서 소곤소곤하는 소리가 들린다. 형식은 장차 일생에 처음 당하는 무슨 큰일을 기다리는 듯이 속이 자못 덜렁덜렁하며 가슴이 뛰고 두 뺨이 후끈후끈한다. 형식은 장로의 눈에 아니 띠우리만큼 가만가만히 옷깃을 바르고, 몸을 바르고, 눈과 얼굴에 아무쪼록 젊지 아니한 위엄을 보이려 한다.
이윽고 건넌방 발이 들리며 나이 사십이 될락말락한 부인이 연옥색 모시 적삼, 모시 치마에 그와 같이 차린 여학생을 뒤세우고 테이블 곁으로 온다. 형식은 반쯤 고개를 숙이고 일어나서 공손하게 읍하였다. 부인과 여학생도 읍하고, 장로의 가리키는 교의에 걸터앉는다. 형식도 앉았다.

3

장로가 형식을 가리키며,

"이 어른이 내가 매양 말하던 이형식 씨요. 젊으시지마는 학식이 도저하고 또 문필도 유명한 어른이오. 이번 선형에게 영어를 가르쳐 줍소사 하고 내가 청하였더니, 분주하심도 헤아리지 아니시고 이처럼 허락을 하여 주셨소. 이제부터 매일 오실 터이니까 내가 출입하고 없더라도 부인께서 잘 접대를 하셔야 하겠소" 하고 다시 형식을 향하여,

"이가 내 아내요, 저애가 내 딸이오. 이름은 선형인데 작년에 정신학교라고 졸업은 하였지마는 아무것도 모르는 어린애요."

형식은 누구를 향하는지 모르게 고개를 숙였다. 부인과 선형이도 답례를 한다. 부인은 형식을 보며,

"제 자식을 위하여 수고를 하신다니 감사하올시다. 젊으신 이가 언제 그렇게 공부를 많이 하셨는지, 참 은혜 많이 받으셨습니다."

"천만에 말씀이올시다" 하고 형식은 잠깐 고개를 들어 부인을 보는 듯 선형을 보았다. 선형은 한 걸음쯤 그 모친의 뒤에 피하여 한편 귀와 몸의 반편이 그 모친에게 가리웠다. 고개를 숙였으며 눈은 보이지 아니하나 난대로 내어 버린 검은 눈썹이 하얗게 널찍한 이마에 뚜렷이 춘산을 그리고 기름도 아니 바른 까만 머리는 언제 빗었는가 흐트러진 두어 오리가 불그레 복숭아꽃 같은 두 뺨을 가리어 바람이 부는 대로 하느적하느적 꼭 다문 입술을 때리고, 깃 좁은 가는 모시 적삼으로 혈색 좋은 고운 살이 몽동하게 비추이며, 무릎 위에 걸어 놓은 두 손은 옥으로 깎은 듯 불빛에 대면 투명할 듯하다. 그 부인은 원래 평양 명기 부용이라는 인물 좋고 글 잘하고 가무에 빼어나 평양 춘향이라는 별명 듣던 사람이러니, 이십여 년 전 김장로의 부친이 평양에 감사로 있을 때에 당시 이십여 세 풍류 남아이던 책방 도령 이도령이라, 김도령의 눈에 들어 십여 년 전 김장로의 소실로 있다가 본부인이 별세하자 정실로 승차하였다. 양반의 가문에 기생 정실이

망령이어니와, 김장로가 예수를 믿은 후로 첩 둠을 후회하나 자녀까지 낳고 십여 년 동거하던 자를 버림도 도리에 그르다 하여 매우 양심에 괴롭게 지내다가, 행인지 불행인지 정실이 별세하므로 재취하라는 일가와 붕우의 권유함도 물리치고 단연히 이 부인을 정실로 삼았음이라. 부인은 사십이 넘어서 눈꼬리에 가는 주름이 약간 보이건마는, 옛날 장부의 간장을 녹이던 아리땁고 얌전한 모양을 지금도 볼 수 있다. 선형의 눈썹과 입 얼레는 그 모친과 추호 불차니, 이 눈썹과 입만 가지고도 족히 미인 노릇을 할 수가 있으리라. 형식은 선형을 자기의 누이라고 생각하였다. 이는 형식이가 남의 처녀를 대할 때마다 생각하는 버릇이니, 형식은 처녀를 대할 때에 누이라고밖에 더 생각할 줄을 모르는 사람이라. 그러면서도 알 수 없는 것은, 가슴속에 이상한 불길이 일어남이니, 이는 청년 남녀가 가까이 접할 때에 마치 음전과 양전이 가까워지기가 무섭게 서로 감응하여 불꽃을 일리는 것과 같이 면치 못할 일이며, 하늘이 만물을 내실 때에 정한 일이라, 다만 사회의 질서를 유지하기 위하여 도덕과 수양의 힘으로 제어할 뿐이니라. 형식이 말없이 앉았는 양을 보고 장로가 선형더러,

"얘, 지금 곧 공부를 시작하지. 아차, 순애는 어디 갔느냐. 그애도 같이 배워라. 나도 틈 있는 대로는 배울란다."

"네" 하고 선형이가 일어나 저편 방으로 가더니 책과 연필을 가지고 나온다. 그 뒤로 선형과 동년배 되는 처녀가 그 역시 책과 연필을 들고 나와 공순하게 읍한다. 장로가, "이애가 순애인데 내 딸의 친구요. 부모도 없고 집도 없는 불쌍한 아이요" 하는 말을 듣고 형식은 자기와 자기의 누이의 신세를 생각하고 다시금 순애의 얼굴을 보았다. 의복 머리를 선형과 꼭 같이 하였으니 두 사람의 정의를 가히 알려니와, 다만 속이지 못할 것은 어려서부터 세상 풍파에 부대낀 빛이 얼굴에 박혔음이라. 그 빛은 형식이가 거울에 자기 얼굴을 볼 때에 있는 것이요, 불쌍한 자기 누이를 볼 때에 있는 것이라. 형식은 순애를 보매 지금껏 가슴에 설렁거리던 것이 다 스러지고 새롭게 무거운 듯한 감정이 생겨 부지불각에 동정의 한숨이 나오며 또

한번 순애를 보았다. 순애도 형식을 본다.
 장로와 부인은 저편 방으로 들어가고 형식과 두 처녀가 마주앉았다. 형식은 힘써 침착하게,
 "이전에 영어를 배우셨습니까."
하고, 이에 처음 두 처녀의 목소리를 듣게 되었다. 그러나 두 처녀는 고개를 숙이고 아무 대답이 없다. 형식도 어이없이 앉았다가 다시,
 "이전에 좀 배우셨는가요."
 그제야 선형이가 고개를 들어 그 추수같이 맑은 눈으로 형식을 보며,
 "아주 처음이올시다. 이 순애는 좀 알지마는."
 "아니올시다. 저도 처음입니다."
 "그러면 에이, 비, 시, 디도……? 그것은 물론 아실 터이지오마는."
 여자의 마음이라 모른다기는 참 부끄러운 것이라 선형은 가뜩이나 붉은 뺨이 더 붉어지며,
 "이전에는 외웠더니 다 잊었습니다."
 "그러면 에이, 비, 시, 디부터 시작하리까요?"
 "네" 하고 둘이 함께 대답한다.
 "그러면, 그 공책과 연필을 주십시오. 제가 에이, 비, 시, 디를 써 드릴 것이니."
 선형이가 두 손으로 공책에다 연필을 받쳐 형식을 준다. 형식은 공책을 펴놓고 연필 끝을 조사한 뒤에 똑똑하게 a, b, c, d를 쓰고, 그 밑에다가 언문으로 '에이' '비' '시' 하고 발음을 달아 두 손으로 선형에게 주고 다시 순애의 공책을 당기어 그대로 하였다.
 "그러면 오늘은 글자만 외기로 하고 내일부터 글을 배우시지요. 자 한번 읽읍시다. 에이." 그래도 두 학생은 가만히 있다.
 "저 읽는 대로 따라 읽읍시오. 자, 에이, 크게 읽으셔요. 에이."
 형식은 기가 막혀 우두커니 앉았다. 선형은 웃음을 참느라고 입술을 꼭 물고, 순애도 웃음을 참으면서 선형의 낯을 쳐다본다. 형식은 부끄럽기도

하고 답답하기도 하여 당장 일어나서 나가고 싶은 생각이 난다. 이때에 장로가 나오면서,

"읽으려무나, 못생긴 것. 선생님 시키시는 대로 읽지 않고."

그제야 웃음을 그치고 책을 본다. 형식은 하릴없이 또 한번,

"에이."

"에이."

"비."

"비."

"시."

"시."

이 모양으로 '와이' '제트'까지 삼사 차를 같이 읽은 후에 내일까지 음과 글씨를 다 외우기로 하고 서로 경례하고 학과를 폐하였다.

작가 소개

　이광수(李光洙)의 호는 고주, 외배, 춘원, 장백산인이며, 아명은 보경이다. 1892년 평안북도 정주에서 출생하였다. 11세가 되던 해에 부모가 콜레라로 사망하자, 동학에 입도하여 동학당 대령 박찬명의 집에 기숙하며 문서를 배포하는 전령 구실을 했다. 1905년 일진회 장학생으로 선발되어, 동경 다이죠(大成) 중학교를 거쳐 메이지(明治)학원에서 수학했으며, 이 시기에 홍명희, 최남선 등과 교유하여 최남선이 주재한 잡지『소년』을 중심으로 문필 활동을 시작했다. 1910년 메이지학원 중학부 5년 과정을 마치고 귀국하여 정주 오산학교의 교원으로 1913년까지 근무했다. 1913년 11월 만주, 상해, 시베리아 등지를 방랑하다가 1915년 김성수의 후원으로 다시 도일하여 1919년까지 와세다 대학 철학과에서 수학했다. 1919년 동경 유학생을 대표하여 일명〈2·8독립선언서〉로 불리는〈조선청년독립단 선언서〉를 기초하고, 이를 영역하여 해외에 배포하는 책임을 맡고 상해로 탈출하였다. 상해에서는 대한민국 임시정부 수립에 참여하여 기관지『독립신문』의 사장 겸 편집국장으로 활동했으며, 도산 안창호의 준비론 이념에 공감을 느껴 흥사단에 참여했다. 1921년 귀국한 후 흥사단의 이념을 실천하기 위한 수양동맹회를 발기했다. 1923년『동아일보』에 입사한 이후 1933년『조선일보』부사장으로 자리를 옮겨 1934년 사임할 때까지 언론인으로도 활동했다. 1924년『조선문단』을 주재했고, 수양동맹회를 동우회로 확대 개편한 후 1926년 기관지『동광』을 창간하여 주요한과 함께 이를 주재했다. 1937년 일제의 이른바 동우회 사건으로 체포되어 안창호와 함께 병보석으로 출감할 때까지 서대문형무소에 5개월 동안 투옥되었다. 1939년 이후 변절하여 카야마 미쓰로(香山光郎)로 창씨 개명하였으며, 일본을 찬양하는 논설을 발표하고 학병 권유 연설을 하는 등 친일 활동에 본격적으로 참여했다. 해방 이후에는 반민법에 의해 또다시 서대문형무소에 수감되었으나, 불기소처분을 받았다. 1950년 7월 납북되었다.
　이광수의 작품 활동은 크게 세 시기로 구분된다. 첫 번째 시기는 1910년대로, 주로『소년』,『청춘』,『학지광』등의 잡지와『매일신보』를 무대로 하여 문필 활동을 했던 시기다. 그의 처녀 장편이자 대표작인「무정」(1917)을 비롯하여, 장편「개척자」(1918), 단편「무정」(1910),「윤광호」(1918), 시「옥중호걸」

(1910), 논설「자녀중심론」(1918), 「문학이란 하오」(1918) 등이 이 시기의 주요 저작들이며, 특히 장편「무정」은 한국 소설사의 새로운 차원을 개척한 작품으로 평가되고 있다. 이러한 문필 활동을 통해 이광수는 기존의 도덕과 윤리에 대한 강렬한 비판자로 등장하여, 근대주의적인 새로운 가치관과 세계관을 역설했으며, 그러한 주장은 철저하게 진화론적인 사고에 토대를 두고 있다.

두 번째 시기는 그가 상해에서 귀국하여 문필 활동을 재개한 1920년대 초반부터 1930년대 초반에 이르는 시기다. 이 시기에 이광수의 글은 현저히 윤리 중심주의적 색채를 띠게 된다. 상해 망명 시절 도산 안창호와의 만남을 통해 전폭적으로 받아들인 준비론의 이념도 이러한 경향에 커다란 영향을 미쳤다. 장편소설「재생」(1925), 「마의태자」(1927), 「단종애사」(1928), 「흙」(1933), 논설「민족개조론」(1922) 등이 이 시기의 주요 저작이다. 장편「재생」에서는, 「무정」에서 나타났던 근대주의적 사고가 반성되고 있으며, 특히「민족개조론」은 민족의 부활을 위한 처방으로 도덕적 개조를 주창하고 있는데 민족 허무주의적 색채를 노정하기도 하여 당대에 커다란 반발을 불러일으키기도 했다.

세 번째 시기는 1930년대 중반 이후로, 이때부터 이광수의 저작들은 불교적 경향을 강하게 보여주는데 이는 두 번째 시기의 윤리중심주의적 경향이 더욱 극단화된 것으로 이해된다. 그의 불교관은 주로 인과응보를 강조하는 대승적 경향의 것으로, 특히 장편「세조대왕」(1940)이 그러한 사고를 반영하고 있는 대표적인 예에 해당되며, 단편 일인칭 고백체로 씌어진「육장기」(1939)는 불교에 귀의한 자신의 심정을 매우 진솔하게 드러내고 있다. 이 시기의 주요 작품으로는 장편「이차돈의 사」(1935), 「사랑」(1938), 「원효대사」(1942), 단편「난제오」(1939), 「무명」(1939) 등이 있다. 해방 이후의 주요 저작으로는 전기「도산 안창호」(1947), 「나의 고백」(1948), 수필집『돌베개』(1948) 등이 있으며, 1950년 6·25 발발 전까지『태양신문』에 연재하던 미완의 장편「서울」이 그의 마지막 작품이다.

■ 소설「무정」의 줄거리

소설「무정」은 다음과 같이 그 줄거리를 요약해 볼 수 있다. 이형식은 동경 유학을 하고 돌아와 경성학교에서 영어를 가르치는 지식인 청년이다. 그는 개화된 집안에서 신학문에 눈을 뜬 선형에게 영어 개인 교수를 하면서 그녀와의 결합을 희구하게 된다. 그런데, 이 무렵에 이형식 앞에 박영채가 나타난다. 박영채는 소년 시절 형식에게 큰 도움을 준 은인 박진사의 딸이다. 형식은 어린 시절에 부모를 잃은 고아로서, 박영채의 아버지 박진사의 도움을 받아 그 집에서 기거했던 적이 있다. 박진사는 형식의 사람됨을 보고, 성년이 되면 자기 딸 영채와 형식을 혼인시키겠다고 말하기도 한다. 그러나 박진사가 개화운동 관계로 체포되어 가세가 기울자, 형식은 그 집을 나와 영채와 헤어진다. 박진사가 감옥에서 세상을 떠난 후, 기생으로 전락한 영채는 헤어진 형식을 다시 만나고자 사방을 수소문하게 된다. 그녀는 7년에 가까운 세월을 두고 그를 기다렸던 것이다.

이형식은 뜻밖에 나타난 영채로 인해 고심에 싸이게 된다. 새로운 시대적 분위기 속에서 살고 있는 신여성 선형에 대한 호감과 기구한 삶을 살고 있는 옛 여인 영채에 대한 연민의 정을 모두 버릴 수 없었던 것이다. 그런데 영채는 기생이라는 신분에서 벗어나지 못한 채, 배 학감에게 정조를 유린당하고는 스스로 목숨을 끊어버리고자 한다. 그녀는 이형식에게 보내는 긴 유서를 남기고 서울을 떠나게 된다. 그러나 영채는 평양으로 가는 기차 안에서 동경 유학생 병욱을 만나게 된다. 병욱은 영채에게 새로운 삶의 방향을 제시하며, 인간의 삶과 사랑의 참뜻을 심어준다. 영채는 병욱의 말을 듣고 비로소 자신의 삶을 되돌아보며, 자살을 포기하고 새로운 학문의 세계에서 자신의 길을 찾게 되는 것이다.

한편, 이형식은 영채의 유서를 보고 평양에까지 영채를 찾아 나섰지만, 그녀를 만나지 못하고 서울로 돌아온다. 그리고는 결국 선형과 결혼하고 미국 유학을 떠나게 된다. 이형식과 선형, 영채와 병욱 등이 모두 다시 한자리에서 만나게 된 것은 이 소설의 끝 장면에서다. 유학을 떠나는 이들이 모두 같은 기차를 타고 가다가 홍수를 만나자, 기차에서 내려 즉석에서 수재민 돕기 자선 음악회를 함께 열게 되는 장면이 그것이다. 이들은 이 자리에서 서로를 이해하고 새로운 삶의 가능성을 각각 확인할 수 있게 되는 것이다.

■ 작품의 갈등의 구조

이 소설은 이형식을 둘러싸고 벌어지는 박영채와 김선형의 삼각관계를 주축으로 한다. 이러한 삼각관계는 애정 문제에서 비롯된 것이지만 단순한 애정 갈등 이상의 심장한 의미를 가지고 있다. 삼각관계를 이루고 있는 두 축인 박영채와 김선형이 시대적인 상징성을 가지고 있기 때문이다. 박영채는 구한말의 지사였던 박진사의 딸로, 비록 기생으로 전락했으나 전통적인 가치관을 한몸에 체현하고 있는 인물이며, 또 김선형은 개화주의자 김 장로의 외동딸로 근대지향성을 대표하고 있다. 그러므로 이 둘 중 한 편을 선택해야 하는 이형식의 갈등은 사실상 근대와 전통 사이의 갈등에 해당되는 것이다. 「무정」의 독특함은 이형식의 선택을 자발적인 것이라기보다는 우발적인 사건에 의한 것으로 처리한다는 점에 있다. 매국적인 지식인들인 배 학감과 김 남작에 의해 겁탈당함으로써 박영채 스스로가 이형식으로부터 멀어져가는 것으로 처리하고 있는 것이다. 이러한 사실은 일제의 침략에 의해 국권을 상실한 한말의 뼈아픈 역사적 경험을 암묵적으로 반영하고 있다. 그러므로 이형식의 입장에서 보자면, 논리적으로는 김선형이 표상하는 근대에로 나아가야 함에도 불구하고, 심정적으로는 외세에 의해 침탈당한 전통적 세계에 매우 견고하게 연결되어 있는 것이다. 심정과 논리 사이에서 벌어지는 이러한 갈등이 「무정」의 삼각관계의 가장 깊은 곳에 핵심적인 요소로 자리하고 있다.

■ 토론 과제

— 이 소설의 여주인공 박영채의 성격과 이인직의 「혈의 누」에 등장하는 옥련의 성격을 비교 분석해 보자.

— 이 소설에서 강조하고 있는 '신교육'의 이상이 당대적 현실과 얼마나 괴리되어 있는지 설명해 보자.

— 이 소설에서 '이야기 시간'과 '텍스트 시간'의 상호관계를 분석해 보자.

한국 현대소설을 어떻게 볼 것인가

: 한국 현대소설의 역사적 전개

1. 한국 현대문학의 성립
2. 개화계몽운동과 근대소설의 형성
   서사 양식과 계몽담론의 결합
   신소설과 근대성의 의미
3. 일본 식민지시대의 근대소설
   근대적 개인의 발견
   근대소설의 확립
   계급문학운동과 소설의 이념성
4. 식민지 상황과 근대소설의 양상
   소설의 양식적 확대와 주제의 다양성
   모더니즘의 기법과 정신
   풍자와 해학, 토속 세계와 전통
   여성작가와 여성주의의 등장
5. 민족분단과 현대소설
   해방공간의 소설
   소설과 전쟁의 체험
   전후세대 작가들의 윤리 의식
6. 산업화와 소설의 대중적 확대
   소설적 감수성의 변화
   농촌소설과 노동소설
   분단 현실의 소설적 인식
   대하 장편소설의 등장
   여성주의의 확대

작품읽기 11_민족의 죄인(채만식)

1. 한국 현대문학의 성립

한국 현대문학의 범주와 그 성격은 문학이 기반하고 있는 역사적 조건으로서의 현대를 어떻게 규정하느냐에 따라 그 성격과 내용이 달라진다. 한국 현대문학은 19세기 후반 이후 전통 사회의 붕괴와 함께 새롭게 성립되었다. 이 시기에 한국사회에서는 봉건적인 사회체제의 모순 극복을 위한 개혁운동이 각 방면에서 활발하게 전개되었고, 침략적인 서구 자본주의 세력의 위협에 대응하기 위한 자주 독립 운동이 지식층을 중심으로 점차 확대된 바 있다. 정치적인 차원에서는 갑신정변(1884), 갑오개혁(1894) 등의 근대화 작업이 시도된 바 있으며, 동학농민혁명(1894)을 통해 민중적인 의식의 성장도 분명하게 드러나게 된다. 그리고 독립협회(1896)와 같은 사회단체가 결성되어 자주민권운동이 전개되기도 하였으며, 국권 회복을 위한 애국계몽운동이 많은 지식인들에 의해 추진되기도 하였다.

한국 현대문학은 개화 계몽시대 국어국문운동을 통해 문학의 사회적 기반이 확대되는 가운데 민족정서와 시대적 요구에 부합되는 새로운 문학적 형식으로 자리 잡았다. 한국인들은 오랜 동안 중국으로부터 전래된 한자를 중심으로 하는 이원화된 언어 문자 생활을 영위하여 왔다. 15세기 중반에 훈민정음을 창제하면서 구술언어와 문자언어가 국어와 국문이라는 단일한 언어 문자 체계로 일원화할 수 있는 가능성을 확보하게 되었다. 그러나 조선의 지배 계층은 국문을 외면하고 한문 중심으로 문자 생활을 지속하였다. 한국사회가 19세기 중반에 이르러 새로운 변혁에 직면하게 되자, 일부 지식층들이 개화계몽운동을 전개하면서 한문을 버리고 국문을 사용해야 한다는 국어국문운동을 주도한다. 이 시기의 국어국문운동은 국문의 교육과 보급, 국문 신문과 도서의 출판, 국문에 대한 체계적 정리와 연구 등으로 확대됨으로써, 한국인들의 말과 글을 국문이라는 하나의 언어체로 통합시켜 놓을 수 있게 된다. 그러므로 국어국문운동은 한국 사회에서 새롭게 형성되기 시작한 현대적인 가치를 구현할 수 있는 가장 핵심적인 문화적 기반으로 자리 잡게 된 것이다.

　개화 계몽시대 국어국문운동은 갑오개혁 이후 과거제도가 폐지되고 정부의 공문서에 국문 글쓰기가 공식적으로 등장한 후 사회 각 방면으로 빠르게 확대되었다. 우선 새로운 교육제도가 시행되면서 신식 학교가 설립되자, 서구 문물과 지식을 전달하기 위한 교과용 도서의 국문 출판이 널리 이루어졌다. 그 결과로 국문 독자층이 확대되었고, 문자 생활에서 한문의 제약성을 벗어나 국문 사용이 폭넓게 확대된 것이다. 특히 이 시기에 대중적 매체로 등장한 신문과 잡지들이 국문 확대의 사회적 기반으로 작용하였다. 1896년 창간한 『독립신문』이 순국문으로 간행된 뒤에 『대한황성신문』(1898)이 국문으로 발간되다가 뒤에 『황성신문(皇城新聞)』으로 개제하면서 국한문으로 고정되었고, 『제국신문』(1898)은 창간 당시부터 국문 신문으로 일관된 성격을 유지하였다. 종교 계통의 신문 가운데 『그리스도신문』(1897)도 창간 당시부터 국문 전용의 신문으로 출발하였다. 『대한미일신보』(1904)는 창간 당시부터 국한문 신문이었으나, 1907년부터 국문판 『대한미일신보』를 별도로 발간한 바 있다. 『만세보』(1906)는 한자에 국문으로 음을 병기한 특이한 국한문 표기 방식을 수용하였고, 『대한민보』(1909)의 경우에도 국한문을 채택하고 있다. 여러 사회 단체들이 간행한 『기호흥학회회보』, 『대한자강회보』 등과 같은 수많은 학회보와 『소년』과 같은 잡지가 국문 또는 국한문으로 출간되었으며 상업적인 출판사들이 국문 서적 출판에 앞장섰다. 더구나 국어국문에 대한 연구와 정리 작업도 주시경을 비롯한 여러 학자들에 의해 이루어지게 되었으며, 1907년에는 정부 내에 국문연구소를 설치하여 국어국문에 대한 정책을 세우고 종합적인 연구를 할 수 있도록 하였다.

　개화 계몽시대 국어국문운동의 확대 과정을 보면, 그 실용주의적 성격에도 불구하고, 언어 민족주의적 요소가 무엇보다도 강조되었다는 점을 주목할 필요가 있다. 당시 사회에서 국어와 국문이라는 말을 통해 암시되는 언어 문자의 민족적 고유성에 대한 인식은 민족의 동일성과 정체성의 핵심적인 요건이 되었다. 그리고 이것은 민족의 자주 독립의 당위성을 주장할 수 있는 근거로 활용되기도 하였다. 더구나 언어 문자의 민족적 동일성과 그 정체성을 강조하는 과정에서 한문 배제의 논리가 자연스럽게 담론화하기 시작하였다. 국어국문운동을 통해 국문이 확대되자, 한문의 절대적인 권위가 무너지기 시작하면서, 조선시대 지배층의 전유물이었던 한문은 더 이상 참된 글자라는 뜻의 진서(眞書)로서의 가치를 인정받을 수 없게 되었다. 한문이 한낱 중국의 글에 불과하다는 타자성(他者性)에 대한 인식은 엄청난 문화적 파장을 불러일으켰다. 신성하고 유일한 의미와 진리의 상징물로 인식되어 왔던 한문이 쇠퇴하면서 모든 가치 개념을 중화주의적 세계관에 근거하여 내세웠던 조선시대 지배층의 태도가 새로운 지식층에 의해 비판 부정되기에 이르렀다. 결국 국어국문운동은 민족어로서의 국어와 국문의 재발견을 통해 한문 중심의 세계에서 벗어나고자 하는 언어적 의미론적 탈중심화의 지향을 분명하게 드러내게 되었다.

개화 계몽시대의 국어국문운동은 언어 의미론적인 면에서나 사회 문화적인 면에서 단일하고 일원적인 언어체였던 한문의 지배로부터 모든 담론을 근본적으로 해방시켜 놓고 있다는 점에서 그 문화적 민주주의의 지향을 확인할 수 있다. 국문은 누구나 쉽게 배울 수 있으며, 국문을 통해 새로운 지식과 정보를 누구나 쉽게 접할 수 있게 된다. 이러한 국문의 대중적 실용성은 한문 중심의 지배층의 문자 생활이 보여주었던 문화의 계급적 폐쇄성의 파괴를 겨냥한다. 한문 중심의 관리 등용제도였던 과거제도가 폐지되고 신식 교육이 실시되자, 한문은 오랜 역사 속에서 지켜 내려온 지배층의 문자로서의 지위를 잃고, 그 교육 문화적 기능과 정보 기능도 현지하게 약화된다. 그 대신에, 국문 교육이 제도화되고 국문의 활용이 사회적으로 확대되면서, 개화 계몽시대의 새로운 지식과 정보, 문화와 교양은 모두 국문을 통해 수용되고 다시 재창조되어 계급적 차별 없이 대중적으로 확산된다. 한국의 민중들은 자신들을 억압했던 한문 중심의 낡은 사고와 가치를 모두 벗어버리고 국문을 통해 새로운 서구의 문물과 제도와 가치를 받아들인다. 낡은 것들이 모두 무너지고 새로운 것들이 그 자리에 대신 들어서는 변혁의 과정을 겪으면서, 한국의 민중들은 한국 사회가 '낡은 조선'에서 벗어나 새롭게 변화할 수 있다는 신념을 키울 수 있게 된다. 그리고 그들의 삶을 새롭게 변화시키는 것이 권력이 아니라 지식이라는 새로운 힘임을 국문을 통해 인식하게 된다. 특히 언어 문자 생활에서 사회적으로 확대된 국문과 그 언어체로서의 국문체는 현실 속에서 살아있는 모든 사회적인 담론의 유형을 포괄하며, 일반 대중의 일상적인 언어의 모순적이면서도 다층적인 목소리를 하나의 표현 구조로 담론화한다. 그 결과로 한국 사회는 개화 계몽시대의 국어국문운동을 통해 현대적 의미의 문화적 민주주의의 기반을 확립할 수 있게 되는 것이다. 국어국문운동이 개화 계몽시대 이후 한국 사회의 문화적 변혁의 현대성을 말해주는 핵심적인 징표가 되는 까닭이 바로 여기에 있다.

개화 계몽시대 국어국문운동의 대중적 확대를 통해 드러나고 있는 가장 중요한 문화적 현상은 국문 중심의 새로운 글쓰기가 일반화되고 있다는 점이다. 이 시기에 국문체를 기반으로 새로운 글쓰기로서의 '문학'이라는 개념이 정립된다. 이광수는 '문학'이라는 용어를 서양의 '문학(literature)'과 일치시켜 그 개념을 '정적 분자를 포함한 문장'이라고 한정한 바 있다. 이것은 문학이라는 말이 전통적인 글 또는 '문'의 개념을 벗어나 새로운 정서적 영역의 글쓰기로 규정되고 있음을 말한다. 그리고 학식과 교양과 덕망을 뜻하던 전통적인 문의 개념 대신에 문학이라는 것이 상상력과 창조력의 소산이라는 특별한 예술의 영역임을 분명히 인식하고 있음을 의미하는 것이다. 이러한 인식의 변화는 심미적인 것이 하나의 새로운 인간적인 가치로 자리 잡기 시작하였음을 뜻한다고 할 수 있다.

이 시기에 이루어진 문학에 대한 새로운 관심과 이해는 새롭게 등장하기 시작한 문학 양식의 명칭을 통해 그 방향이 어느 정도 드러나고 있다. 조선시대부터 오랜 동안 읽혔던 소설들은 모두 구소설이라는 명칭으로 불려지고, 개화 계몽시대에 새롭게 등장한 소설은 신소설이 된다. 마찬가지로 시가문학에서 일반화된 신시라는 말도 널리 쓰이게 된다. 여기서의 '신'과

'구'는 단순히 시대적인 차이만을 뜻하는 것이 아니다. 문학의 내용과 형식의 차이가 더욱 중요한 요건으로 문제시되고 있다. '신-'이라는 투어가 붙어있는 문학 양식은 기존의 문학 양식과 구별되는 형식과 내용상의 새로움으로 인해 우선적으로 그 존재 의미를 인정받는다. 그리고 무엇보다도 내용에 반영된 새로운 시대상이 그 중요한 특징으로 인정되고 있다고 할 것이다.

현대문학의 성립 과정에서 등장한 신소설이나 신시와 같은 새로운 문학 양식은 전문적인 문인 계층에 의해 이루어진 직업적 창작의 산물이다. 이 시기부터 직업으로서의 문필업이 등장하게 된 것은 물론 국문운동에 의한 독자 대중의 사회적 확대와 연관된다. 그리고 이 대중적 독자층을 상대로 하는 서적 출판과 판매라는 자본주의적 유통 구조가 제도적으로 자리 잡으면서 전문적인 문필업이 새롭게 정착되었다고 할 수 있다. 실제로 개화 계몽시대에 등장한 신문사나 잡지사에는 신문 잡지의 읽을거리를 만들어내는 전문적인 글쓰기에 종사하는 기자가 생겼고 소설을 쓰는 전문적 작가도 등장하였다. 이들이 쓰는 글은 조선시대의 지식층이 인간의 도리를 익히고 덕망을 쌓기 위해 행하는 글쓰기와는 그 성격이 전혀 다르다. 그것은 보다 현실적인 목적에 따라 이루어지는 하나의 문화적 생산에 해당한다. 특히 새롭게 등장한 『독립신문』, 『황성신문』, 『제국신문』, 『대한매일신보』, 『만세보』, 『경향신문』, 『대한민보』 등과 같은 대중적인 신문은 전문적인 문필업의 형성을 위한 사회적 기반을 제공하고 있다. 그리고 보성관(普成館), 회동서관(滙東書館), 광학서포(廣學書鋪), 동양서원(東洋書院), 박문서관(博文書館) 등의 상업적인 출판사는 전문적인 글쓰기에 종사하는 사람들과 여러 가지 방식으로 연관을 맺으면서 그들의 글쓰기 활동을 지원하였다. 신문사들은 전문적인 문필가들을 기자로 채용하였으며, 출판사들은 전문적인 문필가와 대중 독자 사이를 연결하는 매개적인 역할을 담당하였다. 문필가들이 쓰는 글은 출판사에서 서적으로 발간되어 일반 독자들에게 읽을거리로 제공되었다. 이에 따라 일반 독자들은 마치 자기 취향과 욕구에 맞는 물건을 구입하고 그것을 소비하듯이 글을 대하며 책을 구입하게 되었으며, 출판사는 일정한 이익을 문필가에게 제공할 수 있게 된 것이다. 이 시기에 신문에 연재되고 뒤에 단행본으로 출판되었던 신소설은 바로 이 같은 대중적 욕구를 고려한 근대적인 글쓰기의 최초의 산물이라고 할 수 있다. 지적 산물에 해당하는 소설이 본격적으로 상품화되어 근대적인 상업적 유통 관계에 의해 독자 대중과 만나는 최초의 사례가 바로 신소설인 셈이다. 국문을 통한 개방적인 언어 문자 생활이 가능해지기 시작한 새로운 글쓰기의 시대, 바로 여기서 현대문학은 사회제도의 변화를 내포하는 현대성의 의미를 드러낼 수 있게 되는 것이다.

2. 개화계몽운동과 근대소설의 형성

서사 양식과 계몽담론의 결합

한국의 근대소설은 봉건적인 조선 사회가 붕괴하면서 새로운 서구적 질서의 수용과 자주 독립 의식을 강조하던 시대적 상황을 배경으로 형성되고 있다. 이 시기의 문학은 전통적인 문학 양식의 근대적인 변혁 과정을 잘 보여주고 있는데, 가장 중요한 특징은 신교육 운동과 국어국문운동의 영향으로 국문문학이 주류를 형성하게 된 점이다. 한문학이 퇴조하면서 국문체를 바탕으로 새로이 형성된 다양한 문학 양식들이『독립신문』,『황성신문』,『대한매일신보』,『제국신문』,『만세보』,『대한민보』등의 신문을 매체로 하여 대중적으로 확대되고 있다. 특히 다양한 서사 양식을 통하여 당대 현실에 대한 비판적 인식과 함께 계몽의식을 표현하고자 하는 새로운 움직임도 개화계몽운동과 함께 구체화되고 있다.

개화 계몽시대의 서사양식 가운데 가장 먼저 논의해야 하는 것이 영웅전기다. 전기는 외세에 대한 저항 의식과 독립 자강이라는 강렬한 사회의식을 그대로 반영하고 있는 문학 양식으로서, 당대 현실에서 요구되는 이상적인 영웅적 인간형을 제시하고 있다.

장지연의 「애국부인전」(1907)은 프랑스 백년전쟁 당시의 여성 영웅이었던 잔 다르크의 일생을 그린 것이다. 이 작품의 주인공은 가난한 농가의 외동딸로 태어났지만, 자기 나라가 외세의 침략을 당하자 이에 대항하여 애국적인 활동을 전개한다. 이 소설의 저술 동기가 구국적 영웅상의 제시와 함께 특히 여성들의 애국심의 분발을 촉구하는 데에 있음을 짐작할 수 있다. 신채호는 국가적 위기에 직면하여 애국적인 인간상을 제시하기 위해 「을지문덕」(1908), 「수군제일위인 이순신전」(1908), 「동국거걸 최도통전」(1909) 등 영웅적 인물의 전기를 직접 저술하였다. 신채호는 당시 국권의 회복을 위해서는 위인 열사들의 영웅적 행동이 무엇보다도 중요한 귀감이 될 수 있다는 신념을 지니고 있었다. 그는 한말의 어지러운 국내외적 제반 상황을 극복하기 위해서는 영웅이 출현하여야만 가능하다고 보았다.

그러나 이 같은 전기는 대부분 일제 식민지시대에 접어들면서 발매 반포 금지 도서로 지목되었다. 일본 총독부는 이 전기가 민족의 독립 의식을 촉구하고 있는 점을 용납하지 않았다. 그러므로 이 같은 서사 양식 자체가 식민지시대에는 더 이상 등장하지 못하였다.

개화 계몽시대의 우화는 현실에서 문제가 되고 있는 인간 행동의 규범이나, 도덕적 명제를 중심으로 성립되고 있다. 외세의 침략 위기에 대한 경각심을 심어 주거나, 부패한 관료들을 비판하고 타락한 현실을 경계하기 위해 우화의 교훈석 기능을 이용한 것이다. 「디구성미래몽」(1909), 「몽견제갈량」(유원표, 1908), 「몽배금태조」(박은식, 1911) 등은 꿈이라는 환상적인 틀을 활용하거나 현실과 대비되는 가상의 공간을 설정하여 놓고 있다. 「몽견제갈량」은 작중 화자가 꿈속에 제갈량을 만나 당대의 현실 문제를 토론하고 정치 상황을 비판하는 내용으로 이루어져 있다. 「디구성미래몽」은 가상의 공간에서 외세의 침략 위기에 놓인 조선의 현실을 논하면서, 새로운 미래의 세계를 제시하고 있다. 이러한 작품들과는 달리 인간이 아닌 동물들을 내세워 인간 세상을 비판하거나 야유하는 이야기도 있다.「금수회의록」(안국선, 1908),「경세종」(김필수, 1908),「금수재판」(흠흠자, 1910) 등은 모두 동물을 등장시켜서 인간 세태의 변화를 비판하고 새로운 삶의 규범과 가치를 제시하고 있다.

개화 계몽시대의 우화와 함께 주목되는 것은 풍자다.『대한매일신보』의「소경과 안즘방이 문답」,「거부오해」,『대한민보』의「절영신화」등이 대표적인 것들이다. 이 풍자 양식들은 대개 신문 종사자들에 의해 집필되었을 것으로 추측되는데, 등장인물의 행위 대신에 말과 토론이 중심을 이루며, 각 인물들이 주고받는 대화에서 주제와 가치와 관념의 대립에 의한 지적인 갈등이 흥미의 초점을 이룬다.「소경과 안즘방이 문답」은 복술을 하는 장님과 망건을 만드는 앉은뱅이가 등장한다. 이들이 나누는 대화의 내용은 주로 관료들의 부패, 내실을 기하지 못하고 있는 형식적인 개혁, 외세의 침략 위협에 대한 경계 등이다. 그리고 이러한 비판적인 토론과 대화는 모두 앞을 내다보지 못하는 장님과 거동을 할 수 없는 앉은뱅이의 입을 통해 제기되고 있다는 점에서 오히려 역설적인 의미까지 드러내고 있다.「거부오해」의 경우도 인력거꾼들의 대화 내용을 중심으로 하고 있다. 이들은 정부의 조직 개편, 통감부의 설치 등의 새로운 제도를 모두 다른 말로 그 뜻을 오해한다. 이 오해는 무식을 가장한 일종의 언어적인 유희이며, 정치적인 변화와 사회적인 전환에 대한 신랄한 야유가 되고 있다.「절영신화」는 장에 가는 양반 샌님과 서울 가는 상놈 덤벙이가 서로 길에서 만나 나누는 대화와 수작이 중심을 이루고 있다. 이러한 상황 설정은 변화되고 있는 개화 조선의 사회적 풍속을 야유하는 의도가 역력하다. 양반은 상놈을 어찌하지 못하고 상놈은 양반을 어찌하지 못하지만, 당대 사회의 현실을 비판하고 비리를 폭로하는 데에 입을 맞춘다.

풍자의 내용이 보다 확대된 형태로 등장한 것이「병인간친회록」(1910),「자유종」(이해조, 1910)이다.「자유종」에서는 생일잔치에 초대를 받아 모여든 여러 부인들이 밤늦도록 차례로 여성들의 권익과 교육, 국가의 자주 독립과 사회 개혁 등 당면 문제에 대하여 방대한 내용의 지식들을 동원하여 설명하고 토론한다. 「병인간친회록」은 신체 장애인들을 연사로 등장시키고 있다. 신체적인 제약 때문에 사회적으로 받는 차별과 천대와 불이익에 반발하면서 '병인간친회'라는 집단을 조직하고 그들의 단합된 의지와 결의를 보여주고 있는 것이다. 이 작품에 등장하는 장애인 연사들은 자신들의 신체적인 장애를 인정하면서 현실 속에서의 인간의 도덕적 타락과 부정과 비리를 더 심각한 인간적 장애로 지적하고 있다.

신소설과 근대성의 의미

개화 계몽시대 문학을 주도한 신소설은 근대화의 물결이 일기 시작한 1900년대에 들어서면서 새로이 등장한 소설의 형태다. 봉건적인 사회제도와 생활풍습이 변화하는 가운데 고전소설이 점차로 쇠퇴하게 되자, 새 시대의 삶과 의식을 반영하는 신소설의 출현을 보게 된 것이라고 할 수 있다. 초기 단계의 신소설은 대부분 당시에 간행된 신문에 주로 연재되었고, 뒤에 다시 단행본으로 출판되면서 널리 읽혀지게 된다. 신소설은 이인직, 이해조, 최찬식, 김교제 등의 직업적인 작가층의 형성과 함께 대중적인 독자 기반을 확보하고 있다. 「혈의 누」(1906), 「치악산」(1908), 「은세계」(1908) 등을 발표한 이인직의 뒤를 이어, 이해조는 「빈상설」(1908), 「구마검」(1908), 「자유종」(1910), 「화의 혈」(1912) 등을 발표하고 있다. 최찬식의 「추월색」(1912)도 널리 알려진 작품이다. 신소설은 국문체를 기반으로 대중화되었으며, 소설 구성의 기법이나 문체의 면에서 독자적인 요건을 확립하고 있다.

「혈의 누」는 조선 말기 청일전쟁을 겪은 평양의 한 가족을 중심으로 하고 있다. 이 소설에서 여주인공이 새로운 서구 문물에 접할 수 있는 중요한 계기로 설정된 것은 청일전쟁이다. 소설의 줄거리에서는 이 전쟁으로 인하여 파괴된 한 가족의 비극적인 삶을 강조하고 있다. 그러나 전란 속에서 가족과 헤어진 주인공을 개화의 길로 인도함으로써, 새로운 삶을 열어 가는 하나의 계기로 이 전쟁을 그려내고 있다. 그런데, 소설 속에서는 주인공이 개화의 길로 걸어갈 수 있게 만든 것이 전쟁이지만, 이 전쟁의 승리자는 일본이며 가장 큰 패배자는 청나라가 아니라 조선이다. 일본은 이 전쟁의 승리로 조선에 대한 지배력을 확대할 수 있게 되었기 때문이다. 작가는 주인공에게 개화의 길을 걸어가게 하지만, 개화운동은 일제의 식민지 통치로 인하여 실질적인 종말에 맞게 되는 것이다.

소설 「혈의 누」는 주인공 옥련이의 가족 상봉, 구완서와의 혼담 등으로 이어지는 「모란봉」으로 연결된다. 「모란봉」은 옥련의 귀국과 가족 상봉이 중요한 골격을 이루고 있지만, 「혈의 누」의 경우와는 전혀 다른 성격을 지닌다. 옥련의 부모들은 옥련을 돈이 많은 건달에게 시집보내려고 술수를 쓴다. 그리고 구완서의 귀국이 가까워지자, 그의 부모에게도 술수의 손이 미치게 된다. 혼사 장애담의 낡은 패턴을 그대로 답습하고 있는 이 작품에서 개화 문명의 실상은 모두 사라지고 윤리의 가치의 붕괴라는 또 다른 현실의 문제성만 부각되고 있다. 신소설 「은세계」는 갑신정변을 전후한 시대를 배경으로 하여 부패한 사회 현실에 대한 불만과 정치제도의 개혁을 내세우고 있다. 이 소설의 전반부는 봉건적인 사회제도와 부패한 탐관오리의 학정을 고발하는 내용이 중심을 이룬다. 소설의 주인공은 그의 재산을 탐내는 탐관오리의 학정에 의해 무고하게 목숨을 잃는다. 후반부에서는 이 주인공의 자녀들이 성장하여 외국 유학에서 귀환하는 과정을 보여 주지만, 이야기의 완결을 보지 못하고 있다.

이해조는 신소설의 대중화를 이루어 놓은 작가다. 「빈상설」은 처첩 간의 갈등과 그 해결의 과정을 권선징악의 방법으로 처리하고 있는데, 이야기의 내용 자체가 세속화되고 개인화된 삶의 변화를 반영한다. 「구마검」의 경우는 미신 타파라는 사회적인 주제가 강하게 드러나고 있지만, 그 저변에는 개인의 세속적인 욕망과 그 문제성이 깔려 있다. 「만월대」에서는 몰락한 가정, 장사로 돈을 벌게 되는 과정, 우연한 횡재에 의해 불운을 타개하는 대목들이 연결되어 물질적인 것의 중요성을 강조하고 있다.「쌍옥적」은 탐정소설의 수법이 과장적으로 드러나 있지만, 흥미 위주의 사건 구성에서는 성공을 거두고 있으며,「모란병」은 돈 때문에 사기꾼에게 딸을 화류계로 팔아넘기게 된 사연, 화류계에 빠진 여주인공의 구원 등이 이야기의 핵심을 이루며, 세속적인 욕망에 얽혀 있는 인간의 삶의 타락상을 보여주고 있다.

신소설은 이해조 이후 최찬식, 김교제와 같은 작가로 이어졌지만, 재미를 추구하는 독자들의 욕구대로 개인적인 취향물로서의 통속적인 이야기로 변모되고 있다. 신소설 작가들이 보여준 대중적인 흥미성에의 집착은 신소설의 사회계몽적 기능을 약화시킨 대신, 그 방향을 개인적인 취향 문제로 전환시켜 놓았다고 할 수 있다.

3. 일본 식민지시대의 근대소설

근대적 개인의 발견

한국문학은 1910년 일본의 강점에 의해 식민지시대에 접어들게 되면서부터 역사적 시련을 맞고 있다. 일본은 한일합병 조약을 강제로 체결하고 조선총독부를 설치한 후 한국에 대한 무단통치를 실시한다. 개화기 문학에서 볼 수 있었던 자주적인 국권 회복과 문명개화에 대한 의지는 엄격한 언론 출판에 대한 규제로 인하여 더 이상 표출될 수 없게 된다.

이광수는 이 무렵 일본 유학에서 얻은 지식을 통해 서구적인 개념에 따른 문학에 대한 논의를 전개한다. 그는「문학의 가치」(1910)라는 글에서 '인간의 정적 분자(情的分子)를 언어로 표현한 예술'이라는 뜻으로 문학의 개념을 규정한 바 있다. 그리고 개인의 내면적 고뇌를 그려낸 단편소설「소년의 비애」(1917)를 발표하고, 장편소설「무정」(1917)을 내놓으면서 문단의 중심인물이 된다. 「무정」은 식민지 현실에 대한 인식에 철저하지는 않았으나, 개인의 운명적인 삶과 시대적 조건을 결합시킨 장편소설로서 그 근대적 성격이 인정되고 있다. 소설 「무정」의 줄거리에서 가장 주목되는 것은 개인적 운명의 양상이다. 그것은 이형식과 박영채로 대별되는 두 사람의 개인적인 삶을 통해 구체화되고 있다. 고아 출신인 이형식이 봉건적인 구시대의 질서를 거부하고 새로운 가치로서의 문명개화와 신교육의 의미를 강조하는 교사의 신분으로 성장한 것은 사회 변혁의 과정과 맞물려 있다. 박영채의 변모과정도 전통적인 가족구조의 붕괴와 양반층의 몰락이라는 개화공간의 사회적 변동을 반영한다. 이 소설은 문명개화와 신교육의 가치를 모든 사회적인 요건 가운데 최선의 것으로 내세운다. 그리고 그러한 가치를 신봉하는 사람들에게 새로운 삶의 가능성을 부여하는 개화지상주의적인 요소까지 곁들여 있다. 그러므로 박영채의 경우, 구시대의 질서가 붕괴되는 과정 속에서 운명적으로 희생을 감수해야 했고, 새로운 문명개화의 이념을 붙잡게 됨으로써 재생의 가능성을 얻게 되었다고 할 것이다.

한국의 문학사에서 춘원 이광수의 시대는 무엇보다도 먼저 자아에 대한 각성과 새로운 발견이 요청된 시기다. 그리고 민족적 자기인식과 그 주체적 확립이 가능하지 않은 식민지 상태에 놓여 있었음에도 불구하고, 이 시기에 대부분의 작가들이 개인의 발견과 그 해방을 주장했다는 사실은 특기할 만한 일이다. 이광수는 소설 「무정」에서 자아의 각성과 사랑의 문제를 중요시하였지만, 개인적 자아가 근거할 현실적 상황에 대한 객관적인 인식을 제대로 구현하지는 못하고 있다. 다만 새로이 도래할 문명개화의 시대로서 근대사회를 적극적으로 긍정하고 있다는 점에서 이 소설이 개화공간의 말미에 자리하고 있음을 확인할 수 있다.

근대소설의 확립

일제 식민지시대의 한국문학은 1919년 3·1 운동을 계기로 하여 민족과 현실에 대한 적극적인 대응 자세를 보여주기 시작한다. 3·1 운동을 통해 촉발된 민족적 자기 각성에 힘입어, 문학은 자아의 발견과 개성의 표현에 적극성을 드러내기 시작하였고, 현실에 대한 관심을 확대하게 된다. 『창조』(1919), 『폐허』(1920), 『백조』(1922) 등의 문예 동인지가 등장하여 문단이 형성되었으며, 『개벽』(1920)과 같은 종합지의 발간으로 문학 창작 활동이 더욱 활발하게 전개되기도 한다. 특히 『동아일보』, 『조선일보』 등의 민족지가 간행됨으로써, 문예 활동의 폭넓은 기반을 제공하게 된다.

한국의 근대소설은 이 같은 시대적 배경 위에서 점차 계몽주의적 속성에서 벗어나 새로운 성격의 창조와 개성의 발견에 관심을 기울인다. 특히 구어체의 산문 문체를 확립함으로써 소설 기법의 새로운 전환을 이루어 놓고 있다. 소설의 경향도 개인적 주체의 확립에서부터 민족적 현실의 인식에 이르기까지 다양하다. 식민지의 암울한 현실에서 방황하는 지식인의 고뇌를 그려낸 경우도 있고, 비참한 노동자 농민의 삶을 보여주기도 한다. 이 시기의 소설에서부터 근대적인 단편소설의 양식이 확립되었다는 것도 중요한 점이다. 삶의 단면에 대한 세부적인 묘사와 치밀한 구성을 그 기본적인 요건으로 삼고 있는 단편소설이 소설사의 주류를 형성하게 되었기 때문이다.

김동인은 일본 유학 시절 문학 동인지 『창조』의 발간을 주도하였고, 「약한 자의 슬픔」, 「배따라기」, 「감자」 등을 통하여 근대적인 단편소설의 성립에 선구적인 역할을 담당한다. 「배따라기」는 한국 근대문학 초창기의 단편 가운데에서 가장 뛰어난 작품의 하나라고 할 수 있다. 액자소설의 형태를 취하고 있는 이 작품은 열등의식과 오해가 빚어낸 형제간의 파멸의 과정을 이야기하고 있는데, 훼손된 삶의 가치를 다시 회복하기 위해 헤매는 주인공을 통해 삶의 비극적인 단면을 제시함으로써 인생의 의미를 생각하도록 유도하고 있다. 「감자」는 주인공이 가난 속에서 도덕적 의지와 윤리의식을 상실한 채, 매춘 행위를 거듭하다가 끝내는 비극적인 죽음을 맞게 되는 과정을 그리고 있다. 이 작품은 사건의 경과만을 객관적으로 묘사하고 있는 간결한 문체가 특히 주목된다.

현진건은 『백조』 동인에 참가하면서 문단 활동을 시작하였는데, 식민지 시대 지식인의 좌절과 고뇌를 그린 「빈처」, 「술 권하는 사회」, 「타락자」 등과 함께 궁핍한 노동자의 삶의 단면을 그려낸 「운수 좋은 날」 등이 대표적인 작품이다. 「빈처」는 가난한 무명작가를 주인공으로 하여, 정신적인 가치를 추구하는 과정이 현실적 욕망에 의해 어떻게 동요되고, 또다시 원상을 되찾아 가는가를 섬세하게 그려내고 있는 작품이다. 생활에 보탬이 되지 않는 독서와 창작에만 매달려 있는 주인공의 소시민적 고뇌와 남편만을 믿고 의지하며 사는 아내의 심리적 변화를 객관적 현실에서 야기되는 에피소드에 정밀하게 대응시킴으로써 사실적인 효과를 거두고 있다. 「운수 좋은 날」은 현진건이 소시민적 지식인의 삶으로부터 노동자의 삶으로 그 관심을 옮겨놓은 최초의 작품이다. 이것은 작가 개인으로서나 사회적으로도 한국 문학이 새로운 국면을 맞이하고 있음을 말해주는 것이라고 하겠다. 인력거꾼이 겪는 어느 운수 좋은 날이 바로 아내가 굶주림 속에서 죽어가는 날이라는 반어적 작품 구성은 사회경제적 빈궁 속에서 이루어지는 개인의 삶의 고통을 여실하게 보여주고 있다.

나도향은 『백조』 동인의 한 사람으로 「벙어리 삼룡이」, 「물레방아」, 「뽕」 등을 발표하였다. 「벙어리 삼룡이」는 신분적·육체적 불구성을 자기희생의 과정을 통해 극복하는 인간의 모습을 그리고 있다. 이 작품의 결말에 나타나는 주인공의 죽음과 방화는 신경향파 소설과 상당부분 유사하지만, '불'이라는 상징물을 통해서 분노와 저항심, 사랑의 정열을 함께 처리함으로써 주제 의식의 치열성을 살리는 효과를 거두고 있다. 「물레방아」와 「뽕」은 빈궁과 애욕의 문제를 동시에 다루고 있는 작품이다. 가진 자와 못 가진 자의 대립과 갈등을 그려내면서도 본능적인 육욕의 문제와 물질에 대한 탐욕이 빚어내는 인간성의 타락을 그려내고 있다.

염상섭은 『폐허』의 동인으로 가담하면서 본격적인 문단 활동을 전개하였으며, 「표본실의 청개구리」와 함께 3부작을 이루고 있는 「암야」, 「제야」

등을 발표하여 작가로서의 위치를 분명하게 한다. 이 작품들은 식민지시대에 젊은 지식인들이 겪고 있는 개인적 고뇌와 번민을 암울한 분위기로 그려내고 있다. 「표본실의 청개구리」는 일인칭 소설이지만 소설의 실제 내용은 광인(狂人)을 전면에 내세워 그 성격을 분석하면서 삶의 암흑면을 드러낸다. 그러나 이 작품은 작품의 구조 자체가 짜임새를 지니지 못하고 서술의 구체성도 상실한 채 생경한 관념을 노출하고 있다. 이러한 관념성의 한계를 극복하고 있는 작품이 「만세전」이다. 「만세전」은 3·1 운동 직전의 시대 상황을 배경으로 하여 주인공인 동경 유학생이 조선에 있는 아내가 위독하다는 전보를 받고 귀국하는 동안 목격하게 되는 여러 가지 현실의 문제들을 사실적으로 묘사하고 있다. 이 작품에서 되풀이되어 강조되는 것은 식민지 조선의 현실을 '구더기가 들끓는 묘지'에 비유하고 있는 점이다. 식민지적 현실에 대한 사실적 인식이 이 작품에서처럼 구체화된 경우를 이전의 작품에서는 찾아볼 수 없다. 이 작품에 이르러서야 비로소 개인의 문제와 사회적 상황을 통합적으로 제시하고 있는 근대소설의 면모를 분명하게 나타난다.

계급문학운동과 소설의 이념성

1920년대 중반부터 한국문학은 민족문학과 계급문학의 상반된 이념을 중심으로 그 방향이 분열된다. 식민지 현실의 모순에 대한 계급적인 인식이 가능해지자 현실 문제에 대한 관심을 적극화한 신경향파 문학이 성립되었으며, 계급투쟁이라는 정치적 과제를 위해 그 방향을 전환한 계급문학운동이 더욱 치열하게 전개된다.

신경향파 문학에서 계급문학에 이르기까지 소설의 세계는 당대적 현실 문제에 깊이 관여하고 있는 점이 특징이다. 신경향파 소설은 '빈궁의 문학' '반항의 문학'이라는 특징적인 경향을 드러내었으며, 신경향파 소설의 뒤를 이어서 계급소설은 계급적 현실에의 관심, 변증법적인 역사관과 계급혁명에 대한 전망 등과 연관된 정치적 목적성을 구체적으로 표출한다.

최서해는 「고국」, 「탈출기」, 「기아와 살륙」 등을 발표하였는데, 이 작품들은 1923년을 전후하여 등장한 신경향파 문학론을 실제 창작 면에서 실천한 것들이라고 할 수 있다. 그의 작품은 간도 유민, 혹은 빈농의 비참한 궁핍상을 제재로 다루고 있는데, 작품 속에 나타나는 주인공들의 살인, 방화, 파괴가 폭력적이고 억압적인 현실, 처참한 빈궁과 가족들의 고통 속에서 어쩔 수 없이 선택된 최후의 자기방어라는 점에서 어느 정도의 설득력을 발휘한다. 이러한 경향은 극단적인 빈궁 속에서 자연스럽게 성장해가는 하층민의 계급의식을 그려내고 있는 것으로 평가되고 있다.

조명희는 희곡 「김영일의 사」를 발표하고, 시집 『봄잔디밭 위에』(1924)를 발간하기도 했지만, 1925년 조선프롤레타리아예술동맹에 가담하면서 소설 창작을 위주로 한다. 소설 「농촌사람들」은 일제의 앞잡이에 의해서 가정이 파괴되자, 이에 저항하다가 죽음에까지 이르게 되는 인물을 그려놓고 있다. 「낙동강」은 신경향파 소설의 자기 극복 과정에서 주목되었던 작품으로, 지식인 청년을 중심으로 농민들이 계급적인 조직력을 통해 일제의 수탈을 막아내는 과정을 그려내고 있다. 이 작품에서는 계급해방이라는 원대한 목표가 설정되어 있지만, 일제의 수탈과 잔인성을 폭로하는 것이 중요하다. 그러므로 계급과 계급간의 대립을 강조하는 사회주의적 이념보다는 일본 제국주의와 식민지 조선 사이의 민족적 대립을 전면에 드러내고 있다.

이기영은 계급 문단의 대표적인 작가로서 농민들의 삶을 다룬 「홍수」, 「서화」 등을 발표한다. 「홍수」는 빈곤의 악순환 속에서 고통을 받던 농민들이 주인공의 계몽과 설득에 의해 의식이 각성되고 악덕 지주에게까지 저항하게 된다는 내용을 담고 있다. 현실의 구체적인 모습과 괴리된 이같은 도식적인 작품 구성은 계급문학 운동에서 요구한 목적의식의 소산으로 볼 수 있다. 「서화」에서는 도박의 성향과 쥐불놀이의 쇠퇴라는 두 상징물을 통해 농촌 현실의 황폐화를 드러내고 있다. 식민지시대 최고의 농민소설의 하나로 일컬어지는 「고향」은 농민들의 구체적 삶에 기반한 사건 전개와 생동하는 농민들의 형상을 창조해냄으로써 당대의 비평가들로부터 높은 평가를 받았다. 「고향」은 궁핍한 생활 속에서 허덕이는 소작농민들의 고통과 이들을 착취하는 지주 세력의 횡포를 대조적으로 제시한다. 소설의 주인공인 지식인 청년의 등장과 함께 점차 계급적 자각과 자기 존재에 대한 인식에 눈을 뜨는 농민들은 자신들의 운명을 개척하기 위해 서로 단합하여 지주 세력에 대응하게 된다. 이 같은 소설적 구조를 통해 농촌의 정황과 농민들의 의식의 성장과정을 동시에 보여주고 있는 이 작품은 농민들의 삶과 그 풍속적 재현에도 성공하고 있다고 할 수 있다.

한설야는 「과도기」, 「씨름」, 「사방공사」 등을 통해 노동자 계급의 사회적인 형성과정과 그 의식의 추이를 집중적으로 조명한다. 그의 이러한 노력은 계급문학의 창작적 실천 과정에서 이른바 노동자소설의 유형을 확립하는 데에 크게 기여하고 있는 것으로 평가된다. 「과도기」와 「씨름」은 농촌으로부터 유리되어 버린 농민들이 도시노동자로 전락해가는 과정에서 실의와 비탄에 빠져들지 않고 계급적 자기 각성에 이르는 과정을 보여주고 있다. 이러한 작가의 관심이 집약된 것이 장편소설 「황혼」이다. 이 작품은 방직공장을 운영하고 있는 식민지 예속 자본가 계층의 생활과 의식이 그 전반부의 줄거리를 형성한다. 후반부에서는 이러한 자본가들의 행태에 반발하는 노동자들의 투쟁을 그리고 있다. 이 같은 내용은 여주인공의 삶의 과정을 통해 자연스럽게 구조화되고 있는데, 이 작품의 배경 자체가 일본 군국주의의 확대과정과 맞물려 있고, 그러한 현실적 상황 속에서 성장하고 있는 노동계급의 조직적 실체를 확인하고자 한다는 것이 특기할 만하다.

송영은 「용광로」, 「석공조합대표」 등에서 노동자들의 삶을 그려낸다. 「용광로」는 악덕 공장주의 착취에 대항하는 노동자들의 투쟁을 강조하고 있으며, 「석공조합대표」에서는 돌을 쪼며 땀 흘리는 석수장이를 통해 현실적 삶의 모순을 지적하고자 한다. 대동강에서 질탕하게 유흥을 즐기는 남녀들의 모습과는 달리, 청류벽 아래 석재공장에서 돌을 다듬는 노동자들은 영세불망비를 만들어가는 지배층의 인사들에게 그들의 악행을 오래도록 잊지 않겠다고 벼르는 것이다.

식민지시대의 계급소설은 대부분 노동계급의 조직적인 투쟁이나 집단적인 저항을 중요시한다. 이것은 계급문학 운동이 추구하고 있던 정치성과 깊은 관계가 있다. 그러므로 이 시기의 작품에서 노동의 창조적인 의미나 노동생활의 진정한 가치를 구체화한 작품을 찾는다는 것은 불가능하다. 대부분의 작가들이 현실적인 조건으로서의 계급적 대립구조에만 집착하고 있기 때문에 소설 구조 자체가 특정의 패턴으로 고정되고 인물의 성격도 유형화되어 나타나는 것이 사실이다.

4. 식민지 상황과 근대소설의 양상

소설의 양식적 확대와 주제의 다양성

한국 소설은 1930년대 중반 이후 일본의 군국주의가 강화되고 문학에 대한 사상적 탄압이 자행되기 시작하면서 중요한 변화를 겪게 된다. 특히, 1920년대 이후 한국문학의 주조를 형성하고 있던 집단적 이념 추구의 경향 대신에 일상적인 개인의 삶에 기초한 다양한 경향의 소설들이 등장하고 있다. 『신동아』, 『조광』, 『중앙』과 같은 월간 종합잡지를 신문사에서 간행하여 문예 활동의 영역을 확대시켜 주었으며, 「문장」, 「인문평론」과 같은 종합문학잡지가 문학 활동의 중요한 매체가 되어 많은 신인들을 배출하게 된다.

1930년대 중반 조선 프로예맹의 해체를 전후하여 문단의 관심사가 된 것은 소설이라는 양식을 통해 현실을 어떻게 그려내야 하는가 하는 문제였다. 소설에서의 리얼리즘에 대한 논의에서 비롯된 이 새로운 과제는 작가의 창작 태도와 세계관, 작품을 통한 전형적 성격의 창조, 성격과 환경의 균형 추구 등의 여러 문제들을 중심으로 폭넓게 확대되었다. 그리고 이 같은 평단의 관심과 맞물려서 다양한 소재와 관심을 드러내는 장편소설의 양식이 확대되기 시작하였다. 이 같은 현상은 삶의 총체성에 대한 인식을 감당할 수 있을 정도로 작가적인 역량이 증대하였다는 것을 의미하기도 하지만, 1930년대라는 시기 자체가 사회와 역사에 대한 새로운 전망을 필요로 하는 시대였다는 점을 말해주는 것이라고 할 수 있다.

이 시기에 발표된 장편소설 가운데 가장 주목되고 있는 염상섭의 「삼대」는 조부에서 손자에 이르는 한 가족 삼대에 걸친 이야기를 토대로 한말에서부터 식민지시대에 이르기까지의 한국의 사회상을 총체적으로 보여주고 있는 소설이다. 이 작품에서 관심의 대상이 되는 것은 대지주이며 재산가인 한 집안의 가족사의 변화지만, 작가는 삼대에 걸친 세대의 변화를 통해 그들이 가지는 계층적인 유대를 중심으로 한국 사회의 전체적인 변화에도 주목하고 있다. 이 작품에서 주목되는 것은 조씨 일가의 삼대에 걸친 세대 변화를 통해 나타나는 가치관의 변화와 그 세대적 갈등이다. 이 작품의 시점인물을 온건한 개량주의자로 등장시켜 부친과 조부 사이에 일고 있는 가치관의 대립과 세대적 갈등을 도덕적인 관점에서 새로이 타협하여 보고자 하는 시도를 감행하도록 한 것은 작가 자신의 세계관을 반영하고 있는 것으로 볼 수 있다.

채만식의 「탁류」는 한 여인의 비극적인 삶이 이야기의 주류를 이루지만, 그것은 가련한 여인의 일생이라는 단순한 의미만으로 한정되지는 않는다. 주인공의 삶이 보여주는 그 비극성이 실상은 전통적인 인습과 새로운 풍속이 서로 맞부딪치는 과정 속에서 한 개인이 겪어야 했던 시련과 역경을 말해주는 것이라고 풀이할 수 있다. 이 작품에서 주인공을 둘러싸고 있는 인물들은 모두가 당대적인 현실에 관련지어 볼 때, 모두 삶의 방향 감각을 상실하고 있다. 이들이 추구하고 있는 것은 돈과 탐욕뿐이다. 그러므로 이들은 주인공의 비극적인 생애의 주변에서 자신의 위치와 당면 현실의 문제 등에 대한 아무런 인식도 없이 물욕에 사로잡혀 모두가 현실의 탁류에 휩쓸리고 있다. 채만식의 또 하나의 장편소설인 「태평천하」는 식민지 지배 세력에 결탁하여 자기 지위를 유지하고 있는 지주 계급의 사회 윤리적인 몰락과정을 그려낸다. 염상섭의 「삼대」에서는 가족사적인 구조가 분명하게 드러나 있지만, 이 작품에서는 일상적인 생활의 한 단면을 통해 가족 구성원들의 관계와 그들의 삶의 태도 등이 입체적으로 조명되고 있다. 이 작품은 특히 구어체의 서술 방식이 보여주는 극적인 효과와 풍자적인 어법으로 일상의 공간을 장면화하는 데에 크게 성공하고 있다.

박태원의 「천변풍경」은 삽화 중심으로 이어지는 다양한 이야기와 소도구처럼 개별화된 등장인물들의 배치를 통해, 일상적 공간의 소설적 재현에 성공을 거두고 있다. 이 작품은 전체적인 이야기의 내용이 행위와 사건의 일관성에 의해 묶여지는 구성의 원리도 지켜지고 있지 않은 채, 여러 개의 이야기들이 나누어져 배열되면서 그것들이 하나하나 장면화된다. 도시적 시정(市井)의 삶에서 박태원이 발견해내고 있는 것은 개체화된 인간의 모습이다. 이러한 특성은 삶에 대한 인식의 방법과 태도가 새로운 전환을 드러내는 징후로 인정될 수 있을 것이다.

1930년대 후반의 소설 문단에서는 역사소설의 등장이 주목된다. 홍명희의 「임꺽정」, 이광수의 「마의태자」, 김동인의 「운현궁의 봄」, 현진건의 「무영탑」, 박종화의 「금삼의 피」 등은 역사적 사실에서 소재를 빌어 온 작품이다. 역사적 사건과 인물에 대한 관심을 중심으로 엮어내는 역사소설에서 소재 자체의 흥미에 관심이 집중되면 그것은 역사 이야기로서의 야담이 되고 만다. 역사적인 사실을 근거로 하면서도 풍부한 소설적 상상력을 바탕으로 역사를 재해석하고 새로운 인간형을 창조하고자 하는 작가 의식이 필요하다. 「임꺽정」은 설화적인 요소가 강한 민중적인 영웅으로서의 임꺽정이라는 새로운 인간형을 소설적으로 재창조한 작품이다. 조선시대 사회상과 풍속 그리고 하층민들의 삶을 구체적으로 재현하고 있는 점도 주목된다. 「운현궁의 봄」은 역사적 실존 인물인 대원군의 인간적 면모를 깊이 있게 추구한 작품으로 조선 왕조의 몰락이라는 커다란 변혁과정을 하나의 인물에 초점을 맞춰 치밀하게 그려낸다.

이밖에도 현진건의 「적도」는 애정 갈등을 주축으로 물신주의와 향락이 판을 치는 세태의 변모를 묘사하고 있으며, 심훈의 「상록수」는 농촌계몽 운동의 실천적 방향을 소설화한 작품이다. 이광수의 「흙」, 김남천의 「대하」, 이기영의 「봄」, 한설야의 「탑」 등도 이 시기 소설적 성과의 하나로 손꼽히고 있다.

모더니즘의 기법과 정신

1930년대의 소설이 보여주는 가장 중요한 변화의 하나는 소설의 기법과 정신에서 모더니즘적인 전환이 일어나고 있는 점이다. 이 시기의 작가 가운데 박태원, 이태준, 이효석, 이상, 최명익, 허준, 안회남 등의 작품은 넓은 의미에서 모더니즘적 경향과 연결되어 있다. 이들의 작품은 대개 도시와 시정의 일상에 묶여 있는 개인의 모습을 그려냄으로써 도회의 문학으로서의 모더니즘적 속성을 지니게 된다. 그리고 개인적 주체의 내면과 그 내면에 숨겨진 욕망의 실체를 드러내는 상징적인 기법과 심리주의적 접근이 두드러지게 나타난다. 성적 욕망에 대한 관심, 일상적인 것에 대한 의미 부여, 그리고 시간과 공간에 대한 새로운 해석도 이 시기의 소설에서 흔히 볼 수 있는 특징이다.

박태원은 일상의 의미를 소설적으로 재구성하는 데에 관심을 기울임으로써 모더니즘의 소설적 경향을 대표한다. 이전의 소설들이 주제의 무게나 소재의 문제성에 우선적으로 가치 판단의 기준을 두었던 점을 생각한다면, 일상적 생활공간의 소설적 수용은 문학의 대상에 대한 인식의 변화를 의미하는 것이라고 볼 수 있다. 「소설가 구보씨의 일일」, 「성탄제」, 「천변풍경」 등은 그의 대표적인 작품이다. 「소설가 구보씨의 일일」에서 주인공은 계급적인 이념이나 사회적 의식을 집단적으로 대변하는 사회적인 인물이 아니다. 그는 주변의 생활이나 다른 인물들과 아무런 관계를 맺지 않고 도시 공간을 방황한다. 사회적인 현실과 단절된 상태로 개체화되어버린 인간에게서 그 존재의 의미를 확인할 수 있는 것은 오직 의식뿐이다. 이런 이유로 '의식의 흐름'을 따라가는 현대적인 심리소설 기법의 단면이 나타나게 된 것이라고 할 수 있다.

이태준은 인물에 대한 내관적인 묘사와 치밀한 구성을 통해 한국 근대소설의 기법적인 바탕을 이룬 것으로 평가되고 있다. 「달밤」, 「가마귀」, 「영월영감」 등의 작품은 허무와 서정의 세계 속에서도 시대정신에의 강렬한 호소를 드러내는 그의 대표작이다. 「달밤」은 변해가는 세태 속에서 여전히 아름답게 남아있는 인정미를 그려내고 있다. 밤이 풍기는 따사로운 분위기와 그 속에서 살아가는 인간들, 비록 실패한 인생일지라도 인정의 아름다움과 인간적인 면모를 여전히 간직해가고 있는 인물들의 삶이 한 폭의 수채화처럼 펼쳐져 있는 것이다. 「가마귀」는 죽어가는 인물을 연민의 시선으로 그려나간다. 이 작품에서 돋보이는 것은 작가의 감각적 묘사 능력이다. 작가는 고색창연한 별장의 묘사라는 시각적 묘사와 가마귀 울음소리라는 청각적 묘사를 통해 작품의 분위기를 이끌어나가고 있다.

이효석의 문학 활동은 크게 두 시기로 나뉘어 이해된다. 「도시와 유령」, 「노령근해」 등을 발표했던 동반자 작가로서의 활동이 그 전기에 해당한다면, 1933년 「돈(豚)」을 기점으로 하여 「산」, 「메밀꽃 필 무렵」 등을 발표하게 된 것이 후기에 해당한다. 이효석의 작품들은 인간의 본능적인 성애(性愛)에 관심을 집중시키고 있다. 특히 동물의 성행위와 등장인물의 성적 욕구를 병치시키는 기법을 반복함으로써, 인간의 성욕이 갖는 동물적 본성을 탐색하는 데 주안점을 두고 있다. 「분녀」에서의 돼지꿈이나 「독백」에서의 종묘장 돼지, 그 밖의 작품들에서 등장하는 개, 당나귀, 닭, 새 등의 동물들은 등장인물들의 성욕을 환기시키는 소재로써 이용된다. 「돈(豚)」에서도 암돝을 공격하는 씨돝을 통해 주인공의 성적 욕망을 펼쳐보인다. 「메밀꽃 필 무렵」은 이효석의 대표작으로 꼽힌다. 평생을 장돌뱅이로 살아온 주인공의 모습을 낮과 밤이라는 대립되는 시간의 분할과 시장터와 산길이라는 상반되는 공간의 분할을 통해 조명한다. 이 같은 시공의 분할은 주인공의 인간적 면모의 두 측면을 동시에 볼 수 있도록 만들고 있다. 이 소설의 문맥을 통해 읽어 낼 수 있는 자연과의 친화, 본원적인 인간의 삶과 원초적인 사랑은 이효석 문학의 주제로 여러 작품에서 반복되고 있으며, 배경과 인물 및 사건의 긴밀한 조화를 추구하는 서정적 문체는 이효석 문학의 독특한 스타일에 해당한다.

이상은 「지주회시」, 「날개」, 「동해」 등의 작품에서 현실과 대립된 자아의 욕망과 그 존재의 위기를 묘사하고 있다. 「지주회시」는 주인공이 카페 여급인 아내를 뜯어 먹고 살며, 아내는 카페에서 손님들의 주머니를 노리며 산다는 이야기다. 이러한 내용에서 가장 주목되는 것은 인간관계의 성립에 대한 작가의 특이한 인식이다. 개체와 개체 사이의 관계를 자본주의적인 착취구조로 이해하고 있는 이 작품에서 작가가 목표하고 있는 것은 인간의 개인적 유대 의식의 상실과 그 물신화의 현상에 대한 비판이다. 「날개」는 자아의 형상과 그 존재 방식에 대한 회의와 그로부터의 탈출 욕망을 공간화의 기법으로 형상화한 작품이다. 도시의 병리를 대표하는 매춘부인 아내와 기형적인 삶을 살아가고 있는 무기력한 주인공이 좁은 방으로 표상되는 비정상적인 삶으로부터 탈출하고자 하는 욕망이 이 소설의 주제를 형성하고 있다. 이 탈출에의 의지가 '날개'로서 상징된다. 하지만 이 탈출에의 의지는 미래로의 적극적인 투기라기보다는 결코 행동화될 수 없는, 자의식 속에서만 메아리치는 간질한 내적 욕망의 표백에 더 가까운 것이다. 「동해」에서는 실제의 현실 속에서 일어나는 일과 화자의 내면에 대한 묘사를 번갈아 사용하여 그 괴리를 포착한다. 화자의 내면은 '자살' 모티프와 연결되어 있다. 이 작품에서 강조하고 있는 인생을 낭비하였다는 탄식은 곧이어 발표된 「종생기」의 경우 훨씬 뼈저린 자학으로 나타나고 있다.

최명익은 「폐어인(肺魚人)」, 「심문(心紋)」, 「장삼이사(張三李四)」를 발표했다. 그의 작품 세계는 일상의 공간 속에서 지식 계급의 불안의식을 성실하게 표현한 데 그 특징이 있다. 「심문」에서는 우울하고 불행한, 자의식 과잉의 지식인들의 현실에 대한 부적응, 권태, 퇴폐와 타락 등을 그들의 자의식을 통해 보여준다. 「장삼이사」에서는 삼등열차를 타고 가는 작중화자가 평범하고 다양한 세속인들의 모습을 그려낸다. 익명의 존재인 일상적 인간들이 보여주는 일상적인 행태를 그대로 묘사함으로써 그 일상성 자체가 갖는 의미를 주목하게 하는 것이다. 허준은 단편소설 「탁류」에서 지식인의 자의식의 세계를 성실하게 천착하고, 「야한기(夜寒記)」, 「습작실에서」 등에서는 삶에 대한 허무 의식과 시대적 심연에 침거하고 있는 지식인의 내면세계를 그리고 있다. 안회남은 신변, 가정사를 제재로 한 심리 추구가 주조를 이룬 「연기」, 「명상」 등을 발표한다. 「투계」에서는 한 목로주점을 배경으로 그 주변의 세태를 그려내고 있다. 사건과 인물묘사가 갖는 리얼리티에도 불구하고 그의 작품들은 쇄말주의에 빠져 있다는 평가를 받기도 한다.

풍자와 해학, 토속 세계와 전통

1930년대 소설의 다양한 경향 가운데 현실을 풍자하고 비판적인 관점에서 삶을 바라보는 방법은 채만식에 의해 구체화된다. 그의 「레디메이드 인생」은 현실에서 소외된 지식인의 사회적 초상을 풍자와 냉소로 제시하고 있는 작품이다. 실직 상태에 있는 주인공이 직장을 구하러 다니면서 일이 뜻대로 되지 않자, 자신을 팔려나가길 기다리는 '기성품 인생'으로 비하하고 조롱한다. 그리고 아홉살 난 아들은 기성품 인생으로 만들지 않기 위해 학교에 보내지 않고 인쇄소의 공원으로 취직시킨다. 「치숙」은 일본인 상점에 빌붙어 살고 있는 작중화자가 바보처럼 살고 있는 숙부의 모습을 그려내고 있다. 부정되어야 할 인간형을 앞세워 긍정되어야 할 인간형을 부정적으로 서술하고 있는 이 작품에서는 그 서술 방법 자체의 날카로운 풍자성을 바탕으로 물질주의적 가치의 모순을 비판하고 있다. 유진오의 경우에도 「김강사와 T교수」와 같은 작품에서 인텔리의 현실과의 타협, 세계관과의 모순에서 생기는 고민을 주제로 지식인의 내면 풍경을 묘사한다.

김유정의 작품세계는 해학성을 바탕으로 한다. 이 해학성은 등장인물들의 우직함과 엉뚱함, 결말에서의 의외의 행동, 해학의 굴절경을 쓰고 있는 서술자의 역할과 아이러니, 반미학적일 만큼 수치의 감정이 이완되어 있는 육담과 구어적인 속어 감각 등으로 조형된 독특한 것이다. 이러한 특이한 희화적인 해학을 통해 그는 어둡고 삭막한 당대 농촌현실과 그 속에서 살아갈 수밖에 없는 농민들의 생활양식을 보여준다. 「봄·봄」은 김유정 문학이 지니고 있는 해학성의 본보기로 흔히 거론되는 작품이다. 어리숙하면서도 순박한 화자의 눈을 통해 간교한 장인과 꾀바른 점순의 행동을 해학적인 관점에서 그려내고 있다. 「동백꽃」은 농촌을 배경으로 전개되는 사춘기 소년 소녀의 사랑을 이야기의 근간으로 하고 있다. 이들 간의 갈등은 사랑에 갓 눈뜨기 시작한 점순이의 애정공세를 주인공이 전혀 이해하지 못하는 데서 발생한다. 이성 간의 애정이라는 것을 알게 된 적극적인 성격의 '점순이'와 아직 이성관계에 맹목인 좀 어리숙한 성격의 '나'를 대비적으로 설정함으로써 농촌 젊은이들의 사랑의 순박성과 적극성을 해학적으로 제시하고 있다.

김동리의 문학 세계는 토속성이 근간을 이룬다. 그의 소설이 지닌 토속성은 「무녀도」에 잘 투영되어 있는데, 이 작품은 그의 소설 창작의 원점에 해당한다고 할 수 있다. 그는 「무녀도」에서 그려내었던 세세와 주제를 그 이후의 소설에서 확대 반복해 왔고 여러 차례에 걸쳐 이 작품을 개작했다. 그리고 이 작품은 1978년에는 「을화(乙火)」라는 제목의 장편으로 전면 개작되어, 단편에서는 분위기에만 그쳤던 샤머니즘의 세계를 더욱 치밀하게 형상화해낸다. 「무녀도」의 골격을 이루고 있는 것은 토속신앙과 외래 기독교 신앙의 충돌로 인해 생기는 정신사적 갈등이다. 무당 모화가 거주하고 있는 세계는 전근대적인 무속의 세계다. 이 세계에 들어온 침입자는 기독교도가 되어 돌아온 그녀의 아들 욱이다. 한국 근대사에 있어서 전통적 세계관과 외래적 세계관의 갈등은 매우 중요한 의미를 지닌다. 「무녀도」는 이 같은 문제에 접근하고 있지만, 모화의 신앙이 원초적이며 비역사적인 무속의 세계 속에 놓여 있는 것이므로, 소설 속에서 진정한 정신사적인 대결을 확인하기는 어렵다. 오히려 귀신과 인간의 대결로 흘러가고 광기어린 칼부림이라는 파멸의 길로 달려가게 된 것이다. 「황토기」의 경우에도 토속적이고도 민속적인 신비의 세계가 등장한다. 이 작품에서도 억쇠와 득보라는 두 인물의 아무런 의미 없는 싸움을 통해 운명론적인 허무의식을 집요하게 파헤치고 있다. 소설 속에 등장하는 인물들의 행태는 술 마시고 싸우고 애욕을 좇는, 가장 원초적인 본능을 따르는 것뿐이다. 이러한 원초적인 세계는 「바위」와 같은 소설에서도 재현된다.

주요섭은 1930년대에 들어서면서 신경향파적 경향으로부터 벗어나서 인간의 내면 묘사와 애정의 문제에 관심을 기울였다. 이 시기의 대표적인 작품으로 「사랑 손님과 어머니」, 「아네모네의 마담」 등과 같은 작품이 있다. 「사랑 손님과 어머니」는 어린 딸을 화자로 내세워 어른들의 애정 심리를 섬세하게 그려낸 작품이며, 「아네모네의 마담」 역시 애정 세계를 그린 작품이다.

여성작가와 여성주의의 등장

1930년대의 소설 문단은 박화성, 최정희, 강경애, 이선희, 백신애 등의 여성작가의 등장으로 여성주의 문학의 새로운 가능성을 열어 놓고 있다. 당시 여성작가로서 박화성은 "제발 여류문인은 여자다운 작품만 써라, 여자로만 쓸 수 있는 작품을 써라, 이 따위 소리를 말아주셨으면 합니다. 글을 쓰는데 그다지 엄격하게 성별을 해서 말할 게 무엇입니까?(삼천리 1936.2)"라고 항변하면서, 여류작가 또는 여류문학이라는 말로 표출하고 있는 문단의 성적 차별 의식을 거부한다. 물론 박화성이 여성문학 자체를 거부한 것은 아니다. 오히려 문학의 남성 중심적 경향, 또는 남성 중심으로 문학을 보는 태도를 거부한 것이다. 여류문학이라는 것이 우리 문학의 중심부에 자리하지 못한 채, 자기 존재의 의미를 제대로 평가받지도 못하는 것에 대한 비판도 포함되어 있다고 할 것이다.

박화성은 여류문학이라는 말이 하나의 사회적 통념처럼 드러내고 있는 몇 가지의 고정관념을 스스로 자신의 문학을 통해 깨는 작업을 시도하고 있다. 박화성은 식민지시대 여성들의 삶의 과정에 깊은 관심을 기울였고, 여성들의 삶을 억압하고 있는 사회적 조건들에 대해 비판을 가하기도 한다. 여성들은 전통적으로 가부장적인 삶의 방식에 얽매여 스스로 자기 역할을 조절하지 못하고 수동적인 삶을 살아 왔다. 그러므로 그 정치적·경제적 기능이 남성에 비해 제한되어 있었던 것이 사실이다. 그러나 박화성은 여성의 사회적 존재와 그 기능에 대한 인식에 있어서 남성적인 것과의 격차를 인정하면서도 여성적인 것의 가능성과 독자성을 확보하기 위한 노력을 작품을 통해 실천적으로 보여주고 있다. 그러므로 박화성의 문학은 하나의 사회적 도전이었다고 할 수 있다. 박화성이 일제 식민지시대에 발표한 작품들을 보면 대체로 궁핍한 농민 생활을 이야기의 중심에 놓고 있다. 이러한 경향을 단순화하여 다시 설명한다면, 식민지시대 농민문학의 일반적인 경향이 박화성의 문학에 그대로 나타나 있다고 할 것이다. 그러나 박화성의 경우, 궁핍한 농민들의 생활상 그 자체만이 관심사는 아니다. 박화성은 그의 작품에서 하나의 새로운 문제의식을 덧붙여 놓고 있다. 그것이 바로 식민지시대 농촌 여성의 문세다. 식민시시대 농민들의 궁핍한 생활상을 그려내면서 농촌 여성의 사회적 역할과 그 존재 문제를 깊이 있게 파헤치고 있는 것이다. 박화성이 발표한 「하수도공사」,「홍수전야」,「논 갈 때」,「한귀」,「고향 없는 사람들」 등의 단편소설은 일제의 억압과 착취에 시달리는 노동자와 농민의 비참한 모습을 사실적으로 그려내고 있으며, 그 가운데서 여성이 육체적 정신적 삶을 어떻게 영위하고 있는가를 다루고 있다.

강경애는 단편소설 「모자」, 「지하촌」, 「이땅의 봄」, 「파경」, 「산남(山男)」 등과 함께 장편소설 「인간문제」를 발표하였다. 「인간문제」는 봉건적 지주계급의 횡포와 간사한 면모를 제시하고 이에 맞서는 빈농들의 의식성장 과정을 그려내고 있다. 농민에서 노동자로, 노동자에서 각성된 노동자로, 각성된 노동자에서 조직적 활동가로 변모해 가는 식민지시대의 투쟁적 인간상을 구체적이고 생생하게 묘사한 점이 더욱 돋보인다. 「지하촌」에서 그려내고 있는 '지하촌'은, 해와 더불어 인간이 인간다운 생을 영위하는 지대인 '지상촌'에 대립되어 빛이라고는 조금도 스며들 수 없는 불모지대로서, 식민지 조선의 현실에 대한 공간적 은유로 파악된다. 그러므로 이 어둡고 밀폐된 공간에 등장하는 인물들이 영위하는 삶이 실상 그들만의 특별한 것이 아니라 식민지 조선에서의 일상적인 생활이었다는 점을 보여주고 있는 점이 주목된다.

최정희는 주로 지식인 여성이 겪는 이중의 소외와 모멸을 절실하게 그려내고 있는데, 「흉가」에서는 신문사 여기자가 남편 없이 많은 식구의 가장 노릇을 하며 살아가는 고난을 다루었고, 「지맥(地脈)」, 「인맥(人脈)」, 「천맥(天脈)」에서는 경제적 조건과 사회관습 때문에 의식 있는 여성이 파멸하는 과정을 뚜렷하게 부각시켜 내었다. 「흉가」의 주인공은 가족의 생계를 혼자서 책임지고 있는 지식인 여성이다. 주인공은 새로 얻어들게 된 집이 흉가라는 말을 듣지만, 집을 얻게 되어 즐거워하는 가족들을 보며 아무 말도 하지 못한다. 이 작품에서는 폐병 진단을 받고도 가족의 생계를 먼저 걱정해야 하는 정신적 압박감, 괴기스러운 꿈에 시달리는 공포감, 어머니에게조차 사실대로 말할 수 없는 안타까움 등 여성의 내면 심리에 대한 섬세한 접근이 돋보인다. 가장으로서의 책무와 개인적인 공포감 사이에서 번민하는 주인공의 내면을 손에 잡힐 듯 포착해 내고 있다. 이 밖에도 이선희의 「계산서」, 백신애의 「꺼레이」 등도 이 시기의 대표적인 여성소설이라고 할 수 있다.

5. 민족분단과 현대소설

해방공간의 소설

한국은 1945년 일본의 식민지 지배로부터 해방되었으나, 이데올로기의 대립과 분열을 극복하지 못하고 민족의 분단을 맞이한다. 한국의 현대소설은 식민지시대에 겪어야 했던 정신적 위축 상태를 벗어나면서 새로운 소설적 방법의 재확립을 시도하게 된다. 소설이라는 형식을 통해 식민지 체험의 비극을 재현하면서 식민지시대의 굴욕과 좌절을 비판하기도 하고 해방공간의 현실 속에서 새로운 삶의 지표를 설정하기도 한다. 이러한 해방 직후 소설의 창작적 실천 방향은 해방을 통해 얻게 된 새로운 삶의 의미와 그 사회적 조건에 대한 관심으로 집약되고 있다. 그러므로 대개의 소설들이 리얼리즘의 정신에 주력하여 현실 인식을 문제 삼고 있다고 할 수 있을 것이다.

당시의 소설 가운데서 가장 커다란 역사적 무게를 감당하고 있는 것은 식민지 체험을 소설적 상황 속으로 끌어들여 비판하고 있는 작품들이다. 박종화의 「청춘승리」(1949), 박노갑의 「사십년」(1948), 안회남의 「폭풍의 역사」(1947) 등은 식민지시대의 체험을 비판적으로 서술하고 있으며, 계용묵의 「별을 헨다」, 지하련의 「도정」(1946), 허준의 「잔등」, 이근영의 「탁류를 가는 박교수」(1948), 염상섭의 「이합」(1948), 황순원의 「술 이야기」(1946), 최정희의 「풍류 잽히는 마을」(1947), 박영준의 「고향 없는 사람들」(1947) 등에서는 해방공간의 현실에 대한 소설적 형상화 작업이 이루어지고 있다. 이 작품들에는 해방과 함께 잃어버린 고향으로의 귀환 과정이 자주 등장하고 있으며, 새로운 삶의 방향이 암시되어 있다.

해방 직후의 문단에서 당시의 정치적 이념과 관련하여 작가의 창작적 실천 작업이 특히 주목된 것은 채만식, 이태준, 김동리다. 채만식은 중간적인 입장에서 현실에 대한 비판에 적극성을 보였고 이태준과 김동리는 각각 좌우 문단의 소설적 경향을 대표하고 있다.

채만식은 자신이 겪었던 일제 식민지시대의 굴욕을 스스로 과감하게 노출시켜 자기비판에 앞장섰던 작가다. 「민족의 죄인」은 식민지시대 지식인의 친일행위에 대한 반성과 비판을 통해 새로운 윤리 의식의 확립을 추구하는 노력을 보여준다. 이 소설에서는 일제시대 지식인들이 자기 신념에 의해 절필한 경우, 친일적인 문필 활동을 행한 경우, 그리고 생계를 위해 친일 신문의 기자로 남아 있어야 했던 경우를 보여주면서, 각각 철저한 자기비판을 통해 민족적 윤리 의식을 확립해야 함을 강조한다. 채만식은 해방의 감격보다는 식민지시대와 다름없이 혼란과 비리가 지속되는 해방공간의 상황에 대한 비판에 주력한다. 그는 현실을 비판하기 위해 풍자의 방식을 활용하고 있다. 단편소설 「맹순사」는 일제시대의 순사가 다시 해방 후에도 순사의 자리에 앉을 수 있고, 일제시대의 살인강도가 해방 후에 순사가 될 수도 있는 현실의 비리를 꼬집는다. 순사와 살인강도의 등식화는 윤리 부재의 상황에 대한 비판이다. 「미스터 방」의 경우에는 새롭게 등장한 미군에 빌붙는 아첨배들의 형상이 희화적으로 그려져 있다.

이태준의 「해방 전후」는 일제 말기에 붓을 꺾고 낙향했던 주인공과 고향 마을 향교를 지키고 있는 노인의 삶의 방식을 대조적으로 그려놓고 있다. 젊은 주인공은 강압에 못 이겨 친일적인 문필 활동을 할 수밖에 없게 되지만, 해방이 되자 모든 것을 떨쳐버리고 새로운 진보적 이념을 신봉하며 문학운동에 앞장선다. 봉건적인 사고방식에서 벗어나지 못하는 노인과는 달리, 주인공은 과거를 청산하고 역사의 전면에 나서게 된다. 이 작품에서 주인공이 새로운 이념의 선택을 통하여 식민지시대의 무의지적 정신 상태를 극복하고 있는 것처럼 그려놓고 있는 것은 당시 지식인들의 정신적 지향의 한 단면을 보여주는 것이라고 할 수 있다. 그의 장편소설 「농토」는 해방 직후 북한 지역에서 시행된 토지개혁의 과정을 배경으로 한다. 머슴살이와 소작인으로 겨우 연명하게 되었던 주인공이 해방 직후 토지개혁이 실시되자, 떳떳한 농민으로서 토지를 소유하게 된다는 것이 그 전체적인 줄거리다. 농민들이 새로운 역사 속에서 진정한 토지의 소유자가 된다는 소설의 내용은 한국의 해방이 갖는 의미를 계급혁명의 이념에 맞춰 설명하고자 하는 의도를 내포하고 있다.

김동리는 해방 직후 문단이 이념적으로 분열되자, 개성의 자유와 인간성의 존엄을 내세우면서 민족진영의 문학론을 대변하게 된다. 문학을 통한 인간운명의 발견은 그가 주장한 '생의 구경적 형식으로서의 문학'에 직결되지만, 그 방법과 정신이 삶의 현실에 대한 객관적 인식을 초월한다는 점에 특징이 있다. 해방 직후 발표한 소설 「역마」는 어머니의 이복동생을 사랑하게 되는 한 사내의 운명을 그리고 있다. 물론 이야기는 자신의 사랑을 체념해버리고 방랑의 길을 떠나는 사내의 운명적 선택에 초점이 놓인다. 자기 운명에의 도전보다는 인륜에의 추종으로 결론지어진 이 작품에는 현실이나 사회적 문제성이 거의 드러나 있지 않다. 현실적인 제반 조건으로부터 유폐된 공간이 한 인간의 삶의 테두리로 설정되고 있을 뿐이다.

소설과 전쟁의 체험

한국의 현대사에서 6·25 전쟁의 체험은 민족과 국가의 분단을 가장 뼈아프게 절감하도록 해준 역사적 비극으로서, 이데올로기의 맹목성이 민족의식의 총체적인 구현을 가로막고 있는 중요한 장애의 하나임을 인식할 수 있게 해준다. 민족분단의 상황을 고착화시켜 버린 6·25 이후 전장과 피난과 수복으로 이어지는 참극의 현실 속에서 문학은 위기의 현실에 대응하기 위한 방법을 모색하게 된다. 1950년대 중반을 지나면서부터 전쟁의 충격과 사회적 혼란에서 점차 벗어나 관점과 방법의 균형을 되찾게 된다.

한국의 전후문학에서 우선 주목되는 것은 일제 식민지시대부터 작품 활동을 해온 이른바 구세대의 변모 과정이다. 박종화, 염상섭, 정비석, 김동리, 황순원, 안수길 등이 구세대의 작가들이지만, 이 가운데에 가장 문제적인 것은 김동리, 황순원, 안수길이다.

김동리는 전쟁과 현실의 혼란에 대한 비판적 관심을 「귀환장정」(1950), 「흥남철수」(1955) 등의 전쟁소설로 구체화한다. 그리고 그가 주력해온 인간의 운명에 대한 탐구에 주력하면서 「등신불」(1963), 「까치소리」(1966) 등을 발표하고 있다. 「등신불」은 인간의 원초적인 죄의식과 이에 대한 종교적 구원이라는 주제를 다루고 있으며, 「까치소리」는 죽음에의 불안과 삶에의 욕구, 적에 대한 분노와 전우에 대한 죄책감 등 전장에서 돌아온 주인공의 복합적인 심리상태를 치밀하게 묘사하고 있다. 김동리의 장편소설 「사반의 십자가」(1957)는 인간의 원초적인 죄의식과 자기 구원의 길에 대한 추구라는 주제를 기독교적인 세계 속에서 그려내고 있으며, 토속적인 무속 신앙의 세계를 소설적으로 재현한 장편 「을화」(1978)를 발표하기도 한다.

황순원은 해방 이후부터 작가적 시야를 확대하면서 전후문학의 중요한 성과라고 할 수 있는 많은 작품을 내놓고 있다. 이 작가의 작품 세계의 변화는 단편소설의 장르가 지니는 부분성의 한계를 벗어나는 순간부터 이루어진다. 그는 단편 「곡예사」, 「학」, 「독짓는 늙은이」 등에서 현실의 단면을 소묘적으로 그려낸 후에, 장편소설 「카인의 후예」(1954)를 발표하면서부터 삶의 총체적인 인식과 그 소설적 형상화에 주력한다. 「카인의 후예」는 해방 직후 북한에서 체험했던 살벌한 테러리즘을 소재로 삼고 있는데, 인간의 자유 의지를 짓밟아 버리는 맹목적인 이데올로기의 횡포에 대한 비판을 드러낸다. 장편소설 「인간접목」은 「나무들 비탈에 서다」와 함께 전쟁의 참상과 그 상처의 극복과정을 문제 삼고 있는 작품으로서 전후의 상황을 직시하고 있는 작가의 폭넓은 관점과 휴머니즘의 정신이 더욱 돋보인다. 황순원은 이러한 장편소설 이외에도 「일월」(1965), 「움직이는 성」(1973) 등을 발표함으로써 한국 현대소설의 기법과 정신을 확대 심화시키는 데에 기여한다.

안수길의 경우에는 「제삼인간형」(1953)과 「배신」(1955) 등에서 전쟁이 소시민의 의식과 가치를 왜곡시키고 있는 현실을 예리하게 지적하고 있다.

그의 장편소설 「북간도」(1959)는 조선 말기부터 일제시대에 이르기까지의 민족사의 단계를 북간도에 이주해 살고 있는 한 가족을 중심으로 서술해 놓고 있다. 이 작품은 한국의 농민들이 지니고 있는 땅에 대한 애착과 그 저류에 흐르고 있는 민족의식을 대하적인 구성을 통해 구체적으로 형상화하고 있다.

전후세대 작가들의 윤리 의식

한국전쟁 이후 새로운 문학적 경향으로서 이른바 전후문학의 특징을 가장 잘 대변한 것은 전쟁의 현실을 직접 체험한 전후세대의 작가들이다. 이들은 전후 폐허의 현실 속에서 새로운 삶에 대한 전망이 불투명하게 되자 모든 기성적인 것을 부정하고 기성세대의 윤리 의식과 사회 가치 개념에 대한 반항 의식을 표현하게 된다. 이 가운데 장용학, 김성한, 선우휘 등이 보여주는 역사의식과 현실 비판적인 태도는 전후소설의 중요한 가치로 자리 잡고 있다.

장용학은 전후의 암울한 현실 상황을 소설적 배경으로 수용하면서 소설이 지켜온 이야기의 틀을 벗어나고자 한다. 「요한시집」(1955)은 개인의 존재와 그 의미가 전쟁의 상황 속에서 사상, 인민, 계급과 같이 추상적이고 공허한 언어에 의해 훼손되어 버리는 과정을 비판적으로 그려내고 있는 작품이다. 장편소설 「원형의 전설」(1962)에서는 민족 분단이라는 왜곡된 현실 상황을 사생아적 의식에 연결시켜 그 원죄의 의미를 추구하고 있다.

김성한의 소설은 소극적이며 순응적인 인간상을 배제하고 인간의 존엄성과 정의의 구현을 적극적으로 실천하는 행동적 인간형을 창조하고 있다는 점에서 주목되고 있다. 「오분간」(1955)과 「바비도」(1956)의 경우에도 부조리한 현실에 대한 저항적 의지를 그려놓은 작품으로 평가된다. 김성한의 작품은 기법의 파격성과 그 지적 분위기로 인하여 평단의 주목을 받았으나, 1967년 역사소설 「이성계」를 발표하면서 역사적 사건과 인물에 대한 소설적 재해석에 관심을 기울이게 된다.

선우휘는 「테러리스트」(1956), 「불꽃」(1957), 「오리와 계급장」(1958) 등의 단편소설을 통하여 현실상황에 대한 행동적 참여와 결단을 중시하는 행동주의적 태도를 강조하고 있다. 「불꽃」은 소설 속의 주인공의 삶을 통해 식민지시대부터 한국전쟁에 이르는 시대적 상황을 압축하여 놓고 이에 대한 의지적인 대응 자세를 강조한다. 한국사회에서 흔히 볼 수 있는 권력의 위세를 비판적으로 그려내고 있는 「오리와 계급장」은 권위를 세우기 위해 계급장이 필요하고 계급장의 위력 하나로 모든 것이 해결되기도 하는 모순된 현실을 조명하고 있다. 지식인의 책임과 적극적 현실참여의 의지를 보여주었던 그의 태도는 1960년대 중반을 지나면서 보다 깊은 인간 내면의 성찰에 관심을 기울이는 소극적 자세로 변모한다. 「십자가 없는 골고다」(1965), 「묵시」(1971) 등에서는 역사와 현실에 대한 비판보다는 인간의 내적 성실성을 묘사하는 데 주력하고 있다.

현실의 비리와 부조리한 상황에 대한 비판을 주제로 하는 고발문학의 치열성과 구체성이 전후소설의 또 다른 경향으로 주목된다. 이 경우에는 무엇보다도 현실의 부조리와 비리에 대한 강렬한 비판정신이 주축을 이루고 있다. 물론, 그러한 정신적 지향이 외부적 현실에서 자기 내면으로 방향을 바꾸게 될 경우, 상황성에 대응하는 자의식이 두드러지게 드러나기도 한다.

손창섭은 「혈서」(1955), 「미해결의 장」(1955), 「유실몽(流失夢)」(1956), 「잉여인간」(1958) 등에서 어둡고 침통한 현실의 밑바닥에 던져진 인간들의 모습을 보여주고 있다. 이들 소설 속의 인물들이 대부분 비정상적인 성격의 소유자이거나 신체장애자로 등장하고 있는 것은 인간 자체의 결함에서 온 것이 아니라 전후 현실의 상황에서 비롯된 것이다. 그는 개인과 사회의 분열 상태 속에서 왜곡된 인간의 면모를 중시하고 있다.

이범선은 「학마을 사람들」(1957)에서 민족의 자기 정체성과 역사의 의미를 중시하였으나, 「오발탄」(1959), 「냉혈동물」(1959) 등에서는 부조리의 현실에 대한 비판이 강조된다. 「오발탄」은 전쟁으로 인해 불행해진 사람들의 정신적인 황폐와 물질적인 빈궁의 문제를 제기하고 있으며, 좌절감과 패배의식이 만연되고 있던 전후의 현실을 고발하고 있다.

최인훈의 소설 「광장」(1961), 「구운몽」(1962), 「회색인」(1963), 「총독의 소리」(1967) 등은 전후의 황폐한 현실에 대한 지식인의 고뇌와 방황을 특이한 소설적 구도를 통해 형상화한다. 특히 「광장」은 민족의 분단과 이데올로기적인 갈등을 그리면서 북쪽의 사회구조가 갖고 있는 폐쇄성과 집단의식의 강제성을 고발하고 동시에 남쪽의 사회적 불균형과 방일한 개인주의를 비판하고 있다.

이 밖에도 전광용은 「꺼삐딴 리」(1962)를 통해 교활한 기회주의자로서 역사의 격동기를 넘어가는 위선적인 인간형을 비판하였고, 이호철은 황폐한 상황과 그 속에서의 삶의 허무를 「닳아지는 살들」(1962), 「소시민」(1964) 등을 통해 그려내면서 점차 민족 분단의 현실 문제에 비판적으로 접근하고 있다. 서기원은 「이 성숙한 밤의 포옹」(1960)에서 전장을 빠져나온 한 탈주병의 죄의식과 방황 그리고 그 파멸의 과정을 통해 전후세대의 절망과 방황을 그리고 있다. 오영수는 「화산댁이」(1952)와 「갯마을」(1953)을 통해 전쟁의 고통에서도 변함이 없는 소박한 인정미를 추구하였고, 하근찬은 「수난이대」(1957)에서 식민지시대의 고통과 한국전쟁의 참극을 겪어 나가는 아버지와 아들의 아픔을 동시에 포착하였고, 「왕릉과 주둔군」(1963)에서는 미군의 주둔에 따른 사회상의 변화를 표적으로 삼고 있다.

전후의 소설문단에서 여류작가들의 활동은 소설적 기법과 감각, 문체의 면에서 새로운 소설미학의 확립에 기여하고 있다. 이들은 전후 사회의 혼란 속에서 살아가는 인간들의 존재의미를 추구하고, 그 의식의 내면을 치밀하게 묘사함으로써 새로운 인간형의 탐구에 주력하기도 한다. 손소희, 강신재, 한말숙, 박경리 등이 대표적인 작가들이다.

손소희는 단편소설 「창포 필 무렵」(1956), 장편 「태양의 계곡」(1959)

등을 통해 여성의 내면 심리를 애정의 갈등을 통해 예리하게 제시하고 있다. 손소희의 작품에서는 정밀한 관찰과 인물 성격의 부각, 미묘한 심리적 갈등의 정확한 포착 등이 두드러진다. 이와 함께 갈등을 초월하는 순수한 사랑의 아름다움을 보여주고 있다는 점이 주목된다. 강신재는 기성의 도덕률에 얽매인 여성의 운명을 섬세하고 감각적인 문체로 묘사하고 있다. 독특한 가정환경 속에서 오뉘 아닌 오뉘 관계에 놓인 두 남녀가 순수한 사랑을 느끼게 되는 과정을 그린 「젊은 느티나무」(1960)와 전쟁의 시련 속에서 고뇌하는 젊은이의 비극적 애정을 그린 장편 「임진강의 민들레」 (1962)는 전후소설의 언어적 감수성과 감각을 전환시켜 놓은 작품이라고 할 수 있다.

박경리의 「불신시대」(1957)는 한 여성의 눈을 통해 감지되는 현실사회의 타락을 그리고 있는 작품이다. 장편 「김약국의 딸들」(1962)을 발표하면서 자기 체험의 영역에서 벗어나 현실에 대한 통합적인 관점을 확보하였고, 장편 「시장과 전장」(1964)에서 일상적 삶을 영위하는 평범한 생활인의 시각과 전쟁을 수행하는 이념적인 관점을 동시에 활용하여 한국전쟁의 내면을 분석하고자 하는 노력을 담고 있다. 한말숙의 「신화의 단애」(1957)는 현재적인 삶에만 집착하고 있는 전후 여성의 행태를 비판하고 있으며, 기성세대의 속물성과 위선에 대항하는 신세대 인간형을 그린 장편소설 「하얀 도정」(1960)을 발표한 바 있다.

6. 산업화와 소설의 대중적 확대

소설적 감수성의 변화

1960년대 후반부터 한국 사회는 서서히 산업화의 과정에 접어들게 된다. 경제 개발이 추진되고 공업화 정책이 이루어지면서 도시가 팽창하고 반면에 농촌은 피폐하기 시작한다. 사회 계층과 지역 간의 갈등도 심화된다. 더구나 이러한 현실적 조건 위에 정치 불안이 겹침으로써 사회적 긴장이 지속되기에 이른다. 한국 소설은 이 시기부터 소시민적인 일상생활과 그 감각을 보여주기도 하고, 농촌의 현실과 궁핍화 과정을 통해 사회구조적 모순을 비판하기도 한다. 대중문화의 확대와 젊은 세대의 가치관의 변화를 그려내기도 하고, 도시 노동자들의 삶의 고통을 이야기하기도 한다. 그리고 비슷한 시기에 이루어진 민족문학론, 리얼리즘론 등의 비평적 쟁점이 소설 창작의 과정에도 그대로 반영되어 분단의 상황에 대한 새로운 비판적 인식을 소설을 통해 구체화하고자 하는 작업도 일어난다. 이러한 소설적 경향은 소설 양식 자체의 확대를 통해 더욱 중요한 문학사적 의미를 획득하고 있다. 70년대 이후 중편소설과 장편소설이 증가하는 소설 장르의 확대 현상은 삶을 바라보는 작가의 세계관의 변화를 말해 주는 것이라고 할 수 있다.

  1960년대 후반에 들어서면서 한국 소설은 식민지시대의 교육을 받지 않은 이른바 '한글세대'라고 하는 새로운 젊은 작가층을 만나게 된다. 김승옥의 등장은 한글세대 작가의 문학 활동의 출발에 해당된다. 소설 「무진기행」(1964)은 김승옥의 초기 문학세계를 집약적으로 보여주면서 동시에 그것을 넘어서고자 하는 개인적인 의욕을 담고 있다. 귀향의 모티프를 활용하고 있는 이 작품에서 주인공의 의식의 추이는 일상의 현실과 그로부터의 일탈이라는 내면적인 갈등으로 요약할 수 있다. 김승옥의 작가적 감성이 더욱 구체적으로 드러나고 있는 것은 「서울 1964년 겨울」(1965), 「60년대식」(1968)과 같은 작품이다. 이 작품들에서 소시민적인 의식과 일상적인 삶에 얽매인 개인의 존재를 치밀하게 그려낸다. 이처럼 김승옥은 개인의 감성에 의해 포착되는 현실의 문제를 치밀하게 묘사함으로써 전후소설이 지니지 못했던 독특한 문체의 감각을 산문 속에 살려 놓고 있다.

  이청준은 김승옥의 경우와는 대조적인 특징을 지니고 있다. 감성의 작가로서 김승옥을 말한다면, 관념의 작가로서 이청준을 지목할 수 있다. 이

청준은 감성의 언어가 아니라 이지의 언어로 소설을 쓴다. 그는 「병신과 머저리」(1966), 「매잡이」(1968) 등에서 현실과 관념, 허무와 의지 등의 대응관계를 구조적으로 파악한다. 그는 경험적 현실을 관념적으로 해석하고 상징적으로 표현하는 경향이 강하다. 1970년대의 억압된 정치 상황 속에서 이청준은 「소문의 벽」(1971), 「떠도는 말들」(1973), 「당신들의 천국」(1976) 등의 문제작을 내놓고 있다. 이 작품들에서 그가 관심 대상으로 삼고 있는 것은 정치 사회적인 메커니즘과 그 횡포에 대한 인간 정신의 대결 관계다. 그리고 「잔인한 도시」(1978)에서는 닫힌 상황과 그것을 벗어나는 자유의 의미를 보다 정교하게 그려내기도 한다. 「시간의 문」(1982), 「비화밀교」(1985) 등에서 그는 인간존재의 인식을 가능하게 하는 시간의 의미에 집착을 보인다. 인간존재와 거기에 대응하는 예술의 형식의 완결성에 대한 추구라는 새로운 테마는 예술에 대한 그의 신념을 확인할 수 있는 근거가 된다.

최인호의 소설은 크게 두 가지의 계열로 구분될 수 있다. 그 하나는 급속도로 도시화되고 있는 삶의 공간에서 개인의 존재와 그 삶의 양태를 다양한 기법으로 묘사하고 있는 단편소설의 세계를 들 수 있다. 산업화의 과정에서 문제가 되고 있는 도시적 공간과 그 속에서 자기 존재의 의미를 잃어버린 채, 정체성의 위기를 맞고 있는 인간의 모습이 그의 소설에서 본격적으로 문제의 대상이 된다. 「술꾼」(1970), 「타인의 방」(1971), 「돌의 초상」(1978), 「깊고 푸른 밤」(1982) 등은 진지한 문제의식과 함께 산업화시대에 접어들게 되는 한국 소설문단에 소설적 기법과 정신의 새로움을 더해주고 있다. 또 다른 하나는 「별들의 고향」(1973), 「바보들의 행진」(1973), 「고래사냥」(1982), 「겨울 나그네」(1983) 등으로 대표되는 장편소설들이다. 그의 장편들은 도시적 감수성, 섬세한 심리 묘사, 극적인 사건 설정 등의 덕목을 갖춤으로써, 소설 문학의 대중적 독자 기반을 크게 확대시켜 놓고 있다.

이문열의 소설은 작가의식의 지향과 소설적 기법 등을 놓고 볼 때 크게 세 가지의 경향으로 대별해 볼 수 있다. 첫째는 「사람의 아들」(1979), 「황제를 위하여」(1980) 등에서처럼 신화와 역사의 한 부분을 자신의 소설 속에 끌어들여 일종의 대체역사 또는 우화적 형식으로 소설을 만들어놓고 있는 경우다. 이 작품들은 작품 내적 현실 자체가 다분히 당대의 현실상황을 우회적으로 비판하거나, 상징적으로 대체하고 있다는 점에서 소설적인 흥미를 더욱 고조시키고 있다. 둘째는 「영웅시대」(1984), 「변경」(1989), 「우리들의 일그러진 영웅」(1987) 등과 같이 분단의 상황과 당대적 현실을 포괄하고 있는 작품들을 들 수 있다. 사회주의 이념의 선택과 이데올로기의 갈등을 정면으로 다룸으로써 분단문학의 새로운 차원을 개척하고 있는 「영웅시대」, 그리고 당대의 현실과 그 삶의 역사를 소설의 세계에 끌어들이고 있는 「변경」 등은 이문열 문학의 폭과 깊이를 가늠하게 하는 대표적인 작품이다. 셋째는 작가 자신의 개인적인 체험과 예술에 대한 신념을 소설화한 「젊은 날의 초상」(1981), 「그대 다시는 고향에 가지 못하리」(1980), 「금시조」(1983) 등을 들 수 있다. 이 작품들에는 리얼리티보다는 오히려 낭만성이라고 이름붙여도 좋을 예술이라든지 인생이라든지 하는 관념적인 주제들이 자리하고 있다. 그는 치밀한 묘사와 유려한 문체를 통해 바로 그 관념적인 주제들을 구체화시켜 놓고 있다.

농촌소설과 노동소설

1970년대 이후 한국 사회의 산업화 과정에서 가장 큰 문제로 등상한 것이 농촌이다. 도시 공장 지대로 농업인구가 이동하면서 농촌인구의 감소와 농업 노동력의 부족이 나타난다. 더구나, 낙후된 취락 구조와 생활환경이 도시와의 격차를 더욱 벌여놓으면서 농촌은 급격하게 퇴락한다.

이문구는 이 같은 농촌사회의 구조적 모순과 농민들의 삶의 고통을 가장 폭넓게 다루고 있는 작가다. 「암소」(1970)를 비롯하여, 「관촌수필」(1977), 「우리 동네」(1981) 등으로 이어지는 이문구의 소설적 작업은 농촌의 현실과 농민의 삶을 여러 가지 측면에서 조명하고 비판하는 일로 이어진다. 특히 「관촌수필」은 연작소설의 형태로 발표된 것인데, 농촌의 급작스런 변모와 그 전통적인 질서의 와해과정을 추적하고 있는 점이 특징이다. 새로운 현실 속에서 어쩔 수 없이 거쳐야 하는 농촌의 변화를 회상적인 진술로 그려내고 있는 「관촌수필」은 그 문체의 탄력성에 의해 더욱 주목되고 있다.

산업화과정의 농촌의 현실과 가장 좋은 대조를 이루고 있는 것은 도시 변두리의 하층민들의 삶이다. 이들은 대부분 농촌을 떠나 도시로 나온 이농민들이다. 도시의 일용노동자로 전락한 이들의 삶의 문제는 1970년대 이후 한국사회가 안고 있는 또 하나의 사회문제라고 할 수 있다.

황석영은 「객지」, 「삼포가는 길」을 통해 노동의 현장에서 문제가 되고 있는 생존조건과 그 타결점을 모색하고 있다. 소설 「객지」가 보여주는 문학적 중요성은 그것이 부랑노동자가 지니는 사회적 관계의 핵심을 포착했다는 점에 있다. 작가는 소설의 주인공이 보여주는 문제적 성격을 매개로 하여 노동자의 투쟁과 그 패배과정을 그리고 있다. 「삼포가는 길」은 본격적인 도시화, 산업화로 특징지어지는 1970년대의 한 단면을 상징적으로 묘사하고 있는 풍경화다. 황석영은 이후 대하소설 「장길산」(1984)과 장편소설 「무기의 그늘」(1987)을 내놓고 있다. 「무기의 그늘」은 월남전을 통해 분단의 모순과 이데올로기의 문제를 객관적인 시각에서 다룬 것이며, 「장길산」은 조선시대 민중들의 힘있는 삶과 그 안에 미륵신앙의 형태로 존재하고 있던 유토피아적 의식을 치밀하게 그려내고 있다.

조세희의 「난장이가 쏘아올린 작은 공」은 독립된 단편소설들의 결합에서 삽화적인 장편소설에 이르는 전형적인 연작소설의 형태를 보여준다. 억눌리고 짓밟힌 계층을 표상하는 난장이 가족은 도시로부터 밀려오는 변화의 바람, 도덕적 규범의 불안정성, 사회적인 질시와 소외 등으로 인하여 삶의 기반이 근본적으로 파괴된다. 1970년대 소설 문학의 가장 큰 성과의 하나로 손꼽히고 있는 이 작품은 현실에 대한 비판적 인식, 반리얼리즘적인 독특한 단문형의 문체 및 서술자와 서술상황을 바꾸어 기술하는 시점의 이동 등이 연작의 형식과 조화를 이루고 있다.

윤흥길의 작가적 관심이 가장 예각적으로 드러나고 있는 것은 산업화 과정에서 돌출하고 있는 노동계층의 삶의 문제를 소설적으로 형상화하고 있는 작품들이다. 그는 「아홉켤레의 구두로 남은 사내」(1977), 「직선과 곡선」(1977) 등의 연작에서 왜곡된 산업화가 초래한 사회적 모순을 비판적 시각으로 포착하고 있다. 이 소설들에서 작가는 문제적 개인으로 형상화되고 있는 주인공을 통해 자의식의 탈피, 노동현장에의 투신, 새로운 자기 각성 등으로 이어지는 의식의 성장을 추적하면서 한 시대의 정신적 징후를 드러내고 있는 셈이다.

분단 현실의 소설적 인식

산업화과정에서 나타나고 있는 당대적 현실문제가 소설의 양식을 통해 폭넓게 접근되고 있는 것과 함께, 1970년대 이후의 소설이 보여주고 있는 또 다른 특징적인 경향의 하나는 민족의 분단과 한국전쟁의 비극적인 체험을 소설적으로 재현하고자 하는 노력이 지속적으로 전개되고 있다는 점이다.

김원일은 「어둠의 혼」(1973), 「노을」(1978), 「환멸을 찾아서」(1983), 「겨울골짜기」(1987) 등을 통해 한국의 민족분단과 그 역사적 비극을 소설적 무대 위에 구현하고 있다. 「노을」은 해방 직후의 혼란과 한국전쟁으로 이어지는 격동기의 체험을 깊이 있게 그려낸 화제작이다. 이 소설에서는 민족 분단과 전쟁의 밑바닥에는 청산되지 못한 봉건적인 사회구조의 모순이 작용하고 있다는 점을 강조한다. 장편소설 「겨울골짜기」는 해방을 전후한 격동기에서부터 한국전쟁을 거치는 과정을 하나의 고정된 공간 속에서 재구성하고 있는 작품이다. 작가는 이 작품에서 이데올로기의 갈등과 분단과 전쟁으로 이어지는 역사의 비극을 정면으로 다루면서 그 비극의 원천을 식민지시대의 사회적 갈등 구조와 결부 시켜 해명하고 있다.

　전상국의 소설에서도 가장 빈번하게 다루어지고 있는 이야기는 대부분 한국전쟁과 연관되어 있다. 그의 소설 가운데에서 「산울림」(1978), 「안개의 눈」(1978) 등은 피난시절의 삶의 고통을 추적하고 있는 것들이며, 분단 현실이 안고 있는 가장 본질적인 문제성에 접근하고 있는 작품으로는 「아베의 가족」(1979)이 주목된다. 소설 「아베의 가족」은 전쟁의 현장과 전후의 현실을 함께 살아온 한 여인의 삶의 과정을 통해 아물지 않는 전쟁의 상처를 제시하고 있다. 작중의 등장인물 아베는 전쟁의 비극과 아직도 남아있는 아픔의 상징이다. 그리고 아베의 가족은 그 아픔을 견뎌야 하는 피해자들이다. 이 같은 논리에 따른다면, 한국인 모두가 아베의 가족에 지나지 않는다는 사실을 확인할 수 있다.

　조정래의 「불놀이」(1983)는 「유형의 땅」(1981)과 더불어 분단의 현실을 극적으로 형상화하고 있는 작품이다. 전쟁의 상황을 무대로 삼고 있는 그의 소설에는 한국사회에 전통적으로 자리 잡고 있던 계급적 갈등구조가 어떻게 풀려가는가를 보여주고 있다. 이 작가가 파악하고 있는 한국전쟁과 분단은 민족의 삶을 왜곡시켜 온 사회구조의 모순이 이데올로기에 의해 다시 왜곡되면서 해체되는 과정에 해당된다. 그의 장편 「태백산맥」(1986)이 이러한 인식의 포괄성을 더욱 확대하고 있다. 해방 직후부터 6·25 전쟁에 이르는 격동기를 그려내고 있는 이 작품은 한국 소설사에서 분단의식의 극복을 위한 소중한 하나의 노력으로 기록된다.

대하 장편소설의 등장

　산업화시대의 소설문단에서 가장 특이한 성과로 평가되는 것은 대하장편소설의 등장이다. 역사적 상황에서 출발하여 현실적 삶의 문제까지 그 관심을 확대시키고 있는 박경리의 「토지」, 이병주의 「지리산」, 황석영의 「장길산」, 김주영의 「객주」 등이 1970년대의 오랜 발표과정을 거쳐 완결을 볼 수 있게 되었으며, 조정래의 「태백산맥」, 이문열의 「변경」 등이 1980년대 중반을 넘어서면서 소설문단의 관심을 모으고 있다. 이 소설들은 모두 그 분량에 있어서 한국 현대소설이 일찍이 경험하지 못한 규모의 방대성을 지니고 있다. 이 작품들이 지니고 있는 소설적 주제의 문제성을 생각한다면, 한국 소설문단이 이 같은 작품들을 감당해 낼 수 있을 정도로 그 관점과 폭이 넓어지고 있다는 사실은 매우 중요한 의미가 있다고 할 것이다.

박경리의 「토지」는 조선 말기부터 일제 식민지시대를 거치기까지 한 세기에 이르는 역사의 변화 속에서 한 양반 가문의 몰락과 그 전이과정을 그려놓고 있는 작품이다. 이 소설의 서사적 골격을 형성하는 이야기의 중심에는 4대에 걸친 인물들이 종적으로 배치되고 있으며, 그 주변에 이 인물들과 서로 관련을 맺고 있는 다양한 계층의 인물들이 등장하면서 각각 그들 시대의 삶의 모습을 보여주고 있다. 「토지」는 가족이라는 혈연단위와 그 확대를 역사적인 시대의 교체와 맞물리도록 고안함으로써, 조선 말기 이후 한국사회의 근대화라는 격변기를 살아가고 있는 전형적인 인물들의 창조에 성공하고 있다.

황석영의 「장길산」에서는 민중적인 의지와 그 생명력의 존재가 장길산이라는 한 인물의 생애를 통해 형상화되고 있다. 이 소설의 전체적인 내용은 문제인물인 장길산의 생애를 주축으로 하고 있지만, 그것이 장길산이라는 한 개인을 영웅적 인물로 부각시키기 위한 것은 아니다. 장길산과 그를 따르는 수많은 인물들의 삶을 통해 지배층의 탐학으로 인하여 삶의 기반을 잃고 있는 조선시대 서민층의 고통과 저항, 그리고 새로운 삶에 대한 기원 등을 총체적으로 드러내고 있는 것이다.

김주영의 「객주」는 「장길산」의 경우와는 약간 다른 측면을 갖고 있다. 조선시대 후기에 등장한 독특한 사회집단인 보부상을 중심으로 그들의 삶의 과정과 세태를 치밀하게 그려내고 있는 이 작품은 집단적인 대상을 그려놓고 있기 때문에 등장인물 개개인의 운명적인 속성에 관심을 기울이지는 않는다. 이 작품은 보부상이라는 한 집단의 삶의 양상에 대한 풍속사적 관심과 그 재현에 더 큰 비중을 두고, 그들의 다양한 행동방식과 삶의 태도를 당대적 풍속과 함께 다채롭게 펼쳐보이고 있다.

1980년대에 들어서서 발표되고 있는 대하장편소설 가운데 특히 주목되고 있는 것은 조정래의 「태백산맥」이다. 이 소설은 해방과 민족분단과 한국전쟁으로 이어지는 민족사의 격동기를 무대로 하고 있으며, 여순 반란 사건과 지리산의 빨치산 운동 등으로 이어지는 공산당 유격 활동의 실상을 근원적인 것에서부터 사실적으로 파헤치고 있다. 그러나 「태백산맥」의 이야기에서 작가가 주목하고 있는 것은 여순사건의 추이와 그 연결과정에 대한 설명이 아니다. 오히려 작가는 그러한 일련의 사건을 통해 분단의 현실과 그 상황전개가 갖는 역사적 의미가 무엇인가를 확인하고자 한다. 이를 위해 작가는 이 사건에 등장하고 있는 실재적 인물과 허구적 인물을 병치시키면서 그들의 사회·경제적 존재 기반과 배경을 서술함으로써, 분단상황의 인식과 이념적 대결문제에 대한 해석의 폭을 넓혀놓고 있다. 그렇기 때문에 이 소설의 이야기는 해방 이전 일제 식민지시대, 그리고 그보다 더 앞선 한말의 시기까지 내면적으로 확장된다. 이 소설에서 이루어낸 역사적 공간의 내면적 확대를 통해 분단상황의 전개과정을 오히려 집중시키는 극적효과를 드러내고 있으며, 이를 매개로 하여 우리 현대사의 전체적인 의미를 구현할 수 있게 되었다는 것은 중요한 소득이라고 할 것이다. 소설 「태백산맥」은 1980년대 초반의 억압적인 현실 속에서 이념의 금지지대를 넘어서면서 분단과 이데올로기의 선택에 대한 새로운 객관적 인식을 요구하면서, 분단과 한국전쟁의 비극이 상당부분 민족내부의 모순에 기인하고 있음을 반성적으로 성찰하고 있다는 점에서 그 의미를 인정할 수 있을 것이다. 조정래는 「태백산맥」 이후 「아리랑」을 통해 일본 식민지시대의 비극적인 역사를 총체적으로 형상화하고 있으며, 「한강」에서 해방 이후 분단 상황 속에서 산업화에 이르는 고통의 세월을 대하적 필치로 그려내고 있다.

여성주의의 확대

1970년대 이후의 소설문단에서 여류작가들의 작품 활동은 매우 중요한 위치를 차지하고 있다. 박완서, 오정희, 서영은, 김채원, 강석경, 양귀자, 신경숙 등의 소설은 흔히 지적되는 여류적 감성을 벗어난 문제작들이 많다. 이들은 현실의 변화 속에서 혼돈을 거듭하고 있는 윤리의식과 가치관의 회복을 주제로 내세우기도 하고, 분단현실의 문제성에 도전하여 그것을 극복하기 위한 노력을 보여주기도 한다. 그리고 노동의 현장을 찾아가 부당하게 홀대당하고 있는 근로여성들의 처지를 문제 삼기도 한다. 물론 치밀한 묘사력을 바탕으로 인간의 내면세계를 추적하고 있는 작품도 많이 있다.

박완서는 중산층의 생활양식에 대한 비판과 풍자에 주력한다. 박완서가 중산층의 가정을 무대로 하여 관심을 기울이고 있는 부분은 매우 다양하다. 박완서의 대표작으로 손꼽히고 있는 소설 가운데에는 도시 중산층의 삶의 양식을 소재로 하여 세태와 풍속을 사실적으로 형상화하고 있는 「도시의 흉년」(1979), 「휘청거리는 오후」(1978) 등이 있다. 이 작품들은 한 가족을 중심으로 한 일상생활을 치밀하게 그려내면서도, 사회적 가치와 규범의 변모를 날카롭게 지적하고 있다. 한국사회를 지탱해 온 가치와 윤리관이 여지없이 무너지면서, 물질주의와 출세주의가 인간을 타락시키고 있는 현실은 박완서의 소설에서 자주 접할 수 있는 문제다. 「엄마의 말뚝」(1982), 「미망」(1990) 같은 작품을 보면, 식민지시대의 역사와 분단의 비극을 전면에 내세우지 않더라도, 왜곡된 사회변동으로 인하여 고유한 삶의 관습이 무너지고 가치관이 붕괴되는 과정이 잘 드러나고 있다. 이러한 작가적 태도는 현실에 대한 비판적 인식과 함께 인간의 삶에 있어서의 진정성의 의미가 어디에 있는가를 되묻게 한다는 점에서 이른바 도덕적 리얼리즘의 속성을 지닌다고 할 수 있다.

오정희의 소설 세계는 일상의 현실과 고립되어 있는 인물들의 파괴적인 충동을 그려놓고 있는 작품들이 많다. 그러한 충동은 육체적 불구와 왜곡된 관능, 불모의 성 등의 모티브로 표현된다. 소설「저녁의 게임」(1976)은 이러한 특징을 가장 잘 보여주고 있는 작품이다. 이 소설에서 가장 돋보이는 것은 의식의 흐름을 따라 진행되는 심리묘사의 기법이다. 주인공의 의식을 통해 아버지와의 갈등, 정신병을 앓다가 죽은 어머니와 가출한 오빠에 대한 기억들이 스쳐 지나간다. 이러한 단편적인 이야기에 통일성을 부여하는 것은, 이들 모녀의 저녁풍경을 둘러싸고 있는 퇴영적이고 더러는 절망적인 분위기다. 1980년대에 들어서서 소설집『유년의 뜰』(1981),『바람의 넋』(1986) 등으로 묶여진 작품들은 그 경향이 변화를 드러내기 시작하면서, 충동의 격렬성은 완화되고 무의미한 일상의 삶에 대한 허무의식이 자리한다. 물론「유년의 뜰」이나「중국인 거리」같은 작품에서는 전후의 황량했던 어린 시절의 체험들을 단편적으로 그려내기도 하지만, 그 정서적 기반은 마찬가지다.「별사」와 같은 작품에서는 소설의 주인공이 현실적인 삶의 조건에 의해 규정된 자신의 모습을 확인하는 과정 자체가 짙은 허무의식으로 채색되고 있음을 볼 수 있다.

서영은의 작품 속에서 가장 큰 자리를 차지하고 있는 것은 짙은 허무의식과 순결한 영혼의 고립감이다.「사막을 건너는 법」(1975)에서는 월남전의 상처를 딛고 일상으로 되돌아오고자 하는 인물의 내면이 환상 속에서 살아가는 노인과의 교감을 통해 표현되고 있다. 속물적인 삶과 무기력에 대응하면서 고통을 내면화하고 있는 순수하고도 애처로운 인간의 모습은「관사 사람들」(1980)에서 찾아볼 수 있다. 소설「먼 그대」(1983)에는 삶에 대한 짙은 허무의식이 보다 긍정적이고 순정한 형태로 나타난다. 이 작품에 깔려 있는 허무의식은 세계에 대한 부정의 방식이 아니라 오히려 적극적이고 절대적인 긍정의 형식으로 표현되고 있다. 자신에게 부여되고 있는 모든 고통을 사다리 삼아 그것을 넘어서고자 하는 내면의 힘이 '낙타'라는 비유를 감싸고 있는 찬란한 황금빛 갈귀의 이미지로 한 차원 높게 승화되고 있는 것이다.

이들과 비슷한 경향을 보이고 있는 김채원의 경우에는 「초록빛 모자」 (1979), 「애천」(1984), 「겨울의 환」(1989)과 같은 작품에서 자의식의 세계를 보다 내밀한 언어로 추적하고 있다. 양귀자의 「원미동 사람들」, 신경숙의 「풍금이 있던 자리」 등도 자기 내면의 호흡과 감성을 바탕으로 하는 여성적 글쓰기의 방법을 통해 얻어낸 소중한 소설적 성과에 해당한다.

작품읽기 11

채만식_ **민족의 죄인**

1

그 동안까지는 단순히 나는 하여간에 죄인이거니 하여 면목 없는 마음 반성하는 마음이 골똘할 뿐이더니 그날 김(金)군의 P사에서 비로소 그 일을 당하고 나서부터는 일종의 자포적인 울분과 그리고 이 구차스런 내 몸뚱이를 도무지 어떻게 주체할 바를 모르겠는 불쾌감이 전면적으로 생각을 덮었다. 그러면서 보름 동안을 싸고 누워 병 아닌 병을 앓았다.

2

항용 문필하는 사람의 마음 한가로움이라고 할까 누그러진 행습이라고 할까 가까운 친구가 간여하고 있는 잡지사고 출판사고 하면 일이야 있으나마나 달리 소간이 긴급한 때 외에는 그 앞을 그대로 지나치지는 않게 되고 들어가 앉아서는 신문 잡지도 뒤척이고 많이 잡담하고 조금 문담(文談)하고 방담도 싫도록은 하고 하기에 세월을 잊고.

하는 것을 주인 편에서는 흔연히 맞이하여 주고 같이 섭슬려 이야기하고 하되 한결같이 폐로워하는 법이 없고 출판사나 잡지사의 사무실은 문필하는 사람에게 이런 이를테면 동네 쇠물방처럼 임의롭고 무관함이 있어 김군이 주간하는 P사도 나의 그런 임의롭고 무관한 자리의 하나였었다.

하루 거리엘 나가면 그래서 출판사나 잡지사를 몇 곳씩은 자연 들르게 되고 그날도 남대문 밖까지 나갔다 집으로 돌아오는 길에 역시 별 볼일이 있던 것이 아니요 지날녘이고 해서 푸뜩 P사를 들렀던 것인데, 무심코 들르느라고 들렀던 것인데…… 김군의 말따나 일수가 매우 좋지 못했던 모양이었다.

점심 나절부터 끄무룻까무룻하던 하늘이 정녕 보슬비라도 내릴 듯 자욱이 다 흐리어 가지고 있는 사월 그믐의 저녁 무렵이었다.

남대문 거리의 잡답한 보도에서 가로수의 나봇나봇한 잎사귀가 거리의 잡답함과는 대조적으로 조용히 무엇인지를 숙명처럼 기다리는 듯싶은 그런 가벼운 침울이 흐르는 시간이었었다.

김군의 P사는 바로 길 옆의 빌딩이었었다.

비둘기장처럼 사층 꼭대기의 한 방에 들어 있는 빌딩의 마흔 몇 개나 되는 층계를 숨차면서 올라가다 마침 맨머리로 내려오고 있는 김군과 마주 만났다.

"장차에 조선 출판계의 왕좌 될 꿈은 꾸면서 사무소가 이게 무어람?"

사람이 숨이 차고 다리가 맥이 풀려 인사 대신 이렇게 구박을 하는 것을 김군은 그 커다란 눈과 코와 입과 얼굴과에다 한꺼번에 웃음을 터트리면서,

"P사가 사무실이 가난한 것은 자네가 그 흔한 왜놈의 집 한 채 접술 못하구서 쓰러서 가는 셋집살일 하는 것허구 내력이 어슷비슷하니 피차 막설하구…… 그러잖어두 기대리던 참인데 잘 왔네. 내 이 아래층에 가서 전화 좀 걸구 오께시니 올라가세나."

P사에는 먼저 온 손이 있었다.

윤(尹)군이라고 나이는 나보다 두어 살 아래나 일찍이 세대를 같이한 사람이었다.

나는 윤과 인사를 하면서 그의 눈치가 먼저 보여졌다.

윤은 내가 어려워하는 사람 가운데 한 사람이었다.

윤과 나는 친구는 아니었다.

길에서 만나든지 하면 서로 한마디씩,

"안녕하십니까?"

"안녕하십니까?"

하고 마는 것이 고작이요, 그렇지 않으면 아뭇소리 없이 모자만 들었다 놓는 시늉 하면서 지나쳐 버리고 하는 그저 거기 어디 흔히 있는 '아는 사람'의 하나일 따름이었다.

나는 윤이라는 사람을 아는 것이 별로 많이 못하였다. 일찍이 일본 동경서 어느 사립대학의 정경과를 마치었다는 것, 학업을 마치고 돌아와서는 고향에서 잠시 동안 신문지국을 경영한 경력이 있다는 것, 중일전쟁(中日戰爭)이 일기 전후 이삼 년은 서울 어느 신문사의 정치부 기자로 있으면서 논설도 쓰고 하였다는 것, 그리고 그가 잡지에 발표한 당시의 구라파 정세에 관한 정치논문을 두 편인가 읽은 일이 있고, 그 문장과 구성이 생경하고 서투른 혐의는 없지 못하나 사상만은 대단히 진보적인 것을 엿볼 수가 있었고, 대강 이런 정도의 것이었었다. 그 밖에 사람이 성질이 어떠하다든가 가정이나 주위 환경이 어떠하다든가 하는 것은 알지를 못하였고 알 기회도 없었다. 공적으로 혹은 사사로이 생활상의 교섭 같은 것도 물론 없었다.

이렇게 나는 윤에게 대하여 아는 것도 많지 못하고 친구로서의 사귀임도 없고 하기는 하지만 꼭 한 가지 매우 중대한 것을 잘 안다는 것을 나는 스스로 인정치 않아서는 아니 되었다. 윤은 대일협력(對日協力)을 하지 아니한 사람이라는 것이었다.

일중전쟁이 일던 아마 그 이듬해부터인 듯싶었다. 잡지나 또는 신문의 기명논설(記名論說)에서 윤의 이름은 씻은 듯 없어지고 말았다. 신문기자의 직업도 버려 버리고 서울을 떠났는지 거리에서도 통히 볼 수가 없었다.

만일 윤이 무엇을 쓴다면 그의 전문에조차 정치와 시사에 관계된 것일 것이요, 정치와 시사에 관계된 것이면 반드시 세계 신질서 건설의 엉뚱한 명목으로 침략전쟁을 일으킨 동서의 전체주의 파시즘을 합리화시킨 논문이 아니고는 용납을 못 하였을 것이었었다. 안으로는 내선일체를 승인하는 것이었어야 하고 밖으로는 추축군의 승리와 미영의 몰락의 필연성을 예단하는 것이어야 할 것이었었다.

또 신문사원으로의 직업을 버리지 아니하였다면 신문이라는 대일협력체 수족 노릇을 싫어도 하였어야만 할 것이었었다.

윤은 그러나 일체로 붓을 멈추고 신문사원의 직업도 버리고 함으로써 대일협력의 조그마한 귀퉁이에도 참여를 하지 아니하였다. 아니한 것이 분명하였다. 이렇게 대일협력을 하지 아니한, 그래서 지조가 깨끗한 윤에 대하여 많으나 적으나 대일협력을 한 것이 있음으로 해서 민족반역자 혹은 친일파의 대열에 들어야 할 민족의 죄인인 나는 그에게 스스로 한 팔이 꺾이지 아니할 수가 없고 따라서 그가 어려운 사람이 아닐 수가 없던 것이었었다. 동시에 죄 지은 사람의 약한 마음이라고 할까 섬뻑 그를 만나자니 눈치가 먼저 보여지지 아니할 수가 또한 없던 것이었었다.

과연 내가,

"안녕하십니까?"

하는 인사에, 같은 말로,

"안녕하십니까?"

하고 대답하는 윤의 말 억양과 표정에는 역력히 경멸하는 빛이 머금어 있었다.

한참을 있다 윤이 뒤칙이던 신문축을 내려놓으면서 생각잖이 붙일성 있게,

"오래간만입니다."

하여, 나도 달가이,

"퍽 오래간만입니다."

하였다.

미상불 우리는 퍽 오래간만이었다. 일중전쟁이 일던 그 이듬해 윤은 문

필행동을 정지하고 신문기자의 직업을 버리고 하였을 뿐만 아니라 서울 거리에서 자취마저 사라지고 말았기 때문에 근 십 년 만에 오늘 이 자리가 처음이었다.

윤이 그러나 인사상으로만 오래간만이라는 말을 한 것이 아닌 것은 그 다음 수작으로써 바로 드러났다.

"시굴루 소개(疏開) 가셨드라구."

"네."

"호박이랑 옥수수랑 많이 수확하셨습디까?"

그의 독특한 시니컬한 입초리로 빙긋 웃기까지 하면서 하는 아주 노골한 경멸과 조롱이었다. 생각하면 윤으로는 충분한 근거가 있는 경멸과 조롱이었다.

지나간(1945년) 사월에 나는 소개를 하여 고향으로 내려갔었다.

표면의 이유는 지방으로 소개를 하여 스스로 폭격을 피하며 그리함으로써 소위 국토방위에 소극적 협력을 하기 위한 이른바 당국의 방침에의 순응이었지만 실상은 구실이요 소개를 빙자코 도피행을 한 것이었었다.

구라파에서 독일이 연합군의 육중한 공세를 바워 내지 못해 연방 뒷걸음질을 치다 어느덧 독 안의 쥐가 되었을 때는 동쪽에 있어서 일본의 패전도 거의 결정적인 것이 된 느낌이었다. 거기에는 물론 일본이 패하였으면 하는 희망적 예측이 다분히 가미되지 아니한 것은 아니었으나 아무튼 일본이 질 날이 멀지 아니할 것으로 나는 생각하고 있었다.

일본의 패전 그 뒤에 오는 것은?

나는 8·15의 그런 편안한 해방을 우리가 횡재할 것은 전혀 생각지 못하였다. 일본이 눌러서 우리의 지배를 할 것이냐 혹은 새로운 지배자가 나설 것이냐 또 혹은 우리가 요행 우리의 주인이 될 것이냐 이 판단은 막상 깜깜하였다. 그러나 오직 한 가지 일본이 패전을 하는 그날 그 순간부터 그 동안까지의 치안과 사회질서는 완전히 무능한 것이 되는 동시에 세상은 걷잡을 수 없는 혼란과 무질서의 구렁이 되고 말리라는 것, 이것만은 확실한 것으로 나는 믿고 있었다. 하되 그것은 새로운 주권이 서고 새로운 질서가 생기는 그 기간까지는 제 마음껏 계속이 될 것이었다. 그 기간이라는 것이 한 달일는지 두 달, 석 달일는지 반년이나 일년일는지 그 이상 더 오랠는지 그것은 짐작을 할 수가 없으나.

일본이 패전을 하는 그날 그 순간부터 치안과 질서가 무능한 것이 됨을 따라 칼 찬 순사와 기관총 가진 패잔 일병과 주먹심 있는 평민과가 강도와 폭도질을 함부로 하고 일변 필연적인 사태로서 식량부족으로 인한 대규모의 기근이 오고 하여 거리는 삽시간에 살육과 약탈, 능욕과 방화, 질병과 기아의 구렁으로 변하고 그 죽음과 공포의 거리에서 아무 구원의 능력도 주변도 없는 약비한 아비를 그래도 아비라고 떨면서 울고 매어달리는 나의 어린것들을 데리고 서서 속절없이 죽음을 기다리거나 할 따름일 나 자신의 그림자를 환상할 적마다 나는 등골이 서늘함을 금치 못하였다.

대처(도시)가 그러한 데 비하여 고향은 차라리 안전하였다. 우선 당장은 각다분하겠지만 일을 당한 마당에서는 역시 고향이 나을 터이었다.

누대 살아온 고향이요, 일가 친척이 여러 집이 있어 생소하지가 않았다.

사람들이 다 아는 사람들이 되어 난세를 당하여 제일 두려운 '사람', 그 '사람'을 두려워 아니 하겠으니 좋았다.

박토나마 조금은 있으니 하다못해 감자포기를 심어 먹어도 주려 죽기는 면할 수가 있으니 더욱 안심이었다.

나는 드디어 고향으로 내려갈 결심을 하였다.

나는 나만 그럴 뿐이 아니라 몇몇 친지들더러도 그런 소견과 실토정을 말하면서 반드시 서울에 머물러 있어야만 할 특별한 사정이 없는 바엔 각기 고향으로 내려가기를 권하기까지 하였었다.

민족해방의 돌발적인 변화를 겪고 난 지금에 이르러 지금의 심경을 가지고 그때 당시의 나의 그러던 심경이나 행동을 곰곰이 객관을 하자면 지배자의 압력이 약하여진 그 계제에 떨치고 일어나 해방의 투쟁을 꾀할 생각을 적극적으로 하는 것이 아니고서 오직 저 일신의 안전을 도모하는 데까지밖에는 궁리가 뚫리지 못한 것은 적실히 나의 약하고 용렬한 사람 됨됨이의 시킴이었음엔 틀림이 없었다. 그러나 나는 나 혼자만이 유독 그렇게 약하고 용렬하였는지 혹은 대체가 개인적이며 소극적이요 퇴행적이기가 쉬운 망국민족의 본성의 소치였는지 그 분간은 막시 모르되 하여간에 그처럼 약하고 용렬하였던 것이 사실이요 겸하여 무가내한 노릇이었었다. 그렇다고 시방은 제법 굳세고 용맹스러워졌다는 자랑이냐 하면 물론 아니었다. 지금도 여전히 나는 약하고 용렬한 지아비였다.

일본의 패전 그 다음에 오는 혼란과 무질서에 대한 불안과 공포 이것말고서 그 이전에 또 한 가지의 절박한 위협이 있었다.

나는 서울 시내에서 동쪽으로 삼십 리나 나간 경충가도(京忠街道)의 한강 기슭 광나루[廣津]에 우거하고 있었다.

광나루는 서울 시내로부터 소개를 하여 나오는 곳이지 그래서 소개령이 내리자 집값이 연방 오르던 곳이지 이곳으로부터 다른 곳으로 소개를 가도록 마련인 곳은 아니었다. 이것만 하여도 나는 실상 소개를 간다고 나설 터무니없는 사람이었다.

B29가 처음으로 서울 하늘에 나타나던 날이었다.

이날 나는 마침 시내에 들어가지 않고 집에 있다가 언덕의 솔숲을 거닐던 중에 공습사이렌이 울었다.

산이라고 하기보다는 강가가 바투 오뚝이 솟은 조그마한 구릉이었다. 그 깎여질린 낭떠러지 바로 아래로는 시퍼런 강물이 바위를 스치고 흘러 흡사 평양의 청류벽을 연상함직한 곳이었다. 그뿐 아니라 강을 건너서는 퍼언한 벌판이요 벌판이 다한 곳에 먼산이 암암히 그려져 있는 것일랑은 '대야동두점점산(大野東頭點點山)'이라고 읊어 낸 그것과 많이 비슷한 것이 있었다.

꼭대기에는 당집이 있고 주위로 솔과 참나무가 울창하여 그늘이 짙었다. 잔디도 좋았다. 그런 그늘 아래 앉아서 장강을 굽어보고 먼 산을 바라보면서 혹은 잔디에 누워 창공을 올려다보면서 끝없는 시간을 지우기란 울적하고 삭막한 나의 생활 가운데 만만치 아니한 위안의 하나였었다.

그때 나는 마침 이조사(李朝史)를 읽다가 병자호란(丙子胡亂)의 대문에 이르렀던 참이라 병자란 당시에 조선군이 국왕과 함께 최후의 농성을 하던 남한산성(南漢山城)이며 그러다 국왕이 마침내 청병의 군문에 무릎을 꿇어 항복을 한 삼전도(三田渡)며 그리고 양방의 수없는 장졸이 화살과 창끝에 고혼으로 쓰러진 풍남리의 토성(風南里土城)이며를 멀리 바라보기가 이날따라 감개 적이 깊은 것이 없지 못하였었다.

그러한 흥폐의 모양을 보았으면서 못 본 체 이날이 한결같이 유유히 흐르기만 하였으며 앞으로도 얼마든지 되풀이할 세상과 인사의 변천을 보면서, 그러나 못 본 체 몇천 년 몇만 년이고 유유히 흐르고만 있을 저 강 무심타고 할까, 부럽다고 할까…… 이런 생각에 잠겨 있는 참인데 그 몸서리가 치이는 공습 사이렌이 별안간 울리던 것이었었다.

나는 꿈에서 깨난 것처럼 퍼뜩 정신이 들었다.

보나마나 아내는 물통을 들고 쫓아나갔어야 했을 것, 어린것들이 걱정이 되어 집으로 달려갈 생각은 급하나 가던 중로에서 경방단 서방님네들한테 붙잡혀 부역을 하지 아니하면 대피호로 끌려 들어가기가 십상일 판이었다.

초조하다 보니 잠자리보다도 더 적게 비행기(B29) 한 대가 한 가스로 꼬리를 길게 쌍으로 끌면서 유유히 까마득한 창공을 날고 있었다.

그 호젓하고 초연함이라니. 그 고요하고 점잖스럼이라니.

좋은 완상(玩賞)거리일지언정 그가 털끝만치도 적의(敵意)를 발산하는 것이 있다거나 항차 비행기의 폭격의 전주(前奏)인 바야흐로 강렬한 위협과 공포감 같은 것은 전혀 느낄 수가 없었다.

덕분에 마음을 가라앉히고 기다리는 동안 이윽고 공습경보는 해제가 되었다. 나는 일종 섭섭한 마음이면서 행길로 내려왔다. 그러자 군용화물차 한 대가 기운차게 달려오더니 동네 한복판인 한길 가운데가 멈추어 서면서 경기관총을 가지고 잔뜩 긴장한 이삼십 명의 길병이 차로부터 뛰어내렸다.

공습경보를 듣고 강 건너 송파(松坡)의 병영으로부터 이 광나루 지구를 경계하러 온 일대였었다. 그러나 그 경계라는 것은 그들이 가지고 온 무기가 하다못해 고사기관총도 아니요, 보통 산병전에 쓰는 경기관총인 것과 그것을 동네 복판에다 맞추어 놓고서 대기를 하는 것과로 미루어 적기를 쏘자는 것이 아니고서 폭격의 혼란을 틈타 폭동이라도 일으킬 염려가 있는 주민-조선 사람을 약차하면 쏘아 대자는 것임은 말하지 않아도 번연하였다.

나는 지휘하는 자를 비롯하여 병정들의 눈을 똑똑히 보았다. 곧 사람을 살상하여 마지않겠는 독기가 뻗쳐 나오는 눈들이었다. 나는 소름이 쭉쭉 끼쳤다.

공습을 당하면서 적기를 쏠 방비를 하여 주기보다는 센징을 쏘아 죽일 차부를 차리는 그들의 앙심과 살기를 머금은, 그 눈 눈 눈…… 앞에(B29)의 폭격이 있다면 등뒤에는 일병의 기관총부리가 있는 그 기관총을 또한 피하기 위하여서도 나는 하루바삐 비교적 안전한 곳으로 자리를 옮아 앉아야 하였었다.

나는 1945년 4월 마침내 집을 팔고-게딱지 같은 초가집이었으나 설리장만한 집이었었다-그것을 헐값으로 팔아 넘기고 세간도 대부분 팔고서 짐 가벼운 것만 꾸려 가지고 고향으로 소개랍시고 하여 오고 말았다.

나에게는 그러나 일본의 패전 그 다음에 오는 것의 불안과 공포랄지 눈에 살기를 머금은 일본 병정들의 등덜미를 겨누는 기관총부리의 위협이랄지 이런 것 외에도 멀찍이 궁벽한 시골로 낙향을 하여야만 할 사정이 따로 또 있는 것이 있었다.

1943년 2월 황해도로 강연을 간 것이 나로서는 아마 대일협력의 첫걸음이라고도 할 만한 것이었었다.

총독부와 총력연맹이 설도를 하여 경향의 종교 사상 예술 언론 조고 교육 등 각계의 사람 이백여 명을 긁어 모아 전조선 각군(郡)의 면(面)으로 하여금 제각기 면단위로 열게 한 소위 미영격멸 국민총궐기대회에 몇 개 면씩을 찢어 맡겨 보내어 전쟁기세를 돋우는 그 중에도 미영에 대한 적개심을 조발하는—강연을 하게 한 그 강사의 하나로 나도 뽑혔던 것이었었다.

대일협력도 첫걸음이려니와 사십 평생에 여러 사람을 모아 놓고 강연이라고 하는 것을 하여 본 적이 도대체 없었다.

일어가 서툴러 못 나아가겠다고 하였더니 조선말도 무방하다고 실상은 상대들이 시골 농민들인만큼 '국어 상용'의 본의에는 어그러지나 조선말이 더 효과적일 것인즉 이번만은 되도록 조선말로 하게 하기로 이미 방침을 세웠노라고 하였다.

생후에 한 번도 연단에 서본 경험이 없어 강연이 하여질 것 같지 않다고 하였더니 경험은 없더라도 열(熱) 하나면 되는 것이라고 생전에 한 번도 연단에 서보지 아니한 사람이 이 기회에 분연히 일어서서 강연을 하게 되었다는 그 사실이 벌써 청중을 감격게 할 사실이 아니냐고 그러니 너야말로 빠져서는 아니 될 사람이라고 하였다.

그러거나 말거나 누웠고 나아가지 아니하였으면 그만일 것이었다. 나중이야 앙화가 와 닿겠지만 그 당장은 새끼로 목을 얽어 끌어내지는 못하였을 것이었다. 그러나 나는 내 발로 걸어 나아갔었다. 영을 어기지 아니하여야만 미움을 받지 않고 일신이 안전하고 한 것을 알기 때문이었다.

개성서 살고 있을 때요 태평양전쟁이 일던 전전해인 1938년이었던 듯싶다.

삼월 그믐인데 볼일로 서울에 왔다. 삼사 일 만에 내려갔더니 가족들이 초상난 집처럼 근심에 싸여 있었다. 조금 전에 개성경찰서의 형사 두 명이 와서 내가 거처하는 방을 수색을 하고 서신과 몇 가지의 원고와 잡지 얼러 몇 가지의 서적을 가져갔고 그러면서 물어 볼 말이 있으니 돌아오는 대로 곧 고등계로 오도록 이르라는 부탁을 하더라는 것이었다.

그리고 그날 아침 ○○○군과 ×××군이 붙들려 갔다는 말을 하였다. ○○○군과 ×××군은 나한테를 종종 다니는 이십 안팎의 문학청년들이었다.

신경이 과민한 정비례로 무식하고 그와 반비례로 일거리는 없어 상관 앞에 민망하고 한 시골경찰의 고등계 형사들이 정히 무류하다 못 하면 더러 그런 짓을 하는 행투를 짐작지 못하지 않는 터라 치안유지법에 걸릴 아무 내력이 없는 것은 번연한 노릇이요, 하여 설마 어떠랴고쯤 심상히 여기고 선 길에 경찰서로 가보았다.

보기만 하여도 마치 뱀을 쭈쩍 만난 것처럼 섬뜩한 것이 경찰서의 사람들이었다. 들어서기가 무엇인지 모를 무시무시한 것이 경찰서였다. 아무렇지도 않은 신고서 한 장을 드리러 가기에도 들어서면 벌써 눈부라림과 호통과 따귀가 올라붙거니만 싶어 덮어놓고 공포증과 불안을 주는 것이 경찰서요 그곳의 사람들이었다.

그런지라 비록 치안유지법에 걸릴 아무 내력이 없다고는 하여도 그래서 심상히 여겼다고는 하여도 노상이 태연한 마음일 수가 없었음은 물론이었다.

이윽히 기다리게 한 후에 일인 형사가—빼빼 야윈 몸과 얼굴과 눈과 심지어 수족에서까지 사나움이 졸졸 흐르는 자로 얼굴만은 진작부터 앎이 있었다—그자가 별실로 데리고 들어가더니 ○군과 ×군과 나와의 상종에 대한 것을 묻는 것이었다. 언제부터 어떤 발련으로 알았으며 한 달이면 몇 번씩이나 찾아오며 만나서 하는 이야기와 하는 일은 무엇이며 하냐고.

만나기는 한 반년 전에 그들이 찾아와서 비로소 처음 만났고, 하는 이야기나 하는 일은 문학을 공부하는 초보에 관한 것으로 쓰는 공부는 어떻게 하며 읽기는 어떠한 책을 읽어야 하며 어떤 작가는 어떤 작품을 썼고 어찌해서 그것이 좋은 작품인 것이며 또 그들이 책을 읽다가 이해치 못하는 대문이 있어 가지고 와 묻는 것이 있으면 설명을 하여 주기도 하고 하노라고 말썽 아니 될 범위에서 대답을 하였다.

"그것뿐인가?"

마지막 형리는 딱 어르면서 표독한 눈매로 눈을 부라리었다.

나는 속으로는 떨리나 태연히,

"대강 그렇습니다."

"더 생각해 봐."

"더 생각하나마나 그렇습니다."
"정녕?"
"네."
"이 자식."
소리와 함께 따귀를 따악 거푸 따악 따악 따악 따악…….
"꿇어앉어, 이 자식아."
걸상으로부터 내려가 꿇어앉았다.
"바른 대로 대지 못해?"
"바른 대로 댔습니다."
"너 이번 지나사변에 대해서 한 이야기두 있잖어?"
"지나사변의 어떤 이야기 말입니까?"
"너 일본이 아무리 무력으루는 한때 지나를 정복을 한다더래두 결국은 가서 실패를 하구 만다구. 그런 말을 했잖었어?"
"그건 일본을 두고 한 말이 아니라 한민족(漢民族)은 이상한 동화력(同和力)을 가진 민족이 되어 놔서 그 동안 누차 변방 족속한테 무력정복을 당했으면서도 그런 족족 정복자를 문화적으로 사회적으로 동화, 흡수를 하군 해서 어느 시간이 경과한 후에 가선 정복자요 지배자였던 변방 족속이 피정복자요 피지배자였던 한민족한테 먹히어 버리고서 존재가 없어지고 존재가 없어지고 했느니라구 단순히 역사적 사실을 이야기한 일밖에 없습니다."
"그러니깐 이번 지나사변두 결국은 일본이 실패를 한다는 그 뜻으루다 한 소리가 아냐?"
"그렇게 억지루 가져다댄다면 못 댈 것은 없지만서두 내 본의는……."
"요 앙뚱스런 자식 같으니로고. 네 따위가 어따 대구 고 따위루…… 이 자식아, 대일본제국의 흥망이 달린 앞에서 너이 조선놈 몇 마리쯤 땅바닥으루 기는 버러지만치나 명색이 있을 줄 알아? 그런 것들이 어따 대구 감히 그런 발칙한 소릴."

이번에는 구둣발이 내 몸뚱이를 함부로 짓이긴다.

매는 미상불 아픈 것이었다.

"너 이 자식, 좀 곯아 봐."

인하여 나는 생후 두 번째로 유치장이라는 것을 들어가 보았다.

집어 처넣어 놓고는 달포를 아뭇소리 없이 저의 말대로 곯리기만 하였다.

그 동안 ○군과 ×군과 그리고 또 한 사람 붙잡혀 들어와 있는 △군과 이 세 사람만은 가끔가다 하나씩 끌어내다가는 노굴노굴하게 매질을 하여 들여보내곤 하였다.

아뭇소리도 없이 처박아 두기만 하는 것은 당하는 사람으로는 무위한 유치장의 하루씩을 지우기 답답하고 고통스러움과 일이 장차 어찌 되려는가의 불안 초조와 이런 것으로 하여 악형이야 당할 값이라도 차라리 자주 끌려 나가기만 못한 노릇이었다.

정복자와 및 그의 수족 노릇을 하는 일부 원주민으로 이루어진 지배자가 피정복자를 닦달함에 있어서 인간으로서 인간을 학대하기에 경찰서의 유치장 이상 가는 것은 아마도 없을 것이었다.

물통에다 냉수를 한 통씩 길어다 놓고 국자를 담가 놓고 그 물을 떠 간수들이 저희들의 차도 달여 먹고 죄인들이 물을 청하면 한 국자씩 떠주고 하되 죄인들은 방방이 한 개씩 두어 둔 양재기에다 물을 받아서 마시도록 마련이었다.

일 전 내기 투전을 하다 붙잡혀 들어온 촌 농부 하나가 있었다. 지극히 가벼운 죄인이요 또 생김새도 어리숭하게 생긴 젊은 친구였다.

가벼운 죄인이면 감방으로부터 불러내어 유치장 바닥의 비질도 시키고 죄인들의 잔시중 – 물을 떠준다거나 휴지를 들여 준다거나 하는 심부름을 간수들 저네의 대신 시키기도 하였다.

일 전 내기 투전꾼은 유치장 바닥을 다 쓸고 나서 마침 목이 말랐던지 물통에서 국자로 물을 떠 벌컥벌컥 시원히 마시고 있었다.

그러자 별안간,

"고라, 이노무 자시기!"

하고 벽력 같은 고함과 더불어 간수가 저의 자리로부터 쫓아 내려오더니 뺨을 치고 구둣발길로 걷어차고 하였다.

죄인은 국자를 놓치고 회사무리 바닥에 가 쓰러져 미처 다 못 삼킨 물과 볼이 터져 나오는 피를 함께 흘리면서 연방 아이구머니 소리만 질렀다.

간수는 죄인의 몸뚱이를 옆구리고 머리고 상관없이 퍽퍽 걷어지르기를 그치지 않았다. 그러면서 꾸짖는 것이었었다. 국자에다 왜 더러운 주둥이를 대느냐고. 요보는 도야지보다 더 더러운 놈들이라고.

도야지보다 더 더러운지 어쩐지 그것은 막시 모르나 정복자란 것이 피정복자의 앞에서는 도야지만치도 명색이 없는 것만은 이 한 가지로 미루어서도 분명하였다.

나는 유치장에 들어가던 날의 첫번 식사인 저녁밥을 먹지 않았다. 흥분이 되어 식욕이 없는 것도 없는 것이었지만 그다지 입이 호강스럽지는 못한 나로서도 차마 그것을 밥이라고 입에 떠넣을 뜻이 나지 아니하였다. 찌그러지고 오그라지고 시꺼멓게 때꼽재기가 끼고 한 양은벤또에다 골싹하게 담은 밥이라는 것은 쌀알갱이는 눈 씻고 잘 보아야 하나씩 둘씩 섞였을 뿐의 노오란 조밥이요 찬이라는 것은 산에 가서 되는 대로 그럴싸한 풀잎을 뜯어다 슬쩍 데쳐서 소금을 뿌려 주물럭주물럭한 두어 젓갈의 소위 산나물 한 가지로 하였다. 밥에는 그러나마 만주좁쌀에 고유한 그 세모지고 알따란 다갈색의 잔모래가 얼마든지 그대로 섞여 있고.

내 밥이 젓갈도 대이지 않은 채 그냥 도로 나가게 된 것을 알자 옆에 있던 절도범이 혼자말처럼,

"그럼 내가 먹을까."

하고 슬며시 집어 가더니 볼퉁이가 미어지도록 퍼넣는 것이었었다. 그것을 여남은이나 되는 동방(同房)의 죄인 대부분이 너도나도 하고 덤벼들어 단 한 젓갈이라도 빼앗아 먹으려고 다투고 불뚝거리고 욕질을 하고 거기에 밥에 대한 인간의 동물적인 싸움이 잠시 동안 벌어지고 있었다.

이튿날도 나는 온종일 먹지 아니하였다.

두툼한 솜바지 저고리에다 솜버선에다 차입한 담요까지 지니고 지내고 사식(私食)을 차입받아 먹고 하는 사기죄인―그가 이 5호 방에서는 제일 고참으로 열여섯 달째 되는 사람이었다. 그가 점심때에는 나더러 간수한테 말을 하면 사식을 들여 주니 이따 저녁부터라도 받아 먹도록 하라고 권고하였다.

나는 글쎄…… 하고 애매히 대답하고 말았다. 나는 한 끼에 일 원 오십 전씩 하루에 사 원 오십 전이나 드는 사식을 들여 먹을 형편이 되질 못했었다.

저녁 역시 나는 관식벤또를 동방의 사람들에게 그대로 내주었다.

사기죄인이 저의 사식에서 부―연 쌀밥을 절반이나 덜고 굴비랑 군고기랑 곁들여 내 앞으로 밀어 놓으면서,

"이거라두 좀 자시우. 보아허니 그렇게 함부로 지나든 아녀시든 분네 같은데 그렇다구 사뭇 저렇게 굶기로만 들어서야 쓰겠수."
하고 권을 하는 것이었었다.

미상불 나는 현기증이 나도록 시장하였다.

보드라운 흰밥과 맛있는 반찬이 어금니에서 신침이 흐르고 회가 동하였다. 그러나 나는 세번 네번 권하여서야 겨우 두어 젓갈 밥을 뜨는 시늉을 하고 말았다.

사식은 들여 먹을 텃수가 못 되면서 입만 가져 가지고 관식을 먹지 않고 앉아서 남이 덜어 주는 사식덩이를 멀쩡히 얻어먹다니 염치가 아니요 양반거지의 주접이었지 갈데없는 짓이었다.

"그래두 자셔야지 별수없습넨다. 노형두 지끔은 첨이라 다 심사두 편안치 않구 해서 그렇겠지만서두 인제 두구 보시우. 배고픈 걱정 외에 더 걱정이 없을 테니. 어서 나가구픈 생각 집안일 죄다 잊어버리구 거저 먹을 것 생각밖엔 나는 게 없는걸."

사기죄인은 이런 말을 하였다.

나는 설마 그러랴 하였으나 이레가 못 가서 그의 말이 옳았음을 나는 깨닫지 아니치 못하였다.

쌀알갱이라야 눈 씻고 보아야 하나씩 둘씩 섞였을 뿐의 불면 알알이 다 날아갈 듯 퍼실퍼실한 노-란 조밥, 씹으면 모래와 흙이 지금지금하는 그 알뜰한 조밥과 쓰디쓴 산나물이 아니면 시꺼멓게 썩은 세 조각의 짠무조각 반찬이 어떡하면 그렇게도 입에 회회 감기고 맛이 나는지 삼십오 년의 반생을 두고 나는 일찍이 그런 맛있는 밥을 먹어 본 적이라고는 없었다.

납작한 양은벤또에다 골싹하니 푼 그 밥이 아무리 양이 적은 나에겔망정 양에 찰 이치가 없었다. 가에 붙은 좁쌀 한 알갱이까지 깨끗이 다 씻어 먹고 바쁜 젓갈을 놓으면 젓갈을 놓으면서 바로 배가 고프고 다음 끼니가 기다려졌다.

아침 일곱시면 밥구루마가 떨걱거리면서 온다.

아침을 먹고 나서는 열두시 점심이 올 때까지 간수의 앉았는 등뒤에 걸린 시계를 백 번도 더 내어다보면서 떨걱거리는 밥구루마 소리를 기다린다.

가까스로 점심을 먹고 나서는 이내 또 백 번도 더 시계를 내어다보면서 여섯시 저녁을 기다린다.

이렇게 오직 밥을 기다리기를 일삼으면서 하루하루를 지우곤 하던 것이었다.

내가 나를 생각하여도 천박하기 짝이 없었다. 하루 종일 먹을 것만 탐하는 도야지나 다름이 없는 성싶었다.

모처럼의 기회는 기회겠다. 가만히 앉아서 정신을 집중시켜 사색 같은 것이라도 함직한 것이 아니냐고 스스로를 책망은 하여 보나 첫째는 본시가 그런 유유스런 성격이 되들 못 하였고 겸하여 형(刑)이 결정된 감옥의 죄수가 아니어 놓아서 도저히 안존할 수가 없었다.

아무튼 조금은 자제력이 있다고 할 내가 그러할 제 여느 잡범들이야 말할 나위가 없었다.

누가 밥을 남기든지 통째로 안 먹는 것이 있든지 하면 서로들 먹으려고 다투는 양이란 차마 보기에 민망한 것이 있었다.

규칙이 남는 밥은 도로 내보내되 아무도 함부로 먹지 못하도록 마련이었고 그래서 그 규칙을 범하였다 발각이 나면 죽을 매를 맞고라야 말았다. 그러므로 남는 밥은 몰래 먹어야 하였고 큰 모험이 아닐 수 없었다. 하건만 그들은 감히 모험하기를 주저치 아니하였다.

제3호 방에 밥 하나가 더 들어간 것이 드러났다.

사월이라지만 유치장의 감방은 겨울 진배없이 추웠다. 간수는 제3호 방에다 밥 하나를 더 먹은 벌로 물을 세 통이나 끼얹었다. 그리고 밥을 나눠 먹은 네 사람은 창살 밖으로 손목을 묶어 매달아 놓고 한나절이나 격검채로 두들겨팼다.

해방 후의 경찰서와 그 유치장의 범절이 어떠한지는 막시 모르나 일본식 경찰은 피의자에서부터 이렇게 잔학하고 동물적인 대우를 했었다.

저네의 소위 '도야지울'에서 과연 도야지의 대우를 받으면서 나 자신 역시 도야지 이상이질 못하는 채 한 달을 무류히 썩히었고 한 달 만에 비로소 취조실로 불리어 나갔다.

그 몸과 얼굴과 눈과 심지어 수족까지 사나움이 질질 흐르는 일인 형사였다.

"독서회를 조직한 사실을 ○○○이가 자백을 했는데 너는 그래도 모른다고 뻗댈 테냐?"

형리는 쩡쩡 울리는 목소리로 이렇게 다잡았다.

"독서회를 조직했다구요?"

나는 섬뻑 무어라고 대답할 말이 없어 뚜렛거리다 반문하였다.

"그래 자백을 했어."

"나는 없습니다."

사실로 없었다.

모르면 몰라도 ○군이 매에 부대끼다 못해 허위의 자백을 하였거나 그렇지 않으면 그들의 상투수단인 넘겨짚기일 것이었다.

이날의 문초에서 나는 그들이 무엇을 꾀하고 있는가를 비로소 알아채었다.

여기에 좀 반지빨라 보이는 녀석이 있어 그 주위에 역시 주의거리의 젊은 아이놈들이 모여 문학을 공부한답시고서 책도 나눠 읽고 의견도 교환하고 시국에 대하여 방자스런 방담을 더러 하는 모양이어…… 이만한 건덕지면 혹시 잘만 납뛰면 독서회쯤 사건 하나를 뚜드려 만들 수가 있을는지도 모르는 것이었다. 마치 대장장이의 망치가 뚜드리는 곳에 아무것도 아니던 녹슨 헌 쇳덩이가 버젓이 도끼며 식칼이 되어 나오듯이 저 전라북도 경찰부가 뚜드려 만든 카프사건도 그런 솜씨의 요술이었을 것이었다.

한 열흘 후에 나는 두 번째 끌려 나갔다. 그 동안 ○군은,

'독서회 일건은 절대 부인하시오. 그들은 저더러 선생님이 벌써 자백을 하였다고 하지만 저는 믿지 않습니다. 일기책을 뺏겼는데 거기에 더러 선생님한테 불리한 것을 쓴 것이 있어서 저는 그것만이 걱정입니다.'

하는 쪽지를 연필로 감방 휴지에 적어 보낸 것을 받았고 그것으로 나의 추측이 한편치가 틀리지 않았음을 알았다.

이번에는 그는 일인 형사의 짝패인 머리통이 엄청나게 크고 짧은 다리로 여덟팔자 걸음을 아기작아기작 걷는 김가라는 조선 형사였다. 사납고 가혹하기로 개성 일판에서 이름이 난 형리였었다.

그런 김가가 뜻밖에 부드러운 얼굴로 공대하는 말까지 쓰면서 문초를 하였다.

"그 왜 고집을 부리구 생고생을 하슈?"

"고집이 아니라 없는 사실을 부르라니 어떡헙니까."

"독서회라는 이름은 짓지 아녔드래두 독서회의 행동을 했으면 사건은 성립이 되게 마련인 법인 줄 알면서 그러슈?"

"무얼 독서회의 행동을 한 것이 있어야지요?"

"가사 또 사건은 성립이 아니 된다구 치더래두 당신이 시방 미움을 받구 있는 것만은 사실인데 미움을 주기루 들면 한정이 없는 걸 모르슈? 일

년이구 잇해 삼 년이구 처가둬 두구서 곯리면 곯았지 별수 있나?"

고문보다도 또는 감옥으로 가서 징역을 살기보다도 가장 두려운 악형은 민두룸히 그대로 경찰서 유치장에다 가두어 두고 생으로 사람을 썩히는 것이었다.

사상관계자로 붙잡혀 들어갔다 이렇다할 사건도 없는 사람이면서 몇 해씩을 현재 그렇게 생으로 썩고 있는 사람이 전 조선의 경찰서 유치장을 턴다면 얼마든지 나올 수 있는 사실이었다.

또 사상관계자만이 아니요 멀리 다른 곳에 실례를 찾을 것이 없이 당장 내가 갇혀 있는 한 방에도 사기횡령으로 몰리어 붙잡혀 들어와 가지고 일 년과 넉 달이 되는 사람이 있지 않은가.

나는 무쇠의 탈을 쓰지 아니한 '무쇠탈'을 연상하고 속으로 전율하였다.

김가는 짐짓 부드러운 얼굴과 공순한 말로써 회유를 하는 한편 무형의 '무쇠탈'로써 은근히 위협을 하자는 심담인 모양이었다.

나는 없는 죄를 자백하고 가서 징역을 사느냐 경찰서 유치장에서 장차 얼마일지를 모를 세월을 썩느냐 두 가지 중에서 하나를 택하여야 하였다.

이때 나를 구원하여 준 것이 생각지도 아니한 한 장의 엽서였었다.

다시 열 며칠인가 지나서였다.

일인 형사가 끌어내 가더니 어인 심인지 빈들빈들 웃으면서,

"나가구푼가?"

하고 물었다.

나는 섬뻑 무어라고 대답을 못 하고 눈치만 보았고 했더니, 재처,

"나가구퍼?"

그제야 나도,

"있구퍼서 있나요?"

"음……."

그리고는 한참이나 내 얼굴을 여새겨 보고 나서,

"조선문인협회라구 하는 것이 있나?"

"있습니다."
"무엇 하는 단첸구?"
"조선 사람 문인들이 모여서 문학으루 나라일을 도웁자는 것입니다."
"어떤 발련으루 생긴 단첸가?"
"총독부와 민간의 유력한 내지인들이 서둘어 주었습니다."
"회원은 전부 센징이겠지?"
"찬조회원이나 명예회원은 내지인이 많습니다."
"조선문인협회에서 북지 방면으루 황군위문대를 파견한다구?"
"그렇습니다."
"이것이 그 통첩인가?"
그러면서 한 장의 엽서편지를 내어놓았다.

문인협회로부터 북지 방면으로 황군위문대를 회원 중에서 파견하고자 하는데 그 구체적 협의회를 아무 날 아무 곳에서 열겠으니 참석하라는 엽서가 지난번 서울을 가기 조금 전에 온 것이 있었다. 바로 그 엽서였다. 나중 놓여 나가서 알았지만 내가 놓여 나가던 십여 일 전에 두 번째 와서 수색을 하였고 그때에 잡지 틈사구니에가 끼었다 떨어지는 이 엽서를 가져가더라고 집안 사람이 말하였다.

"거기 보면 삼월 이십팔일인가 위문대 파견하는 협의회를 열겠다고 했는데 참석했는가?"
"했습니다. 실상 지난번에 서울 간 것도 그 때문이었습니다."
"어떤 결정을 했는가?"
"회원 중에서 명망이 있는 사람으로 몇 사람을 뽑아 파견하기로 했습니다."
"누구누구가 뽑혔는가?"
"그것은 전형위원에서 맡아하기로 했습니다."
"비용은?"
"당국의 보조로 쓰기로 했습니다."

"음……."

그자는 이윽고 얼굴과 음성을 순절히 하여 가지고,

"이번 사건이 그대들은 암만 그렇게 부인을 해도 증거가 역력히 있고 하니깐 성립을 시키자면 충분히 시킬 수가 있단 말야, 응?"

"네."

"그렇지만 첫째는 고의로 그런 것이 아니라 무의식중에 그렇게 된 모양 같고 또 일변 조사를 한 결과 그대는 조선문인협회의 회원으로 대단히 열심이 있는 사람이 판명이 되었고 해서 이번 일은 특별히 용서를 하는 것이니, 응?"

"네."

나는 실상 서울에 가 있었으면서도 그 협의회는 참석을 아니 하였었다. 회의 경과도 그래서 노상에서 우연히 ○○○를 만나서 이야기로 들었을 따름이었다.

또 형리는 조사를 해본 결과 어쩌고 하였지만 내가 그 뒤에 서울로 가서 알아본 것에는 개성경찰서로부터 문인협회서 나에게 대한 신분의 조회 같은 것이 온 것이 전혀 없었던 모양이었다.

"또 다른 세 사람은 나이야라 아직들 어리고 한데 전과자의 신분을 가져서는 정상이 가긍할 뿐 아니라 장차 나라를 위해 일을 할 때에도 상치가 될 것이요 해서 십분 용서를 하는 것이니, 응?"

"네."

"이후랑 각별히 주의를 하고 더욱더욱 나라일에 충성을 해야 해."

"네."

"이 다음 만일 무슨 불미한 일이 있으면 그때는 일호 용서 없다?"

"네."

돈의 힘으로 경찰서를 쥐락펴락하고 형사나 순사 나부랭이를 하인 부리듯 하는 개성 제일 갑부의 젊은 자제가 나의 가형과 친구의 청을 받고 그 두 형사를 불러 술을 먹이는 길에 이 꺽지 같은 자식들아 할 일이 없거든 발바닥이나 긁고 앉았지 그 사람이 무슨 죄가 있다고 때려 가두어 놓고는 지랄들이냐고 시퍼렇게 지청구를 해주더라는 소식을 놓여 나와서 들었었다.

그것이 보람이 있기도 하였겠지만 결정적인 것은 역시 문인협회의 한 장 엽서였던 듯싶었다.

문인협회에 대한 대답 가운데 요긴한 것은 임시로 그 자리에서 나에게 유리하도록 꾸며 댄 대문이 많았으나 아무튼 대일협력이라는 주권(株券)의 이유가 어떠하다는 것을 실지로 배운 것이 이 개성사건이었다.

나중 가서야 어찌 되었든 우선 당장은 나아가지 않더라도 새끼로 목을 얽어 끌어내지는 아니할 것이며 누워서 배길 수가 없잖아 있는 소위 미영격멸 국민총궐기대회의 강연을 피하려 않고서 내 발로 걸어나갔던 것은 그처럼 대일협력의 이유가 어떻다는 것을 안 것이 있었기 때문이었다.

많은 수효의 영리한 사람들이 저의 이익과 안전을 도모하기 위하여 진심으로 일본 사람을 따랐다.

역시 적지 아니한 수효의 사람이 핍박을 받을 용기가 없어 일본 사람에게 복종을 하였다.

복종이 싫고 용기가 있는 사람은 외국으로 달리어 민족해방의 투쟁을 하였다. 더 용맹한 사람들은 외국으로 망명도 않고 지하로 숨어다니면서 꾸준히 투쟁을 하였다.

용맹하지도 못한 동시에 영리하지도 못한 나는 결국 본심도 아니면서 겉으로 복종이나 하는 용렬하고 나약한 지아비의 부류에 들고 만 것이었었다.

3

눈이 쌓이고, 한참 춘이월 초생이었다.
송화군(松禾郡)에서 맡은 곳을 다 마치고 마지막 풍천읍(豊川邑)에서의 길이었었다.

　강연을 마치고 나니, 다음 예정지로 가는 버스가 두 시간 후에 떠나는 것이 있었다.

　주인 편의 여러 사람과 점심을 먹고 있는데, 밖에서 손님이 찾는다는 전갈이 들어왔다.

　이 고장에 알 사람이라고는 없는데 하고 의아해하면서 나가 보았더니, 초면의 두 청년이었다. 하나는 건장하고, 하나는 그와 정반대로 얼굴이 병적으로 창백하고 몸이 파리한, 대조적인 두 사람이었다.

　나는 그들이 모르는 사람인 것을 발견하는 순간, 가슴이 더럭하였다. 그러나, 한편으로는 반가웠다.

　그 동안 다섯 차례를 강연을 하였는데, 청중 가운데 밀끔밀끔하니 땟물이 벗고 표정이 다부진 청년들이 한 패씩 들어와 있지 않은 자리가 없었건만, 내가 강연이랍시고 맨 멀쩡한 소리를 지껄이고 섰어도, 단 한 번인들,

　　"개수작 집어치워라."

하고 고함치는 사람이 있는 것을 보지 못하였다.

　항차, 밤 같은 때 사처로 달려들어 몰매질을 하고 있는 따위는 싹도 볼 수가 없었다.

　안전과 무사가 물론 다행치 아니한 것은 아니었다. 그러나 젊은 사람들까지가 이다지도 기운이 죽었는가 하면, 적막하고 슬펐다.

　그러던 차라, 미지의 젊은 사람네의 찾음을 만나니 가슴 더럭한 것과는 따로이, 여기는 그래도 기개 있는 젊은이가 있는 것이나 아닌가, 노백린(盧伯麟) 씨의 생지가 그래도 다른가 보다 싶어, 그래 반가운 생각이 들던 것이었었다.

　그러나 나는, 그들이 너무도 적의가 없어 보이고, 말일랑이 공순한 것이며, 또 몰매질을 하러 온 것으로는 단둘이라는 것이 과히 단출한 것이며에, 인해 도로 안심과 실망을 함께 느꼈다.

　건장한 편이 노(盧)군, 창백하고 파리한 편이 이(李)군이었다.

수인사가 끝난 후, 노군이 물었다.

"선생님, 언제 떠나시죠?"

"이따, 오후 버스로 떠나기루 했습니다."

나의 대답에 둘은 문득 절망을 하면서, 다시 노군이,

"웬만하시면 낼 아침 버스로 떠나시게 하시구서, 오늘 저녁, 저이들허구 좀 만나 주셨으면……."

"예정이 있어 놔서 그럽니다."

둘은 서로 보면서 못내 섭섭하여 하다가, 이군이 이번엔 묻는다.

"정 그러시다면, 단 한 시간이나 삼십 분이라두. 여기서 점심이 끝나시는 대루 저이허구, 좀."

"그럭허십시오."

주먹이 나올지, 팥죽이 나올지 그것은 나중 보아야 할 일이요, 나는 나로서, 저방의 젊은이들이 이 판국에 바야흐로 무엇을 생각하며, 무엇을 바라며, 하는지를 아는 것도 일종의 의무처럼 생색 있는 일이었다.

첩경 그러기가 쉬웁듯이, 점심자리가 술자리로 벌어지는 것을, 속히속히 끝내게 하느라고 하기는 하였지만, 워낙 시간의 여유가 많지 못했던 소치로 젊은이들이 기다리는 자리는 가 앉았다 그대로 일어서야 할 만큼 시간은 촉박하였다.

사과와 과실과 차를 준비하여 놓은 자리에, 노군과 이군 외에 한또래의 청년이 두어 사람과, 하나는 음악을, 하나는 문학을 각기 좋아한다는 소녀도 둘이 와서 있었다.

다시 초면 인사를 하고, 둘러앉아서 한 잔씩의 차를 마시기가 바쁘게 버스는 떠날 시간이 되었다.

노군과 이군이, 서로가람, 내일 아침에 떠나도록 하고, 하룻밤 자기들과 이야기를 하여 주어 달라고, 저방에서는 선배들을 항상 그리워하는데 모처럼 기회를 그냥 놓치기가 여간 섭섭지 않다고, 간곡히 만류를 하였다.

나는 그날 풍천읍을 떠나 송화온천까지 가, 거기서 장연(長淵)으로부터 나를 맞으러 오는 사람과 만나, 다음날 장연으로 가서 준비를 하여 가지고, 그 다음날부터 강연을 하기로 다 배비가 되어 있었다. 그러나 나는, 장연 편과 연락에 어긋이 나고, 가사 그래서 장연에서의 예정에 상치가 생기는 한이 있다더라도 이 젊은이들의 만류를 뿌리치고 일어설 수는 없었다.

밤에는 열둘인가로 사람이 더 불었었다.

이십으로부터 이십사 세까지의, 대개는 중등 이상의 학력을 가진, 모두가 준수한 젊은이들이었다.

한 청년이 말하였다.

"우리는 시방 앞날이 깜깜합니다. 자꾸만 비관이 됩니다. 어떻게 하면 좋을지 모르겠어요."

나는 단박에 대답이 막혔다.

그야 대답을 하기로 들면, 시원히 하여 줄 말이 없는 것은 아니었다. 그러나 이 십여 명 이상이나 모인 사람들이 그 사람들은 막상 다 미더운 사람들이라고 하더라도, 내가 이 자리에서 한 말이, 한 집 건너고 두 입 건너, 필경엔 경찰의 귀에까지 들어가지 말란 법이 없다는 것을 어떻게 보장할 것인고.

명색이 선배라고, 믿고서 그들은 진심의 호소를 하던 것이었다.

모인 전부가 낮에 강연회에도 와서 들었다고 한다. 그러니, 낮에 강연회에서 지껄인 소리는 본의가 아니고 할 수 없이 그런 것이요, 진심은 그렇지 않거니, 이렇게 나를 믿고서 자기네도 진심을 토로함이었었다.

소문이 퍼질까 저어하여, 경찰의 형벌이 두려워, 이 나를 믿고서 와 안기어 고민을 호소하는 젊은이들의 진심에 대하여 한 가지로 진심이지 못하는 나의 비겁함, 그 용렬스러움.

나는 나 자신이 야속하고 또한 슬펐다.

"너무 범위가 막연한데…… 가령 어떤 방면으루 말이지요?"

나는 아무러나 우선 이렇게 반문을 하였다.

"여기 모인 우린 태반이, 증병이나 학병으루 끌려 나가야 할 사람입니다. 끌려 나가서 개죽엄을 해야 합니까?"

나는 등에 찬물을 끼얹는 것 같았다.

여럿은 먹기를 멈추고, 긴장하여 나의 대답을 기다렸다.

"우리가 앞으로 살아 나가는 데 일본 사람과 꼭 같은 권리를 주장하자면, 피도 좀 흘려야 아니 할까요? 피를 흘리면 흘린 피의 대가를 요구할 권리가 생기지 아니합니까?"

"네…… 그렇지만……."

그는 불만한 눈치였다.

그 불만이어 하는 것이, 만족하여 하는 이보다 얼마나 다행스런지 몰랐다. 이어서 다른 사람이 말을 하였다.

"도무지 차별대우가 아니꺼워서 못 견데겠어요."

"차별대우를 받지 않도록 우리두 실력을 가져야 하겠지요. 문화적으로나 경제적으로나 그 사람네보다 떨어지지 않는 수준에 도달해야 하겠지요. 우리 전체가 노력을 해서, 그만한 실력을 가지는 다음에야 언감히 우리를 하시하겠습니까?"

"같은 학교를 같은 해에 일본 아이는 꼴지루 조선 사람은 첫찌루 졸업을 했는데, 한날 한시에 들어간 회사에서 월급이 우선 다르지요. 일본 아이는 조금 있으면 승차를 하는데, 조선 사람은 만날 그 자리지요. 실력두 별수가 없잖아요?"

"개인으로는 우리가 일본 사람보다 나을 사람이 있다지만, 전체로야 어디 그렇습니까? 우리 전체가 일본 사람 전체보다 나은, 적이도 같은 수준에 이르도록 실력을 가져야 하고, 그때를 기다려야 하겠지요."

이 실력론이나, 먼저의 피의 대가의 주장론, 친일파 가운데에서도 제 소위 진보적이라고 하고 내선일체주의자라는 이름으로 불리는, 극단파에서 하는 주장이었다. 그러기 때문에 그들은, 친일파는 친일파이면서도 총독부와 군부의 미움과 주목을 받는 패들이었다.

나는, 목마른 젊은이들이 바라는 한 그릇의 시원한 냉수를 주는 대신,

그런 친일파의 괴설을 빌려, 결국 한 숟갈의 쓰디쓴 소태를 주고 만 셈이었다.

뼈다귀가 부러지거나, 골병이 들도록 늘씬 몰매를 맞은 이보다도 더 아픈 마음을 안고 사관으로 돌아가 누웠다.

잠을 이루지 못해하는데, 이군이 혼자 찾아왔다.

"사람을, 이사람 저사람 너무 여럿을 오게 해서, 선생님 퍽 거북하셨을 줄 압니다. 그러나 사람들은 다 안심할 수 있는 사람들입니다."

이군은 두 무릎을 단정히 꿇고 앉아서 사과 겸 변명을 한 후에,

"어떡허면 좋겠습니까, 선생님?"

하고 침통히 묻는 것이었었다. 징병이며 학병에 대한 것이었었다.

나는 서슴지 않고 대답하였다.

"되도록, 나가지 말라고 권하고 싶습니다, 무슨 수단을 써서든지."

"……."

말없이, 나를 보는 이군의 그 창백한 얼굴은 빛났다. 눈에는 눈물이 괴었다. 괸 눈물이 인하여 넘치어 흘렀다.

나도 눈갓이 뜨거웠다.

"이왕 한마디 부탁이 있소이다. 꿋꿋한 정신을 기르구, 지켜 주십시오. 강한 자에게 굽혀 목전의 구차한 안전을 도모하는 타협생활보다, 핍박을 받을지언정 굽히지 않고, 도리어 그와 싸워 물리치겠다는 꿋꿋한 정신을 기르구 이겨 주십시오. 우리가 과거 수천 년래 대륙민족의 압제를 받은 것이나 오늘날 일본의 종노릇을 하게 된 것이나, 우리를 침해하고 우리를 억누르는 외적과 마주 싸워 내는 꿋꿋한 정신이 모자랐기 때문입니다. 강한 자에게 굽히고 아첨하여 구차한 일시 일시의 안전만을 도모하는 타협주의 이것이 우리 민족성의 큰 결함입니다. 오늘의 우리의 불행은 이 민족성의 결함에서 온 것이요, 그 결함을 고치지 않는 이상 우리는 민족적으로 멸망을 당하거나, 내일도 오늘처럼 영원히 불행할 것입니다. 시방 우리한테, 특별히 젊은이들한테 절절하게 필요한 것은, 굴치 않고 싸워 내는 꿋꿋한 정

신입니다. 그렇지만 그것도 한사람 한사람이 따로따로이만 꿋꿋했자 아모 소용도 닿지 않습니다. 여럿이 모이는 데서 비로소 힘이 생기는 것입니다."

"……."

이군은 머리를 소곳하고 듣고만 있었다.

나는 음성을 고치어 그 다음 말을 하였다.

"그러나, 조심하십시오. 첫째, 서로 친하다는 것과, 믿고서 속을 줄 수 있는 사람이라는 것과는 다른 것입니다. 둘째, 혈기를 삼가시오. 혈기는 경솔과 상거가 항상 가차운 것이니까요."

"……."

"그리고 또 한 가지 내 소견을 말하라면, 시방, 이 야만된 폭력주의가 아무래도 인류역사의 노멀한 현상은 아닐 것입니다. 정녕 한때의 변조 같습니다. 과히 암담해하거나 실망은들 할라 마십시오. 수히 정상상태로 돌아갈 날이 올 듯두 합니다."

"고맙습니다, 선생님 하신 말씀 명심하겠습니다. 믿겠습니다."

이군은 고개를 들고, 아직도 흐르는 눈물을 주먹으로 씻으면서, 목멘 소리로, 숨가쁘게 그러던 것이었었다.

이 밤에 나는 조금은 속이 후련하고 짐이 덜리는 것 같았다. 그러나 계속하여, 뭇사람을 모아 놓고, 미국 영국은 나쁜 놈들이요, 일본이 옳고, 전쟁은 시방이 한 고패요, 조선 사람들은 어서 바삐 증산을 하고 저축을 많이 하고 하여, 이 전쟁을 일본의 승리로서 빨리 끝내도록 협력해야 한다는, 강연을 하고 나니는 사람―보기 싫은 양서동물(兩棲動物)이 아니 되지 못하였다.

그 뒤, 1944년 5월에는, 작가 다섯 사람과 화가 다섯 사람을 추려, 소설가 하나에다 화가 하나를 껴 다섯 패를 만들어 가지고, 전라남도 목포의 목조조선소(木造造船所), 강원도 영월 무연탄광, 평안북도 강계의 무수알콜[無水酒精]공장, 같은 평안북도 용천의 불이농장, 역시 평안북도 양시의 알루미늄공장 이 다섯 곳 생산현장으로 그 한 패씩을 파견하는 한 패에 뽑히어, 나는 양시의 알루미늄공장으로 갔었다. 할 일이라는 것은, 가서 한 일주일 가량씩 묵으면서 생산현장의 실지견문을 얻어 가지고 돌아와 화가는 증산하는 그림을, 소설가는 증산소설을 각각 쓰는 것이요, 주최와 발안은 총력연맹 문화과였었다.

나는 다녀와서 이백 자 스무 장인가를 써 내놓았고, 일어로 번역을 누구에겐지 맡겨서 시킨다고 하더니 그대로 우물쭈물, 발표는 되지 않았었다.

다시, 그해 가을에는 강원도 김화(金化)로, 전년의 황해도 적과 비슷한 강연을 갔었다.

이보다 조금 앞서, 『매일신보』에다 연재소설을 쓰기 시작한 것이 있었다.

검열이, 신문사의 편집자를 시켜 작자에게 다짐을 요구하였다. 반드시 시국적인 소설이어야 할 것과, 소설의 경개를 미리 제출할 것과, 그 경개대로 충실히 써나갈 것 등속의 다짐이었다.

유일한 생화(生貨)가 그때나 지금이나 매문(賣文)이요, 매문을 아니하고는 이 합 이 작의 배급쌀조차 팔 길이 없는 철빈…… 요구대로 다짐을 두고 쓰기를 시작하였다.

쓰면서 가끔 배신을 하다가 두어 차례나 불려 들어가, 검열관—퇴직순검한테 꾸지람도 듣고, 문학강의도 듣고 하였다. 잘하나 못하나 이십 년 소설을 썼다는 자가, 늙바탕에 와서 순검한테 문학강의의 일석을 듣고…….

그러나 일변 생각하면 받아 싼 욕이었다.

바이런인지는, 자다가 아침에 깨어 보니 제가 그렇게 유명하여져 있더라고 하였다지만, 나는 하루 아침 잠이 깨어 수렁[無底沼]가운데에 들어섰는 나 자신을 발견하였다. 한정 없이 술술 자꾸만 미끄러져 들어가는, 대일협력자라는 수렁.

정강이까지는 벌써 미끄러져 들어가 있었다. 그러나 시방이라면 빠져나올 수 없는 것도 아니었다.

만일 이때에 빠져나오지 않는다면, 정강이에서 그 다음 허벅다리로, 허벅다리에서 배꼽으로, 배꼽에서 가슴패기로, 모가지로 이마로, 그리고는 영영 퐁당…… 하고 마는 것이었었다.

몸은 터럭이 있는 대로 죄다 곤두설 노릇이었다.

서울서 떠나, 궁벽한 시골로 가 있기만 한다면, 강연 같은 것을 하라고 불러내는 '곶감'의 미끼에, 반겨, 응 하고 나설 기회가 태반 봉쇄될 것이었다.

시골로 가서 있으면, 한 가락의 호미가 보리밥의 반량이나마 채워 주어 창녀 못지 아니한 그 매문질은 아니 할 수가 있을 것이었다.

일본의 패전, 그 다음에 오는 것의 불안과 공포랄지, 눈에 살기를 머금은 일본 병정들의 등덜미를 겨누는 기관총부리의 위협이랄지, 이런 것 외에도, 멀찍이 궁벽한 시골로 낙향을 하여야만 할 또 한 가지의 다른 사정이란, 곧이, 대일협력의 수렁으로부터의 도피행 그것이었다.

그리고, 그렇게 하였다.

그러나 결코, 용감히 뿌리치고서 일어서고 하였던 바는 아니었다. 역시 나다웁게 용렬스런, 가만한 도피행일 따름이었다.

새삼스럽게 무슨 지조(志操)가 우러나는 것이 있었음도 아니었다.

후일에 혹시 문죄(問罪)라도 당하는 날이 있을까 보아, 그날에 벌을 가볍게 하자는 계책인 것도 아니었다.

지금까지의 행적을, 사는 고장을 옮김으로써 남에게 숨기기라도 하는 것은 더욱이 아니었다. 그런 점으로는 차라리 객지인 광나루가 더 유리하였다.

오직 그 대일협력이라는 사실에서 풍기어 나오는 악취, 그것이 못 견디게 불쾌하였고, 목전에 그것을 면하고 싶은 지극히 당면적인 간단한 욕망으로서일 뿐이었다.

아무리 정강이께서 도피하여 나왔다고 하더라도, 한번 살에 묻은 대일협력의 불결한 진흙은 나의 두 다리에 신겨진 불멸의 고무장화였다. 씻어도 깎아도 지워지지 않는, 영원한 '죄의 표식'이었다. 창녀가 가정으로 돌아왔다고 그의 생리(生理)가 숫처녀로 환원되어지는 법은 절대로 없듯이.

또, 정강이께서 미리 도피를 하여 나왔다고 배꼽이나 가슴패기까지 찼던 이보다 자랑스럴 것도 없는 것이었다. 가사, 발목께서 도피를 하여 나오고 말았다고 하더라도 대일협력이라는 불결한 진흙이 살에 가 묻었기는 일반인 것이었다. 그러므로 정강이까지 들어갔으나, 발목까지만 들어갔으나, 훨씬 가슴패기까지 들어갔으나 죄상의 양에 다소는 있을지언정 죄의 표식에 농담(濃淡)이 유난히 두드러질 것은 없는 것이었다.

4

소개랍시고 고향으로 내려오기는 하였으나, 막막하기 다시없었다.
사월이면, 여느 때에도 춘궁이니 보릿고개니 하여 넘기가 어려운 고패인데, 지나간 해가 연사가 좋지 못하였었다. 그런데다, 거두지도 못한 벼를 공출로 닥닥 긁어 갔었다.
그리고는 명색이 배급입네, 환원미입네 하고, 한 달이면 한 집에 쌀 한 두 되에다 썩은 강냉이 몇 되씩을 약 주듯이 주고 있었다.
백성들은 태반이, 하루 한때 풀잎죽으로 아사를 면할락말락하면서 누렇게들 떠가지고, 춘경이 돌아왔건만 파종할 기운을 내지 못하고 있었다. 우환중에 보리가 흉년이었다. 백성들은 장차 시월까지, 이 봄과 여름을 살아 나갈 방도가 막연했다. 나의 고향집에는 팔십 넘은 노모와 육십의 장형 내외가 있었다. 거기에다 나에게 딸린 가솔이 넷.
이 여덟 식구를 나는, 내가 책임을 져야만 하였다.
쌀은 사기도 어려웠거니와, 내가 뭉뚱거려 가지고 내려간 삼천 원의 돈으로 쌀을 사서 먹자면, 한 달을 지탱할까말까 한 것이었다. 그러나마 나는 그 돈 삼천 원으로 농자(農資)를 삼아, 금년 농사를 지어야 하였다. 붓을 꺾어 버린 이상, 서울서처럼 원고료의 수입은 전혀 없을 터이었다. 죽으나 사나, 농사 한 가지에다 생도(生途)를 의탁하는밖에 없고, 그리하자면 그 돈 삼천 원을 당장 아쉽다고 먹어 없애는 수는 없었다. 나는 하릴없이 팔십 넘은 노모를, 그림자 보이는 나물죽을 드렸다.

배탈이 난 네 살배기 어린놈을, 썩은 배급 강냉이밥을 먹였다.

논[水田]농사는 숙련된 기술과 나로서는 감당치 못할 월력이 드는 것이라 부득이 비싼 삯꾼을 사대어야만 하였지만, 밭농사는 아내와 함께 둘이서 하기로 하였다.

가을에 논의 신곡이 날 때까지 보태어 먹을 것으로, 서속도 심고, 감자도 심었다. 밭벼[陸稻]도 심었다. 채마도 가꾸었다.

그런 중에도 제일 빨리, 제일 손쉽게 먹을 수 있는 것으로 강냉이와 호박을 구석구석에 돌아가면서 많이 심어 놓았다.

아내나 나나, 일찍이 하여 보지 못한 노릇이라 대단히 힘에 겨웠다. 일쑤 코피를 쏟았다. 가끔 몸살이 나 앓기도 하였다.

몸 고단한 것보다도 더 어려운 것은 시장이었다. 조반은 뜨는 둥 마는 둥, 점심은 없는 날이 많았다. 사오월 기나긴 해를 허리띠 졸라매어 가면서 땅을 파고 풀을 뽑고 하노라면, 석양 때에는 깜박 현기증이 나곤 하였다.

그렇지만, 편안히 있다 굶어 죽느냐, 밭고랑에 쓰러져 가면서라도 심고 가꾸어 먹고 살아가느냐 하는 단판씨름인지라, 괴로움을 상관할 계제가 아니었다.

오월로 들어 일이 조금 너끈한 틈을 타 서울 걸음을 하였다. 짐을 꾸리어 남의 집에다 맡겨 둔 채 내려오지 못한 것을, 가, 운송편으로 띄우고자 함이었었다.

『매일신보』에 들렸더니, 사회부원이, 마침 잘 만났노라면서, 소개를 가서 지내는 형편을 말하라고 하였다.

무엇보다도 식량사정이 핍절하노라고, 내 손으로 강냉이를 삼사백포, 호박을 오륙십 포기 심어 놓고, 그것이 자라서, 열매가 열어서, 익어서, 마침내 시장한 배를 채워 줄 날을 침 삼키며 기대면서, 일심으로 매 가꾸노라고, 이런 의미의 대답을 하였다.

그 다음날 지면엔, '소개의 변(疏開의 辯)' 제2회째던가로, 나의 사진과 함께 내가 소개를 가 붓을 드는 여가에 괭이를 들고 땅을 파며 강냉이를 삼사백 포기나 호박을 오륙십 포기나 심고 하여, 시국하 식량증산운동에 크게 이바지를 하는 동시에, 농민들에게도 모범을 보이고 있다는 요령의 기사가 잘 씌었다. 고마웠다. 그것으로, 징용도 면하고 주재소의 주목 대신 '존경'도 받고 하였었다. 윤의 그,

"호박이랑 옥수수랑 많이 수확하겠습디까?"
하고, 빙긋 웃기까지 하면서 하던 노골한 경멸과 조롱은, 이『매일신보』의 기사 '소개의 변'에다 두고 한 것이었었다.

그러므로 그것은,

"이놈아, 이 민족반역자야."
타매(唾罵)와도 다름이 없는 것이었었다.

5

주인 김군이 돌아왔다.

그는, 출판을 하자면 선전소용으로도 부득불 잡지를 조그맣게나마 하나 가져야 하겠다는 것과, 그 첫 호를 수이 내고자 하니 누구보다도 자네들 두 사람이 편집 방침으로든지, 원고로든지, 적극적으로 도와 주어야 하겠다는 것을 간단히 이야기한 후에, 나더러 먼저,

"우선 자넬랑은, 소설을 한 편 짤막하구두 썩 이쁘장스런 걸루다 한편, 기한은 이 주일 안으루…… 이건 '명령적 성질을 가진' 것야. 위반을 했단 괜히."

"어떻게 생긴 소설이 그, 이쁘장스런 소설인구?"

나는 농삼아서라도 이렇게 반문할밖에.

"가령 옐 든다면, 자네가 이번에 ××에다 쓴 '맹순사' 같은 소설은 도저히 이쁘장스런 소설이 아니니깐."

"그렇다면 다른 사람더러 부탁하는 게 술걸."

"이왕 말이 났으니 말이지. 8·15 이후 여지껏 침묵하고 있다, 첫 작품이 그런 거라군, 좀 섭섭하데이."

"재주가 그뿐인 걸 어떡허나?"

나는 차라리 그 자리에 윤이 있지 않았다면,

"대작을 쓰느라구 침묵했던 줄 알았던감?"

하였을 것이었었다.

"인전, 소설두들 쓰기 편허죠?"

윤이 거닫고 묻는 말이었다.

"노상 그렇지두 않은 것 같습니다. 검열이 없어지구 보니깐, 인력거꾼이 마라송은 잘 못 하듯이."

"아, 내선일체 소설들두 썼을랴드냐 지금야."

"……."

검열이 없어지기 때문에 긴장이 풀려서 도리어 쓰기가 헛심이 쓰인다는 말에 대한 반박이,

'내선일체 소설도 썼을랴드냐.'

라니 당치도 아니한 소리였다.

자못 탈선이었다.

나를 욕하고 싶어 생트집을 잡는 노릇이었다.

나는 속에서 뭉클하고 가슴으로 치닫는 것을 삼키고 참았다. 아니 참고 대들었자 무엇 뀐 놈이 성낸다는 꼴이요, 치소나 더할 따름이었다.

힘하어지는 공기를 눈치채고 김군이 얼른 말머리를 돌려 놓는다.

"소설은 아무튼 그럭허기루 허구, 윤군 자넬랑은 이걸 좀 써주겠나? 패전을 통해 본 일본인의 민족기질."

"내 영역두 아니지만, 그런 게 무슨 제목거리가 되나?"

"삼기루 들면 크지. 난 그래 좌담회라두 열까 했지만 그럴 것꺼진 없구. 아, 학생들이, 심지어 중학생꺼지두, 십 년 후에 보자면서, 요새여간 긴장과 열심들이 아니래잖아? 그런데 한편으루, 재밌는 모순은 딱 전쟁에 지구

나니깐 그 흘개 빠지구 비굴하던 꼬락사닐 좀 보란 말야. 세상 앙칼지구, 기승스럽구 도고허구 하던 거, 그거 일조에 다 어디루 가구서들 그 따위루 비굴하구 반편스럽구 겁 많구 하느냔 말야. 난 사실, 일본이 전쟁에 져 항복을 하는 날이면, 굉장히 자살들을 하구 나가자빠지려니 했었는데, 웬걸…… 더구나 지도자놈들, 고런 얌체빠지구 뻔뻔스럽다군. 그 중에서두 조선 나와 있던 놈들, 그 기염(氣焰), 그 교만 다 어떡허구서…… 무엇이냐 고천(古川) 이놈은 함북지사루 갔다 게서 붙잽힌 채 경찰서 고쓰카이질을 하구 있더라구?"

"흥, 남 말을 왜 해."

윤은 그러면서 입을 삐쭉,

"명색이 지도자놈들이 얌체빠지구 뻔뻔스런 건 하필 왜놈들뿐이던가? 조선놈들은 어떻길래?"

"조선 사람 문젠 그 제목엔 관계가 없으니깐, 잠깐 보류하구……."

김군이 나의 낯꽃을 살피면서 그러던 것이나, 윤은 묵살하고 그대로 계속하여,

"왜놈들의 주구(走狗)가 돼가지구 온갖 아첨 다 하구, 비월 맞추구 하면서, 순진한 청년, 어리석은 백성을 모아 놓군, 구린내 나는 아굴지루다 지껄인닷 소리가, 소위 예술가니 평론가니 하는 놈들은 썩어빠진 붓토막으루 끼적거려 낸닷 소리가, 황국신민이 되라 하기, 내선일체를 하라 하기. 미국 영국은 도둑놈이요 불의하구 전쟁에는 반드시 지구 멸망할 운명에 있구, 일본은 위대하구 정의요 전쟁엔 반드시 이기구 영원투룩 번영할 터이구 하다면서, 그러니 지원병에 나가구 학병에 나가구 증병에 나가, 일본을 위해 개죽엄을 하라구, 꼬이구 조르기. 굶어 죽더라두 농사한 건 있는 대루 죄다 공출에 바치라구 꼬이구 조르기. 가족은 유리하구 집안은 망하더라두 증용에 나가라구 꼬이구 조르기……."

"너무 과격해. 너무 과격해. 잡지 편집회의룬 탈선야."

"개중에두 제 소위 소설가니 시인이니 하는 놈들…….."

그러다 윤은 나를 흘낏 돌려다보면서—그것은 차마 정시하기 어려운, 적의와 증오로 찬 얼굴이었다—그런 얼굴로 나를 돌려다보면서,

"비단 당신 하나를 두구서 하는 말이 아니니, 어찌 생각은 마슈."
하고는 도로 김군더러,

"잘하나 못하나, 소설이니 시니 해서, 예술일 것 같으면 양심의 활동이요, 진리의 탐구와 그 표현이 아니냐 말야. 물론 소설가나 시인두 사람인 이상, 입으룬 거짓말을 한다구 하겠지만, 붓으룬 거짓말을 하길 싫어하는 법인데, 또 하필 아니 되는 법인데, 그래, 멀쩡한 거짓말루다 황국신민 소설, 내선일체 소설을 쓰구, 조선 청년이 강제모병에 끌려 나가 우리의 해방에 방해되는 희생을 하구 한 걸 감격하구 영웅화하는 걸 쓰구 했으니, 그게 예술가야? 예술과 예술가의 이름을 똥칠한 놈들이요, 뱃속에가 진실과 선과 미를 찾아 마지않는 양심 대신, 구더기만 움덕거리는 놈들이 아니구 무어야?"

"대관절 이 사람, 패전을 통해 본 일본인의 민족기질을 써줄 심인가, 말심인가?"

"그랬거들랑, 적이 인간적 양심의 반 조각이라두 남은 놈들이라면, 8·15를 당해 조금이라두 뉘우치는, 부끄러하는 무엇이 있어야 할 거 아냐? 제법 보꾹에다 목을 매구 늘어지던 못 한다구 할 값이라두, 죽은 듯이 아뭇소리 말구 처박혀 있기나 했어야 할 게 아냐? 그런데 글쎄, 그러기는커녕, 8·15 소리가 울리기가 무섭게 정말 나서야 할 사람보담두 저이가 먼점 나서 가지구—진소위 선가(船價) 없는 놈이 배 먼점 오른다는 격이었다—그래 가지군, 바루 그 전날꺼지, 그 전날꺼지가 무어야, 그날 아침꺼지두, 총독부루 군부루 총력연맹으루 쫓어댕기구 일본을 상전처럼 어미 아범처럼 떠받치구, 미국 영국을 불공대천지 원수루 저주 공격하구, 백성들더러 어째서 황국신민이 아니 되느냐구, 어째서 증병이며 증용을 꺼려하느냐구, 어째서 공출을 잘 아니 내느냐구 꾸짖구 호령하구 하던 그 아굴지, 그 붓토막으루다, 온 아무리 낯바닥이 쇠가죽같이 두껍기루소니 몇 시간이 못

돼 그 아굴지 그 붓토막으루다 눌러 그대루, 악독한 우리의 원수 왜놈은 굴복했다, 우리를 피 빨아 먹던 강도 왜놈은 물러갔다, 우리의 민족정신을 말살하려, 황국신민이니 내선일체니 하던 기만의 통치와 지배는 무너졌다, 강제모병 강제증용 강제증발의 온갖 압박과 착취의 쇠사슬은 끊어졌다, 자 해방이다, 사천 년의 유구한 역사와 찬란한 문화와 독자한 전통으로 빚어진 삼천만 겨레의 민족혼은 제국주의 일본과 삼십육 년 꾸준히 싸워 왔다, 그리고 지금이야 삼천리 강산에 해방이 왔다, 자 건국이다, 너두나두 다투어 건국에 몸을 바치자, 그러나 친일파와 민족반역자를 처단하라, 그놈들은 왜놈에게 민족을 팔아먹은 놈들이다, 왜놈들이다, 왜놈보다 더 악독하게 우리를 괴롭힌 놈들이다, 오오, 우리의 해방의 은인이 온다, 위대한 정의의 사도 연합군을 맞이하자. 이런 소리가, 아무려면 그래, 제 얼굴이 간지라워서라두, 제 계집 자식이 면괴스러워서라두 차마 지껄여지며, 써지느냐 말야. 오늘은 이가의 내일은 김가의 품으로 굴러댕기는 매춘부는 차라리 동정할 여지나 있지. 고 따위루 내루하구 얌체빠지구 뻔뻔스런 것들이 그게 사람야? 개 도야지만두 못한 것들이지. 도둑놈의 개두 제 주인은 섬길 줄은 안다구 아니 해?"

"자, 인전 엔간치 막설하는 게 어때? 그만하면 자네란 사람이 얼마나 박절한 사람이란 건 넉넉히 설명이 됐으니."

김군은 조금 아까부터 신문을 오려 스크랩에 붙이고 있었다.

김군의 음성은 자못 준절하였다. 얼굴도 그러하였다.

김군은 졸연히 흥분을 하거나 분노를 겉으로 드러내거나 하는 사람이 아니었다. 그러므로 시방 그만 정도의 준절한 음성과 얼굴은, 다른 사람의 웬만큼 성이 난 것이나 일반으로 보아도 무방하였다.

윤은, 상관 않고 하던 말을 최후까지 계속한다.

"난 그러니깐, 그런 개 도야지만 못한 것들이 숙청이 되기 전엔, 건국사업이구 무엇이구 나서구 싶질 않아. 도저히 그런 더러운 무리들과 동석은 할 생각이 없어."

"사람이 자네처럼 그렇게, 하찮은 자랑을 가지구 분수 이상으루 남한테 가혹해선, 자네 일신상두 이롭지가 못하구 세상에두 용납을 못 하구……."

"무어? 하찮은 자랑이라구? 분수 이상이라구?"

윤은 퍼르등해서 대든다.

김군은 일하던 것을 놓고, 두 팔로 턱을 괴고 탁자 너머로 윤을 마주 보면서 응한다.

"윤군 자네, 나를 대일협력을 했다구 보나? 아니 했다구 보나?"

"했지, 그럼 아니 해?"

"적절히 했다구 보지? 그런데 자네 일찍이, 조선 사람 지도자나 지식층에 대한, 일본의 공세─총독부의 소위 고등정책이라는 거 말일세. 거기 대해서 반격을 해본 일이 있는가?"

"……."

"손쉽게, 총력연맹이나 시굴 경찰서에서 자네더러 시국강연을 해달라는 교섭 받은 적 있었나?"

"없지."

"원고는?"

"없지. 신문사 고만두면서 인해 시굴루 내려가 있었으니깐."

"몰라 물은 게 아닐세. 그러니 첫째 왈 자넨, 자네의 지조의 경도(硬度)를 시험받을 적극적 기회 가져 보지 못한 사람, 합격품인지 불합격품인지 아직 그 판이 나서지 않은 미시험품, 알아들어?"

"그래서?"

"남구루 치면, 단 한 번이래두 도끼루 찍힘을 당해 본 적이 없는 남구야. 한 번 찍어 넘어갔을는지, 다섯 번 열 번에 넘어갔을는지, 혹은 백 번 천 번을 찍혀두 영영 넘어가지 않았을는지, 걸 알 수가 없지 않은가?"

"그래서?"

"그러니깐 자네의 지조의 경도란 미지수거든. 자네가 혹시, 그 동안 꾸준히 투쟁을 계속해 온 좌익운동의 투사들이나 민족주의 진영의 몇몇 지도자들처럼, 백 번 천 번의 찍음에 넘어가지 않구서 오늘날의 온전을 지탱한 그런 지조란다면 그야 자랑두 하자면 하염즉하겠지. 그러지 못한 남을 나무랠 계제두 있자면 있겠지. 그러나, 어린아이한테 맡기기두 조심되는 한 개의 계란일는지, 소가 밟아두 깨지지 않을 자라등일는지, 하여튼 미시험의 지조로 가지구 함부루 자랑을 삼구 남을 멸시하구 한다는 건, 매양 분수에 벗는 노릇이 아닐까?"

"내가 무슨, 자랑으루 그런대나?"

"의식적이건 무의식적이건…… 그리구 둘째루, 자넨 자네의 결백을 횡재한 사람."

"결백을 횡재하다께?"

"자네와 나와 한 신문사의 같은 자리에 있다가, 자넨 사직을 하구 나가는데, 난 머물러 있지 않았던가?"

"그래서?"

"그것이 난, 신문기자의 직업을 버리구 나면 이튿날버틈 목구멍을 보전치 못할 테니깐 그대루 머물러 있으면서 신문을 맨들어 냈구, 그, 신문을 맨드는 데에 종사한 것이 자네의 이른바, 나의 대일협력이 아닌가?"

"그렇지."

"그런데 자넨 월급봉투에다 목구멍을 틀얹지 않드래두, 자네 어른이 부자니깐 먹구 사는 걱정은 없는 사람이라 선뜻 신문기자의 직업을 버리구 말았기 때문에, 자넨 신문을 맨든다는 대일협력을 아니 한 사람, 그렇지 않은가?"

"그래서?"

"그렇다면, 걸 재산적 운명이라구나 할는지, 내가 결백할 수가 없다는 건 가난했기 때문이요, 자네가 결백할 수가 있었다는 건 부잣집 아들이었기 때문이요, 그것밖엔 더 있나? 자네와 나와를 비교·대조해서 볼 땐, 적어두 그렇찮아? 물론 가난하다구서 절개를 팔아먹었다는 것이 부끄런 노릇이야 부끄런 노릇이지. 또 오늘이라두 민족의 심판을 받는다면, 지은 죄

만치 복죄(伏罪)할 각오가 없는 배두 아니구. 그렇지만 자네같이, 단지 부자 아버질 둔 덕분에 팔아먹지 아니할 수가 있었다는 절개두 와락 자랑거린 아닐 상부르이."

"그건 진부한 형식논리요, 결국은 억담. 월급쟁이가 반드시 신문사 밥만 먹어야 한다는 법은 있던가? 신문기자말구, 달리 얼마든지 월급쟁이질을 할 자리가 있지 않아?"

"가령? 은행원?"

"은행이던지, 보통 영리회사던지."

"은행은 대일협력 아니 하구서 초연했던가?"

"하다못해, 땅은 못 파먹어?"

"……."

김군은 어처구니가 없다고 뻐언히 윤군을 바라보다가,

"철이 안직 덜 났단 말인가? 일부러 우김질을 하자는 심인가?"

"말을 좀 삼가는 게 어때?"

"진정이라면 나두 묻거니와, 나랄지 혹은 그 밖에 자네와 가차운 친구루, 불쾌한 세상을 버리구 시굴루 가 땅이라두 파먹을까 하구서 자네더러 얼마간의 토지를 빌리려구 했을 경우에, 선뜻 그것을 받아줄, 마음의 준비가 있었던가?"

"누가 그런 계획은 했으며, 나더러 와, 토질 달라구 한 사람은 있어?"

"옳아, 달란 말을 아니 했으니깐, 주지 아니했다. 그럼 그건 불문에 넘기구, 자네 말대루, 시골루 가 땅을 파…… 농민이 되는 거였다?"

"그렇지."

"신문기자가 신문을 맨드는 건 대일협력이구, 농민이 농사해서, 별 공출해서 왜놈과 왜놈의 병정이 배불리 먹구 전쟁을 하게 한 건, 대일협력이 아닌가?"

"지도자와 피지도자라는 차이가 있지 않아? 신문은 대일협력을 시키구, 농민은 따라가구 한 그 차이가 적은 차일까?"

"농민들이 벼 공출을 한 것이나, 젊은 사람들이 지원병과 학병에 나간 것이나 완전히 조선 사람 선배랄지 지도자의 말만을 듣구서 비로소 공출을 하구, 병정에 나가구 한 거라면, 지식층의 대일협력자만은 백이면 백, 천이면 천, 죄다 목을 잘라야지. 그렇지만 여보게 윤군, 농민 만 명더러 일일이 물어 본다구 하세. 구장과 면직원의 등쌀에, 순사들이 들끓어 나와 뒤져 가구, 숨겨 둔 걸 내놓으라구 유치장에다 가두구서 때리구 하는 바람에 공출을 했느냐. 모모한 사람들이 연설루, 소설루, 신문에서 공출을 해야 한다구 하는 말을 듣구, 그런가 보다 여기구서 자진해 공출을 했느냐. 아주 곧이곧대루 대답을 하라구. 한다면 모르면 모르되, 나는 구장이나 면직원의 등쌀에, 순사와 형벌이 무서워서 억지루 공출을 낸 것이 아니라, 어떤 조선 양반의 강연을 듣구 옳게 여겨서, 어떤 소설을 읽구 감동이 돼서, 아무 때의 신문을 보구 좋게 생각이 들어서, 그래 우러나는 마음으루 공출을 했소, 대답할 농민은 만 명에 한 명두 어려우리. 지원병이나 학병두 역시 같은 대답일 것이구…… 도대체 당년의 조선 사람들이, 더욱이 청년들이, 대일협력을 하구 댕기는 지도자란 위인들이 하는 소릴 신용을 한 줄아나? 신용은 고사요, 자네 말따나, 개 도야지만두 못 알았더라네. 그런 지도자 명색들의 말을 듣구서 공출을 했을 게 어딨으며, 지원병이니 학병이니 나갔을 게 어딨어? 왜놈이나 공관리들의 강제에 못 이겨 했기 아니면, 저이는 저이대루 호신지책으루 한 거지."

"자네 논법대루 하자면, 그럼 친일파나 민족반역잔 한 놈두 없구 말겠네 나그려?"

"지금 이 방 안에만 해두, 사람이 셋이 모인 가운데 둘이 민족반역잔데, 없어?"

"처단할 놈 말야."

"많지. 그렇지만, 벌이라는 건 그 범죄가 끼친 영향을 참작하구, 범죄자의 정상을 참작하구, 그리구 범죄 이후의 심리와 행동을 참작하구, 그래 가지구 처단에 경중이 있어야 하는 법이지, 자네 같을래서야 삼천만 가운데 장정의 태반은 죽이자구 할 테니, 그야말루 뿔을 바루잡으려다가 솔 죽이는 격이 아니겠는가?"

"웬만한 놈은 죄다 쓸어 숙청은 해야지, 관대했다간 건국에 큰 방해야. 삼팔 이북에서 하듯이 해야만 해. 그리구 난 누가 무슨 말을 하거나, 그 비루하구 얌체빠지구 뻔뻔스럽구 한 인간성, 그게 싫여. 소름이 끼치두룩 싫구, 얄미워. 그런 것들과 조선 사람이라는 이름을 같이한다는 것꺼지두, 욕스럽고 불쾌해."

김군은 노상히 김군 자신의, 일제시대에 신문이나 만들었다는 실상 문제 이하의 대일협력 사실을 구구히 발명하자는 의사라느니보다도, 하도 민망하던 나머지 그의 두루춘풍식의 처세법을 잠시 훼절을 하고, 나를 위해 윤에게 싸움을 걸었던 것이었다.

그러나 김군의 대일협력자에 대한 변호는, 윤의 말이 아니라도 억지에, 형식논리에 기울어진, 그래서 대체가 모두 옹색스럽고 공극투성이였었다.

가사, 완전히 변호가 되었다고 하더라도 피고격인 내가 우선,

"아니, 검사의 논고가 옳고, 변호인의 주장은 아무 소용도 없어."

이런 심리상태인 데야 더욱 말할 나위도 없었다.

또, 윤의 지조나 결백 문젠데, 이것은 더구나 문제가 아니었다. 윤의 지조가 아무리 미시험의 것이기로니, 결백이 재산의 덕분이기로니, 죄인을 공격할 자격이 없으란 법은 없는 것이었다.

이윽히 기다려도 윤은 더는 말이 없었다.

나는 이 자리에서의 나의 의무를 다한 깃으로 일고, 김군과 윤을 작별한 후 P사를 나왔다.

나의 얼굴의 한 점의 핏기도 없어지고 만 것을, 나는 거울은 보지 아니하고도 진작부터 알 수가 있었다.

김군이 뒤미처 따라 나와 아래층까지 배웅을 하여 주었다.

"일수가 나뻤나 보이."

김군이, 작별로 잡았던 손을 풀고 웃으면서 하는 말이었다.

나도 웃으면서 한마디하였다. 그러나 김군에게는 울음같이 보였을는지도 몰랐다.

"죽기만 많이 못한가 보이."

그랬더니 김군은 고개를 가로 여러 번 저으면서,

"이왕 깨끗했을 제 분사(憤死)를 못 했을 바엔, 때가 묻어 가지구 괴사(愧死)라니 더욱 치사스러이."

듣고 보니 적절하였다. 빈틈없이 적절하였다.

그 빈틈없이 적절한 말을 해버리는 김군이 나는 문득 원망스러웠다.

"자네가 오히려 시어미로세."

거리에 나서니 가벼운 현기가 났다.

흐렸던 하늘에서는 어느덧 심란스런 비가 내리고 있었다.

사람과 건물과 거리로 된 세상이, P사를 들르던 한 시간 전과는 어디인지 달라져 보였다.

6

집으로 돌아와, 병난 사람처럼 오늘까지 꼬박 보름을 누워 있었다.

조반보다도 점심에 가까운, 나 혼자의 밥상을 받고 앉아서 아내더러 밑도끝도없이 말을 내었다.

"도루 시굴루 내려갑시다."

"……."

아내는 놀라지 않는다.

아무렇지도 않게 출입을 나갔던 사람이 별안간 죽을 상이 되어 가지고 돌아와, 처음엔 병인가 하였으나 보아하니 병은 아니어, 그러면서도 여러 날을 앓는 사람처럼 누워 있어, 정녕 밖에서 무슨 사단이 있었거니 하였었다. 그러자 불쑥 그런 말을 내어, 일변 해방 후로부터 더럭 동요가 된 심경은 모르지 않는 터이라 그 사단이라는 것이 어떠한 성질의 것이었음을 짐작할 수 있었을 것이었었다.

아내는 한참 만에야 대답이다. 그는 언제고 나보다는 침착하고 현실적인 사람이었다.

"내려가얄 사정이면 내려가는 것이지만서두…… 내려가니, 가서 살 도리가 있어야 말이죠."

"……."

"낯모르구, 아무 발련 없는 고장으룬 갈 수가 없구, 가자면 매양 고향 아녜요? 그 벽강궁촌에서 취직 같은 거래두 할 기관이 있어요? 천생 농사밖엔 없는데, 작년 일년 지나 본 배, 어디……."

작년 일년 가 있으면서 농사라고 하여 본 경험의 결론은, 우리 같은 사람은 도저히 농사를 해먹고 살 수 있는 사람이 아니라는 것이었었다. 우리의 체력이, 우리의 가족을 먹일 만한 농사를 해내기엔 너무도 빈약한 것이기 때문이었다.

우리 내외가 밭을 기를 쓰고 가꾸어도, 밭농사로 오백 평을 벗지 못한다. 밭농사 오백 평이면 채마와 마늘, 고추, 호박 따위의 울안농사에 불과한 것이다.

채마 등속의 울안농사 외에 보리니 콩이니 고구마니 하는 것은, 순전히 농군을 사대어야만 한다.

칠팔 명의 한 가족이 소작농으로서 일년 계량의 벼를 확보하자면, 적어도 삼천 평의 논을 소작하여야 한다.

이 삼천 평의 논농사와 보리며 콩 같은 밭농사를 하자면, 줄잡아 연인원 이백 명의 농군을 사대어야 한다.

바로 최근 시세로, 나의 고향에서 농군 한 명에 대하여 점심 저녁 두 때와 술 한 차례 먹이고, 무사히 하루 육칠십 원이다.

먹이는 것과 품삯을 치면 이백 명 삯꾼을 대이는 데 이만오천 원이 든다.

그 이만오천 원이 있어야 나는 시골로 가서 농사를 하고 사는 것이다. 옛날 돈으로 이백오십 원이라고 하지만 나에게는 이만오천 원이 결코 쉬운 돈이 아니다.

그러나마 금년에 이만오천 원의 농자(農資)를 들여놓으면, 언제까지고 그것이 밑천으로 살아 있느냐 하면, 아니다. 명년 가서는 또다시 그만한 농자를 들여야 하는 것이다.

농사란 결국, 제 가족이 먹을 것을 제 손발로 농사할 수 있는 사람— 농민만이 하기로만 마련인 것이었다.

따사한 햇빛이 드리운 마루에서, 다섯 살배기 세 살배기의 두 어린것이 재깔거리면서 무심히 놀고 있다. 오래도록 어린것들에 가 눈이 멎었던 아내는 한숨을 내쉬면서 말한다.

"정히 서울이 싫구 하시다면, 가 살다 못 살 값이라두 가기가 어려우리까만, 저 어린것들이 가엾잖아요? 젤에 교육을 어떡허겠어요? 내명년이면 우선 하날 소학꼴 보내야 하는데 학교꺼지 십 리 아녜요? 일곱 살배기가 매일 십 리 왕복이 무리두 무리지만, 그렇게라두 해서 소학꼴 마쳐 준다구, 중학 이상은 가량이 없잖아요. 무슨 수에 학잘 대서 서울루던 공불 보내게 되진 못할 것이구……."

"……."

"시굴서 길러, 소학교나 마쳐 주구 만다면 천생 농민인데, 농민이 구태라 나쁠 머리야 없지만, 그래두 천품을 보아 예술방면으루던 과학방면으루던 재주가 있는 게 있다면, 그 방면으루 발전을 시켜 주는 것이 어미 아비 도리가 아녜요?"

"……."

"여보?"

"……."

"우린 다 죽은 심 칩시다."

"……."

"죽은 심 치면, 못 참을 건 있으며 못 견델 건 있어요?"

"……."

"당신, 죄 지셨잖아요? 그 죄, 지신 째 그대루, 저생 가시구퍼요?"

아내가 나를 죄인이라 부르기는 처음이었다. 그는 울면서 그 말을 하였다.

나를 죄인이 아니라 여기려고 아니 하는, 이 낡아빠진 아내가, 나는 존경스럽고 고마웠다.

"당신야 존재가 미미하니깐 이 댐에 민족의 심판을 받지두 못하실는진 몰라두, 가사 받어서 벌을 당한다구 하더래두, 형벌이 죌 속량해 주는 건 아니잖아요?"

"……."

"이를 악물구, 다른 것 다 돌아볼랴 말구서, 저것들 남매 잘 길러, 잘 교육시키구 잘 지도하구 해서, 바른 사람 노릇 하두룩, 남의 앞에 떳떳한 사람 노릇 하두룩 해줍시다. 아버지루서 자식한테 대한 애정으루나, 죄인으루서 민족의 다음 세대에 다 속죌 하는 정성으루나……."

"어미 애비의 허물루, 그 어린 자식한테까지 미쳐 가서야, 어린것들을 위해 너무두 슬픈 일이 아네요?"

"……."

"원고 쓰실랴 마세요. 차라리 영리회사 같은 데 취직이래두 하세요. 것두 싫으시거든, 얼마 동안 집 안에 들앉어 기세요. 내가 박물보퉁이래두 이구 나서리다."

"……."

"……."

"그런 것 저런 것을 모르는 배 아니오마는, 하두 인생이 구차스러 못 하겠구려. 구차스럽구, 울분이, 도무지 어따 대구 풀 길이 없는 울분이 가슴 속에가 뭉쳐 가지구, 무시루 치달아 오르구."

마악 이러고 있을 즈음에 조카아이가 푸뜩 당도하였다. ××서 중학 상급 학년에 다니는, 넷째형의 아들이었다. 조카라지만, 정이 자별하여 친자식이나 다름없는 조카였다.

일요일도 아닌데 올라온 연유를 물었더니, 주저하다가 대답이었다.

"아이들이 동맹휴학을 했대요. 전 그래, 거기 들기두 싫구 해서 일 해결될 때꺼정 여기서 공부나 할 령으루……."

"동맹휴학은 어째?"

"선생 배척이래요."

"선생이 어쨌길래?"

"선생 하나가 새루 왔는데, 일정시대 서울 어떤 학교에 있을 쩍버틈 유명한 친일패였드래요."

"어떻게?"

"창씨 아니 한 학생 낙제 시키기. 사알살 뒤밟다 조선말 하는 거 붙잡아다 두들겨 주기. 저이 학교루 와서두 연성 일본말루다 지껄이구, 머, 여간만 건방진 거 아녜요."

"그 선생이 적실히 친일파요, 그런 나쁜 짓을 했다는 건 어떻게 알았어?"

"그 학교 댕기던 아이가 몇이 전학을 해 왔어요."

"그 애들 말만 듣구?"

"그 애들 말 듣구서 다시 조살 했대나 봐요."

"그러면…… 너두 인전 나이 이십이요 중학 졸업반이니, 그런 시비 곡직은 혼자서 판단할 힘이 있어야 할 거야. 없다면 천치구."

"……."

"그래, 그런 선생을 배척하는 학생 편이 옳느냐? 잘못이냐?"

"학생이 옳아요."

"옳은 줄 알면서 어째 넌 빠지구 아니 들어?"

"……."

"응?"

"낼 모레가 졸업인데, 공불 해야 상급학교 입학시험을 치죠. 조행에두 관계가 되껄요."

"이놈아!"

아이 저는 물론이요 옆에 앉았던 아내까지도 질겁해 놀라도록 나의 목청은 높았다. 가슴에 뭉친 그 울분의 애꿎은 폭발이었으리라.

"동무들이 동맹휴학이란 비상수단까지 써가면서, 옳은 것을 주장하는데, 넌, 그것이 번연히 옳은 줄 알면서두, 빠져? 공부 좀 밑진다구? 조행에 관계된다구?"

"……."

"저 한 사람, 조그만한 이익이나 구차한 안전을 얻자구, 옳은 일 못하는 거, 그거 사람 아냐. 너 명색이 상급생이지?"

"네."

"반장이지?"

"네."

"아이들이 널 어려워하구, 네가 하는 말을 믿구, 잘 듣구 그랬드라면서?"

"네."

"그래, 더구나 그런 놈이, 네가 나서서 주동을 해야 옳지, 뒤루 슬며시 빠져? 넌 그러니깐 반역행월 한 놈야. 그 따위루 못날 테거든 진작 죽어 이놈아."

"……."

"옳은 일을 위해 나서서 싸우는 대신, 편안하구 무사하자구, 옳지 못한 길루 가는 놈을, 공부 아냐 뱃속에 육졸 배포했어두 아무짝에두 못쓰는 법야."

"……."

"학문은 영웅지여사(學問英雄之餘事)란 말이 있어. 사람이 잘나야 하구, 학문은 그 댐이니라. 인격이 제일이요, 지식은 둘째니라, 이 뜻야. 공부보다두 위선 사람이 돼야 해. 옳은 일을 하기 위해선, 불 가운데라두 뛰어들어갈 용기, 옳지 못한 길에는 칼을 겨누면서 핍박을 하더라두 굽히지 않는 절개, 단체를 위한 일이면 개인을 돌아보지 않는 의협, 그런 것이 인격야. 그러구서야 학문도 필요한 법야. 알았어, 이놈아."

"네."

"당장, 가. 가서, 같이 해. 퇴학맞아두 좋다, 금년에 상급학교 들지 못해두 상관없어."

"네."

"비단 동맹휴학뿐 아니라, 어델 가 무슨 일에든지 용렬히 굴진 마라. 알았어?"

"네."

기회가 다른 기회요, 단순히 훈계를 하기 위한 훈계였다면, 형식과 방법이 매양 이렇지도 않았을 것이었다.

내가 생각을 하여도 중뿔난 것이었고, 빠안히 속을 아는 아내를 보기가 쑥스럽다.

그러나, 그러면서도 한편으로, 무엇인지 모를 속 후련하고 겸하여 안심되는 것 같은 것이 문득 느껴지고 있음을, 나는 스스로 거역할 수가 없었다.

작가 소개

185면 참조.

작품의 소설적 성격

「민족의 죄인」은 1948년 10월부터 1949년 1월까지 『백민』에 연재된 작품이다. 이 소설의 주인공 '나'는 작가 자신으로 짐작되는 한 소설가다. 1938년 3월경에 며칠 동안 서울에 다녀오니 형사가 출두하라는 말을 남겼다고 한다. 경찰에 출두한 나는 가까이 지내던 문학청년들과 불온한 독서회를 조직했다는 혐의를 받고 취조당한다. 한달 가까이 유치장에 잡혀 있던 나를 구해준 것은 조선문인협회에서 날아온 한 장의 엽서였다. 달포 전 협회에서 온 북지 황군위문대 파견에 관한 엽서를 통해 친일행위에 응한다는 것이 전제가 되면서 유치장 신세를 모면하는 것이다. 그 후 나는 심한 자책과 갈등 속에서 번민하면서도 친일적인 행위를 계속하다가 결국 문인으로서의 삶을 포기하고 농사라도 짓겠다는 결심으로 낙향한다. 해방 후 서울에 다시 올라온 나는 출판사에 들렀다가 '윤'이라는 사람과 만나게 된다. 윤은 친일경력이 없는 사람으로서 나를 노골적으로 비웃고 비난한다. 나는 윤의 비난에 아무런 답변도 못하고 집에 돌아와 끙끙 앓다가 다시 시골로 내려가기로 결심한다.

이 소설에서 작가가 문제 삼고 있는 것은 친일행위에 대한 자기비판이다. 해방 후 우리 사회가 부딪힌 최대의 민족적 과제는 민족정기의 확립이며, 이를 위해서는 식민지 잔재에 대한 완전한 청산이 전제되어야만 했다. 채만식은 이러한 상황 속에서 자신의 친일행위를 비판하고자 시도한다. 생계를 유지하기 위해서는 친일을 하지 않을 수 없고, 진정한 지식인으로서의 자기를 유지하기 위해서는 식민지 체제에 맞서지 않을 수 없는 양자택일적인 식민지 상황의 문제를 제기하는 것이다. 이 문제는 일제 말 적극적인 친일파로 변신한 상당수 지식인들에 대한 비판일 뿐만 아니라 소극적인 친일행위를 보여준 대다수 지식인들의 자기비판의 한 모습이라고 할 수 있다. 하지만 채만식은 이 소설에서 친일파 문제를 적극적인 해결하기보다는 '낙향'을 통해서 문제를 회피하고 있다. 그가 제기하고 있는 문제는 민족적 차원에서의 자기반성으로 확대되어야 하겠지만 그러한 확대가 불가능한 상황 속에서 친일파문제를 제기하는 데 그쳐 있는 것이다. 채만식은 「맹순사」, 「미스터 방」 등의 작품을 통해서 친일파가 다시 득세하는 해방정국을 일제 잔재를 청산하지 못한 당대 상황을 비판적으로 형상화하기도 한다.

토론 과제

- 이 소설에서 세 사람의 등장인물이 각각 문제 삼고 있는 지식인의 친일 문제에 대해 어떻게 생각하는지 자신의 입장을 말해 보자.

- 이 소설에서 그려내고 있는 '지식인상(知識人像)'에 대해 각자 의견을 말해 보자.

찾아보기

■■■ 가

「가마귀」 474
「가을의 서정」 227
갈등 구조 78
「감자」 57, 246, 247, 465
갑오개혁 400
강경애 478, 480
강신재 487, 488
『개벽』 104, 465
「개살구」 227
개성 130
개연성 68
「개척자」 447
개화 계몽시대 323, 324, 399, 400, 404, 416, 418, 422
개화계몽운동 458
「객주」 494, 495
「객지」 492
「갯마을」 487
「거부오해」 323, 424, 460
『거화』 104
「겨울골짜기」 493

「겨울 나그네」 490
「겨울의 환」 499
결말 79
「경세종」 460
경향성 298
경험적 사실 238
경험적 공간 208
계급문학 298, 467, 469, 470
계급소설 470
계급혁명 483
「계산서」 480
계용묵 481
「계절」 227
「고국」 298, 468
「고래사냥」 490
고발문학 486
고유섭 284
고전소설 34, 69, 84, 124, 129, 131, 208, 305, 306, 308, 309, 313, 314, 318, 320, 326, 422, 426, 435
「고향」 90, 105, 469
「고향 없는 사람들」 479, 481
「곡예사」 484

「과도기」 469
과학소설 29
「관사 사람들」 498
「관촌수필」 491, 492
「광염소나타」 57
「광장」 132, 487
「광화사」 57
괴테 85
교양소설 85
「구마검」 461, 462
구성 66, 68
구성, 비극의 67
구성, 소설의 65
구속 모티프 74
「구운몽」 208, 209, 306~308, 318, 322, 487
구인회 227, 284
구조, 상승적 89
구조, 평행적 90
「국문관계론(國文關係論)」 409
국문동식회 405
「국문론」 405
「국문에 관한 관견」 417
국문연구소 404~406, 454
「국문연구의정안」 405
「국문정리」 405
국문체 403, 404, 413, 416, 418, 419, 421~423, 427, 428, 435, 456, 458, 461
『국민신보』 391

국어국문운동 398~400, 405, 418, 422, 453~456, 458
「국어문법」 405
「국어문전음학」 405
국한문체 413, 414, 416~418, 423
권보상 405
『귀부인의 초상화』 83
「귀의 성」 327, 391
「귀환장정」 484
「그대 다시는 고향에 가지 못하리」 491
그레마스(Algirdas Julien Greimas) 127, 128
『그리스도신문』 403, 454
극(劇) 26
근대소설 458, 465, 467
「금따는 콩밭」 117
「금삼의 피」 472
「금수재판」 460
「금수회의록」 460
「금시조」 491
기능 126, 127
「기아와 살륙」 298, 468
「기우」 227
『기호흥학회회보』 454
「김강사와 T교수」 477
김교제 431, 461, 463
김기림 227, 284
김남천 473
김동리 36, 215, 477, 481, 483, 484

김동인 19, 25, 38, 40, 57, 58, 90,
　　138, 139, 144, 246, 255, 317, 465,
　　472
김성수 447
김성한 485
김소월 57
김승옥 132, 489
「김약국의 딸들」 488
김여제 57
「김영일의 사」 468
김원일 493
김유정 77, 108, 117, 118, 128, 145,
　　200, 202, 227, 477
김주영 494, 495
김채원 499
김필수 460
김해경 284
김화영 17
김환 57
김환태 227, 284
「깊고 푸른 밤」 490
「까막잡기」 104
「까치소리」 484
「꺼레이」 480
「꺼삐딴 리」 136, 487

나경손 163
나도향 104, 106, 142, 149, 163, 466
「나무들 비탈에 서다」 484
「나의 고백」 448
「낙동강」 468
「난장이가 쏘아올린 작은 공」 492
「난제오」 448
「날개」 134, 238, 257, 259, 284,
　　285, 475
낭만주의 163
내적 초점자 255
내적 초점화 252
내포독자 256
내포작가 256
「냉혈동물」 486
「노다지」 117
노동자소설 469
「노령근해」 227, 474
「노을」 493
「논 갈 때」 479
「논 이야기」 185
「농촌사람들」 468
농촌소설 29
「농토」 482

■■■ 나

'ㅡㄴ다'체 316

■■■ 다

'ㅡ더라'체 312, 313, 316, 319
단순 구성 86

찾아보기 553

「단종애사」 448
단편소설 29~31, 81, 87, 105, 465
「달밤」 474
「닳아지는 살들」 487
「닳아지는 소리」 253
「당신들의 천국」 490
「대수양」 57
대중소설 29
「대하」 473
대하소설 31
대하장편소설 494, 496
「대한국어문법」 405
『대한매일신보』 428, 458, 460
『대한민일신보』 403, 404, 454
『대한민보』 403, 454, 458
『대한자강회보』 454
『대한황성신문』 403, 454
대화 39
도덕적 리얼리즘 497
「도산 안창호」 448
도시소설 29
「도시와 유령」 227, 474
「도시의 흉년」 497
「도정」 481
『독립신문』 401~403, 447, 454, 458
「독백」 474
독서회 사건 185
「독짓는 늙은이」 484
「돈(豚)」 227, 474
『돌베개』 448

「돌의 초상」 490
『동광』 447
「동국거걸 최도통전」 459
동기화 74
『동명』 104
「동백꽃」 75, 77~79, 81, 108, 117
  ~119, 128, 200, 202, 477
『동아일보』 186, 298, 447, 465
동적 모티프 74
「동해」 475
「들」 227
「등신불」 484
「디구성미래몽」 459
「따라지」 117
「땡볕」 117
「떠도는 말들」 490
떠어쓰기 403

■■■ 라

「라오코왼의 후예」 228
「레디메이드 인생」 136, 185, 186,
  476
리봉운 405
리얼리즘 470, 481
리얼리즘론 489

■■■ 마

「마음의 의장」 227
「마음이 옅은 자여」 57
「마의태자」 448, 472
「만무방」 117
『만세보』 391, 392, 403, 454, 458
「만세전」 194, 467
「만월대」 462
「말의 소리」 405
말해주기 144, 145
「망국인기」 57
『매일신보』 228, 298, 391, 392, 447
「매잡이」 490
「맹순사」 185, 482, 550
「먼 그대」 498
「메밀꽃 필 무렵」 130, 202, 204, 210, 212, 216, 227~230, 474
명명법 134
「명문」 57
「명상」 476
모더니즘 473
「모란병」 463
「모란봉」 391, 392, 462
「모자」 480
모티프 73
모험소설 84
「목숨」 57
「몽견제갈량」 459
「몽배금태조」 459

「무기의 그늘」 492
「무녀도」 36, 215, 477, 478
「무명」 448
「무영탑」 104, 472
「무정」 36, 123, 132, 437, 447, 448, 463, 464
「무진기행」 132, 489
「묵시」 486
『문예(文藝)』 228
『문우(文友)』 227
「문장」 470
문체 37, 38
문필가 457
문필업 457
「문학의 가치」 463
「문학이란 하오」 448
「물레방아」 163, 466
미륵신앙 492
「미망」 497
「미스터 방」 185, 482, 550
미토스(mythos) 67
「미해결의 장」 486
『민담의 형태론(Morphology of the Folktale)』 125
「민족개조론」 448
민족문학 467
민족문학론 489
「민족의 죄인」 185, 482, 500, 549

찾아보기 555

■■■ 바

『바람의 넋』 498
「바보들의 행진」 490
「바비도」 485
「바위」 478
박경리 31, 487, 488, 494, 495
박노갑 481
「박돌의 죽음」 298
박영준 481
박영희 104, 163
박완서 497
박은식 409, 410, 430, 432, 459
박종화 104, 163, 472, 481, 483
박태원 148, 227, 284, 472, 473
박화성 478, 479
반동자 124
「반역자」 57
발단 77
배경 66
「배따라기」 19, 25, 40, 57~61, 90, 144, 255, 465
「배신」 484
백기만 104
『백민』 549
백신애 478, 480
『백운소설(白雲小說)』 15, 16
『백조』 104, 163, 465, 466
「벙어리 삼룡이」 142, 149, 163, 164, 466

「벽공무한」 228
「변경」 491, 495
「별들의 고향」 490
「별사」 498
「별을 안거든 울지나 말걸」 163
「별을 헨다」 481
「병신과 머저리」 490
「병인간친회록」 460, 461
보부상 495, 496
보여주기 143, 144
복합 구성 87
본격소설 29
「봄」 473
「봄과 따라지」 117
「봄밤」 117
「봄·봄」 117, 145, 477
『봄잔디밭 위에』 468
「봉별기」 284
부룩스 235
부수적 인물 124
「북간도」 485
「분녀(粉女)」 227, 474
분단문학 491
「불」 104
「불꽃」 486
「불놀이」 494
「불신시대」 488
「붉은 산」 135, 138, 139
비극 67, 68
「B사감과 러브레터」 104, 105

「비화밀교」 490
빈도 202
「빈상설」 461, 462
「빈선랑의 일미녀」 391
『빈처』 104, 241, 466
『빌헬름 마이스터』 85
빨치산 운동 496
「뽕」 163, 466

■■■ 사

사건 66, 67
「사람의 아들」 491
「사랑」 448
「사랑 손님과 어머니」 240, 241, 247, 478
「사막을 건너는 법」 498
「사반의 십자가」 484
「사방공사」 469
사상의 플롯 84, 85
「사십년」 481
사장문학 433
사전제시 197, 200
「산」 227, 474
「산골」 117
「산골나그네」 117
「산남(山男)」 480
산문정신 23
「산울림」 494

「삼대(三代)」 87, 89, 133, 251, 471, 472
삼인칭 서술 242
삼인칭 소설 255, 257
『삼천리』 57
「삼포가는 길」 492
「삽화」 227
「상록수」 35, 473
『상상의 공동체(Imagined Communities)』 397
「생의 반려」 117
서기원 487
서사 26, 27
서사, 문학적 27
서사, 역사적 33
서사, 허구적 27, 32, 33
『서사 담론(Narrative Discourse)』 196, 248
서술 시간 195
서영은 498
「서울 1964년 겨울」 489
「서울」 448
『서유견문(西遊見聞)』 413
서정 26
서정주 24
「서화」 468
「석공조합대표」 469
선우휘 485, 486
선인형 129
「선화공주」 104

성격 129
성격, 극적 132
성격, 발전적 132
성격, 입체적 132
성격, 정적 131
성격, 평면적 131
성격 창조 134, 135, 143
성격의 플롯 83, 84
성선설 129
성악설 129
성장소설 85
「성탄제」 473
「성화(聖畵)」 227, 228
「세 길로」 185
「세조대왕」 448
「소경과 안즘방이 문답」 323, 460
소급제시 197, 200, 202
「소나기」 245, 246, 254, 257
「소낙비」 117
『소년』 412, 431, 447, 454
「소년의 비애」 463
「소문의 벽」 490
「소설가 구보씨의 일일」 148, 473
『소설의 양상(Aspects of Novel)』 130
『소설의 이해(Understanding Fiction)』 235
『소설이란 무엇인가』 17
「소시민」 487
「속 망국인기」 57
손소희 487, 488

손창섭 486
송영 469
「수군제일위인 이순신전」 459
「수난」 227
「수난이대」 487
수양동맹회 447
순수소설 29
「술 권하는 사회」 90, 104, 466
「술 이야기」 481
「술꾼」 490
쉬클로프스키(Victor Shklovsky) 71
슈젯(syuzhet) 71, 72~74
스토리(story) 70~72
「슬픈 이야기」 117
「습작실에서」 476
시간모순 196, 197, 200
「시간의 문」 490
「시골 황서방」 57
『시와소설』 284
「시장과 전장」 488
시점 235, 239, 493
『시학(詩學, Poetics)』 67, 68, 76, 125, 129
신경숙 499
신경향파 468
신경향파 문학 298, 467
『신동아』 470
신소설 135, 305, 314, 315, 318~320, 323~326, 426, 431, 436, 456~458, 461, 463

신시 456, 457
『신여성』 117
「신정국문」 405
신채호 409~411, 430, 459
「신화의 단애」 488
심리소설 81, 474
「심문」 476
「심청전」 34, 89, 131, 133, 190, 191, 308
심훈 35, 473
「12월 12일」 284
「십자가 없는 골고다」 486
「쌍옥적」 463
『씨름』 469

■■■ 아

「아네모네의 마담」 478
「아리랑」 496
아리스토텔레스 67~69, 71, 76, 125, 129
「아베의 가족」 494
「아홉켤레의 구두로 남은 사내」 493
악인형 129
「안개의 눈」 494
안국선 431, 460
안수길 483, 484
안창호 447, 448
「안해」 117

안회남 473, 476, 481
「암소」 491
「암야」 466
「애국부인전」 323, 459
「애천」 499
액자구조 60
액자소설 60, 255, 465
앤더슨, 베네딕트 397, 398
『야담』 57
「야한기(夜寒記)」 476
「약한 자의 슬픔」 57, 465
양귀자 499
「어둠의 혼」 493
『어머니』 163
어윤적 405
「언문」 405
언문 421
언문체 309, 403, 421, 423, 435
「엄마의 말뚝」 497
「엉겅퀴의 장(章)」 228
여류문학 479
『여명』 164
여성주의 478
여순 반란 사건 496
「여이발사」 163
여주인공 124
「역로」 185
「역마」 483
역사소설 29, 472
역사적 공간 208

「연기」 476
연작소설 492
염상섭 87, 90, 106, 133, 194, 251, 325, 466, 471, 472, 481, 483
『영대』 57, 58
영웅소설 308
「영웅시대」 491
영유 배따라기 42
예문지 16
예술소설 29
예시(豫示) 197
「오감도(烏瞰圖)」 284
「오리와 계급장」 486
「오발탄」 486, 487
「오분간」 485
오영수 487
『오이디푸스』 67
『오이디푸스 대왕』 83
오정희 497
「옥중호걸」 447
『완월회맹연(玩月會盟宴)』 31
「왕릉과 주둔군」 487
「왕조의 낙부」 57
외적 초점자 255
외적 초점화 252
「요한시집」 485
「용광로」 469
「우리 동네」 491
「우리들의 일그러진 영웅」 491
우화 71, 459

「운수 좋은 날」 82, 86, 91, 104~106, 466
「운현궁의 봄」 57, 472
울프, 버지니아 146
「움직이는 성」 484
워렌 235
원각사 391
「원미동 사람들」 499
「원형의 전설」 485
「원효대사」 448
월남전 492, 498
유길준 413
『유년의 뜰』 498
「유린」 104
「유실몽(流失夢)」 486
유원표 430, 459
유진오 477
유치진 227
「유형의 땅」 494
「60년대식」 489
「육장기」 448
「윤광호」 447
윤치오 405
윤흥길 493
「은세계」 324, 391, 461, 462
「은은한 빛」 228
「을지문덕」 323, 459
「을화(乙火)」 477, 484
의도법 417
의식의 흐름 146, 148

「이 성숙한 밤의 포옹」 487
이광수 36, 38, 57, 123, 132, 185, 298, 317, 414, 416, 431, 433, 434, 437, 447, 448, 456, 463, 464, 472, 473
이규보 15, 16
이근영 481
이기 430
이기영 468, 473
이능화 405
「이땅의 봄」 480
이무영 185, 227, 284
이문구 491
이문열 85, 490, 491, 495
이범선 35, 486
이병주 494
이상 134, 227, 238, 257, 259, 284, 473, 475
이상택 308
「이상한 가역반응(可逆反應)」 284
이상화 104, 163
이석훈 185
이선희 478, 480
「이성계」 485
이야기 내적 서술자 258
이야기 시간 195, 196, 200, 201
이야기 외적 서술자 258
『이야기와 담론(Story and Discourse)』 256
이완용 391

이인직 123, 191, 316, 328, 391, 392, 426, 431, 461
이종일 405
「이차돈의 사」 448
이청준 489, 490
이태준 227, 284, 473, 474, 481, 482
2·8독립선언서 447
「이합」 481
이해조 431, 460~463
이헌구 284
이호철 253, 487
이효석 38, 202, 204, 210, 216, 227, 228, 284, 473, 474
「인간문제」 480
「인간접목」 484
「인맥(人脈)」 480
「인문평론」 470
인물 66, 84, 85, 123, 125
인물 초점자 252
인쇄자본주의 397
「인텔리와 빈대떡」 185
일생담 69
「일월」 484
일인칭 소설 236, 255, 257, 467
「임꺽정」 472
「임진강의 민들레」 488
임화 284
「잉여인간」 486

■■■ 자

「자강회 취지문」 417
「자녀중심론」 448
자유 모티프 74
「자유종」 460, 461
「自畵像」 24
작가 관찰자 시점 244, 258
잔 다르크 459
「잔등」 481
「잔인한 도시」 490
「장길산」 492, 494, 495
「장미 병들다」 227
「장삼이사」 476
장용학 485
『장자(莊子)』 16
장지연 409, 410, 417, 430, 433, 459
장편소설 29~32, 36, 81, 87
「재생」 448
「저녁의 게임」 498
「적도」 104, 473
전개 78
전광용 136, 487
전기 323, 458
전상국 494
「전아사」 298
전영택 57, 90
전쟁소설 29, 484
전조선문필가협회 57

전지적 시점 244
전지적 작가 시점 242, 243, 251
전형적 인물 133
전후문학 483~485
전후소설 486, 488, 489
「절영신화」 323, 460
절정 78
「젊은 그들」 57
「젊은 날의 초상」 85, 491
「젊은 느티나무」 488
「젊은이의 시절」 163
정비석 185, 483
정인택 185, 284
정적 모티프 74
정지용 227, 284
정치소설 29
『제국신문』 392, 403, 404, 454, 458
「제삼인간형」 484
「제야」 466
제임스, 헨리 83
『조광』 117, 228, 285, 470
조동일 16, 308, 309
조명희 468
『조선』 284
『조선과 건축』 284
「조선근대소설고」 57
『조선문단』 185, 298, 447
조선문인보국회 185
조선문인협회 549
『조선일보』 465

『조선중앙일보』 284
『조선지광』 227
조선청년독립단 선언서 447
조선프롤레타리아예술동맹 298, 468
조세희 492
조용만 227, 284
조이스, 제임스 146
조정래 494~496
「종생기」 284, 475
주동자 124
주시경 404, 405, 408, 411, 454
주요섭 240, 247, 478
주요한 57, 447
주인공 124
주제 34~36, 65, 71, 79
『주제론』 72
「중국인 거리」 498
『중앙』 470
『중외일보』 298
쥬네트(Gerard Genette) 196, 197, 248
「지리산」 494
「지맥(地脈)」 480
지문 39
지석영 405
지속 201
「지주회시」 284, 475
지하련 481
「지하촌」 480
「지형근」 163

「직선과 곡선」 493
『진정』 163
진정성 497

■■■ 차

「창공」 228
『창조』 57, 58, 465
「창포 필 무렵」 487
채만식 35, 136, 166, 185, 206, 207, 243, 471, 472, 476, 481, 482, 500, 549, 550
채트먼(Seymour Chatman) 256, 258
「천맥(天脈)」 480
「천변풍경」 472, 473
『청량』 227
청일전쟁 391~393, 461
『청춘』 163, 431, 447
「청춘승리」 481
체험문학 299
「초록빛 모자」 499
초월적 공간 208
초점화 248, 251, 254, 255
초현실주의 284
「총각과 맹꽁이」 117
「총독의 소리」 487
최남선 412, 431, 447
최명익 473, 475
최서해 106, 238, 287, 298, 468

최승만 57
최인호 212, 490
최인훈 132, 487
최정희 478, 480, 481
최찬식 317, 431, 461, 463
「추월색」 317, 320, 326, 461
「춘원연구」 57
「춘향전」 123, 124, 131, 133, 135, 308, 309, 322
「치숙」 35, 166, 186, 476
「치악산」 316, 327, 391, 461
친일행위 549

■■■ 카

『카라마조프 형제들』 83
카야마 미쓰로(香山光郞) 447
「카인의 후예」 484
『쾌락주의자 마리우스』 84
크레인(R. S. Crane) 83, 84

■■■ 타

「타락자」 104, 466
「타인의 방」 212, 490
「탁류」 185, 206, 207, 243, 471, 476
「탁류를 가는 박교수」 481

「탈출기」 238, 287, 298, 468
탐정소설 29, 84, 463
「탑」 473
「태백산맥」 494~496
『태양신문』 448
「태양의 계곡」 487
「태평천하」 185, 472
「테러리스트」 486
테러리즘 484
텍스트 시간 195, 196, 201
토론체소설 323
토마체프스키(Boris Tomachevsky) 71~73
「토지」 31, 494, 495
「토혈」 298
통속소설 29
「투계」 476

■■■ 파

「파경」 480
파불라(fabula) 71~73
판소리 435
페이터, 월터 84
『폐허』 465, 466
포스터(E. M. Forster) 70, 71, 131, 132
포크너, 윌리엄 146
「폭풍의 역사」 481

「표본실의 청개구리」 90, 466, 467
「풍금이 있던 자리」 499
「풍류 잽히는 마을」 481
풍자 482
프로이트 146
프롭, 블라디미르(Vladimir Propp) 125~128
플래시백(flashback) 197
플롯(plot) 70~72, 81, 83~85, 130

■■■ 하

하강적 구조 90
하근찬 487
「하수도공사」 479
「하얀 도정」 488
「학」 484
「학규신론(學規新論)」 409
「학마을 사람들」 35, 486
『학지광』 447
「한강」 496
『한국소설의 이론』 16
한국전쟁 487, 488, 493, 494, 496
「한귀」 479
한글 421
한글세대 489
한말숙 487, 488
한문체 421, 422
『한서(漢書)』 16

한설야 469, 473
한일합방 391
「할머니의 죽음」 104
「해돋이」 298
「해바라기」 228
「해방 전후」 482
해양소설 29
해학 119
해학성 118, 120, 477
행동 124
행동자 128
「행랑자식」 163
행위소 127, 128
행위의 플롯 83, 84
「행진곡」 227
허구 19, 59
허무의식 498
허준 473, 476, 481
『현대평론』 298
현상윤 431
현실적 공간 208
현진건 82, 86, 90, 91, 104, 163, 241, 466, 472, 473
「혈서」 486
「혈의 누」 123, 191, 315, 319, 321, 324, 326, 328, 391, 392, 426, 461, 462
『혈흔』 298
형상성 33
형식주의자 125

「홍길동전」 89, 312, 318
홍명희 447, 472
홍사용 104, 163
「홍수」 468
「홍수전야」 479
「홍염」 298
「화륜」 227
「화분」 228
「화산댁이」 487
화소 125
「화수분」 90
「화의 혈」 461
화자 초점자 252, 254
「환멸을 찾아서」 493
환상적 공간 208
「환희」 163
황석영 492, 494, 495
『황성신문』 403, 454, 458
황순원 245, 246, 254, 257, 481, 483, 484
「황제를 위하여」 491

「황토기」 478
황현 414
「황혼」 469
회상 197
「회색인」 487
훈민정음 453
훼방꾼 124
「휘청거리는 오후」 497
휴머니즘 484
「휴업(休業)과 사정(事情)」 284
「흥가」 480
「흑치상지」 104
「흙」 448, 473
흠흠자 460
「흥남철수」 484
「흥부전」 89, 129, 131, 135, 209, 308
흥사단 447
「흥학설(興學說)」 409
「희생화」 104